C 프로그래밍

새내기를 위한 첫 C 언어 책

한빛아카데미
Hanbit Academy, Inc.

지은이 **강동진, 하숙정, 임수연, 송무희, 박보석**

지은이들이 소속된 경북대학교 교양IT교육부는 IT활용과 프로그래밍 등 실무형 정보화 교육을 담당하고 있다. IT교육의 실용성을 확보하기 위해 C 언어, 자바, 오피스 활용, 멀티미디어 활용 등 컴퓨터 관련 강의를 수년간 하고 있으며, 교재 개발 또한 지속적으로 하고 있다. 대학 강의 외 초청 특강, 모바일용 앱 및 웹기반 솔루션 개발에도 다양한 방법으로 참여하고 있으며, 정보과학회 논문지, 정보처리학회 논문지, LNAI, LNCS, TIIS 등의 국내외 전문 학술지에 여러 논문을 게재하였다.

- 강동진 교수 djkang@knu.ac.kr
- 하숙정 교수 sjha@knu.ac.kr
- 임수연 교수 sylim@knu.ac.kr
- 송무희 교수 mhsong@knu.ac.kr
- 박보석 교수 boseok4u@knu.ac.kr

C 프로그래밍

초판발행 2013년 03월 15일
8쇄발행 2021년 01월 25일

지은이 강동진, 하숙정, 임수연, 송무희, 박보석 / **펴낸이** 전태호
펴낸곳 한빛아카데미(주) / **주소** 서울시 서대문구 연희로 2길 62 한빛아카데미(주) 2층
전화 02-336-7112 / **팩스** 02-336-7199
등록 2013년 1월 14일 제2017-000063호 / **ISBN** 978-89-98756-16-1 93000

책임편집 변소현 / **기획** 유경희 / **진행** 권오상
디자인 여동일
영업 이윤형, 길진철, 김태진, 김성삼, 이정훈, 임현기, 이성훈, 김주성 / **영업기획** 김호철, 주희

이 책에 대한 의견이나 오탈자 및 잘못된 내용에 대한 수정 정보는 아래 이메일로 알려주십시오.
잘못된 책은 구입하신 서점에서 교환해 드립니다. 책값은 뒤표지에 표시되어 있습니다.

홈페이지 www.hanbit.co.kr / 이메일 question@hanbit.co.kr

원리를 알면 IT가 맛있다

IT COOKBOOK

1시간 강의를 위해 3시간을 준비하는 마음!

군더더기 없는 핵심 원리 + 말랑말랑 쉬운 컨텐츠

핵심 원리 하나만 제대로 알면 열 가지 상황도 해결할 수 있습니다.

친절한 설명과 명확한 기승전결식 내용 전개로 학습 의욕을 배가시켜줍니다.

핵심 원리 → 풍부한 예제와 연습문제 → 프로젝트로 이어지는 계단 학습법

기본 원리를 다져주는 예제, 본문에서 배운 내용을 촘촘하게 점검해볼 수 있는 연습문제,

현장에서 바로 응용할 수 있는 프로젝트를 단계별로 구성해 학습의 완성도를 높였습니다.

학습욕구를 높여주는 현장 이야기가 담긴 IT 교과서

필드 어드바이저의 인터뷰와 주옥 같은 현업 이야기를 담았습니다.

강의실 밖 현장의 요구를 접하는 기회를 제공하고,

학생들 스스로 필요한 공부를 할 수 있도록 방향을 제시합니다.

머리말

C 프로그래밍 기초 체력 다지기

프로그래밍은 더 이상 컴퓨터 전공자의 전유물이 아니다. 전공 기초 과목에서 컴퓨터 비전공자들도 프로그래밍을 배우고 있기 때문이다. 스마트폰, 태블릿 PC 등 모바일 기기의 대중화로 앱에 대한 관심이 증가하면서 프로그래밍을 배우려는 일반 사람들도 증가하고 있다. C 언어는 컴퓨터 비전공자가 프로그래밍을 하기 위해 가장 많이 사용하는 언어다. 하지만 프로그래밍 입문자에게는 어렵게 느껴지기 때문에 보통의 방법으로는 만족할 만한 학습 효과를 얻기가 어렵다.

이 책은 프로그래밍 입문자, 공학 전공자, 교양 이수자를 대상으로 한다. 대부분의 교육기관과 대학에서 C 프로그래밍 기초 강좌 교재로 사용할 수 있도록 구성하였다. 다년간 C 프로그래밍을 가르치면서 알게 된 노하우를 발휘해 C 언어 학습자들이 어려워하는 부분을 보다 쉽게 설명하는 데 중점을 두었다.

강의 계획서를 보면 알 수 있듯이 교재로 사용하기 편리하도록 강의 한 시간 분량마다 프로그래밍 실습을 포함하였다. 일반 C 프로그램 사용자 또한 문제를 분석하고 알고리즘을 설계할 수 있는 기본적인 프로그래밍 능력을 갖추도록 문제 분석과 해결과정을 먼저 제시함으로써 향후 자신의 전공분야에 필요한 문제를 스스로 해결할 수 있는 능력을 갖추게 한다. 특히 프로그래밍 실습에 포함된 문제들은 일반 프로그램에서 많이 사용되는 기능들을 포함하고 있다. 따라서 필요한 프로그램의 일부를 모아서 합치면 자신의 응용 분야에 필요한 프로그램을 만드는 데 활용할 수도 있다.

각 장은 도입부에서 도해와 그림을 이용하여 소개할 내용의 개념을 먼저 설명하였다. C 언어의 구문을 쉽게 이해할 수 있도록 각 구문마다 '형식', '예', '주의' 순서로 구성한 후 간단한 프로그램 예를 통해 구문의 활용법을 익히도록 하였다. 학생들은 생각지 못하게 교수보다 앞서 응용하는 능력을 보이기도 하지만, 예상치 못하게 잘못된 방향으로 응용하여 에러를 일으키기도 한다. 특히 학생들은 공통적으로 동일한 곳에서 동일한 이유로 동일한 잘못을 하는 경향이 있다. 따라서 수업 경험을 바탕으로 자주 일으키는 잘못을 '주의'에 포함하였으며, 프로그램 소스의 특정 부분에 추가 설명문을 넣고 소스 설명 부분에서는 코드 행마다 그림과 함께 자세한 설명을 추가하였다.

각 장을 마치면 내용을 요약하여 정리하였으며 연습문제를 통해 자신의 학습 정도를 확인할 수 있도록 하였다. 연습문제마다 추가한 힌트에는 프로그램을 작성하는 데 필요한 해결 과정을 제시하여 스스로 푸는 데 어려움이 없도록 하였다. 본문에서 다루지 않은 해결 과정을 이용하는 문제도 포함하였으므로 수업 중 실습 또는 과제로 활용할 수 있다.

프로그래밍은 이론만 학습해서는 완벽히 익힐 수 없다. 이미 작성된 프로그램 소스 코드를 보고 이해하는 것은 어렵지 않다. 그러나 문제가 주어졌을 때 혼자서 프로그램을 작성하는 것은 어려운 일이다. 학생들이 C 프로그램을 어렵다고 느끼는 가장 큰 이유는 바로 이 때문이다. C 언어의 구문 이해나 프로그램 분석은 가능하지만 아무것도 없는 상태에서 직접 프로그래밍을 하는 것은 어렵다는 것이다. 문법적인 문제는 책을 펴서 찾으면 되지만 모든 문제에 대한 분석과 해결 과정이 책에 있는 것은 아니다. 다양한 프로그램을 분석하고 이해하는 과정을 반복하면 응용문제를 프로그래밍할 수 있는 능력을 기를 수 있다. 그러므로 독자는 반드시 이 책에서 제공하는 모든 예제 프로그램의 분석과 해결 과정을 충분히 검토한 후 직접 실습하기 바란다. 프로그래밍을 가장 빠르고 정확히 익히는 방법은 실습을 통하여 학습하는 것이다. 예제 프로그램을 실행해보고 결과를 분석하면서 결과가 이해되지 않으면 다시 이론 부분을 점검하고 실행하기를 반복하라. 마지막으로 실행해본 프로그램을 빈 종이에 적는 연습을 해보라. 이 과정을 거친다면 어느새 프로그래밍 능력이 향상된 것을 느끼게 될 것이다.

C 언어를 배우고 싶지만 어려워하는 학생들에게 작으나마 도움이 되고자 프로그래밍 실습 위주의 단순하면서도 명쾌한 책을 만들고 싶었다. 이러한 바람을 담아 한빛아카데미(주)에 초고를 보냈을 때, 학생들에게 많은 도움이 되는 책이 될 수 있을 거라는 확신을 주고 여러 저자의 다양한 지식과 노하우를 일관된 틀로 구성하여 반듯한 책이 될 수 있도록 물심양면으로 지원해주셨다. 한빛아카데미(주) 관계자분께 진심으로 감사드린다.

C 프로그래밍을 배우려는 모든 이에게 탄탄한 기본서로서 활용되기를 바라며

저자 일동

워밍업

이 책을 읽기 전에

누구를 위한 책인가

이 책의 주 대상자는 컴퓨터 전공자가 아니라 이공계 학부생이다. C 언어는 컴퓨터 비전공자가 프로그래밍을 하기 위해 가장 많이 사용하는 언어다. 그렇지만 프로그래밍을 처음 접하는 이들은 프로그래밍 자체를 어렵게 여겨 만족할만한 학습 효과를 얻지 못하거나 심한 경우, 도중에 포기하는 상황도 생긴다. 따라서 이 책에서는 C 언어 학습자들이 가장 어려워하는 부분을 다년간의 통계로 파악하여 그 부분을 쉽게 설명하였다. 또한 다양한 프로그램을 분석하고 이해하는 과정을 반복시켜 다양한 응용문제를 프로그래밍할 수 있는 능력을 가질 수 있도록 구성하였다.

선수 연계 과목

이 책을 이해하기 위해서 특별히 배워둬야 할 과목은 없다. 다만 컴퓨터 프로그래밍에 대한 책이기 때문에 컴퓨터를 전혀 모르는 완전 초보자라면 인터넷 검색, 문서 작성 등 컴퓨터의 일반적인 사용을 통해서 컴퓨터와 좀더 친숙해지는 것이 좋다.

연습문제 해답 안내

본 도서는 대학 강의용 교재로 개발되었으므로 연습문제 해답은 제공하지 않습니다.

이 책의 구성 요소

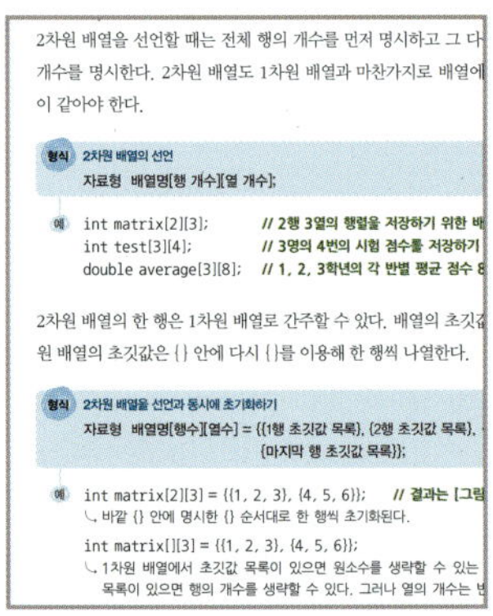

형식

C 언어의 구문(syntax)을 이해하기 위해 관련된 개념, 예시, 부연 내용을 별도로 정리했다.

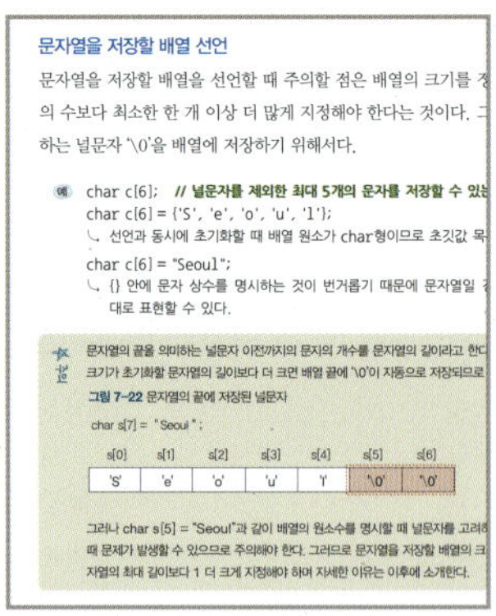

주의

C 언어에서 자주 틀리는 형식이나 사용 방법에 대한 주의사항이다.

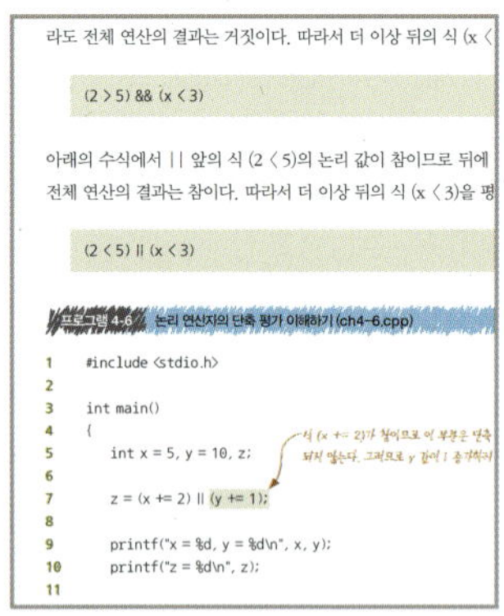

응용 프로그램

해당 장에서 배운 내용을 순차적으로 실습해볼 수 있는 프로그램 모음이다.

이 책의 뼈대만 빨리 보기

이 책은 총 12장으로 구성되어 있다. 핵심적인 내용을 정리하여 설명하고, 이를 실제로 활용하는 예를 잘 보일 수 있도록 이와 관련된 실제 프로그램 문제에 대해 문제 해결 과정 및 프로그램에 대한 line-by-line으로 자세한 설명을 추가하였다. 따라서 C 언어의 문법뿐만이 아니라 활용 예를 쉽게 학습할 수 있을 것이다.

❶ C 언어 개요, 변수와 자료형, 입출력(1장 ~ 3장)

C 언어에 대한 기본 지식을 학습한다. 비주얼 C++ 2010 익스프레스 설치와 사용법을 익히고, 변수와 자료형의 표현과 종류를 익힌다. 입출력 함수와 문자/문자열 전용 입출력 함수를 배운다.

❷ 연산자, 제어문, 전처리기(4장 ~ 6장)

연산자의 종류와 활용을 배운다. 조건문, 반복문 및 기타 제어문을 익히고, #define 지시자와 #include 지시자를 소개한다.

❸ 배열, 함수, 변수의 참조영역과 지속 기간(7장 ~ 9장)

1차원 배열과 2차원 배열을 익히고, 함수의 종류와 활용을 익힌다. 변수의 참조 영역이 각각 다른 지역 변수, 전역 변수, 자동 변수, 정적 변수, 외부 변수, 레지스터 변수를 소개한다.

❹ 포인터, 구조체, 파일 입출력(10장 ~ 12장)

포인터의 활용과 배열, 문자열 간의 관계를 소개한다. 구조체와 구조체 포인터를 익히고, 동적 기억장소를 할당하는 법을 배운다. 파일을 이용한 데이터 입출력을 소개한다.

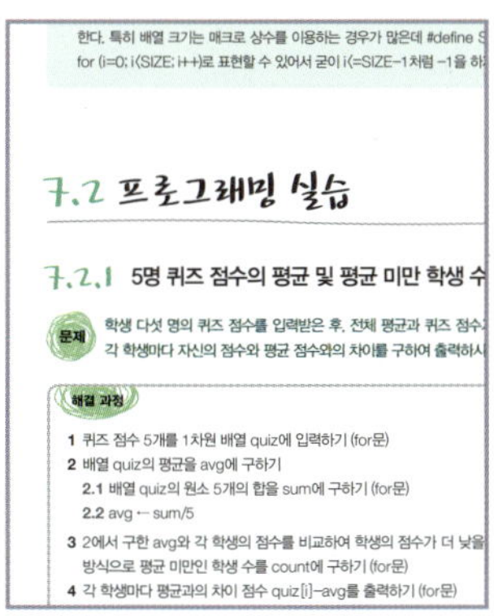

실습 프로그램

이론 수업 내용을 활용할 수 있는 프로그램의 예를 들고 각 단계별 해결 과정 및 실행결과를 제시한다.

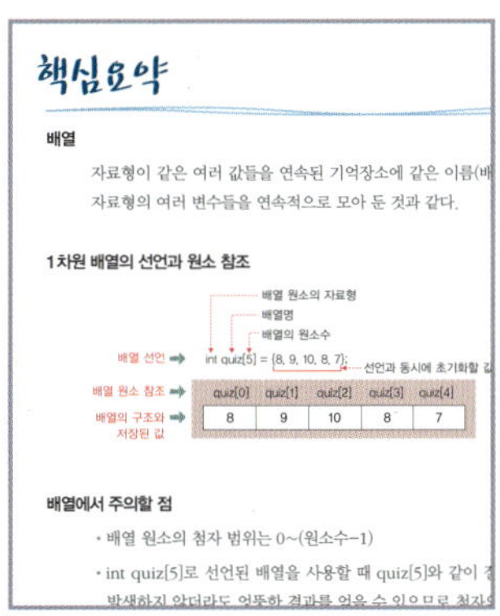

핵심요약

해당 장이 끝날 때마다 핵심적인 내용을 요약해서 정리한다. 본문에서 익힌 세분화된 지식을 전체적으로 조립하여 완성된 모습을 볼 수 있다.

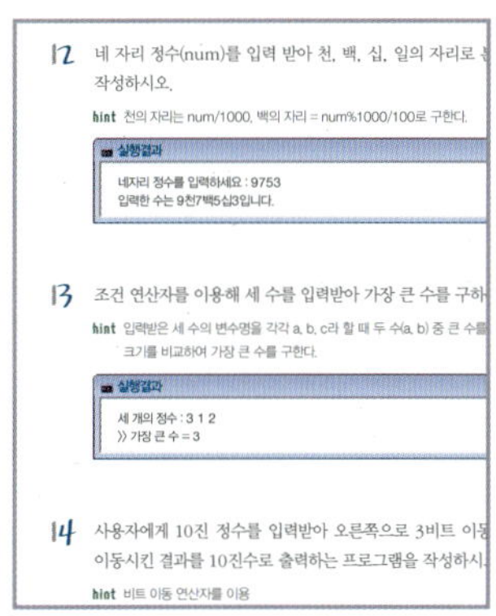

연습문제

기본, 실습, 심화 문제를 통해 배운 내용을 정리하고, 문제 해결 능력을 키워 프로그램 응용력을 배가할 수 있다.

강의 계획표와 강의 보조자료

강의 계획표

한 시간 이론 후 한 시간 실습을 할 수 있도록 한 시간 분량의 내용 뒤에 '프로그래밍 실습' 절이 있다. 프로그래밍 실습 절은 앞의 내용을 활용할 수 있는 문제와 함께 이 문제를 풀기 위해 필요한 여러 가지 고려 사항 및 정보를 분석하는 부분과 이를 토대로 한 해결 과정을 제시한 후 완성된 프로그램을 제시한다. 연습문제는 수준별로 나열되어 있으므로 뒷부분의 문제들은 실습 또는 과제로 활용할 수 있다.

주	내용	해당 장	비고
1	1.1 프로그램의 이해 / 1.2 프로그래밍 언어와 C 언어 1.3 프로그램 개발 과정 1.4 비주얼 C++ 2010 익스프레스 설치와 사용	1장. C 언어 개요	
2	2.1 C 프로그램의 기본 구조 / 2.2 자료의 표현 방법 2.3 상수의 표현 / 2.4 변수의 표현 2.5 자료형의 종류 / 2.6 프로그래밍 실습	2장. 변수와 자료형	
	3.1 출력 함수 printf / 3.2 문자와 문자열 전용 출력 함수 3.3 프로그래밍 실습	3장. 입력과 출력	
3	3.4 입력 함수 scanf / 3.5 문자와 문자열 전용 입력 함수 3.6 프로그래밍 실습		
	4.1 연산자의 종류 / 4.2 대입 연산자 / 4.3 산술 연산자 4.4 복합 대입 연산자 / 4.5 관계 연산자 / 4.6 논리 연산자 4.7 조건 연산자 / 4.8 프로그래밍 실습	4장. 연산자	
4	4.9 증감 연산자 / 4.10 비트 연산자 / 4.11 형 변환 연산자 4.12 콤마 연산자, 주소 연산자, sizeof 연산자 4.13 연산자의 우선순위와 결합 방향 4.14 프로그래밍 실습		
	5.1 조건문(if문, switch문) / 5.2 프로그래밍 실습	5장. 제어문	
5	5.3 반복문(for문) / 5.4 프로그래밍 실습		
6	5.5 반복문(while문, do~while문) 5.6 기타 제어문 / 5.7 프로그래밍 실습		
	6.1 #define 지시자 / 6.2 #include 지시자 6.3 조건부 컴파일을 위한 지시자 / 6.4 매크로 연산자 #, ## 6.5 프로그래밍 실습	6장. 전처리기	
7	7.1 1차원배열 / 7.2 프로그래밍 실습 7.3 2차원 배열 / 7.4 프로그래밍 실습	7장. 배열	7.2 프로그래밍 실습과 병행 가능
8	중간고사		

강의 보조자료

한빛아카데미 홈페이지에 교수 회원으로 가입하신 교수/강사분에게 교수용 보조자료를 제공한다.

- **한빛아카데미 홈페이지** http://www.hanbit.co.kr/academy
- **예제소스 다운로드** http://www.hanbit.co.kr/src/4016

주	내용	해당 장	비고
9	7.5 char형 배열을 이용한 문자열 처리 / 7.6 프로그래밍 실습 7.7 3차원 배열 / 7.8 프로그래밍 실습	7장. 배열	7.7 생략 가능
	8.1 함수의 종류와 실행 순서 / 8.2 라이브러리 함수 8.3 사용자 정의 함수 / 8.4 프로그래밍 실습	8장. 함수	
10	8.5 함수의 원형 선언 / 8.6 함수의 인수 전달: 값에 의한 호출 8.7 void / 8.8 프로그래밍 실습		
	8.9 함수의 인수 전달: 주소에 의한 호출 8.10 호출된 함수가 또 다른 함수 호출하기 8.11 배열을 함수로 전달하기		8.13 프로그래밍 실습의 일부와 병행 가능
11	8.12 난수 구하기 8.13 프로그래밍 실습 8.14 재귀 함수		8.14 생략 가능 / 8.13의 프로그래밍 실습은 따로 분리하여 두 시간 실습으로 가능
	9.1 지역 변수 / 9.2 전역 변수 / 9.3 자동 변수 / 9.4 정적 변수 9.5 외부 변수 / 9.6 레지스터 변수 / 9.7 프로그래밍 실습	9장. 변수의 참조 영역과 지속 기간	9.4~9.6 생략 가능
12	10.1 포인터란? / 10.2 포인터의 사용 10.3 포인터의 덧셈과 뺄셈 / 10.4 포인터와 배열은 친구 10.5 포인터와 함수 / 10.6 프로그래밍 실습	10장. 포인터	
13	10.7 포인터와 문자열 / 10.8 char형 포인터 배열 10.9 프로그래밍 실습		10.8 생략 가능
	11.1 구조체란? / 11.2 구조체 정의와 변수 선언 11.3 구조체 배열	11장. 구조체	
14	11.4 구조체 포인터 / 11.5 함수 간의 구조체 전달 11.6 프로그래밍 실습		
	11.7 동적 기억장소 할당 / 11.8 프로그래밍 실습 11.9 char형 포인터와 동적 할당		11.7~11.9 생략 가능
15	12.1 파일이란? / 12.2 파일 처리 과정 12.3 형식을 지정한 파일 입출력 / 12.4 문자 단위 파일 입출력 12.5 문자열 단위 파일 입출력 / 12.6 프로그래밍 실습	12장. 파일 입출력	12.5 생략 가능
	12.7 이진 파일 입출력 / 12.8 파일의 임의 접근 12.9 프로그래밍 실습		12.7 생략 가능
16	기말고사		

숲과 나무 이야기

C 프로그래머 성장 전략 맵

프로그래밍을 잘하려면 어떻게 해야 하나요?

우선 프로그래밍에 대한 열정이 있어야 한다. 문제를 풀기 위해 밤새워 고민할 수 있는 승부근성이 있어야 하며, 문제를 해결했을 때 무한한 희열과 환희를 느낄 수 있어야 한다. 그래야만 프로그래밍에 재미가 붙고, 자신감이 생긴다. 또한 다른 사람이 작성한 코드를 보면서 분석하고, 혼자서 적용해 보려는 노력을 그치지 않아야 한다. 스스로 이런 준비가 되어 있다고 판단한다면 프로그래머로서의 자질이 충분한 사람이다.

C는 C++를 학습하기 전에 반드시 먼저 학습해야 하는 과정인가요?

그렇다. C는 C++보다 먼저 학습해야 한다. 일부에서는 C를 배우지 않고, C++를 먼저 배워도 괜찮다고 한다. 하지만 그 경우도 대부분의 시간을 C를 배우는 데 할당한다. C++는 C의 기본적인 기능에 객체 지향적 개념이 추가된 것이기 때문이다. 모든 것이 그렇듯 단계를 밟아 시간과 노력을 제대로 투자했을 때만 진정한 전문가로서의 기술력을 갖추게 된다.

1단계 : 기초 다지기

C 프로그래밍을 하려면 다음 항목의 기본을 제대로 익혀두어야 한다.

- 전산 개론
- 운영체제의 개념 및 운용 방법
- 각종 응용 프로그램의 사용법

목표 : 운영체제의 기본 개념 등 컴퓨터 관련 기본 지식을 바탕으로 응용 프로그램(특히 편집기) 이용에 익숙해져야 한다.

수준 : 학교에서 전산 개론이나 실용 전산 과정을 이수한다.

▶

이 책은 여기까지

2단계 : 초보자 탈피하기

C 프로그래밍의 기본을 갖춘다.

- 알고리즘에 대한 이해
- C 언어를 자유롭게 사용
- 배열에 대한 개념 이해
- 함수를 이용한 모듈 설계

목표 : C의 언어적 특성을 이해하고 구조적인 프로그램을 제작할 수 있다.

수준 : 현장에서 기본은 한다.

▼

3단계 : 중급자로 거듭나기

고급 기법을 통해 좀 더 빠르고 효율적인 실용 프로그램을 제작할 수 있도록 준비한다.

- 포인터와 배열에 대한 관계 이해
- 구조체에 대한 이해와 활동
- 동적 할당과 파일에 대한 이해

목표 : 기본적인 자료 구조 활용법과 프로젝트 수행

수준 : 현장에서 제 몫을 한다.

◀

4단계 : 전문가로 거듭나기

C 프로그래밍 관련 응용 분야를 이해하고, 다른 프로그래밍 언어에 대한 학습으로 연계한다.

- 윈도우/멀티미디어 프로그래밍
- 네트워크 프로그래밍
- NET/J2EE 프로그래밍
- 시스템 프로그래밍
- 게임 프로그래밍
- 컴포넌트 프로그래밍
- 모바일 프로그래밍
- 웹/데이터베이스 프로그래밍

목표 : 다양한 환경(언어와 플랫폼)에서의 실전 연습으로 고급 기술력 습득한다.

수준 : 하고 싶은 일을 선택한다.

C 프로그래밍 관련 학습 로드맵

전문가 과정

전문가다운 기술력 향상을 위해 컴포넌트 설계 및 응용에 필요한 COM과 ATL을 이용한 프로그래밍 기술을 익힌다.

중급자 과정

Visual C++를 이용한 MFC, 프로그래밍을 통해 멀티미디어 윈도우 애플리케이션 제작에 필요한 기본 기술을 익히고, 네트워크와 시스템 프로그래밍에 필요한 기술을 습득한다.

입문자 과정

기본적인 C 프로그래밍 능력과 윈도우 API를 이용한 윈도우 프로그래밍 기법을 배운다. 더 나아가 C++를 이용한 객체 지향 프로그래밍에 익숙해질 수 있도록 한다.

contents

chapter 04 연산자

chapter 05 제어문

chapter 06 전처리기

chapter 07 배열

chapter 08 함수

chapter 09 변수의 참조 영역과 지속 기간

chapter 10 포인터

chapter 11 구조체

chapter 12 파일 입출력

chapter

1

C 언어 개요

1.0 개요

C 프로그램(program)을 배우면서 컴퓨터(computer), 프로그래밍 언어(programming language), 알고리즘(algorithm), 컴파일러(compiler), 자료구조(data structure), 프로그램 개발 도구 등의 용어를 자주 듣게 된다. 이러한 내용들은 대부분 전공과목 하나로 배워야 깊게 이해할 수 있다. 그러므로 이 장에서는 프로그램에 초점을 맞추어 필요한 부분만 간략하게 소개한다. 그리고 프로그램을 편리하게 개발할 수 있도록 만들어진 비주얼 C++ 2010 익스프레스(Visual C++ 2010 Express)를 사용하는 방법을 배운다.

우리는 TV를 볼 때 다른 사람에게 이렇게 묻곤 한다. "오늘 무슨 프로그램 해?", "지금 무슨 프로그램 해?", "저 프로그램은 뭐야?" 이때의 프로그램과 컴퓨터 프로그램은 같은 개념이다. 컴퓨터 앞에서는 "오늘은 어떤 프로그램을 짜야 하지?", "지금 컴퓨터에서 실행되는 프로그램은 어떤 프로그램이야?", "얼굴 인식하는 프로그램이 있어?" 등의 질문을 할 것이다. 특히 스마트폰(smart phone) 사용자들이 "요즈음 좋은 앱 있어?", "이 앱은 어떻게 사용하는 거야?", "이 앱 어때?" 등의 질문을 할 때 말하는 앱은 특정 목적에 맞게 개발된 응용 프로그램(application program)을 줄인 말이다.

'커플 메이킹'이란 TV 프로그램은 [그림 1-1]처럼 짜여 있다. 여자 5명, 남자 5명이 나와서 정해진 순서대로 무언가를 진행하고, 서로의 커플 결정 의사에 따라 커플이 되기도 하고 안 되기도 한다. 즉 이 TV 프로그램은 남녀 각각 5명에 대해 커플 결과가 나오도록 진행할 내용을 순서대로 짜놓은 것이라 할 수 있다.

그림 1-1 '커플 메이킹' 프로그램: 남녀 각 5명으로 커플 만들기

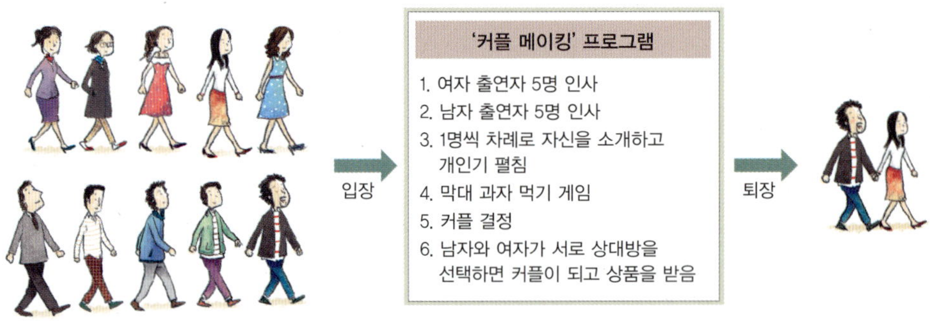

컴퓨터 프로그램도 이와 비슷하다. 컴퓨터 프로그램은 [그림 1-2]와 같이 수집한 여러 가지 데이터(data)에 대해 정해진 절차대로 특별한 처리를 수행하여, 의사 결정에 사용할 수 있는 정보(information)를 얻기 위해 컴퓨터에게 내리는 명령을 모아놓은 것이다.

그림 1-2 컴퓨터 프로그램: 10과목의 점수로부터 평균, 최소 점수, 최대 점수 구하기

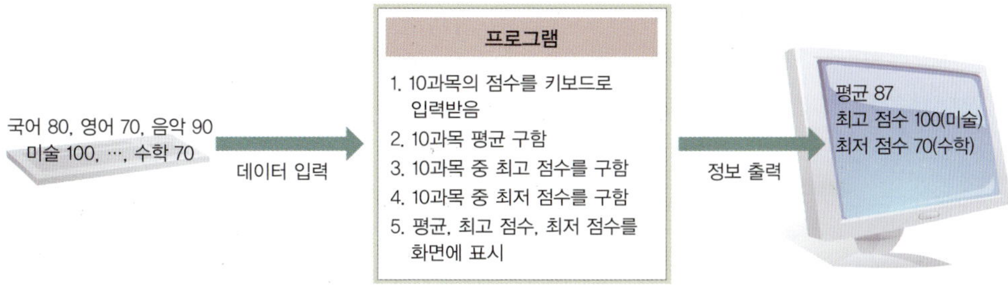

[그림 1-2]의 프로그램은 사용자가 입력한 10과목의 점수(데이터)에 대해 1~5 과정을 순서대로 처리하여 평균, 최고 점수, 최저 점수의 정보를 제공한다. 프로그램 사용자는 이 정보로부터 해당 학생은 성적이 괜찮으며 특히 미술을 잘하고 수학에 약하다는 판단을 할 수 있다. 사실 [그림 1-2]는 데이터가 10개밖에 없으므로 사람이 직접 계산하여 정보를 구할 수 있다. 하지만 수십만 명의 10과목 점수에 대한 것이라면 상황은 달라진다. 많은 데이터를 빠르고 정확하게 처리하여 정보를 제공하는 프로그램이 절실히 필요해진다. 이제부터 C 프로그램과 관련하여 컴퓨터 개요, C 프로그래밍 언어 특징, C 프로그램의 개발 과정을 살펴보자.

1.1 프로그램의 이해

1.1.1 컴퓨터의 구성

컴퓨터는 데이터를 가공하여 정보를 얻기 위해 계산을 하는 단순한 기계(machine)로, 영어로는 computer라고 한다. 단순한 기계인 컴퓨터가 강력한 이유는 계산을 통해서 할 수 있는 일이 상상 이상이기 때문이다. [그림 1-2]와 같이 컴퓨터를 통해 10개의 점수가 계산되어 평균이 나온다는 것은 당연하다고 생각할 수 있다. 그러나 음악을 듣고 동영상을 보고 통신을 하고 게임을 하는 등 수학적인 계산으로는 안 될 것 같은 일들도 컴퓨터의 내부적인 계산을 통해 모두 처리할 수 있도록 해준다.

[그림 1-3]처럼 파일명의 확장자가 avi나 wmv인 동영상은 사람이 쉽게 해석할 수 없는 0과 1의 조합인 단순한 데이터 파일이다. 그러나 이 데이터 파일이 컴퓨터를 통해 해석되어 화면에 동영상으로 재생되면 사람에게 의미가 있는 정보가 된다. 동영상 파일이 화면에 재생될 수 있는 이유는 컴퓨터를 구성하는 하드웨어(hardware)가 소프트웨어(software)인 동영상 재생 프로그램을 실행하기 때문이다. 즉 컴퓨터는 물리적(physical) 장치인 하드웨어와 이 하드

웨어에 의해 실행되는 프로그램인 소프트웨어로 구성된다.

그림 1-3 데이터를 동영상으로 재생하는 동영상 재생 프로그램

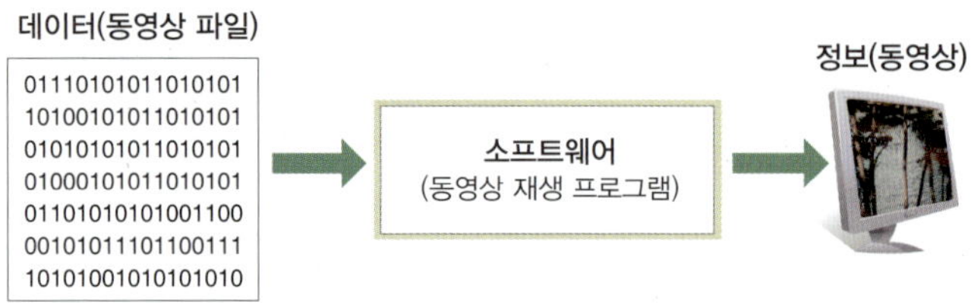

컴퓨터를 구성하는 물리적 장치인 하드웨어는 [그림 1-4]와 같이 중앙처리장치(CPU: Central Processing Unit), 기억장치(주기억장치, 보조기억장치), 입력장치, 출력장치로 구성된다.

그림 1-4 컴퓨터의 하드웨어와 사람의 신체 비교

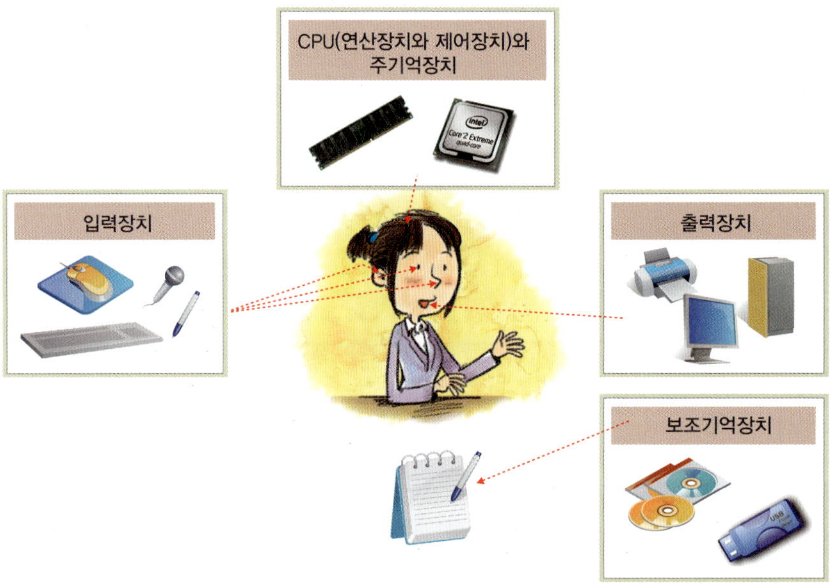

CPU는 컴퓨터 프로그램의 명령어를 해석하여 실행하기 위해 컴퓨터 전체의 동작을 제어하는 가장 중요한 장치다. 즉 CPU는 실행할 명령어를 해석하고 그 결과에 따라 데이터의 계산, 저장, 입력과 출력, 제어 등 전반적인 일을 담당한다. CPU는 처리할 명령어와 데이터를 임시로 저장하는 레지스터(register)와, 비교 연산(〉, 〈, =, ≥, ≤, ≠), 논리 연산(AND, OR, NOT), 산술 연산(+, −, ×, /)을 담당하는 산술논리 연산장치와, 오케스트라의 지휘자처럼 주변 장치로 제어 신호를 보내는 제어장치(control unit)로 구성되어 있다. CPU는 사람의 두뇌에 해당하는 장치다. 특히 레지스터는 일반 기억장치보다 훨씬 빠른 임시 기억장소로, 상대방이 불러주는 전화번호를 순간적으로 외워서 사용하는 것에 비유할 수 있다.

컴퓨터는 사람의 말, 글자 등을 곧바로 이해할 수 없다. 그러므로 컴퓨터 외부의 데이터를 컴퓨터가 이해할 수 있는 형태로 변환하는 장치가 필요한데 이것이 입력장치다. 즉 입력장치는 프로그램, 데이터, 명령을 컴퓨터 내부로 읽어 들이기 위한 장치로 키보드, 마우스, 스캐너 등이 있으며 사람의 눈, 코, 귀, 촉각 등에 해당한다.

출력장치는 컴퓨터 내부에 저장된 0과 1의 조합을 사람이 인식할 수 있는 형태(글자나 음성)로 변환해서 보여주거나 들려주는 장치로 모니터, 프린터, 스피커 등이 있으며 사람의 입, 몸짓 등에 해당한다.

주기억장치(메모리)는 실행할 프로그램, 프로그램에서 처리할 데이터, 데이터를 처리한 결과를 저장하는 장치다. CPU가 실행할 프로그램은 반드시 주기억장치에 저장되어 있어야 한다. 아래아 한글과 파워포인트 같은 응용 프로그램에서 작업할 파일이 있다면 먼저 파일을 열거나 불러오는 과정을 거쳐야 하는데 이것이 바로 다른 기억장치에 저장된 파일을 주기억장치에 저장하는 과정이다.

주기억장치에 저장된 내용은 전원이 꺼지면 모두 사라지므로 장기간 보관할 내용은 영구적으로 저장할 수 있는 하드디스크, CD-ROM, USB와 같은 보조기억장치에 저장해야 한다. 사람의 뇌는 주기억장치에 해당하며 노트와 다이어리 같은 것은 보조기억장치에 해당한다.

1.1.2 프로그램

좋은 오디오 시스템이 있지만 노래가 들어있는 CD가 없다면? 컴퓨터를 구성하는 하드웨어가 잘 갖춰져 있지만 이 하드웨어를 이용하여 좋은 정보를 제공할 소프트웨어가 없다면?

소프트웨어란 오디오 시스템에서 재생되는 노래처럼 컴퓨터 하드웨어에 의해 실행될 프로그램을 말한다. 즉 사용자가 원하는 정보(결과)를 얻을 수 있도록 컴퓨터에게 내리는 명령들을 모아 둔 것이다. 컴퓨터는 하드웨어 장치를 이용하여 적절한 소프트웨어를 실행함으로써 데이터로부터 정보를 얻기 위한 전자적 데이터 처리 장치(EDPS: Electronic Data Processing System)를 말한다.

사용자들이 시스템을 보다 편리하게 사용하고 질 좋은 서비스를 받도록 하기 위해 하드웨어 장치를 최대한 효율적으로 작동시켜 컴퓨터 처리력을 높이도록 만들어진 소프트웨어가 운영체제(OS: Operating System)다. 컴퓨터는 운영체제가 먼저 제대로 실행되어야만(부팅되어야만) 사용자가 사용할 수 있는 상태가 된다. Windows XP, Windows 7, Linux, iOS(Apple사의 스마트폰 iPhone 운영체제), Android(Google사의 Linux 기반 스마트폰 운영체제) 등이 대표적인 운영체제다. 운영체제가 있기 때문에 사용자는 편리하게 파일을 복사하고 프로그램을 실행할 수 있고, CPU 하나로 문서 편집 작업, 파일 다운로드하기, 음악 듣기를 동시에 할 수 있는 것이다.

운영체제 외에 사용자의 목적에 맞게 개발되어 배포되는 프로그램을 응용 프로그램이라고 한다. 대표적으로 아래아 한글과 워드 같은 워드 프로세서, 포토샵과 같은 그래픽 편집 프로그램, 파워포인트와 같은 프레젠테이션 제작 도구 등이 있다. 이렇게 개발되어 있는 응용 프로그램은 구입하여 이용하면 되지만, 개인이나 특정 단체의 특정 목적에 맞는 맞춤형 프로그램이 필요할 때는 프로그래머들에게 개발을 의뢰하거나 자신이 직접 개발해야 한다.

예를 들면 유명 가수의 노래 CD를 구입해서 듣는 것은 응용 프로그램을 이용하는 것에, 직접 노래를 만드는 것은 직접 프로그램을 개발하는 것에 비유할 수 있다. 이 책에서는 [그림 1-5]의 (b)처럼 자신에게 필요한 프로그램을 C 언어로 직접 개발하는 데 필요한 전반적인 기초 내용을 다룬다.

그림 1-5 실생활의 응용 프로그램과 직접 개발한 프로그램의 예

(a) 유명 가수의 노래를 활용하기 (b) 내가 직접 노래를 만들어 활용하기

1.1.3 프로그램 예와 실행 과정

[그림 1-6]에서 색칠한 부분은 삼각형의 면적(정보)을 구하기 위해 삼각형의 밑변과 높이(데이터)를 처리하는 방법을(CPU에게 지시하는 명령문) 순서대로 표현한 프로그램의 예다. CPU가 실행하는 명령이 실제로는 그림에서보다 세분화되어 있지만, 여기서는 컴퓨터 프로그램의 전체적 구성, 프로그램의 개념과 실행 과정에 초점을 맞추기 위해 단순화시켰다.

프로그램은 주기억장치에 저장 즉 적재(loading)된 후 CPU에 의해 실행된다. 실행 준비가 되면 CPU는 프로그램의 명령을 하나씩 읽어서 해석한 후 그에 따라 산술/논리 연산장치에서 계산을 하거나 다른 장치가 일을 하도록 제어 신호를 보낸다. [그림 1-6]은 CPU가 1단계를 실행하여 키보드에서 입력된 5를 side에 해당하는 기억장소에 저장한 상태를 보여준다. [그림

1-7]은 CPU가 2~4단계를 실행하여 프로그램 실행이 끝났을 때 결과가 저장된 주기억장치와 결과가 출력된 화면을 나타낸다.

그림 1-6 삼각형의 면적을 구하는 프로그램의 예

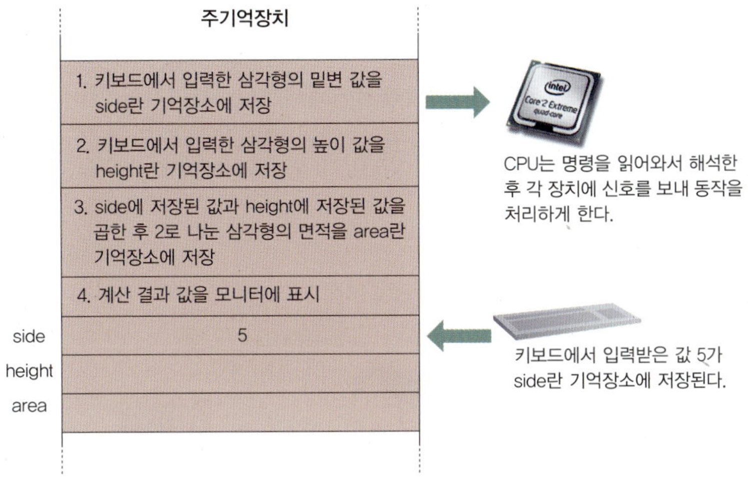

그림 1-7 프로그램 실행이 끝났을 때 주기억장소에 저장된 값과 결과 화면

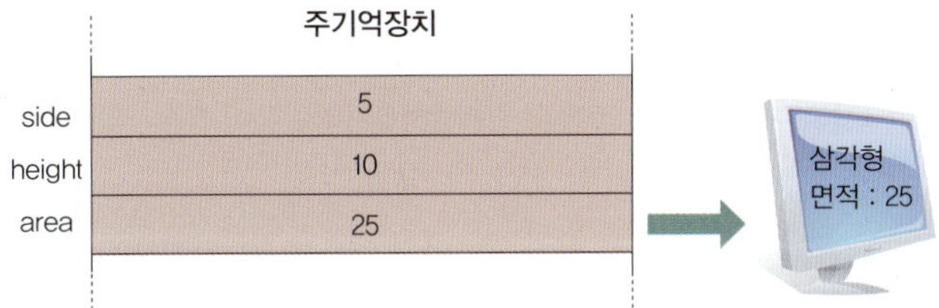

[그림 1-6]의 프로그램에서 3단계의 명령을 1단계 이전에 둔다면 어떻게 될까? 삼각형의 밑변과 높이 값도 모른 체 면적을 구한다는 것은 애당초 불가능한 일일 것이다. [그림 1-6]의 프로그램은 아주 단순하기 때문에 1~4단계까지의 처리 순서를 쉽게 결정할 수 있다. 그러나 실제로 프로그램으로 작성할 문제들은 대부분 처리 순서가 단순하지 않기 때문에 쉽게 결정할 수 없다. 더욱이 머릿속에서는 순서를 상관하지 않고 쉽게 해결할 수 있는 문제라도, 프로그램으로 작성하기 위해서는 우선 문제를 어떤 순서로 풀어가야 할지를 찾아내야 한다. 머릿속으로 해결하는 방법이 순차적이지 못한 문제는, 순서대로 계산하여 해결할 수 있는 새로운 방법을 찾아내야 한다. 이것이 프로그램을 처음 접하는 사람이 가장 어려워하는 부분이다. 그래서 이 책에서는 적당한 시점에서 지금까지 소개한 내용을 활용하여 풀 수 있는 문제를 제시하고, 이 문제를 풀기 위해 분석하는 과정과 이를 프로그램으로 작성하기 편하도록 순서대로 과정을 적는 해결 과정을 포함하였다.

1.2 프로그래밍 언어와 C 언어

사람이 사람에게 일을 시킬 때 언어를 사용하는 것처럼 컴퓨터에게 일을 시킬 때는 프로그래밍 언어를 사용한 프로그램으로 명령을 내려야 한다. [그림 1-8]과 같이 일을 시키는 사람은 한국인이더라도, 영국인에게 일을 시키려면 영어로, 프랑스인에게 일을 시키려면 불어로 명령을 내려야 할 것이다. 이처럼 컴퓨터에게 명령을 내릴 때는 컴퓨터가 이해할 수 있는 유일한 언어인 기계어(machine language)를 이용해야 한다.

그림 1-8 사람의 언어와 프로그래밍 언어

컴퓨터 하드웨어의 구조로 인해 기계어는 0과 1로만 구성된 2진 체계를 사용한다. 따라서 2진 체계에 익숙하지 않은 사람에게는 기계어로 프로그램을 작성하는 것은 어려운 일이다. 그런 이유로 ADD, STORE, LOAD처럼 사람이 이해하기 쉬운 기호를 사용할 수 있는 어셈블리어가 나왔다. 그러나 어셈블리어도 여전히 사람이 쓰는 언어와는 많이 달라 프로그램을 작성하기 어려웠고, 이를 해결하기 위해 FORTRAN(최초의 고급 언어), COBOL, BASIC, PASCAL, ADA, JAVA, C, C++, C# 등 많은 고급 언어들이 차례로 개발되었다. 고급 언어는 if, then, for, while, goto, +, - 등을 사용하며, '나이가 20살 미만이라면'을 'if (age < 20)'로 표현하여 사람이 사용하는 자연어(natural language)에 가깝게 명령을 내릴 수 있다.

프로그래밍 언어는 고급 언어(high-level), 초고급 언어, 그리고 기계어와 어셈블리어 같은 저급(low-level) 언어로 구분하기도 한다. 사람이 이해하기 쉬울수록 고급, 컴퓨터가 이해하기 쉬울수록 저급으로 분류된다. 프로그래밍 언어가 다양한 이유는 문제의 성격이 다양해짐에 따라 특정 문제에 효과적이고 편리한 언어를 개발해왔기 때문이다. 예를 들어 FORTRAN은 수식 계산 위주의 문제를 처리하기 쉬우며, COBOL은 입출력 데이터가 많은 사무 계산 업무를 처리하기 쉽다. C나 BASIC은 텍스트 기반의 프로그래밍에 적합하며, 비주얼 베이직(Visual Basic)이나 비주얼 C++는 그래픽 기반의 프로그래밍에 적합하다. 그러므로 프로그램을 개발할 때는 문제의 특성에 맞는 프로그래밍 언어를 선택하는 것이 중요하다.

1.2.1 C 언어

C 언어는 1972년 벨 연구소의 데니스 리치(Dennis Ritchie)가 DEC사의 PDP-11 미니컴퓨터에서 작동하는 유닉스(UNIX) 운영체제를 개발하기 위해 만든 언어로, 다음과 같은 특징이 있다.

- **구조화된(structured) 프로그래밍이 가능하다**

  구조화된 프로그램은 프로그램의 어느 한 부분을 잘못 만들었거나 내용을 새롭게 수정해야 할 때 해당 부분만 수정하면 되므로 빠르고 효율적이다. 구조화 작업은 크고 복잡한 문제를 여러 단계를 거쳐 작은 문제로 분할하고, 그 작은 문제를 빠르고 쉽게 프로그래밍하여 다시 조립하는 것이다. 예를 들어 자동차는 구조화가 잘 되어 있으므로 부품에 문제가 생기더라도 해당 부품만 교체하면 된다.

- **이식성(portability)이 좋다**

  이식성이 좋다는 것은 개발된 프로그램을 조금만 수정해도 다른 종류의 운영체제에서 사용할 수 있다는 뜻이다. 대부분의 나라에서 아라비아 숫자를 사용하는 것처럼 대부분의 컴퓨터 기종에서 C 언어를 지원하기 때문에 도스(DOS) 운영체제용으로 작성한 프로그램도 조금만 수정하면 유닉스나 OS/2 운영체제에서 사용할 수 있다.

- **가볍고 효율적이다**

  C 언어는 이전에 나온 어떤 언어보다 작고 효율적이다. 작다는 것은 하나의 기능을 구현했을 때 다른 언어에 비해 프로그램의 크기가 작다는 의미다. 프로그램의 크기가 작으면 CPU가 실행할 내용이 적어지므로 효율적이고 실행 속도도 빨라진다.

- **컴퓨터 하드웨어를 세밀하게 제어할 수 있다**

  C 언어는 특정 기억장소를 직접 지정하여 값을 저장하거나, 입력장치의 값을 가로채는 등 컴퓨터의 하드웨어 자원인 CPU와 주기억장치 등을 직접 제어할 수 있다. 하드웨어를 제어하는 가장 강력한 언어는 어셈블리어지만 사용하기 어렵고 에러를 수정하기 어렵다는 치명적인 단점이 있다. 사용하기 쉬우면서도 어셈블리어에 뒤지지 않을 만큼의 하드웨어 제어 능력이 있는 언어가 C다. C 프로그램에서는 어셈블리어 코드를 가져와서 사용할 수도 있다. 그 외도 C 언어는 사용자가 다양한 자료형을 직접 만들어 사용할 수 있으며, 포인터를 이용함으로써 변수, 배열, 구조체, 공용체, 함수 등을 모두 인수로 전달할 수 있다.

1.3 프로그램 개발 과정

프로그램을 개발하는 과정은 다양하며 단계가 많지만 여기서는 [그림 1-9]처럼 단순화하여 설명한다.

그림 1-9 단순화한 프로그램 개발 과정

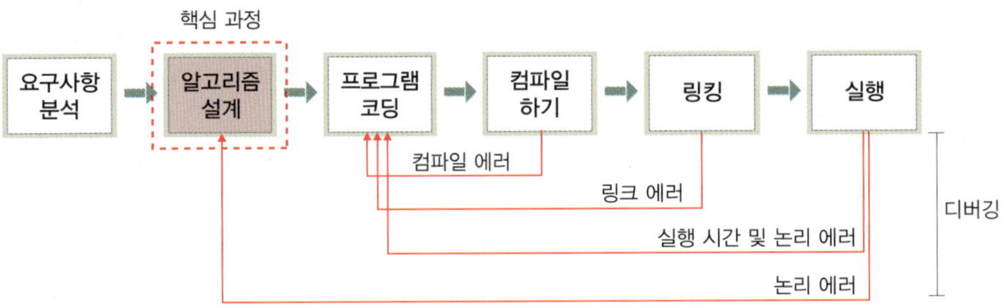

- **요구사항 분석**

  개발할 프로그램의 내용과 성격을 파악하고 프로그램 사용자가 요구하는 사항이 무엇인지를 분석하는 단계다. 예를 들어 프로그램을 실행할 때 어떤 자료를 입력해야 하는지(프로그램의 입력: 데이터), 프로그램에서 구할 값이 무엇인지(프로그램의 결과: 정보), 결과 화면을 어떻게 구성할 것인지 등을 검토한다.

- **알고리즘 설계(순서도/의사코드 작성)**

  프로그램의 요구사항을 분석했다면 이제는 프로그램의 알고리즘을 설계한다. 알고리즘(algorithm)이란 [그림 1-10]과 같이 주어진 문제를 풀기 위한 방법을 순서대로 표현한 것이다.

그림 1-10 실생활과 컴퓨터 프로그램의 알고리즘 예

1. 도서관에서 자료를 수집한다.
2. 집으로 돌아와서 컴퓨터로 과제물을 완성한다.
3. 컴퓨터에 있는 과제물을 USB에 저장한다.
4. 학교에 USB를 갖고 간다.
5. 집에서 가져온 USB에 저장된 과제물을 강의실 컴퓨터로 옮긴다.
6. 과제물을 발표한다.

(a) 학교 과제물 발표하기의 알고리즘

1. 학생 100명의 점수를 입력받는다.
2. 입력받은 점수 100개의 합을 구한다.
3. 합을 100으로 나누어 평균을 구한다.
4. 각 학생마다 점수와 평균과의 차이를 구한다.
5. 각 학생의 점수, 평균과의 차이를 화면에 출력한다.

(b) 학생의 성적 처리 알고리즘

알고리즘은 순서도(flow chart)나 의사코드(pseudo code)를 이용하여 나타낸다. 순서도는 미리 약속된 도형과 화살표를 이용하여 일의 흐름을 한눈에 볼 수 있도록 나타낸 것으로, 순서도를 이용하면 알고리즘을 논리적이고 체계적으로 작성할 수 있다. 의사코드(pseudo code)는 사람이 사용하는 자연어와 프로그래밍 언어의 중간 수준으로 알고리즘을 표현한 것이다. 의사코드를 미리 완성해두면 실제 사용할 프로그래밍 언어로 알고리즘을 쉽게 표현할 수 있다.

알고리즘의 중요성은 아무리 강조해도 지나치지 않다. [그림 1-10(a)]에서 3단계와 4단계 순서를 바꾸면 어떻게 될까? 과제물을 열심히 작성하였지만 학교에 가져오지 않게 되는 것이다. 이처럼 잘못된 순서로 일을 하면 결과를 제대로 얻을 수 없을 뿐 아니라 일을 다시 처리해야 하는 경우까지 생길 수 있다. 이러한 시간과 노동의 낭비는 컴퓨터 프로그램 개발 과정에서도 번번히 일어난다. 따라서 알고리즘 설계는 프로그램의 효율성과 정확성을 결정하는 매우 중요한 과정이라고 할 수 있다.

아주 간단한 프로그램은 요구사항 분석과 알고리즘 설계 과정을 생략할 수 있다. 하지만 우리의 최종 목표는 규모가 있는 프로그램을 개발하는 것이다. 따라서 요구사항 분석과 알고리즘 설계 과정을 습관화하는 것이 바람직하다. 얼핏 생각하면 C 프로그램을 작성하는 코딩 단계가 가장 중요할 것 같지만 실제로는 알고리즘 설계 과정에서 많은 시간을 투자한다. 10층 건물 중 7층까지 지었는데 1층 로비의 설계가 잘못되었다는 것을 알게 되면 어떻게 할까? 깊이 생각하지 않아도 해결하기 어려운 상황임을 잘 알 것이다. 실제 프로그램 개발 과정에서도 프로그램이 거의 완성되었을 즈음 테스트를 하다가 알고리즘이 잘못된 것을 발견한다면 최악의 경우 프로그램을 전면 수정해야 할 수도 있다. 이러한 이유로 이 책에서는 정확한 알고리즘을 찾을 수 있도록 간단한 분석 및 해결 과정을 포함하고 있다. 프로그램을 보기 전에 반드시 먼저 확인하기 바란다.

- **프로그램 코딩(coding)**

알고리즘을 특정 프로그래밍 언어로 옮기는 작업을 코딩이라고 한다. 코딩 과정을 마친 프로그램은 소스 코드(source code), 소스 파일, 소스 프로그램이라고 한다.

- **컴파일하기(compiling)**

고급 언어로 코딩한 소스 프로그램을 곧바로 컴퓨터에서 실행할 수는 없다. 영국인에게 한국말로 얘기하면 이해하지 못하는 것처럼 컴퓨터는 고급 언어로 작성한 명령을 전혀 이해할 수 없다. 그러므로 [그림 1-11]의 통역자처럼 고급 언어로 작성한 소스 프로그램을 기계어로 번역하는 무언가가 반드시 필요하다. 이러한 통역자 역할을 하는 것이 바로 컴파일러(compiler)라는 프로그램이다. 컴파일러가 소스 프로그램을 기계어로 번역한 것은 오브젝트(object) 프로그램이라고 한다.

그림 1-11 통역자와 컴파일러

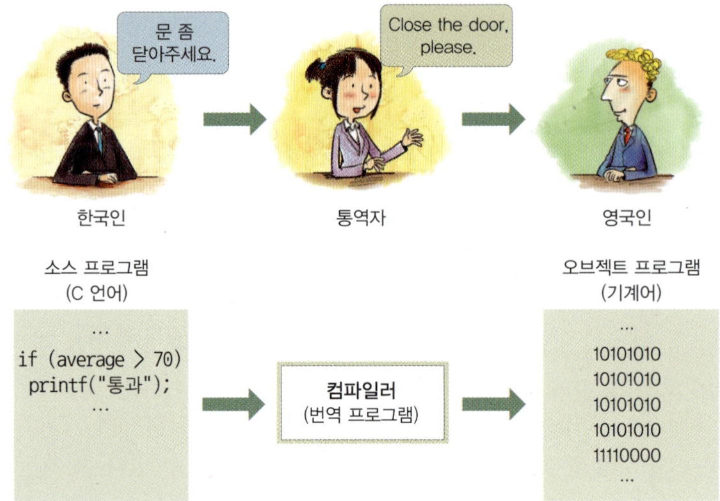

- **링킹(linking)**

컴파일러가 생성한 오브젝트 프로그램이 기계어로 되어 있더라도 컴퓨터가 곧바로 실행할 수 있는 실행형 프로그램이 되려면 링킹 과정을 거쳐야 한다. 링킹은 분리된 여러 개의 파일을 하나로 합치는 과정이다. 개발할 프로그램이 큰 문제를 다룬다면 여러 소스 프로그램 파일로 나누어 작성할 수도 있다. 또한 프로그래머는 모든 코드를 직접 작성하지 않고 C 언어에서 미리 제공하는 라이브러리(library)를 이용할 수도 있다. 이런 경우에 여러 소스 프로그램 파일을 하나로 합치고 라이브러리와 관련된 코드를 실제 오브젝트 프로그램 안에 포함시켜 파일을 한 개로 만드는 링킹 과정을 거쳐야 한다. 이러한 링킹을 담당하는 프로그램을 링커(linker)라고 한다. 이 과정을 거치면 [그림 1-12]와 같이 컴퓨터가 곧바로 실행할 수 있는 실행 파일이 만들어진다.

- **실행(executing)**

링킹 과정을 거쳐 생성된 실행 프로그램 파일은 로더(loader)에 의해 주기억장치에 적재(loading) 즉 저장된 후 CPU에 의해 실행된다.

그림 1-12 실행 파일 생성 과정 및 디버깅 과정

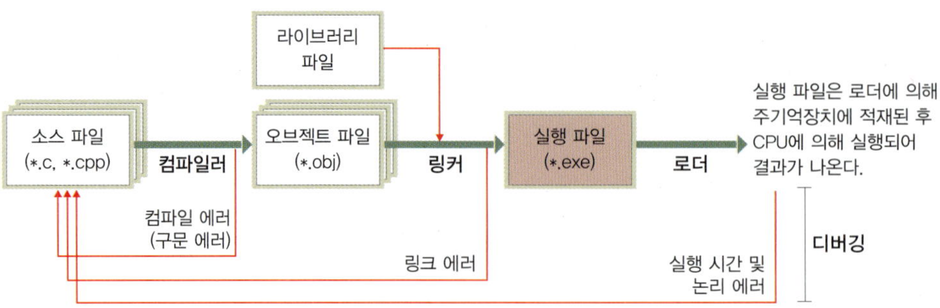

• **디버깅(debugging)**

작성한 소스 프로그램에 잘못된 것이 없다면 실행을 통해 결과를 얻을 수 있다. 그러나 전문 프로그래머라 하더라도 완전한 프로그램을 개발하려면 [그림 1-12]의 아래쪽과 같은 디버깅 과정을 거쳐야 한다. 프로그램이 제대로 실행되는 것을 방해하는 에러를 버그(bug)라고 하며, 이러한 버그를 찾아서 제거하는 작업을 디버깅(debugging)이라고 한다. 프로그래밍 입문 과정에서 어렵고 힘든 과정 중의 하나가 이 디버깅 과정이다. 왜냐하면 숨어있는 버그를 찾기 위해 프로그램 소스 코드를 꼼꼼하게 추적(trace)해야 하므로 인내심과 세심함을 요구하기 때문이다.

프로그램의 에러는 [표 1-1]과 같이 나눌 수 있는데 에러가 발생할 때마다 소스 프로그램을 수정하고 컴파일하고 링크하고 로드하여 실행하는 과정을 반복해야 한다.

표 1-1 에러의 종류와 예

종류(발생 시점)	예
컴파일 시간 에러 (컴파일 과정)	– sum이란 변수를 선언하지 않고 sum=0;과 같이 변수를 사용한 경우 – int sum 선언문 뒤에 ;을 생략한 경우
링크 에러(링킹 과정)	– main 함수의 이름을 mian으로 잘못 지정하여 main 함수가 프로그램에 없는 경우
실행 시간 에러(실행 과정)	– 나누기 연산에서 0으로 나누기를 시도한 경우 – fopen("data.txt", "r");을 실행할 때 data.txt 파일이 존재하지 않아 열 수 없는 경우
논리 에러 (알고리즘 설계 과정)	– 5!(factorial)을 구할 변수 result를 1이 아닌 0으로 초기화하여 result가 120이 아닌 0이 된 경우 – 무한 반복이 되어 프로그램 실행이 끝나지 않는 경우 – a, b, c 중 실제로 제일 큰 값은 c인데 결과는 a가 나온 경우

'I am a student.'를 'I a student am.'으로 표현하면 문법적으로 잘못된 것이다. 이처럼 C 언어에서도 'a가 0보다 작다면'을 'if (a〈0)'가 아니라 'if a〈0'으로 표현하면 ()가 없으므로 에러가 발생한다. 언어의 문법에 해당하는 C 언어의 구문(syntax) 규칙을 어기면 구문 에러가 발생하며, 컴파일 시간(compile-time) 에러의 대부분이 구문 에러다.

프로그램이 실행되지만 틀린 결과를 내는 논리 에러는 알고리즘이 잘못되어 발생한다. 실제 디버깅 과정에서 가장 해결하기 어려운 에러는 논리(logic) 에러다. 컴파일 에러는 책을 보거나 프로그램 개발 도구에서 제공하는 에러 메시지를 통해 해결하기 위한 도움을 얻을 수 있지만, 알고리즘 에러는 프로그래머가 직접 찾아야 하기 때문이다. 논리 에러는 쉽게 찾을 수 없으므로 프로그램의 명령문을 실제 실행하는 것처럼 결과 값을 확인하면서 명령문이 실행되는 순서대로 추적해야 한다. 이러한 추적을 통해 알고리즘에 근본적으로 문제가 있다면 최악의 경우 알고리즘 설계 단계부터 다시 시작해야 한다. 그러므로 이러한 상황을 피하려면 알고리즘 설계 단계까지의 시간을 충분히 할당해야 한다.

1.4 비주얼 C++ 2010 익스프레스 설치와 사용

1.4.1 비주얼 C++ 2010 익스프레스 설치

비주얼 C++ 2010 익스프레스는 교육이나 비상업적 목적으로 무료로 설치할 수 있는 C/C++ 프로그램 개발 도구(tool)다. [그림 1-12]에서 소개한 것처럼 프로그램을 개발하려면 소스 코드 편집기, 컴파일러, 링커, 디버거(디버깅을 도와주는 프로그램) 등이 필요하다. 비주얼 C++는 이 모든 것을 통합하여 한꺼번에 제공하므로 통합 개발 환경(IDE: Integrated Development Environments)이라고 한다. 비주얼 C++ 2010 익스프레스 설치 프로그램은 다음과 같이 마이크로소프트 다운로드 사이트에서 다운받을 수 있다. 주소는 변경될 수 있으므로 마이크로소프트사의 공지 사항이나 검색을 통해 찾는 것도 좋다.

1 ① 마이크로소프트 다운로드 사이트(http://www.microsoft.com/express/Downloads)에 접속한다. ② 창 아래쪽으로 스크롤하여 'Visual C++ 2010 Express'를 찾아서 클릭한다. ③ 새로 나타난 웹 페이지 오른쪽 하단에서 'Select language…(언어 선택…)'를 클릭하여 '한국어'를 선택하고 ④ [INSTALL NOW(지금 설치)] 단추를 클릭하여 설치 파일을 다운로드한다.

그림 1-13 설치 파일 다운로드

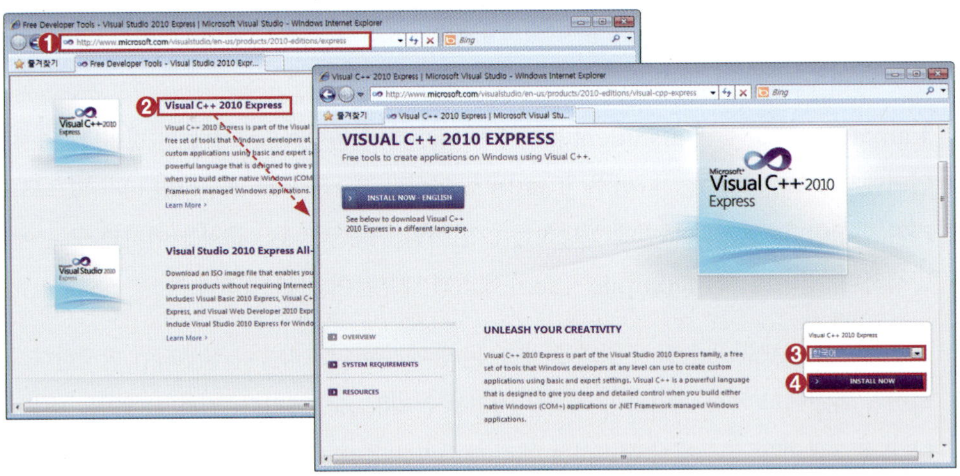

2 바탕화면에 다운로드한 파일 'vc_web.exe'를 더블 클릭하면 [설치 시작] 창이 나타난다. ① [다음] 단추를 클릭하면 사용 약관 동의 창이 나타난다. ② [사용 약관] 창의 [동의함]을 선택한 후 ③ [다음] 단추를 클릭한다.

그림 1-14 설치 시작과 사용 약관 동의

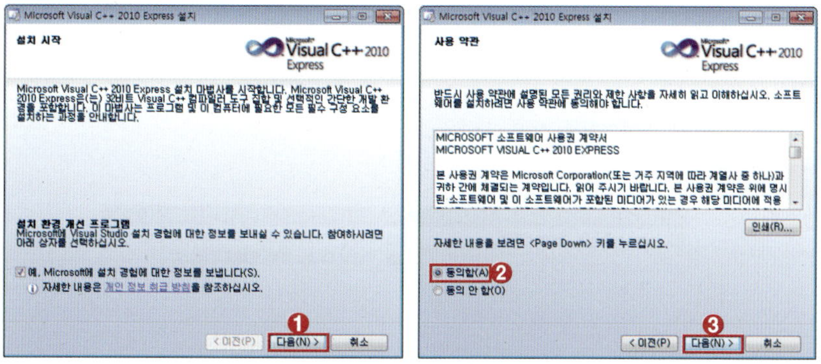

3 설치할 컴퓨터에 이전 버전의 비주얼 C++ 제품이 설치되어 있다면 [설치 옵션] 창에 나타나는 옵션 항목이 다르게 나타날 것이다. 잘 모르겠다면 ①모든 옵션 항목을 체크하여 선택한 후 ②[다음] 단추를 클릭한다. ③[대상 폴더] 창에서 [설치] 단추를 클릭한다. 설치할 폴더를 변경할 수는 있지만 기본 경로에 설치하기를 권장한다. ④[다운로드 및 설치 진행률] 창에서 설치가 완료될 때까지 기다린다. ⑤[설치 완료] 창이 나타나면 [끝내기] 단추를 클릭하여 설치를 완료한다. 시스템에 설치된 운영체제의 상태에 따라 서비스팩을 업데이트하고 컴퓨터를 재시작하라는 메시지가 나타날 수 있는데, 그럴 경우에는 안내에 따라 업데이트를 수행하면 된다.

그림 1-15 설치 옵션 설정

4 윈도우즈 작업 표시줄 왼쪽의 [시작] 단추를 클릭한 후 [프로그램]에서 [Microsoft Visual Studio 2010 Express]-[Microsoft Visual C++ 2010 Express]를 선택하면 비주얼 C++ 2010 익스프레스가 시작된다.

그림 1-16 비주얼 C++ 2010 익스프레스 실행

1.4.2 비주얼 C++ 2010 익스프레스 사용

프로그램 개발 과정에서 생성되는 파일은 상당히 많다. 이 모든 것을 다 알 필요는 없지만 비주얼 C++ 2010 익스프레스에서 프로그램을 개발하려면 솔루션(solution), 프로젝트(project), 소스 파일의 관계는 알아야 한다.

프로그래머가 작성한 소스 파일 및 프로그램 개발 과정에서 생성되는 모든 파일은 프로젝트에서 관리된다. 프로젝트 단위로 프로그램을 개발한다고 생각하면 된다. 개발할 프로그램이 여러 개라면 여러 개의 프로젝트를 만들어야 하는데 이러한 프로젝트들을 묶어서 관리하게 해주는 것이 솔루션이다. 책상(솔루션)에 C 언어에 관한 책(소스 파일)이 여러 권 쌓여 있는 것(프로젝트), 영어 회화에 관한 책(소스 파일)이 여러 권 쌓여 있는 것(프로젝트)과 같은 개념이다. 그러므로 프로그램을 개발하려면 솔루션 안에 개발할 프로젝트가 포함되어 있어야 하고 이 프로젝트 안에는 실제 소스 프로그램 파일 및 관련 파일들이 포함되어 있어야 한다. 일반적으로는 솔루션에 하나의 프로젝트만 포함시킨다. 지금부터는 프로젝트를 만들면서 솔루션을 자동으로 만든 후 프로젝트에 소스 파일을 추가하여 프로그램을 개발하는 과정을 소개한다.

프로젝트 만들기

1 윈도우즈 작업 표시줄에서 [시작]-[프로그램]-[Visual C++ 2010 Express]를 클릭하면 비주얼 C++ 2010 익스프레스 창이 나타난다. 새로운 프로젝트를 만들기 위해 [시작 페이지] 창의 [새 프로젝트]를 클릭한다. 만약 프로젝트를 실행하다가 새 프로젝트를 만들 때에는 [파일]-[새로 만들기]-[프로젝트] 메뉴를 선택하여 만들 수 있다.

그림 1-17 새 프로젝트 만들기

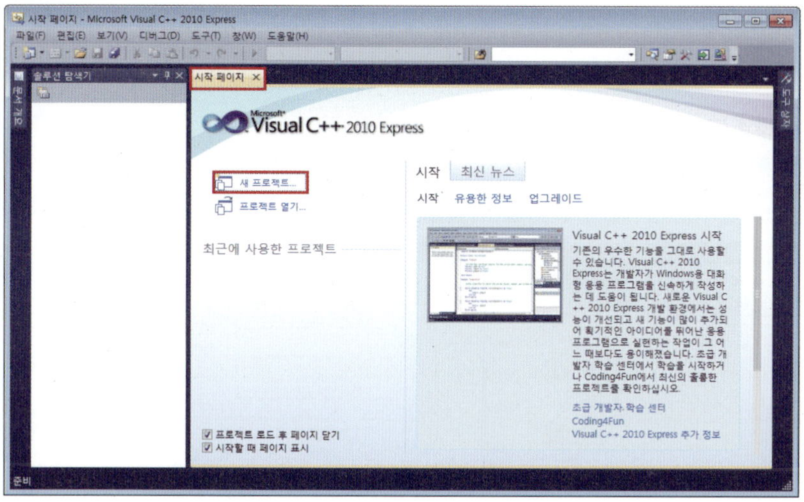

2 ①[Visual C++] 프로젝트의 유형 중에서 [Win32 콘솔 응용 프로그램]을 선택한다. ②[이름]에 프로젝트 이름 'sample'을 입력한다. [찾아보기]–[프로젝트 위치] 창에서 프로젝트를 저장할 폴더를 선택하면 [위치]가 채워진다. 폴더는 기본 위치보다 자신이 자주 사용할 폴더를 선택하는 것이 좋다. [솔루션 이름]에는 프로젝트를 추가할 솔루션 이름을 입력하는데 대부분 프로젝트 이름과 동일하게 사용하므로 변경하지 않는다. ③[확인] 단추를 클릭하면 응용 프로그램 마법사가 실행된다.

그림 1-18 프로젝트 유형, 이름, 저장 위치 설정

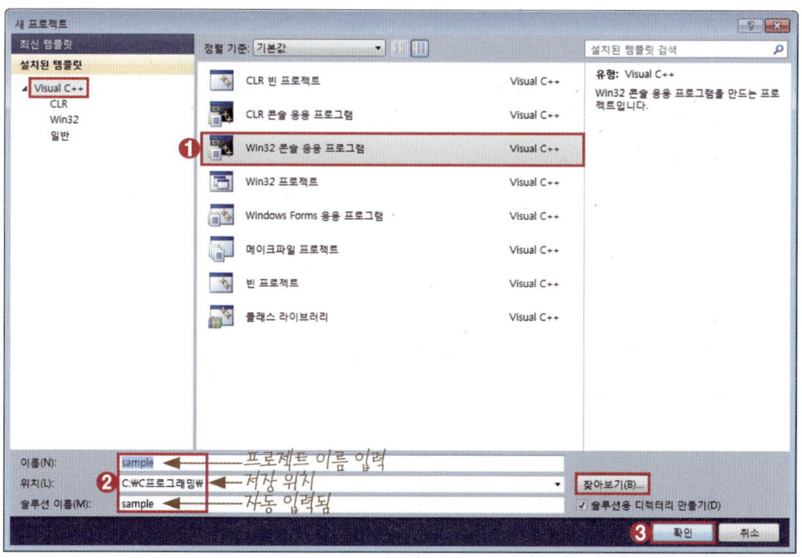

3 ①Win32 응용 프로그램 마법사가 시작되어 [Win32 응용 프로그램 마법사 시작] 창이 나타나면 [다음] 단추를 클릭한다. ②[응용 프로그램 설정] 창에서 응용 프로그램 종류를 [콘솔 응용 프로그램]으로 선택하고, ③추가 옵션을 [빈 프로젝트]로 선택한 후 ④[마침]을 클릭한다.

그림 1-19 Win32 응용 프로그램 마법사 설정

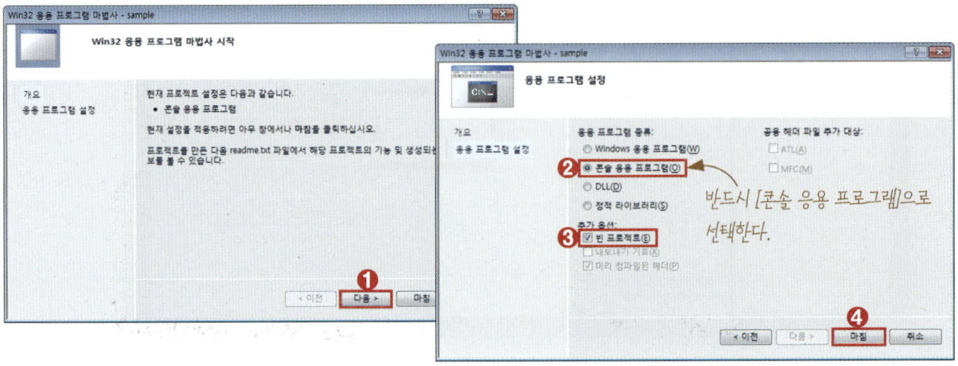

프로젝트에 소스 파일 추가하기

1 ①[솔루션 탐색기]의 [소스 파일]에서 마우스 오른쪽 버튼을 누르고 ②[추가]-[새 항목]을 클릭한다. 또는 표준 도구 모음의 새 항목 추가 단추 의 를 클릭한 후 [새 항목 추가]를 선택한다.

그림 1-20 새 소스 파일 추가

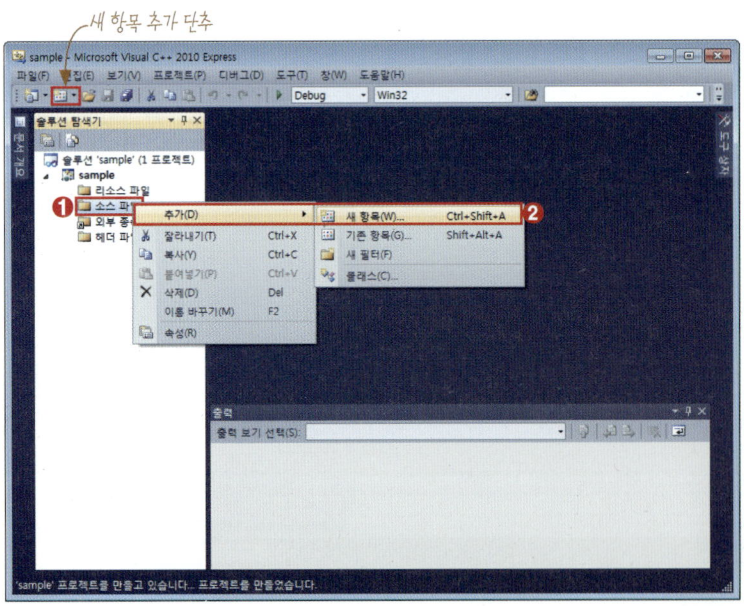

2 [새 항목 추가] 창에서 ①[C++ 파일(.cpp)]을 선택하고 ②[이름]에 소스 파일의 이름 'hello'를 입력하되 [위치]는 수정하지 않는다. 그리고 ③[추가] 단추를 클릭한다.

그림 1-21 새 소스 파일 이름 설정

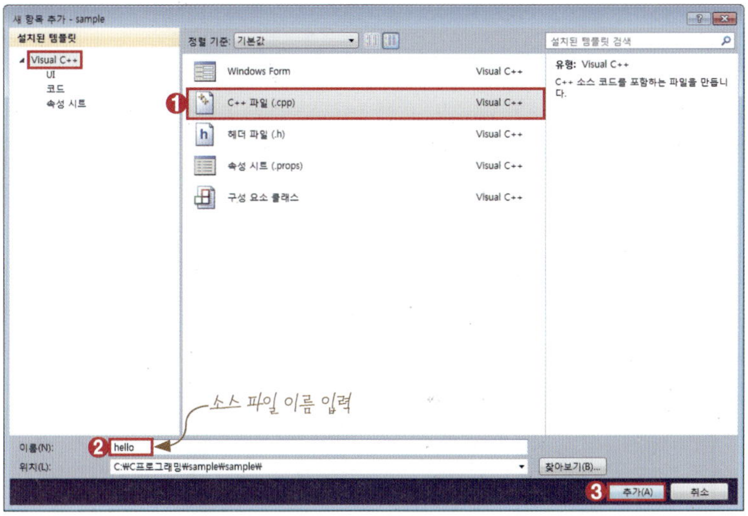

②에서 이름을 입력할 때 확장자를 생략하고 'hello'만 입력하면 자동으로 확장자가 cpp로 지정되므로 소스 파일의 이름은 'hello.cpp'가 된다. 확장자가 cpp면 C++ 언어에 맞게 컴파일되며 확장자가 c이면 C 언어에 맞게 컴파일된다. 그러므로 정확히 C 언어 구문에 맞게 컴파일하려면 확장자를 명시하여 'hello.c'로 입력해야 한다. 이 책에서는 '.c'를 붙이는 번거로움을 피하기 위해 꼭 필요한 경우를 제외하고는 확장자를 cpp로 사용한다.

3 프로젝트에 소스 파일이 추가되면서 [솔루션 탐색기] 옆에 소스 파일 편집 창이 활성화되고 커서가 나타난다. 이제 이 편집 창에서 소스 프로그램을 입력하고 편집한다.

그림 1-22 소스 프로그램 입력

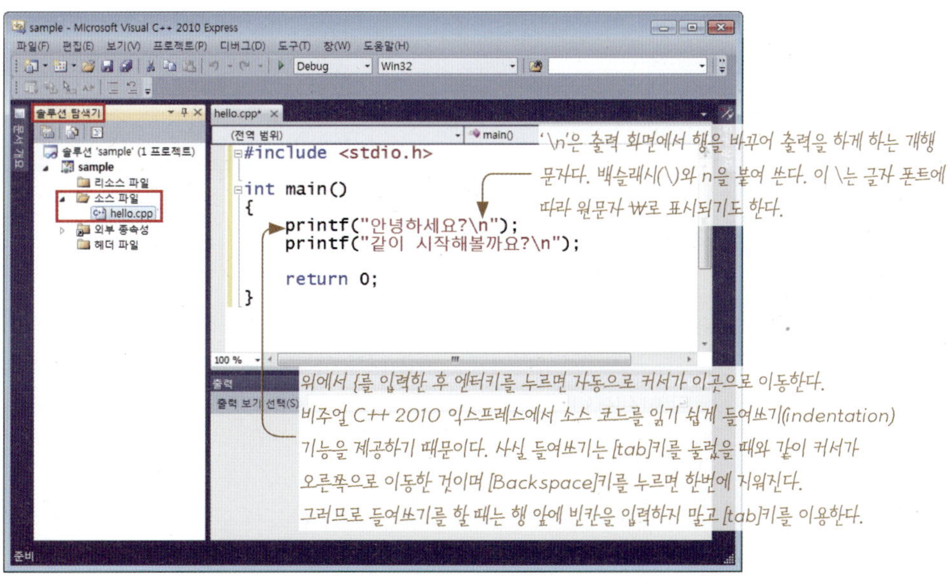

4 소스 프로그램을 모두 작성한 후 ①[디버그]–[솔루션 빌드] 메뉴를 선택하거나 단축 키 [F7]을 누르면 ②[출력] 창에 소스 프로그램을 컴파일하고 링크한 결과 즉 빌드(build)한 결과가 나타난다.

그림 1–23 컴파일과 링킹(빌드 과정)

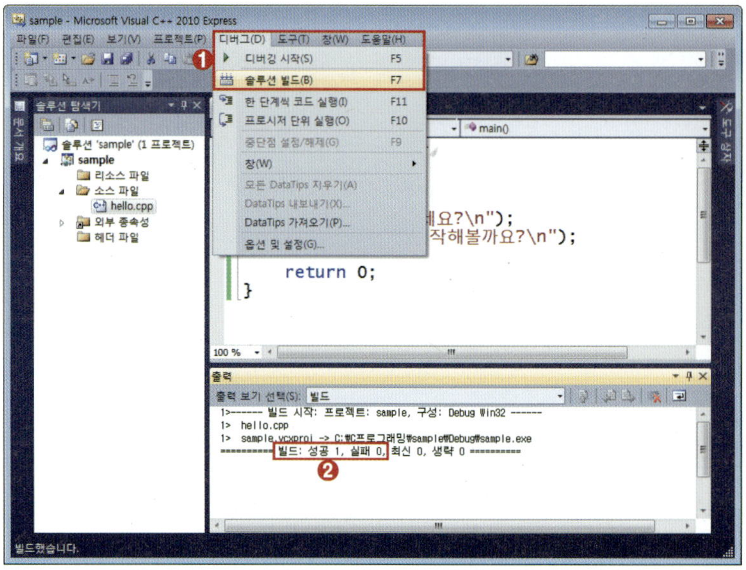

5 ①[Ctrl]+[F5]를 눌러 실행한다. 만약 '빌드하시겠습니까?'라고 물으면 ②[이 대화 상자를 다시 표시 안 함]에 체크를 하고 ③[예]를 누른다. 그러면 이후로는 이 대화 상자가 다시 나타나지 않는다. ④프로그램 실행 결과 창이 뜨고 sample.cpp 프로그램의 실행 결과가 나타난다. 프로그램 실행이 정상적으로 끝나면 '계속하려면 아무 키나 누르십시오…'가 나타나며, 아무 키나 누르면 다시 비주얼 C++ 2010 익스프레스 창으로 돌아간다. 프로그램을 다시 실행하고 싶다면 언제든 [Ctrl]+[F5]를 누르면 된다.

그림 1–24 실행 결과 화면

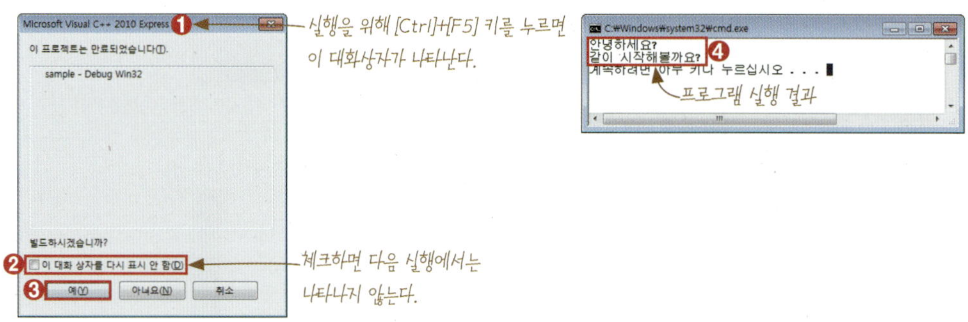

6 지금까지 개발한 프로젝트를 저장하려면 [파일]-[모두 저장]을 선택한다.

그림 1-25 프로젝트 저장

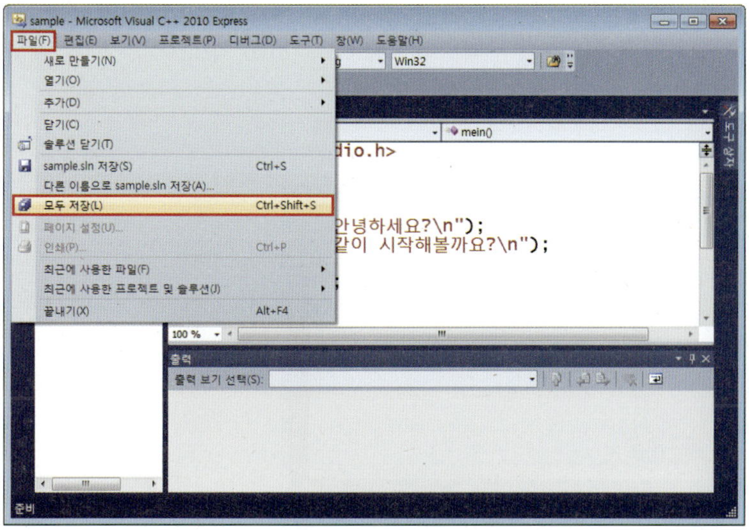

7 솔루션을 닫기 위해 [파일]-[솔루션 닫기]를 선택하면 관련된 모든 창이 닫힌다.

그림 1-26 솔루션 닫기

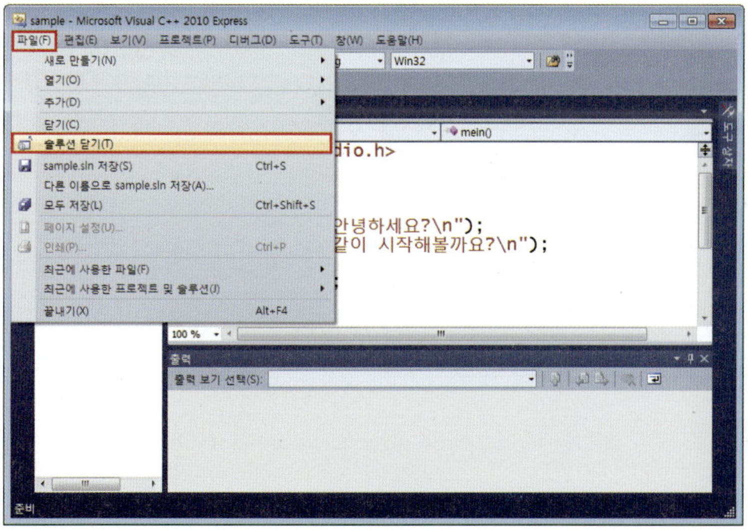

8 나중에 비주얼 C++ 2010 익스프레스를 새로 실행한 후 솔루션을 열고 싶다면 ①[파일]–[열기]–[프로젝트/솔루션]을 선택한다. 솔루션에 관련된 정보가 저장된 *.sln 파일은 프로젝트를 만들 때 [위치]에서 지정한 폴더에 저장되어 있으므로 폴더를 찾아가서 ②sample.sln 파일을 연다. 그러면 솔루션을 저장하기 직전의 상태로 비주얼 C++ 2010 익스프레스 창이 구성되므로 편리하게 이용할 수 있다.

그림 1-27 솔루션 열기

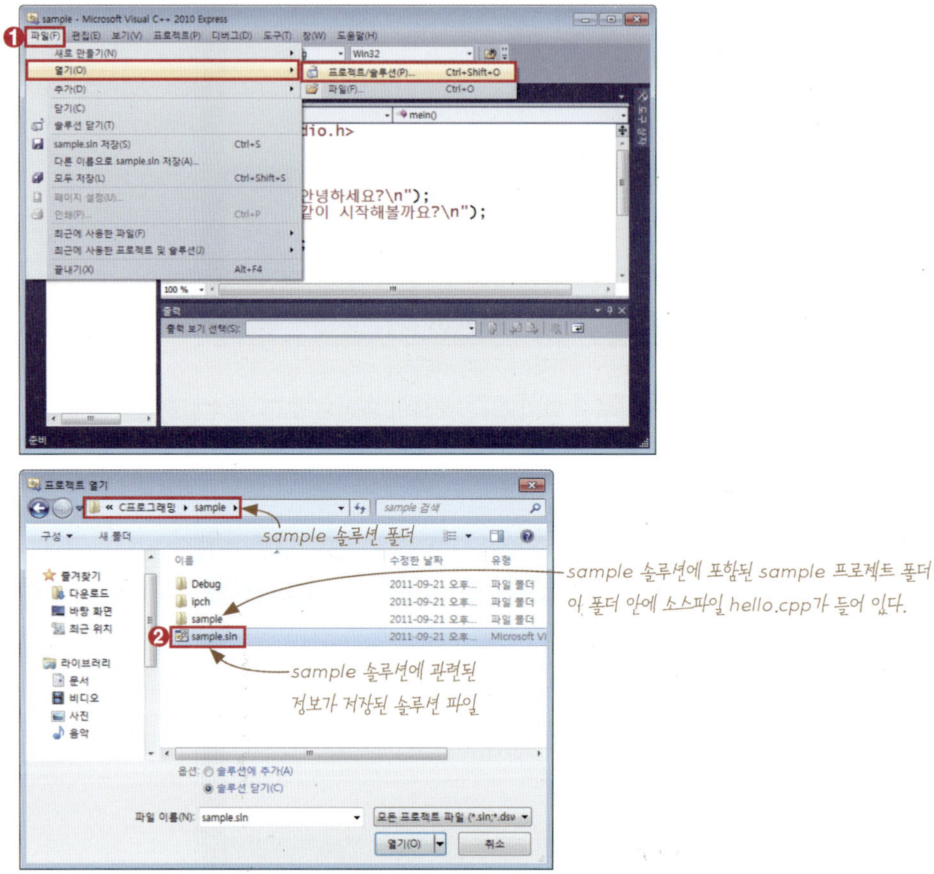

TIP [파일]–[최근에 사용한 프로젝트 및 솔루션] 메뉴에는 최근에 작업한 순서로 솔루션 목록이 나타나므로 솔루션 폴더를 찾아가는 번거로움을 덜 수 있다.

컴파일 시간 에러(구문 에러)

작성한 프로그램에 에러가 없으면 프로그램을 실행했을 때 곧바로 결과를 확인할 수 있고, 이 결과가 정확하다면 프로그램 개발은 끝이 난다. 그러나 에러가 있다면 디버깅 작업이 필요하다. 비주얼 C++ 2010 익스프레스는 빠르고 편리하게 에러를 찾고 수정할 수 있는 디버깅 기능을 제공한다. 다음 과정을 따라하면서 에러를 수정하는 방법을 알아보자.

1 소스 프로그램에서 printf 함수 호출문 끝에 있는 ';'을 모두 지워보자. 다시 빌드를 하지 않아도 확인 가능한 에러가 있다면 [그림 1-28]과 같이 즉시 소스 코드에 직접 빨간 밑줄이 나타나며 마우스를 가져가면 에러에 관한 정보가 팁으로 나타난다. 이 팁을 보고 소스 코드를 입력하면 굳이 빌드를 하지 않고도 간단한 에러는 수정할 수 있다. 여기서는 에러를 수정하는 과정을 소개하기 위해 ';'을 지운 상태에서 진행한다.

그림 1-28 소스 코드의 에러와 팁

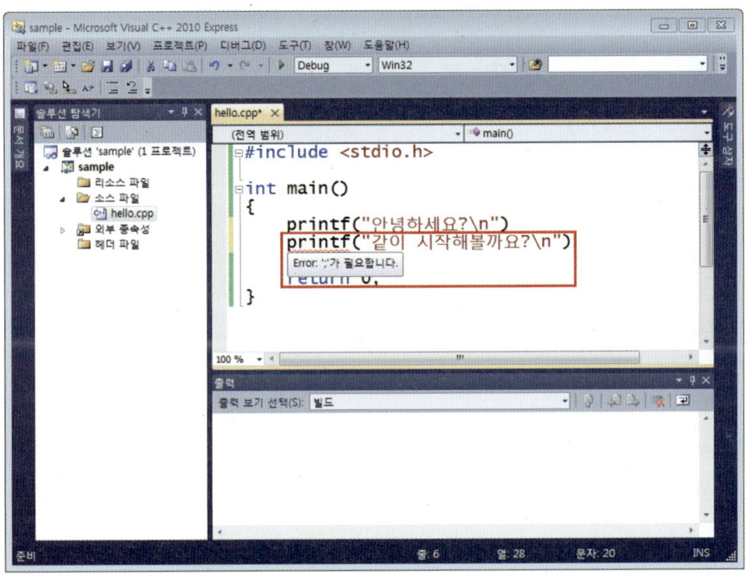

2 [디버그]-[솔루션 빌드] 메뉴를 선택하거나 곧바로 [F7] 키를 눌러 빌드하면 소스 코드에 포함된 모든 구문 에러 정보가 [출력] 창에 한꺼번에 나타난다. 이때 출력 창의 특정 에러 메시지를 더블 클릭하면 해당 코드 앞에 막대 표시가 나타나므로 쉽게 확인할 수 있다.

그림 1-29 구문 에러 발생

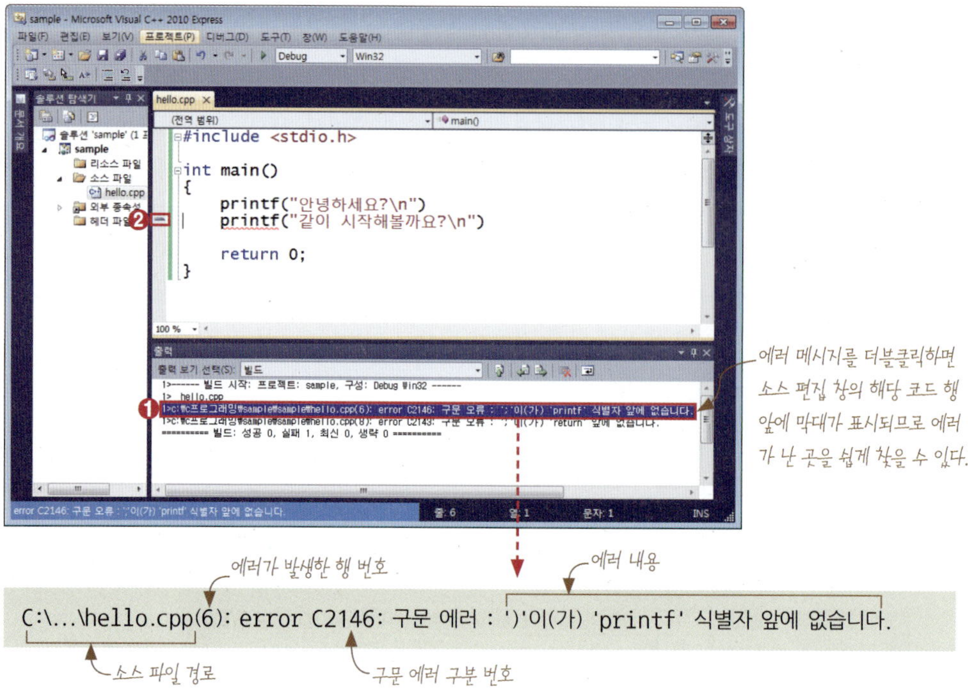

TIP 에러는 가능한 앞에 있는 것부터 수정하는 것이 좋다. 그 이유는 컴파일러가 소스 코드를 번역할 때 프로그램을 가능한 차례로 번역하기 때문이다. 그러므로 에러 메시지만으로 해당 행의 에러를 찾지 못하는 경우에는 그 이전의 행을 분석해야 한다. 그리고 앞의 에러로 인해 컴파일러가 올바른 문장도 잘못 번역하는 경우가 많기 때문에 한 개의 에러를 수정하면 그 뒤의 에러가 자동으로 제거되기도 한다. 그러므로 프로그램 작성 초기에는 에러를 한 개 수정한 후 바로 다시 빌드하면 에러를 빨리 제거할 수 있다.

3 첫 번째 에러를 살펴보자. 6행의 printf 앞에는 빈칸만 있으며 여기에 ;을 넣으면 오히려 에러가 난다. 사실 6행의 에러 메시지는 이전 행인 5행의 끝에 ';'이 빠져서 발생한 에러다. 위의 팁에서 설명한 대로 'printf의 앞'은 printf가 있는 행에서만 적용되는 것이 아니라 이 행 이전에서도 적용되는 것임을 꼭 기억하기 바란다. 두 번째 에러 역시 8행에서 발생한 에러가 아니라 8행 이전 즉 6행 끝에 ';'이 빠져서 발생한 에러다. 5행과 6행 뒤에 ;을 추가한 후 빌드하면 에러가 없음을 확인할 수 있다.

TIP 구문 에러를 수정한 후 빌드한 다음에 실행을 해야 하지만 에러 수정 후 곧바로 [Ctrl]+[F5] 키를 눌러 실행을 요청할 수도 있다. 구문 에러와 링크 에러가 없어야만 실행되므로 [Ctrl]+[F5]는 자동으로 빌드 단계를 처리해 매우 편리하다. 그러나 빌드 단계에서 에러가 있으면 다음 그림과 같이 묻는다. 에러를 수정하기 위해 [아니오] 단추를 눌러서 출력 창을 확인하고 에러를 수정하는 작업을 반복한다.

그림 1-30 빌드 에러 발생

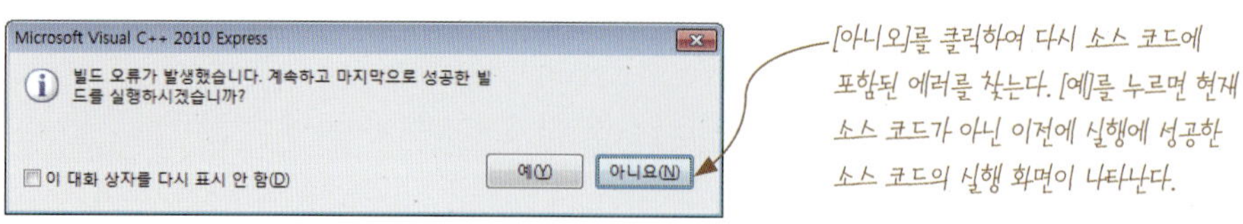

링크 시간 에러

이번에는 main()을 mein()으로 수정하여 링크 에러를 발생시켜 본다. [디버그]-[솔루션 빌드]를 선택하거나 [F7]을 누르면 다음과 같이 링크 에러가 나타난다. 프로그램 안에 main 함수가 반드시 포함되어야 하는데 mein으로 작성되어 main 함수를 찾지 못한 것이다. 이와 같이 링크 에러는 대부분 main을 잘못 적거나, main 함수를 포함하고 있는 두 개의 프로그램을 소스 파일에 같이 추가하여(프로젝트의 소스 파일에는 main 함수가 하나만 있어야 한다) 발생한다. 후자의 경우는 실행하지 않을 프로그램을 프로젝트의 소스 파일에서 제거해야 한다.

그림 1-31 링크 시간 에러 발생

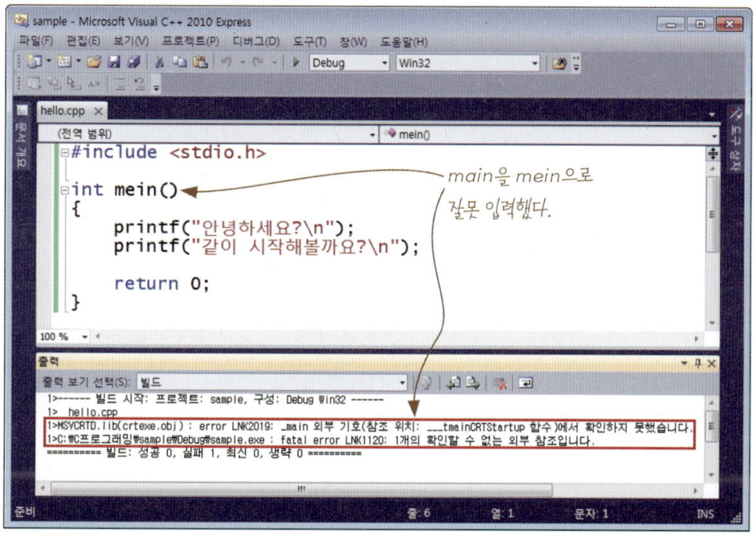

핵심요약

컴퓨터

데이터로부터 정보를 얻기 위한 전자적 데이터 처리 장치로 CPU, 입력장치, 출력장치, 기억장치로 구성된다.

프로그램

특정 문제를 해결하기 위한 상세한 계획이나 절차에 대한 명령을 프로그래밍 언어를 이용하여 작성한 것이다.

프로그래밍 언어

컴퓨터에게 내릴 명령을 작성하는 데 사용하는 언어 즉 프로그램을 작성하는 데 사용하는 언어다. 프로그래밍 언어는 사람과 친숙한 수준에 따라 기계어와 어셈블리어를 일컫는 저급언어와 이후에 개발된 고급언어로 구분할 수 있다. 기계어는 CPU가 바로 해석하고 실행 가능한 코드로 구성되며 사람이 작성하기 어렵다. 어셈블리어는 이진 코드 명령어를 사람이 바로 해석 가능한 심볼로 대체한 것으로, 어셈블러를 통하여 기계 코드를 만든다. 고급언어는 사람에게 친숙하도록 만든 언어로 컴파일러를 통하여 기계어로 번역한다.

프로그램 개발 과정

프로그램은 요구사항 분석, 알고리즘 설계, 프로그램 코딩, 컴파일하기, 링킹, 실행, 디버깅 단계를 거쳐 개발된다.

컴파일러

C 언어는 고급 언어로서 컴퓨터가 직접 이해할 수 있는 기계어가 아니므로 반드시 기계어로 번역하는 작업이 필요하며, 이러한 번역을 해주는 프로그램을 컴파일러라고 한다.

프로그램의 에러

완전한 프로그램을 개발하기 위해서는 프로그램에 포함된 에러를 찾아서 수정하는 디버깅 과정이 필요하다. 에러 중에서 프로그래밍 언어의 구문(syntax)이 틀린 것을 컴파일 에러 또는 구문 에러라고 하며 컴파일 과정에서 발견된다. 프로그램이 실행은 되는데 결과가 틀리게 나오는 경우를 논리 에러라고 한다. 논리 에러는 수정하기 힘들며, 논리 에러를 최소화하기 위해서는 프로그램 알고리즘 설계 단계에서 많은 시간을 할애하는 것이 바람직하다.

연습문제

01 다음 빈칸을 채우시오.

가. 프로그램을 개발하는 데 필요한 컴파일러, 디버거, 링커, 에디터 등을 통합적으로 제공하는 개발 환경을 (   )이라 한다.

나. 에러는 크게 (   ) 시간에 발생하는 에러와 (   ) 시간에 발생하는 에러로 구분할 수 있다.

다. 프로그램에서 발생하는 에러를 파악하여 수정하는 과정을 (   )이라 한다.

02 "ch1-ex1" 프로젝트를 생성하고, 화면에 학번, 이름을 출력하는 C 프로그램을 작성하고 실행하시오.

실행결과

```
학번 : 2013920005
이름 : 홍길동
```

03 "ch1-ex1" 프로젝트가 있는 폴더를 찾아 소스 파일(*.cpp), 오브젝트 파일(*.obj), 실행 파일(*.exe)의 크기를 kbyte 단위로 구하시오.

04 다음 각 소스 프로그램을 작성하고 컴파일/링크했을 때 나타나는 에러 메시지를 적으시오.

①

```
#include <stdio. h>

int main()
{
   printf("시작해볼까요?\n");

   return 0;
}
```

(빈칸)

②

```
#include <stdio.h>

int Main()
{
   printf("시작해볼까요?\n");

   return 0;
}
```

(숫자 0과 알파벳 o를 구분하기 위해 0으로 표시한거)

③

```
#include <stdio.h>

int main();
{
   printf("시작해볼까요?\n");

   return 0;
}
```

④

```
#include <stdio.h>

int main()
{
   printf("시작해볼까요?\n");

   return 0;
```

chapter

2

변수와 자료형

2.0 개요

이 장에서는 C 프로그램의 기본 구조 및 구성요소를 살펴보고 이를 통해 프로그램 작성 방법과 흐름을 익힌다. C 프로그램의 구성요소 중 가장 기본이 되는 상수, 변수의 개념을 익히고, 자료형의 종류를 살펴본다. 연산자는 4장에서 자세히 살펴본다.

그림 2-1 변수의 개념

요리사가 재료에 맞는 조리 기구를 사용해 요리를 하듯이, 프로그램은 변수(그릇)를 사용해 자료를 저장한다. 변수는 자료 값을 저장하는 주기억장치에 있는 공간이다. 요리할 때 재료에 따라 조리 기구를 달리하듯이 저장하는 자료에 따라 다양한 변수를 사용할 수 있다. 재료에 상관없이 한 종류의 조리 기구만 사용해야 한다면 효율적으로 요리하기 힘들 것이다. 재료의 특성에 맞게 조리 기구를 골라야 요리를 잘 할 수 있다. C 언어는 자료의 크기와 특성에 따라 다양한 자료형(data type)을 제공한다. 그러므로 처리할 자료의 유형과 특성에 맞는 변수를 사용해야 신뢰성 있고 효율적인 프로그램을 작성할 수 있다.

2.1 C 프로그램의 기본 구조

응용 프로그램(application:애플리케이션)을 한 사람이 개발하는 경우도 있지만 실무에서는 대부분 여러 사람 또는 여러 팀이 협동하여 개발하는 경우가 많다. 응용 프로그램 개발 과정은 건물을 만드는 것과 유사하다. 공사 현장에서 기본 골격을 만든 다음 엘리베이터, 창문, 형광등 등 필요한 부속품(프로그램에서는 라이브러리라고 함)을 납품받아 설치하여 건물을 완성한다. 응용 프로그램에서도 [그림 2-2]처럼 각 개발자가 자신이 맡은 소스 파일(*.c,*.cpp)과 헤더 파일(*.h)을 작성하고 컴파일하여 각자의 오브젝트 파일(*.obj)을 생성한다. 그리고 모든 개발자의 목적 파일과 라이브러리(*.dll, *.lib)를 링크하여 실행 파일(*.exe)을 만든다.

그림 2-2 C 응용 프로그램의 구조

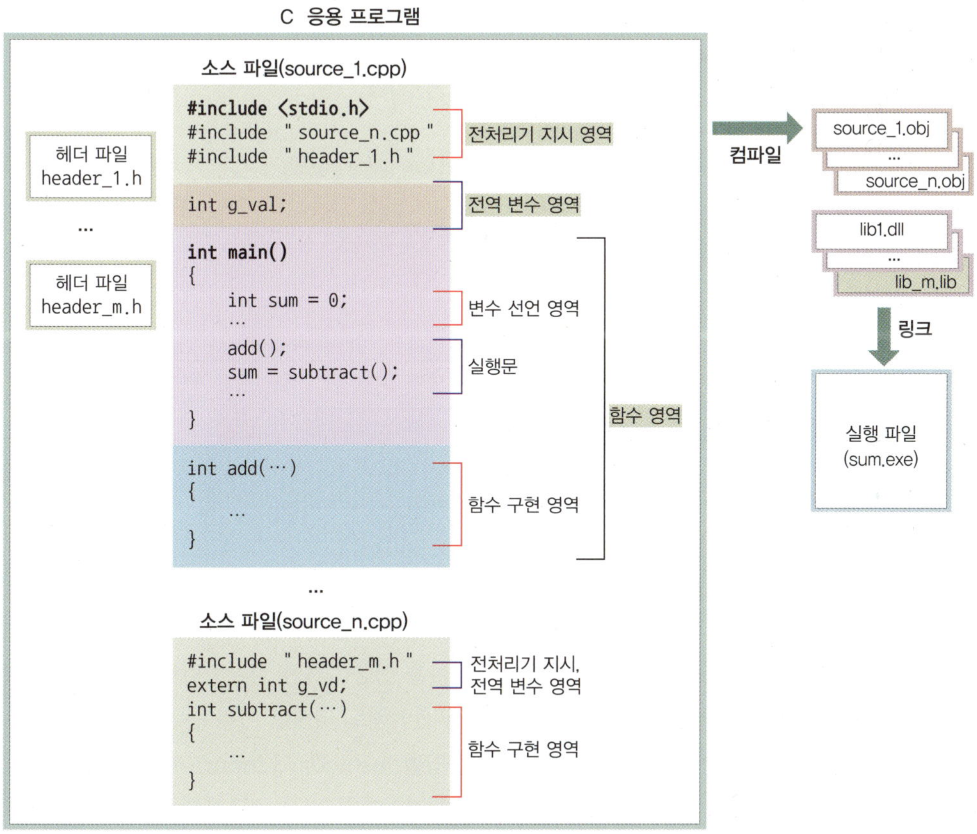

각 소스 파일은 전처리기 지시 영역, 전역 변수 영역, 함수 영역으로 구분된다. 전처리기 지시 영역은 6장 전처리기에서, 전역 변수 영역은 9장 변수의 참조 영역과 지속 기간에서, 함수 영역은 8장 함수에서 설명한다. 7장까지는 main 함수로만 프로그램을 작성한다. 소스 파일이 하나만 있는 프로그램은 대부분 [프로그램 2-1]과 같은 구조를 가진다. [프로그램 2-1]에서 보여주듯이 프로그램은 자료를 처리하여 정보를 얻는 것이 목적이므로 일반적으로 '변수 선언→자료 입력→자료 처리→결과 출력'의 순서를 거친다.

프로그램 2-1 C 프로그램의 기본 구조 예 (ch2-1.cpp)

```
1    #include <stdio.h> // 전처리기 지시 영역
2    /*
3       C 프로그램의 기본 구조를 보여주는 프로그램.
4       밑변이 4이고 높이가 5인 사각형의 면적 구하기   */
5    int main()
6    {
7       // 변수 선언
8       int area, width, height;
9
10      // 자료 입력 : 여기서는 생략
11
12      // 자료 처리
13      width = 4;
14      height = 5;
15      area = width * height;
16
17      // 결과 출력
18      printf("면적 = %d \n", area);
19
20      return 0;
21   }
```

← 선언부
프로그램에서 사용할 변수를 선언하는 곳.
C 언어는 반드시 실행부 이전에 변수 선언문이 있어야 함.

← 실행부
프로그램에서 처리할 명령문을 모아둔 곳.
주어진 자료로부터 필요한 정보를 얻기 위한 처리 과정을 C 언어 구문에 맞게 명령문으로 표현한 곳

실행결과

```
면적 = 20
```

설명

1: 전처리기 지시 영역이라고 한다. 프로그램에서 사용될 함수는 컴파일러가 알도록 프로그램의 첫머리에서 선언되어야 한다. 즉 18행의 printf(…)를 사용하려면 컴파일러에게 미리 함수의 형태(인자 개수, 자료형 등)를 알려줘야 한다. 직접 선언해도 되지만 미리 선언된 파일(헤더 파일)을 포함시키면 더욱 편리하다. stdio.h는 표준 입출력(standard input/output) 함수에 관한 선언을 모아둔 헤더 파일로 #include 전처리기 지시자를 써서 프로그램 파일에 포함시켜야 한다. 자세한 내용은 '6장 전처리기'에서 다룬다.

9,11,16,19: 빈 행은 프로그램을 읽기 편하도록 구분하기 위해 사용한다. 빈 행이 많다고 기계 코드가 길어지는 것은 아니다.

2~4,7,10,12,17: 주석(comment)문이라 하며 /*로 시작하여 */로 짝을 이루어 끝내야 한다.

주석문은 프로그램의 실행과는 무관하며, 프로그램의 설명을 명시하는 것으로 프로그램을 이해하는 데 도움이 된다. 주석문은 컴파일 과정에서 모두 사라지므로 많다고 기계 코드가 길어지는 것은 아니다. 1행과 7행의 //는 행의 끝까지만 주석으로 처리한다. 주석문은 /* 주석1 /* 주석2 */ */의 형태처럼 중첩하여 사용할 수 없다.

5: 콘솔 응용 프로그램을 실행하면 처음으로 실행되는 함수가 main 함수며, 반드시 하나만 존재해야 한다. main() 다음에 ;을 붙이지 않는다.

6,21: 함수의 본체(body)는 {와 }로 묶는다. {}로 묶은 내용을 블록(block)이라 한다. {}는 함수의 본체 외에도 한 개 이상의 문장(statement)을 묶을 때 사용한다.

8,13~15,18,20: 문장(statement)이라 하며 ;으로 끝난다. 8행의 int는 2장에서 배우는 자료형이다. int형의 정수를 저장하는 변수로 area, width, height를 선언하는 선언문이다.

10: 자료 입력 부분으로, 키보드나 파일 등에서 자료를 입력받는다. 3장 입력과 출력에서 자세히 다루므로 이 예에서는 설명을 생략한다.

13~15: 준비된 자료를 처리하는 부분이다. 핵심 알고리즘으로 프로그램에서 가장 중요하다.

18: 변수 area에 저장된 값을 표준 출력장치 즉 모니터로 출력한다.

20: main 함수의 반환 값 0을 main 함수를 호출했던 곳으로 반환하고 프로그램 실행을 끝낸다. 자세한 내용은 '8장 함수'에서 소개한다.

TIP 7~20행은 5, 6, 21행보다 조금 더 오른쪽으로 들어가 있다. 이와 같이 프로그램 문장을 오른쪽으로 미는 것을 들여쓰기(indentation)라고 한다. 일반 문서에서 들여쓰기를 하는 이유와 동일하게 프로그램의 가독성(readability)을 높이기 위해 사용한다. 즉 6행의 {와 짝이 되는 }가 21행처럼 같은 위치에서 시작하면 프로그램이 복잡하더라도 쉽게 찾을 수 있다. 그리고 7~20 블록 안의 문장들은 좀 더 오른쪽에서 시작함으로써 블록의 범위를 눈으로 쉽게 찾을 수 있다. 들여쓰기는 프로그램의 실행에는 전혀 영향을 끼치지 않지만 프로그램 가독성에 좋으므로 반드시 활용하기 바란다.

TIP C 언어에서는 알파벳 대문자와 소문자를 구별하므로 area와 Area는 다른 의미가 된다. C 언어 프로그램은 관습적으로 소문자를 많이 사용하므로 특별한 경우가 아닌 한 소문자를 사용하도록 한다.

printf 함수는 표준 출력장치로 문자열을 출력하는 함수다. 3장에서 더욱 자세히 설명하겠지만 우선 사용법을 간단히 살펴보자. printf 함수의 첫 번째 인수는 반드시 문자열(" ")로 시작되고 이 문자열 안에 포함된 '%문자'의 개수만큼 인수가 추가된다. %d, %lf 위치에는 표현식1, 표현식2의 평가 값이 치환되어 각각 10진 정수, 실수로 출력된다. %d와 %lf를 변환명세라고 하는데 자세한 내용은 3장을 참고하자.

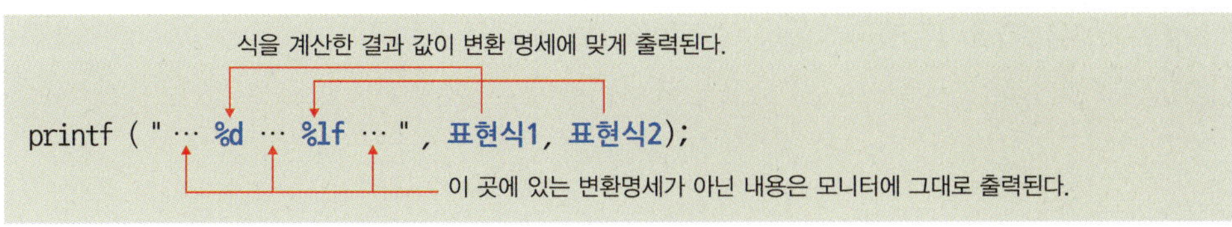

2.2 자료의 표현 방법

사람은 물체를 인식하고 계산할 때 이미지로 처리한다. 예를 들어 종이에 365×2라는 수식이 적혀 있으면 365, ×, 2를 미리 학습한 대로 뇌에서 인지한 후 계산한다. 사람은 자료를 표현할 때 이미지로 저장하므로 속도는 느리더라도 무한의 자료를 처리할 수 있다.

컴퓨터는 사용되는 모든 자료를 2진수, 즉 0과 1의 코드로 표현하고 저장한다. 그러므로 자료가 숫자든 문자든 2진수 숫자로 변환한다. 또한 문자, 정수, 실수를 표현하는 방식이 다르고 사용되는 이진 코드의 길이도 제한되어 있다. 따라서 프로그래머는 자료가 저장되는 방식과 제한된 크기를 알아야 에러가 없고 효과적인 프로그램을 작성할 수 있다.

2.2.1 문자의 표현

문자는 고유 번호를 부여한 코드로 변환되어 표현되는데 이를 문자 체계(character system)라 한다. 대표적인 문자 체계는 ASCII(American Standard Code for Information Interchange)로 7비트를 사용해 128개의 문자, 숫자, 특수 문자에 고유 번호를 부여한다. 확장 ASCII 코드는 8비트를 이용해 256개의 문자를 코드화한다.

예를 들어 컴퓨터가 ASCII 코드를 사용한다면 문자 A는 2진수 1000001로 변환된다. 컴퓨터는 자료의 최소 표현 단위가 1바이트이므로 최상위 비트에 0을 추가해 01000001(10진수 65)로 표현한다. [표 2-1]에서 문자 1은 00110001로 표현되므로 10진수 1과는 다르다.

C 언어에서 문자는 기본적으로 ASCII 코드를 사용한다. 컴퓨터에서 자료를 표현할 수 있는 문자가 128개로 제한(확장 ASCII는 256개의 문자를 정의)되어 있으므로 한글, 한자, 히라가나 등의 문자를 직접 표현할 수 없다. 초기에는 국가마다 문자를 국가 표준(예, 한글의 완성형, 조합형 등)으로 제정하여 사용하였으나 공통의 표준이 없어 자료를 변환하기 번거로웠다. 이를 국제적으로 표준화한 것이 유니코드(unicode)다. 인류의 모든 문자가 유니코드에 계속 추가되고 있으며 한글의 경우 만여 자의 고어, 현대 한글이 정의되어 있다.

표 2-1 ASCII 코드표

앞 3비트 (예: 0110001, 1000001) / 뒤 4비트

	000	001	010	011	100	101	110	111
0000	NUL	DLE	Space	0	@	P		p
0001	SOH	DC1	!	1	A	Q	a	q
0010	STX	DC2	“	2	B	R	b	r
0011	ETX	DC3	#	3	C	S	c	s
0100	EDT	DC4	$	4	D	T	d	t
0101	ENQ	NAK	%	5	E	U	e	u
0110	ACK	SYN	&	6	F	V	f	v
0111	BEL	ETB	‘	7	G	W	g	w
1000	BS	CAN	(	8	H	x	h	x
1001	HT	EM	)	9	I	Y	i	y
1010	LF	SUB	*	:	J	Z	j	z
1011	VT	ESC	+	;	J	[	k	{
1100	FF	FS	,	〈	L	\	l	|
1101	CR	GS	—	=	M	]	m	}
1110	SO	RS	.	〉	N	^	n	–
1111	SI	US	/	?	O	_	o	DEL

2.2.2 정수의 표현

우리는 일상생활에서 0~9까지 10가지의 수로 한 개의 수치를 표현하는데, 이것을 10진법이라고 한다. 그러나 컴퓨터는 모든 자료를 0과 1의 두 가지 수로 표현한다. 이를 2진법이라고 한다. 이 밖에도 디지털 시스템에서 사용되는 수의 표현에는 8진법(0~7까지 사용), 16진법(0~9, A, B, C, D, E, F 사용) 등이 있다.

10진수는 2진수로 변환해야 컴퓨터가 이해할 수 있다. 10진수 26을 2진수로 변환하려면 26을 2로 나눈 나머지를 역순으로 써주면 된다. 26을 8비트로 표현하면 11010이 되고, 이는 5비트이므로 나머지 왼쪽 3비트(상위 3비트)는 0으로 채운다.

```
2 | 26
2 | 13 … 0
2 | 6  … 1
2 | 3  … 0
    1    1
```

컴퓨터가 2진수를 사용하기는 하지만 사람이 사용하기에는 불편하다. 따라서 프로그램에서는 10진수뿐 아니라 2진수로 변환하기 쉬운 8진수와 16진수를 사용하기도 한다.

컴퓨터에서 표현된 2진수 또는 프로그램에서 사용된 8진수나 16진수를 사람이 이해하려면 이를 10진수로 변환해야 하는데, 10진수 123은 $1*10^2 + 2*10^1 + 3*10^0$로, 2진수 $110_{(2)}$는 $1*2^2 + 1*2^1 + 0*2^0$로, 8진수 $123_{(8)}$은 $1*8^2 + 2*8^1 + 3*8^0$로, 16진수 $123_{(16)}$은 $1*16^2 + 2*16^1 + 3*16^0$로 해석하여 10진수로 변환한다.

음수의 표현

사람은 음수를 표현할 때 – 부호를 붙인다. 컴퓨터에서도 이와 같이 이진 음수를 표현할 때는 최상위 비트 즉 첫 번째 비트를 1로, 이진 양수를 표현할 때는 최상위 비트를 0으로 하여 부호를 처리한다. 컴퓨터에서는 음수를 표현할 때 고유의 보수 표현법을 사용하는데, 여기서는 간단히 음수에 대한 보수 표현법과 보수를 이용한 뺄셈을 소개한다. 음수에 대한 2진수의 보수에는 1의 보수와 2의 보수가 있다. 2진수 각 자리의 1은 0으로, 0은 1로 치환하면 1의 보수를 구할 수 있다. 1의 보수에 1을 더하면 2의 보수가 된다. 대부분의 컴퓨터에서는 2의 보수를 사용한다.

2의 보수를 구하는 방법은 다음과 같다.

① 음수의 절댓값에 대한 2진수를 구한다.
② ①의 결과에서 각 비트를 반전하여 1의 보수를 구한다.
③ ②의 결과에 1을 더한다.

–5를 8비트로 표현하는 과정은 다음과 같다.

① +5	0000 0101
② –5(1의 보수 표현법)	1111 1010
③ –5(2의 보수 표현법)	1111 1011

2의 보수를 구하는 좀 더 간단한 방법이 있다.

① 음수의 절댓값에 대한 2진수를 구한다.
② ①의 결과에서 오른쪽 비트부터 첫 번째 1이 나올 때까지 그대로 옮겨 적는다.
③ 나머지 비트들을 반전시킨다.

다음은 후자의 방법을 이용하여 –12를 8비트로 표현한 것이다.

+12	① 0000 1100
	③ ②
–12(2의 보수 표현법)	1111 0100

8비트로 표현한 정수에 대해 뺄셈 연산을 하는 과정을 살펴보자. 7−5는 7+(−5)로 처리되어 2진수로 변환한 7과 −5를 더한다. 2진수 덧셈에서 자리 수를 넘는 값은 버린다.

```
    7 : 0000 0111
+  -5 : 1111 1011
-----------------
    2 : 0000 0010
```

정수의 표현 범위

8비트는 2^8(256)개의 정보를 표현할 수 있으며 양수와 음수를 모두 표현하면 $-(2^7)\sim(2^7-1)$을 표현할 수 있다. n비트로 일반화하면 $-(2^{n-1})\sim(2^{n-1}-1)$의 정수를 표현할 수 있다. [표 2-2], [표 2-3]과 같이 정해진 비트 수에 맞추어 정수를 표현할 때는 정수 표현에 한계가 있으므로 프로그래머는 범위를 인지하고 해당 범위를 넘지 않도록 주의해야 한다.

표 2-2 8비트에서 정수의 표현

양수	2진수	음수	2진수
+127	01111111	−128	10000000
+126	01111110	−127	10000001
...	...	...	...
+5	00000101	−6	11111010
+4	00000100	−5	11111011
+3	00000011	−4	11111100
+2	00000010	−3	11111101
+1	00000001	−2	11111110
0	00000000	−1	11111111

표 2-3 정수의 표현 범위

비트 체계	최솟값	최댓값
8비트	-2^7=−128	2^7-1=127
16비트	-2^{15}=−32,768	$2^{15}-1$=32,767
32비트	-2^{31}=−2,147,483,648	$2^{31}-1$=2,147,483,647
64비트	-2^{63}=−9,223,372,036,854,775,808	$2^{63}-1$=9,223,372,036,854,775,807

2.2.3 실수의 표현

소수점이 포함된 숫자를 말하며 부동소수값(floating point number)이라고도 한다. 2진 소수 $0.111_{(2)}$은 10진 소수 $1*2^{-1}+1*2^{-2}+1*2^{-3}$과 같다. 반대로 10진 소수를 2진 소수로 바꾸는 방법은 다음과 같다.

① 10진 소수에 2를 곱해 1의 자리의 올림 값과 소수점 아래 값을 구한다.

② ①의 결과에서 소수점 아래 값이 0이면 ③을 실행하고, 0이 아니면 소수점 아래 값만 가지고 ①을 다시 실행한다.

③ 올림 값을 순서대로 나열한다.

10진 소수 0.875는 다음과 같이 2진 소수 $0.111_{(2)}$로 변환된다.

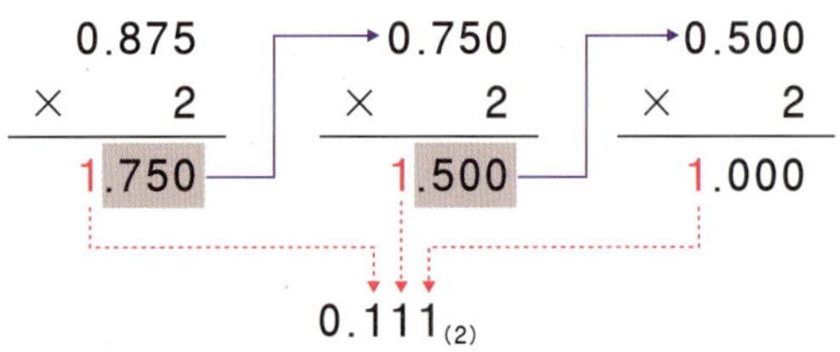

이와 같은 방법으로 10진 소수를 2진 소수로 표현하면 저장해야 할 비트가 많아지고, 변환 속도가 늦어진다. 따라서 컴퓨터에서 실수는 지수로 변환되어 표현된다. 4바이트(32비트) 크기를 갖는 실수의 표현은 부호(sign)부 1비트, 지수(exponent)부 8비트, 가수(mantissa)부 23비트로 나뉘어 표현된다. 실제 컴퓨터에서 0.875를 32비트로 표현할 경우 [그림 2-3]과 같이 표현된다.

그림 2-3 실수의 표현 예

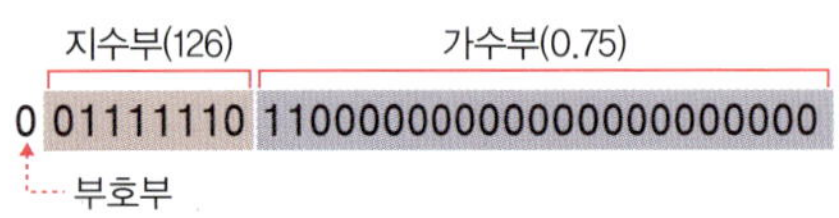

(a) 32비트로 표현될 경우

(b) 64비트로 표현될 경우

[그림 2-3]의 (a)에서 10진수 변환 식은 $(-1)^{\text{부호비트}} * (1+\text{가수부 값}) * 2^{\text{지수부 값}-127}$이므로 위의 2진수는 10진수 $(-1)^0 * (1+0.75) * 2^{126-127}=0.875$로 변환된다.

변환 식은 몰라도 되나 10진 실수가 2진 실수로 변환될 때 근삿값으로 저장될 수 있으므로 실수 자료를 처리할 때 절삭된 값을 고려해야 한다는 것은 명심해야 한다. 가수부 비트수가 많을수록 소수 이하 자리수를 세밀하게 표현할 수 있으며, 지수부 비트가 많을수록 큰 수를 표현할 수 있다. 32비트로 표현할 경우 10진 실수의 소수점 이하 7자리까지 절삭 없이 2진 소수로 변환된다. 즉 0.123456789를 2진수로 변환하여 다시 10진수로 환원하면 반올림되어

0.1234568이 되므로 오차가 발생함을 주의해야 한다. 64비트로 표현할 경우는 소수점 이하 15자리까지만 유효하다. 이것은 다음 절의 예제 프로그램을 통하여 확인해볼 것이다.

표 2-4 실수의 표현 범위

크기	유효 자리수	최솟값	최댓값
32비트	소수점 이하 7	-10^{38}의 근삿값	$+10^{38}$의 근삿값
64비트	소수점 이하 15	-10^{308}의 근삿값	$+10^{308}$의 근삿값

2.3 상수의 표현

상수(constant)는 프로그램에서 자료의 값을 나타내는 데 사용하는 숫자나 문자로 프로그램이 실행되는 도중에 값이 변경될 수 없다. 상수는 문자 상수, 정수 상수, 실수 상수, 문자열 상수로 구분된다. 식 1+2.0에서 1과 2.0은 각각 정수 상수, 실수 상수다. 문자는 코드표에 의해 숫자로 표현되므로 넓게는 정수에 포함된다.

2.3.1 문자, 문자열 상수

형식 **문자(열) 상수의 표현 방법**

'문자', '\문자', '\8진수', '\x16진수' ← 1바이트를 차지하는 문자 한 개
"문자열"

예 문자 상수 : 'A', 'a', '\'', '\141', '\x61'
문자열 상수 : "Hello World", "C Language"

- '\'' : '를 의미하는 이스케이트 문자
- '\141' : 코드 값이 8진수 $141_{(8)}$에 해당하는 문자(a)
- '\x61' : 코드 값이 16진수 $61_{(16)}$에 해당하는 문자(a)

문자 상수는 문자 1개를 표현한 것으로 원하는 문자를 단일 인용부호(' ')로 싸고 반드시 하나의 문자만 써야 한다. 'AB'처럼 사용할 경우 컴파일할 때 에러가 발생한다.

단일 인용 부호 안에 나타내기 곤란한 문자가 있다. 예를 들어 단일 인용 부호 자체를 나타내고자 할 때 이를 '''로 나타내면 '' 다음에 '가 하나 더 붙은 것인지 아니면 ' 자체를 나타낸 것인지 알 수 없으므로 에러가 발생한다. 또한 제어 문자나 [Enter] 문자, [Tab] 문자, 그래픽 문자는 '' 안에 한 개의 문자로 표현하기가 곤란하다. 이를 보완하기 위해 '\'로 시작하는 특수 문자를 제공하며 이를 이스케이프 문자라고 한다.

표 2-5 이스케이프 문자

이스케이프 문자	ASCII 문자	의미
\0	NUL	널 문자
\a	BEL	beep 음
\b	BS	백스페이스
\t	HT	탭
\n	LF	개행
\r	CR	열 복귀
\"	"	이중 인용 부호
\'	'	단일 인용 부호
\\	\	백슬래시

'\0'은 ASCII 코드 값이 0인 문자로 널(null) 문자라고 부르며 출력해도 화면에 아무것도 나타나지 않는다. 주로 문자열의 끝을 나타낼 때 사용된다.

문자열(string, 스트링)은 하나 이상의 문자를 나열한 것이다. 이중 인용 부호(" ")로 싸면 문자열 상수가 된다. [프로그램 2-2]에서 printf 다음의 괄호 안에 첫 번째로 있는 것이 바로 문자열 상수다. 문자열 상수 안에서는 이스케이프 문자가 많이 사용된다.

프로그램 2-2 문자 상수 사용하기 (ch2-2.cpp)

문자 출력을 의미하는 변환 명세

```
#include <stdio.h>

int main()
{
    printf("%c\n", 'a');           // 문자 상수 'a' 출력
    printf("%c\n", 97);            // ASCII 코드 값이 97인 문자 출력
    printf("%c\n", '\141');        // ASCII 코드 값이 8진수로 141인 문자 출력
    printf("%c\n", '\x61');        // ASCII 코드 값이 16진수로 61인 문자 출력

    printf("삐음 : %c\n", '\a');              // 이스케이프 문자 삐음을 출력
    printf("단일 인용부호 : %c\n", '\'');     // 이스케이프 문자 '을 출력
    printf("abcdef\b\b\b\b");                 // 이스케이프 문자 백스페이스를 출력
    printf("%s\n", "ghijk");                  // 문자열 상수 출력

    return 0;
}
```

```
실행결과
a
a
a
a
삐음 :
단일 인용부호 : '
abghijk
```

설명

5~8: 문자 'a'의 ASCII 코드 값이 97이므로 'a', 97, '\141', '\x61' 모두 'a'를 출력한다.

10: 화면에는 문자가 표시되지 않으며 삐음이 난다.

11: 이스케이프 문자 '\"를 사용해 단일 인용 부호를 출력한다.

12: C 프로그램의 출력에서 '\b'는 일반 문서 편집기와 달리 커서 위치만 왼쪽으로 한 칸 이동하는 역할을 한다. 따라서 'abcdef'가 화면에 출력되고 '\b' 문자가 네 개 나오므로 네 문자 앞으로 이동한 'c'의 위치가 다음 출력 위치가 된다.

13: %s는 문자열을 출력하는 변환명세다. 12행의 결과로 'c'가 출력된 곳부터 "ghijk"가 출력되어 'cdef'가 지워진다.

2.3.2 정수형 상수

형식 정수형 상수의 표현 방법 (숫자 영)

숫자(10진수), 0숫자(8진수), 0x숫자(16진수)

예

```
10진수 : 2013, 2013u, 2013U, +2147483647, -2147483648
8진수 : 03735, -03735, 03755
16진수 : 0x7dd, 0X7dd, -0X7DD
```

정수형 상수는 .(소수점)을 포함하지 않은 숫자로, 10진수로 나타낼 때는 보통 2013, +2013, −2013으로 나타낸다. 2,013처럼 ,(쉼표)를 포함하면 수치가 아니며 구문 에러가 발생한다.

정수형 상수를 8진수로 나타낼 때는 원하는 숫자 앞에 0을 붙인다. 03735는 8진수 3735로 $3*8^3 + 7*8^2 + 3*8^1 + 5$, 즉 10진수 2013을 나타낸다. 숫자 앞에 0이 있으면 8진수로, 없으면 10진수로 간주하기 때문에 03735와 3735는 같은 수가 아니다.

정수형 상수를 16진수로 나타낼 때는 앞에 0x나 0X를 붙이고 원하는 숫자를 16진수로 적는다. 예를 들어 0x7dd는 16진수 7dd로 $7*16^2 + 13*16^1 + 13$, 즉 10진수 2013을 의미하며 0xff는 10진수 255를 의미한다.

2.5.2 정수형에서 소개하는 자료형 중 unsigned int형, long int형, unsigned long int형임을 명시하기 위해 숫자 뒤에 u(U), l(L), ul(UL)을 붙일 수 있다. 호환성을 위해서는 필요에 따라 붙여주는 것이 좋다.

[프로그램 2-3]을 분석하여 정수형 상수의 표현을 살펴보자.

프로그램 2-3 정수형 상수 사용하기 (ch2-3.cpp)

```
1   #include <stdio.h>
2
3   int main()
4   {
5       printf("%d %d\n", sizeof 2013, sizeof 2013L);
6       printf("%d %d %d\n", 2013, 03735, 0x7DD);
7       printf("%d %o %x\n", 2013, 2013, 2013);
8       printf("%d %d\n", 2147483648, 2147483648L);
9       printf("%u\n", 2147483648);
10
11      return 0;
12  }
```

뒤의 피연산자가 차지하는 기억 공간의 크기를 구한다.

표현 가능한 최대 정수 값을 벗어나서 잘못된 결과를 얻는다.

실행결과

```
4 4
2013 2013 2013
2013 3735 7dd
-2147483648 -2147483648
2147483648
```

설명

5: 4.12.3에서 자세히 소개하는 sizeof 연산자는 피연산자가 차지하는 기억 공간의 크기를 구한다. 비주얼 C++ 컴파일러에서는 long int형이나 int형 둘 다 4바이트를 차지하므로 2013과 2013L 모두 4가 출력된다.

6: 2013, 03735, 0x7DD는 모두 10진수 2013이다. 즉 컴퓨터 내부에서 2진수로 표현될 때 동일한 비트열을 가진다.

7: %o와 %x는 출력 값을 각각 8진수 16진수 형태로 출력하라는 변환명세다. 10진수 2013은 8진수 3735, 16진수 7dd다.

8: 2147483648이 출력되지 않고 -2147483648이 출력되었다. [표 2-3] 정수의 표현 범위에서 32비트로 표현할 수 있는 최댓값 2,147,483,647 범위를 벗어났기 때문이다. 2147483648을 2진수로 표현하면 '1000…000(0이 31개)'이며 이것을 다시 10진수로 변환

하면 −2147483648이 된다. 이렇게 표현 가능한 범위를 벗어난 값을 저장하려는 것을 "오버플로(overflow)가 발생하였다"고 하며, 프로그래머는 오버플로가 발생하지 않도록 주의해야 한다.

9: %u는 부호 비트를 별도로 고려하지 않는다. 즉 최상위 비트의 1을 음수에 대한 보수 표현으로 해석하지 않고 2진수를 10진수로 변환한다. 그러므로 모든 값이 양수이다. $1000\cdots000_{(2)}$(2147483648)을 10진수로 변환할 때 2의 보수로 해석하지 않으므로 8행처럼 오버플로가 발생하지 않고 정상적인 값으로 출력된다.

2.3.3 실수형 상수

형식 실수형 상수의 표현 방법

소수점을 포함한 숫자[f/F/l/L], 가수e지수[f/F/l/L]

예 소수점 표기법 : 3.14, 0.876f, 0.876, -.12
지수 표기법 : 0.314e1, 0.314e+1, 31.4e-1

소수점 표기는 일반 표기와 같지만, 0.876과 0.876f는 다르다. 0.876은 8바이트, 0.876f는 4바이트로 표현되므로 비트 크기도 다를 뿐 아니라 비트열도 다르다. 실수를 처리할 때는 오차가 발생할 수 있으므로 주의해야 한다.

지수 표기는 실수를 가수와 지수로 분리해서 나타내는 것으로 가수e지수다. 이때 가수는 실수나 정수이며, 지수는 정수, e는 대문자 E를 사용해도 된다. 즉 0.314e1은 $0.314*10^1$을 의미하므로 0.314e1, 0.314e+1, 31.4e−1은 같은 값이다.

프로그램 2-4 실수형 상수 사용하기 (ch2-4.cpp)

```
#include <stdio.h>

int main()
{
    printf("%d %d\n", sizeof 3.14f, sizeof 3.14);
    printf("%lf %lf\n", 0.314e1, 31.4e-1);
    printf("%lf\n", 0.12345678901234567890);
    printf("%.20lf\n", 0.12345678901234567890);
    printf("%.20f\n", 0.12345678901234567890f);

    return 0;
}
```

```
4 8
3.140000 3.140000
0.123457
0.12345678901234568000
0.12345679104328156000
```

설명

5: f가 있으면 4바이트, 없으면 8바이트를 차지한다.

6~7: %lf는 실수를 소수점 표기 형태로 출력하는 변환명세다. 지수 표현 0.314e1과 31.4e-1은 값이 같다. %lf는 소수 이하 7번째 자리를 반올림하여 6자리만 출력한다.

8: %.20lf는 소수를 20자리까지 출력하라는 포맷 문자로 3장에서 설명한다. 실수는 64비트로 표현되므로 소수 이하 15자리까지만 정확히 표현되므로 나머지 자리는 0으로 출력된다.

9: f가 붙은 실수 상수는 32비트로 표현되므로 결과에서 소수 이하 6자리까지만 정확히 출력된다.

2.4 변수의 표현

사람이 기억해야 할 것들을 머리로 외우거나 종이에 적어두는 것처럼 프로그램에서도 처리할 자료나 처리한 결과를 기억장치에 저장해야 한다. 자료를 저장하기 위한 기억 공간을 변수(variable)라 하며 기억 공간을 확보하는 행위를 변수 선언이라 한다.

변수는 프로그램 실행 중간에 새 값을 저장함으로써 값이 변할 수 있어서 붙은 이름이다. 변수에 자료를 저장하거나 읽어오기 위해 변수가 차지하는 주기억장치의 주소를 직접 사용하는 불편함을 없애기 위해 기억 공간에 적절한 이름(식별자)을 붙인 후 주소 대신 이름을 이용할 수 있게 한 것이 변수명이다. 이제 변수를 사용하는 방법에 대해 알아보자.

2.4.1 변수 작명 규칙

자연어에서 사람이나 건물에 고유 이름이 있듯이 프로그램에서 사용할 변수나 함수에도 이름이 있어야 한다. 이와 같이 프로그래머가 정하는 이름을 식별자(identifier)라고 한다. 자연어에서 고유 명사를 만들 때도 관습적인 규칙이 있듯이 식별자도 만드는 규칙이 있다. 변수를 사용하려면 변수명을 프로그래머가 지정해야 한다. 변수명은 식별자에 해당하므로 다음 규칙에 따라 만들어야 한다.

식별자(변수명, 함수명 등) 작명 규칙

- 영어 소문자와 대문자, 숫자 그리고 밑줄 문자(_)만 사용해 만든다.
- 영어 대소문자를 구별한다.
- 첫 글자는 숫자로 시작할 수 없다.
- 변수명 내에 공백이 포함될 수 없다.
- 예약어를 사용할 수 없다.
- 변수의 길이에는 제한이 없으나 가능하면 31자 이하로 짓는다.

예약어(reserved word 또는 keyword)는 C 언어에서 미리 그 의미를 규정해 놓은 단어들이다. ISO(International Organization for Standardization, 국제표준화기구) C(C99)에서 정의한 예약어와 비주얼 C++에서 사용하는 마이크로소프트 C에서 정의한 예약어는 [표 2-6]과 같다.

표 2-6 예약어

ISO C(C99) 예약어	_Bool, _Complex, _Imaginary, auto, break, case, char, const, continue, default, do, double, else, enum, extern, float, for, goto, if, inline, int, long, register, restrict, return, short, signed, sizeof, static, struct, switch, typedef, union, unsigned, void, volatile, while
마이크로소프트 C 예약어	__asm, __based, __cdecl, __declspec, __except, __fastcall, __finally, __inline, __int16, __int32, __int64, __int8, __leave, __stdcall, __try, dllexport, dllimport, naked, thread

예 **사용 가능한 식별자**

inch, number_of_item, total, _month, num1, num2

잘못된 식별자

- int : 예약어이므로 사용할 수 없다.
- &num : 문자 &는 허용하지 않는다. _(밑줄) 외 특수 문자는 사용할 수 없다.
- 1_num : 숫자로 시작할 수 없다.
- printf : 식별자로 사용할 수는 있지만 printf를 C 언어에서 제공하는 표준 출력 함수로 사용할 수 없게 된다. 그러므로 이미 사용하는 함수와 같은 이름은 권장하지 않는다.

변수명을 정할 때 변수명을 길게 입력하기 귀찮다고 a, b, c처럼 아무 의미 없이 짓는 것은 좋지 않다. 프로그램이 복잡해지면 변수를 수십 개씩 사용할 수 있는데, 의미 없는 변수명을 사용하면 어떤 값을 어떤 변수에 저장했는지 기억하기 힘들어진다. 그러므로 sum, average, mean, total, root처럼 변수에 저장되는 값의 의미를 그대로 표현하는 변수명을 사용하는 것이 좋다. 그리고 여러 단어로 구성된 변수명을 사용할 때는 number_of_item이나 average_of_korea처럼 단어 사이에 _(underscore)를 넣는다. 다른 언어에서는 numOfItem, averageOfKorea처럼 두 번째 단어부터 첫글자를 대문자로 사용하는 방법을 쓰기도 한다.

2.4.2 변수 선언

C 프로그램에서는 변수를 사용하기 전에 선언부터 해야 한다. 변수 선언이란 변수에 자료 값을 저장할 주기억장치 기억 공간을 할당하는 것을 의미한다. 콘도에 묵기 전에 미리 예약을 해 두는 것과 같은 이치다. C++ 언어와 달리 C 프로그램에서는 변수 선언문이 대입문, 제어문, 함수 호출문과 같은 실행문 이전에만 올 수 있다. 따라서 { 다음에 곧바로 선언문이 오며, 선언문이 끝난 후에 실행문이 온다.

형식 **변수 선언 방법**

```
자료형 변수명;
자료형 변수명 = 초깃값;                        // 변수를 선언하면서 동시에 초깃값을 저장
자료형 변수명1, 변수명2,…, 변수명n;            // 같은 자료형의 변수를 여러 개 선언
```

변수명은 앞서 소개한 식별자 작명 규칙에 따라 만든다. 자료형은 변수에 저장할 자료의 종류를 명시하는 것으로 저장할 자료에 맞게 2.5에서 소개하는 char, int, double 등의 기본 자료형 예약어 중에 선택한다.

예

```
char c = 'A';          // 문자 상수 1개를 저장하기 위한 char형 변수 선언, c에 'A'를 저장
int sum;               // 정수 1개를 저장하기 위한 int형 변수 선언
int width, height;     // 정수를 저장하기 위한 int형 변수 선언
```

위의 예에서 두 문장은 [그림 2-4]와 같이 c, sum이 각각 문자형, 정수형 변수로서 주기억장치에서 각 자료형의 크기(문자형은 1바이트, 정수형은 4바이트)만큼 기억 공간을 확보하라는 뜻이다.

그림 2-4 변수 선언의 의미

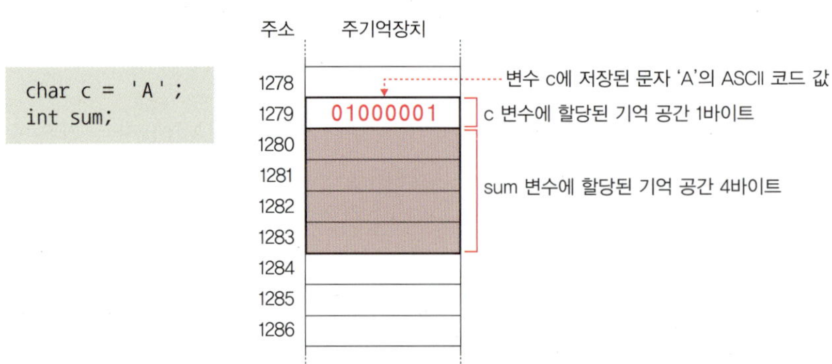

> **참고** C 언어에서 =는 수학의 등호가 아니라는 점에 주의해야 한다. 수학에서 수식 y = x * x는 우변(x * x)과 좌변(y)이 같다는 것을 의미한다. 그러나 C 언어에서의 = 기호는 선언된 변수에 자료 값을 대입(저장)하기 위한 대입 연산자며, 식의 오른쪽 값을 왼쪽 변수에 대입하라는 의미다. 대입 연산이 있는 문장을 대입문이라 하며 변수는 값이 계속 변할 수 있으므로 변수에 새 값이 대입되면 이전의 값은 사라지고 새 값이 저장된다. 대입 연산자와 대입문은 '4장 연산자'에서 자세히 설명한다. 참고로 C 언어에서 수학의 등호는 연산자 ==로 표현한다.

변수에 해당하는 기억 공간에 값을 저장하는 행위를 "변수에 값을 대입한다(assign)"라고 하며 [프로그램 2-5]의 7~9행, 13행 같은 대입문(4.2 참고)으로 표현된다.

프로그램 2-5 변수 선언의 예 (ch2-5.cpp)

```
1   #include <stdio.h>
2
3   int main()
4   {
5       int a1, a2, a3;              // 정수를 저장할 int형 변수 선언
6
7       a1 = 10;
8       a2 = 20;
9       a3 = a1 + a2;                // a1과 a2에 저장된 값을 더한 결과를 a3에 저장
10
11      printf("a1 = %d, a2 = %d, a3 = %d\n", a1, a2, a3);
12
13      a3 = a2 / 2;                 // a2에 저장된 값을 2로 나눈 값(몫)을 다시 a3에 저장
14
15      printf("a1 = %d, a2 = %d, a3 = %d\n", a1, a2, a3);
16
17      return 0;
18  }
```

실행결과

```
a1 = 10, a2 = 20, a3 = 30
a1 = 10, a2 = 20, a3 = 10
```

설명

5: 정수를 저장할 변수 a1, a2, a3을 선언함으로써 각 변수마다 기억 공간을 할당받는다. 초기화하지 않았으므로 각 변수의 기억 공간에는 임의 값(쓰레기 값)이 저장되어 있다.

7,8: 변수 a1, a2에 각각 10, 20을 대입(저장)한다.

9: 변수 a1에 저장된 값 10과 변수 a2에 저장된 값 20을 더한 결과 30을 변수 a3에 대입한다.

11,15: 변수에 저장된 값을 출력한다. printf 함수 사용은 3.1.2를 참고한다.

13: 변수 a3에 식 a2/2, 즉 20/2의 값 10이 저장되어 이전 값 30은 사라진다. 이와 같이 변수는 대입을 통해 다른 값으로 계속 바뀔 수 있다.

그림 2-5 변수 값의 변경 과정

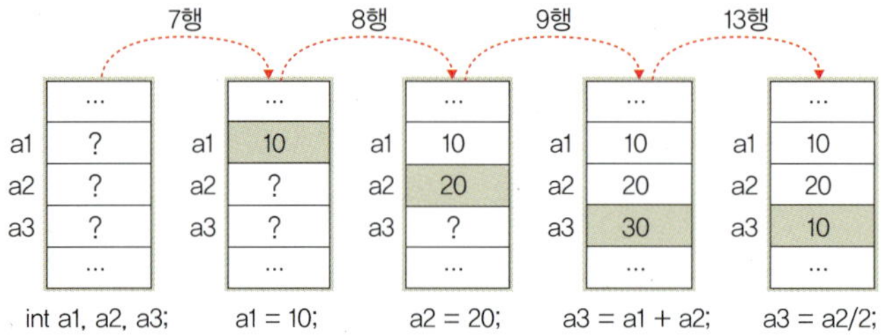

2.5 자료형의 종류

2.2 자료의 표현 방법에서는 프로그램에서 처리하는 기본 자료인 문자, 정수, 실수를 표현하는 방법이 다름을 살펴보았다. 이러한 자료를 변수에 저장하려면 이 자료와 자료형(data type)이 같은 변수를 선언해야 한다. 즉 double형 값을 저장할 변수는 double형으로 선언해야 하는 것이다.

자료의 표현 방법에 따라 char, int, double 세 가지 자료형의 변수만 있어도 되지만 기억 공간의 낭비를 없애기 위해 다양한 크기의 자료형을 제공한다. 예를 들어 1~31일의 날짜처럼 4비트면 충분한 자료를 4바이트(32비트)에 저장한다면 28비트가 낭비된다. 그러므로 저장할 자료 값의 범위를 잘 고려해 가장 적절한 자료형의 변수를 사용하는 것이 바람직하다. [표 2-7]은 자료형을 세부적으로 분류한 것이다. 색칠한 부분이 기본 자료형이며, ()는 생략 가능한 것이다. 기본 자료형이란 상수에 대해 특별히 자료형을 명시하지 않았을 때 적용되는 자료형이다. 3.5는 double형 실수로 8바이트로 표현되지만, 3.5f는 float형 실수로 4바이트로 표현된다.

표 2-7 자료형의 종류

정수	문자	char	signed char	unsigned char
	정수	(signed) short (int)	(signed) int	(signed) long (int)
		unsigned short (int)	unsigned (int)	unsigned long (int)
실수		float	double	long double

2.5.1 문자형

문자형이란 문자 1개를 표현하기 위한 자료형으로 [표 2-8]과 같이 세 가지 자료형이 제공된다. 이 중 char가 문자 1개를 저장하는 데 가장 많이 사용되며, 표현 범위는 [표 2-8]과 같이 음수를 포함하지만 실제로는 [표 2-1]의 코드 값이 0~127인 128개 문자를 저장하는 데 사용된다. 문자형 자료는 1바이트의 기억 공간을 차지하므로 2바이트의 코드로 표현되는 한글 한 글자는 문자형으로 표현될 수 없으며 7장 배열에서 소개하는 문자형 배열을 이용하여 처리한다.

표 2-8 문자형의 종류

문자 자료형	크기	표현 범위
char	1바이트	−128 ~ 127
signed char	1바이트	−128 ~ 127
unsigned char	1바이트	0 ~ 255

일반적으로 signed char와 unsigned char는 다음 절에서 소개하는 정수형 short보다 작은 범위의 정수를 표현할 때 사용한다. 특히 나이, 월, 일 등과 같이 255보다 작은 양수의 정수 자료를 저장할 때는 'signed char age'가 아니라 'unsigned char age'로 선언하는 것이 좋다.

2.5.2 정수형(고정 소수형)

정수형은 소수점을 포함하지 않은 수치를 위한 자료형으로 [표 2-9]처럼 주기억장치를 차지하는 크기에 따라 short, int, long 세 가지로 분류되고, 부호 비트의 사용 여부에 따라 다시 signed, unsigned로 분류된다. unsigned int형은 음수를 표현하지 않음으로써 int형보다 두 배로 큰 양수까지 표현할 수 있다.

표 2-9 정수형의 종류

()는 생략 가능

정수 자료형	크기	표현 범위
(signed) short (int)	2바이트	$-32,768(-2^{15}) \sim 32,767(2^{15}-1)$
unsigned short (int)	2바이트	$0 \sim 65,535(2^{16}-1)$
(signed) int	4바이트	$-2,147,483,648(-2^{31}) \sim 2,147,483,647(2^{31}-1)$
unsigned (int)	4바이트	$0 \sim 4,294,967,295(2^{32}-1)$
(signed) long (int)	4바이트	$-2,147,483,648(-2^{31}) \sim 2,147,483,647(2^{31}-1)$
unsigned long (int)	4바이트	$0 \sim 4,294,967,295(2^{32}-1)$

자료 1,000개를 int형으로 저장한다면 기억 공간이 4,000바이트 필요하지만, short형으로 저장한다면 2,000바이트면 된다. 그러므로 먼저 프로그램에서 처리할 자료의 범위를 분석한 후 가장 적당한 자료형을 선택한다면 주기억장치의 제한된 용량을 최대한 효과적으로 사용할 수 있다. 이것이 C 언어에서 다양한 자료형을 제공하는 이유다. 또 한 가지 이유는 처리 속도와 관련이 있다. 다음 절에서 소개하는 실수형 자료는 정수형 자료보다 처리 속도가 훨씬 느리다. 그러므로 정수형으로 처리할 수 있는 자료를 실수형으로 처리한다면 기억장소와 처리 속도 면에서 모두 좋지 않다.

프로그램 2-6 정수형 변수의 사용 예 (ch2-6.cpp)

```
1   #include <stdio.h>
2
3   int main()
4   {
5       unsigned char age = 97;
6       int max = 2147483647;
7       int max_plus_1 = max + 1;
8       unsigned int super = max + 1;
9
10      printf("age = %d\nmax = %d\n", age, max);
11      printf("max+1 = %d\n", max_plus_1);
12      printf("super = max+1 = %u\n", super);
13
14      return 0;
15  }
```

실행결과

```
age = 97
max = 2147483647
max+1 = -2147483648
super = max+1 = 2147483648
```

설명

5: int 자료형으로 선언해도 문법적으로 문제가 없으나 나이 age는 양의 정수인 작은 범위의 값을 저장하기 위한 변수로 사용되므로 unsigned char형 선언을 권장한다.

7, 11: 현재 max에는 int형으로 표현할 수 있는 최댓값 2,147,483,647이 저장되어 있으므로 여기에 1을 더한 값은 int형 변수 max_plus_1에 저장할 수 없으므로 오버플로가 발생하고 그 결과 11행에서 전혀 다른 값이 출력된다.

```
  01111111111111111111111111111111 : max
+ 00000000000000000000000000000001 : 1
----------------------------------
  10000000000000000000000000000000 : max_plus_1
```

↑ 최상위 부호 비트가 1이 되어 음수가 된다.

8, 12: super는 int와 달리 양수만 표현하는 unsigned int형이므로 최대 4,294,967,295까지 저장할 수 있으므로 12행에서 정확한 결과를 얻을 수 있다.

2.5.3 실수형

실수형은 차지하는 기억 공간의 크기에 따라 float, double, long double로 나눌 수 있지만 비주얼 C++에서는 double과 long double 둘 다 8바이트로 표현된다. 그러므로 float는 소수점 이하 6자리까지, double과 long double은 소수점 이하 15자리까지 정확히 표현할 수 있다. 즉 double은 float보다 표현 범위가 넓고 정밀하다.

표 2-10 실수형의 종류

실수 자료형	크기	유효 자리수	최솟값	최댓값
float	4바이트	소수점 이하 6	-10^{38}의 근삿값	$+10^{38}$의 근삿값
double	8바이트	소수점 이하 15	-10^{308}의 근삿값	$+10^{308}$의 근삿값
long double	8바이트	소수점 이하 15	-10^{308}의 근삿값	$+10^{308}$의 근삿값

프로그램 2-7 실수형 변수의 사용 예 (ch2-7.cpp)

```
1   #include <stdio.h>
2
3   int main()
4   {
5       float radius = 10.0;
6       float area;    ← 3.14가 double형이 아닌 float형임을 명시
7       area = 3.14f * radius * radius;
8
9       printf("반지름이 %f인 원의 넓이는 %f입니다.\n", radius, area);
10
11      return 0;
12  }
```

실행결과

```
반지름이 10.000000인 원의 넓이는 314.000000입니다.
```

설명

5: 4바이트 float형 변수 radius를 선언하고 초깃값으로 10.0을 대입한다.

6: 4바이트의 float형 변수 area를 선언한다.

7: 오른쪽 식의 값을 평가한 값 314를 area에 대입한다. 만약 3.14f에서 f를 생략하고 컴파일하면 경고 메시지가 발생한다. 비주얼 C++에서 기본 실수형은 double이므로 3.14를 double형 실수로 번역하기 때문이다. 3.14는 8바이트의 double형 상수고, 3.14f는 4바이트의 float형 상수이므로 오른쪽 식의 값은 8바이트를 차지한다. 결국 8바이트의 자료를 4바이트 기억 장소에 저장하게 되어 자료 값의 일부가 잘리므로 경고 메시지가 발생한다. 자세한 설명은 '4장 연산자'의 자료형 변환을 참고한다.

9: radius와 area에 저장된 값을 주기억장치에서 읽어와 %f 형식으로 출력한다.

2.6 프로그래밍 실습

프로그래밍 실습

문제 밑변이 3cm, 높이가 5cm인 삼각형의 넓이를 구하시오.

분석
- 필요한 변수는 밑변(width), 높이(height), 넓이(area)가 있다. 이 세 변수에 저장된 값은 처리할 자료이자 출력할 자료가 된다.
- 특별히 제시한 자료형 조건은 없으나 밑변이나 높이가 실수인 경우도 처리할 수 있도록 세 변수 모두 실수형으로 선언한다.
- 삼각형의 넓이는 밑변 * 높이 / 2이다.
- 순서도 및 의사코드는 [그림 2-6]과 같다.

그림 2-6 삼각형 넓이를 구하는 순서도와 의사코드

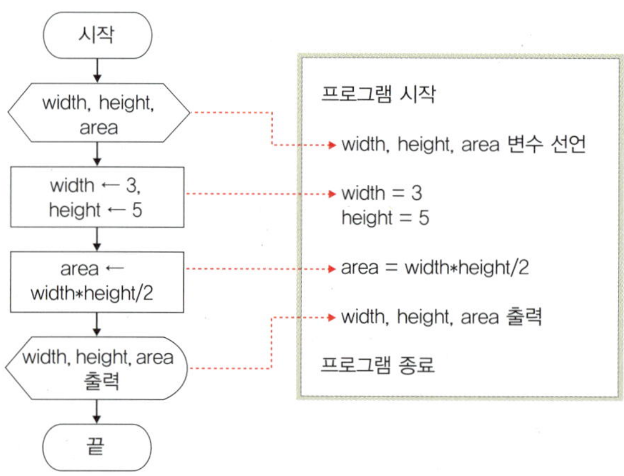

프로그램 2-8 삼각형의 넓이 구하기 (ch2-8.cpp)

```
1   #include <stdio.h>
2
3   int main()
4   {
5       // 변수 선언
6       double width, height;
7       double area;
8
9       // 처리
10      width = 3.0;
11      height = 5.0;
12      area = width * height / 2.0;
13
14      // 출력
15      printf("밑변 %lfcm, 높이 %lfcm인 삼각형의 넓이 = ", width, height);
16      printf("%lfcm² \n", area);
17
18      return 0;
19  }
```

실행결과

```
밑변 3.000000cm, 높이 5.000000cm인 삼각형의 넓이 = 7.500000cm²
```

설명

6~7: 처리할 자료인 밑변, 높이, 넓이를 저장하기 위한 변수를 선언한다. 밑변과 높이는 각각 3, 5와 같이 정수 형태나 결과 값인 넓이가 실수형으로 될 수 있으므로 모두 double형으로 선언한다. 모든 변수가 선언될 때 초기화되지 않았으므로 주기억장치는 임의의 값을 가진다.

10~12: width, height 변수에 double형 상수 3.0, 5.0을 대입하고, 넓이를 계산하여 변수 area에 저장한다. 3, 5, 2와 같이 int형 상수로 표현해도 되나 실수형은 소수점을 명시적으로 표현하기를 권장한다.

15~16: 밑변, 높이, 넓이는 double형이므로 %lf 변환명세로 출력한다.

TIP printf 함수에서 float, double형 자료를 출력할 때는 반드시 %f, %lf 변환명세를 사용해야 한다. 15행에서 %lf를 %d로 수정해 실행하면 실수형으로 표현된 2진수를 10진 정수형으로 변환하여 출력하므로 밑변, 높이가 다음 결과처럼 이상한 값이 나온다.

실행결과

```
밑변 0cm, 높이 1074266112cm인 삼각형의 넓이 = 7.500000cm²
```

핵심요약

프로그램의 구조

각 소스 파일은 전처리기 지시 영역, 전역 변수 영역, 함수 영역으로 구분된다. 콘솔 응용 프로그램에서 프로그램이 실행되려면 반드시 하나의 main 함수가 필요하다. 프로그램은 자료를 처리하여 정보를 얻는 것이 목적이므로 일반적으로 '변수 선언→자료 입력→자료 처리→결과 출력' 순으로 작성된다.

자료의 표현 방법

컴퓨터에서는 자료가 이진 체계로 표현되며 문자형, 정수형, 실수형마다 표현 방법이 다르다. 문자는 표준화된 변환 코드(ASCII 코드, 유니코드)에 따라 2진수로 변환된다. 컴퓨터에서 음수는 1의 보수나 2의 보수를 이용하여 표현한다. 실수는 부동소수점 표현 방식으로 표현된다.

상수의 표현

상수는 자료의 값을 나타내는 데 사용되는 숫자나 문자를 말하며, 프로그램이 실행되는 중에 변경될 수 없다. 문자/문자열 상수, 정수형 상수, 실수형 상수가 있다.

- 문자/문자열 상수 : 문자 1개는 내부적으로 1바이트로 표현되며, 문자 상수는 단일 인용부호(' ')로, 문자열 상수는 이중 인용부호(" ")로 싸서 표현한다. 그리고 특수 문자는 이스케이프 문자를 사용해 표현한다.
- 정수형 상수 : 10진 정수는 숫자만으로 표현하며 8진 정수, 16진 정수는 각각 숫자 앞에 0, 0x를 붙여 표현한다. 내부적으로 대부분 4바이트로 표현한다.
- 실수형 상수 : 실수는 소수점을 포함한 숫자 또는 가수e지수로 표현되며, 소수점 이하 15자리까지 가질 수 있다. 내부적으로 4바이트 또는 8바이트로 표현한다.

변수

변수는 상수를 저장하는 기억 공간으로 프로그램 중간에 값이 변할 수 있다는 의미다. 변수는 자료를 주기억장치에 저장하거나 읽어오기 위해 주기억장치의 주소를 직접 사용하지 않고 기억 공간에 적절한 이름(변수명)을 붙인 후 이 변수명을 사용하여 편리하게 자료를 저장하거나 저장된 자료를 읽게 해준다. 변수는 사용하기 전에 선언을 해야 하며 작명규칙에 따라 변수명을 지어야 한다. 또한 변수 선언 시 12가지 자료형 중 하나를 지정해줘야 한다. 이 중 문자형은 char, 정수형은 int, 실수형은 double 자료형을 기본으로 사용한다.

연습문제

01 다음 예에서 올바르지 않은 변수명을 찾아내고 그 이유를 간단히 설명하시오.

① $COLOR
② My name
③ _Park
④ Tax_Rate
⑤ printf
⑥ index_1
⑦ 2013Expo
⑧ weight_kg

02 다음의 자료 값을 10진 정수형으로 출력하는 프로그램을 작성하여 결과 값을 구하시오.

① 0261
② 0xA2C
③ 'e'
④ 0x98BA

03 다음 중 기본 자료형에 밑줄을 그으시오.

문자:	char	signed char	long (int) char
정수:	short	(signed) int	long (int)
실수:	float	double	long double

04 float height=177.7;과 같이 선언하면 경고 메시지가 나타난다. 경고 메시지가 나타나는 이유와 해결 방법을 적으시오.

hint 2.3.3과 2.5.3 참고

05 25인치(inch)의 길이를 센티미터(cm)로 계산하여 출력하는 프로그램을 완성하시오.

hint 1인치는 2.54cm다. 그러므로 cm ← inch×2.54

실행결과

```
25inch는 63.500000cm입니다.
```

변수 inch　변수 cm

분석

해결과정

프로그램

```
#include <stdio.h>
int main()
{
    __________ inch = 25;  // inch를 정수형 변수로 선언하면서 25로 초기화하기
    __________ cm;          // cm을 실수형 변수로 선언
    cm =__________ ;        // 인치 단위의 inch를 센티미티 단위의 단위의 cm으로 변환
    printf("__________ inch는 __________ cm입니다.\n", inch, cm);

    return 0;
}
```

06 다음은 화씨온도를 섭씨온도로 변환하는 프로그램이다.

```
#include <stdio.h>

int main()
{
    int fahrenheit, celsius;

    fahrenheit = 72.0;
    celsius = (5/9) * (fahrenheit - 32);

    printf("화씨온도 %d도는 섭씨온도 %d도입니다.\n", fahrenheit, celsius);

    return 0;
}
```

그러나 다음과 같이 올바르지 않은 결과가 나온다.

실행결과

```
화씨온도 72도는 섭씨온도 0도입니다.
```

다음과 같이 올바른 결과가 나오도록 잘못된 부분을 수정하시오.

실행결과

```
화씨온도 72.000000도는 섭씨온도 22.222222도입니다.
```

hint — 섭씨온도(C)와 화씨온도(F)와의 관계식은 C = (5/9)*(F−32)다.

— 실행결과를 분석해보면 화씨온도와 섭씨온도가 실수형으로 출력된다. 따라서 화씨온도, 섭씨온도 변수를 double형 또는 float형으로 선언해야 한다. 문장 printf("1/2 = %d\n", 1/2);를 실행하면 결과가 '0'이 나온다. 그 이유는 '정수/정수'의 결과는 '정수'이기 때문이다(4장 연산자에서 자세히 설명함). 올바른 결과가 나오려면 printf("1/2 = %lf\n", 1.0/2.0);이 되어야 한다.

07 다음은 8진수 2013을 변수 num에 대입하고 이를 8진수와 10진수의 형태로 출력하는 프로그램과 실행결과다. 빈 곳을 채우시오.

```
#include <stdio.h>
int main()
{
    _____________________;                    // 변수 num 선언
    num = _____________________;              // 변수 num 8진수 2013을 대입
    printf("num(8진수) = _____________\n", num); // num에 저장된 값을 8진수로 출력
    printf("num(10진수) = _____________\n", num); // num에 저장된 값을 10진수로 출력

    return 0;
}
```

실행결과

```
num(8진수) = 2013 ◀— num을 8진수 형태로 출력한 결과
num(10진수) = _______________
```

chapter

3

입력과 출력

3.0 개요

이 장에서는 프로그램을 실행하는 동안 키보드를 통해 프로그램 외부에서 필요한 값을 입력받는 입력 함수와, 프로그램 실행 중간이나 후에 사용자에게 필요한 정보나 메시지를 모니터 화면에 표시하는 출력 함수를 소개한다.

데이터의 입력과 출력은 C 언어에서 제공하는 라이브러리 함수의 일부인 입출력 함수를 이용해 편리하게 코딩할 수 있다. 입력할 때는 scanf 함수를, 출력할 때는 printf 함수를 많이 사용한다.

그림 3-1 표준 입력과 표준 출력

입출력장치는 운영체제에서 관리하고 있다. 프로그램에서 입출력을 하려면 운영체제에서 해당 장치에 대한 사용 권한을 넘겨받아 입출력할 데이터를 직접 처리해야 한다. 이러한 입출력을 매번 프로그래머가 직접 작성한다면 번거롭고 불편할 것이다. C 언어는 이러한 입출력뿐만 아니라 공통적으로 자주 사용되는 기능을 라이브러리 함수라는 형태로 제공한다.

라이브러리 함수란 프로그램을 만들기 위한 기본 부속품이다. 2.1절 C 프로그램의 기본 구조에서 언급했듯이 프로그램 개발은 건물을 짓는 것에 비유할 수 있다. 기본 골격은 건설 현장에서 직접 만들지만 나머지 소재(창문, 타일, 조명 기구 등)는 전문 생산 공장에서 납품을 받아 조립한다. 마찬가지로 C 언어에서도 프로그램에서 많이 사용되는 기능을 함수 프로그램으로 미리 작성해두고 필요할 때마다 이용할 수 있다. 입출력 함수(scanf, printf), 삼각 함수(sin, cos) 등 자주 사용하는 함수는 라이브러리 함수로 제공한다.

ISO C(C99)에서는 공통적으로 자주 사용하는 함수 원형(prototype)을 표준화하여 C 언어 컴파일러 제작사(Microsoft, Borland 등)로 하여금 이런 함수를 제공하도록 권장하는데, 이런 함수를 모아 둔 것을 표준 라이브러리(standard library)라고 한다.

그림 3-2 라이브러리 함수의 개념

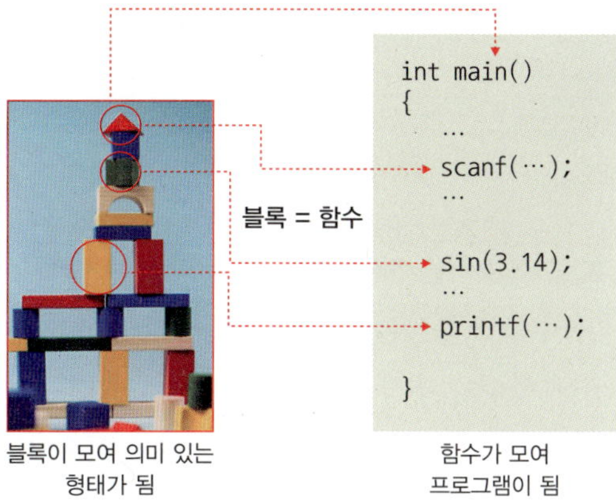

2장에서 소개했듯이 C 프로그램은 함수 집합으로 이루어져 있으므로 함수가 필요하면 프로그래머가 직접 작성해야 한다. 그러나 해당 기능을 하는 함수가 표준 라이브러리에 포함되어 있다면 직접 작성할 필요 없이 단순히 호출만 하면 된다. 이러한 표준 라이브러리는 컴파일러 제작사에 따라 제공되는 형태가 다르며 Visual Studio에서는 'msvcrt.dll' 파일에 구현되어 있다.

C 언어를 배운다는 것은 문법을 아는 것에서 그치는 게 아니다. C 언어가 제공하는 표준 라이브러리에 어떤 함수가 있으며 이 함수를 어떤 경우에 사용하는지도 익혀야 한다.

3.1 출력 함수 printf

학생 50명의 성적을 프로그램으로 처리하여 평균, 등수, 표준 편차 같은 정보를 구한다고 하자. 프로그램이 실행되면서 컴퓨터 주기억장치에 해당 정보가 저장되겠지만 출력이 되기 전까지는 사람들에게 의미가 없다. 현금 인출기에서 안내 음성이 나오고 인출기 화면에 글자나 그림이 나타나는 것처럼 기억장치에 저장된 정보도 사람이 인식할 수 있는 형태로 모니터에 표시되거나 프린터로 출력되어야 가치가 있는 것이다.

이와 같이 기억장치의 내용을 모니터나 프린터로 표시해주는 작업을 '출력한다'고 하는데, 컴퓨터 하드웨어를 잘 모르는 사람이 출력하는 프로그램 코드를 직접 작성하기는 어려운 일이다. 그래서 C 언어에서는 [그림 3-3]과 같이 표준 출력장치인 모니터에 자료를 출력하기 쉽도록 printf, putchar, puts 등의 함수를 표준 라이브러리로 제공한다. 이 중 가장 많이 사용되는 출력 함수는 출력 형식을 지정하여 출력하는 printf 함수다.

그림 3-3 printf 함수를 이용해 모니터로 출력한 결과

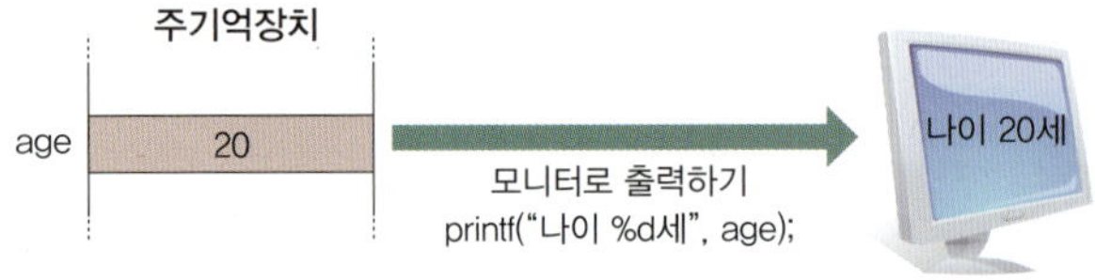

C 언어에서 제공하는 함수를 이용하고 싶으면 함수 호출문을 사용해야 한다. 함수 호출에 관한 자세한 내용은 8장에서 소개하므로 여기서는 함수를 호출하는 방법만 간단히 소개한다. 함수를 호출하려면 '함수명(인수 목록)'처럼 괄호 안에 함수가 특정 처리를 하는 데 필요한 정보 즉 인수를 명시해야 한다. 함수마다 인수의 개수, 순서, 자료형이 정해져 있으므로 사용하고 싶은 함수가 있으면 먼저 인수 목록에 대해 정확히 알고 있어야 한다. 형식에 맞추어 출력하는 printf 함수를 이용(호출)할 때는 인수가 한 개 이상 필요한데, 첫 번째 인수로 출력 형식을 지정하는 형식 문자열(format string)은 반드시 명시되어야 한다. 뒤의 인수의 개수는 형식 문자열의 변환명세의 개수와 같다.

형식 **printf 함수의 인수**

printf("형식 문자열", 인수1, 인수2, …, 인수n)

변환명세는 형식 문자열에 포함된 '%문자' 형식의 문자열로, 변환명세를 포함하지 않은 printf 함수는 printf("형식 문자열")과 같이 인수를 하나만 가진다. 변환명세를 포함한 printf 함수는 변환명세의 개수와 같은 개수의 인수를 가진다.

3.1.1 변환명세를 포함하지 않은 printf 함수

문자열을 그대로 출력하기

수식을 계산한 결과 값이나 현재 변수에 저장된 값이 아닌, 특정 메시지나 글자를 모니터 화면에 그대로 출력하려면 문자열 형태의 인수 하나만 포함한 printf 함수를 사용한다.

형식 **인수가 한 개인 printf 함수**

printf("문자열");

↳ "문자열" 안에 있는 문자열을 모니터 화면에 그대로 표시

예

```
printf("Hello! ");
printf("My name is 'C'. ");
printf("Nice to meet you. ");
```

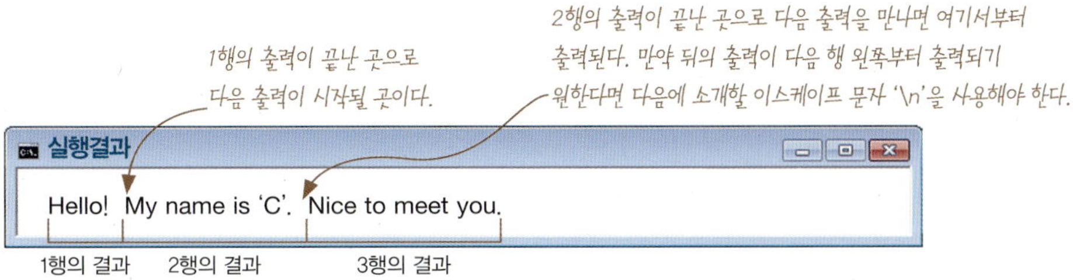

특별한 의미가 있는 이스케이프 문자를 이용해 출력하기

printf 함수는 콘솔(console) 장치인 모니터 화면에서 이전 출력이 끝난 위치에 이어서 출력한다. 그러므로 화면의 행 끝까지 출력하지 않는 한 행을 자동으로 바꾸지 않는다.

출력 결과를 보기 좋게 하기 위해 행을 바꾸고 싶으면 어떻게 해야 할까? 행을 강제로 바꾸는 특별한 문자를 사용해야 한다. C 언어에서는 일반적으로 알고 있는 문자의 의미를 벗어나 특별한 의미를 가진 문자를 표시하기 위해 '\'로 시작하는 이스케이프 문자(escape sequence)를 제공한다. 예를 들어 '\n'은 행을 바꾸어 주는 개행(line feed) 문자를 의미한다.

[표 3-1]은 C 언어에서 자주 사용하는 이스케이프 문자를 보여준다.

표 3-1 자주 사용하는 이스케이프 문자

표기	이름	의미
\r	캐리지 리턴(carriage return)	커서를 현재 행의 맨 앞으로 이동시킨다.
\n	개행 문자(line feed)	편집기에서 키보드의 엔터키를 눌렀을 때처럼 커서를 현재 행의 맨 앞으로 이동시킨 후 다음 행으로 옮긴다.
\t	탭(Tab) 문자	키보드의 탭키를 누를 때처럼 커서를 다음 탭 위치로 옮긴다.
\'	작은따옴표	작은따옴표를 의미한다.
\"	큰따옴표	큰따옴표를 의미한다.
\\	백슬래시(back slash)	이스케이프 문자의 시작인 \가 아닌 백슬래시 문자를 의미한다.
\b	백스페이스	키보드의 백스페이스키와 달리 단순히 출력 위치를 왼쪽으로 한 칸 이동한다.
\a	알람(alarm)	삐 신호음을 낸다.

예

```
printf("Hello! ");
printf("My name is 'C'. \n");

printf("You said \"Hello!\". \n\n");

printf("Yes!!\b ");
printf("I said \"Hello!\" \n\n");
```

이스케이프 문자의 시작을 나타내는 '\'없이 "만 적으면 컴파일러가 printf 함수의 첫 인수인 형식 문자열의 끝을 나타내는 "로 번역한다. 따라서 , 없이 두 번째 인수인 Hello!가 나타나 에러가 발생한다.

Yes!!까지 출력 후 이스케이프 문자 백스페이스를 출력해 다음 출력 위치를 왼쪽으로 한 칸 옮긴다.

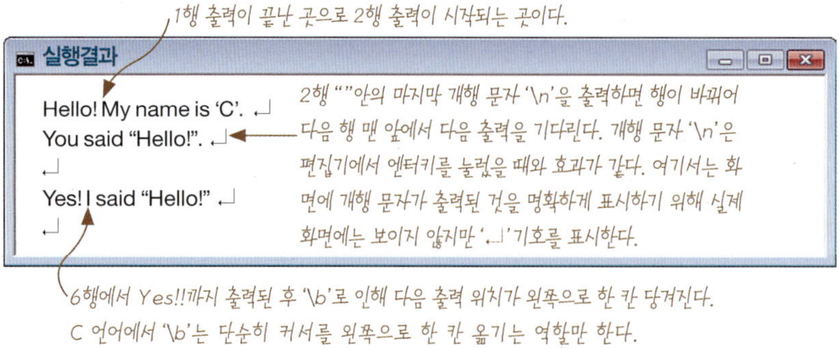

2행은 작은따옴표를 그대로 사용하고 있다. 작은따옴표는 형식 문자열에서 이스케이프 문자를 사용할 필요가 없다. 다음과 같이 char 형 변수 ch에 작은따옴표를 저장하고 싶을 때 사용한다. C 언어에서는 문자 상수를 표현하기 위해 문자 앞뒤에 작은따옴표를 붙여야 하기 때문에 작은따옴표를 표시하려면 이스케이프 문자를 사용해야 한다.

```
char ch = '\'';        // ch에 작은따옴표 저장하기
```

만약 다음과 같이 작성하면 컴파일 에러가 발생한다. 컴파일러가 두 번째 작은따옴표를 문자 상수를 묶는 문자로 번역하여, 세 번째 작은따옴표로 인해 에러가 발생한다.

```
char ch = ''';
```

컴파일러가 두 번째 작은따옴표를 문자 상수를 묶는 문자로 번역하여, 세 번째 작은따옴표로 인해 에러가 발생한다.

백슬래시는 파일 경로를 표현할 때 자주 사용된다. 저장된 파일의 경로가 C:\data\students.txt라고 하자. 파일 경로를 표시할 때는 문자열로 표현해야 하는데 "C:\data\students.txt"로 쓰면 \를 문자열 안에서 이스케이프 문자의 시작으로 번역하기 때문에 '\d'를 이스케이프 문자로 번역한다. 하지만 C 언어에는 '\d'라는 이스케이프 문자가 없으므로 결국 에러로 처리한다. 따라서 "C:\\data\\students.txt"로 써야 한다.

3.1.2 변환명세를 포함한 printf 함수

평균, 표준 편차, 최댓값, 이번 학기 평점처럼 프로그램을 실행하여 주어진 자료로부터 구한 결과 값은 일반적으로 변수에 저장된다. 변수에 저장된 결과 값은 프로그램을 실행해봐야 알 수 있다. 그러므로 직접 계산해 표준 편차가 0.3이라는 결과를 구하지 않는 한 printf("표준 편차 0.3")처럼 문자열로 직접 출력할 수는 없다.

표준 편차가 std_V란 변수에 저장된다면 이 변수에 저장된 값은 어떻게 출력해야 할까? 그리고 보기 좋게 소수점 아래 두 자리까지 출력하고 싶다면? 이렇게 원하는 형식에 맞추어 출력하려면 변환명세를 포함시켜야 한다. 변환명세는 출력할 값의 자료형, 출력할 자릿수, 정렬 방식 등을 지정하기 위한 것으로 출력 결과를 형식에 맞추어 보기 좋게 출력하는 데 사용한다. 변환명세(conversion specification)는 '%' 기호로 시작하며, 형식 플래그(format flag), 필드폭(field width), 정밀도(precision), 출력 변환 지시자(conversion specifier)로 구성된다. 어떤 자료형으로 출력할지를 명시하는 출력 변환 지시자만 포함한 가장 간단한 변환명세는 [표 3-2]와 같다.

표 3-2 출력할 값의 자료형에 따른 대표적인 변환명세

출력 값	변환명세	자료형	출력 형식
정수	%d, %i	int형	정수를 10진수 형태로 출력
	%u	unsigned int형	부호가 없는 정수를 10진수 형태로 출력
	%o	정수형	정수를 8진수 형태로 출력
	%x	정수형	정수를 16진수 형태로 출력
실수	%f	float형	실수를 소수점 아래 6자리까지 출력
	%lf	double형	실수를 소수점 아래 6자리까지 출력
	%e	float형	'가수×10^지수'에 해당하는 float 형 실수를 '가수e지수'와 같이 지수 형식(과학적 표기 형식)으로 출력
	%le	double형	double형 실수를 '가수e지수' 형식으로 출력
문자	%c	char형	문자 한 개만 출력
문자열	%s	문자열	문자열 출력

(%d, %lf, %c는 정수형, 실수형, 문자형 중 기본 자료형의 변환명세)

형식 **변환명세를 포함한 printf 함수**

printf("변환명세를 n개 포함한 형식 문자열", 인수1, 인수2, …, 인수n) *형식 문자열에 포함된 변환명세가 n개면 뒤의 인수도 n개여야 한다.*

이 자리에는 인수의 값을 10진수 정수 형태로 출력하라는 뜻

printf(" … %d … %lf … %c … ", 정수형 인수, 실수형 인수, 문자형 인수)

↳ "형식 문자열" 안에 있는 내용을 모니터 화면에 그대로 표시하되 변환명세를 만나면 순서대로 "형식 문자열" 뒤에 나타나는 인수의 값을 변환명세의 형식에 맞게 출력

↳ 인수는 상수, 변수, 식, 대입문이 될 수 있으며 최종 결과 값이 변환명세에 지정된 형식에 맞추어 출력됨

↳ 변환명세는 [표 3-2]와 같이 자료형에 따라 사용할 것이 정해져 있으므로 인수의 결과 값에 따라 정확히 사용해야 함

예

```
1  int age = 26;
2  double height = 175.7;
3  char grade = 'A';
4
5  printf("나이 %d세\n", age);
6  printf("키 %lfcm의 표준체중: %lf\n", height, (height - 100) * 0.9);
7  printf("학점: %c\n", grade);
8  printf("국적: %s\n\n", "대한민국");
9  printf("1억: %e\n", 1.0e8);
10
11 printf("10진수 %d = 8진수 %o = 16진수 %X\n", age, age, age);
```

형식 문자열에 있는 '나이 '까지 출력한 후 %d를 만나면 형식 문자열 뒤의 age 변수에 저장된 값을 %d 형식에 맞게 10진수 정수형으로 출력한다. 그런 다음 %d 뒤에 있는 '세'를 출력하고, \n을 만나 행을 바꾼다.

100000000를 지수 형식으로 표현한 것으로 1.0×10^8을 의미

%x 대신 %X를 사용하면 16진수의 a~f를 대문자로 출력한다.

실행결과

```
나이 26세↵
키 175.700000cm의 표준체중: 68.130000↵
학점: A↵
국적: 대한민국↵
↵
1억: 1.000000e+008↵
10진수 26 = 8진수 32 = 16진수 1A↵
```

참고

- 출력할 자료형과 변환명세가 맞지 않으면 어떻게 할까? 5행에서 age에 저장된 값을 출력할 때 다음과 같이 실수형 변환명세인 %lf를 사용하면 에러는 발생하지 않지만 엉뚱한 결과가 출력된다. 프로그램 실행 결과가 틀리면 프로그램의 로직(알고리즘)을 확인하기 전에 변환명세를 올바르게 사용했는지부터 확인하는 것이 좋다.

  5 printf("나이 %lf세\n", age);의 실행 결과는?

  실행결과

  ```
  나이 0.000000세↵
  ```

  변수 age가 int 형이므로 %d를 사용해야 하는데 %lf로 잘못 사용했다. 에러는 발생하지 않지만 엉뚱한 값이 출력된다.

- float형보다 double형을 사용하는 것이 좋다. 2장에서 소개했듯이 비주얼 C++에서는 실수형의 기본 자료형이 double형이므로 175.7을 double형이 아닌 float형으로 지정하려면 175.7f와 같이 상수 뒤에 f를 붙여야 한다. 그래서 2행을 'float height = 175.7f;'로 수정하면 다음 결과가 나온다.

  실행결과

  ```
  키 175.699997cm의 표준체중: 68.129997
  ```

  그러므로 height를 double형으로 선언하면 상수 값 뒤에 f를 붙이지 않아도 될 뿐만 아니라 소수점 아래 값의 정밀도도 훨씬 좋아진다. 게다가 요즘은 개인용 컴퓨터의 주기억장치 용량이 매우 크므로 실수형 값을 처리할 때는 double형을 사용해도 별 무리가 없다. 단, 소수 아래 값의 정밀도가 영향을 미치지 않으면서 아주 많은 개수의 실수를 저장하는 경우라면 float형을 사용해 주기억장치를 효율적으로 사용하는 것이 좋다.

3.1.3 변환명세의 필드폭, 플래그, 정밀도

%d, %lf, %c와 같이 변환명세에 필드폭을 명시하지 않으면 아래의 예처럼 꼭 필요한 만큼의 칸을 차지하도록 출력한다.

예

```
int n1 = 9;
int n2 = 77;
int n3 = 100;

printf("1. %dcm \n", n1);
printf("2. %dcm \n", n2);
printf("3. %dcm \n", n3);
```

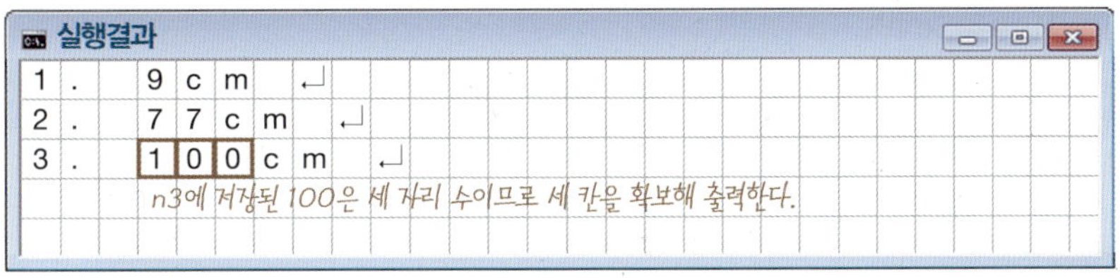

위와 같은 결과가 나오는 것은 세 값 모두 출력이 시작되는 위치는 같지만 값의 자리수가 서로 달라 출력이 끝나는 위치가 달라지기 때문이다. 이를 해결하기 위해 값을 출력하는 데 사용할 칸의 수를 강제로 지정하는 것이 필드폭이다. 다음과 같이 세 정수의 끝자리가 나란히 맞는 것이 보기에 더 좋을 것이다.

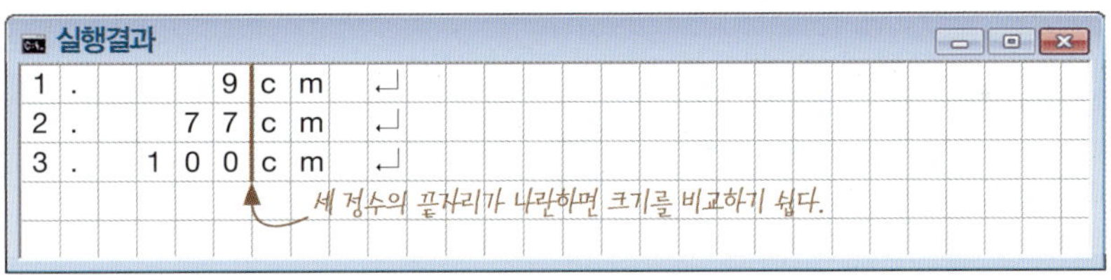

%d를 사용한 정수 출력

%d는 출력하고자 하는 값을 10진수로 변환하여 출력하는 명세이며 '+', '–' 명세와 필드폭의 조합으로 사용된다.

> **형식** %d 변환명세 사용법
>
> **"%필드폭d" "%+필드폭d" "%-필드폭d"**
>
> ↳ 필드폭 : 자료를 출력하는 데 사용할 전체 칸을 의미
> 정수형 자료를 출력하기 위해 필드 폭만큼의 칸을 확보한 후 출력자료를 오른쪽 정렬하여 출력
>
> ↳ d : 자료를 정수 형식으로 출력하라는 의미
>
> ↳ + : 부호 출력을 지정하는 것으로 출력할 값이 양수면 숫자 앞에 +를, 음수면 -를 출력
> 예를 들어 ("%+d", 10)이면 '+10'이 출력
>
> ↳ - : 왼쪽 정렬을 지정하는 것으로 출력할 값의 첫 숫자와 왼쪽 첫 칸을 맞추어 출력

예

```
int n = 123;

printf("n=%d\n", n);
printf("n=%5d\n", n);
printf("n=%+5d\n", n);
printf("n=%-5d\n", n);
printf("n=%-+5d\n", n);
```

왼쪽 정렬 부호 출력

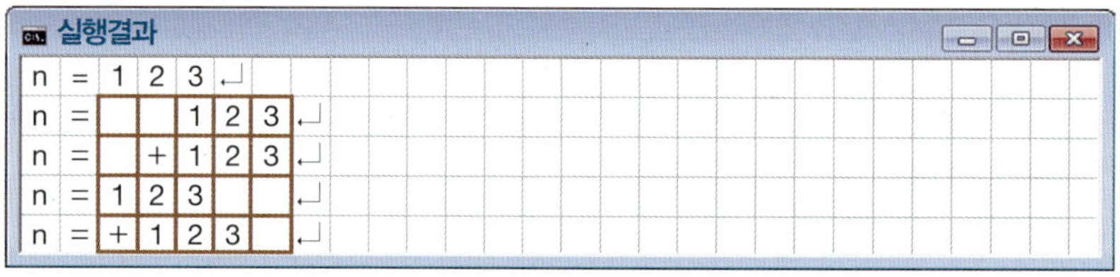

3.1.3의 첫 번째 예의 소스 코드에서 %d를 %3d로 수정하면 다음과 같은 결과를 얻는다.

예

```
int n1 = 9;
int n2 = 77;
int n3 = 100;

printf("1. %3dcm \n", n1);
printf("2. %3dcm \n", n2);
printf("3. %3dcm \n", n3);
```

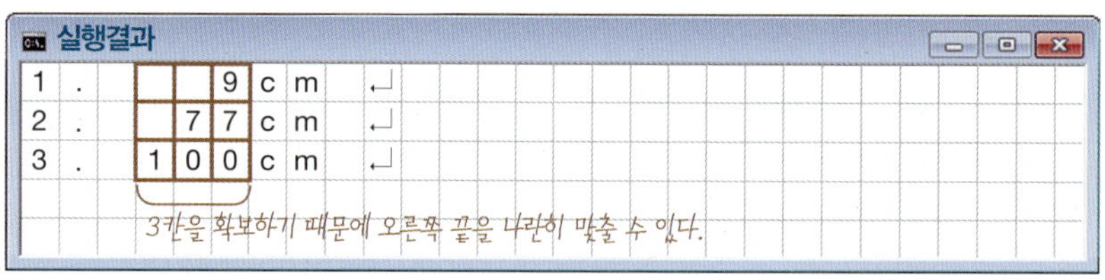

참고 지정한 필드폭보다 출력할 값의 자리수가 더 크면 출력 형태가 흐트러질 수 있다. 앞의 소스 코드에서 5~7행의 %3d를 %2d로 수정하면 출력 결과는 어떻게 될까? 지정한 필드폭보다 출력할 값의 자리수가 더 크면 오른쪽으로 필요한 칸을 더 확보하므로 에러는 발생하지 않지만 모양은 흐트러진다. 그러므로 필드폭을 정할 때는 출력할 값의 범위를 먼저 확인한 후 최댓값을 충분히 포함할 수 있도록 넉넉하게 지정해야 한다. 시험 점수라면 값의 범위가 0~100이므로 최소한 %3d로 지정해야 한다.

실행결과

```
1.  9cm ↵
2. 77cm ↵
3. 100cm↵
```

%2d로 지정했는데 실제로 출력할 값은 세 자리 수이므로 한 칸 밀린다.

%lf를 사용한 실수 출력

%d와 마찬가지로 형식 플래그 –가 없는 한 오른쪽 정렬해 출력하며, 형식 플래그 +를 사용하면 반드시 부호를 출력한다. 실수는 정수와 달리 소수점과 소수점 이하 값이 존재하므로 %d보다 더욱 다양하게 지정할 수 있다.

형식 **%lf 변환명세 사용법**

"%필드폭.정밀도lf"

↳ 필드폭 : 소수점 위의 자리, 소수점, 소수점 아래 자리 수를 포함한 전체 출력 칸을 의미

↳ 정밀도 : 소수점 아래 몇 자리까지 출력할지를 지정

↳ lf : 자료를 실수 형식으로 출력하라는 의미

"%.정밀도lf"

↳ 소수점 아래 몇 자리까지 출력할지를 지정
소수점 위의 값은 꼭 필요한 만큼만 칸을 확보해 출력. 출력할 값에 포함된 소수점 아래 값의 자리가 지정한 정밀도보다 크면(정밀도+1)번째 자리에서 반올림

"%필드폭lf"

↳ 소수점과 소수점 아래 자리 수를 포함한 전체 출력 칸을 의미
소수점 아래 값은 무조건 6자리까지 출력하고 나머지 왼쪽 칸에 소수점 위의 값과 소수점을 출력

"%필드폭.lf"

↳ 필드폭만큼 칸을 확보해 출력하되 소수점 아래 첫 자리에서 반올림하여 소수점 위의 값만 출력하라는 의미로 "%전체폭.0lf"와 결과가 같음

예

```
double avg = 83.768;

printf("avg=%7.3lf\n", avg);
printf("avg=%6.2lf\n", avg);
printf("avg=%.2lf\n", avg);
printf("avg=%10lf\n", avg);
printf("avg=%5.lf\n", avg);
```

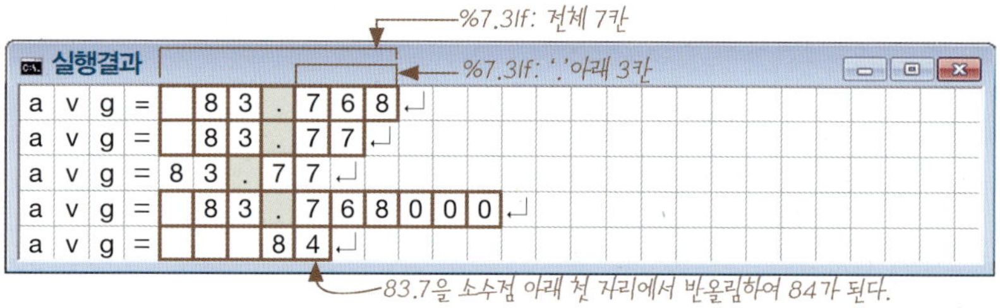

> **주의** "%3.1lf"에서 3은 소수점 위의 값을 출력하는 데 사용할 칸이 아니라 전체 출력 칸을 의미한다. 시험 점수의 평균 점수를 소수점 아래 한 자리까지 출력하도록 필드폭을 지정할 때 "%3.1lf"로 잘못 지정하는 경우가 많다. '3.1'을 소수점 위 3자리, 소수점 아래 1자리로 해석하기 때문이다. '.' 앞의 3은 전체 출력 칸을 의미하는 것이므로 평균 점수 100.0까지 출력하려면 필드폭을 최소 5로 지정해서 %5.1lf를 사용해야 한다. 5보다 작게 지정한다면 오른쪽으로 칸을 더 확보하므로 여러 행에 여러 명의 평균 점수를 출력할 경우 소수점의 위치를 세로로 맞출 수가 없다.

[프로그램 3-1]은 아주 작은 실수의 출력 예다. 변수 d에 저장된 값은 거의 0에 가깝지만 0은 아니다. 과학적 문제에서는 이렇게 아주 작은 값이나 아주 큰 값이 자주 사용된다. 변수 d에 저장된 값을 7행과 같이 출력한다면 0으로 오해할 수 있으며 8행과 같이 출력한다면 0의 개수를 정확하게 세는 데 시간이 오래 걸릴 것이다. 그러므로 이런 값들은 10행이나 11행과 같이 과학적 표기법인 지수 형식으로 출력하는 것이 훨씬 간단하며, 0이 아닌 정확한 값도 명확하게 표현할 수 있다.

프로그램 3-1 실수형의 출력 예 (ch3-1.cpp)

```
1  #include <stdio.h>
2
3  int main()
4  {
5      double d = 12.345e-50;
6
7      printf("d = %.5lf\n", d);
8      printf("d = %.50lf\n", d);
9
10     printf("d = %.5e\n", d);
11     printf("d = %.5E\n", d);
12
13     return 0;
14 }
```

지수 형식으로 출력하되 가수 부분을 소수 아래 5자리까지 출력하라.

지수 형식으로 출력할 때 소문자 'e' 대신 대문자 'E'를 출력하라.

실행결과

```
d = 0.00000↵
d = 0.00000000000000000000000000000000000000000000000012↵
d = 1.23450e-049↵
d = 1.23450E-049↵
```

과학 분야에서는 0과 0.000000001 두 값이 아주 다른 값으로 인식될 수 있다. 그러므로 정확성을 요구하는 아주 작은 값은 아래와 같이 소수점 아래 자리를 충분히 지정해야 한다.

0이 몇 개 있는 지 직접 세기는 힘들다.

%c를 사용한 문자 출력

문자 1개를 출력할 때는 변환명세 %c를 사용한다. 출력할 내용이 문자이긴 하지만 기본 정렬 방식은 오른쪽 정렬이므로 왼쪽 정렬을 하고 싶으면 형식 플래그 -를 사용한다.

형식 **%c 변환명세 사용법**

"%필드폭c"

↳ 필드폭 : 문자를 출력하는 데 사용할 전체 칸을 의미하며 출력할 문자를 맨 오른쪽 칸에 맞추어 출력

↳ c : 자료를 문자 형식으로 출력하라는 의미

"%-필드폭c"

↳ 필드폭 : 문자를 출력하는 데 사용할 전체 칸을 의미

↳ - : 문자를 맨 왼쪽 칸에 맞추어 출력

예

```
char grade = 'A';

printf("I've got an %c.\n", grade);
printf("I've got an %3c.\n", grade);
printf("I've got an %-3c.\n", grade);
```

실행결과

```
I've got an A.↵
I've got an   A.↵
I've got an A  .↵
```

%s를 사용한 문자열 출력

여러 문자로 구성된 문자열을 출력할 때는 변환명세 %s를 이용한다. 출력할 내용이 문자열이더라도 기본 정렬 방식은 오른쪽 정렬이므로 왼쪽 정렬을 하고 싶다면 형식 플래그 -를 사용한다. C 언어에서는 문자 상수를 저장하기 위한 char 자료형을 제공하지만 문자열을 저장할 별도의 자료형은 제공하지 않는다. 그러므로 문자열을 변수에 저장하려면 7장에서 소개하는 배열을 이용해야 하므로 여기서는 printf 함수에서 문자열 상수를 직접 사용하여 출력하는 방법만 소개한다.

형식 **%s 변환명세 사용법**

"%필드폭s"

↳ 필드폭 : 문자열을 출력하는 데 사용할 전체 칸을 의미하며 출력할 문자열의 마지막 문자를 맨 오른쪽 칸에 맞추어 출력

↳ s : 출력 값을 문자열 형식으로 출력하라는 의미

"%-필드폭s"

↳ 필드폭 : 문자열을 출력하는 데 사용할 전체 칸을 의미

↳ - : 문자열의 첫 문자를 맨 왼쪽 칸에 맞추어 출력

예

```
printf("%s!\n", "Hello");
printf("My name is %4s.\n", "Tom");
printf("%-20s %-5s\n", "Nice to meet you.", "Bye!");
```

실행결과

```
Hello!↵
My name is  Tom.↵
Nice to meet you.    Bye! ↵
```

3.2 문자와 문자열 전용 출력 함수

printf는 가장 많이 사용되는 출력 함수지만 출력할 값의 자료형에 따라 변환명세를 항상 명시해야 하는 번거로움이 있다. C 언어에서는 문자와 문자열을 출력하는 경우 편리하게 사용할 수 있도록 변환명세를 사용하지 않는 함수도 제공한다.

3.2.1 문자 전용 출력 함수 putchar

putchar는 문자만 출력하기 위한 함수이므로 printf와 달리 변환명세가 필요 없다. printf 함수보다 실행 속도가 빠르며 변환명세도 쓸 필요 없으므로 문자 출력을 여러 번 반복한다면 putchar 함수를 사용하는 것이 더 좋다.

형식 **putchar 함수**

putchar('문자' 또는 문자형 변수);
↳ '문자' 안의 문자 1개 또는 문자형 변수에 저장된 문자 1개를 출력

예

```
char grade = 'A';

putchar(grade);
putchar('+');
putchar('\n');
```

실행결과

```
A+↵
```

3.2.2 문자형 자료와 정수형 자료 간의 상호 변환 관계

문자 상수는 [표 3-3]과 같이 컴퓨터 내부적으로 1바이트를 차지하며 각 문자별로 지정된 ASCII 코드 값으로 저장된다. 이 코드 값은 특정 순서대로 1씩 증가하여 부여되므로 알파벳 'A'의 코드 값이 10진수로 65라면 다음 문자인 'B'는 66, 'C'는 67이 된다. 정수 1과 문자 상수 '1'은 서로 다르며 문자 상수 '1'의 코드 값은 10진수로 49에 해당한다. 이와 같이 문자는 ASCII 코드에 해당하는 2진수로 표현되므로 2진수에 해당하는 10진수 정수로 간주할 수 있다. 그러므로 [표 3-3]처럼 printf 함수에서 char형 변수를 출력할 때 변환명세로 %d를 사용하게 되면 그 문자에 해당하는 ASCII 코드 값을 10진수로 출력할 수 있다. 반대로 %c 변환명세를 사용해 정수를 출력하면 그 정수를 코드 값으로 가지는 문자가 출력된다. 이와 같이 문자형 자료와 정수형 자료는 ASCII 코드 값에 의한 상호 변환이 가능하므로 문자에 대해서도 덧셈, 뺄셈과 같은 연산을 할 수 있다. 따라서 다음 대입문의 결과로 ch에는 'A'보다 두 번째 뒤에 있는 'C'가 저장된다.

```
char ch = 'A' + 2;
```

문자 'A'의 ASCII 코드 값 65와 2를 더한 67은 'C'의 ASCII 코드 값이므로 결국 ch에는 'C'가 저장된다.

표 3-3 문자의 ASCII 코드 값과 문자와 정수 간의 상호 변환

문자	ASCII 코드								10진 정수	상호 변환 관계
'A'	0	1	0	0	0	0	0	1	65	printf("%c", 65); → A printf("%d", 'A'); → 65
'B'	0	1	0	0	0	0	1	0	66	printf("%c", 66); → B printf("%d", 'B';) → 66
…	…								…	…
'a'	0	1	1	0	0	0	0	1	97	printf("%c", 97); → a printf("%d", 'a') → 97
'b'	0	1	1	0	0	0	1	0	98	printf("%c", 98); → b printf("%d", 'b'); → 98
…	…								…	…
'0'	0	0	1	1	0	0	0	0	48	printf("%c", 48); → 0 printf("%d", '0'); → 48
'1'	0	0	1	1	0	0	0	1	49	printf("%c", 49); → 1 printf("%d", '1'); → 49
'2'	0	0	1	1	0	0	1	0	50	printf("%c", 50); → 2 printf("%d", '2'); → 50
…	…								…	…

3.2.3 문자열 전용 출력 함수 puts

puts는 문자열만 출력하기 위한 함수이므로 printf와 달리 변환명세가 필요 없다. printf 함수에서 문자열을 %s로 출력하면 문자열만 출력되지만 puts 함수는 문자열을 출력한 후 개행 문자('\n')까지 자동으로 출력된다.

형식 **puts 함수**

puts("문자열" 또는 문자열을 저장한 변수);

↳ "문자열" 안의 문자열을 그대로 출력하거나 문자열 변수에 저장된 문자열을 출력한 후 행을 바꿈

예

```
puts("Hello!");
puts("My name is Hong GilDong.");
puts("Nice to meet you.");
```

puts("Hello!");는 printf("Hello!\n"); 또는 printf("%s\n", "Hello!");와 동일하다.

실행결과

```
Hello!↵
My name is Hong GilDong.↵
Nice to meet you.↵
```

문자열을 출력한 후 무조건 개행 문자를 출력하므로 행이 바뀐다.

3.3 프로그래밍 실습

프로그래밍 실습

3.3.1 printf 함수를 사용해 성적 처리 결과를 형식에 맞추어 출력하기

문제 학번이 2013901, 국어 점수가 89, 세계사 점수가 100, 수학 점수가 95일 때 성적의 평균을 구하시오. 단, 점수의 소수점 위치가 세로로 나란히 맞춰지도록 변환명세와 필드폭을 정확하게 사용한다.

분석

- 학번은 모두 숫자로 구성되어 있으므로 int형 변수에 저장할 수 있다. 그러나 학번이 0913901과 같이 0으로 시작하면 컴파일러가 10진수가 아닌 8진수 값으로 인식하여 잘못된 결과를 얻게 된다. 그리고 학번 안에 포함된 입학년도, 학과, 번호 등의 정보를 쉽게 추출해서 사용하고 싶다면 7장에서 배울 배열을 이용해 다음과 같이 문자열로 처리하는 것이 좋다. 그러나 아직 배열을 배우지 않았으므로 여기서는 단순히 int형 변수에 저장하기로 한다.

```
char std_no[8] = "0913901";
printf("%-6s: %-10s \n", "학번", std_no);      // 결과:학번  : 0913901    ↵
```

char std_no[8] = "0913901"; → 문자를 8개 저장할 수 있는 std_no 배열을 선언하면서 문자열 "0913901"로 초기화한다.

- 숫자 크기를 쉽게 인식할 수 있도록 세 과목 점수의 오른쪽 끝을 나란히 맞춘다. 최대 점수 100은 세 자리가 필요하므로 %3d 또는 %4d와 같이 필드폭을 3 이상으로 지정한다.
- 평균 점수는 소수점 아래 두 자리까지 출력되도록 %6.2lf로 지정하거나 전체 폭을 6보다 크게 지정한다.
- 과목명과 같은 문자열은 숫자와 달리 왼쪽 정렬이 보기 좋으므로 변환명세에 –를 사용한다.
- 한글 한 자는 2바이트의 코드로 표현되므로 출력될 때 두 칸을 차지한다. 그러므로 과목명은 가장 긴 "세계사"를 고려해 %–6s를 사용한다.

프로그램 3-2 세 과목의 평균을 구해 출력하기 (ch3-2.cpp)

```
#include <stdio.h>

int main()
{
    // 변수 선언
    int std_no, kor, world, math;
    double avg;

    // 대입문을 사용해 변수 값 저장하기
    std_no = 2013901;
    kor = 89;
    world = 100;
    math = 95;

    // 세 과목의 평균 구하기
    avg = (kor + world + math) / 3.0;

    // 결과를 형식에 맞춰 보기 좋게 출력하기
    printf("%-6s: %d \n", "학번", std_no);
    printf("===============\n");
    printf("%-6s: %4d(점) \n", "국어", kor);
    printf("%-6s: %4d(점) \n", "세계사", world);
    printf("%-6s: %4d(점) \n", "수학", math);
    printf("===============\n");
    printf("%-6s: %7.2lf \n", "평균", avg);

    return 0;
}
```

문자열을 왼쪽 정렬하기 위해 –를 사용하며 제일 긴 문자열인 "세계사"는 6칸이 필요하므로 필드폭을 6으로 지정했다.

세 과목의 점수를 세로로 나란히 맞추려면, 최대 점수가 100이므로 세 칸이 필요하다. 하지만 왼쪽에 공백을 더 주기 위해 필드폭을 4로 지정했다.

평균을 계산하지 않더라도 가능한 최대 평균 점수는 100.00이므로 이를 출력할 수 있도록 %6.2lf로 지정해야 한다. 하지만 여기에서는 왼쪽에 공백을 주기 위해 전체 필드폭을 7로 지정했다.

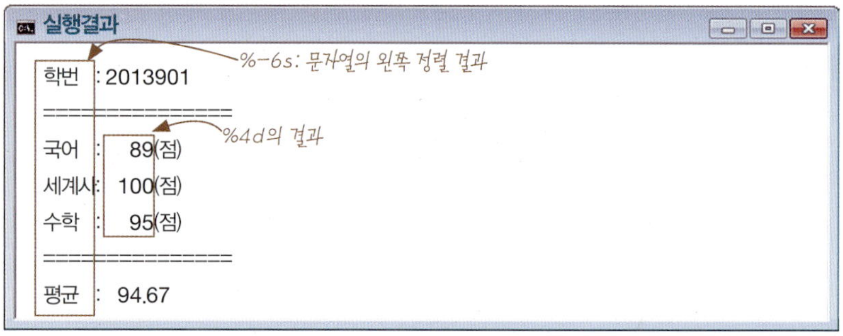

3.4 입력 함수 scanf

[프로그램 3-2]의 10~13행은 대입문을 통해 평균을 구할 학생의 정보를 저장한다. 그러므로 다른 학번의 평균을 구하려면 새로운 자료 값을 대입하도록 10~13행을 수정한 후 다시 컴파일하고 실행해야 할 것이다. 그런데 이미 개발을 완료하여 배포한 실행형 프로그램이라면 소스 코드를 볼 수 없을 뿐만 아니라 수정도 할 수 없다. 그러므로 [프로그램 3-2]처럼 대입문으로 직접 값을 지정한 프로그램은 특정 자료에 대해서만 사용할 수 있어 실효성이 전혀 없다.

그렇다면 이 프로그램이 모든 학생에 대해 사용할 수 있는 일반적인 프로그램이 되려면 어떻게 해야 할까? 대입문을 이용해 변수에 저장할 값을 프로그램에서 직접 지정하는 것이 아니라 [그림 3-4]처럼 프로그램이 실행되는 동안 사용자가 변수에 저장할 값을 입력하도록 하면 된다. 이와 같이 프로그램에서 직접 값을 지정하는 것이 아니라 프로그램 외부에서 값을 지정하는 것을 프로그램에 자료를 입력한다고 한다. C 언어는 키보드 입력을 편리하게 코딩할 수 있도록 scanf, getchar, gets 등의 함수를 제공한다.

그림 3-4 키보드에서 변수 kor 값 입력받기

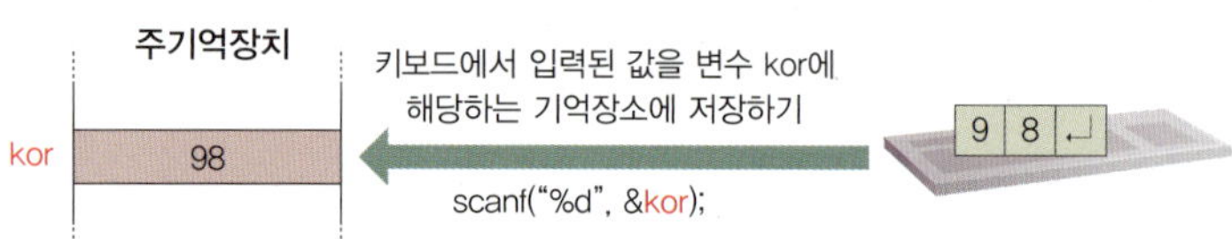

표준 입력장치인 키보드로부터 입력되는 자료를 지정한 변환명세에 맞게 읽어 지정한 변수에 저장하는 함수로 많이 사용되는 것이 scanf다. 변환명세는 printf 함수와 거의 유사하다. 어떤 종류로 입력 값을 읽을지 지정하는 변환 지시자만 포함한 변환명세는 [표 3-4]와 같다.

표 3-4 입력되는 값의 종류에 따른 변환명세

입력 값	변환명세	입력 변수의 자료형	입력 과정
정수	%d	int형	10진수 정수를 입력받아 정수형 변수에 저장
	%u	unsigned int형	입력 값을 부호 없는 정수형 변수에 저장
	%o	정수형	입력 값을 8진수로 인식하여 입력받은 후 10진수로 변환하여 정수형 변수에 저장
	%x	정수형	입력 값을 16진수로 인식하여 입력받은 후 10진수로 변환하여 정수형 변수에 저장
실수	%f	float형	입력 값을 float형 변수에 저장
	%lf	double형	입력 값을 double형 변수에 저장
	%e	float형	'가수e지수' 형식으로 또는 실수 값으로 입력받은 후 '가수×10^{지수}'에 해당하는 실수 값을 float형 변수에 저장
	%le	double형	'가수e지수' 형식으로 또는 실수 값으로 입력받은 후 '가수×10^{지수}'에 해당하는 실수 값을 double형 변수에 저장
문자	%c	char형	입력된 문자 한 개를 문자형 변수에 저장
문자열	%s	문자열	입력된 문자들을 문자열을 저장하기 위한 변수나 배열에 저장

%d, %lf, %c는 정수형, 실수형, 문자형 중 기본 자료형의 변환명세

3.4.1 한 개의 자료만 입력하기

scanf 함수를 사용할 때는 키보드에서 입력되는 값을 주기억장치 몇 번지에 저장할지를 명시해야 한다. 즉 입력된 값을 저장할 변수의 실제 주소를 명시해야 한다는 것이다. 그러나 프로그래머가 특정 변수의 실제 기억장소 주소를 미리 알 수는 없다. 그래서 C 언어에서는 변수의 기억장소 주소를 구해주는 연산자 &(앰퍼샌드)를 제공한다. 변수명 앞에 &를 붙여주면 되는데, 예를 들어 '&age'는 age 변수의 주소가 된다.

형식 **scanf 함수**

scanf("변환명세", &변수명)

- 사용자가 키보드에서 입력한 값을 변수에 저장, 즉 변수명 = 키보드 입력 값;
- &변수명 : scanf에서는 입력된 값을 저장할 기억장소의 주소를 명시해야 하므로 변수명 앞에 반드시 &를 붙여야 한다. 단 7장에서 소개하는 배열로 선언된 문자열은 &를 붙이지 않음
- scanf 함수의 실행 과정 : scanf 함수를 만나면 모니터 화면에 커서가 깜박거리며, 키보드로 자료가 입력되기를 기다린다. 사용자가 키보드로 자료를 입력하고 엔터키를 누르면 입력이 완료된다. 입력된 자료는 변환명세에 맞게 변환된 후 변수에 해당하는 기억장소에 저장
- "변환명세"에서 "로 닫기 전에 빈칸을 넣지 말아야 함

예

```
1  int age;
2
3  printf("나이는? ");
4  scanf("%d", &age);
5
6  printf("입력한 나이: %d세\n", age);
```

① 프로그램이 실행되는 동안 4행의 scanf 함수 호출을 만나면 모니터에 커서가 깜박거리며 사용자의 입력을 기다린다.

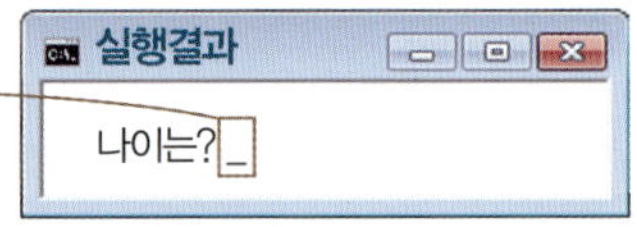

② ⟨2⟩, ⟨0⟩를 누른 후 엔터키를 누르면 '%d'에 맞게 10진수 20으로 변환되어 age 변수에 저장된다.

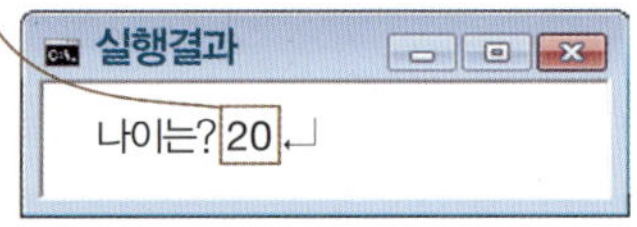

③ 4행의 입력이 완료되면 6행이 실행되어 화면에 결과가 출력된다.

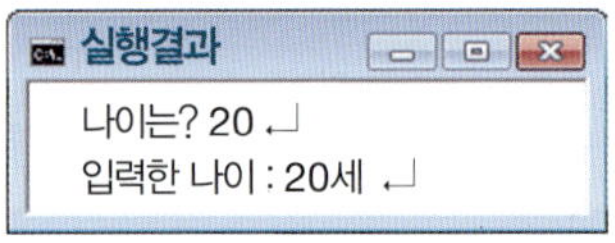

★ 주의

- "변환명세" 안에 변환명세가 아닌 다른 문자는 사용하지 않는다. 단순히 화면에 출력할 글자를 표시하기 위해 printf와 같이 "" 안에 변환명세 외의 일반 문자를 사용하면 안 된다. 3행을 제거하고 4행에서 scanf("나이는? %d", &age)로 사용해도 될 것 같지만, 이렇게 하면 실행할 때 입력한 자료가 age에 저장되지 않는다. 그러므로 표시하고 싶은 내용은 scanf를 사용하기 전에 printf를 사용해 미리 출력한다.
- 4행의 "변환명세"에서 큰따옴표로 닫기 전에 공백 문자나 이스케이프 문자를 사용하지 않는다. 공백 문자(white character)란 스페이스바, 탭키, 엔터키를 눌러 나타나는 문자로, 입력할 때 자료 간 구분에 주로 사용한다. 그런데 scanf("%d\n", &age), scanf("%d ", &age)와 같이 큰따옴표로 닫기 전에 빈칸을 넣거나 '\n', '\t'와 같은 이스케이프 문자를 사용하면 실행 시 %d에 의해 정수 한 개를 age에 입력한 후에도 계속해서 커서가 깜박이며 입력을 기다린다. 이는 %d 뒤의 빈칸, 엔터키, 탭키 기호로 인해 키보드에서 공백 문자가 아닌 값이 입력될 때까지 계속해서 입력을 받기 때문이다. 그래서 다른 값을 하나 더 입력해야 프로그램이 진행되고 두 번째 입력한 값은 그 다음 입력 함수에서 지정한 변수에 저장된다. scanf 함수는 정확하게 사용하지 않으면 오류가 발생하기 쉬우므로 scanf에서는 %와 변환 지시자(d, f, lf, c 등)만 사용하는 것이 안전하다.
- 변환명세에서 필드폭은 꼭 필요할 때만 사용한다. scanf("%2d", &age)와 같이 변환명세에 필드폭 2를 지정하는 것은 공백 문자가 없다면 최대 2자리의 정수를 입력받겠다는 의미다. 그러므로 1, 21과 같은 두 자리 이하 숫자는 문제가 되지 않지만 123을 입력하면 age에 12만 저장된다. 뿐만 아니라 뒤에 또 다른 scanf 함수 호출이 있으면 나머지 3이 다음 변수에 저장된다.

① 처음 두 자리 정수 12가 age에 저장된다.

```
scanf("%2d", &age);
scanf("%d", &height);
```

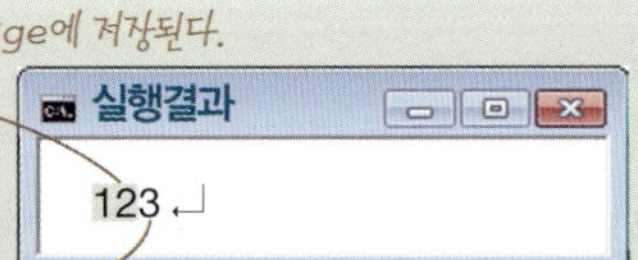

② 나머지 정수 3이 height에 저장된다.

그러므로 주민등록번호나 학번처럼 자료의 자릿수가 고정적으로 정해져 있어 정확하게 입력받기를 원하는 경우에 필드폭을 사용한다. scanf 함수의 입력 원리를 완전하게 알고 있지 않다면, 필드폭을 사용하지 않는 것이 바람직하다.

- 자료형에 맞는 변환 지시자(d, lf, c, s 등)를 사용한다. printf 함수에서는 double형 변수를 출력하기 위해 %lf가 아닌 %f를 사용해도 되었지만 scanf 함수에서는 정확한 변환 지시자를 사용해야 한다. 4행에서 int형 변수인 age에 대해 변환명세로 %lf를 사용하거나 double형 변수에 변환명세로 %d 또는 %f를 사용하면 실행 결과를 예측할 수 없게 된다. 즉 프로그램에서 에러는 발생하지 않지만 엉뚱한 값이 입력 값으로 사용되어 이상한 결과 값을 얻는다. 그러므로 반드시 정확한 변환 지시자를 사용해야 한다.

scanf 함수를 사용한 프로그램 예 1: 학생의 개인 정보를 입력받아 출력하기

[프로그램 3-3]은 3.1.2절에서 사용한 예를 입력문을 사용하도록 변경한 프로그램이다. 성별, 나이, 키를 입력받은 후 입력받은 값을 적절하게 출력한다.

프로그램 3-3 사용자의 성별, 나이, 키를 입력받은 후 결과 출력하기 (ch3-3.cpp)

```
1   #include <stdio.h>
2
3   int main()
4   {
5       int age;
6       char gender;
7       double height;
8
9       // 자료 입력 받기
10      printf("성별은? (남자라면 M 여자라면 F) ");
11      scanf("%c", &gender);
12      printf("나이는? ");
13      scanf("%d", &age);
14      printf("키는? ");
15      scanf("%lf", &height);
16
17      // 결과 출력하기
18      printf("\n============\n");
19      printf("성별: %c\n", gender);
20      printf("나이: %d세\n", age);
21      printf("키: %.1lfcm\n", height);
22
23      return 0;
24  }
```

실행결과

```
성별은? (남자라면 M 여자라면 F)F ↵
나이는?21 ↵
키는?165.7 ↵

============
성별: F
나이: 21세
키: 165.7cm
```

사용자가 키보드에서 누른 키의 내용을 확인할 수 있도록 입력 내용을 보여준다(에코 출력).

참고

- scanf와 같이 입력을 받을 때는 입력 전에 어떤 자료를 입력할지 안내해주는 출력문을 사용하는 것이 좋다. [프로그램 3-3]에서 10행이 없다면 프로그램을 실행했을 때 커서만 깜박거리고 있을 것이다. 어떤 내용을 입력할지를 알려주는 안내문이 없기 때문에 어떤 값을 입력해야 할지 난감하다. 게다가 프로그램을 개발한 사람이 실행하더라도 입력을 많이 받으면 순서를 다 외우지 못할 것이다. 그러므로 출력문과 입력문은 짝을 지어 사용하는 것이 바람직하다.
- 11행에서 변수명 gender 앞에 &를 반드시 붙인다. &를 붙이지 않아도 구문 에러는 발생하지 않지만 실행시 값을 입력하는 상황에서 오류가 발생한다.

잠깐 8진수 형태로 입력하기

13행에서 나이를 입력받을 때 다음과 같이 변환명세로 '%o'를 사용하면 결과는 어떻게 출력될까?

```
12  printf("나이는? ");
13  scanf("%o", &age);
```

실행결과

```
성별은? (남자라면 M 여자라면 F) F ↵
나이는? 21 ↵
키는? 165.7 ↵

═══════════════
나이 17세
키 165.7cm
성별: F
```

변환명세가 '%o'이므로 '21'을 8진수로 해석한다. 8진수 21은 10진수로 17이므로 최종적으로 age에는 17이 저장된다.

scanf 함수를 사용한 프로그램 예 2: 원의 반지름을 입력받아 면적을 구하기

[프로그램 3-4]는 원의 반지름을 입력받은 후 원의 면적을 구하여 출력하는 프로그램이다.

프로그램 3-4 원의 둘레와 면적 구하기: 실수 자료의 입력의 예 (ch3-4.cpp)

```
#include <stdio.h>

int main()
{
    double radius, area, pi = 3.14;

    printf("반지름을 입력하세요. ");
    scanf("%lf", &radius);

    area = pi * radius * radius;

    printf("반지름 %.2lf 원의 면적은 %.2lf입니다.\n", radius, area);

    return 0;
}
```

double형 변수 radius 값을 키보드로 입력받는다. 대입문과 결과는 같지만 프로그램을 실행할 때마다 radius 값을 변경할 수 있다.

실행결과

```
반지름을 입력하세요. 3.5 ↵
반지름 3.50 원의 면적은 38.47입니다. ↵
```

설명

8: 입력받을 변수가 double형이므로 반드시 %lf를 사용해야 한다. %f를 사용하면 이상한 값이 입력된다. %lf를 사용했더라도 0.35e1과 같이 지수 형식으로 입력할 수 있으며, 지수 형식으로 입력하는 것을 명시하기 위해 scanf("%le", &radius);로 작성해도 된다.

%.2lf 변환명세는 double 자료를 소수 이하 2자리까지만 출력하라는 의미다. printf 함수에서는 %5.2lf처럼 전체 폭과 정밀도를 지정할 수 있지만, scanf 함수에서는 입력할 자료의 전체 폭만 지정할 수 있다. %5lf로 지정하면 최대 5개 입력 문자까지만 읽어 이를 실수 값으로 변환하여 변수에 저장하라는 의미다. 입력한 자료의 길이가 5개 이하일 때는 문제없지만 5개를 넘는다면 남은 것은 다음 변수의 입력 자료로 사용된다. 그러므로 앞서 언급한대로 필드폭은 꼭 필요한 경우가 아니라면 사용하지 않는 것이 더 편리하다.

%s를 사용한 문자열 입력

문자열을 저장하려면 7장 배열에서 소개할 char형 1차원 배열을 이용해야 한다. 여기서는 간단한 사용법만 이해한 후 배열을 이용한 문자열 처리는 7장에서 자세히 익히도록 한다. 지금까지의 기본 입력용 변수에는 입력된 값을 저장할 주소를 명시하기 위해 변수명 앞에 &를 반드시 붙여야 했다. 그러나 문자열을 저장하는 변수명이나 배열명은 그 자체가 문자열을 저장할 주기억장치의 시작 주소이므로 &를 붙이지 않아야 함을 미리 기억해두자.

형식 **scanf 함수에서 문자열 입력을 위한 인수**

scanf("%s", 문자열을 저장할 인수);

↳ 인수는 문자열을 저장할 char형 포인터 또는 char형 1차원 배열명이다. 포인터와 배열명 자체가 주소이므로 일반 변수와 달리 앞에 &를 붙이지 않아야 함

예

```
char name[10];          // 문자를 최대 10개 저장할 수 있는 1차원 배열 선언

printf("이름은? ");
scanf("%s", name);      // 입력된 문자열을 name 배열에 저장
printf("입력한 이름: %s", name);  // name 배열에 저장된 문자열을 출력
```

실행결과

```
이름은? 홍길동↵
입력한 이름: 홍길동↵
```

엔터키를 입력하기 전까지의 문자가 name에 저장된다. 그러나 '홍 길동'처럼 중간에 빈칸을 입력하면 "홍"까지만 문자열로 저장된다.

잠깐 문자열을 이용하지 않고 한글 입력받기

한글 한 자는 일반적으로 2바이트로 표현되므로 char형 변수 한 개에 저장할 수 없다. 비주얼 C++ 2010 익스프레스에서는 기본적으로 3바이트로 표현하지만 2바이트로도 처리할 수 있다. 한글은 7장의 배열을 이용해 처리할 수도 있지만 unsigned char형 변수 두 개를 연속적으로 사용하여 처리할 수도 있다.

```
unsigned char c1, c2, c3, c4;

printf("한글 두 글자를 입력하시오.: ");
scanf("%c%c%c%c", &c1, &c2, &c3, &c4);

printf("입력한 글자는 %c%c%c%c입니다.\n", c1, c2, c3, c4);
```

한글 두 자를 입력받기 위해 변수 네 개를 선언한다.

입력된 '한'이 두 개의 변수에 나누어져 저장된다.

실행결과

```
한글 두 글자를 입력하시오.: 한글 ↵
입력한 글자는 한글입니다.
```

3.4.2 여러 개의 자료를 한꺼번에 입력하기

scanf 함수 호출문 하나로 여러 변수의 값을 입력받을 수 있다. 그러나 한 번에 한 개의 변수로 입력하는 것에 비해 주의할 점이 많으므로 스스로 판단하여 편한 방법을 사용하는 것이 좋다.

형식 scanf("변환명세를 n개 포함한 형식 문자열", &변수명1, &변수명2, …, &변수명n)

- scanf("%d%d", &변수명1, &변수명2)
  - ↳ "%d %d"와 같이 변환명세 사이에 빈칸을 넣어도 됨
  - ↳ 자료 간 구분은 C 언어의 공백 문자(스페이스바, 탭키, 엔터키 입력 문자)를 사용하며, 입력의 끝은 엔터키를 사용

    입력 방법 1: 10 20 ↵

    입력 방법 2: 10[Tab]   20 ↵

    입력 방법 3: 10 ↵
    20 ↵
  - ↳ "%d%d\n", "%d%d "와 같이 큰따옴표로 닫기 전에 '\n'이나 빈칸을 넣지 않음
- scanf("%d, %d", &변수명1, &변수명2)
  - ↳ 변환명세 사이에 ','를 사용했다면 자료를 입력할 때도 자료간 구분을 위해 반드시 ','를 눌러야 함

    입력 방법: 10, 20 ↵

예

```
1 int n1, n2, n3, n4;
2
3 printf("곱셈을 하고 싶은 두 개의 정수는? ");
4 scanf("%d %d", &n1, &n2);
5 printf("\n덧셈을 하고 싶은 두 개의 정수는? ");
6 scanf("%d, %d", &n3, &n4);
```

실행결과

```
곱셈을 하고 싶은 두 개의 정수는? 72 81 ↵

덧셈을 하고 싶은 두 개의 정수는? 123, 456 ↵
```

자료 간의 구분은 공백 문자를 이용하며, 입력의 끝은 엔터키를 사용한다.

6행의 변환명세 사이에 ','가 있으므로 첫 번째 입력 값 다음에 반드시 ,를 입력해야 한다.

참고

- scanf의 "형식 문자열" 안의 변환명세의 개수와 입력 변수의 개수는 당연히 같아야 한다. 개수를 다르게 하면 다음과 같이 결과 값이 이상해지거나 입력을 한번 더 한 후 실행이 종료되는 현상이 발생한다.

– 변환명세의 개수가 입력 변수의 개수보다 적을 경우

```
1 int kor, eng, math;
2
3 scanf("%d%d", &kor, &eng, &math);
4 printf("kor=%d eng=%d math=%d\n", kor, eng, math);
```

실행결과

```
70 80 90 ↵
kor=70 eng=80 math=-858993460 ↵
```

값을 세 개 입력하든 '70 80↵'와 같이 두 개 입력하든 3행의 변환명세가 두 개이므로 math에는 값이 입력되지 않는다. 그 결과 이상한 값이 출력된다.

– 변환명세의 개수가 입력 변수의 개수보다 많을 경우

```
1 int kor, eng, math;
2
3 scanf("%d%d%d%d", &kor, &eng, &math);
4 printf("kor=%d eng=%d math=%d\n", kor, eng, math);
```

실행결과

```
70 80 90 ↵
100 ↵
```

값을 세 개 입력한 후 엔터키를 눌러도 다음 행에서 커서가 깜박이며 입력을 기다린다. 3행에서 변환명세가 4개이므로 4번째 %d로 정수를 입력받기 위해서다. 임의의 값(100)을 입력하고 엔터키를 누르면 프로그램 실행이 종료된다.

3.5 문자와 문자열 전용 입력 함수

scanf 함수는 많이 사용되지만 입력하는 값에 대한 변환명세를 명시해야 하는 번거로움이 있다. 그래서 C 언어에서는 변환명세를 사용하지 않고 변수에 문자와 문자열을 직접 입력 받을 수 있는 getchar, gets 함수를 제공한다.

3.5.1 문자 전용 입력 함수 getchar

getchar는 문자만 입력받기 위한 함수이므로 변환명세가 필요 없고 인수도 사용하지 않는다. 즉 getchar 함수의 호출은 언제나 'getchar()'다. 8장에서 자세히 소개하겠지만 함수를 호출하면 반환 값을 구해주는데, getchar는 사용자가 키보드에서 누른 한 개의 문자를 반환 값으로 구해준다. 그러므로 키보드에서 입력된 문자를 변수에 저장하려면 다음과 같이 대입문을 사용해야 한다.

형식 변수 = getchar()

↳ getchar 함수가 실행되면 화면에 커서가 깜박인다. 이때 키보드에서 누른 문자가 이 함수 호출문의 결과 값이 됨

↳ getchar 함수 호출의 결과 값인 입력 문자가 대입문에 의해 변수에 저장

예

```
char grade;

printf("C 언어의 학점은? ");
grade = getchar();
printf("C 언어의 학점은 %c입니다.\n", grade);
```

실행결과

```
C 언어의 학점은? A ↵
C 언어의 학점은 A입니다. ↵
```

3.5.2 문자 입력과 버퍼 비우기 fflush(stdin)

수치형 변수의 값을 입력받을 때는 자료 간 구분을 위해 공백 문자를 사용한다. 특히 엔터키는 입력의 끝을 나타내는 데 사용된다. 이러한 공백 문자는 수치형 변수의 실제 입력 자료로는 저장되지 않지만, 문자(열)형 변수에는 공백 문자도 입력 문자로 저장된다.

[프로그램 3-5]는 [프로그램 3-3]에서 성별을 입력받는 10~11행을 15행 뒤로 옮기고, scanf 대신 getchar 함수를 이용하도록 수정한 것이다. 숫자를 먼저 입력받은 후 문자를 입력받았을 때 발생하는 문제를 잘 보여준다. 15행의 getchar 함수를 실행할 순서에서 키보드 입력을 기다리지 않고 곧바로 18행부터의 출력 결과가 나타난다. 이유는 무엇일까? scanf와 getchar 함수는 버퍼링 개념을 이용하므로 사용자가 입력한 자료를 변수에 즉시 저장하지 않고 엔터키가 입력된 후에 한꺼번에 변수에 저장한다. 그리고 숫자 자료를 입력받을 때는 엔터키를 변수에 저장하지 않지만, 문자 자료를 입력받을 때는 모든 키가 문자로 입력되므로 엔터키도 문자 하나로 저장된다. 지금부터 소개하는 프로그램과 설명을 읽어 보면 버퍼링 개념을 사용하는 입력 과정을 이해할 수 있으며 이때 발생할 수 있는 문제점을 해결하는 방법도 알 수 있다. 쉽지 않은 내용이므로 모든 과정을 무시하고 15행처럼 문자 자료를 입력받지 않고 통과한다면 자료 입력(15행) 직전에 fflush(stdin);를 사용하여 언제나 키보드 입력을 대기하게 할 수 있다는 것만 기억해도 된다.

프로그램 3-5 숫자 자료를 입력받은 후 문자 자료를 입력받을 때의 주의점([프로그램 3-3]의 변경) (ch3-5.cpp)

```
1   #include <stdio.h>
2
3   int main()
4   {
5       int age;
6       char gender;
7       double height;
8
9       // 자료 입력 받기
10      printf("나이는? ");
11      scanf("%d", &age);
12      printf("키는? ");
13      scanf("%lf", &height);
14      printf("성별은? (남자라면 M 여자라면 F) ");
15      gender = getchar(); // scanf("%c", &gender);
16
17      // 결과 출력하기
18      printf("\n============\n");
19      printf("성별: %c\n", gender);
20      printf("나이: %d세\n", age);
21      printf("키: %.1lfcm\n", height);
22
23      return 0;
24  }
```

[프로그램 3-3]에서는 10~11행에 있던 내용을 숫자 자료 입력 다음으로 옮겼다. scanf 대신 getchar 함수를 이용하도록 수정하였다.

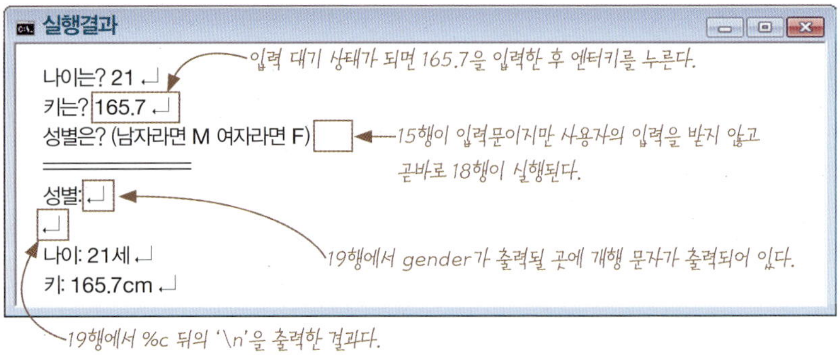

15행을 scanf("%c", &gender);로 수정해도 결과는 같다. 이와 같은 결과는 입력 과정에서 사용하는 버퍼링 개념과 키보드의 모든 키를 문자 자료로 입력받는 문자 입력 방법 때문이다.

윈도우와 같은 운영체제(operating system)는 컴퓨터 시스템을 보다 최적으로 사용하기 위해 많은 일을 한다. 그 중 하나가 속도가 느린 입출력장치와 속도가 빠른 다른 장치와의 속도 차이를 보완해주는 버퍼링 기능이다. 키보드에서 입력하는 내용을 곧바로 변수에 저장하는 것이 아니라 버퍼(buffer)라는 곳에 먼저 보관한다. 그리고 엔터키가 입력되면 버퍼에 저장된 내용을 실제 변수에 저장한다. 인터넷에서 동영상이나 오디오 파일이 버퍼링이 100%된 후에야 재생되어 네트워크의 트래픽 부하가 생겨도 끊기는 현상을 줄일 수 있는 것과 비슷하다.

버퍼링을 이용한 입력을 이해하려면 사용자가 입력하는 내용은 일단 버퍼라는 곳에 저장되며, 엔터키가 입력되면 버퍼에 있는 내용을 꺼내서 실제로 변수에 자료를 저장하고, 버퍼에 내용이 남아 있다면, 다음 입력문을 실행할 때 키보드에서 자료가 입력되기를 기다리는 게 아니라 버퍼에서 곧바로 읽어온다는 사실을 알아야 한다. [프로그램 3-5]가 실행되면서 입력이 진행되는 과정은 다음과 같다.

- 11행의 입력문을 실행할 때 버퍼는 비어있는 상태다. 그러므로 빈 버퍼에 입력 자료가 저장되도록 커서가 깜박이면서 입력을 대기한다.
- 이때 사용자가 키보드에서 2, 1, 엔터키를 누르면 이 내용은 차례로 버퍼에 저장된다.

```
21 ↵
```

- 버퍼링 입력 방식에서는 엔터키가 입력되기까지 키보드에서 입력된 내용을 버퍼에 저장하고, 엔터키가 입력되면 실제 변수로의 입력을 처리한다. 방금 엔터키가 입력되었으므로 버퍼의 내용을 꺼내서 변수 age에 저장한다. %d 변환명세를 사용했으므로 버퍼에 저장된 정수 21 하나가 꺼내져 age 변수에 저장된다. 그리고 버퍼에는 다음과 같이 엔터키에 해당하는 개행 문자만 남는다.

```
↵
```

- 13행이 입력문이다. 이때 아직 버퍼에 자료가 남아 있으므로 버퍼의 자료를 꺼내와 %lf 변환명세로 변환하여 변수 height에 저장하려고 한다. 그런데 버퍼에서 꺼내온 자료가 개행 문자 즉 공백 문자다. 숫자 자료를 입력받는 경우 공백 문자는 무시되므로 이 개행 문자는 단순히 제거된다. 이제 버퍼는 비게 된다.

- 버퍼가 비면 변수에 저장할 값이 없으므로 키보드에서 자료가 입력되어 버퍼에 그 내용이 저장될 때까지 기다려야 한다. 따라서 화면에 커서가 깜박이며 입력 대기 상태가 된다.
- 이제 사용자가 키보드에서 1, 6, 5, ., 7, 엔터키를 누르면 버퍼의 내용은 다음과 같다.

```
165.7 ↵
```

- 방금 엔터키가 입력되었으므로 버퍼의 내용을 꺼내 입력 변수에 저장한다. 13행에서 %lf 변환명세를 사용했으므로 실수 값 165.7이 꺼내져 변수 height에 저장된다. 이후 버퍼의 내용은 다음과 같다.

```
↵
```

- 예상치 못한 결과는 여기서 발생한다. 15행 getchar( )는 문자를 한 개 입력받아야 한다. 현재 버퍼에는 13행 입력에서 입력된 개행 문자가 남아 있는 상태다. 버퍼링 입력을 하는 경우 일단 버퍼에서 입력 자료를 꺼내오려고 시도하므로 현재 버퍼에 있는 개행 문자가 곧바로 gender에 저장된다.
- 15행의 입력문이 완료되었으므로 프로그램이 계속 실행되어 18행을 실행하고 이에 따라 화면에 결과가 출력된다.

그렇다면 이러한 문제를 해결하는 방법은 무엇일까? 한 가지는 15행 앞에 getchar();를 추가해 버퍼에 남은 개행 문자를 읽어 들여 버퍼를 빈 상태로 만드는 것이다. 이렇게 되면 15행을 실행할 때 버퍼에서 읽어 올 문자가 없으므로 키보드에서 새로운 자료가 입력될 때까지 기다리게 된다. 또 다른 해결 방법은 버퍼에 남아 있는 내용을 모두 제거하여 버퍼에서 꺼내올 자료가 없게 만든 후 언제나 키보드에서 새로운 자료가 입력되도록 기다리게 하는 것이다. 버퍼에 있는 자료를 모두 제거하려면 C 언어에서 제공하는 fflush 함수를 사용한다.

형식 **fflush 함수**

```
fflush(stdin);
```

↳ 표준 입력 장치용 버퍼 안의 내용을 모두 제거하는 함수로 다음에 나오는 입력문은 항상 키보드에서 새로운 자료를 입력받게 됨

지금까지 설명한 버퍼링 개념이 잘 이해되지 않아도 좋다. 숫자 자료는 엔터키가 입력되지 않지만 문자 자료는 엔터키 또한 한 개의 문자로 입력된다는 것, 그래서 13행에서 '165.7'와 엔터키를 입력하면 165.7은 height에 저장되고 남은 개행 문자 ↵가 다음 문자 입력에서 읽혀지므로 항상 새로 입력을 할 수 있도록 fflush(stdin);을 문자 입력문 이전에 추가해야 한다는 것만 기억해두자.

[프로그램 3-6]은 성별을 입력받기 전에 버퍼를 비워서 언제나 새로운 값을 입력받도록 [프로그램 3-5]를 수정한 것이다. 실행 결과에서 알 수 있듯이 [프로그램 3-6]에서는 성별을 입력받기 위해 대기하므로 원하는 결과를 얻을 수 있다.

프로그램 3-6 **fflush(stdin)을 이용하여 [프로그램 3-5]의 문자 입력 문제점을 해결하기 (ch3-6.cpp)**

```
1   #include <stdio.h>
2
3   int main()
4   {
5       int age;
6       char gender;
7       double height;
8
9       // 자료 입력 받기
10      printf("나이는? ");
11      scanf("%d", &age);
12      printf("키는? ");
13      scanf("%lf", &height);
14      printf("성별은? (남자라면 M 여자라면 F) ");
15      fflush(stdin);
16      gender = getchar();
17
18      // 결과 출력하기
19      printf("\n============\n");
20      printf("성별: %c\n", gender);
21      printf("나이: %d세\n", age);
22      printf("키: %.1lfcm\n", height);
23
24      return 0;
25  }
```

현재 버퍼에 있는 내용을 모두 제거함
결국 이 뒤의 입력문을 실행하면 언제나
새로운 입력을 기다리게 된다.

실행결과

```
나이는? 21 ↵
키는? 165.7↵
성별은? (남자라면 M 여자라면 F) F ↵

============
성별: F ↵
나이: 21세 ↵
키: 165.7cm ↵
```

버퍼에 저장된 이 개행 문자는 15행의 fflush(stdin)에 의해 버퍼에서 제거된다.

다음 문자 입력문을 실행하면 사용자가 입력을 할 때까지 대기한다.

3.5.3 문자의 연산

문자에 부여된 ASCII 코드 값을 이용해 문자 연산을 할 수 있다. [프로그램 3-7]은 문자와 정수 간의 상호 변환을 활용해 소문자를 대문자로 변환하고, 문자 '1'을 숫자 1로 변환하는 등 다양하게 응용할 수 있음을 보여준다.

프로그램 3-7 문자의 연산 (ch3-7.cpp)

```
#include <stdio.h>

int main()
{
    char lower, upper, char_num, num;

    printf("알파벳 소문자 한 개를 입력하세요. ");
    lower = getchar();

    upper = 'A' + (lower - 'a');

    printf("입력한 소문자 %c의 대문자는 %c \n", lower, upper);

    fflush(stdin); // 버퍼에 남은 개행 문자를 제거하기 위해 버퍼 전체를 비운다.
    printf("\n0~9 중 한 개를 입력하세요. ");
    char_num = getchar();

    num = char_num - '0';

    printf("입력한 문자 '%c'는 정수 %d입니다. \n", char_num, num);

    return 0;
}
```

입력된 소문자 lower의 ASCII 코드 값과 'a'의 코드 값과의 차이는 lower가 알파벳 순서적으로 'a'보다 얼마나 뒤에 있는 지를 의미한다.

대문자와 소문자의 순서는 동일하므로 대문자 'A'보다 (lower-'a') 뒤에 있는 문자는 결국 lower의 대문자에 해당한다.

'0', '1', '2' 순서로 ASCII 코드 값이 부여되므로 char_num의 코드 값에서 '0'의 코드 값을 빼면 곧바로 원하는 정수가 된다.

실행결과

```
알파벳 소문자 한 개를 입력하세요. g ↵
입력한 소문자 g의 대문자는 G ↵
↵
0~9 중 한 개를 입력하세요. 4 ↵
입력한 문자 '4'는 정수 4입니다. ↵
```

3.5.4 문자열 전용 입력 함수 gets

scanf 함수에서 변환명세 %s를 사용해 문자열을 입력받을 때 스페이스바나 탭키를 입력하면 이전까지의 문자들만 문자열에 저장된다. 그러므로 "Hong GilDong"과 같이 중간에 빈칸이나 탭이 들어있는 문자열을 입력받을 수 없다. 빈칸이나 탭을 포함한 문자열을 입력받고 싶다면 행 단위로 입력할 수 있는 gets 함수를 사용해야 한다. gets 함수는 문자열만 입력받기 위한 함수이므로 변환명세가 필요 없으며 엔터키를 입력하기 전까지의 모든 문자가 문자열로 저장된다.

형식 **gets 함수**

gets(문자열을 저장할 변수);

↳ 엔터키를 입력하기 전까지의 모든 문자가 변수에 저장

문자열을 저장할 변수는 char형 포인터(10.7 참고), char형 1차원 배열명(7.5.1 참고), char형 2차원 배열명[행첨자](7.5.2 참고)

예

```
char address[30];      // 30개의 문자를 저장할 수 있는 1차원 배열 선언

printf("주소는? ");
gets(address);         // 입력된 문자열을 address 배열에 저장
printf("입력한 주소: %s", address); // address 배열에 저장된 문자열을 출력
```

실행결과

```
주소는? 대한민국 대한특별시 대한구↵
입력한 주소: 대한민국 대한특별시 대한구↵
```

엔터키를 입력하기 전까지의 모든 문자가 address 배열에 저장된다.

3.6 프로그래밍 실습

프로그래밍 실습

3.6.1 학생의 평점을 점수로 환산하여 출력하기

문제 학생의 이름, 학년과, 해당 학년의 평점을 입력받은 후 평점을 100점 만점의 점수로 환산하여 결과를 출력하시오.

분석

- 학생의 이름에 빈칸을 넣기 위해 scanf가 아닌 gets 함수를 이용한다. 학생의 이름을 저장하기 위해 char형 1차원 배열을 사용하며, 한글 1자는 최소 2바이트를 차지하므로 배열의 크기를 10으로 사용한다.
- 학점은 A+를 4.5 만점으로 취급한다. 평점이 4.5라면 100점에 해당하므로 입력된 평점 GPA를 점수 score로 환산하는 것은 4.5:100점 = GPA:score로 구한다.

프로그램 3-8 학생의 정보를 입력받은 후 평점을 점수로 환산하여 출력하기 (ch3-8.cpp)

```c
#include <stdio.h>

int main()
{
    char name[10];              // 이름(최대 10개의 문자를 저장할 배열)
    int year;                   // 학년
    double GPA, score;          // 평점, 점수

    // 학생의 정보 입력
    printf("이름은? "); gets(name);
    printf("몇 학년? "); scanf("%d", &year);
    printf("%d학년 %s 평점은? ", year, name); scanf("%lf", &GPA);

    // 평점을 100점 만점의 점수로 변환
    score = (GPA * 100) / 4.5;

    // 처리 결과 출력
    printf("\n------------------------------\n");
    printf("  이름        학년        평점 (점수)          ");
    printf("\n------------------------------\n");
    printf("%-10s %d %7.1lf (%5.1lf) ", name, year, GPA, score);
    printf("\n------------------------------\n");

    return 0;
}
```

실행 결과와 같이 이름에 빈칸을 포함하여 입력하기 위해 gets 함수를 사용한다. 이때 배열명 name 앞에 &를 사용하지 않음에 주의한다.

이름을 왼쪽 정렬되도록 형식 플래그 -를 사용한다.

실행결과

```
이름은? 홍 길동 ↵
몇 학년? 3 ↵
3학년 홍 길동 평점은? 4.2 ↵
↵
----------------------↵
 이름    학년   평점 (점수) ↵
----------------------↵
홍 길동    3     4.2 ( 93.3) ↵
----------------------↵
```

핵심요약

출력이란

컴퓨터 내부의 내용을 사람이 인식할 수 있는 형태로 모니터, 프린터, 스피커 등에 표시해 주는 작업이다. C 언어에서는 표준 출력 장치인 모니터에 자료를 출력할 수 있도록 printf, putchar, puts 등의 함수를 제공한다.

printf 함수 형식

printf("문자열")
↳ "문자열" 안에 있는 문자열을 모니터 화면에 표시

printf("변환명세를 n개 포함한 형식 문자열", 인수1, 인수2, …, 인수n)
↳ 형식 문자열 안에 포함된 문자를 화면에 그대로 표시하다가 %d(정수형), %lf(실수형), %c(문자형), %s(문자열)와 같은 변환명세를 만나면 형식 문자열 뒤의 인수의 값을 변환명세에 맞게 출력

printf 함수의 다양한 변환명세

"%+필드폭d"
↳ 필드폭 : 자료를 출력하는 데 사용할 전체 칸을 의미
↳ d : 자료를 정수 형식으로 출력하라는 의미
↳ + : 자료의 부호로 + 또는 -를 반드시 출력. +가 없으면 음수일 때만 - 부호가 표시됨
↳ - : 왼쪽 정렬을 지정하는 것으로 출력할 첫 숫자와 왼쪽 첫 칸을 맞추어 출력

"%+필드폭.정밀도lf"
↳ lf : 변환 지시자로, 실수 형식으로 출력하라는 의미
↳ 필드폭 : 소수점 위의 자리, 소수점, 소수점 아래 자리 수를 포함한 전체 출력 칸을 의미
↳ 정밀도 : 소수 아래 몇 자리까지 출력할 지를 의미한다. 정밀도가 2라면 소수 아래 세 번째 자리값을 반올림하여 2자리까지만 출력

"%-필드폭c"
↳ 필드폭 : 문자를 출력하는 데 사용할 전체 칸을 의미
↳ - : 문자를 맨 왼쪽에 맞추어 출력

문자 전용 출력 함수 putchar

putchar('문자상수' 또는 문자형 변수)
↳ '문자상수' 안의 문자 또는 문자형 변수에 저장된 문자 한 개를 출력

문자열 전용 출력 함수 puts

puts("문자열" 또는 문자열을 저장한 변수)
↳ "문자열" 안의 문자열을 그대로 출력하거나 문자열 변수에 저장된 문자열을 출력한 후 행을 바꿈

입력이란

변수의 값과 같이 프로그램에서 필요한 값을 프로그램 외부에서 전달하는 과정을 '입력한다'고 하며 C 언어에서는 표준 입력 장치인 키보드에서 자료 값을 입력할 수 있도록 scanf, getchar, gets 등의 함수를 제공한다.

scanf 함수 형식

scanf("변환명세", &변수명)

↳ &변수명 : scanf에서는 입력된 값을 저장할 기억장소의 주소를 명시해야 하므로 변수명 앞에 반드시 &를 붙여야 한다. 단 배열이나 포인터처럼 자체가 주소라면 &를 붙이지 않음

↳ scanf 함수의 실행 과정 : scanf 함수를 만나면 모니터 화면에 커서가 깜박거리며, 키보드로 자료가 입력되기를 기다린다. 사용자가 키보드로 자료를 입력하고 엔터키를 누르면 입력이 완료된다. 입력된 자료는 변환명세에 맞게 변환된 후 변수에 해당하는 기억장소에 저장된다.

scanf("%d%d", &변수명1, &변수명2)

↳ "%d %d"와 같이 변환명세 사이에 빈칸을 넣어도 된다.

↳ 자료 간 구분은 C 언어의 공백 문자(스페이스바, 탭키, 엔터키)를 사용하며, 입력의 끝은 엔터키를 사용

↳ "%d%d\n", "%d%d "와 같이 큰따옴표로 닫기 전에 '\n'이나 빈칸을 넣지 않음

scanf("%d, %d", &변수명1, &변수명2)

↳ 변환명세 사이에 ','를 사용했다면 자료를 입력할 때도 자료간 구분을 위해 반드시 ','를 눌러야 함

문자 전용 입력 함수 getchar

변수 = getchar( )

↳ getchar 함수가 실행되면 화면에 커서가 깜박인다. 이때 키보드에서 누른 문자가 getchar()의 결과 값이 됨

↳ getchar 함수 호출의 결과 값인 문자가 대입문에 의해 변수에 저장

문자열 전용 입력 함수 gets

gets(문자열을 저장할 변수)

↳ 엔터키를 입력하기 전까지의 모든 문자가 변수에 저장된다. 문자열을 저장할 변수는 char형 포인터, char형 1차원 배열명, char형 2차원 배열명[행첨자]

버퍼를 비우는 함수 fflush

fflush(stdin);

↳ 표준 입력 장치용 버퍼 안의 내용을 모두 제거하는 함수로 다음에 나오는 입력문은 키보드에서 새로운 자료를 입력받게 됨

연습문제

01 다음 프로그램의 결과를 아래의 칸에 맞춰 쓰시오.

```
#include <stdio.h>

int main()
{
    int age = 20;
    double gpa = 4.19, weight = 72.3;

    printf("Result \nage=%3d \nGPA=%4.1lf \n", age, gpa);
    printf("weight=%5.1lf\"kg\"\n", weight);

    return 0;
}
```

hint 이스케이프 문자(개행 문자 \n과 큰 따옴표 \")를 제대로 구분하여 출력한다.

실행결과

R e s u l t ↵

02 다음 프로그램을 실행했을 때의 결과를 아래의 칸에 맞춰 쓰시오.

```
#include <stdio.h>

int main()
{
    int op1 = 10, op2 = -20, sum;

    sum = op1 + op2;

    printf("%d+%d = %d\n", op1, op2, sum);
    printf("%3d + %3d = %3d\n", op1, op2, sum);
    printf("%3d%-+3d = %3d\n\n", op1, op2, sum);
    printf("%2d %%%2d = %2d\n", op1, 3, op1 % 3);

    return 0;
}
```

op1을 3으로 나눈 나머지를 구하는 연산자

변환 명세의 %가 아니라 실제로 출력할 문자가 %임을 의미

실행결과

03 다음은 국어와 음악 점수를 입력받아 평균을 구한 후 출력하는 프로그램이다. 이 프로그램에는 밑줄이 그어진 곳에 모두 6가지의 잘못이 있다. 잘못된 곳을 찾아 이유를 설명하고 올바르게 수정하시오.

```
#include <stdio.h>

int main()
{
    int kor, music;

    printf('국어 음악 점수는? ');
    scanf("%d %d ", kor, music);

    double ave;
    ave = kor + music / 2.0;

    printf("=====================\n");
    printf("국어       음악       평균 \n");
    printf("---------------------\n");
    printf("%3d    %3d     %d \n", kor, music, ave);
    printf("=====================\n");

    return 0;
}
```

C++ 언어에서는 변수를 사용하기 전에 선언한다면 에러가 아니지만 C 언어에서는 실행문(선언문 외 대입문, 함수 호출문 등)이 있기 전에 모든 변수를 한꺼번에 선언해야 한다.

hint 컴파일과 실행 시간 에러를 수정한 후에도 다음과 같은 오류가 생긴다.

실행결과

```
국어 음악 점수는? 78 89
=====================
국어    음악    평균
---------------------
 78      89     [0]  ← 오류
=====================
```

04 다음 프로그램을 실행하면 결과가 이상하게 나온다. 그 이유를 설명하고 올바른 결과가 나오도록 하려면 어떻게 수정해야 하는지 쓰시오.

```c
#include <stdio.h>

int main()
{
    int r = 5;
    double length;

    length = 2 * 3.14 * r;

    printf("둘레를 구할 원의 반지름은?");
    scanf("%d", &r);
    printf("반지름이 %d인 원의 둘레는 %.2lf \n", r, length);

    return 0;
}
```

hint 실행 순서를 추적해보기

실행결과

둘레를 구할 원의 반지름은?3
반지름이 3인 원의 둘레는 31.42

18.84가 아닌 잘못된 값이다. 사실은 반지름이 5인 원의 둘레다.

05 삼각형의 밑변과 높이를 입력받아 넓이를 구한 후 다음과 같이 출력하는 프로그램을 작성하시오.

hint 위첨자인 ^{2}는 한글 자음 ㅊ을 입력한 후 [한자] 키를 눌러서 찾을 수 있다.

실행결과

밑변, 높이 : 3 5
밑변=3.00cm, 높이=5.00cm인 삼각형의 면적=7.50cm^2

06 화씨 단위의 온도를 입력받아 섭씨 단위의 온도를 구하는 프로그램을 작성하시오.

hint 화씨 온도(F)를 섭씨 온도(C)로 변환하는 식은 C = (5/9)*(F−32)이다.

```
실행결과
화씨온도(F)를 입력하세요. : 72
화씨온도 72.0의 섭씨온도는 22.2입니다.
```

07 키보드에서 문자를 한 개 입력받은 후, 그 문자에 해당하는 ASCII 코드 값을 구하는 프로그램을 작성하시오.

hint 문자를 출력할 때 %c를 사용한 경우와 %d를 사용한 경우의 차이점

```
실행결과
문자를 입력하세요. : a
a의 ASCII코드 값은 97입니다.
```

08 키보드에서 8진수 정수와 16진수 정수를 하나씩 입력받은 후, 이 입력 값들과 두 정수의 합을 10진 정수로 출력하는 프로그램을 작성하시오.

hint 입력을 받을 때 8진수나 16진수의 형태로 입력받도록 적절한 변환명세를 사용하면 변수에 저장될 때 10진수로 저장되므로, 입력받은 변수를 더하면 10진 정수의 합을 곧바로 얻을 수 있다.

```
실행결과
8진수 16진수를 순서대로 입력하세요. : 16 ff
16(8) + ff(16) = 269
```

09 반지름을 입력받아 원의 둘레와 면적, 그리고 구의 부피를 구한 후 세 개의 결과 값의 소수 자리를 세로로 맞추어 출력하시오.

hint π 값은 3.141592를 사용하고, π는 변수명 pi에 저장하여 사용한다.

```
실행결과
반지름(cm)을 입력하세요. 10
둘레 =    62.83 cm
면적 =   314.16 cm²
부피 = 4188.79 cm³
```

(printf로 출력 / scanf로 입력 / 세 값의 소수점이 같은 칸에 위치하도록 조정하기)

10 키와 몸무게를 입력받아 키에 맞는 표준 체중을 구한 후 자신의 몸무게와 표준 체중과의 차이를 출력하는 프로그램을 작성하시오.

hint 표준 체중 = (자신의 키 – 100) * 0.9
표준체중과의 차이 = 자신의 몸무게 – 표준 체중
1kg = 2.20459lb(파운드)
1feet = 30.48cm

실행결과

```
키(cm)를 입력하세요. 175.7
몸무게(kg)를 입력하세요. 75

당신의 키는 175.7cm (5.8feet)입니다.
당신의 체중은 75.0kg (165.3lb)입니다.
표준 체중 68.1과의 차이는 +6.9kg입니다.
```

표준 체중보다 적으면 -6.9kg으로, 많으면 +6.9kg으로 부호까지 출력되도록 한다(%+.1lf 사용).

chapter

4 연산자

4.0 개요

프로그램을 통해 계산을 수행하려면 수식(계산식, 연산식)이 필요하다. 프로그램에서의 수식(expression)은 연산자(operator)와 하나 이상의 피연산자(operand)로 구성되며 수치 값으로 계산되는 모든 것을 의미한다. 연산자는 아래의 수식처럼 연산의 기능을 나타내는 기호를 말하며, 피연산자는 연산의 대상을 말하며 변수, 상수 또 다른 식이 될 수 있다.

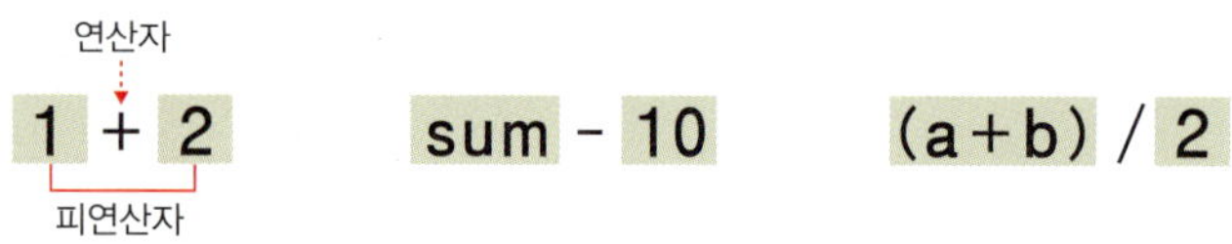

모든 수식은 반드시 하나의 결과 값을 가지며, 수식의 결과 값을 계산하는 것을 수식을 평가한다(evaluate)고 한다.

C 언어는 다른 프로그래밍 언어에 비해 비교적 연산자의 종류가 많다. C 언어의 다양한 연산자는 복잡한 연산을 간단하게 표현할 수 있을 뿐 아니라, 자료를 가공할 수 있는 능력도 탁월하여 효율적인 프로그램 작성을 가능하게 해준다. 이제 C 언어에서 제공하는 다양한 연산자의 기능과 사용법을 알아보자.

4.1 연산자의 종류

수식은 연산자의 종류에 따라 1~3개의 피연산자를 사용한다. 피연산자의 개수에 따라 연산자를 분류할 수 있는데, 피연산자가 하나인 경우를 단항 연산자(unary operator), 두 개인 경우를 이항 연산자(binary operator), 세 개인 경우를 삼항 연산자(ternary operator)라고 한다.

[표 4-1]은 기능에 따라 연산자를 분류한 것이다. 수식에 에러 연산자가 섞여 있다면 이미 정해진 연산자 우선순위(precedence)와 결합 방향에 따라 계산된다. 이에 대한 내용은 각 연산자들의 기능과 사용법을 먼저 소개한 후 다룬다.

표 4-1 기능에 따른 연산자 분류

구분	종류
대입 연산자	=
산술 연산자	+ - * / %
복합 대입 연산자	+= -= *= /= %= >>= <<= &= |= ^=
관계 연산자	> < >= <= == !=
논리 연산자	&& || !
조건 연산자	?:
증감 연산자	++ --
비트 연산자	& | ^ ~ << >>
형변환 연산자	(자료형)
콤마 연산자	,
주소 연산자	&
sizeof 연산자	sizeof(피연산자)

4.2 대입 연산자

대입 연산자(assignment operator)는 연산자 왼쪽에 있는 변수에 오른쪽에 있는 수식 값을 저장하는 연산자이며 치환 연산자라고도 한다. 대표적인 대입 연산자는 변수에 값을 저장하는 '=' 연산자다. 대입 연산자의 왼쪽에 위치하는 피연산자를 l-value(left value), 오른쪽에 위치하는 피연산자를 r-value(right value)라 한다. r-value에는 어떤 수식이든 사용할 수 있으나 l-value에는 반드시 값의 대입이 가능한 변수만 사용해야 한다.

변수 하나는 한 순간에 값을 하나만 저장할 수 있으며, 대입 연산자에 의해 새로운 값이 대입되면 이전에 저장되어 있던 변수 값은 없어진다. 또한 대입 연산자는 다중 대입이 가능한데, 다중 대입은 동시에 여러 개의 변수에 값을 대입하는 것을 말한다. 대입 연산자의 결합 방향은 오른쪽에서 왼쪽이다.

다음 형식과 같이 대입 연산자의 오른쪽에 수식을 적고 세미콜론(;)을 붙이면 수식을 계산한 결과 값이 왼쪽 변수에 대입되는 대입문(assignment statement)이 된다.

형식 대입 연산자를 사용한 대입문

```
변수명 = 값;      // 오른쪽에 있는 값을 왼쪽 변수에 대입한다.
변수명 = 변수;    // 오른쪽 변수에 저장된 값을 왼쪽 변수에 대입한다.
변수명 = 수식;    // 오른쪽 수식을 평가한 결과 값을 왼쪽 변수에 대입한다.
```

대입

예

```
x = 100;           // x에 100을 저장
y = x + 1;         // y에 101을 저장
ch = 'a';          // ch에 문자상수 'a'를 저장
a = b = c = 1;     // 다중 대입
```

← 결합 방향

```
printf(" %d ", x = 2 + 3);
```

③ x가 변환명세에 맞게 출력

① 수식 계산

② 결과 값인 5가 변수 x에 대입

주의

```
100   = x;        // 컴파일(구문) 에러
x + 1 = 101;      // 컴파일(구문) 에러
```

대입 연산자는 변수에 특정 값을 저장하기 위해 사용한다. 그러므로 대입 연산자의 왼쪽 l-value는 반드시 변수여야 하며 상수나 연산자가 포함된 수식을 사용할 수 없다.

프로그램 4-1 대입 연산자 활용하기 (ch4-1.cpp)

```
#include <stdio.h>

int main()
{
    int x, y;

    x = 1;

    printf("x의 값 : %d\n", x);
    printf("x+1의 결과 : %d\n", x+1);
    printf("y=x+1의 결과 : %d\n", y=x+1);
    printf("y=1+(x=2+3)의 결과 : %d\n", y=1+(x=2+3));
    printf("y=x=5의 결과 : %d\n", y=x=5);

    return 0;
}
```

실행결과

```
x의 값 : 1
x+1의 결과 : 2
y=x+1의 결과 : 2
y=1+(x=2+3)의 결과 : 6
y=x=5의 결과 : 5
```

설명

12: 괄호 안의 식을 먼저 계산한다. (x=2+3)에서 2+3의 결과 값 5를 x에 대입한 후 y 값을 계산한다.
1+(x=2+3) → 1+5 → 6 → y

13: x=5가 먼저 수행된 후 결과 값인 5가 다시 y에 대입된다.

4.3 산술 연산자

산술 연산자(arithmetic operator)는 기본 사칙연산(더하기, 빼기, 곱하기, 나누기)을 할 수 있는 연산자를 말한다. 더하기는 '+', 빼기는 '–', 곱하기는 '*', 나누기는 '/'로 표기하며 나눗셈의 나머지를 구하는 연산자 %도 있다. [표 4–2]는 산술 연산자의 종류를 보여준다.

표 4–2 산술 연산자의 종류

산술 연산자	기능	사용 예	연산의 결과
+	더하기	5 + 2	7
–	빼기	5 – 2	3
*	곱하기	5 * 2	10
/	나누기	5 / 2	2
		5 / 2.0	2.5
%	나머지 구하기(정수만 가능)	5 % 2	1

나머지 연산자(%)를 제외한 모든 산술 연산자는 피연산자로, 정수형이나 실수형 모두 사용할 수 있다. 단, 첫 번째 피연산자를 두 번째 피연산자로 나눴을 때의 나머지를 구하는 나머지 연산자의 피연산자는 항상 정수형(int, long, char 등)이어야 한다.

'/' 연산자는 피연산자의 자료형에 따라 결과가 달라진다. 즉 '/' 연산자는 정수형 연산에서는 몫을 구하는 연산자 역할을 하며, 실수형 연산에서는 일반 나누기 연산자로 사용된다.

예
```
5 / 2        // 5÷2의 몫 → 2
5 % 2        // 5÷2의 나머지 → 1
5.0 / 2.0    // 5÷2의 결과 값 → 2.5
```

주의 나머지 연산자의 피연산자는 항상 정수형이어야 한다.
```
5 % 2.5      // 컴파일 에러
```
2.5가 실수형이므로 나머지 연산자를 사용할 수 없다.

프로그램 4-2 산술 연산자 활용하기 (ch4-2.cpp)

```
1    #include <stdio.h>
2
3    int main()
4    {
5        int x, y;
6
7        printf("정수1 >> "); scanf("%d", &x);
8        printf("정수2 >> "); scanf("%d", &y);
9        printf("\n");
10
11       printf("%d + %d = %d\n", x, y, x + y);
12       printf("%d - %d = %d\n", x, y, x - y);
13       printf("%d * %d = %d\n", x, y, x * y);      // 정수/정수 결과는 정수
14       printf("%d / %d = %d\n", x, y, x / y);
15       printf("%d %% %d = %d\n\n", x, y, x % y);   // '%'를 출력
16
17       printf("%d / %.1lf = %.1lf\n", x, 3.0, x / 3.0);
18
19       return 0;
20   }
```

실행결과

```
정수1 >> 10
정수2 >> 3

10 + 3 = 13
10 - 3 = 7
10 * 3 = 30
10 / 3 = 3
10 % 3 = 1

10 / 3.0 = 3.3
```

설명

14: x / y 의 결과는 x, y가 모두 정수형이므로 결과도 정수형이 되므로 결국 x를 y로 나눈 몫이 출력된다. 그러므로 정수 간에 나눗셈을 할 때에는 주의가 필요하다(4.11 참고).

15: printf 함수를 이용해 '%' 기호를 출력하려면 변환명세(%d, %f, %c 등)의 '%'와 구별해야 하므로 '%%'로 지정한다.

17: 피연산자가 자료형이 실수와 정수로 서로 다르면 결과는 실수가 된다(4.11 참고).

4.4 복합 대입 연산자

대입 연산자를 산술 연산자나 비트 연산자(4.10절 참고)와 결합해 복합 대입 연산자(compound assignment operator)로 사용할 수 있다. 복합 대입 연산자는 다음과 같이 동일한 변수명이 대입 연산자 좌우에 나타날 때 긴 대화문을 짧게 표현해주므로 코딩 시간을 줄여준다.

변수명 = 변수명 op 식　　　**변수명 op= 식**

(op: 연산자, op=: 복합 대입 연산자)

[표 4-3]은 C 언어에서 제공하는 10가지 복합 대입 연산자를 보여준다.

표 4-3 복합 대입 연산자의 종류와 의미

복합 대입 연산자	의미
a += b	a = a + b
a -= b	a = a - b
a *= b	a = a * b
a /= b	a = a / b
a %= b	a = a % b
a &= b	a = a & b
a |= b	a = a | b
a ^= b	a = a ^ b
a <<= b	a = a << b
a >>= b	a = a >> b

참고

복합 대입 연산자는 다른 연산자보다 우선순위가 낮아 생각지 못한 결과가 발생할 수 있으므로 유의한다.

```
int x = 2;
x = x * 3 + 2;      // 결과 : x = (x * 3) + 2 = 6 + 2 = 8
```

(① x * 3 → ② + 2 → ③ x에 대입)

```
int x = 2;
x *= 3 + 2;      // 결과 : x = x * (3 + 2) = 2 * 5 = 10
```

(① 3 + 2 → ② x *= 대입)

프로그램 4-3 복합 대입 연산자 활용하기 (ch4-3.cpp)

```
1   #include <stdio.h>
2
3   int main()
4   {
5       int x, y;
6
7       x = y = 5;
8
9       printf("x = %d, y = %d\n", x, y);
10      printf("x += y의 결과는 %d\n\n", x += y);
11
12      printf("x = %d, y = %d\n", x, y);
13      printf("x -= y의 결과는 %d\n\n",  x -= y);
14
15      printf("x = %d, y = %d\n", x, y);
16      printf("x *= y의 결과는 %d\n\n", x *= y);
17
18      printf("x = %d, y = %d\n", x, y);
19      printf("x /= y의 결과는 %d\n\n", x /= y);
20
21      printf("x = %d, y = %d\n", x, y);
22      printf("x %%= y의 결과는 %d\n", x %= y);
23
24      return 0;
25  }
```

실행결과

```
x = 5, y = 5
x += y의 결과는 10

x = 10, y = 5
x -= y의 결과는 5

x = 5, y = 5
x *= y의 결과는 25

x = 25, y = 5
x /= y의 결과는 5

x = 5, y = 5
x %= y의 결과는 0
```

설명

7: 문장 하나에 대입 연산자를 둘 이상 사용한 다중 대입 문장이며, 대입 연산자의 결합 방향은 오른쪽에서 왼쪽이다. 변수 y에 5를 대입한 후, 변수 y에 저장된 값인 5가 다시 변수 x에 대입된다.

10: x += y → x = x + y → x = 5 + 5 → x = 10

13: x −= y → x = x − y → x = 10 − 5 → x = 5

16: x *= y → x = x * y → x = 5 * 5 → x = 25

19: x /= y → x = x / y → x = 25 / 5 → x = 5

22: x %= y → x = x % y → x = 5 % 5 → x = 0

4.5 관계 연산자

관계 연산자(relational operator)는 피연산자 두 개의 크기를 비교하는 연산자로, 비교 연산자라고도 부른다. 관계 연산의 결과 값은 논리 값인 '참' 또는 '거짓'이다. C 언어에서 '참(true)'을 숫자로 변환하면 1이며 '거짓(false)'은 0이다. 관계 연산자는 주로 다음 절에서 소개할 논리 연산자와 함께 사용되거나 5장에서 소개할 if문이나 while문의 조건식을 만드는 데 사용된다. C 언어에서는 6가지의 관계 연산자를 사용한다. [표 4–4]는 x는 1, y는 2일 때 관계 연산자의 연산 결과를 보여준다.

표 4–4 관계 연산자의 종류와 연산 결과(x는 1, y는 2인 경우)

관계 연산자	의미	연산 결과
x > y	x가 y보다 큰가?	거짓(0)
x >= y	x가 y보다 크거나 같은가?	거짓(0)
x < y	x가 y보다 작은가?	참(1)
x <= y	x가 y보다 작거나 같은가?	참(1)
x == y	x가 y와 같은가?	거짓(0)
x != y	x가 y와 같지 않은가?	참(1)

★ 팁

- 관계 연산자 사이에 공백 문제가 없어야 한다.

```
x < = y              // <와 = 사이에 공백이 있으므로 에러
```

- 연산 기호 순서가 정확해야 한다.

```
x =< y;              // 연산 기호 순서가 바뀌었으므로 에러
```

- 두 값이 같은 지 비교하는 관계 연산자(==)를 사용할 때는 대입 연산자(=)와 혼동하지 않아야 한다.

```
if (x = 1)           // 변수 x에 1을 대입하여 x 값은 1이 되고, 1은 논리 값 참에 해당하므로 항상 참이 된다.
{                    (x == 1) 로 수정해야 한다.
    printf("x = %d", x);
}
```

잠깐 C 언어에서의 참과 거짓!

▶ **논리 값을 수치로 변환하는 규칙**

논리 값	수치
참	1
거짓	0

조건식 값이 참(true)일 때는 1, 거짓(false)일 때는 0이다.

▶ **수치를 논리 값으로 변환하는 규칙**

수치	논리 값
0 이외의 값	참
0	거짓

조건식 값이 0이 아니면 모두 참으로 간주하고, 0만 거짓으로 간주한다. 즉, 1뿐만 아니라 0.1, 100, –200 등은 모두 참이고 0만 거짓이다.

프로그램 4-4 관계 연산자 활용하기 (ch4-4.cpp)

```c
#include <stdio.h>

int main()
{
    int x, y;

    printf("두 정수를 입력하세요. >> ");
    scanf("%d %d", &x, &y);

    printf("(%d > %d)의 결과는 %d입니다.\n", x, y, x > y);
    printf("(%d < %d)의 결과는 %d입니다.\n", x, y, x < y);
    printf("(%d >= %d)의 결과는 %d입니다.\n", x, y, x >= y);
    printf("(%d <= %d)의 결과는 %d입니다.\n", x, y, x <= y);
    printf("(%d == %d)의 결과는 %d입니다.\n", x, y, x == y);
    printf("(%d != %d)의 결과는 %d입니다.\n", x, y, x != y);

    return 0;
}
```

결과 값은 논리 값이지만 변환명세를 %d로 사용했으므로 결과 값이 참이면 1, 거짓이면 0이 출력된다.

실행결과

```
두 정수를 입력하세요. >> 100 50
(100 > 50)의 결과는 1입니다.
(100 < 50)의 결과는 0입니다.
(100 >= 50)의 결과는 1입니다.
(100 <= 50)의 결과는 0입니다.
(100 == 50)의 결과는 0입니다.
(100 != 50)의 결과는 1입니다.
```

4.6 논리 연산자

논리 연산자(logical operator)는 논리 값(참과 거짓)을 이용한 논리 연산 기능을 제공하며, 여러 조건을 함께 검사할 때 주로 사용된다. C 언어는 세 가지 논리 연산자 AND(&&), OR(||), NOT(!)을 제공한다. 또한 논리 값이라는 자료형이 없기 때문에 수치 값 0은 논리 값 거짓을, 0이 아닌 값은 논리 값 참을 대신한다. 여기서는 논리 값 거짓은 수치 값 0으로, 논리 값 참은 수치 값 1로 표기했다. [표 4-5]는 각 경우의 수를 고려한 논리 연산자의 연산 결과다.

표 4-5 논리 연산자의 종류와 연산 결과

x	y	x && y	x || y	!x
거짓(0)	거짓(0)	거짓(0)	거짓(0)	참(1)
거짓(0)	참(1)	거짓(0)	참(1)	참(1)
참(1)	거짓(0)	거짓(0)	참(1)	거짓(0)
참(1)	참(1)	참(1)	참(1)	거짓(0)

AND(&&) 연산자는 두 개의 피연산자의 값이 모두 참일 때만 연산 결과가 참이 된다. OR(||) 연산자는 피연산자의 값 중 하나라도 참이 있으면 연산 결과가 참이 된다. NOT(!) 연산자는 단항 연산자로 피연산자의 값이 참이면 거짓, 거짓이면 참이 된다.

4.6.1 논리식의 표현

'x가 5보다 크고 10보다 작으면 참이고 아니면 거짓'이라는 수식을 만들어보자. 일반 수학적인 사고로 만들면 다음과 같다.

```
5 < x < 10    // 잘못된 식
```

만약 x의 값이 10이라면 위 식은 예상과는 전혀 다른 결과를 만들어낸다. C 언어에서는 위 식을 관계 연산자가 두 개인 경우로 인식하여 아래와 같이 왼쪽에서 오른쪽으로 연산을 진행한다. x의 값이 10이므로 (5 < x)의 결과는 참이 된다. 따라서 식은 참 < 10이 된다. 논리 값과 정수는 종류가 서로 다르며 <는 수치의 대소 비교 연산자이므로 <의 왼쪽 피연산자인 논리 값 참을 수치 1로 변환한다. 결국 전체 수식은 1 < 10이 되고 결과는 참이 되므로 잘못된 조건식이다.

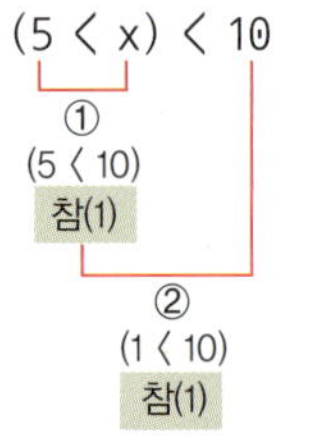

이러한 문제는 피연산자들의 자료형을 일치시키면 해결되므로 논리 연산자를 이용해 다음과 같이 표현해야 한다. 논리 연산자는 관계 연산자보다 우선순위가 낮아 관계 연산자와 함께 사용될 경우 항상 관계 연산자부터 수행한다. 그러므로 식에 괄호를 쓸 필요가 없더라도 우선순위를 모른다면 다음과 같이 괄호를 쓰는 것이 좋다.

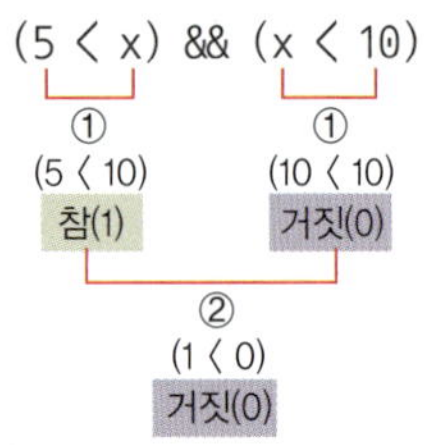

프로그램 4-5 논리 연산자 활용하기 (ch4-5.cpp)

```
#include <stdio.h>

int main()
{
    printf("(참 && 참)의 결과는 %d입니다.\n", (100 == 100) && (100 != 10));
    printf("(참 && 거짓)의 결과는 %d입니다.\n", (100 == 100) && (100 != 100));
    printf("(참 || 거짓)의 결과는 %d입니다.\n", (100 == 100) || (100 == 10));
    printf("(거짓 || 거짓)의 결과는 %d입니다.\n", (100 != 100) || (100 == 10));
    printf("(!참)의 결과는 %d입니다.\n", !(100 == 100));
    printf("(!거짓)의 결과는 %d입니다.\n", !(100 != 100));

    return 0;
}
```

키보드에서 '|'의 입력은 [Shift]+[\]

실행결과

```
(참 && 참)의 결과는 1입니다.
(참 && 거짓)의 결과는 0입니다.
(참 || 거짓)의 결과는 1입니다.
(거짓 || 거짓)의 결과는 0입니다.
(!참)의 결과는 0입니다.
(!거짓)의 결과는 1입니다.
```

4.6.2 논리 연산자의 단축 평가

논리 연산자 &&와 ||의 피연산자 두 개 중에서 왼쪽 피연산자만으로 결과가 결정되면 오른쪽 피연산자는 평가하지 않는다. '수식1 && 수식2'를 평가할 때 수식1의 결과가 거짓이면 수식2를 연산한 결과에 관계없이 최종 결과가 거짓이므로 수식2는 평가할 필요가 없다. 이와 같이 논리 연산자의 특성에 따라 특정 수식의 평가를 생략하는 것을 단축 평가(short circuit evaluation)라 한다.

아래의 수식에서 && 앞의 식 (2 〉 5)의 논리 값이 거짓이므로 뒤에 어떤 논리 값이 나타나더라도 전체 연산의 결과는 거짓이다. 따라서 더 이상 뒤의 식 (x 〈 3)을 평가하지 않는다.

```
(2 > 5) && (x < 3)
```

아래의 수식에서 || 앞의 식 (2 〈 5)의 논리 값이 참이므로 뒤에 어떤 논리 값이 나타나더라도 전체 연산의 결과는 참이다. 따라서 더 이상 뒤의 식 (x 〈 3)을 평가하지 않는다.

```
(2 < 5) || (x < 3)
```

프로그램 4-6 논리 연산자의 단축 평가 이해하기 (ch4-6.cpp)

```
#include <stdio.h>

int main()
{
    int x = 5, y = 10, z;

    z = (x += 2) || (y += 1);

    printf("x = %d, y = %d\n", x, y);
    printf("z = %d\n", z);

    return 0;
}
```

식 (x += 2)가 참이므로 이 부분은 단축 평가되어 수행되지 않는다. 그러므로 y 값이 1 증가하지 않는다.

실행결과

```
x = 7, y = 10
z = 1
```

설명

7: 첫 번째 수식 x += 2의 결과 값 7은 논리 값 참에 해당하므로 뒤 수식의 연산 결과에 관계없이 전체 연산의 결과는 참이다. 따라서 뒤의 수식 y += 1을 더 이상 평가하지 않는다. 만약 x의 값을 2, y의 값을 1 증가시키려면 7행을 다음과 같이 표현해야 함을 기억하자.

```
x += 2;  y += 1;  z = x || y;
```

9: 7행의 수식 y += 1은 단축 평가되어 수행되지 않았으므로 y는 초깃값 10을 유지한다.

4.7 조건 연산자

조건 연산자(conditional operator)는 C 언어에서 유일하게 피연산자가 세 개인 삼항 연산자다. ? 연산자 앞에 있는 조건식의 결과가 참이면 콜론(:) 앞에 있는 수식1의 결과가 전체 연산의 결과가 되고, 거짓이면 콜론(:) 뒤에 있는 수식2의 결과가 전체 연산의 결과가 된다.

형식 **조건 연산자**

조건식 ? 수식1 : 수식2;

예

조건식 → a > b

조건식 a>b가 참일 때의 결과 → a

```
max = a > b ? a : b;
```

조건식 a>b가 거짓일 때의 결과 → b

[프로그램 4-7]은 10진 정수 한 개를 입력받아 짝수인지 홀수인지 판별하는 프로그램을 조건 연산자를 이용해 작성한 것이다.

프로그램 4-7 조건 연산자 활용하기 (ch4-7.cpp)

```
#include <stdio.h>

int main()
{
    int x;

    printf("정수 입력 >> ");
    scanf("%d", &x);

    (x % 2 == 0) ? printf("%d는 짝수입니다.\n", x) :
```

```
11                printf("%d는 홀수입니다.\n", x);
12
13        return 0;
14    }
```

실행결과

```
정수 입력 >> 5
5는 홀수입니다.
```

실행결과

```
정수 입력 >> 24
24는 짝수입니다.
```

설명

10: 조건식을 판단한 결과가 참(입력한 수가 짝수)이면 10행을, 거짓이면 11행을 실행한다. 문장이 긴 경우에는 10, 11행과 같이 여러 행으로 나누어 표현할 수 있다. 단 printf나 scanf와 같은 함수 이름이나 " "안의 내용은 여러 행으로 나누어 표현할 수 없다.

10, 11: x % 2가 1이면 참, 0이면 거짓이 되므로 다음과 같이 표현할 수도 있다.

```
printf("%d는 %s수입니다.\n", x, (x % 2) ? "홀" : "짝");
```

4.8 프로그래밍 실습

프로그래밍 실습

4.8.1 두 수를 입력받아 몫과 나머지 출력하기

문제 키보드로 두 수를 입력받아 큰 수를 작은 수로 나눈 몫과 나머지를 출력하는 프로그램을 작성하시오.

해결 과정

1 두 수(n1, n2) 입력

2 두 수의 크기를 비교하여 큰 수(max)와 작은 수(min) 구하기 : 비교, 조건 연산자 이용

3 큰 수를 작은 수로 나눈 몫과 나머지 출력하기 : 산술 연산자(/, %) 이용

프로그램 4-8 큰 수를 작은 수로 나눈 몫과 나머지 출력하기 (ch4-8.cpp)

```
1   #include <stdio.h>
2
3   int main()
4   {
5       int n1, n2, max, min;
6
7       printf("두 정수 입력 : ");
8       scanf("%d %d", &n1, &n2);
9
10      (n1 > n2) ? (max = n1, min = n2) : (max = n2, min = n1);
11
12      printf("\n>> 큰 수 / 작은 수 = %d\n", max / min);
13      printf(">> 큰 수 %% 작은 수 = %d\n", max % min);
14
15      return 0;
16  }
```

실행결과

```
두 정수 입력 : 53 6

>> 큰 수 / 작은 수 = 8
>> 큰 수 % 작은 수 = 5
```

설명

10: 조건 연산자를 사용할 때, 수행할 문장이 두 개 이상인 경우에는 해당 문장들을 반드시 괄호로 묶어준다.

4.9 증감 연산자

증감 연산자(increment/decrement operator)는 변수의 값을 1만큼 증가시키거나 감소시킬 때 사용하며, 특이하게 연산자가 피연산자의 앞(전위)이나 뒤(후위)에 올 수 있다. 증감 연산자에는 변수의 값을 1만큼 증가시키는 증가 연산자(increment operator: ++)와 변수의 값을 1만큼 감소시키는 감소 연산자(decrement operator: --)가 있다. 주의할 점은 증감 연산자는 '변수 = 변수 + 1'과 '변수 = 변수 - 1'을 처리하기 위한 연산자이므로 상수나 수식이 아닌 변수에만 사용해야 한다는 것이다.

```
예  x++;          // x의 값을 1 증가, x=x+1, x+=1
    --x;          // x의 값을 1 감소, x=x-1, x-=1
    100++;        // 상수는 증가될 수 없으므로 컴파일 에러
    --(x + 2);    // 수식 (x + 2)의 결과 값도 상수이므로 에러
```

증감 연산자의 위치는 전위형(prefix)과 후위형(postfix)이 있다. 전위형은 ++나 -- 연산자가 변수명 앞에 오는 것이고 후위형은 변수 뒤에 오는 것이다. [표 4-6]은 C 언어에서 사용하는 증감 연산자들의 종류다.

표 4-6 증감 연산자의 종류

종류	증감 연산자	연산 결과
전위형(prefix)	++x	x 값이 1 증가한 후, 증가한 값으로 연산을 수행한다.
	--x	x 값이 1 감소한 후, 감소한 값으로 연산을 수행한다.
후위형(postfix)	x++	현재의 x 값이 연산에 사용된 후, 1 증가한다.
	x--	현재의 x 값이 연산에 사용된 후, 1 감소한다.

증감 연산자는 전위형으로 사용될 때와 후위형으로 사용될 때의 수식 결과 값이 달라진다. 전위형으로 사용하면 증감 처리된 변수의 값이 수식에서 사용되고, 후위형으로 사용하면 증감 처리되기 전의 변수의 값이 수식에서 사용된다.

다음 두 가지 예를 비교하면 증감 연산자가 전위형인지 후위형인지에 따라 결과 값이 달라짐을 알 수 있다.

```
예  int x = 5;
    int y = x++;          // 증가되기 전의 x 값 5가 y에 대입된 후, 변수 x 값이 1 증가된다.
    printf("%d", x);      // 변수 x 값 6 출력
    printf("%d", y);      // 변수 y 값 5 출력
```

```
예  int x = 5;
    int y = ++x;          // 변수 x 값이 1 증가된 후, 증가된 x 값 6이 y에 대입된다.
    printf("%d", x);      // 변수 x 값 6 출력
    printf("%d", y);      // 변수 y 값 6 출력
```

그러나 증감 연산자를 포함한 수식이 다음과 같이 단독으로 사용될 때는 전위형과 후위형의 결과 값이 같다.

```
예  ++x;                  // x를 1 증가시킨다.
    x++;                  // x를 1 증가시킨다.
```

증감 연산자는 정수형뿐 아니라 실수형 변수에도 사용 가능하다.

```
예  double pi = 3.14;
    pi++;                 // 변수 pi는 4.14가 된다.
```

프로그램 4-9 증감 연산자 활용하기 (ch4-9.cpp)

```
1   #include <stdio.h>
2
3   int main()
4   {
5       int x = 1, y = 2, z = 3;
6
7       x = ++x * 5;
8       y = y++ * 5;
9       z = 5 - --z;
10
11      printf("x = %d\n", x);
12      printf("y = %d\n", y);
13      printf("z = %d\n", z);
14
15      return 0;
16  }
```

```
x = x + 1;   // 전위형이므로
x = x * 5;

y = y * 5;
y = y + 1;   // 후위형이므로

z = z - 1;   // 전위형이므로
z = 5 - z;
```

실행결과

```
x = 10
y = 11
z = 3
```

설명

7: x 값이 1 증가되어 2가 된 후 x * 5 연산을 수행하고, 결과 값 10이 x에 대입된다.

8: 1 증가 전의 y 값(2)으로 y * 5 연산을 수행하고 결과 값 10이 y에 저장된다. 그런 뒤 y 값이 1 증가되어 11이 된다.

9: z 값이 먼저 1 감소하여 2가 된 후 5 − z 연산을 수행한다. 그런 뒤 결과 값 3이 z에 다시 저장된다.

잠깐 증감 연산자를 사용하는 이유는?

x = x + 1;로 표현하는 대신 증감 연산자를 사용해 x++;로 표기하는 이유가 뭘까? 증감 연산자를 사용하면 프로그램의 형태가 간결해져 이해하기 쉬울 뿐 아니라 연산 속도도 빨라진다. x++;는 변수 x에 저장된 값을 1 증가시키면 된다. 하지만 x = x + 1;은 x 값에 1을 더하는 연산을 수행한 후, 그 결과를 대입하는 연산을 해야 한다. 이는 여러 단계의 연산을 거치는 것을 의미하며 따라서 연산 속도가 떨어지게 된다.

4.10 비트 연산자

컴퓨터는 모든 자료를 이진(binary) 값으로 처리하며, 이진 값의 0과 1 중 하나를 저장할 수 있는 최소 저장(표현) 단위를 비트(bit)라 한다. 비트 연산자(bit operator)는 연산을 비트 단위로 수행하는 연산자며 일반 자료 처리에는 잘 사용되지 않지만 게임, 드라이버, 통신 프로그램 등에 많이 사용된다. 비트 연산자로는 비트 논리 연산자(&, |, ^, ~)와 비트 이동 연산자(<<, >>)가 있다. 이때 비트 연산의 대상이 되는 피연산자의 자료형은 반드시 정수형이어야 한다.

4.10.1 비트 논리 연산자

비트 논리 연산자는 0과 1 중 하나의 값인 2진수 각 자리에 대하여 연산을 수행하며 비트 AND(&), 비트 OR(|), 비트 XOR(^), 비트 NOT(~) 연산자가 있다. [표 4-7]은 비트 논리 연산자와 연산 결과다.

표 4-7 비트 논리 연산자의 종류와 연산 결과

x(비트 값)	y(비트 값)	x & y	x | y	x ^ y	~x
0	0	0	0	0	1
0	1	0	1	1	1
1	0	0	1	1	0
1	1	1	1	0	0

비트 AND(&), 비트 OR(|), 비트 XOR(^) 연산자는 두 피연산자의 비트열에 대해 같은 위치에 있는 비트끼리 연산을 수행한다. 먼저 비트 AND(&) 연산자는 두 피연산자 해당 비트의 값이 모두 1일 때 연산 결과의 해당 비트가 1이 된다. 비트 OR(|) 연산자는 두 피연산자의 해당 비트 값 중 하나라도 1이면 결과 비트가 1이 된다. 비트 XOR(^) 연산자는 배타적 논리합(exclusive OR)을 의미하며, 두 피연산자의 해당 비트 값이 서로 다르면 결과 비트가 1이 된다.

이와 달리 비트 NOT(~) 연산자는 단항 연산자며, 피연산자의 각 비트를 0은 1로, 1은 0으로 반전시킨다. 비트 논리 연산자는 앞에서 소개한 논리 연산자와 모양이 비슷하므로 정확히 구분해서 사용해야 한다. 또한 논리 연산자는 피연산자의 값 단위로 연산을 하지만 비트 연산자는 피연산자의 값에 포함된 각 비트 단위로 연산한다는 것에 유의한다.

같은 위치에 있는 비트끼리 비트 AND 연산

7 && 3 → 참(1) && 참(1) → 참(1)

7(10)	:	00000000 00000000 00000000 00000111
3(10)	:	00000000 00000000 00000000 00000011
7 & 3	:	00000000 00000000 00000000 00000011 = 3(10)

프로그램 4-10 비트 논리 연산자 활용하기 (ch4-10.cpp)

```
1   #include <stdio.h>
2
3   int main()
4   {
5       int x = 5, y = 12;
6
7       printf("%d & %d = %d\n", x, y, x & y);
8       printf("%d | %d = %d\n", x, y, x | y);
9       printf("%d ^ %d = %d\n", x, y, x ^ y);
10      printf("~%d = %d\n", x, ~x);
11
12      return 0;
13  }
```

실행결과

```
5 & 12 = 4
5 | 12 = 13
5 ^ 12 = 9
~5 = -6
```

설명

7:

5(10)	:	00000000 00000000 00000000 00000101
12(10)	:	00000000 00000000 00000000 00001100
5 & 12	:	00000000 00000000 00000000 00000100 = 4(10)

8:

5(10)	:	00000000 00000000 00000000 00000101
12(10)	:	00000000 00000000 00000000 00001100
5 | 12	:	00000000 00000000 00000000 00001101 = 13(10)

9:

5(10)	:	00000000 00000000 00000000 00000101
12(10)	:	00000000 00000000 00000000 00001100
5 ^ 12	:	00000000 00000000 00000000 00001001 = 9(10)

10:

5(10)	:	00000000 00000000 00000000 00000101
~5	:	11111111 11111111 11111111 11111010 = -6(10)

4.10.2 비트 이동 연산자

비트 이동 연산자(shift operator)는 좌측 피연산자의 각 비트를 우측 피연산자가 지정한 만큼 이동시킨다. 왼쪽 비트 이동 연산자(<<)와 오른쪽 비트 이동 연산자(>>)가 있다.

왼쪽 비트 이동 연산자(<<)

비트를 왼쪽으로 이동(<<)할 때는, 왼쪽으로 밀려난 비트가 제거되고 오른쪽 빈자리에 0이 채워진다.

그림 4-1 왼쪽 비트 이동 연산의 예

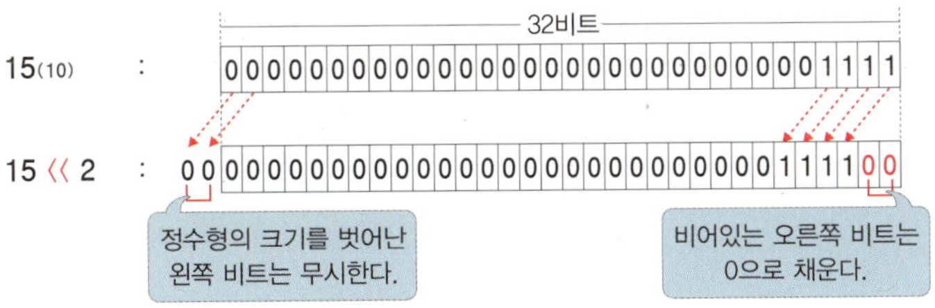

비트가 왼쪽으로 한 비트씩 이동할 때마다 값은 두 배가 된다. 즉 왼쪽으로 n비트 이동한 결과는 2^n을 곱하는 것과 같다. 위 예에서는 10진 정수 15를 2비트 이동하였으므로 (15 << 2)의 결과는 $15 * 2^2 = 60$이다. n비트 이동 연산은 2^n 곱하기 연산보다 빠르므로 빠른 연산을 원하는 경우 유용하다. 즉 변수 x 값을 4배로 할 때 (x * 4)보다 (x << 2)가 실행 속도가 더 빠르다.

왼쪽 이동 연산은 가능하면 부호가 없는 자료형에 사용해야 한다. 부호가 있는 자료형에 왼쪽 이동 연산을 적용하면 부호가 뒤바뀔 수 있기 때문이다.

오른쪽 비트 이동 연산자(>>)

비트를 오른쪽으로 이동(>>)할 때는, 오른쪽으로 밀려난 비트가 사라지고 왼쪽 빈 자리에는 부호 비트(양수 : 0, 음수 : 1)가 채워진다. 오른쪽으로 n비트 이동한 결과는 원래의 값을 2^n으로 나눴을 때의 몫이 된다.

그림 4-2 오른쪽 비트 이동 연산의 예

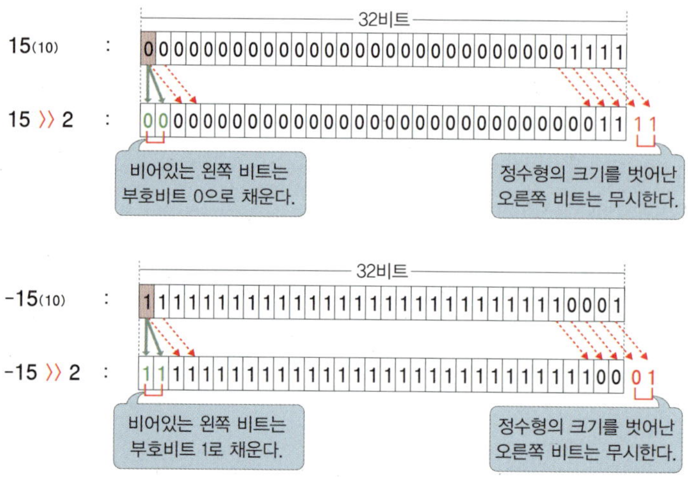

프로그램 4-11 비트 이동 연산자 활용하기 (ch4-11.cpp)

```
#include <stdio.h>

int main()
{
    int x = 15, n = 1;

    printf("%d >> %d = %d\n", x, n, x >> n);
    printf("%d >> %d = %d\n", x, n+1, x >> n + 1);
    printf("%d >> %d = %d\n", x, n+2, x >> n + 2);
    printf("%d << %d = %d\n", x, n, x << n);
    printf("%d << %d = %d\n", x, n+1, x << (n + 1));
    printf("%d << %d = %d\n", x, n+2, x << (n + 2));

    return 0;
}
```

실행결과

```
15 >> 1 = 7
15 >> 2 = 3
15 >> 3 = 1
15 << 1 = 30
15 << 2 = 60
15 << 3 = 120
```

설명

8,9: 다음과 같이 연산자 우선순위를 체크하라는 경고 메시지가 발생한다.

```
warning C4554: '>>' : 연산자 우선 순위에 오류가 있는지 확인하십시오. 괄호를 사용하여 우선 순위를 명확하게 지정하십시오.
```

위의 경고는 괄호를 이용해 연산자 우선순위를 명확히 해주면 해결된다.

```
printf("%d >> %d = %d\n", x, n + 1, x >> (n + 1));
printf("%d >> %d = %d\n", x, n + 2, x >> (n + 2));
```

4.11 형 변환 연산자

C 언어에서의 이항 연산은 CPU 성능을 향상시키기 위해 두 피연산자의 자료형이 일치하는 경우에만 연산하도록 설계되어 있다. 따라서 피연산자의 자료형이 서로 다를 경우 연산을 수행할 때 자료형을 하나로 통일하는데, 이때 형 변환(type conversion)이 일어난다. 형 변환은 크게 자동 형 변환과 강제 형 변환이 있다. 자동 형 변환은 컴파일러가 자동으로 처리하고, 강제 형 변환은 프로그래머가 형 변환 연산자를 사용하여 처리한다.

4.11.1 자동 형 변환

형 넓힘 변환

자동 형 변환은 프로그래머가 따로 지정하지 않아도 컴파일러가 자동으로 처리하는 것으로 자료형이 서로 다른 값을 같이 연산하는 경우에 발생한다. 예를 들어 '정수+실수'와 같이 서로 다른 자료형의 두 값을 더한다면 자동으로 형 변환이 일어나 두 피연산자의 자료형을 모두 실수형으로 만든 다음 연산을 수행한다.

'2 + 3.0'의 수식에서 int형(4바이트) 2와 double형(8바이트) 3.0의 연산은 수행할 수 없으며, 두 피연산자 중 하나를 다른 하나의 자료형으로 변환하여 연산한다. 일반적으로 '2 + 3.0'의 결과를 5라고 답해도 되지만 프로그래머라면 5.0이라고 해야 한다. 크기로는 5와 5.0이 같으나 컴퓨터 내부에서 정수와 실수 표현 방법이 다르므로 2진수로는 다르게 표현되며 수식 평가 시 결과 값도 달라지기 때문이다.

그림 4-3 형 넓힘 변환의 예

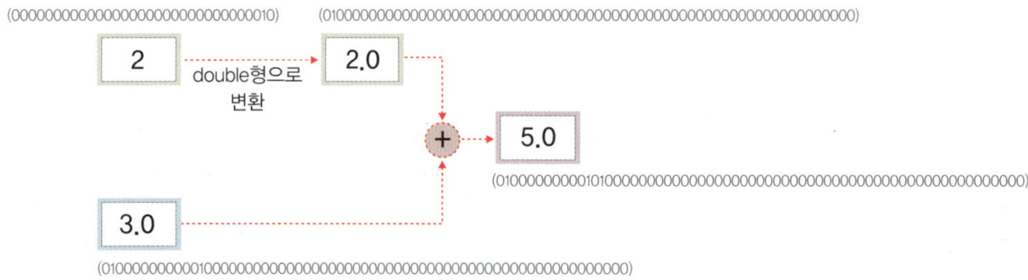

자동 형 변환은 [그림 4-3]에서 2가 2.0으로 변환된 것과 같이 작은 표현 범위의 자료형이 큰 표현 범위의 자료형으로 변환된다. 표현 범위는 char 〈 short 〈 int, long 〈 float 〈 double 순이다. 이처럼 작은 범위의 자료형을 큰 범위의 자료형으로 변환하는 것을 형 넓힘(promotion) 변환이라고 한다.

예

```
int  i = 100;
double  j = 1.23;
printf("%.2lf",  i + j);
```

형 넓힘 변환이 발생

int형 + double형 → double형 + double형: int형의 i 값이 double형 값으로 변환됨

작은 표현 범위에서 큰 표현 범위로의 변환은 자료 손실이 없다. 그래서 프로그램에서 명시하지 않아도 컴파일러가 큰 자료형으로 변환(형 넓힘)하는 기계어를 추가하여 진행한다. 하지만 상수로 식을 표현할 경우 형 넓힘을 하지 않도록 소스 코드에서 미리 자료형을 일치시키는 것이 올바른 프로그래밍 습관이다. 즉 '2 + 3.0'보다 '2.0 + 3.0'으로 작성하는 것이 좋다.

형 좁힘 변환

자동 형 변환이 일어나는 또 다른 경우는 변수에 값을 대입하는 경우다. 대입 연산자 오른쪽 값과 왼쪽 변수의 자료형이 다르면 왼쪽 변수의 자료형에 맞추도록 형 변환이 일어난다. 대입 연산은 아래와 같이 형 좁힘(demotion) 변환이 발생할 수 있다. 형 좁힘 변환이 발생하는 경우에는 자료 손실이 발생할 수 있으므로 주의해야 한다.

예

```
int i;
i  =  3.14;
```

3.14를 int형으로 변환할 때 소수점 이하는 잘려버린다.

형 좁힘 변환이 발생

double형(8바이트) → int형(4바이트)

위의 예와 같이 큰 표현 범위의 값을 작은 표현 범위의 변수에 대입할 경우 자료 손실이 발생할 수 있으므로 컴파일러는 경고 메시지를 표시한다. Java와 같은 일부 프로그래밍 언어에서

는 이러한 자료 손실을 허용하지 않으나, C 언어에서는 유연한 프로그래밍을 위해 형 검사를 엄격하게 하지 않는다. 그래서 위의 예 'i = 3.14'에서는 경고 메시지만 발생한다.

사실 'int i = 3.14'와 같이 정수형 변수에 실수형 상수를 대입하는 것은 형 좁힘 변환을 설명하기 위한 예일 뿐 실제로는 사용하지 않는다. 그러나 double형 변수인 a에 대해 'int i = a;'와 같은 대입문을 사용한다면 얘기는 달라진다. 프로그래머가 의도적으로 'int i = a;'와 같은 대입문을 사용한다면, 다음에 나오는 형 변환 연산자를 이용하여 의도적으로 형 좁힘을 한다는 것을 컴파일러에 명시해야 경고 메시지가 발생하지 않는다.

4.11.2 강제 형 변환

강제 형 변환은 자동 형 변환과 달리 프로그래머가 형 변환 연산자(type cast operator)를 이용해 형 변환을 직접 지시한다. 강제 형 변환은 [그림 4-4]와 같이 캐스트 연산자를 사용하여 프로그래머가 의도하는 대로 형 넓힘과 형 좁힘 모두 지시할 수 있으며, 캐스트 연산자가 사용된 곳에서만 일시적으로 형 변환이 발생한다.

그림 4-4 강제 형 변환의 예

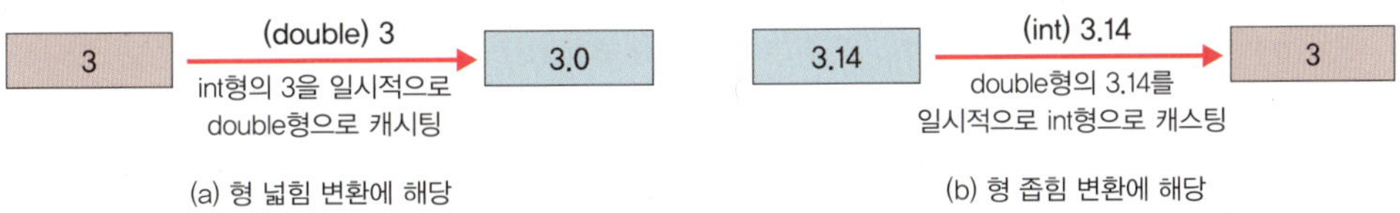

형식 강제 형 변환

```
(자료형) 피연산자              // 피연산자 값을 지정한 자료형 값으로 변환
```

예

```
(double) 4                // 4바이트의 정수 4를 8바이트의 실수 4.0으로 변환
(double) sum              // int형 변수 sum에 저장된 정수 값을 double형의 실수로 변환
(int) (sum * 0.5)         // 괄호 안의 식을 먼저 평가한 후, 결과 값을 int형의 정수로 변환
avg = (double) sum / 3;   // 세 과목의 총점(int sum)에 대한 평균(double avg) 구하기
```

주의 형 변환은 변수의 기억 공간 크기를 변경하는 것이 아니라 프로그램에 포함된 값을 일시적으로 다른 형으로 변환하는 것이므로 대입 연산자 =의 왼쪽 변수에는 사용할 수 없다.

```
(double) sales = sum * 9.5;    // 컴파일 에러
```

[프로그램 4-12]와 같이 '정수/정수'의 결과가 정수형이 되어 소수 이하 값이 잘리지 않도록 피연산자를 강제로 실수형으로 변환하는 경우에 특히 강제 형 변환이 유용하다.

프로그램 4-12 형 변환 연산자 이해하기 (ch4-12.cpp)

```c
#include <stdio.h>

int main()
{
    char ch = 'A';
    int x = 10, y = 4, sum;
    double pi = 3.14, avg;

    sum = ch + 2;                          // 자동 형 넓힘 변환
    printf("sum = %d = %c \n", sum, sum);

    sum = pi;                              // 자동 형 좁힘 변환
    printf("sum = %d\n", sum);

    printf("정수 간 x/y = %d \n", x / y);
    printf("실수 간 x/y = %lf \n", (double) x / (double) y); // 강제 형 변환

    sum = (double) x / (double) y;         // 강제 형 변환 후 자동 형 좁힘 변환
    printf("잘못된 나눗셈 = %d \n", sum);

    avg = (double) (x / y);                // 강제 형 변환
    printf("잘못된 나눗셈 = %lf\n", avg);

    avg = (double) x / y;                  // 강제 형 변환과 자동 형 넓힘 변환
    printf("정확한 나눗셈 = %lf \n", avg);

    return 0;
}
```

실행결과

```
sum = 67 = C
sum = 3
정수 간 x/y = 2
실수 간 x/y = 2.500000
잘못된 나눗셈 = 2
잘못된 나눗셈 = 2.000000
정확한 나눗셈 = 2.500000
```

설명

9,10: int형이 char형보다 더 큰 범위의 자료형이므로 ch는 자동으로 int형으로 변환된다. 문자 'A'의 ASCII 코드 값은 65이므로 '65 + 2'의 결과 값 67이 sum에 저장된다. 사실 9행은 ch에 저장된 문자보다 2개 뒤의 문자 즉 'C'의 ASCII 코드 값을 구하는 대입문이다. 그러므로 10행에서 %c를 사용하여 sum을 출력하면 문자 C가 출력된다.

12: pi가 double형이지만 대입 연산자 왼쪽 변수는 int형이다. 따라서 pi에 저장된 값 3.14는 int형으로 자동으로 변환되며, 결국 3이 sum에 저장된다.

16: int형의 x, y에 저장된 값을 강제로 double형으로 변환한 후 나눗셈을 수행하므로 나눗셈 결과는 2.5가 된다.

18: 대입문은 먼저 오른쪽 식을 계산한 후 결과 값을 왼쪽 변수에 저장한다. 그러므로 double형으로 강제 형 변환을 한 '10.0/4.0'의 결과 값은 2.5이지만 왼쪽 변수 sum이 int형이므로 2.5가 2로 변환된 후 sum에 저장된다.

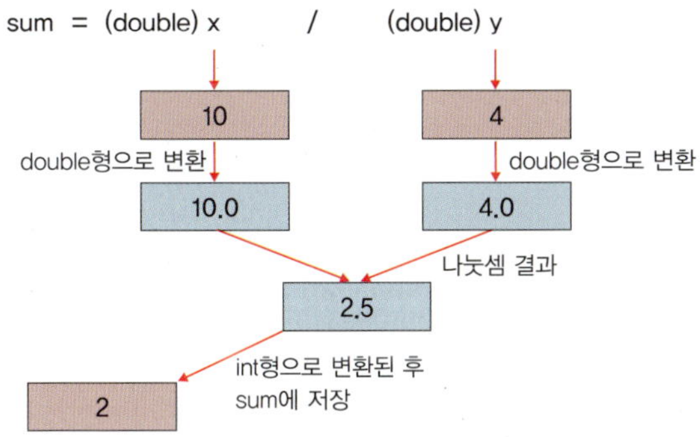

21: 캐스트 연산자 뒤에 ()가 있으므로 먼저 () 안의 식이 계산된다. x, y 둘 다 정수형이므로 x/y의 결과도 정수형이 된다. 그래서 (10/4)의 결과는 2가 되고, 2를 (double)로 형 변환하면 2.0이 된다. 결국 avg에는 2.5가 아닌 2.0이 저장된다.

24: '(double) x / y'는 x의 값을 double형으로 변환하므로 /의 두 피연산자의 자료형이 서로 달라진다. 그러므로 두 피연산자를 범위가 큰 자료형인 double형으로 통일한다. 즉 y의 값이 double형으로 변환되면 '10.0/4.0'이 되어 결과 값은 2.5가 된다. 이 2.5가 double형 변수 avg에 저장되므로 25행에서 정확한 나눗셈 결과 2.5가 출력된다.

12,21: 범위가 큰 자료형에서 범위가 작은 자료형으로 형 변환이 발생하면 오차가 발생할 수 있다. 즉 12행과 같이 3.14가 3이 되어 0.14의 오차가 발생한다. 이런 경우 "'double'에서 'int'(으)로 변환하면서 데이터가 손실될 수 있습니다."는 경고 메시지가 나타나 프로그래머에게 알려준다. 경고 메시지가 나타나지 않게 하려면 sum = (int) pi;처럼 대입 연산자 좌우의 자료형을 통일시키는 것과 같이 강제 형 변환을 사용한다.

4.12 콤마 연산자, 주소 연산자, sizeof 연산자

4.12.1 콤마 연산자

콤마 연산자(comma operator)는 수식을 분리하는 연산자로 C 언어에서 제공하는 연산자 중 우선순위가 가장 낮다. 콤마(,)를 중심으로 왼쪽과 오른쪽에 수식이 올 수 있는데, 왼쪽부터 수식을 계산해 마지막으로 계산한 오른쪽 수식의 값이 연산 결과가 된다.

예
```
int  i, j;
j = (i = 2 + 3,  i - 3);
```
① i 값→5

② 결과 값→5-3→2

③ j 값→2

```
printf("%d", j);              // 결과 값 2가 출력
```

4.12.2 주소 연산자

앰퍼샌드(&)는 변수 앞에서 단항 연산자로 사용되는 주소 연산자(address operator)다. 키보드로 변수 값을 입력받을 때 사용하는 scanf 함수에서 변수 앞에 사용한 &가 바로 주소 연산자다. 주소 연산자를 사용하면 변수에 할당된 기억 공간의 주기억장치 주소를 알 수 있으며, 주기억장치의 주소는 시스템에 따라 다르지만 대부분 1바이트 단위로 순차적으로 지정된다.

예
```
scanf("%d", &a);   // 키보드로부터 값을 입력받아 그 값을 변수 a에 저장
printf("%u", &a);  // 변수 a의 주소를 10진수로 출력, 1310560 출력
printf("%p", &a);  // 변수 a의 주소를 16진수로 출력, 0013FF60 출력
```

4.12.3 sizeof 연산자

sizeof 연산자는 다른 연산자와 달리 기호가 아닌 단어로 이루어져 있다. sizeof 연산자는 자료가 저장된 공간의 크기가 몇 바이트인지를 구한다. C 언어는 컴파일러마다 자료형이 차지하는 기억 공간의 크기가 다르므로 sizeof 연산자의 값은 실행 환경에 따라 달라질 수 있다.

형식 **sizeof 연산자**

```
sizeof(변수)      // 변수가 차지하는 기억 공간의 크기(바이트 수)
sizeof(상수)      // 상수가 차지하는 기억 공간의 크기(바이트 수)
sizeof(수식)      // 수식 결과 값이 차지하는 기억 공간의 크기(바이트 수)
sizeof(자료형)    // 자료형의 기억 공간 크기를 구할 때는 괄호가 꼭 필요
```

위 형식에서 주의할 점은 괄호의 사용이다. sizeof 연산자의 피연산자가 변수나 상수일 때는 괄호를 생략해도 되지만, 자료형이나 수식일 때는 꼭 써야 한다. 그러나 일반적으로 괄호를 신경 쓰지 않고 이해하기도 쉽게 sizeof 연산자의 모든 피연산자에 괄호를 사용한다.

예

```
int i = 10;
printf("%d\n", sizeof i);       // i는 int형 변수이므로 4가 출력된다. 4바이트를 차지함을 의미
printf("%d\n", sizeof(short));     // short형의 크기는 2바이트이므로 2가 출력
```

sizeof 연산자는 단항 연산자로 다른 이항 연산자보다 우선순위가 높다.

```
int i = 10;
printf("%d", sizeof i + 5);          // 결과 값 9가 출력
```

① 4

② 4+5→9

프로그램 4-13 콤마 연산자, 주소 연산자, sizeof 연산자 활용하기 (ch4-13.cpp)

```
#include <stdio.h>

int main()
{
    char x = 'a';
    int y;
    double z = 1.234;

    printf("y 입력 : ");
    scanf("%d", &y);

    printf("변수 y의 값 = %d\n", y);
    printf("변수 y의 주소 = %p\n", &y);
    printf("\n");

    y = (y = 3, y + 5);
    printf("y = %d\n", y);
    printf("char형 변수 x의 크기 = %d\n", sizeof x);
    printf("int형 변수 y의 크기 = %d\n", sizeof y);
    printf("double형 변수 z의 크기 = %d\n", sizeof(z));
```

주소 연산자

콤마 연산자

sizeof 연산자

```
21        printf("float형의 크기 = %d\n", sizeof(float));
22
23        return 0;
24    }
```

실행결과

```
y 입력 : 1
변수 y의 값 = 1
변수 y의 주소 = 0013FF54

y = 8
char형 변수 x의 크기 = 1
int형 변수 y의 크기 = 4
double형 변수 z의 크기 = 8
float형의 크기 = 4
```

설명

13: 정수형 변수 y에 할당된 기억 공간의 주소를 16진수로 출력하기 위해 %p를 사용한다. 정수형 변수 y의 주소(32비트)가 16진수로 출력된다. 이 주소는 사용자의 작업 환경에 따라 다를 수 있다.

16: , 연산자의 왼쪽 수식부터 계산해 y에 3을 대입한 후, 수식 y + 5를 계산하면 최종적으로 y 값은 8이 된다.

4.13 연산자의 우선순위와 결합 방향

수식에 여러 연산자가 사용될 때 괄호가 없더라도 먼저 수행되는 연산자는 정해져 있다. 다음 문장에서 가장 먼저 수행되는 연산은 무엇일까? 일반 수학처럼 곱셈이 덧셈보다 먼저 수행된다.

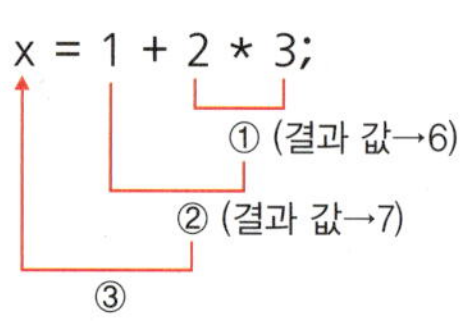

이와 같이 수식에 여러 연산자가 혼합되었을 경우 어떤 연산을 먼저 수행할지 미리 약속해둔 것이 연산자 우선순위(precedence)다. C 언어에서의 연산자 우선순위는 [표 4-8]과 같다. 가장 높은 우선순위를 1로 표시했다.

표 4-8 연산자 우선순위

우선순위	분류	연산자	결합방향
1	단항	() [] -> .	→
2		++(전위) --(전위) +(부호) -(부호) sizeof ~ ! *(참조) & (자료형)	←
3	산술	* / %	→
4		+ -	→
5	이동	<< >>	→
6	관계	< <= > >=	→
7		== !=	→
8	비트	&	→
9		^	→
10		|	→
11	논리	&&	→
12		||	→
13	조건	?:	→
14	대입	= += -= *= /= %= &= |= ^= <<= >>=	←
15	콤마	,	→

연산자 분류에 따른 우선순위는 단항 > 산술 > 이동 > 관계 > 비트 > 논리 > 조건 > 대입 > 콤마 순이다.

만약 연산자의 우선순위가 잘 기억나지 않거나 이와 다른 순서로 연산하고 싶은 경우에는 괄호를 이용해 연산의 우선순위를 강제로 지정하는 것이 좋다. C 언어에서는 우선순위를 변경하기 위한 괄호도 연산자로 취급한다.

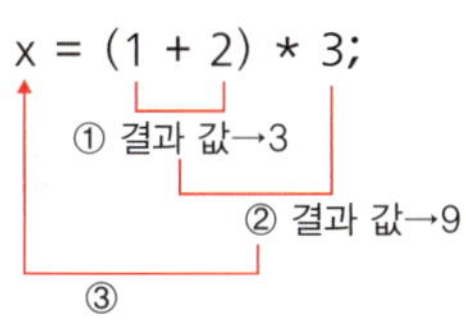

우선순위가 같은 연산자는 결합(associativity) 방향에 따라 처리한다. 연산자의 결합 방향은 우선순위가 같은 연산자를 어느 방향으로 연산할지를 말한다. 대부분의 연산자가 왼쪽에서 오른쪽으로 연산하는 반면, 단항 연산자, 조건 연산자, 대입 연산자는 오른쪽에서 왼쪽으로 연산한다([표 4-8] 참고).

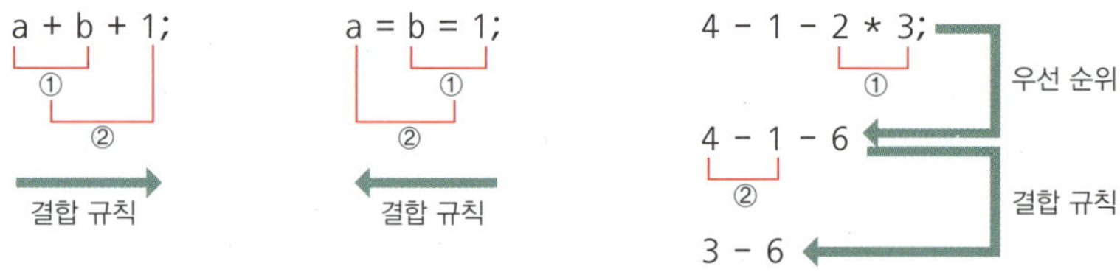

프로그램 4-14 연산자의 우선순위와 결합 방향 이해하기 (ch4-14.cpp)

```
1   #include <stdio.h>
2
3   int main()
4   {
5       int x = 1, y = 2, z = 3;
6
7       printf("%d\n", 10 * 2 / 5 * 2);
8       printf("%d\n", 10 - 2 * 5 + 2 / 2);
9       printf("%d\n", ++x * z--);
10      printf("%d\n", x + z >= z + !y);
11      printf("%d\n", x || y && z);
12      printf("%d\n", z += x >> 2 + ++y);
13      printf("%d\n", x = y = z = 5);
14      printf("%d\n", (x = 1 + 2, 2 - 1));
15
16      return 0;
17  }
```

실행결과

```
8
1
6
1
1
2
5
1
```

설명

7: 수식 10 * 2 / 5 * 2 → 20 / 5 * 2 → 4 * 2 → 8

8: 수식 10 − 2 * 5 + 2 / 2 → 10 − 10 + 1 → 1

9: 수식 ++x * z−−는 전위형 증가 연산자(++x)를 먼저 수행하여 x가 2로 증가한 후 x * z 연산을 수행하고 결과 값 6을 출력한다. 9행의 printf( )를 끝낸 후 후위형 감소 연산자로 인해 z의 값이 2가 된 후 다음 10행을 수행한다.

10: 수식 x + z >=z + !y에서는 우선순위에 따라 단항, 산술, 관계 연산자 순으로 연산이 이루어진다. 수치 2가 논리 값 참이므로 !을 적용하면 !2의 결과 값은 거짓이 된다. 거짓은 수치 0에 해당하므로 수식 2 + 2 >=2 + 0의 결과 값은 참이 되어 논리 값 1이 출력된다.

11: &&가 ||보다 우선순위가 높으므로 y&&z가 먼저 평가된다. y&&z → 2&&2가 되며 &&는 논리 값에 대한 연산자므로 수치가 논리 값으로 변환되어 2&&2 → 참&&참 → 참이란 결과 값을 얻는다. &&가 수행된 후 ||가 수행된다. x||참 → 1||참 → 참||참 → 참이 된다. 논리 값 참을 %d로 출력하므로 수치 1이 출력된다.

12: 수식 z += x >> 2 + ++y에서 우선순위가 가장 높은 ++y가 먼저 수행되어 y 값은 3이 되고, 다음으로 우선순위가 높은 산술 연산 2 + 3이 수행된다. 그리고 x >> 5의 결과 값이 0이 된 후, 복합 대입 연산자(z += 0)가 수행되어 z 값으로 2가 저장된다. 이 행에서 컴파일 시 발생되는 경고는 다음과 같이 괄호로 우선순위를 명확하게 해주면 해결할 수 있다.

```
printf("%d\n", z += x >> (2 + ++y));
```

13: 수식 x = y = z = 5에서는 먼저 z 값에 5가 저장된 후 변수 y에는 z 값이, 변수 x에는 y 값이 저장되어 최종적으로 x 값인 5가 출력된다.

14: 산술 연산이 먼저 수행되어 수식 (x = 1 + 2, 2 − 1)는 (x = 3, 1)이 된다. 대입 연산자가 콤마 연산자보다 우선순위가 높으므로 x에 3이 먼저 저장된 후, 콤마 연산자 오른쪽 식의 결과 값인 1이 출력된다.

4.14 프로그래밍 실습

4.14.1 입력받은 문자의 비트열 구하기

문제 사용자로부터 문자 한 개를 입력받고, 입력받은 문자의 실제 비트열(8비트)을 비트 연산자를 이용해 구하는 프로그램을 작성하시오.

분석
- 로봇 프로그램 등 많은 산업 분야에서 변수 단위가 아닌 변수에 포함된 비트 단위의 값을 이용한다. 예로 특정 비트의 값이 1인지 0인지에 따라 로봇이 팔을 든 상태(1)인지 내린 상태(0)인지를 구분한다. 이 문제가 예처럼 특정 위치의 비트 값이 무엇인지를 찾아내는 것이다.
- 특정 자료 비트열(8비트) 중 특정 위치의 비트 값이 무엇인지 찾아내는 방법은 다음과 같다. 비트 값을 찾고자하는 위치의 비트만 1인 비트열(마스크라고 함)과 비트 AND 연

산을 한다. 결과 비트열의 정수 값이 0이라면 찾는 비트 값이 0이고, 결과 비트열에 1이 포함되어 정수 값이 0이 아니라면 찾는 비트 값이 1임을 확인할 수 있다.

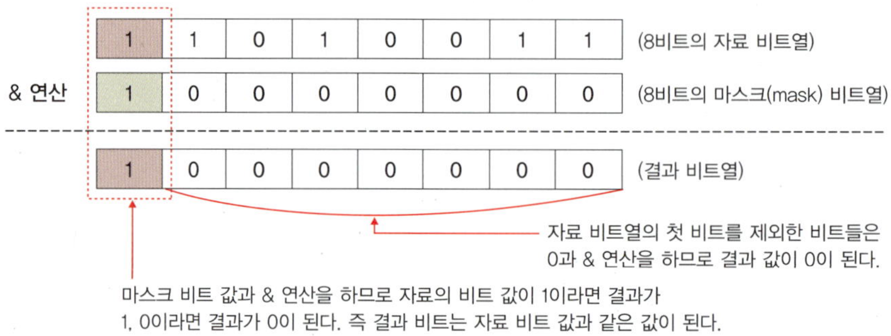

해결 과정 **자료 비트열 B의 오른쪽에서 n번째 비트 값을 찾아서 출력하기**

1 오른쪽에서 n번째 비트만 1이고 나머지는 0인 마스크 비트열 M 구하기: M = (1 << n−1)
2 B와 M에 대해 비트 AND 연산을 한 비트열 R 구하기: R = B & M
3 결과 비트열 R의 정수 값이 0이면 0을, 0이 아니면 1을 출력한다.

프로그램 4-15 입력받은 문자의 비트열 구하기 (ch4-15.cpp)

```c
#include <stdio.h>

int main()
{
    char ch;

    printf("문자 입력 : ");
    scanf("%c", &ch);            // ch = getchar();

    printf("%2d", ch & (1<<7) ? 1 : 0);
    printf("%2d", ch & (1<<6) ? 1 : 0);
    printf("%2d", ch & (1<<5) ? 1 : 0);
    printf("%2d", ch & (1<<4) ? 1 : 0);
    printf("%2d", ch & (1<<3) ? 1 : 0);
    printf("%2d", ch & (1<<2) ? 1 : 0);
    printf("%2d", ch & (1<<1) ? 1 : 0);
    printf("%2d\n", ch & (1) ? 1 : 0);

    return 0;
}
```

실행결과

```
문자 입력 : a
 0 1 1 0 0 0 0 1
```

핵심요약

수식

연산자(operator)와 하나 이상의 피연산자(operand)로 구성된다. 연산자는 연산에 사용되는 기호이고 피연산자는 연산자의 대상이 되는 변수나 값이다.

예 `3*4, sum+10, (height-100)*0.9`

대입 연산자(=)

연산자 왼쪽에 있는 변수에 오른쪽에 있는 수식 값을 저장하며, 대입 연산자 왼쪽에는 변수만 사용한다.

예 `sum = 0, avg = sum/3, count = count+1`

산술 연산자(+, −, *, /, %)

기본 사칙연산을 수행한다.

예 `3+4, (a+b)/2, n%2, a*b+1`

관계 연산자(>, >=, <, <=, !=, ==)

피연산자 두 개를 비교하며, 연산 결과는 참 또는 거짓이다.

예 `a<b, age<19, height>=180, a==b`

논리 연산자(&&, ||, !)

참과 거짓을 이용한 논리 연산을 하며, 여러 조건을 함께 검사할 때 주로 사용된다.

예 `(ch=='a' || ch=='A'), (90<=score) && (score < 95), !(ch=='y')`

조건 연산자(?:)

삼항 연산자이며 ? 연산자 앞에 있는 수식의 결과가 참이면 콜론(:) 앞의 수식 결과가 전체 연산의 결과가 되고, 거짓이면 콜론(:) 뒤의 수식 결과가 전체 연산의 결과가 된다.

예 `n%2==0 ? printf("짝수") : printf("홀수");`

증감 연산자(++, −−)

변수 값을 1만큼 증가시키거나 감소시키며 피연산자는 연산자의 앞이나 뒤에 올 수 있다.

예 `count++, sum--, i++, --i`

비트 연산자(&, |, ^, ~, <<, >>)

비트 단위로 연산을 수행하며 비트 논리 연산자(&, |, ^, ~)와 비트 이동 연산자(<<, >>)가 있다.

예 `n&1, a ¦ b, sum ≪ 2, sum ≫ 3, a ^ b, ~n`

캐스트 연산자((datatype))

프로그래머가 직접 형 변환을 수행할 수 있도록 한다.

예 `avg = (double)sum/n, count = (int)(sum/7.5)`

콤마 연산자(,)

수식을 분리하며 C 언어에서 제공하는 연산자 중 우선순위가 가장 낮다.

예 `sum = 0, factorial = 1;`

주소 연산자(&)

앰퍼샌드(&)가 변수 앞에서 단항 연산자로 사용된 것으로 주소 연산자를 사용하면 변수에 할당된 기억 공간의 주기억장치 주소를 알 수 있다.

예 `scanf("%d", &age)`

sizeof 연산자

자료가 저장된 공간의 크기를 구하고, 결과 값은 바이트 단위의 정수다.

예 `sizeof(100), sizeof(double)`

여러 연산자가 혼합된 수식의 처리

연산자 우선순위(precedence)가 높은 연산자를 먼저 처리하며, 우선순위가 같은 연산자는 결합방향에 따라 처리한다.

연산자의 우선순위

단항 〉 산술 〉 이동 〉 관계 〉 비트 〉 논리 〉 조건 〉 대입 〉 콤마

연습문제

01 연산자 =와 ==의 차이점을 기술하시오.

02 다음 연산자를 우선순위가 높은 순서대로 정리하시오.

대입, 산술, 관계, 논리, 조건, 증감, 비트, 콤마

03 다음 프로그램을 실행한 결과를 추정하여 결과 값을 직접 적어본 후 프로그램을 실행하여 추정한 값과 실제 실행 값을 비교해보시오.

①
```
#include <stdio.h>
int main()
{
    int x = 3, y = 4;

    printf("%d\n", ++x * 2);
    printf("%d\n", y-- % 5);

    return 0;
}
```

②
```
#include <stdio.h>
int main()
{
    int x = 15, y = 21;

    printf("%d\n", x & y);
    printf("%d\n", x | y);
    printf("%d\n", x ^ y);

    return 0;
}
```

③
```
#include <stdio.h>
int main()
{
    int x, y, z;

    x = -3 * 5 % 5 +1;
    y = 1;
    z = 1;
    y = x && y || z;
    z+= x << 1 + y++;

    printf("x = %d\n", x);
    printf("y = %d\n", y);
    printf("z = %d\n", z);

    return 0;
}
```

④
```
#include <stdio.h>
int main()
{
    int x = 5, y;
    double z;

    y = x/2;
    printf("y = %d\n", y);
    y = (double)x/2;
    printf("y = %d\n", y);
    z = x/2;
    printf("z = %.1lf\n", z);
    z = (double)x/2;
    printf("z = %.1lf\n", z);
    z = (double)(x/2);
    printf("z = %.1lf\n", z);

    return 0;
}
```

04 다음 코드 옆 밑줄 부분에 변수의 값을 적으시오.

```
int  int1, int2, int3 = 8;
double  r1, r2;

int1 = int3 / 5;                // int1 값: ____________
int2 = int3 / 5.0;              // int2 값: ____________
r1 = (double) (int3 / 5);       // r1 값: ____________
r2 = (double) int3 / 5;         // r2 값: ____________
```

05 센티미터(cm)로 표현된 키를 입력하면 피트(feet)와 인치(inch)로 변환하는 프로그램을 작성하시오. (소수 2자리)

hint 1feet는 12inch, 1inch는 2.54cm다.

```
실행결과
키(cm)를 입력하세요 : 173
입력하신 키 173.00센티미터는 5.68피트와 68.11인치에 해당됩니다.
```

06 킬로그램(kg) 단위의 무게를 입력받아 파운드(lb)단위로 출력하는 프로그램을 작성하시오. (소수 1자리)

hint 1lb = 0.45359237kg

```
실행결과
kg단위의 무게를 입력하세요 : 100
입력하신 무게 100.0kg은 220.5lb에 해당합니다.
```

07 원기둥의 밑면의 반지름과 높이를 입력받아 부피를 계산하는 프로그램을 작성하시오. (소수 1자리)

hint 원기둥의 부피 = 밑면의 넓이 × 높이 = (π × 반지름 × 반지름) × 높이

```
실행결과
원기둥의 밑면의 반지름, 높이를 입력하세요(cm단위) : 3 5
>> 계산한 원기둥의 부피는 141.4cm³입니다.
```

08 키보드로 월을 입력 받아 입력 받은 월이 상반기인지 하반기인지 판단하여 출력하는 프로그램을 작성하시오.

hint 논리 연산자와 조건 연산자를 이용

```
실행결과
월(1~12) 입력 : 7
>> 7월은 하반기입니다.
```

09 기가바이트 수치를 입력받아 입력한 값이 몇 메가바이트인지, 몇 킬로바이트인지 계산하는 프로그램을 작성하시오.

hint 1기가바이트는 1메가바이트 * 1024, 1메가바이트는 1킬로바이트 * 1024로 구한다.

```
실행결과
입력(Gigabyte) : 30
>> 30Gigabyte = 30720Megabyte = 31457280Killobyte
```

10 초 단위의 시간을 입력 받아 몇 시간, 몇 분, 몇 초인지를 계산하는 프로그램을 작성하시오.

```
실행결과
초(sec)입력 : 12340
>> 입력한 12340초는 3시간 25분 40초입니다.
```

11 다음 수식을 계산하는 프로그램을 작성하시오.

$$f(x) = 2x^3 - 3x^2 + \frac{1}{x}$$

```
실행결과
x입력 : 3
  --> x=3일 때
      f(x)=2x³-3x²+1/x = 27.3
```

12 네 자리 정수(num)를 입력 받아 천, 백, 십, 일의 자리로 분리하여 출력하는 프로그램을 작성하시오.

hint 천의 자리는 num/1000, 백의 자리 = num%1000/100로 구한다.

실행결과

```
네자리 정수를 입력하세요 : 9753
입력한 수는 9천7백5십3입니다.
```

13 세 수를 입력받아 조건 연산자를 이용해 가장 큰 수를 구하는 프로그램을 작성하시오.

hint 입력받은 세 수의 변수명을 각각 a, b, c라 할 때 두 수(a, b) 중 큰 수를 먼저 구한다. 구한 수와 나머지 수(c)의 크기를 비교하여 가장 큰 수를 구한다.

실행결과

```
세 개의 정수 : 3 1 2
>> 가장 큰 수 = 3
```

14 사용자에게 10진 정수를 입력받아 오른쪽으로 3비트 이동시킨 결과와 왼쪽으로 3비트 이동시킨 결과를 10진수로 출력하는 프로그램을 작성하시오.

hint 비트 이동 연산자를 이용

실행결과

```
정수 입력 : 10
10 >> 3 = 1
10 << 3 = 80
```

15 학생의 이름(이름 사이에 띄어쓰기 가능)과 국어, 영어, 수학, 출결 점수를 키보드로 입력받아 네 과목 점수의 평균(소수 1자리)을 구하고 합격 여부(평균이 70점 이상이고 출결 점수가 80점 이상인 경우에만 합격)를 출력하는 프로그램을 작성하시오.

hint 학생 이름을 입력받을 때 문자열 사이에 빈 공백이 들어가는 것을 허용하려면 gets 함수를 이용한다. 합격 여부는 관계 연산자, 논리 연산자, 조건 연산자를 이용해 판단한다.

```
실행결과

학생의 이름 : 홍 길동
국어 : 98
영어 : 85
수학 : 79
출결 : 73

----------------------------------------
    [홍 길동]학생 >> 불합격!
----------------------------------------
    네 과목의 평균  : 83.8
    출결 점수       : 73
----------------------------------------
```

16 연도를 입력받아 윤년인지 평년인지를 판단하는 프로그램을 작성하시오.

hint 윤년의 성립 조건은 다음과 같다.

- 4년에 한 번씩 윤년이다.
- 4년에 한 번씩이지만 100년째 되는 해는 윤년이 아니다.
- 400년째 되는 해는 윤년이다.

⇒ year%4==0 && year%100!=0 || year%400==0

```
실행결과

년도를 입력하세요. : 2008
윤년
```

```
실행결과

년도를 입력하세요. : 2011
평년
```

chapter

5 제어문

5.0 개요

프로그램의 각 문장은 원칙적으로는 위에서 아래로 순차적으로 실행된다. 그러나 성적이 70점 이상이면 '합격'을, 70점 미만이면 '불합격'을 출력하는 문제처럼 조건에 따라 실행할 문장이 달라지거나, 학생 1,000명에 대해 다섯 과목의 평균과 순위를 구하는 문제처럼 특정 내용을 반복 실행하는 경우에는 제어문을 사용해 실행 흐름을 제어할 수 있다. 프로그래밍의 핵심이라 할 수 있는 제어문은 조건문, 반복문, 그리고 분기문과 같은 기타 제어문으로 나눌 수 있다.

점수가 70점 이상이면 합격자수를 1 증가시키고 아니면 불합격자수를 1 증가시키기, 윤년이면 2월 마지막 일을 29로 저장하고 아니면 28로 저장하기, x가 음수가 아니라면 절대치를 x로 저장하고 음수면 −x로 저장하기, 게임 계속 진행 여부를 물어 입력받은 답에 따라 게임을 종료하거나 게임 다시하기와 같이 특정 조건의 만족 여부에 따라 실행할 내용이 달라질 경우 조건문을 사용한다. C 언어에서 제공하는 조건문으로는 if문과 switch문이 있다.

학생 1,000명의 성적 처리, 500번의 실험 데이터에 대한 통계, 직원 100명의 급여 처리처럼 동일한 처리를 여러 번 반복할 경우에는 반복문을 사용한다. C 언어에서 제공하는 반복문으로는 for문, while문, do~while문이 있다.

5.1 조건문(if문, switch문)

5.1.1 if문

if문은 주어진 조건을 만족하는지 아닌지에 따라 실행할 문장이 다를 때 사용한다. if문은 else가 없는 단순 if문과 else를 포함하는 if~else문으로 나뉜다.

단순 if문

단순 if문은 주어진 조건을 만족할 경우에만 추가로 처리할 내용이 있을 때 사용한다. 예를 들면 성적이 90점 이상일 때만 '우수' 출력하기, 점수가 평균보다 작을 때만 평균 미만자의 수를 1 증가시키기, 자격증이 있을 때만 가산점 주기 등이 있다. 단순 if문의 형식과 흐름도는 다음과 같다.

형식 **단순 if문**

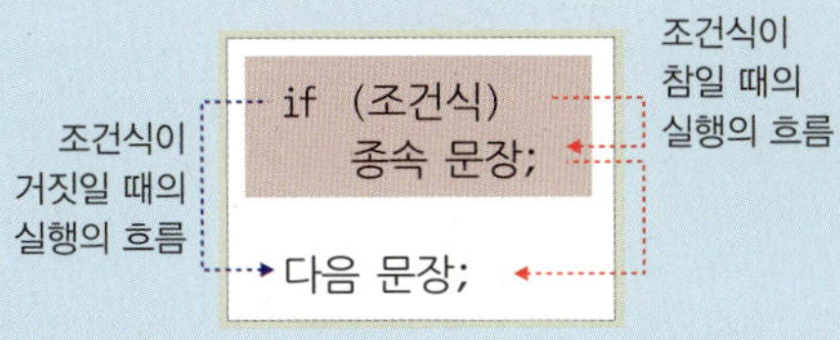

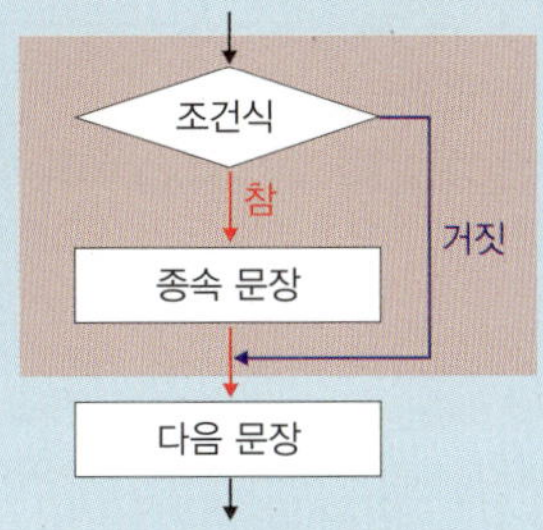


```
if (조건식)
{
    종속 문장 1;
    종속 문장 2;
    …
    종속 문장 n;
}
```

조건식이 참일 때 실행할 내용이 여러 문장인 경우에는 반드시 { }로 묶어줘야 한다.

- 조건식: 조건식의 결과 논리값이 참(true)이면 종속 문장을 실행하고, 거짓(false)이면 종속 문장을 실행하지 않은 채 if문을 끝낸다. 즉 조건을 만족하는 경우에만 종속 문장을 실행하고 if문을 끝낸다.
- 복합문(compound statement): 조건식이 참일 때 실행할 문장이 두개 이상일 경우에는 { }를 사용해 문장들을 하나로 묶어줘야 한다. 이와 같이 { }로 묶인 문장을 복합문 또는 블록이라고 한다. if문에서 처리할 문장이 하나일 경우에도 가능하면 { }를 써주는 것이 좋다. 프로그램을 이해하기 쉽고, 종속 문장을 추가했을 때 { }를 빠뜨려 에러가 나는 것을 방지할 수 있으며, 종속 문장의 범위가 정확해지기 때문이다.

예
```
// score가 70 이상일 때만 통과자 수 pass를 1 증가시키기
if (score >= 70)
   pass++;
```

예
```
// score가 70 이상일 때만 통과자 수 pass를 1 증가시키고 sum에 점수 score를 누적하기
if (score >=70)
{
   pass++;
   sum = sum + score;
}
```

이 두 문장을 { }로 묶지 않으면 if의 조건식이 참일 때 pass++만 실행하고 if문을 끝낸 후 sum에 score를 누적한다. 그리고 if의 조건식이 거짓일 때는 종속 문장인 pass++를 생략하고 곧바로 if문을 끝낸 후 sum에 score를 누적한다. 결국 조건식이 참이든 거짓이든 sum에 score를 누적하는 논리 에러가 발생하여 잘못된 결과를 얻는다.

점수가 90점 이상인 경우에만 '우수!'를 출력하는 경우를 살펴보자. 이 상황을 처리하기 위해서는 if문을 사용해 조건(90점 이상)에 따라 종속 문장('우수!' 출력)을 실행하거나 실행하지 않도록 조절해야 하므로 다음과 같이 작성한다.

```
// 점수 score가 90이상일 때만 '우수!' 출력하기
if (score >= 90)
    printf("우수!\n");
printf("점수 : %d \n", score);
```

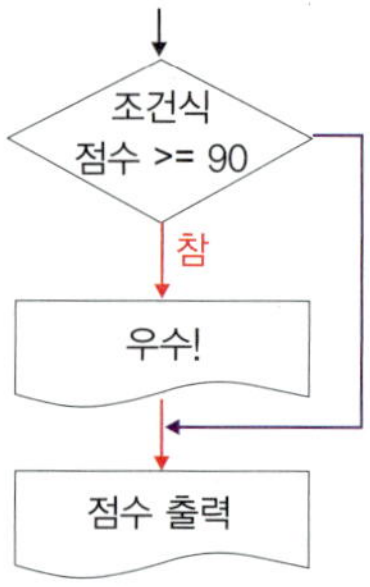

조건식이 논리식이라면 결과가 참 또는 거짓이지만 다음 예처럼 수치나 대입문이라면 4장에서 소개한 바와 같이 0만 거짓이고 0을 제외한 모든 수치가 참으로 해석된다.

예
```
if (n % 2)        // if (n%2 != 0), if (n%2 == 1)과 동일
    printf("%d는 홀수입니다.\n", n);
```

위의 예에서 n을 2로 나눈 나머지가 1이면 홀수다. 즉 식의 결과 값이 1이면 수치 1은 참을 의미하므로 다음 문장이 실행되어 홀수라고 출력한다. 식의 결과 값이 0이면 거짓을 의미하므로 if문을 끝내고 다음 문장을 실행한다.

다음은 비교 연산자 '==' 대신 대입 연산자 '='를 잘못 사용한 예다.

예
```
if (n = 0)
    printf("%d는 0입니다.\n", n);
```

n에 0이 아닌 값이 저장되어 있더라도 이 조건식의 대입문에 의해 n 값은 무조건 0이 된다. 따라서 조건식의 최종 결과는 대입문의 왼쪽 변수 값인 0이 되어 거짓을 의미하게 되므로 메시지를 출력하지 못한다.

if문의 조건식에는 관계 연산자와 논리 연산자가 많이 사용된다. 현재 x 값이 5와 10 사이인지를 확인하기 위해 if문을 다음과 같이 일반 수학의 조건식과 같이 작성했다고 가정하자.

예
```
if (5 <= x <= 10)    ← 잘못된 조건식
    printf("5와 10 사이의 수입니다.\n");
```

위의 if문을 실행하면 x 값과 관계없이 언제나 "5와 10 사이의 수입니다."가 출력된다. 그 이유는 첫 번째 연산자가 우선 적용되므로 조건식 (5 <= x <= 10)가 ((5 <= x) <= 10)로 해석되기 때문이다. 논리식 (5 <= x)의 결과는 논리값 참 또는 거짓이 된다. 논리값과 정수 10에 대해 관계 연산자 <=를 적용하면 논리값이 정수로 형 변환된다. 결국 (5 <= x)가 참이면 ((5 <= x) <= 10)은 (1 <= 10)이 되고, (5 <= x)가 거짓이면 (0 <= 10)이 되므로 둘 다 참이 된다. 이렇게 전체 논리식의 결과는 항상 참이 되어 언제나 출력문을 실행하게 된다. 그러므로 올바른 출력을 위해서는 다음과 같이 논리 연산자 &&를 이용해 조건식을 만들어야 한다.

```
if ((5 <= x) && (x <= 10))
    printf("5와 10 사이의 수입니다.\n");
```

[프로그램 5-1]은 현재 온도를 입력받아 출력하는 프로그램이다. 단 입력받은 온도가 0도 미만일 때만 영하라는 메시지를 함께 출력하도록 한다.

프로그램 5-1 단순 if문을 이용해 오늘의 온도 출력하기 (ch5-1.cpp)

```
#include <stdio.h>

int main()
{
    int temp;

    printf("현재 온도는? ");
    scanf("%d", &temp);     // temp에 온도 입력받기

    if (temp < 0)
        printf("오늘은 영하이며 ");  ◀— 현재 온도가 영하인 경우에만 실행한다.

    printf("현재 온도는 %d도입니다.\n", temp);

    return 0;
}
```

실행결과

```
현재 온도는? -2
오늘은 영하이며 현재 온도는 -2도입니다.
```

실행결과

```
현재 온도는? 5
현재 온도는 5도입니다.
```

설명

10: 입력 값이 −2이면 조건식의 결과 값이 참이므로 11행을 실행하고, 입력 값이 5이면 조건식의 결과 값이 거짓이므로 11행을 실행하지 않은 채 13행을 실행한다.

if~else문

주어진 조건을 만족할 때와 만족하지 않을 때의 처리 내용이 다른 경우, 즉 조건의 참과 거짓에 따라 둘 중 하나를 선택해 처리할 경우에 if~else문을 이용한다.

형식 **if~else문**

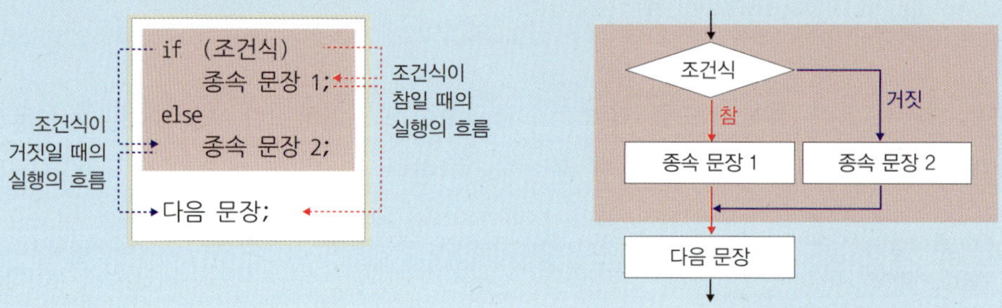


```
if (조건식)
{
    종속 문장 1 … 종속 문장 n
}
else
{
    종속 문장 1 … 종속 문장 n
}
다음 문장
```

조건식 결과에 따라 실행할 내용이 여러 문장일 때는 반드시 { }로 묶어줘야 한다.

- if문의 조건식이 참이면 종속 문장 1을 실행하고 if문을 끝내며, 거짓이면 else로 이동하여 종속 문장 2를 실행하고 if문을 끝낸다. 결과적으로 조건식의 결과 값에 따라 종속 문장 1이나 종속 문장 2 중 하나를 선택적으로 실행한다. 단순 if문과 마찬가지로 종속 문장 1과 종속 문장 2가 여러 문장이라면 { }로 묶어서 복합문으로 표현해야 한다.

예

```
// 점수가 70 이상이면 '합격!', 70 미만이면 '불합격!' 출력하기
if (score >= 70)
    printf("합격!\n");
else
    printf("불합격!\n");
```

예 **// 합격 여부를 출력하고 합격자 수 pass와 불합격자 수 fail을 1 증가시키기**

```
if (score >= 70)
{
   printf("합격!\n");
   pass++;
}
else
{
   printf("불합격!\n");
   fail++;
}
```

주의

• 쓸데없이 ;을 붙이지 않아야 한다.

```
1 // 20세 이상이면 adult를 1 증가, 20세 미만이면 child를 1 증가
2 if (age >= 20);
3   adult++;
4 else ;
5   child++;
```

조건식 뒤에 ;을 붙이면 컴파일러는 조건식이 참일 때 처리할 내용이 없는 빈 문장인 ;으로 해석한다. 그리고 다음 3행에 else가 없으므로 2행에서 단순 if문만 있는 것으로 판단한다. 그런데 4행에서 갑자기 else가 나타나면 새로운 if 없이 바로 else가 있다고 판단하여 에러를 발생시킨다.

• else 뒤에 조건식을 단독으로 사용할 수 없다.

```
1 if (age >= 20)
2   adult++;
3 else (age < 20)
4   child++;
```

1행의 조건문이 거짓이라면 3행으로 실행 순서가 변경된다. 즉 else에 오게 되는 경우는 age가 20보다 작을 때 뿐이다. 그러므로 굳이 조건식을 적을 필요가 없을뿐더러 if 없이 조건식이 올 수 없으므로 3행은 에러를 일으킨다. else if (age < 20)으로 작성하면 에러가 나지 않지만 굳이 if문을 사용할 필요는 없다.

간단한 if~else문은 4장에서 소개한 조건 연산자를 이용해 다음과 같이 표현할 수도 있다.

```
(score >= 70) ? printf("합격!\n") : printf("불합격!\n");
```

[프로그램 5-2]는 키보드로 입력받은 정수가 짝수인지 홀수인지 출력하는 프로그램을 if~else문을 이용해 작성한 것이다. 이때 0은 짝수에 포함시키기로 한다.

프로그램 5-2 입력받은 정수가 짝수인지 홀수인지 출력하기: if~else문 (ch5-2.cpp)

```
#include <stdio.h>

int main()
{
    int num;
```

```
6
7        printf("정수를 입력하시오 : ");
8        scanf("%d", &num);
9
10       printf("입력한 수 %d는(은) ", num);
11
12       if (num % 2 == 0)
13           printf("짝수입니다.\n");
14       else
15           printf("홀수입니다.\n");
16
17       return 0;
18   }
```

짝수는 2의 배수이므로 num을 2로 나눈 나머지가 0이다.

실행결과

```
정수를 입력하시오 : 7
입력한 수 7는(은) 홀수입니다.
```

설명

12: 입력 값이 7이면 2로 나누었을 때 나머지가 1이 되어 조건식의 결과 값이 거짓이 되므로 15행을 실행한다.

중첩된 if문

특정 조건을 만족할 때만 추가로 어떤 일을 할 경우에는 단순 if문을, 두 가지 중 한 가지를 선택해 처리할 때는 if~else문을 사용한다. 그리고 여러 선택 사항 중 한 가지를 골라 처리하거나 여러 가지 복잡한 조건에 따라 선택적으로 처리할 내용이 있을 때는 if문 안에 다시 if문을 사용하여 해결할 수 있다.

if문 안에 또 다른 if문을 포함시킨 것을 중첩된(nested) if문이라고 한다. [프로그램 5-3]은 입력받은 정수가 양의 짝수인지, 음의 짝수인지, 양의 홀수인지, 음의 홀수인지를 구분하여 출력하도록 [프로그램 5-2]를 수정한 것이다. 이때 0은 별도로 분류하지 말고 양의 짝수에 포함시키기로 하자.

프로그램 5-3 입력받은 정수가 짝수인지 홀수인지 출력하기: 중첩된 if문 (ch5-3.cpp)

```
#include <stdio.h>

int main()
{
    int num;

```

```
7          printf("정수를 입력하시오 : ");
8          scanf("%d", &num);
9
10         printf("입력한 수 %d는(은) ", num);
11
12         if (num >= 0)   // num이 양수면
13         {
14             if (num % 2 == 0)
15                 printf("양의 짝수입니다.\n");
16             else
17                 printf("양의 홀수입니다.\n");
18         }
19         else    // num이 음수면
20         {
21             if (num % 2 == 0)
22                 printf("음의 짝수입니다.\n");
23             else
24                 printf("음의 홀수입니다.\n");
25         }
26
27         return 0;
28     }
```

num에 4가 입력될 경우 실행의 흐름

참

참

실행결과

```
정수를 입력하시오 : -3
입력한 수 -3는(은) 음의 홀수입니다.
```

실행결과

```
정수를 입력하시오 : 4
입력한 수 4는(은) 양의 짝수입니다.
```

설명

14~17: 12행의 if문 안에 하나의 if문이 더 포함되어 있다. 이곳은 num이 양수일 때만 실행되므로 14행에서는 짝수 여부만 판단하여 양의 짝수 또는 양의 홀수를 출력한다.

21~24: 12행의 if문 조건식이 거짓일 때 즉 num이 음수일 때만 실행된다.

13,18,20,25: 14~17행과 21~24행의 if문은 4행으로 구성되어 있지만 실질적으로는 if문 한 개이므로 { }로 묶지 않아도 된다. 여기서는 중첩된 if문의 구조와 범위를 쉽게 볼 수 있도록 { }를 사용하였다.

중첩된 if문 중 많이 사용되는 모양은 아래 형식과 같이 else 뒤에 곧바로 if문이 추가된 형태다. 이 중첩된 if문은 주로 나열된 if의 여러 조건 중 한 개만 선택되어 해당 문장을 실행하는 데 사용된다.

형식 **중첩된 if문**

```
if  (조건식 1)
       문장 1;
else  if (조건식 2)
       문장 2;
else  if (조건식 3)
       문장 3;
…
else  if (조건식 n-1)
       문장 n-1;
else
       문장 n;

다음 문장;
```

조건식이 거짓일 때의 실행의 흐름

조건식이 참일 때의 실행의 흐름

else 뒤에 여러 문장이 나오지만 사실은 하나의 if문이므로 { }로 묶지 않아도 된다.

```
if (조건식 1)
   문장 1;
else if (조건식 2)
        문장 2;
     else if (조건식 3)
             문장 3;
          …
             else if  (조건식 n-1)
                         문장 n-1;
                  else
                         문장 n;
```

if문을 원래 들여쓰기로 두면 뒤의 if문일수록 들여쓰기가 뒤로 밀린다. 따라서 보통 왼쪽과 같이 else if를 나란히 맞춘다.

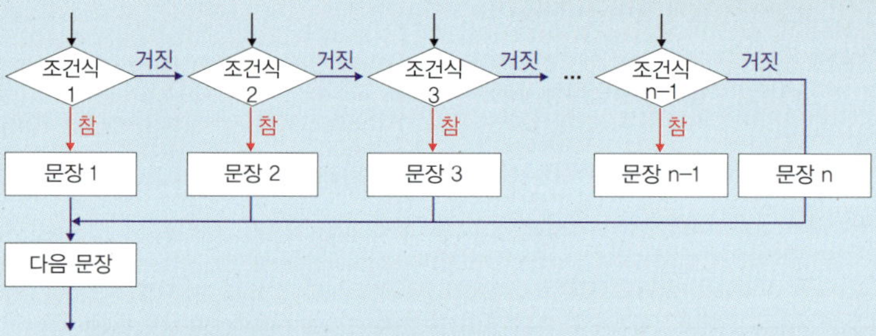

- if문이 시작되면 먼저 조건식 1을 검사한다. 조건식 1이 참이면 문장 1을 실행한 후 else 뒤의 내용은 실행하지 않은 채 다음 문장을 실행한다. 그러나 조건식 1이 거짓이면 else로 이동한다. else 뒤에 if문이 중첩되어 있으므로 조건식 2를 검사하여 참이면 문장 2를 실행한 후 if문을 끝내고 다음 문장을 실행한다. 같은 방식으로 else if 뒤의 조건식을 계속 처리하다가 조건식 n−1이 거짓이면 문장 n을 실행한 후 다음 문장을 실행한다. 즉, 마지막 else 뒤의 문장 n은 조건식 1~조건식 n−1이 모두 거짓인 경우에 실행된다.

- else 뒤에 바로 if문이 올 때 else와 if 사이에는 반드시 공백이 있어야 한다.

예
```
// 입력된 x가 양수인지, 0인지, 음수인지 셋 중 한 가지를 출력하기
if (x > 0)
    printf("양수입니다.\n");
else if (x == 0)
    printf("0입니다.\n");
else
    printf("음수입니다.\n");
```

if와 else의 매칭

if문이 중첩되는 경우에는 else가 어떤 if문과 매칭되는지 주의해서 구분해야 한다. 우선 나타난 if문이 else가 없는 단순 if문인지 구별해야 하고, 단순 if문이 아니라면 else가 어떤 if문과 짝을 이루는지를 정확히 구분한다.

다음은 중첩된 if문에서 else가 한 개인데 반해 if가 두 개다. 그러면 5행의 else는 어느 if문과 짝이 될까?

예

```
1 scanf("%d", &x);
2 if (x > 0)
3     if (x % 2 == 0)
4         printf("양의 짝수입니다.\n");
5 else
6     printf("음수입니다.\n");
```

5행의 else와 2행의 if의 들여쓰기 위치가 나란하므로 2행의 조건식이 거짓일 때 6행을 수행할 것처럼 보인다. 그러나 실제로는 x 값으로 3을 입력하면 '음수입니다.'를 출력한다. 이는 컴파일러의 관점에서 해석상의 문제가 발생하기 때문이다.

컴파일러는 else와 짝을 이루는 if를 찾을 때 들여쓰기와 상관없이 else와 짝을 이루지 않는 상위의 if들 중 가장 가까운 if와 짝이 된다고 해석한다. 그러므로 2행과 3행의 두 if 중 위로 가장 가까운 3행의 if를 짝으로 해석한다. x에 입력된 값이 3이면 2행의 조건식이 참이므로 3행으로 실행 순서가 바뀌며, 3행의 조건식이 거짓이므로 5행으로 실행 순서가 바뀌고 6행을 실행하여 '음수입니다.'를 출력하게 된다. 이와 같이 프로그래머의 의도와 컴파일러의 해석 차이로 인한 혼란을 방지하려면 다음과 같이 { }를 사용하여 범위를 명확하게 표시해야 한다.

```
1 scanf("%d", &x);
2 if (x > 0)
3 {
4     if (x % 2 == 0)
5         printf("양의 짝수입니다.\n");
6 }
7 else
8     printf("음수입니다.\n");
```

위의 코드에서는 { }를 사용해 2행의 조건식이 참일 때 수행할 내용이 3~6행의 복합문임을 명시했다. 그러므로 4행은 단순 if문으로 해석하고 7행의 else는 2행의 if와 짝을 이루는 것으로 해석한다.

[프로그램 5-4]는 입력받은 점수에 따른 학점을 출력한다. 입력한 점수가 90점 이상이면 A, 80점 이상 90점 미만이면 B, 70점 이상 80점 미만이면 C, 60점 이상 70점 미만이면 D, 60점 미만이면 F로 학점을 부여하여 출력한다.

프로그램 5-4 입력받은 점수의 학점 출력하기 (ch5-4.cpp)

```
1   #include <stdio.h>
2
3   int main()
4   {
5       int score;      // 점수를 저장할 변수
6       char grade;     // 학점에 해당하는 문자 1개를 저장할 변수
7
8       printf("점수를 입력하시오 : ");
9       scanf("%d", &score);
10
11      if (score >= 90)
12          grade = 'A';
13      else if (score >= 80)
14          grade = 'B';
15      else if (score >= 70)
16          grade = 'C';
17      else if (score >= 60)
18          grade = 'D';
19      else
20          grade = 'F';
21
22      printf("학점 : %c\n", grade);
23
24      return 0;
25  }
```

점수에 따라 A~F 중 한 문자를 grade에 저장한다.

실행결과

```
점수를 입력하시오 : 78
학점 : C
```

설명

11,13,15: 입력 값이 78이므로 11행의 조건을 만족하지 않아 13행으로 이동한다. 13행 조건 또한 만족하지 않으므로 15행으로 이동한다. 15행 조건을 만족하므로 종속 문장인 16행을 실행한 후 다음 문장인 22행을 실행한다.

5.1.2 switch문

if문은 조건식이 참이냐 거짓이냐에 따라 두 가지 경우 중 하나를 선택해 실행하므로 여러 조건 중 하나만 선택하는 경우에는 중첩된 if문을 사용하게 된다. 그러나 중첩 if문을 사용하면 프로그램이 복잡해져 이해하기 힘들고 실수로 문장 제어를 잘못하는 경우가 발생하기 쉽다. 이런 경우 switch문을 사용하면 중첩된 if문보다 단순 명료하게 작성해 조건에 따른 문장 제어를 보다 쉽게 처리할 수 있다.

switch문은 조건식 값에 따라 여러 경우 중 한 가지만 선택해 실행할 때 많이 사용되므로 다중 분기문이라고 부른다. switch문은 1개 이상의 case 레이블과 default 레이블로 구성된다. 여러 case 레이블 중 조건식의 결과 값과 일치하는 case를 찾아서 그 뒤에 나오는 문장들을 실행한다. switch문의 형식과 실행의 흐름도는 다음과 같다.

형식 swich문

```
switch (조건식)
{
    case 값 1: 문장 1; break;
    case 값 2: 문장 2; break;
    .
    .
    .
    case 값 n: 문장 n; break;
    default: 문장 n+1;
}

다음 문장;
```

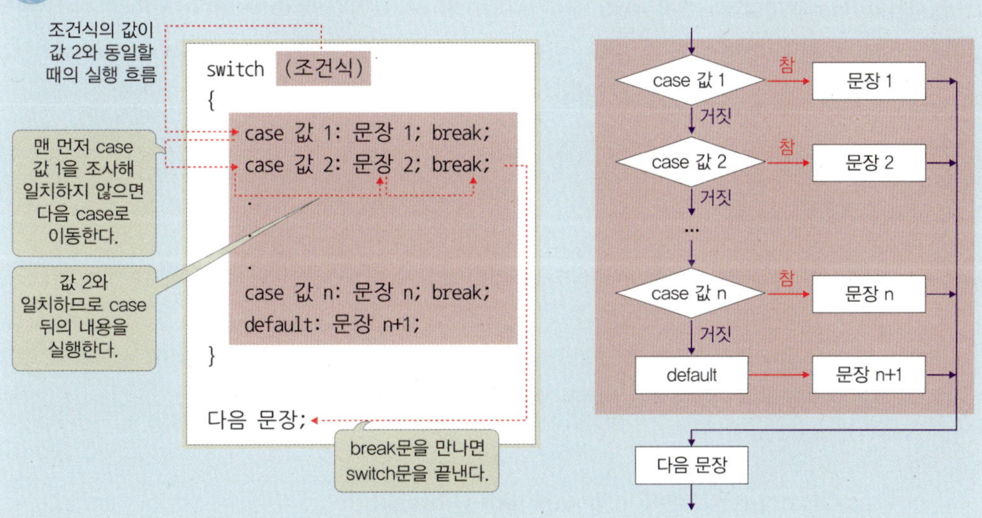

조건식

조건식의 결과 값은 반드시 정수형이어야 한다. 논리식은 결과가 참일 때는 정수 1, 거짓일 때는 정수 0으로 변환되므로 조건식으로 사용할 수 있다. 그리고 문자는 문자에 해당하는 ASCII 코드 값이 정수형이므로 결과 값이 문자인 식도 사용할 수 있다.

case 레이블

case 레이블에 명시하는 값은 반드시 정수형 상수 한 개만 가능하다. 그렇지 않으면 에러가 발생한다. (2+3)과 같은 식은 올 수 없다. 그러나 'A', '+'와 같은 문자 상수는 가능하다. 또한

1이거나 2이거나 3인 경우를 표현한다고 case 1, 2, 3으로 작성하면 에러가 난다. 각 case 레이블 뒤의 문장에는 일반적으로 break문을 갖는다. 이는 switch문의 실행을 마치라는 의미다.

실행의 흐름

switch문은 조건식을 평가한 결과 값과 case 레이블의 값을 차례대로 비교하여 같은 값을 가진 case 레이블 뒤의 문장을 실행한다. 즉, 조건식 결과 값이 값 2라면 'case 값 1' 뒤의 내용은 실행하지 않고 다음 'case 값 2'와 비교한다. 결과 값이 값 2이므로 뒤의 문장 2를 실행한다. 그리고 break문을 만나면 switch문에서 빠져나온다. break문이 다음 case와의 경계를 명확히 해주므로 해당 case에서 처리할 문장이 둘 이상이더라도 {}를 사용할 필요가 없다.

default 레이블

조건식 결과 값과 case 뒤의 값을 비교해 일치하는 값을 못 찾으면 default 뒤의 내용을 실행한다. default는 switch문 안의 모든 위치에 사용할 수 있지만 보통 switch문의 맨 마지막에 사용하며, 필요 없으면 생략할 수 있다. 만약 default가 case 레이블들 중간에 위치하고 있다면 default 뒤의 내용을 수행한 다음 뒤의 case 레이블을 계속해서 비교한다.

예
```
// x가 짝수인지 홀수인지 출력하기
switch (x % 2)
{
   case 0: printf("짝수입니다.\n"); break;
   case 1: printf("홀수입니다. \n");
}
```

예
```
// 결혼 여부를 묻고 기혼자 또는 미혼자 수를 1 증가하기
switch (married)
{
   case 1: printf("기혼자 \n"); married++; break;
   case 2: printf("미혼자 \n"); single++; break;
   default: printf("잘못된 입력입니다.\n");
}
```

이제 switch문에서 break를 생략했을 때의 실행 순서를 살펴보자. 다음 예 3행에서 사용자가 2를 입력하면 8행이 실행된다. 이때 printf 함수 호출 뒤에 break문이 없으므로 그 뒤의 case 레이블과 상관없이 다음 문장을 계속 실행한다. 결국 switch문을 빠져나오지 못하고 9행과 10행을 모두 실행한 후 switch문을 벗어나게 되어 잘못된 결과가 출력된다. 그러므로 나머지 case 레이블 뒤의 내용까지 실행하지 않으려면 꼭 break;를 사용해야 한다.

예

```
1  printf("1. 입금하기  2. 출금하기 3. 송금하기 \n");
2  printf("원하는 메뉴를 선택하시오. ");
3  scanf("%d", &menu);
4
5  switch (menu)
6  {
7      case 1 : printf("입금하기 화면으로 이동합니다.\n");
8      case 2 : printf("출금하기 화면으로 이동합니다.\n");
9      case 3 : printf("송금하기 화면으로 이동합니다.\n");
10     default : printf("잘못된 입력입니다.\n");
11 }
```

break;가 없다면?

실행결과

```
1. 입금하기  2. 출금하기 3. 송금하기
원하는 메뉴를 선택하시오. 2
출금하기 화면으로 이동합니다.
송금하기 화면으로 이동합니다.
잘못된 입력입니다.
```

9~10행 결과

다음 예와 같이 break;를 사용하지 않음으로써 조건식의 여러 결과 값에 따라 동일한 코드를 처리하게 할 수도 있다. 즉 'reply가 1이거나 2이거나 3일 때'를 'case 1, 2, 3:'으로 표현하는 것은 에러이므로 예와 같이 별개의 case 레이블을 사용해 해결한다.

예

```
switch (reply)
{
        case 1: case 2: case 3: printf("1 또는 2 또는 3 응답\n"); break;
        case 4: case 5: case 6: printf("4 또는 5 또는 6 응답\n"); break;
        default: printf("1~6 외 응답\n); break;
}
```

reply가 1일 때의 실행 흐름

5.2 프로그래밍 실습

프로그래밍 실습

5.2.1 if~else문을 이용한 간단한 성적 처리 프로그램

문제 학생의 국어, 음악, 미술 점수를 입력받아 평균을 구한 후 평균이 70점 이상이면 '통과'를 70점 미만이면 '탈락'을 출력하시오.

해결 과정

1 점수 세 개를 kor, music, art에 입력받기
2 세 점수를 합한 후 3으로 나누어 avg에 평균을 구하기
3 학생의 점수 세 개와 평균을 출력하기
4 if~else문을 이용해 avg가 70점 이상인지 아닌지를 검사하여 통과 또는 탈락 출력하기

프로그램 5-5 세 과목의 평균을 구한 후 합격 여부를 출력하기 (ch5-5.cpp)

```
1   #include <stdio.h>
2
3   int main()
4   {
5       int kor, music, art;
6       double avg;
7
8       printf("국어 음악 미술 점수는?");
9       scanf("%d %d %d", &kor, &music, &art);
10
11      avg = (double)(kor + music + art)/3;
12
13      printf("====================================== \n");
14      printf("국어 \t음악 \t미술 \t평균 \t결과\n");
15      printf("-------------------------------------- \n");
16      printf("%3d \t%3d \t%3d \t%6.1lf  ", kor, music, art, avg);
17      if (avg >= 70)
18          printf("\t통과\n");
19      else
20          printf("\t탈락\n");
21      printf("====================================== \n");
22
23      return 0;
24  }
```

실행결과

```
국어 음악 미술 점수는?89 92 95
==========================
국어  음악  미술  평균  결과
--------------------------
89    92    95    92.0  통과
==========================
```

평균이 70 이상이므로 '통과'를 출력한다.

설명

16: \n을 사용하지 않음으로서 뒤의 통과 또는 탈락을 평균 점수 뒤에 출력할 수 있다.

17~20: 평균이 70 이상인지 아닌지에 따라 통과 또는 탈락 중 한 개를 선택해서 출력한다.

5.2.2 중첩 if문을 이용한 간단한 산술 계산기

문제 사용자가 입력한 수식 '3 * 25'를 계산해주는 간단한 산술 계산기를 if~else문을 이용해 작성하시오. 키보드로 int형 피연산자 두 개와 char형 연산자 한 개를 입력받는다. 연산자의 종류는 8가지(+, −, *, /, %, &, |, ^)로 한정하고, 그 외의 연산자는 잘못된 입력으로 간주하여 간단한 안내문을 출력한다.

분석

- 8가지 연산자에 따라 계산 방법이 달라진다. 즉 8가지 계산 방법 중 하나를 선택해야 하므로 중첩된 if문을 사용한다.

프로그램 5-6 if~else문을 이용한 산술 계산기 (ch5-6.cpp)

```
#include <stdio.h>      // scanf, printf 함수를 위한 헤더 파일 삽입
#include <stdlib.h>     // exit 함수를 위한 헤더 파일 삽입

int main()
{
    int x, y, result;
    char op;            // 연산자 문자 한 개를 저장할 문자형 변수

    printf("수식을 입력하시오.\n");
    printf("연산자의 종류 : + - * / %% & | ^\n");
    printf("입력 예 : 2 + 3\n\n입력 >> ");
    scanf("%d %c %d", &x, &op, &y);

    // op에 저장된 연산자에 따라 해당 연산을 적용한 결과를 result에 저장하기
    if (op == '+')
        result = x + y;
    else if (op == '-')
        result = x - y;
    else if (op == '*')
        result = x * y;
    else if (op == '/')
        result = x / y;
    else if (op == '%')
        result = x % y;
    else if (op == '&')
        result = x & y;
    else if (op == '|')
        result = x | y;
    else if (op == '^')
        result = x ^ y;
    else
    {
        printf("잘못된 연산자입니다.\n");
```

```
34            exit(0); // 프로그램의 실행을 끝낸다.
35        }
36
37        printf("\n결과 >> %d %c %d = %d\n", x, op, y, result);
38
39        return 0;
40    }
```

실행결과

```
수식을 입력하시오.
연산자의 종류 : + - * / % & | ^
입력 예 : 2 + 3

입력 >> 10 % 3

결과 >> 10 % 3 = 1
```

12행 scanf 변환명세 %d와 %c 사이에 빈 칸이 있으므로 입력할 때 10과 % 사이에 반드시 빈 칸을 입력해야 한다.

설명

34 : exit 함수를 호출하면 프로그램이 끝난다. 이 함수를 이용하려면 #include <stdlib.h>가 필요하다.

5.2.3 중첩 if문을 이용한 가산점 계산

문제 자신의 가산점을 확인할 수 있는 프로그램을 작성하시오. 가산점을 부여하는 규칙은 다음과 같다.

- **여자의 가산점 부여 규칙**
  기혼자라면 +1, 기혼자로서 자녀수가 1이면 +1, 기혼자로서 자녀수가 2 이상이면 +2
- **남자의 가산점 부여 규칙**
  군 제대자라면 +1, 군 제대자로서 기혼자라면 +1

분석

- 성별에 따라 가산점 부여 규칙이 다르므로 크게 남자와 여자로 구분하여 가산점을 계산하도록 if~else문을 사용한다.
- 성별이 같아도 미혼인지 기혼인지에 따라, 기혼자는 자녀 수가 몇 명인지에 따라 가산점 여부가 달라진다. 따라서 하나의 질문에 대한 답에 따라 다른 질문을 하도록 중첩 if문을 사용한다.

해결 과정

1 남자인지 여자인지 묻기

2 if (남자)

```
{ // 군 제대자인지 묻기
   if (군 제대자)
      가산점 1 추가, 기혼인지 묻기, 기혼 여부에 따라 가산점 추가
}
else
{ // 기혼인지 묻기
   if (기혼)
      가산점을 1 추가, 자녀 수 묻기, 자녀 수에 따라 가산점 추가
}
```

프로그램 5-7 질문의 답에 따라 해당 가산점 계산하기 (ch5-7.cpp)

```
#include <stdio.h>

int main()
{
    int gender, married, army, plus, children;

    plus = 0;                              // 가산점을 먼저 0으로 초기화

    printf("성별 (남:1, 여:2) ? ");        // 성별을 묻기
    scanf("%d", &gender);

    if (gender == 1)                       // 남자인 경우의 처리 부분
    {
        printf("군 제대 (예:1, 아니오:2) ? ");   // 군 제대 여부를 묻기
        scanf("%d", &army);

        if (army == 1)
        {
            plus++;                        // 군 제대자라면 +1

            printf("결혼 (예:1, 아니오:2) ? ");   // 제대자라면 결혼 여부를 묻기
            scanf("%d", &married);
            if (married == 1)
            {
                plus++;                    // 군 제대자면서 기혼자라면 +1
            }
        }
    }
    else                                   // 여자인 경우의 처리 부분
```

```
    {
        printf("결혼 (예:1, 아니오:2) ? ");          // 결혼 여부를 묻기
        scanf("%d", &married);

        if (married == 1)
        {
            plus++;                                 // 기혼자라면 +1

            printf("자녀수는? ");
            scanf("%d", &children);
            if (children == 1)
            {
                plus++;                             // 자녀가 1명이라면 +1
            }
            else if (children >= 2)
            {
                plus += 2;                          // 자녀가 둘 이상이라면 +2
            }
        }
    }

    printf("\n>> 총 가산점은 %d점입니다.", plus);

    return 0;
}
```

실행결과

```
성별 (남:1, 여:2) ? 2
결혼 (예:1, 아니오:2) ? 1  ◀── +1
자녀수는? 3                ◀── +2

>> 총 가산점은 3점입니다.
```

5.2.4 간단한 산술 계산기인 [프로그램 5-6]을 switch문으로 수정하기

프로그램 5-8 switch문을 이용한 산술 계산기 (ch5-8.cpp)

```
#include <stdio.h>
#include <stdlib.h>

int main()
{
    int x, y, result;
    char op;
```

```

    printf("수식을 입력하시오.\n");
    printf("연산자의 종류 : + - * / %% & | ^\n");
    printf("입력 예 : 2 + 3\n\n입력 >> ");
    scanf("%d %c %d", &x, &op, &y);

    switch (op)
    {
        case '+': result = x + y; break;
        case '-': result = x - y; break;
        case '*': result = x * y; break;
        case '/': result = x / y; break;
        case '%': result = x % y; break;
        case '&': result = x & y; break;
        case '|': result = x | y; break;
        case '^': result = x ^ y; break;
        default: printf("잘못된 연산자입니다.\n"); exit(0);
    }
    printf("\n결과 >> %d %c %d = %d\n", x, op, y, result);

    return 0;
}
```

실행결과

```
수식을 입력하시오.
연산자의 종류 : + - * / % & | ^
입력 예 : 2 + 3

입력 >> 5 & 3

결과 >> 5 & 3 = 1
```

비트 AND 연산자

5.2.5 학점을 구하는 [프로그램 5-4]를 switch문으로 수정하기

프로그램 5-9 입력받은 점수의 학점 출력하기 : switch문 이용 (ch5-9.cpp)

```
#include <stdio.h>

int main()
{
    int score;
    char grade;

    printf("점수를 입력하시오. : ");
    scanf("%d", &score);
```

```
10
11        switch (score / 10)
12        {
13            case 10:
14            case 9: grade = 'A'; break;
15            case 8: grade = 'B'; break;
16            case 7: grade = 'C'; break;
17            case 6: grade = 'D'; break;
18            default: grade = 'F';
19        }
20        printf("학점 : %c\n", grade);
21
22        return 0;
23    }
```

실행결과

```
점수를 입력하시오. : 78
학점 : C
```

설명

11: 입력받은 점수 score는 0~100 사이의 값이다. '정수/정수'의 결과는 정수이므로 나눗셈의 몫이 된다. 그러므로 조건식으로 (score / 10)을 사용하면 score가 0~9일 때 0, 10~19일 때 1, 20~29일 때 2, …, 90~99일 때 9, 100일 때 10이 되므로 점수대별로 그룹화할 수 있다.

13~14: 입력받은 점수가 100점인 경우 조건식 (score / 10)의 결과가 10이므로 90점대의 점수와는 별도로 case를 지정해줘야 한다.

```
case 10: grade = 'A'; break;
case 9: grade = 'A'; break;
```

그러나 [프로그램 5-9] 13행과 같이 'case 10:' 뒤에 아무것도 적지 않으면 조건식 값이 10일 때 13행으로 이동한 후 실행할 문장이 없으므로 다음 14행의 내용을 실행한다. 즉 조건식 결과 값이 10이거나 9일 때 동일하게 처리한 것이다. 그러므로 조건식 결과 값이 1이거나 2이거나 3일 때 동일한 처리를 하고 싶다면 다음과 같이 작성한다.

```
case 1:
case 2:
case 3:   // 1 또는 2 또는 3일 때 처리할 내용을 작성
          break;
```

18: 0~59까지는 (score / 10)이 0~5 중 하나이므로 일치하는 case 레이블이 없어 default에서 처리된다.

5.3 반복문(for문)

반복문은 동일한 내용을 특정 횟수만큼 반복 처리할 때 사용되며, 루프(loop)라고도 한다. 일반적으로 프로그램은 방대한 양의 데이터로부터 원하는 정보를 얻기 위해 사용되므로 많은 데이터에 동일한 처리를 반복하는 경우가 많다. 데이터 하나를 처리하는 코드가 10행일 때 데이터 1,000개를 1,000*10행의 코드로 처리한다고 상상해보자. 프로그램 길이도 문제지만 프로그램을 수정하는 것도 문제일 것이다.

주어진 문제를 분석하고 해결할 때 프로그램을 반복 구조로 작성하면, 일정 코드를 지정한 횟수만큼 반복 실행하므로 프로그램이 단순하고 명확해지며 유지 관리가 쉬워진다. 우선 반복문의 필요성과 컴퓨터 프로그램에서 주어진 문제를 반복문 형태의 구조로 변환하여 해결하는 방법부터 살펴보자.

5.3.1 반복문의 필요성

for문의 실제 사용법을 익히기에 앞서 for문을 사용하면 얼마나 편리한지부터 알아보자. 'C Language'를 5행 출력하고 싶다면 왼쪽 코드처럼 printf 함수를 5번 반복해야 한다. 하지만 오른쪽 코드처럼 for문을 이용하면 반복 횟수만큼 코드 길이를 늘이지 않고 작성할 수 있다.

예
```
printf("C Language \n");
printf("C Language \n");
printf("C Language \n");
printf("C Language \n");
printf("C Language \n");
```

```
for (i=1; i<=5; i++)
   printf("C Language \n");
```

예를 하나 더 살펴보자. 1번에서 5번까지의 번호를 출력하고 싶다면 왼쪽 코드처럼 printf 함수를 5번 반복하면 된다. 그런데 1번에서 100번까지 출력하고 싶다면? for문은 반복 횟수인 5를 100으로 고치기만하면 쉽게 수정할 수 있다. 하지만 왼쪽과 같이 같은 문장을 차례대로 직접 적은 경우에는 직접 '번' 앞의 숫자가 1~100이 되도록 100행의 문장을 작성해야 한다.

예
```
printf("1번 \n");
printf("2번 \n");
printf("3번 \n");
printf("4번 \n");
printf("5번 \n");
```

반복 횟수에 해당

```
for (i=1; i<=5; i++)
   printf("%d번 \n", i);
```

1에서 5까지의 합 sum을 구하고 싶으면 왼쪽 코드처럼 대입문을 이용할 수 있다. 그런데 1에서 100까지의 합을 구하고 싶다면? sum에 대입할 값을 구하는 식에서 일일이 1에서 100까지 더하도록 수정해야 한다. 반면 for문은 5를 100으로 수정하기만 하면 된다.

예
```
sum = 1 + 2 + 3 + 4 + 5;
printf("1~5의 합은 %d \n", sum);
```

```
sum = 0;
for (i=1; i<=5; i++)
    sum = sum + i;
printf("1~%d의 합은 %d \n", i-1, sum);
```

1~100의 합이라면 이 곳만 100으로 수정

컴퓨터 프로그램을 효율적으로 작성하기 위해서는 주어진 문제를 프로그램으로 해결할 수 있는 형태로 변환할 수 있어야 한다. 특히 반복문 형태로 해결할 수 있는지를 살펴보고, 어떤 내용을 반복해야 문제를 해결할 수 있는지를 찾아내는 것이 중요하다.

5.3.2 for문 형식

반복문을 작성할 때는 먼저 어떤 내용을 반복해야 하는지부터 분석해야 한다. for문 형식과 실행의 흐름도는 다음과 같다.

형식 **for문 형식**

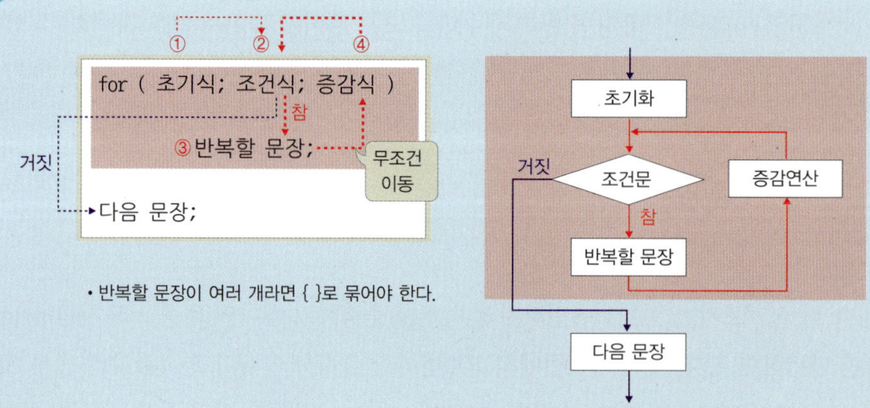

for문의 실행 흐름

①초기식을 실행한다.

②조건식을 평가한다.

③조건식이 참이면 반복할 문장을 실행하고, 거짓이면 for문을 벗어난다.

④반복할 문장을 실행한 후에는 증감식으로 돌아가서 실행한 후 다시 ②를 실행한다.

for문 헤더(header)

for문의 첫 행을 헤더라고 하는데 이 헤더는 세 부분으로 나뉘며 반드시 ;으로 구분해야 한다.

- 초기식: 반복 루프가 시작할 때 한번만 실행되는 곳으로 주로 루프의 반복을 제어하는 제어 변수를 초기화하는 용도로 사용된다.
- 조건식: 루프의 반복 내용을 실행할지 아니면 반복을 중단하고 for문을 끝낼 지를 결정하는 데 사용된다. 조건식의 결과 값이 참이라면 for문의 본체(body)를 실행하고, 거짓이면 본체를 실행하지 않는다.
- 증감식: 주로 제어 변수를 1 증가하거나 1 감소하는 데 사용되며 복합 대입 연산자를 사용하여 특정 값만큼 증감 연산을 수행한다. for문의 본체를 실행하면 실행 순서가 증감식으로 이동한다. 증감식을 실행한 후에는 언제나 조건식 부분으로 이동한다. 사실 조건식은 이 증감식의 실행으로 제어 변수의 값이 변경되어 조건식의 결과 값이 거짓이 되면서 반복이 끝난다.

for문 본체(body)

반복할 내용을 적는 곳으로 한 문장이라면 { }를 사용할 필요가 없으나 두 문장 이상이라면 반드시 { }로 묶어야 한다. 본체의 마지막 문장을 실행하면 언제나 헤더의 증감식으로 돌아간다는 것에 주의한다.

예

```
for (초기식; 조건식; 증감식)  ←── for문 헤더
{
    반복할 문장들;            for문 본체
}                             반복할 내용이 두 문장 이상이라면 반드시 { }로 묶어야 한다.
```

다음의 네 가지 for문의 예에 대한 자세한 내용은 다음 절에서 소개한다.

예

```
// 'C Language'를 5행 출력하기
for (i=1; i<=5; i++)
   printf("C Language \n");
```

예

```
// 1번~5번 출력하기
for (i=1; i<=5; i++)
   printf("%d번 \n", i);
```

예

```
// 1에서 5까지의 합 출력하기
sum = 0;
for (i=1; i<=5; i++)
   sum += i;
printf("1~5의 합은 %d \n", sum);
```

예

```
// 5! 출력하기
factorial = 1;
for (i=1; i<=5; i++)
   factorial *= i;
printf("5!은 %d \n", factorial);
```

참고

- for문 헤더 바로 뒤에 ;을 쓰면 잘못된 결과를 얻을 수 있으므로 주의해야 한다. 이때 처리 문장 없이 세미콜론(;)으로만 구성된 문장을 널 문장(null statement)이라 한다.

```
1  for (i=1; i<=5; i++) ;
2      printf("C Language \n");
```

참 — for문에서 반복할 문장이 내용이 없는 널 문장이므로 for문의 헤더만 반복하여 i가 6이 되면 for문을 끝내고 2행을 실행하므로 결국 2행은 1번만 실행된다.

- for문의 헤더에서 초기식, 조건식, 증감식을 구분하기 위해 ;을 써야 하는데 ,를 쓰면 에러가 된다.

```
for (i=1,i<=5,i++)
```

for문 실행 과정

이제 for문이 어떻게 동일한 내용을 원하는 횟수만큼 반복하는지 살펴보자. [표 5-1]은 for문이 실행되는 과정을 자세히 보여준다.

for문의 반복 횟수를 조절하는 변수로, for문의 제어 변수라고 한다.

```
for (i=1; i<=5; i++)
  printf("1번 \n");
```

증감식으로 돌아간다.

표 5-1 for문 실행 과정

i의 값	조건식 i<=5	반복할 문장
1	참	printf("1번 \n");
2	참	printf("1번 \n");
3	참	printf("1번 \n");
4	참	printf("1번 \n");
5	참	printf("1번 \n");
6	거짓	for문을 끝냄 ← for문을 끝냈을 때 i의 값은 6

[표 5-1]에서 알 수 있듯이 for문은 헤더에 포함된 변수 i를 활용해 본체의 반복 횟수를 지정한다. for문의 본체 반복 횟수는 for문 헤더에 있는 i를 1부터 5까지 1씩 증가한 5번이라고 생각하면 된다. 그러므로 100번 반복하고 싶으면 조건식을 i<=5 대신 i<=100으로 수정한다. 이와 같이 헤더에 포함된 변수 i는 for문의 반복을 제어하는 데 사용된다고 하여 for문의 제어 변수라고 한다.

for문과 다음에 소개하는 while문, do~while문 같은 반복문은 대부분 본체 안에서 제어 변수를 활용해 문제를 해결한다. 다음 for문은 2행을 5번 반복하므로 단순히 '1번'을 5행 출력한다. 그런데 '1번'을 5행 출력하는 것이 아니라 '1번'에서 '5번'의 차례대로 출력하려면 어떻게 해야 할까?

```c
for (i=1; i<=5; i++)
    printf("1번 \n");
```

```
실행결과
1번 ← i=1일 때
1번 ← i=2일 때
1번 ← i=3일 때
1번 ← i=4일 때
1번 ← i=5일 때
      i=6일 때 끝
```

이럴 때는 다음과 같이 제어 변수를 활용해야 한다. 아래 코드는 for문의 제어 변수를 활용해 '1번'에서 '5번'까지 차례대로 출력한다. 제어 변수 i가 1, 2, 3 순으로 변하므로, 출력 결과도 '1번', '2번', '3번'처럼 '번' 앞의 숫자가 1, 2, 3 순으로 변한다는 것을 알 수 있다.

```c
1 for (i=1; i<=5; i++)
2     printf("%d번 \n", i);
```

제어 변수 i를 본체에 활용함으로써 2행의 문장은 동일하지만 내용은 다르게 출력할 수 있다.

```
실행결과
1번 ← i=1일 때
2번 ← i=2일 때
3번 ← i=3일 때
4번 ← i=4일 때
5번 ← i=5일 때
      i=6일 때 끝
```

이제 마지막으로 1에서 5까지의 합을 구하는 for문을 분석해보자. 합을 구하는 과정을 어떻게 반복문으로 표현할 수 있을까? 1~5의 합을 sum에 저장하는 대입문 sum = 1+2+3+4+5;를 아래 코드의 1행~6행처럼 결과가 저장될 변수를 초기화한 후 변수 값을 계속 변경하는 과정을 반복하는 것으로 해석하면 된다. 그렇지만 2행~6행의 대입문은 형태는 같아도 sum에 더하는 값이 1에서 5까지 바뀌므로 for문 본체로 곧바로 표현할 수 없다.

```c
1 sum = 0;       ← 0
2 sum += 1;      ← 0+1
3 sum += 2;      ← 0+1+2
4 sum += 3;      ← 0+1+2+3
5 sum += 4;      ← 0+1+2+3+4
6 sum += 5;      ← 0+1+2+3+4+5
7
8 printf("결과: %d", sum);
```

결과를 저장할 변수를 0으로 초기화한다. 초기화 없이 2행을 실행하면 sum에 해당하는 현재 기억 장소에 저장된 쓰레기 값에 1을 더한 결과 값을 다시 sum에 저장하므로 8행에서 최종적으로 2025137955라는 잘못된 결과가 출력된다. 이러한 잘못을 방지하기 위해 비주얼 C++ 2010에서는 'debug' 모드에서 개발할 때는 프로그램 실행이 중단된다. 그러나 'release' 모드에서 실행하면 쓰레기 값을 그대로 활용한 결과를 확인할 수 있다.

```
실행결과
결과: 15
```

위 코드를 다음의 왼쪽 코드와 같이 변경하면 'sum += i;' 문장이 5번 반복된다. 따라서 for문을 다음의 오른쪽 코드와 같이 작성할 수 있다. 이처럼 반복할 내용에 반복 과정 동안 변하는 값이 있다면 for문의 제어 변수를 활용하면 된다는 것과, n = n+1, n = n*i와 같이 현재 변수 자신의 값을 이용하여 얻은 결과 값을 다시 변수에 대입하는 경우에는 반드시 변수의 값을 올바른 값(주로 덧셈에서는 0, 곱셈은 1)으로 초기화해야 함을 명심하자.

```
sum = 0;
i = 1;
sum += i;
i++;
sum += i;
i++;
sum += i;
i++;
sum += i;
i++;
sum += i;

printf("결과: %d", sum);
```

동일한 문장을 5번 반복한다.

```
sum = 0 ;
for (i=1; i<=5; i++)
    sum += i;

printf("결과: %d", sum);
```

반복할 문장을 한 번만 작성한다.

반복 동안 변하는 값은 대부분 제어 변수 i를 활용한다.

다양한 for문의 헤더

for문의 헤더는 다양한 형태로 사용할 수 있다. 다음과 같이 초기식에서 콤마 연산자를 이용해 여러 문장을 사용할 수 있으며, 증감식도 다양하게 사용할 수 있다.

```
// 1에서 100까지의 합 구하기
for (sum=0, i=1; i<=100; i++)
    sum += i;

// 1과 100 사이에 있는 3의 배수 합 구하기
for (sum=0, i=0; i<=100; i+=3)
        sum += i;

// 100에서 1까지 거꾸로 출력하기
for (i=100; i>=1; i--)
        printf("%3d \n", i);
```

for문의 조건식에서는 논리 연산자를 이용해 여러 조건을 결합할 수도 있다.

```
// 정수를 최대 10개 입력받아서 합을 구하되 합이 500보다 커지면 중지하기
for (sum=0, i=1; i<=10 && sum<=500; i++)
{
    printf("%d번째 정수는?", i);
    scanf("%d", &n);
    sum += n;
}
```

정수 입력 개수로 활용된다.

for문의 헤더에 포함된 초기식, 조건식, 증감식은 모두 생략할 수 있다. 그러나 세 부분을 구분하는 ;은 생략하면 안 된다.

```
for ( ; ; ) { … }
```

조건문을 생략하면 무조건 for문의 본체를 실행한다.

특히 조건식이 생략된 경우에는 무조건 본체를 실행하게 되므로 무한 반복이 되는데 이러한 반복문을 무한 루프라고 한다. 실제로는 무한 루프가 되면 프로그램이 끝나지 않으므로 본체 안에서 for문을 탈출하는 방법이 반드시 포함되어야 한다. 그래서 일반적으로 다음과 같이 특정 조건을 만족하면 for문을 벗어나도록 하는 break를 많이 사용한다.

```
// 1 + 3 + 5 + … + n이 처음으로 1000을 넘는 n 찾기
sum = 0;
for (i=1; ;i=i+2)
{
   sum += i;
   if (sum > 1000)
      break;
}
printf("1부터 %d까지의 홀수의 합은 %d", i, sum);
```

- i=i+2: 1 다음에 3을 더해야 하므로 i 값을 2씩 증가시킨다.
- sum > 1000: 현재 sum의 값이 1000보다 커지면 반복을 끝내야 한다.
- break;: break문을 만나 for문을 빠져 나온다.

5.3.3 중첩된 for문

중첩된 for문의 실행

반복문 안에 또 다른 반복문이 포함된 것을 중첩 반복문이라 한다. 중첩 반복문에서 주의할 점은 각 반복문의 제어 변수가 달라야 한다는 것이다. 다음은 이중으로 중첩된 for문의 예와 실행결과다.

예

```
1  for (i=1; i<=2; i++)
2  {
3     printf("i=%d일 때 : ", i);
4
5     for (j=1; j<=3; j++)
6        printf("j=%d ", j);
7
8     printf("\n");
9  }
10
```

바깥 for문 본체의 마지막 문장을 실행한 후 바깥 for문의 헤더의 증감식으로 돌아간다. 조건문이 거짓이면 바깥 for문을 끝내므로 실행 순서가 10행으로 바뀐다.

안쪽 for문 본체의 마지막 문장을 실행한 후에 안쪽 for문의 헤더의 증감식으로 돌아간다. 조건문이 거짓이면 안쪽 for문을 끝내므로 실행 순서가 7행으로 바뀐다.

```
실행결과
i=1일 때 : j=1 j=2 j=3 ↵
i=2일 때 : j=1 j=2 j=3 ↵
```

i가 1일 때 5~6행 for문의 실행결과

i가 1일 때 5~6행 for문의 실행 후 8행의 실행결과

실행 창을 보면 알 수 있듯이 바깥 for문의 본체가 한 번 실행되는 동안 안쪽 for문이 완전 실행되므로 안쪽 for문의 본체가 3번 반복 실행된다. 그래서 안쪽에 있는 for문일수록 훨씬 더 많이 반복된다. 이와 같이 중첩 for문을 이용하면 맨 안쪽의 본체, 즉 6행을 총 2*3번 반복한다.

중첩된 for문에서 제어 변수의 활용

중첩된 for문에서 안쪽으로 중첩되는 for문들은 자신보다 밖에 있는 for문의 제어 변수들을 많이 활용한다. 다양한 예를 프로그램을 통해 살펴보자.

[프로그램 5-10]은 '*****'을 5행 출력하기 위해 '*'을 5개 출력하는 for문을 5번 반복하도록 중첩 for문을 사용한다. 만일 1행에 '*'을 한 개, 2행에 '*'을 두 개, n행에는 '*'을 n개 출력하고 싶으면 어떻게 해야 할까? [프로그램 5-11]과 같이 바깥 for문의 제어 변수를 안쪽 for문에서 활용하면 된다.

프로그램 5-10 '*****'를 5행 출력하는 중첩 for문 (ch5-10.cpp)

```
#include <stdio.h>

int main()
{
    int line, star;
                                          '*****'를 5행 출력하는 for문
    for (line=1; line<=5; line++)
    {
        for (star=1; star<=5; star++)     ← '*'를 연속으로 5개 출력하는 for문
            printf("*");
        printf("\n");    // '*****' 출력 후 행 바꾸기
    }

    return 0;
}
```

실행결과

```
*****
*****
*****
*****
*****
```

[프로그램 5-10]의 바깥 for문의 제어 변수 line의 값이 1, 2, 3 순으로 바뀌므로 안쪽 for문에서 출력할 '*' 개수를 line으로 지정하면 n행에 n개의 '*'를 출력할 수 있다. [프로그램 5-11]은 이렇게 바깥 for문의 제어 변수를 안쪽 for문의 본체 반복 횟수로 활용해 완성한 프로그램이다. 앞으로 소개할 정렬 프로그램 등 많은 프로그램에서 중첩 반복문으로 해결할 때 각 반복문의 제어 변수를 적절히 활용하는 것을 볼 수 있을 것이다.

프로그램 5-11 중첩 for문과 제어 변수를 활용해 n행에 *을 n개 출력하기 (ch5-11.cpp)

```
1   #include <stdio.h>
2
3   int main()
4   {
5       int line, star;
6
7       for (line=1; line<=5; line++)
8       {
9           for (star=1; star<=line; star++)
10              printf("*");
11          printf("\n");
12      }
13
14      return 0;
15  }
```

실행결과

```
*
**  ← line이 2일 때 9행의 for문 실행 결과
***
****
*****
```

설명

9: for문의 반복 횟수를 5로 고정하지 않고 바깥 for문의 제어 변수 line으로 지정함으로써 바깥 for문의 본체가 실행될 때마다 출력하는 '*'의 개수가 한 개씩 늘어난다.

[프로그램 5-12]는 1행에는 1에서 1까지의 합을, 2행에는 1에서 2까지의 합을, n행에는 1에서 n까지의 합을 차례대로 출력한다. 1에서 n까지의 합은 for문으로 작성할 수 있으며, 이러한 합을 n이 1일 때부터 n까지 반복하므로 중첩 for문으로 작성한다.

프로그램 5-12 1~n의 합을 n이 1일 때부터 10일 때까지 구하기 (ch5-12.cpp)

```
1   #include <stdio.h>
2
3   int main()
4   {
5       int n, i, sum;
6
7       for (n=1; n<=10; n++)
8       {
9           sum=0;
10          for (i=1; i<=n; i++)
11              sum = sum + i;
12
13          printf("1~%d까지의 합 : %d \n", n, sum);
14      }
15
16      return 0;
17  }
```

실행결과

```
1~1까지의 합 : 1      ◀── sum=0+1
1~2까지의 합 : 3      ◀── sum=0+1+2
1~3까지의 합 : 6      ◀── sum=0+1+2+3
⋮                          sum=0+1+2+3+4
                           ⋮
1~10까지의 합 : 55    ◀── sum=0+1+2+3+4+ ⋯ + 10
  ▲            ▲
  n            1~n의 합
```

설명

9: 9행을 6행으로 이동한다면 10행의 for문을 실행함으로써 저장된 sum 값에 다시 i 값을 1부터 n까지 더하게 된다. 그래서 $\sum_{n=1}^{10}\sum_{i=1}^{n} i=(1)+(1+2)+(1+2+3)+\cdots+(1+2+3+\cdots+10)$을 구한다. 그러므로 이 문제에서는 안쪽 for문을 시작하기 전에 반드시 sum을 다시 0으로 초기화하는 과정이 필요하다.

5.4 프로그래밍 실습

5.4.1 1~n의 합과 곱 구하기

문제 키보드로부터 정수 n을 입력받고 정수 1부터 n까지의 합과 곱을 구하시오.

분석

- 1부터 n까지의 합 sum은 다음 for문과 같이 조건식을 i<=n으로 수정하면 된다.

```
for (i=1; i<=n; i++)
    sum += i;
```

- 1부터 n까지의 곱은 대입문 factorial = 1*2*3* … *n;으로 구할 수 있다. 그러므로 이 대입문은 factorial을 초기화한 후 1부터 n까지의 정수를 factorial에 곱하는 것(factorial = factorial*i;)을 반복하면 된다. 여기서 주의할 것은 factorial의 초깃값이다. 'factorial=0;'으로 초기화하면 이후에 factorial에 어떤 수를 곱해도 결과는 0이 된다. 그렇다면 factorial의 초깃값은 얼마여야 할까?

  덧셈을 할 때 sum을 0으로 초기화하는 것은 덧셈에 영향을 미치지 않는 수가 0이기 때문이다. sum의 초깃값이 0이므로 for문에서 처음으로 'sum += i;'를 실행할 때 sum에 (0 + 1)이 대입될 수 있는 것이다. 그러므로 특정 변수에 어떤 수를 계속 더해갈 때는 초깃값이 0이지만, 곱셈을 해야 한다면 곱셈에 영향을 미치지 않는 값인 1이 되어야 한다. 초깃값은 항상 0이나 1인 것은 아니며 문제에 따라 다양한 값이 될 수 있다.

프로그램 5-13 정수 1~n의 합과 곱 구하기 : for문 이용 (ch5-13.cpp)

```
#include <stdio.h>

int main()
{
    int i, n, sum, factorial;

    printf("1부터 n까지의 합과 곱을 구합니다. 정수 n은? ");
    scanf("%d", &n);

    // 1에서 n까지의 합을 sum에 구하기
    sum = 0;
    for (i=1; i<=n; i++)
        sum = sum + i;

    // 1에서 n까지의 곱 n!을 factorial에 구하기
```

```
16        factorial = 1;
17        for (i=1; i<=n; i++)
18            factorial = factorial * i;
19
20        printf("1부터 %d까지의 합은 %d입니다.\n", n, sum);
21        printf("1부터 %d까지의 곱은 %d입니다.\n", n, factorial);
22
23        return 0;
24    }
```

실행결과

```
1부터 n까지의 합과 곱을 구합니다. 정수 n은? 10
1부터 10까지의 합은 55입니다.
1부터 10까지의 곱은 3628800입니다.
```

설명

11: 누적용 변수 초기화는 가능하면 해당 반복문 직전에 두는 것이 좋다. for문의 sum에 대한 초기화가 제대로 되었는지 확인하기가 편리하기 때문이다. 또한 이 for문을 다른 곳에 가져갈 때 초기화와 for문이 함께 있으면 11행~13행을 한번에 복사할 수 있어 코드 재사용 면에서도 편리하다.

16: factorial은 18행에서 현재 자신의 값과 i를 곱한 값으로 수정된다. 이러한 factorial을 처음에 0으로 초기화하면 언제나 결과가 0이 되므로 초기값은 1로 지정해야 한다.

5.4.2 수열의 합 구하기

문제 $sum = \sum_{i=2}^{n} \left(\frac{i-1}{i}\right)$을 구하시오.

분석 • 분모 i가 2부터 n이 될 때까지 sum에 $\frac{i-1}{i}$을 더해가면 $sum = \frac{1}{2} + \frac{2}{3} + \frac{3}{4} + \cdots + \frac{n-1}{n}$을 sum에 구할 수 있다.

프로그램 5-14 수열의 합 구하기 (ch5-14.cpp)

```
#include <stdio.h>

int main()
{
    int i, n;
    double sum;

```

```
8      printf("임의의 정수 n을 입력하시오. : ");
9      scanf("%d", &n);
10
11     sum = 0;
12     for (i=2; i<=n; i++)    // 분모는 2부터 n까지 변한다.
13         sum = sum + ((double)(i-1) / i);
14
15     // 수식 출력하기
16     for (i=2; i<=n; i++)
17         printf("%d/%d + ", i-1, i);
18     printf("\b\b= %.1lf \n", sum);
19
20     return 0;
21 }
```

실행결과

```
임의의 정수 n을 입력하시오. : 10
1/2 + 2/3 + 3/4 + 4/5 + 5/6 + 6/7 + 7/8 + 8/9 + 9/10 = 7.1
```

설명

13: 정수/정수의 결과는 정수형이므로 나눗셈의 결과가 0이 되지 않게 (i−1)을 double형으로 형 넓힘 변환(캐스팅)한다.

18: 16행에서 i가 n일 때 출력된 마지막 '+'를 지우기 위해 백스페이스 이스케이프 문자를 출력한 뒤 다음 내용을 출력한다.

5.4.3 for문을 이용해 퀴즈 결과 출력하기

문제 학생 10명의 퀴즈 점수를 입력받은 후, 전체 평균과 통과자수, 탈락자수를 구해 출력하시오. 점수가 70점 이상이면 합격이다.

분석

- 학생 1명의 퀴즈 점수마다 처리할 일은 다음과 같다.
  ① 퀴즈 점수 입력받기
  ② 입력된 점수를 sum에 더하기
  ③ 점수가 70점 이상이면 통과자수를 1 증가시키고 그렇지 않으면 탈락자수를 1 증가시키기
- 학생 10명에 대해 동일 작업을 반복해야 하므로 for문으로 작성한다. for문에서 학생 10명의 퀴즈 점수 합계가 sum에 구해지므로 for문을 끝낸 후 평균을 구한다.

프로그램 5-15 퀴즈의 평균과 통과자수, 탈락자수 구하기 (ch5-15.cpp)

```
#include <stdio.h>

int main()
{
    int i, quiz, sum, pass, fail;
    double avg;

    // 누적용 변수를 0으로 초기화
    sum=0;
    pass=0;
    fail=0;

    // 10명의 퀴즈 점수를 입력받아 sum에 누적하고 통과자와 탈락자수 구하기
    for (i=1; i<=10; i++)
    {
        printf("%d번의 퀴즈 점수는? ", i);
        scanf("%d", &quiz);     // i번 학생의 퀴즈 점수 입력

        // 평균을 구하기 위해 점수를 sum에 누적하기
        sum += quiz;

        if (quiz >= 70)
            pass++;     // 70점 이상이면 통과
        else
            fail++;     // 70점 미만이면 탈락
    }

    // for문에서 구한 sum으로부터 평균 구하기
    avg = (double)sum / 10;

    // 결과 출력
    printf("========================\n");
    printf("평균:%.2lf점\n", avg);
    printf("통과자:%2d명\n", pass);
    printf("탈락자:%2d명\n", fail);

    return 0;
}
```

실행결과

```
1번의 퀴즈 점수는? 90
2번의 퀴즈 점수는? 78
3번의 퀴즈 점수는? 86
4번의 퀴즈 점수는? 98
5번의 퀴즈 점수는? 76
6번의 퀴즈 점수는? 62
7번의 퀴즈 점수는? 88
8번의 퀴즈 점수는? 95
9번의 퀴즈 점수는? 80
10번의 퀴즈 점수는? 58
==========================
평균:81.10점
통과자: 8명
탈락자: 2명
```

설명

20~25: for문에서 i가 증가되어 실행이 반복되면 quiz 값이 다음 학생의 점수로 바뀌게 되므로 다시 반복하기 전에 sum에 현재 quiz 값을 더하고 pass 또는 fail을 1 증가시킨다.

5.4.4 사각형을 반으로 접을 때마다 변하는 넓이를 for문을 이용해 출력하기

문제 넓이가 100cm²인 사각형 종이를 반으로 접을 때 최초로 1cm²보다 작아지는 횟수를 확인할 수 있도록 넓이 변화를 출력하시오.

분석

- 사각형 종이의 현재 넓이가 area이면 종이를 반으로 접으면 넓이가 1/2로 줄어든다. 그러므로 반 접었을 때의 넓이는 'area = area / 2'다.
- 반으로 접은 후의 넓이가 1보다 작아졌을 때 그만 접어야 하므로 for문을 몇 번 반복해야 하는지 몰라 조건식을 미리 결정할 수 없다. 사실은 이 반복 횟수를 찾는 것이 이 프로그램의 문제다. 그러므로 for문의 헤더에서 조건식을 생략한다. 대신 문제 해결 조건을 만족하면 반복을 그만하도록 지정한다.

프로그램 5-16 사각형을 반으로 접을 때마다 변하는 넓이 구하기 (ch5-16.cpp)

```
#include <stdio.h>

int main()
{
    int i;
    double area = 100, target = 1;    // 현재 사각형의 면적, 최저 면적

    for (i=1; ;i++)
    {
```

```
10          area = area / 2;
11          printf("%2d번 접었을 때의 넓이 : %6.2lf \n", i, area);
12          if (area < target)
13              break;
14      }
15      return 0;
16  }
```

실행결과

```
1번 접었을 때의 넓이 : 50.00
2번 접었을 때의 넓이 : 25.00
3번 접었을 때의 넓이 : 12.50
4번 접었을 때의 넓이 :  6.25
5번 접었을 때의 넓이 :  3.13
6번 접었을 때의 넓이 :  1.56
7번 접었을 때의 넓이 :  0.78
```

설명

8: 조건식이 없으므로 무조건 본체를 실행한다.

12: 10행에서 반으로 접었을 때 넓이가 target보다 작으면 그만 접는다.

5.4.5 특정 단의 구구단 출력하기

문제 키보드로 1~9 사이의 숫자를 입력받아 그 숫자에 해당되는 구구단을 출력하는 프로그램을 for문을 이용해 작성하시오.

프로그램 5-17 구구단 출력하기 : for문 이용 (ch5-17.cpp)

```
#include <stdio.h>

int main()
{
    int i, n;

    printf("출력을 원하는 단은?");
    scanf("%d", &n);

    for (i=1; i<=9; i++)
        printf("%d * %d = %2d\n", n, i, n*i);

    return 0;
}
```

실행결과

```
출력을 원하는 단은? 3
3 * 1 =  3
3 * 2 =  6
3 * 3 =  9
3 * 4 = 12
3 * 5 = 15
3 * 6 = 18
3 * 7 = 21
3 * 8 = 24
3 * 9 = 27
```

5.4.6 중첩된 for문을 이용해 주사위 경우의 수 구하기

문제 주사위를 두 개 던졌을 때 합이 7이 되는 경우를 출력하시오.

분석

- 주사위를 던졌을 때 나올 수 있는 값은 1~6 중 하나다. 첫 번째 주사위가 1이 나왔을 때 두 번째 주사위 값도 1~6 중 하나가 나올 수 있다. 그러므로 다음 그림과 같이 두 주사위에 대해 모든 경우를 조사하려면 첫 번째 주사위 값을 바깥 for문의 제어 변수로 사용하고 두 번째 주사위 값을 안쪽 for문의 제어 변수로 사용해 중첩 for문으로 작성한다.

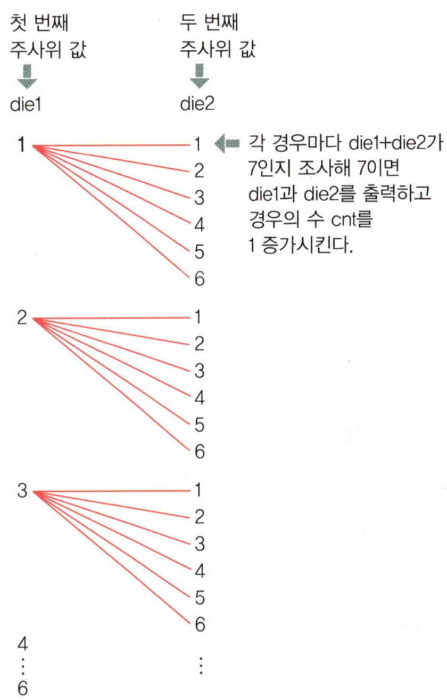

프로그램 5-18 두 주사위의 합이 7이 되는 경우의 수 구하기 (ch5-18.cpp)

```
#include <stdio.h>

int main()
{
    int die1, die2;
    int cnt;

```

```
8        cnt = 0;
9
10       printf("   ============ \n");
11       printf("   주사위1   주사위2  \n");
12       printf("   ============ \n");
13
14       for (die1=1; die1<=6; die1++)
15       {
16           for (die2=1; die2<=6; die2++)
17           {
18               if (die1 + die2 == 7)
19               {
20                   printf("\t%d \t%d \n", die1, die2);
21                   cnt++;
22               }
23           }
24       }
25
26       printf("   =================\n");
27       printf("\t총 %d가지\n", cnt);
28
29       return 0;
30   }
```

실행결과

```
  ============
  주사위1  주사위2
  ============
     1        6
     2        5
     3        4
     4        3
     5        2
     6        1
  ============
    총 6가지
```

설명

18: 두 주사위의 합이 7이 될 때만 경우의 수를 1 증가시키고 die1과 die2의 현재 내용을 출력한다.

5.4.7 중첩된 for문을 이용해 알파벳 출력하기

문제 첫 번째 줄에는 z만, 다음 줄에는 y와 z만 출력하는 식으로 알파벳을 증가시켜 최종 a…z까지 출력하는 프로그램을 작성하시오. 단 출력되지 않은 앞의 알파벳 자리에는 공백으로 넣는다.

분석

- '　　　EFGH'를 출력하고 싶다면 다음 두 for문으로 작성할 수 있다.

현재 ch에 저장된 문자의 코드값이 1증가하므로 다음 알파벳이 된다.

```
for (ch='A'; ch<'E'; ch++)          // 공백 출력
    printf(" ");
                      ← 알파벳 대신 빈 칸을 출력
for (ch='E'; ch<='H'; ch++)         // 알파벳 출력
    printf("%c", ch);
```

- 전체 출력 행 수가 알파벳 개수와 같으므로 for (start='a'; start<='z'; start++)처럼 각 행의 출력을 반복하면 될 것 같다. 그러나 start는 'a'부터 'z'까지 변하는데 다음 행으로 갈수록 출력을 시작하는 문자는 오히려 'z'에서 'a'까지로 변한다. 그러므로 for문의 헤더를 for (start='z'; start>='a'; start--)로 수정해야 한다.

프로그램 5-19 알파벳 출력하기 (ch5-19.cpp)

```
#include <stdio.h>

int main()
{
    char start, ch;

    for (start='z'; start>='a'; start--)
    {
        // 각 행 시작 부분의 연속된 빈 칸 출력하기
        for (ch='a'; ch<start; ch++)
            printf(" ");

        // 빈 칸 뒤에 알파벳을 start부터 'z'까지 출력하기
        for (ch=start; ch<='z'; ch++)
            printf("%c", ch);

        printf("\n");   // 알파벳 출력 후 행 바꾸기
    }

    return 0;
}
```

실행결과

```
                          z
                         yz
                        xyz
                       wxyz
                      vwxyz
                     uvwxyz
                    tuvwxyz
                   stuvwxyz
                  rstuvwxyz
                 qrstuvwxyz
                pqrstuvwxyz
               opqrstuvwxyz
              nopqrstuvwxyz
             mnopqrstuvwxyz
            lmnopqrstuvwxyz
           klmnopqrstuvwxyz
          jklmnopqrstuvwxyz
         ijklmnopqrstuvwxyz
        hijklmnopqrstuvwxyz
       ghijklmnopqrstuvwxyz
      fghijklmnopqrstuvwxyz
     efghijklmnopqrstuvwxyz
    defghijklmnopqrstuvwxyz
   cdefghijklmnopqrstuvwxyz
  bcdefghijklmnopqrstuvwxyz
 abcdefghijklmnopqrstuvwxyz
```

행 수는 알파벳 개수와 같다.

설명

7: start는 char형 변수이므로 start--를 하면 ASCII 코드 값이 1 감소하므로 결국 현재 알파벳 이전의 문자가 된다.

5.5 반복문(while문, do~while문)

5.5.1 while문

특정 작업을 반복하기는 하지만 반복 횟수가 얼마나 되어야 하는지 정확히 모르는 경우가 있다. 비밀번호를 잊어버린 경우 몇 번을 입력해야 찾을 수 있는지 알지 못한다. 확실한 사실은 비밀번호를 틀리는 한 계속 반복해야 한다는 것이다. 비슷한 예로 반복 횟수는 정확히 모르지만 음수가 입력된다면 계속 입력받기, 합이 1000을 넘지 않는 한 계속 더하기, 게임을 계속 하고 싶어하는 한 다시 게임하기와 같은 문제를 들 수 있다. 이처럼 특정 조건을 만족하는 한 계속 반복하는 문제는 while문을 사용하는 것이 좋다.

사실 반복 문제는 모두 for문으로 작성할 수 있다. for문은 헤더인 for (i=1; i<=10; i++)에 i가 1부터 1씩 증가하며 10이 될 때까지 10번 반복하는 것을 정확히 표현할 수 있다. 따라서 주어진 문제의 반복 횟수가 명확할 때 이용하면 편리하다. 반면 while문은 반복 횟수는 모르지만 어떤 조건을 만족할 때까지 반복할지를 명확히 아는 경우 편리하다. 그러므로 문제에 따라 for문과 while문을 선택해서 사용하면 된다. 다음은 while문의 형식과 실행의 흐름을 나타낸다.

형식 while문

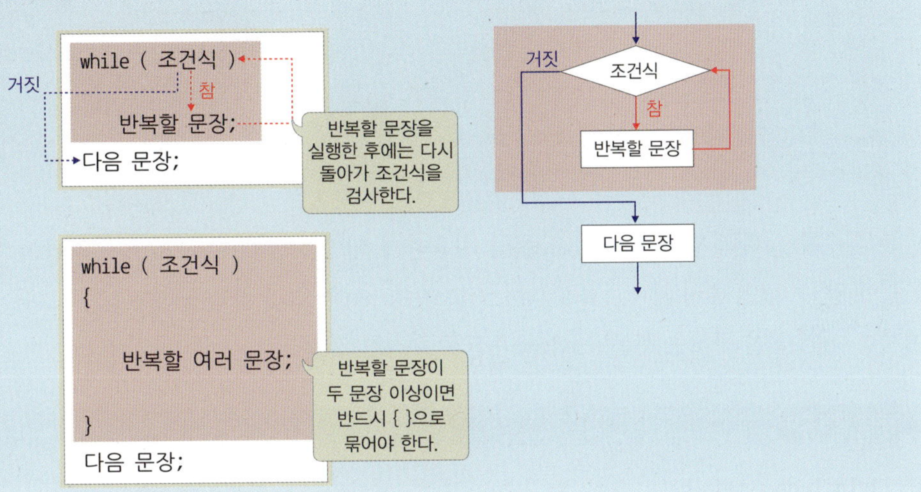

- 조건식은 while문 본체의 반복 여부를 결정한다. while문을 실행할 때는 먼저 조건식을 검사한다. 조건식이 참이면 다음에 나오는 반복 문장을 실행하고 거짓이면 while문을 끝낸다.
- while문 본체의 마지막 문장을 실행한 후에는 다시 조건식이 있는 곳으로 돌아와 조건식을 검사한다. 조건식이 참이면 해당 문장을 다시 반복하고 거짓이면 while문을 끝낸다. 즉 조건식이 참인 동안은 본체를 계속 반복 실행한다.
- while문을 시작할 때 처음부터 조건식의 값이 거짓일 경우에는 본체가 한번도 실행되지 않을 수 있다.

예

```
// 1~n의 합이 처음으로 100을 넘게 되는 n 구하기
sum = 0, i = 0;
while (sum <= 100)
{
    i++;
    sum = sum + i;
}
printf("1~%d까지의 합: %d \n", i, sum);
```

while문 본체의 마지막 문장을 실행한 후에는 다시 while문의 헤더로 돌아가 조건을 검사한다.

while문과 for문의 비교

다음은 1~10의 합을 구하는 for문과 while문을 비교한 것이다. for문의 헤더는 초기식, 조건식, 증감식을 포함하지만 while문의 헤더는 조건식만 포함한다. 그러므로 일반적으로 while문 이전에 제어 변수의 초기화(2행), while문의 본체가 끝나기 전에 제어 변수의 증감식(6행)이 포함된다.

```
1 sum = 0;
2 i = 1;
3 while (i <= 10)
4 {
5     sum = sum + i;
6     i++;
7 }
```

```
sum = 0;
for (i=1; i<=10; i++ )
    sum = sum + i;
```

반복 횟수를 정확히 알면서도 while문을 사용하게 되면 코드 길이도 길어지고 반복 횟수도 한눈에 알 수 없어 좋지 않다. [프로그램 5-20]은 1~n의 합과 곱을 구하는 [프로그램 5-13]에서 1~n의 곱을 구하는 부분만 while문으로 수정한 것이다.

프로그램 5-20 정수 1~n의 곱 구하기 : while문 이용 (ch5-20.cpp)

```
#include <stdio.h>

int main()
{
    int i, n, factorial;

    printf("1부터 n까지의 곱을 구합니다. 정수 n은? ");
    scanf("%d", &n);

    // 1~n의 곱인 n!을 factorial에 구하기
    factorial = 1;
    i = 1;
    while (i <= n)
    {
        factorial = factorial * i;
        i++;
    }

    printf("1부터 %d까지의 곱은 %d입니다.\n", n, factorial);

    return 0;
}
```

실행결과

```
1부터 n까지의 곱을 구합니다. 정수 n은? 10
1부터 10까지의 곱은 3628800입니다.
```

설명

12: while문이 시작되기 전에 반복의 초기화를 담당하는 제어 변수를 반드시 초기화해야 한다.

13: (i 〈 n)으로 지정하면 1에서 (n−1)까지의 곱만 구해진다. while문은 for문보다 조건식을 작성할 때 더욱 주의해야 한다.

16: 다시 13행으로 돌아가기 전에 i 값을 증가시키지 않으면 13행의 조건식이 언제나 참이 되므로 무한 루프가 발생한다.

while문과 무한 루프

for문에서 조건식을 생략하면 무한 루프를 만들 수 있었다. while문에서 무한 루프를 만들려면 조건식을 항상 참이 되게 한다. 0이 아닌 값은 모두 참이지만 보통 아래 프로그램의 4행처럼 조건식으로 1을 이용한다. 무한 루프 형태로 반복문을 표현한 경우에는 반복을 끝내고 while문을 탈출할 수 있도록 7~8행처럼 break를 이용하는 경우가 많다.

```
1  // 1~n의 합이 처음으로 100을 넘게 되는 n 구하기
2  sum = 0, i = 1;
3
4  while (1)
5  {
6     sum = sum + i;
7     if (sum > 100)
8        break;
9     i++;
10 }
11 printf("1~%d까지의 합: %d \n", i, sum);
```

(4행) 정수 1은 참이므로 무조건 본체를 실행한다.

(7행) while문 탈출 조건

왼쪽 코드는 사용자가 양수를 입력할 때까지 값을 계속 입력받도록 while문을 무한 루프 형태로 표현한 것이다. 오른쪽은 [프로그램 5-20]의 11행~17행을 무한 루프 형태로 표현한 것이다.

```
while (1)
{
    printf("양수를 입력하세요.");
    scanf("%d", &n);
    if (n > 0)        while문 탈출 조건
        break;
}
```

```
factorial = 1;
i = 1;
while (1)
{                     while문 탈출 조건
    if (i > n)
        break;
    factorial = factorial * i;
    i++;
}
```

5.5.2 do~while문

이공 계열에서 다루는 문제는 수치 데이터를 다루거나 특정한 일을 정해진 횟수만큼 반복하는 경우가 많다. 그러나 일반 응용 프로그램에서는 일단 한 번 실행한 후에 다시 반복 실행할지 그만둘지를 결정해야 하는 경우가 많다. 그 예가 메뉴 방식 프로그램이다. 프로그램을 통해 처리할 수 있는 기능을 메뉴로 표시하고 사용자가 원하는 메뉴를 선택하면 해당 메뉴에 대한 기능을 처리해주며, 끝내기 전까지는 다시 메뉴를 처리하도록 반복하는 형태다. 프로그래머 입장에서 반복 횟수를 미리 알 수 없으므로 while문으로 작성하는 것이 좋다. 그런데 이러한 메뉴 방식의 응용 프로그램은 사용자에게 일단 한 번은 메뉴를 표시한다는 특징이 있다. 이처럼 반복 내용을 반드시 한 번 실행한 후 계속할지 그만둘지 결정하는 경우에는 while문보다 do~while문을 이용하는 것이 훨씬 편리하다. 다음은 do~while문의 형식과 실행의 흐름을 보여준다.

형식 **do~while문**

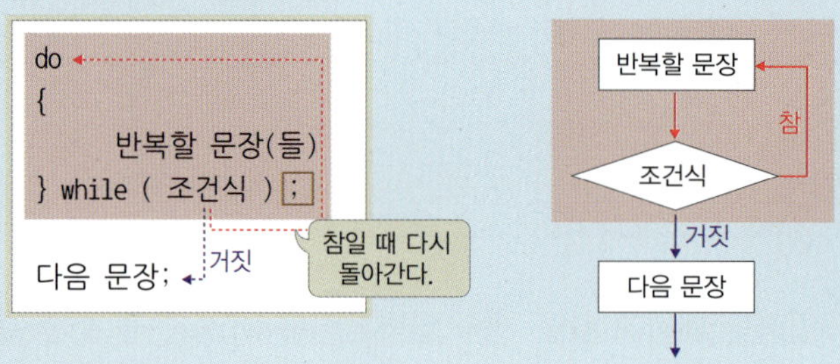

do~while문의 실행 순서

do문 뒤에 조건식이 없으므로 무조건 본체를 실행한다. 본체를 실행한 후에는 while 뒤의 조건식을 검사해 참이면 다시 본체를 실행하고 거짓이면 do~while문을 끝낸다.

do~while의 본체

- for문이나 while문과 달리 반복할 문장이 하나뿐이더라도 반드시 {}로 묶어야 한다.
- 본체가 끝난 후 } 뒤에 'while (조건식)'을 붙여서 쓰며 마지막에는 ;을 꼭 붙여야 한다.

예

```
1  // 양의 정수가 입력될 때까지 age에 나이 입력받기
2  do
3  {
4     printf("나이는? \n");
5     scanf("%d", &age);
6  } while (age <= 0);          // 입력된 나이가 0 이하면 다시 입력받도록 돌아가기
```

조건식이 참일 때 되돌아가서 4행부터 다시 실행한다.

예

```
// 'C Language'를 100행 출력하기
i = 1;                       // for문의 초기식에 해당
do {
   printf("C Language\n");  // for문의 반복할 문장에 해당
   i++;                      // for문의 증감식에 해당
} while (i <= 100);          // for문의 조건식에 해당
```

[프로그램 5-21]은 정수 1~n의 합과 곱을 구하는 프로그램을 do~while문으로 작성한 것이다.

프로그램 5-21 정수 1~n의 합과 곱 구하기 : do~while문 이용 (ch5-21.cpp)

```
#include <stdio.h>

int main()
{
    int i, n, sum, multi;

    printf("정수 n : "); scanf("%d", &n);

    i = 1; sum = 0; multi = 1;
    do
    {
        sum += i;
        multi *= i;
        i++;
    } while (i <= n);

    printf("1부터 %d까지의 합은 %d입니다.\n", n, sum);
    printf("1부터 %d까지의 곱은 %d입니다.\n", n, multi);

    return 0;
}
```

실행결과

```
정수 n : 10
1부터 10까지의 합은 55입니다.
1부터 10까지의 곱은 3628800입니다.
```

5.6 기타 제어문

프로그램이 실행되면 제일 먼저 main 함수가 호출되고 main 함수에 있는 일련의 문장들이 나열된 순서대로 실행된다. C 언어는 앞에서 설명한 조건문과 반복문 외에도 문장들의 실행 순서를 변경할 수 있는 다양한 제어문을 제공한다.

5.6.1 break문

break문은 앞에서 보았듯이 switch문, for문, while문, do~while문을 실행하는 중간에 완전히 탈출할 때 사용되는 유용한 제어문이다. 특히 무한 루프에서 특정 조건을 만족하면 루프를 끝내는 데 매우 유용하다.

```
// n 값이 0 미만이면 다시 입력받기
while (1)
{
    printf("필요한 물건의 개수는? \n");
    scanf("%d", &n);
    if (n >= 0)
        break;
    printf("잘못된 개수를 입력했습니다. \n");
}
```

루프 안에서 break문이 실행되면 루프를 빠져나와 루프 다음에 있는 문장이 실행된다. break문 개수는 제한이 없으나 너무 많이 사용하면 코드가 복잡해지므로 특수한 경우를 빼고는 사용을 자제하는 것이 좋다. 주의할 점은 중첩된 루프인 경우 안쪽 루프에서 break문을 사용하면 break문이 속한 안쪽 루프만 빠져나온다는 것이다. 그러므로 다음과 같이 맨 안쪽 루프에서 가장 바깥 루프까지 빠져나오려면 break문이 루프 개수만큼 필요하다.

```
for (i=1; i<=n; i++)
{
   for (j=1; j<=n; j++)
   {
      for (k=1; k<=n; k++)
      {
         …
         if (조건식)
            break;
         …
      } // for (k)의 끝
      …
      if (조건식)
         break;
      …
   } // for (j)의 끝
   …
   if (조건식)
      break;
   …
} // for (i)의 끝

```

또 다른 주의점으로는 break문은 반복문과 switch문에만 해당하므로 다음과 같이 if문을 탈출하는 데는 사용할 수 없다는 것이다.

```
1  if (answer == 1)
2  {
3     printf("1번을 선택했습니다.\n");
4     printf("필요한 물건의 개수를 입력하세요.");
5     scanf("%d", &n);
6     if (n <= 0)        잘못된 사용 예
7        break;
8     printf("총 금액은 %d입니다.", n * 1500);
9  }
```

위의 예에서 프로그래머의 의도는 1행의 if문을 탈출해 10행으로 이동하기 위한 것으로 보인다. 그러나 반복문과 switch문 밖에서는 break가 나타날 수 없으므로 'break가 잘못되었습니다.'라는 에러 메시지가 나타난다.

[프로그램 5-22]는 키보드로 정수 n을 입력받아 1~n의 합을 구해 출력하는 프로그램을 약간 변경한 것이다. n 값으로 −1이 입력될 때까지 반복 실행하다가 −1이 입력되면 무한 루프

를 탈출해 프로그램을 종료한다.

프로그램 5-22 1~n의 합 구하기 : 무한 루프 이용 (ch5-22.cpp)

```
1   #include <stdio.h>
2
3   int main()
4   {
5       int i, n, sum;
6
7       while (1)   // 무한 루프
8       {
9           printf("정수 n을 입력(종료:-1) :  ");
10          scanf("%d", &n);
11
12          if (n == -1)
13              break;
14
15          sum = 0;
16          for (i=1; i<=n; i++)
17              sum += i;
18          printf("정수 1에서 %d까지의 합은 %d입니다.\n\n", n, sum);
19      }
20      printf("프로그램을 끝냅니다. \n");
21
22      return 0;
23  }
```

입력된 n 값이 -1이라면 루프를 탈출한다.

실행결과

```
정수 n을 입력(종료:-1) : 5
정수 1에서 5까지의 합은 15입니다.

정수 n을 입력(종료:-1) : 10
정수 1에서 10까지의 합은 55입니다.

정수 n을 입력(종료:-1) : -1
프로그램을 끝냅니다.
```

설명

12: 7행 while문의 조건식이 항상 참(1)이므로 무한 루프가 된다. 그러므로 무한 루프를 탈출하기 위해 탈출 조건을 명시해야 한다. n의 입력으로 -1이 들어오면 break문이 실행되므로 루프를 빠져나와 루프 다음의 20행이 실행된 후 프로그램이 종료된다.

5.6.2 continue문

반복문에서 사용되는 또 다른 제어문으로 continue문이 있다. break문은 반복문의 실행을 완전히 끝내는 데 반해 continue문은 단순히 continue문 다음 내용만 실행하지 않은 채 다음 반복으로 진행하기 위해 루프의 시작이나 끝으로 이동한다. for문은 무조건 헤더의 증감식으로 이동하고, while문은 헤더의 조건식으로 이동하며, do~while은 맨 끝 while 뒤의 조건식으로 이동한다.

[프로그램 5-23]은 1~n의 짝수 합을 구하기 위해 continue문을 이용한 프로그램이다.

프로그램 5-23 1~n의 짝수 합 구하기 (ch5-23.cpp)

```
1   #include <stdio.h>
2
3   int main()
4   {
5       int i, n, sum = 0;
6
7       printf("정수 n을 입력 : ");
8       scanf("%d", &n);
9
10      i = 0;
11      while (i < n)
12      {
13          i++;
14          if (i % 2 == 1)
15              continue;
16          sum += i;
17      }
18
19      printf("정수 1에서 %d 이하 짝수들의 합은 %d입니다.\n", n, sum);
20
21      return 0;
22
23  }
```

실행결과

```
정수 n을 입력 : 50
정수 1에서 50 이하 짝수들의 합은 650입니다.
```

설명

15: i 값이 홀수(14행)인 경우 continue문을 만나면 while문 내의 종속 문장을 더 이상 실행하지 않고 11행으로 이동해 조건식을 다시 검사한다.

프로그램 5-24 양의 정수 5개의 합 구하기 (ch5-24.cpp)

```
1   #include <stdio.h>
2
3   int main()
4   {
5       int i, n, cnt, sum;
6
7       sum = 0;    // 총 합계
8       cnt = 1;    // 입력된 양의 정수 개수
9       for (i=1; cnt<=5; i++)      // 양의 정수 5개를 입력받을 때까지 반복
10      {
11          printf("\n양의 정수 n을 입력하세요. ");
12          scanf("%d", &n);
13
14          if (n <= 0)             // 양수만 더하기 위해 0 이하면 다음 번 반복으로 진행하기
15              continue;
16
17          cnt++;
18          printf("지금까지의 합 %2d + %2d = ", sum , n);
19          sum += n;
20          printf("%2d \n", sum);
21      }
22
23      return 0;
24  }
```

실행결과

```
양의 정수 n을 입력하세요. 10
지금까지의 합  0 + 10 = 10

양의 정수 n을 입력하세요. -6

양의 정수 n을 입력하세요. 5
지금까지의 합 10 +  5 = 15

양의 정수 n을 입력하세요. 9
지금까지의 합 15 +  9 = 24

양의 정수 n을 입력하세요. -1

양의 정수 n을 입력하세요. 23
지금까지의 합 24 + 23 = 47

양의 정수 n을 입력하세요. 42
지금까지의 합 47 + 42 = 89
```

음수가 입력되었으므로 곧바로 9행으로 돌아가 증감식인 i++을 실행한 후 조건식을 검사한다.

설명

15: 0 또는 음수가 입력되면 뒤의 합을 구하는 과정을 생략하고 증감식으로 돌아간다.

5.6.3 goto문

goto문은 프로그램 실행 중 레이블(label)이 붙은 위치로 제어를 무조건 이동시킬 때 사용한다. goto문을 사용하려면 이동할 문장을 가리키는 레이블(label)이 필요하며 레이블을 정의할 때는 레이블을 구별하기 위한 이름과 콜론(:)이 필요하다.

형식 goto문

```
      …
      goto 레이블;
      …

   레이블:
      문장;
```

앞에 동일한 레이블이 붙은 문장으로 이동한다.

예

```
// 1~n의 합이 처음으로 1000을 넘게 되는 n 구하기
i = 0;
addition:
i++;
sum += i;
if (sum <= 1000)
   goto addition;
printf("1에서 %d까지의 합 : %d \n", i, sum);
```

잠깐

C 언어에는 세 가지의 레이블이 있다. switch~case문의 case, default 레이블과 goto문의 레이블이다. 레이블 이름은 변수명 작명 규칙에 따라 만들고, 레이블 이름 뒤에는 반드시 콜론(:)을 붙여야 한다. goto문은 case와 default 레이블이 붙은 곳으로는 이동할 수 없고, 해당 레이블 이름이 있는 곳으로만 이동할 수 있다.

goto문을 사용한 프로그램은 복잡하고 이해하기 어려우므로 가능한 한 사용하지 말아야 한다. 하지만 [프로그램 5-25]와 같은 중첩된 반복 루프에서 문제가 발생하였을 때 중첩된 루프를 단번에 빠져나올 수 있어 유용하다. 앞에서 소개한 break문은 루프 하나만을 빠져나올 수 있다.

프로그램 5-25 키보드를 누를 때까지 * 출력하기 (ch5-25.cpp)

```
#include <stdio.h>
#include <conio.h>
#include <stdlib.h>

int main()
{
```

```
7         int i, j;
8
9         for (i=1; i<=10000; i++)          // 최대 10000행 출력
10        {
11            for (j=1; j<=10; j++)          // 한 행에 '*' 10개 출력
12            {
13                if (kbhit()) goto end;     // 사용자가 키보드를 누르면 21행으로 이동
14                printf("*");
15            }
16            printf("\n");
17        }
18        printf("\n프로그램을 종료합니다!\n");
19        exit(0);
20
21    end:
22        printf("\n키보드를 눌렀습니다!\n");
23
24        return 0;
25    }
```

실행결과

```
********** ◀── i=1일 때 11행 for문의 출력 결과
********** ◀── i=2일 때 11행 for문의 출력 결과
**********
**********
**********
**********
**********
*** ◀──── i=8일 때 11행 for문을 실행하는 중간에 사용자가 키보드의 키를
키보드를 눌렀습니다!   한 개 눌러 kbhit() 결과 값이 1(참)이 되어 21행으로 이동한 결과
```

설명

13: 키보드가 눌리면 레이블 이름 end인 21행으로 이동한다. kbhit()는 이 함수를 실행할 시점에 사용자가 키보드의 키를 누른 적이 있는 지를 알려주는 함수로 conio.h 헤더 파일을 필요로 한다. 함수 원형은 int kbhit(void)며, 키가 눌린 경우에는 1, 눌리지 않은 경우에는 0을 반환한다.

19: break문은 반복문이나 switch문, return문은 함수, exit는 프로그램의 종료에 해당한다. exit는 프로그램의 값을 반환하고 종료하는 함수로, stdlib.h 헤더 파일이 필요하다. 보통 exit(0), exit(1)의 두 가지 형태로 쓰는데, 프로그램 실행이 정상적으로 종료되면 0을, 비정상적으로 종료되면 0이 아닌 정수를 사용한다.

5.7 프로그래밍 실습

5.7.1 while문을 이용해 1~n의 홀수 합과 짝수 합 구하기

문제 정수 n을 입력받아 n 이하의 모든 홀수의 합과 짝수의 합을 구하는 프로그램을 while문을 이용해 작성하시오.

분석
- 짝수를 저장할 변수 even과 홀수를 저장할 변수 odd의 최댓값은 n이어야 하므로 while문의 반복 조건식은 (odd<=n && even<=n)가 된다.

프로그램 5-26 1~n의 홀수 합과 짝수 합 출력하기 : while문 이용 (ch5-26.cpp)

```
#include <stdio.h>

int main()
{
    int n, odd, even, odd_sum = 0, even_sum = 0;

    printf("정수 n을 입력하시오. : ");
    scanf("%d", &n);

    odd = 1; even = 2;
    while (odd<=n && even<=n)
    {
        odd_sum += odd;
        even_sum += even;
        odd += 2;
        even += 2;
    }
    printf("정수 1에서 %d 이하 홀수들의 합은 %d이고", n, odd_sum);
    // n이 홀수라면 while문에서 마지막 odd 값(n)을 더하지 않고 while문을 빠져나오므로
    // while문을 끝낸 직후 이를 체크하여 odd_sum에 마지막 odd를 더해야 함
    if (odd == n)
        odd_sum += odd
    printf("짝수들의 합은 %d입니다.\n", even_sum);

    return 0;
}
```

실행결과

```
정수 n을 입력하시오. : 50
정수 1에서 50 이하 홀수들의 합은 625이고 짝수들의 합은 650입니다.
```

설명

10: odd는 1로, even은 2로 초기화된 다음, 값이 2씩 증가하며(15행~16행) while문을 돈다.

11: n까지의 합을 구하므로 반복문은 변수 odd와 even이 모두 n 이하인지 판단하는 조건식이 참인 경우에만 실행된다.

5.7.2 반감기를 이용한 물질의 잔량 구하기(while문 이용)

문제 인의 반감기는 14일이다. 연구소에 들어온 실험 물질에 포함된 인의 양은 100mg이었다. 앞으로 n일 후 인의 양이 최소 몇 mg일지 구하는 프로그램을 작성하시오.

분석

- 현재 인의 양을 amount라고 하면 14일이 지날 때마다 amount는 반으로 줄어든다. 그러므로 새로운 반감기가 지나가기 전까지는 현재 양의 최소 반 이상(amount/2)이 남아 있다.
  - 현재 1일 ~ 14일: 최소 50mg (← amount = amount /2)
  - 15일 ~ 28일 : 최소 25mg (← amount = amount /2)
  - 29일 ~ 42일: 최소 12.5mg (← amount = amount /2)

  …
- n일이 지날 때마다 반으로 줄어드는 인의 양을 반복 출력하기 위해 while문을 이용한다.

프로그램 5-27 반감기를 이용한 물질의 잔여량 예측하기 (ch5-27.cpp)

```
#include <stdio.h>

int main()
{
    int half = 14;          // 인의 반감기
    int days, n;
    double amount = 100;  // 현재 인의 양

    printf("현재 인의 양은 %6.1lfmg입니다.\n\n", amount);
    printf("며칠째 되는 날의 인의 최소 잔량을 구할까요? ");
    scanf("%d", &n);

    days = 0;
    while (1)  // 무한 루프로 처리
    {
        // 새로운 반감기가 지나면 양이 반으로 줄어든다.
        days += half;          // 현재일로부터 지나간 일을 반감기만큼 증가하기
        amount = amount / 2;   // 반감기인 half일을 지나면 양이 반으로 줄어든다.
        printf("%2d일까지의 인의 최소 잔량은 %6.1lfmg 이상 \n", days, amount);

```

지나간 총 일수와 새로운 반감기를 지났을 때 인의 양

```
21            if (days >= n) // 사용자가 입력한 일이 지났다면 반복을 끝내기
22                break;
23        }
24        printf("\n>>그러므로 %2d일 째에는 %6.1lfmg 이상 남아있습니다.\n", n, amount);
25
26        return 0;
27    }
```

• 30일째 되는 날의 인의 최소 잔량

실행결과

```
현재 인의 양은  100.0mg입니다.

며칠째 되는 날의 인의 최소 잔량을 구할까요? 30
14일까지의 인의 최소 잔량은   50.0mg 이상
28일까지의 인의 최소 잔량은   25.0mg 이상
42일까지의 인의 최소 잔량은   12.5mg 이상

>>그러므로 30일 째에는 최소   12.5mg 이상 남아있습니다.
```

• 42일째 되는 날의 인의 최소 잔량

실행결과

```
현재 인의 양은  100.0mg입니다.

며칠째 되는 날의 인의 최소 잔량을 구할까요? 42
14일까지의 인의 최소 잔량은   50.0mg 이상
28일까지의 인의 최소 잔량은   25.0mg 이상
42일까지의 인의 최소 잔량은   12.5mg 이상

>>그러므로 42일 째에는 최소   12.5mg 이상 남아있습니다.
```

• 45일째 되는 날의 인의 최소 잔량

실행결과

```
현재 인의 양은  100.0mg입니다.

며칠째 되는 날의 인의 최소 잔량을 구할까요? 45
10일까지의 인의 최소 잔량은  50.0mg 이상
28일까지의 인의 최소 잔량은  25.0mg 이상
42일까지의 인의 최소 잔량은  12.5mg 이상
56일까지의 인의 최소 잔량은    6.3mg 이상

>>그러므로 45일 째에는 최소    6.3mg 이상 남아있습니다.
```

설명

14: 이 프로그램에서는 무한 루프 형식으로 작성했지만, 21행과 22행을 지우고 14행의 조건식을 (days < n)으로 고쳐도 결과는 같다.

TIP 이 프로그램은 길이가 짧지만 쉽지 않다. 모든 n에 대해 정확한 결과를 얻는지 꼭 확인해야 한다. 특히 초보자의 경우 n 값이 반감기의 배수일 때는 정확한 답을 내지만 다른 세 가지 경우에는 틀리게 작성하는 경우가 많다. 새로운 반감기 이전(즉 42일보다 며칠 전)에 대해서, 새로운 반감기가 지나고 그 다음 반감기가 되기 전(즉 42일보다 며칠 뒤)에 대해서, 반감기인 14일보다 작은 경우에 대해서 결과를 꼭 확인하고 while문의 조건식이나 while문 탈출 조건을 정확하게 작성해야 한다.

5.7.3 do~while문을 이용해 메뉴 프로그램 작성하기

문제 사용자가 그만두기 원할 때까지 한 원의 둘레와 넓이, 구의 부피를 반복해서 구할 수 있는 메뉴 방식의 프로그램을 작성하시오.

분석

- 명확한 반복 횟수를 알 수 없으므로 for문보다 while이나 do~while문을 이용하는 것이 좋다. 일단 사용자에게 한 번은 메뉴를 표시한 후에 선택한 메뉴에 따라 둘레, 넓이 또는 부피를 구하거나 그만두기를 선택해야 하므로 do~while문으로 작성한다.

```
do {
    '1. 원의 둘레 구하기, 2. 원의 넓이 구하기, 3. 구의 부피 구하기, 4. 그만두기' 메뉴 표시
       후 번호 입력받기
    사용자가 선택한 메뉴 번호에 따라 다른 일을 처리하도록 switch문으로 작성
} while (사용자의 선택이 4가 아니라면 계속하기);
```

프로그램 5-28 그만두기를 원할 때까지 여러 메뉴 중 하나를 선택해 실행하기 (ch5-28.cpp)

```
1   #include <stdio.h>
2   #include <conio.h>      // getch 함수를 위한 헤더 파일
3   #include <stdlib.h>     // system 함수를 위한 헤더 파일
4   #define PI 3.141592     // PI를 매크로 상수로 정의, 6.1.1 참고
5
6   int main()
7   {
8       int answer, r;      // 사용자가 선택한 메뉴 번호, 반지름 저장 변수
9       double circum, area, volume;
10
11      do {
12          printf("==============================\n");
13          printf("==   1. 원의 둘레 구하기          ==\n");
14          printf("==   2. 원의 넓이 구하기          ==\n");
15          printf("==   3. 구의 부피 구하기          ==\n");
16          printf("==   4. 그만두기                ==\n");
17          printf("==============================\n");
18          printf("◈ 원하는 내용은? ");
19          scanf("%d", &answer);
20
21          if (answer==1 || answer==2 || answer==3)
22          {
23              printf("\n>> 반지름은? ");
```

← 대신 10행에서 double PI = 3.141592;을 사용해도 된다.

```
24              scanf("%d", &r);
25              printf("\n>> 반지름이 %d인 ", r);
26          }
27
28          switch (answer)
29          {
30              case 1: circum = 2 * PI * r;
31                  printf("원의 둘레는 %6.2lf \n", circum);
32                  break;
33              case 2: area = PI * r * r;
34                  printf("원의 넓이는 %6.2lf \n", area);
35                  break;
36              case 3: volume = 4./3 * PI * r * r * r;
37                  printf("구의 부피는 %6.2lf입니다.\n", volume);
38                  break;
39              case 4: printf("프로그램을 끝냅니다. \n"); exit(0);
40          }
41
42          printf("\n>> 결과를 확인했으면 아무키나 누르세요.");
43          getch();            // 키보드로 문자 한 개 입력받기, 8.13.5 참고
44          system("cls");      // 현재 화면의 내용 지우기
45      } while (answer != 4); // 4.그만두기를 선택하지 않았으면 다시 반복하기
46
47      return 0;
48  }
```

실행 종료 (exit(0))

실행결과

```
==========================================
==  1. 원의 둘레 구하기                ==
==  2. 원의 넓이 구하기                ==
==  3. 구의 부피 구하기                ==
==  4. 그만두기                        ==
==========================================
◈ 원하는 내용은? 2

>> 반지름은? 7

>> 반지름이 7인 원의 넓이는 153.94

>> 결과를 확인했으면 아무키나 누르세요.
```

43행의 getch 함수 호출로 입력을 대기한다.

실행결과

```
==========================================
==  1. 원의 둘레 구하기                ==
==  2. 원의 넓이 구하기                ==
==  3. 구의 부피 구하기                ==
==  4. 그만두기                        ==
==========================================
◈ 원하는 내용은? 4
프로그램을 끝냅니다.
```

43행에서 사용자가 키보드에서 아무 키나 누르면 getch()가 끝나고 44행의 system 호출로 앞의 화면을 깨끗이 지우고 결과 창의 처음부터 메뉴가 다시 나타난다.

설명

21: 선택한 메뉴 번호가 1, 2, 3일 때만 반지름을 입력받는다.

28: 선택한 메뉴 번호에 따라 해당 기능을 처리한다.

43: getch 함수는 키보드로 문자 하나를 입력받는데, 입력받은 문자를 모니터에 출력해주지는 않는다. 따라서 입력받은 문자를 확인하려면 별도로 putch 함수를 사용해야 한다. 굳이 입력받을 문자를 프로그램에서 사용할 필요가 없을 때 43행처럼 사용하여 프로그램 실행을 잠시 중지시키고자 할 때 많이 사용한다.

45: 4가 입력되었을 때는 프로그램을 끝내고 4 이외의 값을 선택하면 다시 반복한다.

5.7.4 입력받은 알파벳 소문자를 대문자로 바꾸기

문제 알파벳 소문자를 입력받아 대문자로 바꾸는 프로그램을 작성하시오. 입력된 문자가 소문자가 아니면 다시 문자를 입력받고 [Esc] 키(키 값은 16진수 0x1b)가 눌리면 프로그램을 종료한다.

분석

- 일단 문자를 한 번은 입력 받은 후에 입력된 문자가 [Esc] 키인지를 보고 반복 여부를 판단하므로 do~while문이 적합하다.
- [Esc] 키의 ASCII 코드 값 0x1b보다는 매크로 상수 ESC를 사용하는 것이 작성하기도 해석하기도 쉽다.
- 입력된 문자가 알파벳 소문자인지 확인하려면 관계 연산자를 사용한다. 'b'는 'a'보다 코드 값이 1 더 크다. 그러므로 'a' < 'b'는 참이 된다. 결국 알파벳 소문자는 'a'보다 크거나 같고 'z'보다 작거나 같다.
- 대문자도 소문자처럼 대문자 'C'가 대문자 'A'보다 코드 값이 2 더 크다. 그러므로 코드 값을 모르더라도 다음 대입문을 통해 소문자를 해당 대문자로 변경할 수 있다.
  대문자 = 'A' + (소문자 – 'a');

프로그램 5-29 알파벳 소문자를 입력받아 대문자로 출력하기 (ch5-29.cpp)

```
1   #include <stdio.h>
2   #include <conio.h>      // getche 함수를 위한 헤더 파일
3   #define ESC 0x1b        // [Esc] 키의 ASCII 코드값을 매크로 상수로 정의, 6.1.1 참고
4                           ← 이 행 대신 10행에서 char ESC = 0x1b;를 사용해도 된다.
5   int main()
6   {
7       char ch, upper;
8
9       do
```

```
10        {
11            printf("알파벳 소문자를 입력하시오. : ");
12            ch = getche();                  // 키보드로 문자 한 개를 입력
13
14            if (ch>='a' && ch<='z')         // ch가 소문자라면
15            {
16                upper = 'A' + ch - 'a'; // 소문자를 대문자로 변경
17                printf("\n변환된 대문자는 %c입니다.\n", upper);
18            }
19            else
20                printf("\n");
21        } while (ch != ESC);                // [Esc] 키가 입력되지 않는 한 반복하기
22
23        return 0;
24    }
```

실행결과

```
알파벳 소문자를 입력하시오. : a
변환된 대문자는 A입니다.
알파벳 소문자를 입력하시오. : s
변환된 대문자는 S입니다.
알파벳 소문자를 입력하시오. : D
알파벳 소문자를 입력하시오. : f
변환된 대문자는 F입니다.
알파벳 소문자를 입력하시오. : g
변환된 대문자는 G입니다.
알파벳 소문자를 입력하시오. :
```

[Esc] 키를 입력해서 종료시킨다.

설명

12: getche 함수는 getchar 함수와 달리 버퍼링 개념을 사용하지 않고 사용자가 키보드를 누르면 문자 한 개가 즉시 입력된다. 그리고 getch 함수와 달리 사용자가 입력한 문자를 화면에 표시한다. 즉, getchar은 버퍼링 개념을 사용하는 문자 입력, getch와 getche는 즉각적인 문자 입력, getch는 사용자가 입력한 문자를 화면에 표시하지 않는다는 특징이 있으므로 세 함수를 필요에 따라 구분하여 사용한다.

21: 사용자가 12행의 getche( ) 실행시 [Esc] 키를 눌렀다면 do~while문을 빠져나와 프로그램이 종료된다.

핵심요약

제어문

문장을 순차적으로 실행하지 않고 필요에 따라 문장의 실행 순서를 제어해야 할 때 제어문(조건문, 반복문, 분기문)을 사용한다.

if~else문

조건식의 결과에 따라 다른 문장을 실행한다. 조건식은 관계 연산자 등을 이용해 괄호 안에 표현되며 결과가 0인 값은 거짓으로, 0이 아닌 값은 참으로 판단한다. 단순 if문은 else 부분이 생략된 문으로 조건식이 참일 경우에만 문장을 실행하며, 판단할 조건식이 많은 다중 분기인 경우에는 중첩된 if문을 사용한다.

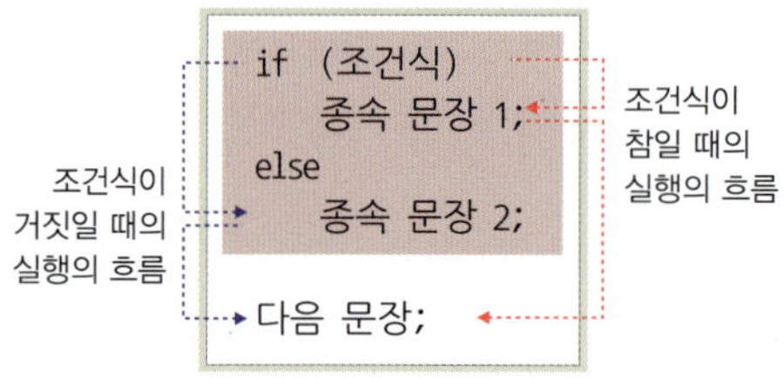

switch~case문

다중 분기일 경우 유용한 조건문이다. 조건식의 값을 평가한 다음, 그 값과 같은 값을 명시한 case 레이블을 찾아 해당 문장을 실행한다. 이때 break문을 만날 때까지 문장을 실행하고, switch문에서 빠져나온다. 만약 조건식의 값이 모든 case에 해당되지 않을 때는 default 레이블 다음에 나오는 문장을 실행한다. 이때 default 레이블이 없다면 switch문을 그냥 빠져나가 다음 문장을 실행한다.

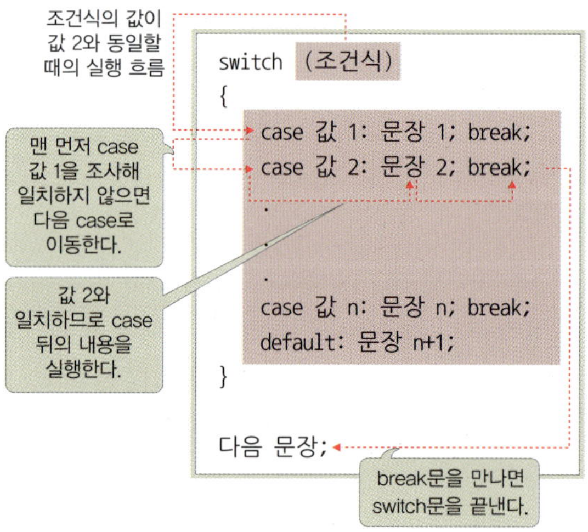

for문

문장을 특정 횟수만큼 반복 처리할 때 사용되는 for문은 초기식, 조건식, 증감 연산의 세 부분으로 구성되며 세미콜론(;)으로 구분된다. 반복 루프가 시작할 때 초기식을 실행하고 조건식을 평가하여 참이면 반복할 문장을 실행하고 증감식을 실행한 후 다시 조건식을 평가한다. 조건식의 결과 값이 거짓이면 반복할 문장을 실행하지 않고 for문을 끝낸다.

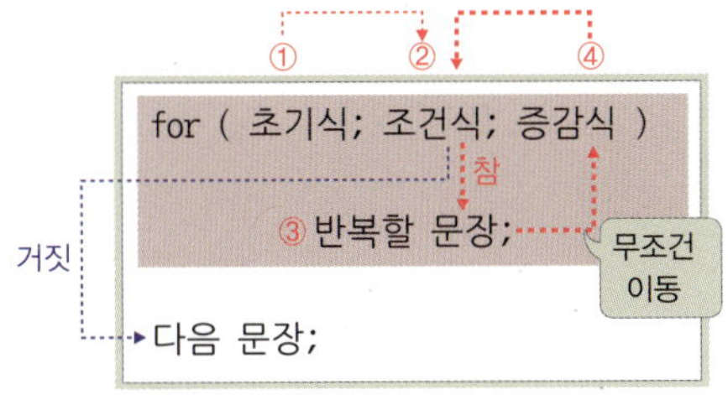

• 반복할 문장이 여러 개라면 { }로 묶어야 한다.

while문

조건식이 참인 동안 문장을 반복 실행한다. 주의할 점은 while문을 시작하는 처음부터 조건식의 값이 거짓일 경우에는 반복할 문장을 한 번도 실행하지 않는다는 것이다.

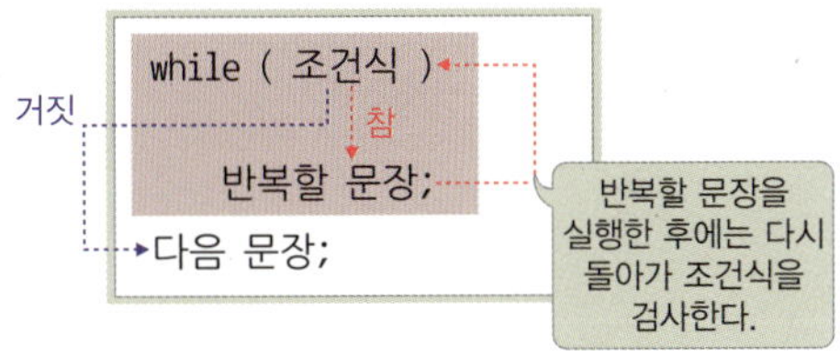

do~while문

일단 반복할 문장을 실행한 다음 조건식을 검사한다. 따라서 for문이나 while문이 처음부터 조건식에 맞지 않을 경우 반복 문장을 한 번도 실행하지 않는 것과 달리 do~while문은 반복할 문장을 반드시 한 번은 실행한다.

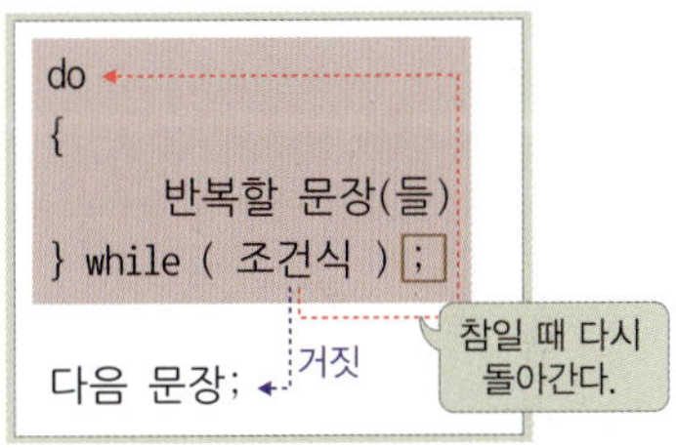

break문

for, while, do~while 반복문이나 switch~case문에서 탈출할 때 사용된다. 조건식이 항상 참이라 빠져나올 수 없는 무한 루프에서 유용하게 쓰인다. if문을 탈출할 때는 사용할 수 없음에 주의한다.

continue문

반복문을 실행하다가 continue문을 만나면 반복문의 시작이나 끝 부분으로 건너뛴다.

goto문

프로그램의 실행 중 레이블(label)이 붙은 위치로 제어를 무조건 이동시킨다.

연습문제

01 반복문인 while문과 do~while문의 차이점을 설명하시오.

02 ①과 ② 각각 논리 연산자를 이용해 if문이 한 번만 나타나도록 수정하시오.

```
① if (x < 10)
     printf("%d\n", x);
   if (x > 20)
     printf("%d\n", x);
```

```
② if (x > 10)
     if (x < 20)
       printf("%d\n", x);
```

03 다음 코드에서 잘못된 부분을 찾아 수정하시오.

```
#include <stdio.h>
int main()
{
    float n;
    printf("입력 : ");
    scanf("%f", &n);

    switch (n)
    case 1.0: printf("%f\n", n);
    case 2.0: printf("%f\n", n+1);
    case 3.0: printf("%f\n", n+2);
    default: printf("실행 종료!");

    return 0;
}
```

```
// 음수, 양수, 0 구분하기
if (n > 0);
      printf("양수");
else (n < 0)
      printf("음수");
else (n == 0)
      printf("0");
```

```
// 1~10의 합 sum 구하기
sum = 0;
for (i=1, i<=10, i+1);
      sum = sum + i;
```

04 다음 프로그램의 실행 결과를 추정한 뒤 직접 실행한 결과 값과 비교해보시오.

```
① #include <stdio.h>
   int main()
   {
      if (10%3 && 1-0)
         printf("ABC");
      else
         printf("DEF");
      printf("G");

      return 0;
   }
```

```
② #include <stdio.h>
   int main()
   {
      int i, j;
      for (i=1; i<=3; i++)
         for (j=1; j<=3; j++)
            i += j;
      printf("i = %d, j = %d\n", i, j);

      return 0;
   }
```

③
```
#include <stdio.h>
int main()
{
    int n = 1;
    while (n++ <= 10)
    {
        if (n == 7) continue;
        printf("n = %d\n", n);
    }

    return 0;
}
```

④
```
#include <stdio.h>
int main()
{
    int n = 1, sum = 0;
    do
    {
        sum = ++n + 5;
    } while (n <= 10);
    printf("sum = %d\n", sum);
}
```

05 다음 프로그램에서 ①은 동일한 결과를 출력하는 while문으로, ②는 동일한 결과를 출력하는 for문으로 변환해 작성하시오.

①
```
int i;
for (i=1; i<=10; i+=3)
{
    if (i % 5 == 0)
        printf("%d\n", i);
}
```

②
```
int i = 10;
while (i >= 0)
{
    printf("%d\n", i);
    i -= 3;
}
```

06 하나의 문자를 입력받고, 입력받은 문자를 알파벳 대문자, 알파벳 소문자, 숫자, 그 외의 문자들로 구별하는 프로그램을 if문을 이용해 작성하시오.

hint 입력받은 단일 문자가 '0'과 '9' 사이의 문자이면 숫자, 'A'와 'Z' 사이의 문자이면 알파벳 대문자, 'a'와 'z' 사이의 문자이면 알파벳 소문자다. 9와 '9'는 정수와 문자로 구분됨에 주의한다.

실행결과
```
문자 입력 : c
알파벳 소문자입니다.
```

실행결과
```
문자 입력 : 5
숫자입니다.
```

07 한 사람의 키와 체중을 입력받아 표준 체중을 계산한 후, 입력받은 사람의 체중과 비교해 저체중인지, 표준인지, 과체중인지를 판단하는 프로그램을 작성하시오. 표준 체중과의 차이가 ±5 이내라면 표준으로 간주한다.

hint 표준 체중 = (키 – 100) * 0.9

실행결과
```
키 : 173
체중 : 78.6
당신은 과체중입니다.
```

실행결과
```
키 : 173
체중 : 61.5
당신은 표준 체중입니다.
```

08 월을 입력받아 몇 분기인지를 출력하는 프로그램을 switch~case문을 이용해 작성하시오.

hint 1~3월(1사분기), 4~6월(2사분기), 7~9월(3사분기), 10~12월(4사분기)

실행결과
```
월 입력 : 7
>> 3사분기입니다.
```

09 키보드로 태어난 년도를 입력받아 그 해의 띠를 출력하는 프로그램을 switch문으로 작성하시오.

hint 입력받은 년도를 12로 나눈 나머지를 구하여 띠를 판단하도록 한다. 나머지가 0, 1, 2, 3, 4, 5, 6, 7, 8, 9, 10, 11일 때 각각 원숭이띠, 닭띠, 개띠, 돼지띠, 쥐띠, 소띠, 범띠, 토끼띠, 용띠, 뱀띠, 말띠, 양띠다.

실행결과
```
태어난 해를 입력하세요 : 1996
>> 당신은 쥐띠입니다.
```

10 키보드로 정수 하나와 계산 방법을 입력받은 뒤 계산 방법이 1이면 입력된 수를, 2이면 2배수를, 3이면 3배수를 출력하는 프로그램을 switch~case문을 이용해 작성하시오. 계산 방법으로 1, 2, 3 외의 입력이 들어오는 경우에는 '잘못된 연산자입니다.'라는 메시지를 출력한다.

실행결과
```
수 입력 : 5
계산법(1, 2, 3) : 2
입력한 수 5의 2배수는 10입니다.
```

11 양의 정수 하나를 입력받고, 입력받은 수가 소수(prime number)인지 판단하는 프로그램을 작성하시오.

hint 소수는 1과 자기 자신만으로 나누어지는 1보다 큰 양의 정수를 말한다. 예를 들면 2, 3, 5, 7, 11, 13, …이다. 입력받은 수 n이 소수인지를 판단하려면 n을 2부터 (n−1) 사이의 정수로 나누어 어떤 수로도 나누어지지 않는지 확인한다.

실행결과

```
양의 정수 n : 27
>> 27는(은) 소수가 아닙니다.
```

실행결과

```
양의 정수 n : 31
>> 31는(은) 소수입니다.
```

12 숫자 하나(n)를 입력받은 후, 3의 배수를 그 개수(n)만큼 출력하는 프로그램을 작성하시오.

hint

```
while (   ) // n을 1씩 감소시켜 0이 되면 while문을 탈출하도록 한다.
{
    3의 배수(3×1, 3×2, …)를 출력
}
```

실행결과

```
출력할 3의 배수의 개수는 : 10
3 6 9 12 15 18 21 24 27 30
```

13 score에 저장된 점수가 70이하면 '하', 71~90이면 '중', 91이상이면 '상'으로 출력하려고 한다. 다음 왼쪽 if문은 결과가 정상적이지만, 오른쪽 if문은 score가 60일 때 '하중상'으로 잘못 출력된다. 이유를 적으시오.

```
// 올바른 if문
if (score <= 70)
    printf("하");
else if (score <= 90)
    printf("중");
else
    printf("상");
```

```
// 잘못된 if문
if (score <= 70)
    printf("하");
if (score <= 90)
    printf("중");
if (score <= 100)
    printf("상");
```

14 입력 단위(cm, inch)와 값을 입력받은 후, 입력 단위가 cm이면 inch로, inch이면 cm로 변환하는 프로그램을 조건문을 이용해 작성하시오. 단, 입력 단위가 cm이면 문자 'c'나 'C'를, inch이면 'i'나 'I'를 입력한다. 1inch는 2.54cm에 해당하며 출력 값은 소수 두 자리로 나타낸다.

실행결과
```
입력 단위가 cm이면 'c'나 'C'를, inch이면 'i'나 'I'를 입력하세요.
입력 단위 : i
입력 값 : 2

입력한 2.00inch는 5.08cm입니다.
```

15 어떤 수를 입력받고 입력받은 수보다 작은 소수를 전부 출력하는 프로그램을 작성하시오.

hint 소수인지 판단해야하는 수들은 2부터 입력받은 수(max)까지며, 소수 판단은 앞의 연습문제 11의 프로그램을 이용한다.

```
while(n<max) // 2부터 max까지의 모든 수를 소수인지 판단함. n 값은 2로 초기화
{
    // 소수 판단(연습문제 11)
}
```

실행결과
```
최대 몇까지의 소수를 출력? 50
2 3 5 7 11 13 17 19 23 29 31 37 41 43 47
```

16 1~n의 합 중 1000을 넘지 않는 가장 큰 합과 그때의 n을 구하는 프로그램을 작성하시오.

hint 숫자를 1부터 1씩 증가하며 합계를 구하는 과정을 합계가 1000을 넘을 때까지 반복한다.

```
while(1)
{
    // 합계를 구하여 1000을 넘으면 루프를 탈출하도록 한다.(break문 이용)
}
```

실행결과
```
1부터 44까지의 합이 990입니다.
```

17 다음 수식을 계산하는 프로그램을 작성하시오. (for문 이용)

$$\sum_{i=1}^{n} i^2 = 1^2 + 2^2 + 3^2 + \cdots + n^2$$

```
실행결과
제곱의 합을 구할 n을 입력 : 10
1부터 10까지의 제곱의 합은 385입니다.
```

18 구구단(2단~9단)을 출력하는 프로그램을 작성하시오. 이때 단 사이는 한 행씩 띄우며 출력하도록 한다.

hint 이중 for문을 이용한다.

```
for (dan=2; dan<=9; dan++)
    for (i=1; i<=9; i++)
```

```
실행결과
2 * 1 =  2
2 * 2 =  4
   …
2 * 9 = 18

3 * 1 =  3
3 * 2 =  6
   …
3 * 9 = 27

4 * 1 =  4
4 * 2 =  8
   …
4 * 9 = 36

   …

9 * 1 =  9
9 * 2 = 18
   …
9 * 9 = 81
```

(dan 값, i 값, dan*i 값, %2d로 자리 맞추기)

19 구구단(2단~9단)을 가로로 출력하는 프로그램을 작성하시오.

hint 가로 출력은 이중 for문을 돌릴 때 제어 변수를 바꿔서 지정해주면 간단히 해결할 수 있다.

```
실행결과
2*1 =  2 3*1 =  3 4*1 =  4 5*1 =  5 6*1 =  6 7*1 =  7 8*1 =  8 9*1 =  9
2*2 =  4 3*2 =  6 4*2 =  8 5*2 = 10 6*2 = 12 7*2 = 14 8*2 = 16 9*2 = 18
2*3 =  6 3*3 =  9 4*3 = 12 5*3 = 15 6*3 = 18 7*3 = 21 8*3 = 24 9*3 = 27
2*4 =  8 3*4 = 12 4*4 = 16 5*4 = 20 6*4 = 24 7*4 = 28 8*4 = 32 9*4 = 36
2*5 = 10 3*5 = 15 4*5 = 20 5*5 = 25 6*5 = 30 7*5 = 35 8*5 = 40 9*5 = 45
2*6 = 12 3*6 = 18 4*6 = 24 5*6 = 30 6*6 = 36 7*6 = 42 8*6 = 48 9*6 = 54
2*7 = 14 3*7 = 21 4*7 = 28 5*7 = 35 6*7 = 42 7*7 = 49 8*7 = 56 9*7 = 63
2*8 = 16 3*8 = 24 4*8 = 32 5*8 = 40 6*8 = 48 7*8 = 56 8*8 = 64 9*8 = 72
2*9 = 18 3*9 = 27 4*9 = 36 5*9 = 45 6*9 = 54 7*9 = 63 8*9 = 72 9*9 = 81
```

20 키보드로 정수 n을 입력받아 n!(factorial)을 구하는 프로그램을 작성하시오.

hint n!의 정의는 다음과 같다.

n = 0일 때 n! = 1
n >= 1일 때 n! = n × (n-1) × (n-2) × … × 1

```
실행결과
숫자를 입력하세요 : 5
5! = 120
```

21 양의 정수 a와 b를 입력받은 후, 1 이상 100 이하의 정수 중 a의 배수지만 b의 배수가 아닌 수를 모두 출력하는 프로그램을 작성하시오.

hint 어떤 수 i가 출력되기 위해서는 a로는 나누어지고 b로는 나누어지지 않아야 한다.

```
(i%a)==0 && (i%b)!=0
```

```
실행결과
두 개의 정수 입력: 5 3
5의 배수이지만 3의 배수는 아닌 수
5 10 20 25 35 40 50 55 65 70 80 85 95 100
```

22 반복문을 이용해 다음과 같은 패턴을 출력하는 프로그램을 작성하시오.

실행결과
```
*********
*       *
*       *
*       *
*       *
*       *
*       *
*       *
*********
```

실행결과
```
    *
   ***
  *****
 *******
*********
 *******
  *****
   ***
    *
```

실행결과
```
1
12
123
1234
12345
123456
1234567
12345678
123456789
```

실행결과
```
123456789
12345678
1234567
123456
12345
1234
123
12
1
```

23 원하는 피보나치의 개수를 입력해서 그 개수만큼 수열이 출력되는 프로그램을 작성하시오.

hint 피보나치 수는 0과 1로 시작하며, 다음 피보나치 수는 바로 앞의 두 피보나치 수의 합이 된다. 피보나치 수열의 정의는 다음과 같다.

$$f_0 = 0$$
$$f_1 = 1$$
$$f_{i+1} = f_i + f_{i-1}, i = 1, 2, \ \dots$$

실행결과
```
피보나치 개수 입력 : 12

*** 피보나치 수열 ***
 0, 1, 1, 2, 3, 5, 8, 13, 21, 34, 55, 89입니다.
```

24 자연수 두 개 입력받은 후, 최대 공약수를 구하는 프로그램을 while문을 이용해 작성하시오.

hint 최대공약수를 구하는 알고리즘은 다음과 같다.

① 두수 중 큰 수를 x, 작은 수를 y라 한다.

② y = 0이면 최대공약수는 x이며 프로그램을 종료한다.

③ r = x % y

④ x = y

⑤ y = r

⑥ 다시 ②로 되돌아간다.

실행결과

```
두 개의 정수를 입력하시오 : 12 8
최대 공약수는 4입니다.
```

25 구간 $[a, b]$에서 연속인 함수 $f(x) = x^2(f(x) \geq 0)$에 대해 $x = a,\ x = b,\ y = f(x)$로 둘러싸인 넓이(정적분)는 다음과 같이 정의된다.

$$S(x) = \int_a^b f(x)dx = \int_a^b x^2 dx$$

구분구적법을 이용하여 $f(x)$의 정적분 값을 계산하시오.

hint 주어진 평면도형의 넓이를 구하기 위해 주어진 도형을 충분히 작은 n개의 기본도형으로 세분하고, 이 기본 도형들의 넓이의 합을 정적분의 근삿값으로 취하는 것이 구분구적법이다. 적분 값과 근삿값의 오차를 줄이려면 n을 될 수 있는 한 큰 값으로 설정해야 한다.

– n : 정수로서 적분 구간을 몇 개로 나눌 것인지의 값

– dx : 주어진 구간[a, b]를 n개의 사각형으로 나누었을 때, 가로 길이에 해당하는 변수

– x : 사각형의 왼쪽 x 좌표값, 다음 사각형의 왼쪽 x 좌표값은 x+dx

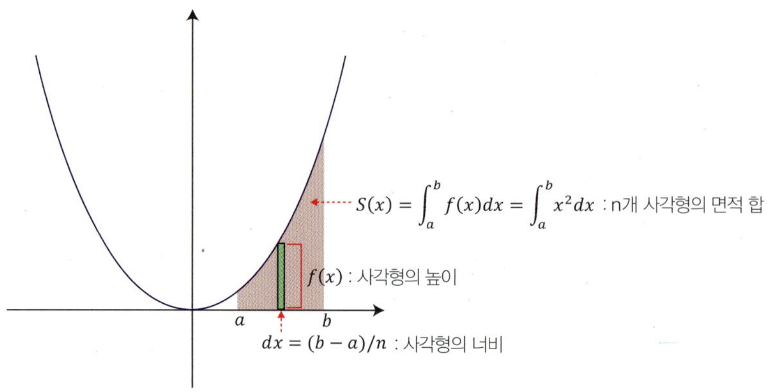

실행결과

```
적분 구간 시작은? 1
적분 구간 끝은? 3
n(적분 구간의 개수)은? 10000

f(x) = x²의 [1.0, 3.0] 구간의 적분 근사치는 8.668입니다.
```

26 다음 조건을 만족시켜 369게임 프로그램을 작성하시오.(sprintf(), strchr() 함수 이용)

① 1부터 999까지의 진행 결과만 출력한다.

② 숫자가 3의 배수이거나 숫자에 3이 들어간 경우에는 박수를 친다.

③ 한 행에 열한 개를 출력한다.

④ 박수를 쳐야 할 위치에서는 대문자 P를 출력한다.

hint – sprintf()가 printf()와 다른 것은 printf()가 출력 대상을 stdout 즉, 콘솔 화면에 출력해주는 데 반해 sprintf()는 지정한 문자열에 출력해준다는 것이다.

```
a = 10;
char str[100];
printf("a : %d", a);            // printf는 콘솔 화면에 'a : 10' 출력
sprintf(str, "a : %d", a);      // sprintf는 str 문자열에 "a : 10" 문자열을 할당
```

– strchr()는 문자열 내에서 지정한 문자가 처음으로 발견되는 위치를 구하는 문자열 검색 함수다. 문자 ch가 발견될 때까지 문자열 str을 왼쪽에서 오른쪽으로 검색하고, 동일 문자를 발견하면 해당 문자의 포인터 값을, 없으면 NULL을 반환한다. strchr 함수를 사용하려면 #include 〈string.h〉가 필요하다.

```
char *strchr(char *str, int ch);
```

– 정수 13 대신 'P'를 출력하려면 sprintf 함수를 이용해 정수 13을 str 문자열에 저장한 후, strchr(str, 3)의 결과 값이 NULL이 아니라면 str 문자열에 3이 포함되어 있다는 뜻이므로 'P'를 출력한다.

실행결과

```
  1    2    P    4    5    P    7    8    P   10   11
  P    P   14    P   16   17    P   19   20    P   22
  P    P   25   26    P   28   29    P    P    P    P
  P    P    P    P    P    P   40   41    P    P   44
  P   46   47    P   49   50    P   52    P    P   55
 56    P   58   59    P   61   62    P   64   65    P
 67   68    P   70   71    P    P   74    P   76   77
  P   79   80    P   82    P    P   85   86    P   88
 89    P   91   92    P   94   95    P   97   98    P
100  101    P    P  104    P  106  107    P  109  110
  P  112    P    P  115  116    P  118  119    P  121
                          …
```

chapter

6 전처리기

6.0 개요

전처리기(preprocessor)는 소스(source) 프로그램을 오브젝트(object) 프로그램으로 컴파일하기 전에 수행되는 프로그램으로, 프로그래머가 작성한 소스 파일이 컴파일될 수 있도록 준비하는 역할을 한다. 전처리기가 파일 포함이나 문자열 치환과 같은 문법 외적인 작업을 먼저 수행하는 것을 소스 프로그램을 전처리(preprocessing)한다고 한다. 전처리기는 일반적으로 컴파일러에 포함되어 있고 자동으로 실행되므로 사용자가 별도로 신경을 쓰지 않아도 된다.

[그림 6-1]은 소스 파일에서 실행 파일을 생성하는 과정을 보여준다.

그림 6-1 실행 파일의 생성 과정

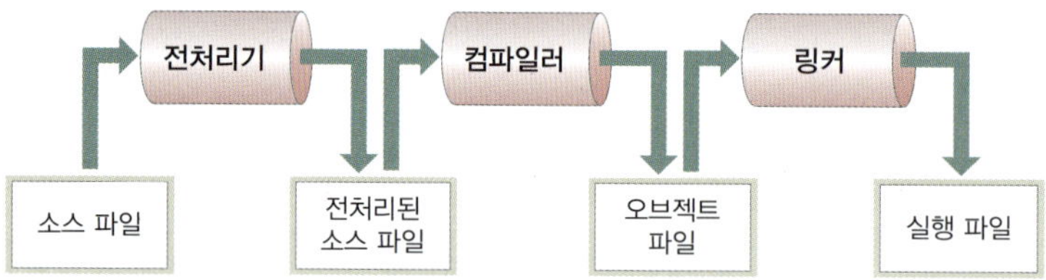

프로그램 소스 파일은 전처리기에 의해 전처리 과정을 거치면 수정된 소스 파일이 생성된다. 이 수정된 소스 파일이 C 컴파일러의 입력으로 사용되고 컴파일 과정을 거치면서 오브젝트 파일이 된다. 전처리 과정을 거친 수정된 소스 파일은 컴파일이 끝난 다음에 삭제되기 때문에 사용자에게는 보이지 않는다.

전처리기를 위한 전처리기 지시자는 다른 파일을 포함하거나 소스 파일의 특정 문자열을 다른 문자열로 대치할 때, 그리고 조건에 따라서 코드 일부를 컴파일하거나 하지 않도록 할 때 사용한다. 일반 C 문장과 달리 전처리기 지시자는 '#'으로 시작하므로 쉽게 구별할 수 있다. 헤더 파일을 포함하기 위해 지금까지 사용한 #include가 바로 전처리기 지시자다. 그리고 전처리기 지시자는 컴파일러가 아닌 전처리기에 의해 처리되므로 명령어의 끝에 세미콜론(;)을 붙이지 않으며 한 행에 하나의 지시자만 쓸 수 있다. 이제 본격적으로 전처리기에서 사용되는 지시자를 살펴보자.

6.1 #define 지시자

#define 지시자는 특정 기호 상수(symbolic constant)를 프로그래머가 정의한 치환 문자열

로 대체하는 역할을 한다. 프로그램에서 상수를 직접 사용하면 의미를 이해하기 어려울 뿐 아니라 변경할 때도 해당 상수를 일일이 찾아 변경해야 한다. 이런 경우 상수를 직접 사용하지 않고 #define 지시자로 이름을 정의하면 프로그램의 유지보수가 쉬워진다. #define으로 정의하는 매크로는 인수를 가지지 않고 단순히 치환만 되는 매크로 상수와 함수처럼 인수를 가지는 매크로 함수로 나뉜다.

6.1.1 매크로 상수

매크로 상수를 정의하는 기본 형식은 다음과 같다.

형식 매크로 상수

```
#define 매크로명 치환할 값
```

← 소스 프로그램에서 매크로명이 있는 자리를 치환할 값으로 바꾼다.

예
```
#define MAX 100      // MAX를 100으로 정의
#define NUM MAX-1    // NUM을 MAX-1로 정의
```

#define문은 #define 다음에 오는 첫 식별자를 매크로명으로 인식하고 그 뒤의 공백 다음의 내용을 치환할 값으로 받아들인다. 따라서 매크로명에는 공백이 들어가지 않아야 한다. 매크로명은 일반 변수와 구별하기 위해 대문자를 사용하는 것이 관례지만 제한이 있는 것은 아니다. 또 하나 주의할 점은 #define 지시자는 한 행에 한 개씩 정의해야 한다는 것이다. 이는 모든 전처리 지시자에 해당되는 사항이다.

매크로 상수를 정의하면 전처리기는 소스 파일의 주석과 " "로 묶은 문자열이 사용된 곳을 제외한 모든 곳에서 매크로명을 찾아 정의한 값으로 치환한다. 매크로 상수의 치환할 값은 정수형 상수, 실수형 상수, 문자열 상수뿐만 아니라 함수 이름이나 자료형 이름도 가능하다. 사실 치환할 값은 단순히 문자들의 모임으로 취급되어 매크로 상수 자리에 대입되기 때문이다.

예
```
#define PI 3.1415
area = PI * r * r;
```
← 실수형 상수를 매크로 상수로 정의
area = 3.1415 * r * r;로 치환한다.

예
```
#define MSG "잘못된 입력입니다."
if (i<0) printf(MSG);
```
← 문자열 상수를 매크로 상수로 정의
if (i<0) printf("잘못된 입력입니다.");로 치환한다.

예
```
#define PRT printf
PRT("Hello!");
```
← 함수 이름을 매크로 상수로 정의
printf("Hello!");로 치환한다.

예
```
#define UNINT unsigned int
UNINT i;
```
← 데이터형 이름을 매크로 상수로 정의
unsigned int i;로 치환한다.

매크로 상수를 사용하면 어떤 점이 좋을까? 프로그램 가독성이 높아져 이해하기 좋고 프로그램 수정이 쉬워진다. 다음과 같이 MAX 값이 100에서 1000으로 변경되면 #define문의 MAX 값만 변경해주면 된다.

```
#define MAX 100
for (i=1; i<MAX; i++)…
avg = sum / MAX;
```

→

```
#define MAX 1000
for (i=1; i<MAX; i++)…
avg = sum / MAX;
```

여기만 수정

하지만 다음과 같이 매크로를 사용하지 않으면 프로그램에서 숫자가 사용된 위치를 모두 찾아 일일이 변경해줘야 한다.

```
for (i=1; i<100; i++)…
avg = sum / 100;
```

→

```
for (i=1; i<1000; i++)…
avg = sum / 1000;
```

모두 수정

다음은 #define 지시자를 이용해 비트 연산자 &, |, ^, ~를 매크로 상수 AND, OR, XOR, NOT으로 정의한 프로그램이다.

프로그램 6-1 매크로 상수 정의하기 (ch6-1.cpp)

```
#include <stdio.h>
#define AND &
#define OR |
#define XOR ^
#define NOT ~

int main()
{
    int x = 5, y = 6;

    printf("x & y = %d \n", x AND y);
    printf("x | y = %d \n", x OR y);
    printf("x ^ y = %d \n", x XOR y);
    printf("~x = %d \n", NOT x);

    return 0;
}
```

실행결과

```
x & y = 4
x | y = 7
x ^ y = 3
~x = -6
```

설명

2~5: #define 지시자를 이용해 비트 연산자(&, |, ^, ~)를 매크로 상수(AND, OR, XOR, NOT)로 정의

11:

```
    x = (0101)2 = (5)10
    y = (0110)2 = (6)10
----------------------
x & y = (0100)2 = (4)10
```

12:

```
    x = (0101)2 = (5)10
    y = (0110)2 = (6)10
----------------------
x | y = (0111)2 = (7)10
```

13:

```
    x = (0101)2 = (5)10
    y = (0110)2 = (6)10
----------------------
x ^ y = (0011)2 = (3)10
```

14:

```
    x = (0101)2 = (5)10
----------------------
   ~x = (1010)2 = (-6)10
```

6.1.2 매크로 함수

매크로 함수는 매크로 상수처럼 문자열을 치환하는 기능을 하지만 8장에서 자세히 소개하는 함수처럼 인수를 갖는다는 차이가 있다. 매크로 함수를 사용하면 컴파일 속도가 빨라진다. 컴파일을 할 때 함수가 호출(8장 참고)되는 개념이 아니라 호출된 곳에 코드가 직접 삽입되기 때문이다. 전처리기는 매크로 함수가 사용된 곳을 찾아 () 안에 있는 매크로 함수의 인수를 치환할 내용에 매핑하여 문자열 치환을 수행한다.

형식 매크로 함수

#define 매크로 함수명(인수1, 인수2, …) 치환할 내용

예

```
#define ADD(x, y)    ((x) + (y))
#define SQUARE(x)    ((x) * (x))
```

← 괄호는 무조건 치고 보자!

매크로 함수는 함수처럼 보이지만 실제 함수가 아니다. 컴파일 시에 인수의 자료형 검사를 하지 않으며, 전처리 단계에서 매크로 함수가 사용된 곳마다 정해진 코드로 치환된다. 이때 주의할 점은 문자열 치환 과정 후 연산자 우선순위 문제로 잘못된 결과가 발생할 수도 있으므로 매크로 함수를 정의할 때 치환할 내용에 포함된 모든 인수를 반드시 ( )로 묶어줘야 한다는 것이다.

예

```
#define SQUARE1(x) x * x
#define SQUARE2(x) ((x) * (x))
result1 = SQUARE1(2 + 3); // 잘못된 결과를 얻음
result2 = SQUARE2(2 + 3); // 올바른 결과를 얻음
```

*result1 = 2 + 3 * 2 + 3;으로 치환한다. ⇒ result1는 11*

*result2 = ((2 + 3) * (2 + 3));으로 치환한다. ⇒ result2는 25*

#define문은 반드시 한 행으로만 작성해야 한다. 여러 행으로 된 매크로 함수를 정의하려면 각 행의 맨 끝에 \를 써준다.

예

```
#define TEST(x)    if (x % 2 == 0) printf("짝수입니다.");\
                   else printf("홀수입니다.");
```

\ : 행 분리 표시

이제 매크로 함수를 사용할 때의 장단점을 살펴보자. 매크로 함수는 실제 함수 호출이 일어나지 않으므로 함수 호출의 오버헤드(8.6.1 참고)를 줄일 수 있기 때문에 프로그램 실행 속도가 빨라지는 장점이 있다. 하지만 매크로 함수를 사용하는 곳마다 정의된 코드로 치환되므로 매크로 함수를 여러 번 호출하면 코드가 여러 번 복사된다. 일반 함수 호출시 함수 코드를 한 번만 컴파일해두고 같은 주소의 코드를 필요할 때마다 반복 호출하는 것과 비교하면 프로그램 크기가 커지는 단점이 있다. 따라서 크기가 작은 함수만 매크로 함수로 정의하는 것이 효과적이다.

[프로그램 6-2]는 매크로 함수를 정의해 반지름을 입력받아 원의 둘레와 넓이를 구하는 프로그램이다.

프로그램 6-2 **매크로 함수 정의하기 (ch6-2.cpp)**

```
1   #include <stdio.h>
2   #define PI 3.141592
3   #define CIRCUM(r) (2 * PI * (r))
4   #define AREA(r) (PI * (r) * (r))
5
6   int main()
7   {
8       int radius;
9
10      printf("원의 반지름 radius(cm)의 값은? ");
11      scanf("%d", &radius);
12      printf("원의 둘레는 %.2f(cm)이고\n", CIRCUM(radius));
13      printf("원의 넓이는 %.2f(cm²)입니다.\n", AREA(radius));
14
15      return 0;
16  }
```

매크로 상수 정의 (2행)

매크로 함수 정의 (3~4행)

PI: 2행으로 인해 3.141592로 치환된다.

```
원의 반지름 radius(cm)의 값은? 5
원의 둘레는 31.42(cm)이고
원의 넓이는 78.54(cm²)입니다.
```

설명

12: CIRCUM(radius)은 (2 * 3.141592 * (radius))로 치환된다.

13: AREA(radius)은 (3.141592 * (radius) * (radius))로 치환된다.

6.2 #include 지시자

#include는 파일을 포함하라는 지시자라로 헤더 파일을 포함하기 위해 이미 사용한 바 있다. 프로그램에서 함수를 사용할 때는 프로그램 안에 해당 함수에 대한 원형(prototype) 선언이 반드시 포함되어 있어야 한다. 프로그래머가 사용한 라이브러리 함수인 printf나 scanf가 프로그램 안에 정의되어 있지 않더라도 사용할 수 있었던 이유는 해당 함수의 원형 선언 및 관련 내용이 포함된 헤더 파일을 소스 프로그램에 포함시켰기 때문이다(#include 〈stdio.h〉). 이와 같이 프로그램에서 라이브러리 함수를 사용할 때는 해당 함수에 필요한 헤더 파일을 #include 지시자를 이용해 포함시켜야 한다. 그리고 프로그래머가 직접 만든 다른 프로그램 파일이나 매크로 상수 또는 함수 정의를 포함한 헤더 파일도 #include를 사용해 포함시킬 수 있다.

형식 **#include 지시자**

#include 〈라이브러리 헤더 파일〉 또는 #include "라이브러리 헤더 파일"
#include "사용자 정의 헤더 파일"
#include "사용자 정의 파일"

예

```
#include <stdio.h>   ┐ 라이브러리 헤더 파일
#include <stdlib.h>  ┘
#include "C:\user\userlib.h"  ← 사용자 정의 헤더 파일
#include "test.cpp"  ← 사용자 정의 파일
```

C 컴파일러가 제공하는 표준 라이브러리에 대한 헤더 파일([그림 6-2]의 파일)은 파일명을 〈 〉 또는 " "로 묶을 수 있지만, 사용자가 직접 만든 매크로 정의, 함수 정의, 함수 원형 선언, 자료형 재정의 등을 포함한 헤더 파일은 " "만 사용할 수 있다.

그림 6-2 C 컴파일러가 제공하는 include 폴더

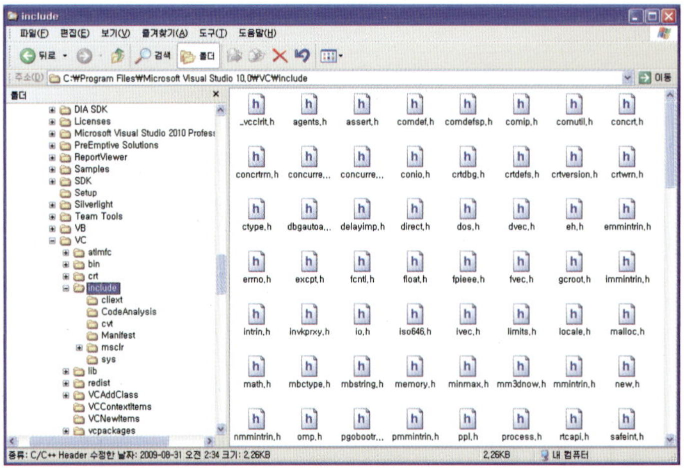

프로그래머가 직접 작성한 헤더 파일을 현재 소스 프로그램 파일이 저장된 폴더에서 찾아서 포함하려면 " "를 사용해야 한다. 만약 소스 파일이 있는 폴더에서 지정한 헤더 파일을 찾지 못하면 C 컴파일러의 include 폴더를 검색하고 그래도 찾을 수 없으면 컴파일 에러가 발생한다. " " 안에는 포함할 헤더 파일의 절대 경로를 지정할 수 있다.

라이브러리 헤더 파일도 " "를 이용해 포함할 수 있다. 하지만 소스 파일에 라이브러리 헤더 파일과 이름이 같은 파일이 있으면 그것을 우선적으로 포함한다.

[표 6-1]은 C 컴파일러가 포함하고 있는 대표적인 표준 라이브러리 함수 중 일부다.

표 6-1 표준 라이브러리 함수와 헤더 파일

헤더 파일	기능	함수
stdio.h	표준 입출력 함수	scanf(), printf(), gets(), puts(), …
stdlib.h	기본 라이브러리 함수	rand(), exit(), atoi(), …
string.h	문자열 처리 함수	strcpy(), strlen(), strcmp(), …
conio.h	콘솔 입출력 함수	getch(), putch(), …
math.h	수학 관련 함수	abs(), sin(), sqr(), …
time.h	시간 관련 함수	time(), localtime(), asctime(), …
ctype.h	문자 분류 함수	isalpha(), islower(), isspace(), …
memory.h	메모리 관련 함수	memcpy(), memset(), memmove(), …

확장자 .h를 사용하는 헤더 파일은 다른 소스 파일에 정의된 함수나 전역 변수를 사용하는 데 필요한 정보를 가지고 있다. 확장자가 .c나 .cpp인 소스 파일은 C 컴파일러나 C++ 컴파일러에 의해 컴파일되고, 확장자가 .h인 헤더 파일은 전처리기 지시자인 #include에 의해 소스 파일 안에 포함된다. 즉 #include 지시자는 지정한 파일의 내용을 이 문장이 있는 위치에 복사

해 넣어 준다. 따라서 전처리기가 먼저 헤더 파일의 내용을 소스 파일로 복사해온 다음 C 컴파일러가 소스 파일을 컴파일하므로, 헤더 파일의 내용이 포함된 형태로 소스 파일이 컴파일되는 것이다.

그림 6-3 #include 지시자에 의한 전처리 과정

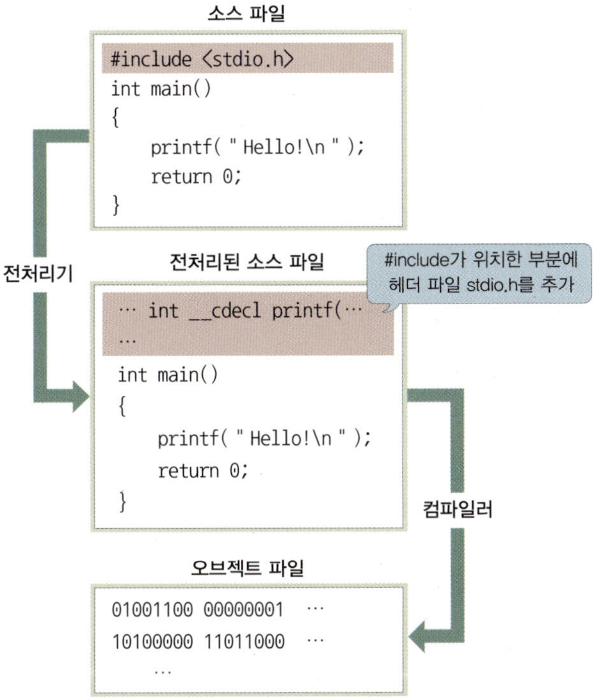

지금까지는 소스 파일을 하나만 사용했으나 복잡한 프로그램을 작성하거나 여러 프로그래머가 공동으로 개발하는 경우에는 소스 파일을 여러 개로 나누는 것이 좋다. 소스 파일을 여러 개로 나누어 작성할 때는 대개 관련 함수나 변수를 한 파일로 모아 작성한다. 그래야 프로그램 유지 보수가 편리해지기 때문이다. 이때 한 소스 파일에서 다른 소스 파일을 참조할 경우가 발생한다. 이와 같이 서로 다른 소스 파일이 필요한 정보를 공유할 때도 헤더 파일을 사용하게 된다. 즉 헤더 파일은 다른 소스 파일에 정의된 함수나 전역 변수를 사용하는 데 필요한 정보를 가지고 있으며 이 정보를 사용하기 위해 전처리 지시자인 #include를 사용한다.

[프로그램 6-3]과 같이 사용자가 직접 만든 헤더 파일(ch6-3.h)을 [프로그램 6-4]에서 참조하는 예를 살펴보자.

프로그램 6-3 사용자가 직접 작성한 헤더 파일 (ch6-3.h)

```
#define NAME "홍길동"        // 매크로 상수 NAME을 "홍길동"으로 정의
#define AGE 20              // 매크로 상수 AGE를 20으로 정의
```

프로그램 6-4 #include 지시자를 이용해 [프로그램 6-3]을 포함하기 (ch6-4.cpp)

```
1    #include <stdio.h>
2    #include "ch6-3.h"
3
4    int main()
5    {
6        printf("내 이름은 %s이고, 나이는 %d세입니다.\n", NAME, AGE);
7
8        return 0;
9    }
```

표준 C 라이브러리 헤더 파일

사용자 정의 헤더 파일

ch6-3.h 헤더 파일에 정의된 매크로 상수

실행결과

```
내 이름은 홍길동이고, 나이는 20세입니다.
```

설명

1: printf() 함수를 사용하기 위해 C 표준 라이브러리에 있는 stdio.h 헤더 파일을 포함해야 한다.

2: 사용자가 직접 만든 헤더 파일 ch6-4.cpp를 포함하려면 " "를 이용한다. 일반적으로 ch6-3.cpp 파일은 [프로그램 6-3]과 같이 프로그램 소스 파일인 ch6-4.cpp와 같은 폴더에 있어야 하며, 같은 위치에 있지 않을 때는 " " 안에 절대 경로까지 지정해줘야 한다.

6: 매크로 상수 name과 age의 정의를 새로운 헤더 파일인 [프로그램 6-3]으로 만들어 기술하였다. 사용자가 헤더 파일을 직접 생성하려면 메뉴 [파일]-[새로 만들기]-[파일]을 선택한다. [새 파일] 대화상자가 나타나면 [Visual C++] 탭의 헤더 파일(.h)을 선택하고 헤더 파일 이름(ch6-3.h)을 입력한다.

사용자가 작성한 헤더 파일은 별도로 컴파일을 할 필요가 없다. main() 함수를 포함하고 있는 프로그램 소스 파일인 ch6-4.cpp만 컴파일하여 실행하면 전처리 지시자에 의해 헤더 파일이 포함되어 컴파일되고 실행된다.

6.3 조건부 컴파일을 위한 지시자

조건부 컴파일 지시자는 특정 조건을 만족할 때만 코드를 선택적으로 컴파일하도록 하는 기능으로 이식성이 높은 코드를 개발하는 데 유용하다. 이식성이 높다는 것은 특정 컴파일러에서 작성한 프로그램을 다른 컴파일러에서도 수정 없이 컴파일하여 실행 파일을 만들 수 있음을 의미한다.

6.3.1 #if

가장 기본이 되는 조건부 컴파일 지시자는 #if다. 전처리기는 #if를 만나면 조건식이 참일 때 '문장 1'을, 거짓일 때 '문장 2'를 소스 파일에 삽입한다. 즉 두 문장 중 한 개만 선택하여 소스 파일에 포함시키므로 컴파일러가 선택한 문장만 컴파일하게 된다. #if문의 조건식에는 매크로를 정수와 비교하는 관계 연산자가 주로 사용된다. 물론 산술 연산자나 논리 연산자 등도 사용할 수 있다. 단 매크로를 정수와 비교하거나 연산할 수 있지만 실수나 문자열과 비교하는 것은 불가능하다.

형식 **#if를 이용한 조건부 컴파일**

```
#if    조건식
       문장 1;
#else
       문장 2;
#endif
```

예

```
#if (WINVER >= 0x0501)
      printf("윈도우 7 사용\n");
#else
      printf("윈도우 7 이외의 윈도우 사용\n");
#endif
```

조건문을 만드는 if문은 컴파일을 모두 마치고 실행할 때 조건에 따라 분기되는 실행 문장인데 반해 #if는 조건에 따라 선택적으로 컴파일되는 문장이다. #else문에서 또 다른 조건문을 검사하려면 #else와 #if를 결합한 #elif문을 사용한다. 예를 들어 어떤 회사에서 개발한 게임이 한국, 미국, 유럽의 세 가지 버전으로 존재한다면 국가에 따라 서로 다른 헤더 파일이 포함되도록 하면 된다.

예

```
#if    (NATION == 1)
       #include "korea.h"
#elif  (NATION == 2)
       #include "usa.h"
#else
       #include "europe.h"
#endif
```

6.3.2 #ifdef, #ifndef, #undef

정의된 매크로에 대한 특정 조건이 참이냐 거짓이냐에 따라 #if가 동작한다면, #ifdef는 매크로가 정의되었느냐 아니냐에 따라 동작한다. #ifdef는 "if defined"의 약어로 #ifdef문 다음에 오는 매크로가 정의되어 있으면 #ifdef와 #endif 사이의 문장이 소스 파일에 삽입되어 컴파일된다. 매크로가 정의되어 있지 않으면 #else 뒤의 문장이 삽입되어 컴파일된다. #ifdef문은 #else문을 생략할 수 있으며 #elif는 사용할 수 없다.

형식 **#ifdef를 이용한 조건부 컴파일**

```
#ifdef 매크로명
    문장;      ← 매크로명의 매크로가 정의되어 있다면 소스 코드에 포함할 내용
#else
    문장 2;
#endif
```

예

```
#ifdef ADD
    printf("%d", x + y);
#else
    printf("%d", x - y);
#endif
```

#ifndef는 "if not defined"의 약어며, 매크로가 정의되어 있지 않은 경우에만 #ifndef ~ #endif 사이의 문장을 소스 파일에 삽입하여 컴파일하게 만든다. 사용 방법은 #ifdef와 같다.

#undef는 매크로 정의를 해제한다. 주로 이전에 정의된 매크로 정의를 무효시키고 다시 정의할 때 사용한다.

형식 **#undef를 이용한 매크로 정의 해제**

```
#undef 매크로명
```

프로그램 6-5 **#ifdef, #undef 사용하기 (ch6-5.cpp)**

```
#include <stdio.h>
#define PI 3.141592
#define R 5

int main()
{
    double area;

    #ifdef PI
        printf("PI = 3.141592\n");     // PI란 매크로 상수가 이전에 정의되었다면 포함할 문장
    #endif

    #undef R                           // 매크로 상수 R의 정의 해제
    #define R 3                        // 매크로 상수 R을 3으로 정의

    area = PI * R * R;
```

```
17        printf("Radius = %d\nArea = %.2lf\n", R, area);
18
19        return 0;
20    }
```

실행결과

```
PI = 3.141592
Radius = 3
Area = 28.27
```

설명

9: 매크로 상수 PI가 정의되어 있으므로 전처리기에 의해 10행이 소스 코드에 포함된다. 그러므로 10행의 출력이 실행 결과에 포함된다. 만약 2행에서 PI가 정의되지 않았다면 실행 결과의 첫 행은 출력되지 않는다.

13: 매크로 상수 R의 정의를 취소하였으므로 매크로 R을 더 이상 사용할 수 없다.

14: 매크로 상수 R이 재정의되어 14행 이후에는 매크로 R을 사용할 수 있으며, 새로운 값 3으로 치환된다.

6.4 매크로 연산자 #,

매크로와 관련된 연산자로는 인수를 인용 부호가 있는 문자열로 치환하는 # 연산자와 두 식별자를 하나로 결합하는 ## 연산자가 있다.

[프로그램 6-6]은 문자열 구성을 위한 매크로 함수를 정의하기 위한 예제다.

프로그램 6-6 매크로 함수를 정의해 문자열 출력하기 (ch6-6.cpp)

```
#include <stdio.h>
#define STR(A, B) "A은 B의 멤버입니다."

int main()
{
    puts(STR(태양, 빅뱅));
    puts(STR(서현, 소녀시대));

    return 0;
}
```

실행결과

```
A은 B의 멤버입니다.
A은 B의 멤버입니다.
```

설명

7: "태양은 빅뱅의 멤버입니다."와 같은 실행결과를 기대하였지만 문자열 안에서는 매크로 치환이 일어나지 않으므로 실행결과가 "A은 B의 멤버입니다."가 된다.

[프로그램 6-6]의 문제점을 해결하려면 매크로 함수의 인수를 문자열로 바꿔주는 매크로 연산자 #이 필요하다.

```
#define STR(A, B) #A"은 "#B"의 멤버입니다."
```

문자열 치환

[프로그램 6-7]은 [프로그램 6-6]을 매크로 연산자 #을 이용해 문자열 치환이 일어나도록 수정한 것이다.

프로그램 6-7 문자열 치환이 일어나는 매크로 함수 정의하기 (ch6-7.cpp)

```
1   #include <stdio.h>
2   #define STR(A, B) #A"은 " #B "의 멤버입니다."
3
4   int main()
5   {
6       puts(STR(태양, 빅뱅));
7       puts(STR(서현, 소녀시대));
8
9       return 0;
10  }
```

실행결과

```
태양은 빅뱅의 멤버입니다.
서현은 소녀시대의 멤버입니다.
```

설명

2,6: 매크로 연산자 #에 의해 인수 A가 문자열로 변환되므로 STR(태양, 빅뱅)은 "태양""은 " "빅뱅" "의 멤버입니다."로 치환되고, 문자열을 "태양""은 "과 같이 나란히 쓰면 두 문자열을 합치는 결과가 되어 "태양은 "이 된다. 따라서 올바른 실행결과가 나온다.

이제 매크로 함수의 매개변수를 연결해주는 매크로 연산자 ##을 알아보자. 년, 월, 일을 생년월일로 조합하는 매크로 함수를 정의해보자.

프로그램 6-8 매크로 연산자 ## 이용하기 (ch6-8.cpp)

```
1   #include <stdio.h>
2   // #define DATE(Y, M, D) YMD
3   // #define DATE(Y, M, D) Y M D
4   #define DATE(Y, M, D) Y ## M ## D
5
6   int main()
7   {
8       printf("생년월일 : %d\n", DATE(11, 06, 10));
9       printf("생년월일 : %d\n", DATE(10, 11, 25));
10
11      return 0;
12  }
```

실행결과

```
생년월일 : 110610
생년월일 : 101125
```

설명

2: YMD는 인수 Y, M, D가 붙어있으므로 인수로 인식되지 않는다. 그러므로 단순히 2행의 //를 지우고 실행하면 YMD로 치환되어 8, 9행에서 컴파일 에러가 발생한다.

3: 공백이 그대로 치환되어 8행의 경우 printf("생년월일 : %d\n", 11 06 10);과 같이 문자열 치환이 일어나므로 3행의 //를 지우고 실행하면 컴파일 에러가 발생한다.

4: 매크로 연산자 ##은 좌우의 내용을 단순히 이어주는 역할을 한다. 그러므로 8행에서 STR(11, 06, 10)은 11 ## 06 ## 10이 되어 110610으로 연결된다.

6.5 프로그래밍 실습

6.5.1 매크로를 이용해 키보드로 입력받은 수의 제곱과 세제곱 구하기

문제 다음 조건에 맞추어 매크로 함수를 정의한 후, 키보드로 입력받은 수의 제곱과 세제곱을 구하는 프로그램을 작성하시오.

- **헤더 파일 ch6-9.h**
  SQUARE(x)는 입력받은 수의 제곱을, CUBE(x)는 입력받은 수의 세제곱을 구하는 매크로 함수로 정의
- **소스 파일 ch6-10.cpp**
  정수를 표준 입력으로 받아 결과를 출력하는 프로그램

프로그램 6-9 헤더 파일 (ch6-9.h)

```
#define SQUARE(x) ((x) * (x))
#define CUBE(x) ((x) * (x) * (x))
```

앞에서 정의한 SQUARE를 이용해 #define CUBE(x) (SQUARE(x) * x)와 같이 정의해도 된다.

프로그램 6-10 소스 파일 (ch6-10.cpp)

```
#include "ch6-9.h"     // 사용자가 작성한 헤더 파일을 포함하기 위한 전처리기 지시자
#include <stdio.h>     // 헤더 파일을 포함하기 위한 전처리기 지시자

int main()
{
    int n;

    printf("입력 : ");
    scanf("%d", &n);

    printf("%d의 제곱 = %d, %d의 세제곱 = %d\n", n, SQUARE(n), n, CUBE(n));

    return 0;
}
```

SQUARE(n): ((n) * (n))으로 치환한다.
CUBE(n): ((n) * (n) * (n))으로 치환한다.

실행결과

```
입력 : 5
5의 제곱 = 25, 5의 세제곱 = 125
```

핵심요약

전처리기(preprocessor)

- 컴파일러가 소스 파일을 컴파일하기 전에 수행되는 프로그램으로, 프로그래머가 작성한 소스 파일이 컴파일될 수 있도록 준비하는 역할을 한다.
- 전처리기는 다른 파일을 포함하거나 소스 파일의 특정 문자열을 다른 문자열로 대치할 때, 그리고 조건에 따라 소스 코드의 일부를 컴파일하거나 컴파일하지 않도록 할 때 사용한다.
- 전처리 문장은 일반 C 문장과 달리 #으로 시작하며, 컴파일러가 아닌 전처리기가 처리하므로 명령어 끝에 세미콜론(;)을 붙이지 않는다. 한 행에 지시자를 하나만 쓸 수 있다.

#include 지시자

특정 파일을 현 소스 파일에 포함하기 위한 지시자다. C 컴파일러가 제공하는 표준 라이브러리의 헤더 파일에 대해서는 〈헤더 파일명〉을, 사용자가 직접 만든 헤더 파일에 대해서는 "헤더 파일명"을 쓴다.

예 `#include <stdio.h>, #include "user.h"`

#define 지시자

특정 기호 상수(symbolic constant)를 정의한 치환 문자열로 대체하는 역할을 하며, #define으로 시작되는 전처리 문장을 매크로라 한다. 매크로는 인수를 가지지 않는 매크로 상수와 함수처럼 인수를 가지는 매크로 함수로 나뉜다.

예 `#define MAX 100, #define DET(a, b, c) b*b - 4*a*c`

조건부 컴파일 지시자

특정 조건이 만족할 때만 코드를 소스 프로그램에 포함시키므로 결국 선택적으로 컴파일하도록 한다. 종류로는 #if, #ifdef, #ifndef 등이 있다.

예
```
#if (NATION == 1)
    #include "korea.h"
#else
    #include "usa.h"
#endif
```

매크로 연산자

매개변수를 문자열로 치환시키는 # 연산자와 매개변수를 단순히 결합시키는 ## 연산자가 있다.

예 `#define SCHOOL(name) #name "학교", #define YEAR(yy) 20 ## yy`

연습문제

01 전처리기 지시자 #include 뒤에 나오는 〈헤더 파일〉과 "헤더 파일"의 차이를 설명하시오.

02 #define을 이용해 x를 상수 10으로 정의하는 문장을 고르시오.

① #define x=10　　② #define x==10

③ #define x 10　　④ #define 10 x

03 다음 문장의 의미를 설명하시오.

```
#define MIN(x, y) ((x < y) ? (x) : (y))
```

04 다음 프로그램의 에러를 찾아서 바로잡고 실행결과를 추정하시오.

```
#include <stdio.h>
#define MULT(x, y) x*y
#define MSG 안녕하세요?

int main()
{
    int a = 1, b = 2;
    printf("%s\n", MSG);
    printf("%d\n", MULT(2+a, b));

    return 0;
}
```

05 다음 프로그램의 실행결과를 추정하시오.

```
① #include <stdio.h>
  #define SQUARE(x) ((x) * (x))

  int main()
  {
      int i = 3;
      printf(%d\n", SQUARE(++i));

      return 0;
  }
```

```
② #include <stdio.h>
  #define CONNECT(a, b) a ## b

  int main()
  {
      printf(CONNECT("Hello!",
          "world"));

      return 0;
  }
```

```
③ #include <stdio.h>
  #define WELCOME(a, b) printf("Welcome! " #a " and " #b "\n");

  int main()
  {
     WELCOME(Kim, Lee);

     return 0;
  }
```

```
④ #include <stdio.h>
  #define LEVEL 3

  int main()
  {
     #ifdef LEVEL
        #if (LEVEL >= 2)
           printf("고급자용 프로그램\n");
        #else
           printf("중급자용 프로그램\n");
        #endif
     #else
        printf("초급자용 프로그램\n");
     #endif

     return 0;
  }
```

06 세 개의 정수를 입력받아 가장 큰 수를 구하는 프로그램을 매크로 함수 MAX(a,b,c)를 정의하여 작성하시오.

실행결과

```
세 개의 수 : 30 34 21
>> 가장 큰 수 : 34
```

07 1~n의 정수를 각각 제곱하여 합한 결과를 구하는 프로그램을 작성하시오. 각 정수의 제곱을 구하는 기능은 매크로로 구현한다.

hint 정수의 제곱을 구하는 매크로 함수를 정의한다.

```
#define SQ(x) ((x)*(x))
```

실행결과

```
n의 값을 입력하세요. : 8
》 1²+2²+3²+4²+5²+6²+7²+8² = 204
```

08 구의 부피를 구하는 매크로 함수를 정의하고 키보드로 반지름을 입력받아 구의 부피를 구하는 프로그램을 작성하시오.

hint – 매크로 상수 PI는 원주율 3.141592로 정의한다.

– 매크로 함수 VOLUME(r)은 반지름이 r인 구의 부피(= $\frac{4}{3}\pi r^3$)를 구하는 매크로다.

실행결과

```
반지름 : 5
》 반지름이 5인 구의 부피 = 523.60
```

09 정수 두 개의 값을 바꾸는 매크로 함수 SWAP(x, y)를 작성하고 프로그램을 완성하시오.

hint 두 개의 값을 교환하기 위해서는 임시 변수가 반드시 필요하다.

```
#define SWAP(x, y, t) ( (t) = (x), (x) = (y), (y) = (t) )
```

실행결과

```
두 수 입력 : 5 3
》3 5
```

10 5장의 [프로그램 5-7]은 질문의 답에 따라 해당 가산점을 계산하는 프로그램이다. 12행에서 1 대신 MALE을, 17, 23, 34행에서 1 대신 YES를 사용하도록 매크로 상수를 정의하여 프로그램을 수정하시오.

11 키보드로 10진 정수를 입력받은 후 입력받은 정수를 8진수, 10진수, 16진수의 형태로 출력하는 매크로 함수를 정의하시오.

hint 입력받은 정수를 8진수, 10진수, 16진수의 형태로 출력하는 매크로 함수 정의

```
#define NUMBER(x) printf( ______________________ );
```

↑ %d, %o, %x로 활용한다.

실행결과

```
정수 입력 : 35
>> 결과 : 8진수 10진수  16진수
          43     35      23
```

12 11번 문제에서 정의한 매크로를 이용해 1~15를 8진수, 10진수, 16진수로 출력하는 프로그램을 작성하시오.

실행결과

```
------------------------------
   8진수     10진수     16진수
------------------------------
     1          1          1
     2          2          2
     3          3          3
     4          4          4
     5          5          5
     6          6          6
     7          7          7
    10          8          8
    11          9          9
    12         10          a
    13         11          b
    14         12          c
    15         13          d
    16         14          e
    17         15          f
------------------------------
```

13 난수를 생성하여 이 난수가 사용자에게서 입력받은 최솟값과 최댓값 사이의 범위에 포함되면 난수를 출력하고, 아니면 [Esc] 키를 누를 때까지 계속 난수를 생성하는 프로그램을 작성하시오.

hint
- 난수 number는 rand() 함수를 이용해 생성한다. 즉, number = rand();를 하면 number에는 0~32767 중의 임의의 난수가 1개 저장된다. rand 함수는 stdlib.h 헤더 파일이 필요하다.
- 생성한 난수가 최댓값과 최솟값 사이의 값이면 1을, 아니면 0을 반환하는 조건식을 매크로 함수로 정의한다.
- [Esc] 키의 ASCII 코드 값은 16진수로 0x1B다. [Esc] 키의 코드 값을 #define ESC 0x1B를 이용해 매크로 상수로 정의했다면 다음 코드와 같이 편리하게 사용할 수 있다.

```
do
{
    printf("Hello!");
    if (kbhit())
        ch = getch();
} while (ch != ESC);  // ch가 [Esc] 키가 아닌 한 반복하기, ESC는 0x1B로 정의된 매크로 상수
```

키보드가 눌려진 적이 있다면 kbhit()는 1이 된다. 키가 눌리면 if의 조건식이 참이 되고 이때 눌린 키가 getch()의 입력 문자가 되어 ch에 저장된다. getch()와 kbhit() 함수를 사용하려면 #include <conio.h>가 필요하다. [프로그램 5-25] 참고

실행결과

```
최솟값 : 1
최댓값 : 100
41 53 28 58 28 73 21 65 40 26 42 53 75 71 39 8 83 67 Esc
```

chapter

7 배열

7.0 개요

프로그램의 효율성을 위해서는 처리할 자료에 따라 적합한 자료 구조를 찾는 것이 중요하다. 자료 구조란 응용 프로그램에서 처리할 자료를 효율적으로 유지하고 관리하기 위해 자료를 조직화하고 저장하는 방법을 말한다. 많이 사용하는 자료 구조에는 배열(array), 연결 리스트(linked list), 트리(tree), 스택(stack) 등이 있는데, 이 중에서 가장 많이 사용하는 것이 배열이다. 배열은 동일한 구조의 많은 자료를 다룰 때 사용한다.

변수는 한 개의 자료만 저장할 수 있지만, 배열은 많은 자료를 저장할 수 있으므로 자료 개수만큼의 변수를 모아 둔 것으로 볼 수 있다. 즉 변수와 배열은 [그림 7-1]과 같이 머그잔 5개를 각각의 상자에 넣어 포장한 경우와 칸막이가 있는 1개의 상자에 넣어 포장한 경우에 해당한다.

그림 7-1 배열의 개념

머그잔 한 개를 상자에 저장한 것은 자료 한 개를 저장한 변수에 해당

칸으로 구분한 상자에 머그잔 다섯 개를 한꺼번에 저장하는 것은 여러 자료를 저장한 배열에 해당

목적에 따라 머그잔을 낱개로 포장하는 것이 더 편할 수도, 한꺼번에 포장하는 것이 더 편할 수도 있다. 응용 프로그램의 자료도 마찬가지다. 변수를 따로 저장하는 것이 효율적일 수도 배열에 한꺼번에 저장하는 것이 효율적일 수도 있다. 대체로 종류가 같은 많은 자료를 처리해야 할 때는 배열이 편리하다. 그 이유는 배열을 사용하면 변수를 자료 개수만큼 선언하는 번거로움이 없어질 뿐 아니라 코드를 작성할 때도 일반 변수를 여러 개 선언하는 것보다 훨씬 간단하게 작성할 수 있기 때문이다.

7.1 1차원 배열

배열은 자료형이 같은 값 여러 개를 연속된 기억장소에 같은 이름(배열명)으로 저장한 것이다. 같은 자료형의 여러 변수들을 연속적으로 모아 둔 것이라고 할 수 있다. 배열은 여러 변수 중 자료형이 같은 것들만 저장할 수 있으며 배열의 크기에 맞게 주기억장치의 연속된 기억장소에 저장된다.

배열에 포함된 값 한 개를 배열의 원소(element)라고 한다. 배열에 포함된 많은 원소 중 한 개를 구분할 때는 배열의 첫째 원소, 둘째 원소와 같이 원소가 저장된 순서와 관련된 정수를 사용하는데 이것을 첨자(index)라고 한다.

배열은 물리적으로는(physically) 원소들이 하나씩 연속으로 주기억장치에 저장된다. 그러나 논리적으로는(logically) 배열에 저장할 자료의 구조에 따라 1차원 외 2차원, 3차원 등의 다차원 배열로 구분할 수 있다. 배열의 차원은 배열의 논리적 구조와 관련이 있을 뿐만 아니라 특정 배열 원소를 명시하기 위해 사용하는 첨자의 개수와도 같다.

1차원 배열은 [그림 7-2]처럼 일렬로 연속된 구조로 자료를 저장한 것이다. 특정 원소 한 개를 명시하기 위해 원소가 배열에 저장된 순서에 따라 1씩 증가하는 첨자 한 개를 사용한다.

그림 7-2 퀴즈 점수 다섯 개를 저장하는 quiz라는 이름의 1차원 배열

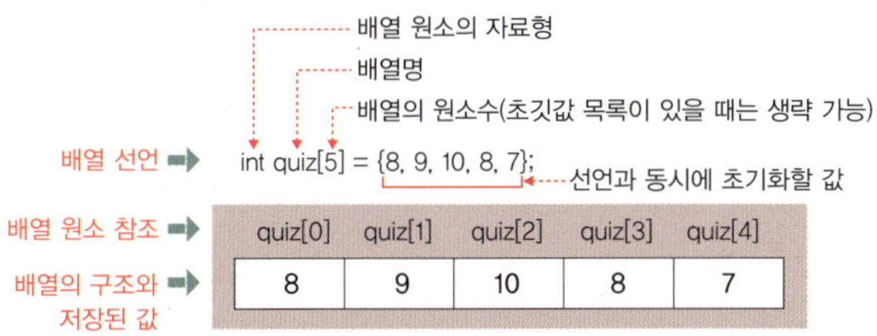

7.1.1 1차원 배열의 선언과 배열 원소

1차원 배열을 선언할 때는 배열 원소의 자료형, 배열명, 배열 원소의 수를 명시해야 한다.

형식 **1차원 배열의 선언**

자료형 배열명[배열 원소수]

예

```
int age[1000];         // 1000명의 나이를 저장하기 위한 배열
int quiz[5];           // 5명의 퀴즈 점수를 저장하기 위한 배열
double average[100];   // 100명의 평균을 저장하기 위한 배열
char name[10];         // 10개의 문자를 저장하기 위한 배열
```

참고

- 배열 원소수와 상관없이 배열에 저장되는 모든 값의 자료형은 같아야 한다.
- 배열 원소수는 배열의 크기를 의미하며 정수형 상수만 가능하다. 그러므로 매크로 상수는 가능하나 int n=10; int data[n];처럼 변수를 배열 원소수로 사용할 수 없다.

배열은 일단 선언만 한 후 나중에 대입문이나 입력문을 통해 배열 원소 값을 저장할 수 있지만 배열을 선언하면서 원소 값을 초기화할 수도 있다. 이렇게 하면 프로그램 개발 과정에서 결과를 확인하기 위해 실행할 때마다 배열 내용을 새로 입력하지 않아도 된다. 프로그램을 완성한 다음에는 필요에 따라 배열 원소들을 실제로 입력받도록 코드를 추가하기만 하면 된다.

형식 **1차원 배열을 선언과 동시에 초기화하기**

자료형 배열명[원소수] = {초깃값 목록};

↳ {} 안에 나열한 값이 순서대로 배열 원소 값으로 저장

예

```
int quiz[5] = {8, 9, 10, 8, 7}; // [그림 7-2] 참조
```

↳ {} 안의 값이 배열 원소에 순서대로 저장되어 quiz[0]에는 8, quiz[1]에는 9, …, quiz[4]에는 7이 저장된다.

```
int sum[100] = {0};
```

↳ {} 안의 초깃값 개수가 배열 원소수보다 적으면 나머지 원소는 0으로 초기화된다. 많은 배열 원소를 한꺼번에 0으로 초기화할 때 유용하다.

```
int error[] = {0, 1, 0, 2, 3, 0, 1};
```

↳ 배열 원소수를 명시하지 않으면 {} 안의 값 개수가 배열 원소수로 결정된다. 즉 int error[7] = {0, 1, 0, 2, 3, 0, 1};과 결과가 같다.

참고

- int quiz[];와 같이 초깃값을 명시하지 않으면서 [] 안의 배열 원소수를 생략하면 에러다.
- {} 안의 초깃값이 배열 원소수보다 많으면 에러다.

1차원 배열에 저장된 자료를 처리하기 위해서 배열 원소를 참조할 때는 다음과 같이 배열명 뒤의 [] 안에 1개의 첨자를 사용한다.

형식 **1차원 배열의 원소 참조**

배열명[첨자] **// 첨자에 해당하는 배열 원소의 참조**

↳ 첨자: 0~(배열 원소수–1) 범위의 정수

↳ 배열에 저장된 첫 번째 원소는 첨자로 0을, 두 번째 원소는 첨자로 1을, …, 마지막 원소는 첨자로 (배열 원소수–1)을 사용

예

```
quiz[0] = 1;                // 배열 quiz의 첫 번째 원소에 1 저장하기
printf("%d", quiz[1]);      // 배열 quiz의 두 번째 원소에 저장된 값 출력하기
quiz[4]++;                  // 배열 quiz의 다섯 번째 원소에 저장된 값을 1 증가시키기
```

경고

배열 원소를 명시하기 위해 사용하는 첨자는 0부터 시작하며 마지막 원소의 첨자는 (배열 원소수-1)임을 명심해야 한다. 배열의 첨자가 1부터 시작하는 것으로 오해해 마지막 원소를 '배열명[배열 원소수]'로 참조하면 안 된다. [그림 7-3]과 같이 int a[3] = {21, 25, 20};으로 선언한 배열이 있을 때 a 배열의 세 번째 원소를 a[2]가 아닌 a[3]으로 참조하여도 에러는 발생하지 않는다. 그러나 a[3]은 a 배열에 포함된 기억장소가 아니므로 프로그램 실행 결과를 예측할 수 없게 된다.

그림 7-3 배열 원소의 첨자 범위의 중요성

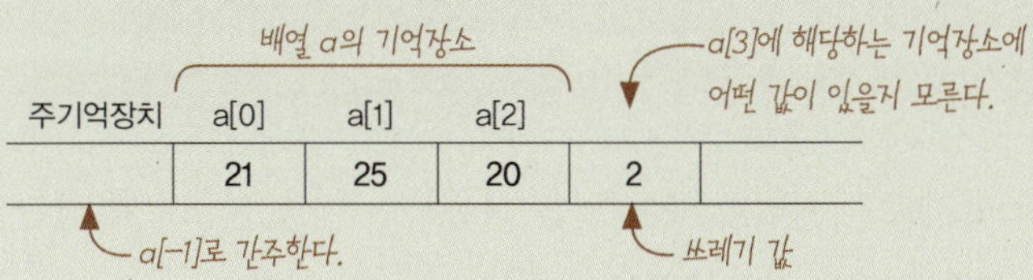

7.1.2 1차원 배열과 반복문

배열은 배열명만으로 모든 배열 원소를 한번에 입출력하거나 저장할 수 없으며, 다음과 같이 배열 원소 단위로 입출력하거나 저장해야 한다.

예
```
scanf("%d", &quiz[0]);
```
↳ 표준 입력 함수에서는 입력된 자료를 저장할 기억장소의 주소를 명시해야 하므로 배열 원소 앞에 '&'를 붙인다.

```
quiz[0] = 8; quiz[1] = 9; quiz[2] = 10; quiz[3] = 8; quiz[4] = 7;
printf("%d", quiz[0]);
```

선언과 동시에 초기화하는 경우를 제외하고는 배열명에 배열 원소를 바로 입력하거나 저장하는 것이 불가능하다. 그렇다면 배열 원소수가 100개라면 대입문이나 입력문을 100개 사용해야 할까? 배열의 장점은 배열 원소수와 상관없이 반복문을 이용해 편리하게 코드화할 수 있다는 것이다. [그림 7-4]는 배열 quiz의 각 원소 값을 출력할 때 반복문을 사용해 코드가 얼마나 간단해지는지를 잘 보여준다.

먼저 반복문을 사용하지 않고 배열 원소를 각각 출력하는 코드는 [그림 7-4]의 왼쪽과 같다. 왼쪽 코드는 printf()를 배열 원소수만큼 반복하고 있는데 잘 살펴보면 출력하는 배열 원소의 첨자만 다르다. 그러므로 배열의 첨자를 0에서 4까지 1씩 증가시키는 변수 i를 이용한다면 [그림 7-4]의 오른쪽과 같이 for문으로 간단하게 표현할 수 있다.

그림 7-4 반복문을 이용한 배열 처리의 편리성

출력할 배열 원소마다 첨자만 다르며 나머지 코드는 동일하다.

```
printf("%3d ", quiz[0]);
printf("%3d ", quiz[1]);
printf("%3d ", quiz[2]);
printf("%3d ", quiz[3]);
printf("%3d ", quiz[4]);
```

for문으로 변환 →

배열 원소수다. 배열 원소수가 1000개면 1000으로 수정하면 된다.

```
for (i=0; i<5; i++)
    printf("%3d ", quiz[i]);
```

이와 같이 종류가 같은 대량의 자료를 처리할 때 배열을 이용하면 배열 원소수와 상관없이 반복문 형태로 코드를 표현할 수 있으므로 프로그램을 짧게 작성할 수 있다.

잠깐

[그림 7-4]에서 for (i=0; i<5; i++) 대신 for (i=0; i<=4; i++)로 작성해도 결과는 같다. 그러나 'i<5'에서 5는 배열 크기를 나타내는 것으로, 코드에서 배열 크기를 쉽게 확인할 수 있으므로 i<5로 작성하는 습관을 갖도록 한다. 특히 배열 크기는 매크로 상수를 이용하는 경우가 많은데 #define SIZE 5로 매크로 상수를 정의하면 for (i=0; i<SIZE; i++)로 표현할 수 있어서 굳이 i<=SIZE-1처럼 -1을 하지 않아도 된다.

7.2 프로그래밍 실습

프로그래밍 실습

7.2.1 5명 퀴즈 점수의 평균 및 평균 미만 학생 수 구하기

문제 학생 다섯 명의 퀴즈 점수를 입력받은 후, 전체 평균과 퀴즈 점수가 평균보다 낮은 학생 수를 구하고, 각 학생마다 자신의 점수와 평균 점수와의 차이를 구하여 출력하시오.

해결 과정

1 퀴즈 점수 5개를 1차원 배열 quiz에 입력하기 (for문)

2 배열 quiz의 평균을 avg에 구하기

  2.1 배열 quiz의 원소 5개의 합을 sum에 구하기 (for문)

  2.2 avg ← sum/5

3 2에서 구한 avg와 각 학생의 점수를 비교하여 학생의 점수가 더 낮을 때마다 count를 1 증가시키는 방식으로 평균 미만인 학생 수를 count에 구하기 (for문)

4 각 학생마다 평균과의 차이 점수 quiz[i]-avg를 출력하기 (for문)

프로그램 7-1 5명의 퀴즈 점수로부터 평균 및 평균 미만자 수 구하기 (ch7-1.cpp)

```
#include <stdio.h>
#define SIZE 5              // 배열 원소수 5를 매크로 상수 SIZE로 정의

int main()
{
    int quiz[SIZE];         // 정수 SIZE개를 저장할 배열 선언
    int i, count, sum;
    double avg;

    // 배열의 입력
    printf("%d명의 점수를 순서대로 입력하세요.\n\n", SIZE);
    for (i=0; i<SIZE; i++)
    {
        printf("%d번의 퀴즈 점수는? ", i + 1);
        scanf("%d", &quiz[i]);
    }

    // 배열 평균 구하기
    sum = 0;
    for (i=0; i<SIZE; i++)
        sum = sum + quiz[i];

    avg = (double)sum / SIZE;

    // 평균 미만자 수 구하기
    count = 0;
    for (i=0; i<SIZE; i++)
        if (quiz[i] < avg)
            count++;

    // 결과 출력
    printf("==============================\n");
    printf("  번호   점수   평균과의 차이         \n");
    printf("==============================\n");
    for (i=0; i<SIZE; i++)
        printf("  %2d   %2d     %5.1lf\n", i+1, quiz[i], quiz[i] - avg);
    printf("==============================\n");
    printf("평균 : %.1lf점 \n", avg);
    printf("==============================\n");
    printf("평균 미만 : %d명 \n", count);

    return 0;
}
```

퀴즈 점수를 입력받을 때 일련의 번호가 0~4가 아니라 1~5로 나타나도록 1을 더한다.

정수 간의 나눗셈 결과는 정수가 되므로 둘 중 하나를 double형으로 캐스팅한다.

각 학생마다 퀴즈 점수에서 평균을 뺀 차이를 출력한다.

실행결과

```
5명의 점수를 순서대로 입력하세요.

1번의 퀴즈 점수는? 8
2번의 퀴즈 점수는? 9
3번의 퀴즈 점수는? 10      12~16행 for문 결과
4번의 퀴즈 점수는? 8
5번의 퀴즈 점수는? 7
=========================
 번호   점수   평균과의 차이
=========================
  1      8        -0.4
  2      9         0.6
  3     10         1.6      35~36행 for문 결과
  4      8        -0.4
  5      7        -1.4
=========================
평균 : 8.4점
=========================
평균 미만 : 3명      26~29행에서 구한 count 값
```

설명

2: 프로그램의 6, 11, 12, 20, 23, 27행과 같이 배열 원소수가 나타날 곳에 상수 대신 매크로 상수를 사용하기 위해 매크로 상수 SIZE를 선언한다. 이 프로그램을 적용할 학생 수가 바뀌어도 2행에서 5를 새로운 학생 수로 수정만 하면 되므로 편리하다.

19~23: 퀴즈 점수의 평균은 '(quiz[0]+quiz[1]+quiz[2]+quiz[3]+quiz[4])/5'이다. 5개 퀴즈 점수의 합은 다음 코드와 같이 sum에 각 학생의 퀴즈 점수를 누적해서 구할 수 있다. 구조가 동일한 대입문이지만 각 배열 원소의 첨자가 0~4까지 바뀌므로 배열 원소의 첨자를 for문의 제어 변수로 활용해 간단히 표현한다.

```
sum = 0;
sum = sum + quiz[0];
sum = sum + quiz[1];
sum = sum + quiz[2];
sum = sum + quiz[3];
sum = sum + quiz[4];
avg = (double)sum / SIZE;
```

→

```
19  sum = 0;
20  for (i=0; i<SIZE; i++)
21      sum = sum + quiz[i];
```

26~29: 평균 미만자 수 count를 0으로 초기화한 후 학생마다 퀴즈 점수와 avg를 비교한다. 학생의 퀴즈 점수가 avg보다 낮을 때만 count를 1씩 증가시킨다. 이 과정을 학생 수만큼 반복하여 총 평균 미만자 수를 구하도록 for문으로 표현한다.

35~36: 각 학생의 퀴즈 점수와 평균과의 차이 점수는 '학생의 퀴즈 점수−avg'이며 5명에 대해 반복해야 하므로 for문으로 표현한다. for문의 제어변수 i는 0부터 시작하지만 일련의 번호

는 1부터 시작하므로 36행에서 번호를 출력하기 위해 i+1을 사용한다.

TIP 프로그램을 완성하기 전까지는 11~16행의 내용을 /*와 */로 묶어 주석문으로 만들고 6행을 int quiz[SIZE]={8, 9, 10, 8, 7};로 선언과 동시에 초기화하면, 실행할 때마다 퀴즈 점수 5개를 직접 입력하는 번거로움을 막을 수 있다. 프로그램이 완성되면 11~16행까지의 주석문에서 /*와 */를 제거하여 실행할 때 입력받게 한다.

20~29: 평균을 먼저 구해야 평균 미만자 수와 각 학생의 평균과의 차이 점수를 구할 수 있다. 그러므로 하나의 for문 안에서 평균, 평균 미만자 수, 평균과의 차이 점수를 모두 구하려 해서는 안 된다. 25~36행은 다음과 같이 하나의 for문으로 작성할 수 있다.

```
printf("==============================\n");
printf(" 번호    점수    평균과의 차이           \n");
printf("==============================\n");

count = 0;
for (i=0; i<SIZE; i++)
{
    printf("  %2d  %2d      %5.1lf\n", i+1, quiz[i], quiz[i] - avg);
    if (quiz[i] < avg)
        count++;
}
```

그러나 19~23행까지의 for문은 반드시 먼저 실행이 되어야 여기서 구한 avg를 이용하여 25행부터 나머지 처리를 할 수 있다. 그러므로 프로그램을 작성할 때 프로그램 길이를 줄이려고 무조건 하나의 for문을 사용하려고 하는 것보다는, 여러 개의 for문을 처리 과정 순서대로 따로 사용하는 것이 프로그램 작성과 가독성에 더 좋다.

7.2.2 배열의 최솟값 구하기

문제 다섯 가지 물질의 어는 점 3, 0, −30, −20, −1 중 가장 낮은 어는 점(최솟값)을 구하여 출력하시오.

분석 • 배열에 저장된 값 중에서 최솟값은 [그림 7-5]의 ①~⑤ 과정을 통해 min 변수에 구할 수 있다.

1. 최솟값은 배열 원소 중 하나이므로 min을 배열의 첫 원소로 초기화한다(①).
2. min이 배열 첫 원소로 초기화되어 있으므로 두 번째 원소부터 마지막 원소까지 차례로 다음 확인 과정을 반복해 최종적으로 min에 최솟값이 저장되게 한다(②~⑤).
   - 현재 min에 저장된 값과 배열 원소의 값을 비교해 min보다 더 작다면 min을 이 배열 원소의 값으로 수정한다. 이 같은 과정을 통해 현재까지 구한 min보다 작은 배열 원소 값이 나타날 때마다 min 값이 새로 수정되고, 마지막 원소까지 비교하면 min에는 배열 원소 중 최소의 값이 저장된다.

– [그림 7–5]에서 ②~⑤는 배열 원소의 첨자만 다를 뿐 하는 일은 같으므로 for문으로 표현할 수 있다.

그림 7–5 배열의 최솟값을 구하는 과정

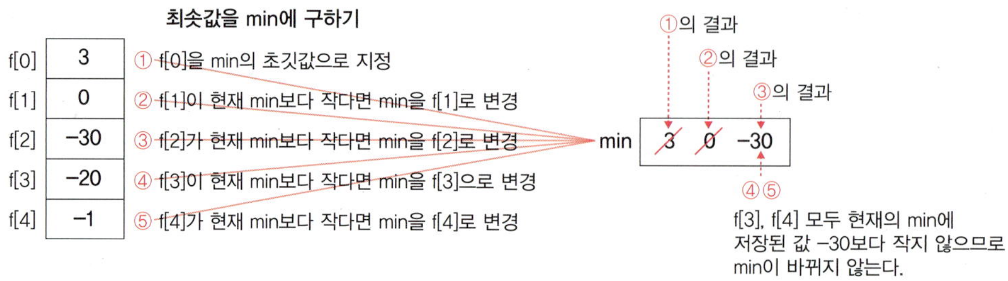

해결 과정

1 min = 배열의 첫 원소;

2 나머지 원소에 대해 min과 비교해 작은 값으로 min을 변경하기 (for문)
 if (min 〉 배열 원소)
  min = 배열 원소;

프로그램 7-2 배열의 최솟값 구하기 (ch7-2.cpp)

```
#include <stdio.h>
#define N 5

int main()
{
    int f[N] = {3, 0, -30, -20, -1};    // 배열을 선언과 동시에 초기화하기
    int i, min;

    // 최솟값 구하기
    min = f[0];
    for (i=1; i<N; i++)
    {
        if (f[i] < min)
            min = f[i];
    }

    // 배열 내용 출력
    printf("어는 점 목록:");
    for (i=0; i<N; i++)
        printf("%4d", f[i]);

    // 최솟값 출력
    printf("\n가장 낮은 어는 점: %d \n", min);
```

① 배열의 첫 원소를 min으로 초기화한다.

②~⑤ 현재의 min과 배열 원소를 하나씩 비교하면서 더 작은 값을 발견할 때마다 min을 변경한다.

```
    return 0;
}
```

실행결과

```
어느 점 목록:  3  0 -30 -20  -1
가장 낮은 어느 점: -30
```

7.2.3 설문 조사 결과 구하기

문제 30명에게 5명의 연예인에 대한 선호도를 설문 조사한 결과로부터 각 연예인 번호별로 총 득표수를 구해 출력하시오.

분석

- 30개의 설문 조사 응답 정보를 저장하는 배열 survey : 프로그램이 완성되기까지는 survey 배열을 선언하면서 초기화하여 프로그램을 실행할 때 직접 입력하는 번거로움을 없앤다.

```
int survey[30] = {1, 3, 2, 5, 3, 2, 1, …, 1, 4, 2, 3};
```

- 각 연예인의 득표수를 저장하는 배열 vote : 연예인이 5명이므로 원소가 5개인 배열을 선언해도 된다. 그렇지만 설문 조사에서 사용한 해당 연예인의 번호와 첨자를 통일하면 헷갈리지 않기 때문에 다음과 같이 6개의 원소를 갖는 배열로 선언한다. 이때 vote 배열의 각 원소는 득표수를 누적해야하므로 0으로 초기화한다.

```
int vote[6] = {0};
```

- 해당 연예인의 득표수 누적 : 설문 조사 응답이 3이라면 3번 연예인의 득표수를 1 증가시켜야 한다. 응답자의 응답 번호와 vote 배열에서 해당 연예인의 득표수가 저장될 원소의 첨자가 같으므로 vote[3]++;로 3번 연예인의 득표수를 1 증가시킨다. 그런데 응답자가 답한 연예인의 번호 3은 survey 배열에 저장되어 있으므로 survey[i]가 3일 때 vote[survey[i]]++;로 표현할 수 있다. 30개의 설문 조사 응답 번호는 survey 배열에 저장되어 있고, 이 survey 배열 원소 각각에 대해 vote 배열의 해당 원소의 값을 1씩 증

가시키면 되므로 for문으로 표현하면 된다.

```
for (i=0; i<PERSONS; i++)
    vote[survey[i]]++;
```

응답자가 응답한 연예인 번호를 득표수를 누적할 배열의 첨자로 활용한다.

프로그램 7-3 설문 조사 결과 구하기 (ch7-3.cpp)

```
#include <stdio.h>
#define PERSONS 30      // 설문 조사 응답수
#define STARS 6         // 연예인 번호와 vote 배열의 첨자를 일치시키기 위해 연예인 수+1

int main()
{
    int survey[PERSONS] = {1, 3, 2, 5, 3, 2, 1, 2, 3, 4, 5, 2, 3, 3, 2,
                           1, 4, 5, 2, 3, 5, 1, 3, 4, 2, 3, 1, 4, 2, 3};
    int vote[STARS] = {0};
    int i;

    for (i=0; i<PERSONS; i++)
    {
        vote[survey[i]]++;      // 응답자가 답한 연예인(survey[i])의 득표수를 1 증가
    }

    printf("연예인 득표수 \n");
    printf("============== \n");
    for (i=1; i<STARS; i++)    // vote[0]에는 아무런 자료도 저장되어 있지 않다.
        printf(" %d번   %d표 \n", i, vote[i]);

    return 0;
}
```

실행결과

```
연예인 득표수
==============
 1번   5표
 2번   8표
 3번   9표
 4번   4표
 5번   4표
```

7.2.4 버블 정렬(오름차순)

프로그램에서 가장 많이 처리하는 기능 중 하나가 정렬(sort)이다. 도서명을 가나다순으로 정렬하기, 도서를 최근 출판년도 순으로 정렬하기, 수능 성적을 내림차순으로 정렬하기, 주소록의 이

름을 가나다순으로 정렬하기 등이 있으며, 정렬 대상은 배열에 저장하는 경우가 많다. 단순한 알고리즘의 정렬 프로그램은 정렬이 완료될 때까지 걸리는 시간이 대략 정렬 대상 수의 제곱에 비례하므로, 원소수가 증가하면 실행 시간이 급격히 증가하는 문제가 발생한다. 그래서 실행 시간을 줄이기 위해 많은 정렬 알고리즘이 개발되었다. 그 중 하나로 아주 빠른 '퀵 정렬'이 있지만 알고리즘 자체가 쉽지는 않다. 그래서 이 절에서는 가장 단순한 버블 정렬 알고리즘을 소개한다.

버블 정렬의 기본 아이디어를 간단히 적용한 것에서 시작해 점차 실행 속도가 빠른 최적화된 버블 정렬 프로그램을 완성할 것이다. 사실 지금까지의 프로그램은 단순하기 때문에 실행하면 바로 처리되어 출력된 답을 얻을 수 있었다. 그러나 뒤에 나오는 최댓값의 정렬 프로그램을 원소수가 십만 개가 되도록 수정하여 실행하면 한참 후에 결과가 출력되는 걸 확인할 수 있다. 컴퓨터가 빨라도 처리할 내용이 많아지면 그에 비례하여 처리 시간이 길어지기 때문이다. 그러므로 여기서 프로그램을 최적화하는 과정을 살펴봄으로써 앞으로 프로그램을 개발해야 할 때 프로그램의 효율도 생각하는 과정을 키울 수 있다.

버블 정렬의 원리

버블 정렬은 배열에서 이웃하는 두 원소씩 차례대로 정렬하는 작업을 반복함으로써 배열 전체를 정렬하는 방법이다. 즉 [그림 7-6]처럼 이웃하는 두 원소를 정렬하는 과정을 [그림 7-7]과 같이 (배열 원소수-1)만큼 반복한다.

[그림 7-6]의 ①~④와 같이 이웃하는 두 원소를 정렬하면 큰 값일수록 뒤로 밀리므로 가장 큰 값이 배열의 마지막 원소에 들어간다. 임의의 이웃하는 두 원소는 a[i]와 a[i+1]로 표현할 수 있고 ①~④는 이웃하는 두 원소 간의 정렬을 반복하는 것이므로 [그림 7-6]의 for문으로 표현할 수 있다.

그림 7-6 이웃 두 원소의 정렬로 가장 큰 값을 배열의 맨 뒤로 이동하기

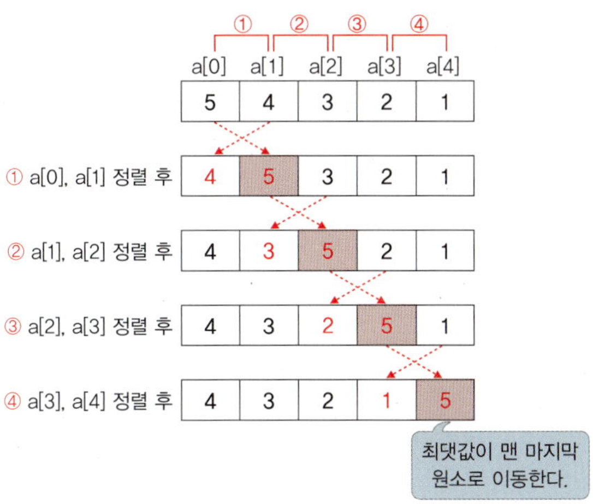

배열 원소수

```
for (i=0; i<5-1; i++)
   if (a[i] > a[i+1])
   {
      temp = a[i];
      a[i] = a[i+1];
      a[i+1] = temp;
   }
```

a[i]와 a[i+1]의 값을 교환한다.

그림 7-7 정렬을 완료하기 위해 [그림 7-6] 과정을 (원소수-1) 번 반복하기

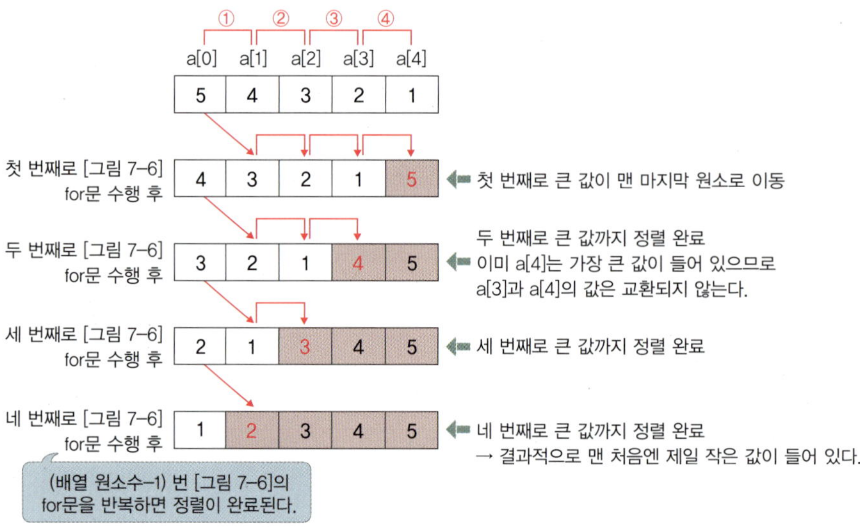

[그림 7-6]의 if문에서 a[i]와 a[i+1]에 저장된 값을 서로 교환하기 위해 4~6행에서 3개의 대입문을 사용한 것에 주의하기 바란다. 두 변수 x와 y의 값을 서로 교환하기 위해 다음과 같이 작성한다면 x와 y 둘 다 y의 값이 저장된다.

```
1 x = 3, y = 1; // 결과 ➡ x [3]      y [1]
2 x = y;        // 결과 ➡ x [3̸ 1]    y [1]
3 y = x;        // 결과 ➡ x [1]      y [1̸ 1]
4 printf("x=%d, y=%d", x, y); // 결과 x=1, y=1
```

x의 값이 2행에서 1로 수정되었기 때문에 y에는 이전에 저장된 1이 지워지고 현재 x에 저장된 1이 새로 저장된다.

프로그램은 특별한 제어문이 없는 한 위에서 아래로 한 문장씩 차례대로 실행되기 때문에 이와 같은 현상이 벌어지는 것이다. 눈으로 보기에는 2행과 3행의 x가 같은 변수명이지만 실제의 값은 상황에 따라 달라진다. 2행에서 x의 값이 1로 수정됨으로써 x의 원래 값 3이 사라졌고, 3행을 실행할 때는 2행의 결과로 x에 새로 저장된 원래 y의 값 1이 다시 저장되기 때문에 x와 y 둘 다 같은 값을 저장하게 된다.

이를 해결하려면 y에 x의 원래 값 3이 저장되게 해야 한다. 다음 코드의 2행처럼 x의 값을 임시 저장소에 보관한 다음 4행에서 미리 보관한 x의 원래 값을 y에 대입해야 한다.

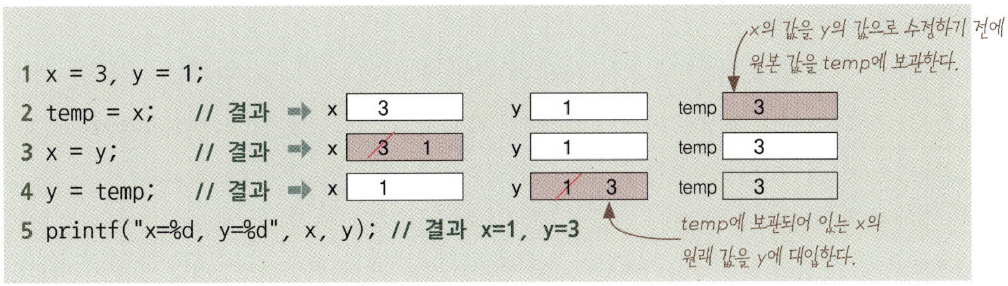

이와 같이 컴퓨터 프로그램에서 어떤 두 기억장소에 저장된 값을 교환할 때는 자료를 임시로 보관할 변수가 추가적으로 필요하다.

정렬 대상 배열에 [그림 7-6]과 같은 과정을 한 번 적용하면 큰 원소 값이 한 칸씩 밀려 가장 큰 값이 배열의 맨 마지막 원소에 저장된다. 그러나 [그림 7-6]의 맨 마지막의 배열 상태처럼 배열에 저장된 값에 따라 나머지 앞의 네 원소가 정렬이 완료되지 않을 수 있다. 그러므로 [그림 7-7]과 같이 [그림 7-6] 과정을 최대 (배열 원소수 −1) 만큼 반복하면 어떤 배열에 대해서도 정렬을 완료할 수 있다.

프로그램 7-4 **[그림 7-6]과 [그림 7-7]에 대한 프로그램(가장 단순한 버블 정렬) (ch7-4.cpp)**

```
#include <stdio.h>
#define SIZE 5

int main()
{
    int i, repeat, temp, a[SIZE] = {5, 4, 3, 2, 1};

    // 버블 정렬 시작
    for (repeat=1; repeat<SIZE; repeat++)    // (배열 원소수 -1) 번 반복하기
    {
        // 배열의 이웃한 두 원소간의 정렬을 차례대로 반복하기
        for (i=0; i<SIZE-1; i++)
        {
            // 이웃 두 원소의 정렬
            if (a[i] > a[i+1])
            {
                temp = a[i];
                a[i] = a[i+1];
                a[i+1] = temp;
            }
        }   // 안쪽 for의 끝
    }       // 바깥쪽 for의 끝

    return 0;
}
```

SIZE에서 1을 빼지 않는다면 (a[4] > a[5])를 비교하게 되므로 a[4] 뒤에 저장된 값에 따라 잘못된 결과를 얻을 수 있다.

[그림 7-6] 과정

버블 정렬 프로그램

[프로그램 7-4]를 분석하면 [그림 7-8]과 같이 필요 없는 비교도 한다는 것을 알 수 있다. 12~21행의 for문을 실행할 때마다 큰 값이 배열의 끝으로 이동한다. 처음 repeat가 1일 때 12행의 for문을 수행하면 가장 큰 값이 마지막 원소가 된다. 그 다음 repeat가 2일 때 for문을 수행하면 두 번째로 큰 값이 배열의 끝에서 두 번째 원소가 된다. 계속해서 12행의 for문을 수행할수록 배열의 끝에는 정렬이 완료된 원소가 하나씩 증가한다. 그러나 정렬이 완료된 원소를 고려하지 않고, 9행의 바깥 for문을 실행할 때마다 12행의 안쪽 for문은 언제나 a[0]과 a[1]부터 a[3]과 a[4]까지 두 이웃 원소를 비교한다. 사실 [그림 7-8]의 삼각 영역에 해당하는 비교는 필요하지 않다. 이 비교 횟수는 대략 전체 비교 횟수의 반에 해당하므로 이 비교를 제거한다면 프로그램의 실행 시간을 줄일 수 있다.

그림 7-8 [프로그램 7-4]에서 수행하는 필요 없는 두 원소 간의 비교

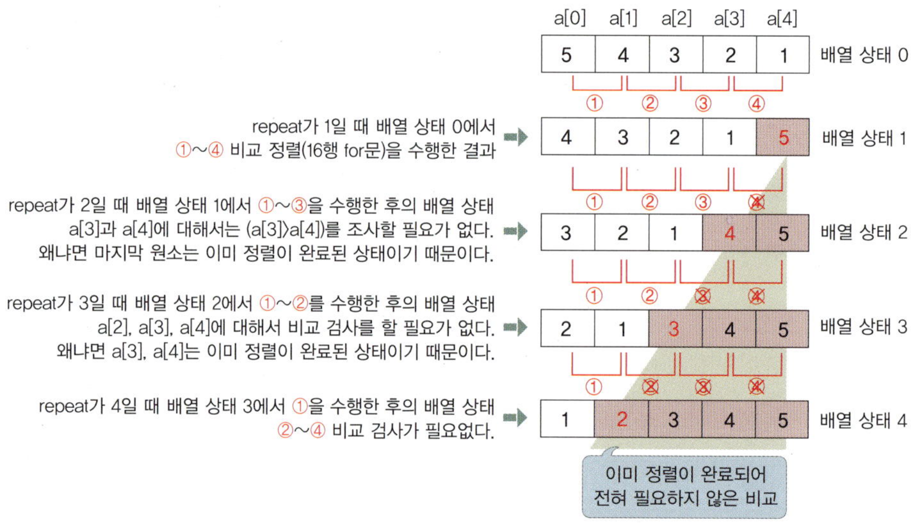

불필요한 비교를 제거하기 위해 repeat와 i의 상관관계를 살펴보자.

- repeat가 1일 때는 i가 0 ~ 3일 때까지 a[i]와 a[i+1]을 비교
- repeat가 2일 때는 i가 0 ~ 2일 때까지 a[i]와 a[i+1]을 비교
- repeat가 3일 때는 i가 0 ~ 1일 때까지 a[i]와 a[i+1]을 비교
- repeat가 4일 때는 i가 0 ~ 0일 때까지 a[i]와 a[i+1]을 비교

repeat가 1씩 증가할 때마다 두 원소 간의 비교 횟수는 1씩 감소한다. 즉 repeat가 1씩 증가할 때마다 안쪽 for문 i의 시작 값은 언제나 0이지만 마지막 값은 1씩 감소한다. 그러므로 12행의 for문을 for (i=0; i<SIZE-repeat; i++)로 수정하면 [프로그램 7-5]처럼 불필요한 비교를 제거할 수 있다.

프로그램 7-5 [프로그램 7-4]에서 정렬이 완료된 원소 간의 비교를 제거한 버블 정렬 (ch7-5.cpp)

```
1   #include <stdio.h>
2   #define SIZE 5
3
4   int main()
5   {
6       int i, repeat, temp, a[SIZE] = {5, 4, 3, 2, 1};
7
8       // 정렬하기 전 원래의 배열 내용을 출력하기
9       printf(" 정렬 전 배열: ");
10      for(i=0; i<SIZE; i++)
11          printf("%4d", a[i]);
12
13      // 버블 정렬 시작
14      for (repeat=1; repeat<SIZE; repeat++)
15      {
16          for (i=0; i<SIZE-repeat; i++)
17          {
18              if (a[i] > a[i+1])
19              {
20                  temp = a[i];
21                  a[i] = a[i+1];
22                  a[i+1] = temp;
23              }
24          }
25      }
26
27      // 정렬된 결과를 출력하기
28      printf("\n\n 정렬 후 배열: ");
29      for(i=0; i<SIZE; i++)
30          printf("%4d", a[i]);
31      printf("\n");
32
33      return 0;
34  }
```

[프로그램 7-4]의 12행에서 SIZE-1로 고정된 부분을 이전 반복에서 정렬된 원소를 더 이상 비교하지 않도록 바깥 for문의 제어 변수 repeat를 활용하도록 수정하였다.

실행결과

```
정렬 전 배열:  5  4  3  2  1

정렬 후 배열:  1  2  3  4  5
```

[프로그램 7-4]와 [프로그램 7-5]의 7행에는 double compare=0;을, [프로그램 7-4]의 14행과 [프로그램 7-5]의 17행에는 compare++;를, [프로그램 7-4]의 23행과 [프로그램

7-5]의 26행에는 printf("총 비교 횟수: %.0lf번", compare);를 추가한 후 각각의 프로그램을 실행하면 두 프로그램의 비교 횟수를 확인할 수 있다. 두 프로그램의 배열 원소를 십만 개로 수정하고 실행하면 비교 횟수는 9,999,800,001에서 대략 반인 4,999,950,000번으로 감소하며 약 10초의 실행 시간을 단축할 수 있다.

최적화한 버블 정렬 프로그램

[프로그램 7-5]는 정렬할 배열이 최악의 경우 즉 내림차순으로 정렬되어 있는 상태다. 그러나 정렬 대상 배열이 최악의 경우가 아니라면 [프로그램 7-5]는 아직까지 개선할 내용이 있다. 다음과 같은 배열을 고려해보자.

```
b[5] = {1, 2, 3, 5, 4};
```

다음과 같이 ①~④까지 두 원소 간의 정렬을 실행하고 나면 b 배열은 정렬된다.

그림 7-9 repeat가 1일 때 b 배열의 이웃하는 원소끼리 정렬을 한 후 정렬이 완료된 예

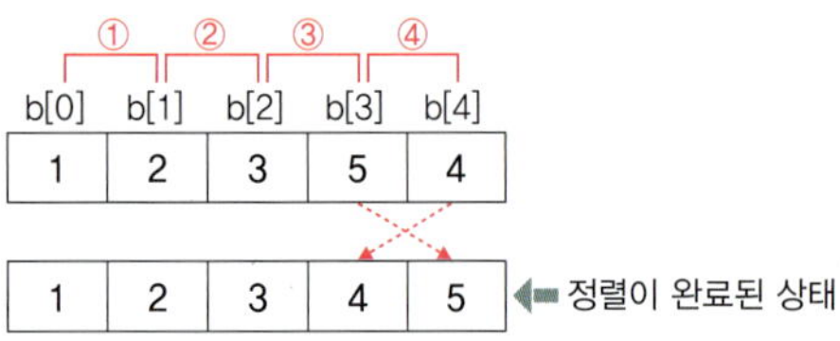

그러나 [프로그램 7-5]는 repeat가 2일 때부터 4일 때까지 계속 안쪽 for문을 실행한다. 프로그램에서 배열의 정렬 완료 여부를 확인하지 않고 정해진 횟수만큼 반복하기 때문이다. 배열이 완전히 정렬된 상태라면 더 이상 바깥 for문을 실행하지 않도록 하여 [프로그램 7-5]를 최적화할 수 있을 것이다. 그렇다면 배열의 정렬 완료 여부를 어떻게 알 수 있을까? [그림 7-9]에서 repeat가 1일 때 이웃 원소 간의 정렬 과정에서 b[3]과 b[4]의 값 교환이 발생한다. 두 원소 간의 교환은 정렬되지 않은 것이 있기 때문에 발생하는 것이고 정렬이 완료된 상태라면 바깥 for문을 실행하는 동안 두 원소 간의 교환이 한 번도 발생하지 않을 것이다. 그러므로 안쪽 for문을 실행한 후 이웃 원소 간의 교환이 발생한 적이 없다면 정렬이 완료된 상태이므로 더 이상 바깥 for문을 실행하지 않고 끝내게 한다.

이를 코딩하기 위해 플래그(flag) 변수를 사용한다. 플래그 변수란 정렬이 완료된 상태인지 아닌지, 두 원소 간에 값의 교환이 발생했는지 아닌지, 입력이 완료되었는지 아닌지 등과 같이 프로그램에서 특정 상태를 표시하고 상태 변화를 확인하는 데 사용하는 변수를 말한다.

swap = 'N';으로 초기화하여 두 원소 간의 교환이 발생한 적이 없는 상태를 나타내도록 한

다. 그 다음 안쪽 for문에서 두 원소를 정렬하기 위해 실제로 교환이 일어난다면 swap = 'Y'; 로 바꾸어 상태 변화를 저장한다. 안쪽 for문을 마쳤을 때 swap의 값이 변했는지 그대로인지 확인해본다면 정렬의 완료 여부를 알 수 있다. swap의 값이 그대로 'N'이라면 한 번도 교환이 발생하지 않았으므로 정렬이 완료되었다는 뜻이다. 따라서 더 이상 정렬 과정을 진행하지 않고 break를 통해 바깥 for문을 완전히 끝낸다. 이처럼 플래그 변수를 사용하여 최적화한 버블 정렬 프로그램이 [프로그램 7-6]이다.

프로그램 7-6 최적화한 버블 정렬 (ch7–6.cpp)

```
#include <stdio.h>
#define SIZE 5

int main()
{
    int i, repeat, temp, b[SIZE] = {1, 2, 3, 5, 4};
    char swap;      // 이웃 두 원소의 값이 교환된 적이 있는 지를 알려주는 변수

    // 버블 정렬 시작
    for (repeat=1; repeat<SIZE; repeat++)
    {
        swap = 'N'; // 두 원소 간에 교환이 발생하지 않은 상태로 초기화
        for (i=0; i<SIZE-repeat; i++)
        {
            if (b[i] > b[i+1])
            {
                temp = b[i];
                b[i] = b[i+1];
                b[i+1] = temp;

                swap = 'Y';     // 두 원소 간에 교환이 발생한 상태로 수정
            }
        }
        if (swap == 'N')        // 두 원소 간에 교환이 발생한 적이 없는 정렬 완료 상태라면
            break;              // 정렬 작업을 끝내기
    }

    // 정렬된 결과를 출력하기
    printf("\n 정렬 후 배열: ");
    for(i=0; i<SIZE; i++)
        printf("%4d", b[i]);
    printf("\n\n");

    return 0;
}
```

실행결과

```
정렬 후 배열:  1 2 3 4 5
```

설명

12: repeat가 1 증가된 후 두 원소 간의 정렬을 다시 차례대로 실행하기 전에 21행에서 'Y'로 수정된 swap을 다시 'N'으로 초기화해야 한다.

24~25: 13행의 for문을 마친 후에도 swap이 12행에서 초기화한 'N' 그대로 저장되어 있다면 두 원소 간의 교환이 한번도 발생하지 않았다는 것을 의미하므로 현재 배열이 완벽하게 정렬된 상태인 것이다. 그러므로 더 이상 정렬을 하지 않도록 10~26행의 바깥 for문을 빠져나온다.

7.3 2차원 배열

2차원 배열은 1차원 배열이 여러 개 모인 배열로 [그림 7-10]과 [그림 7-11]처럼 표 형태의 구조로 표현되는 자료들을 저장하는 데 사용된다. 2차원 배열도 컴퓨터 주기억장치에서는 물리적으로 1차원의 연속된 기억장소에 저장된다. 하지만 프로그래머는 논리적으로 표 형태의 기억장소에 저장된다고 생각하고 프로그램을 작성하면 된다.

그림 7-10 2행 3열의 행렬을 저장하기 위한 2차원 배열 matrix

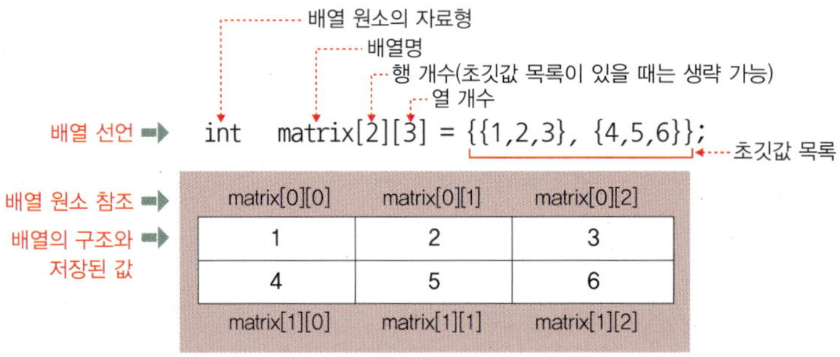

그림 7-11 학생 3명의 1~4차 시험 점수를 저장하는 2차원 배열 test

```
int test[3][4] = {{9, 8, 9, 10}, {10, 9, 10, 9}, {9, 7, 9, 8}};
```

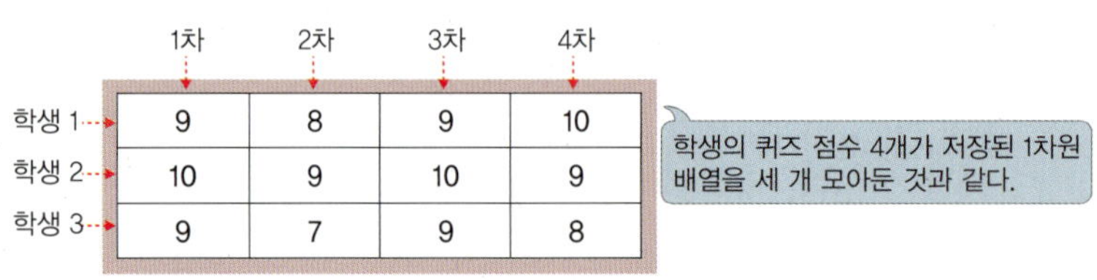

7.3.1 2차원 배열의 선언과 배열 원소

2차원 배열을 선언할 때는 전체 행의 개수를 먼저 명시하고 그 다음에 각 행에 들어 있는 열의 개수를 명시한다. 2차원 배열도 1차원 배열과 마찬가지로 배열에 저장되는 모든 값의 자료형이 같아야 한다.

형식 **2차원 배열의 선언**

자료형 배열명[행 개수][열 개수];

예
```
int matrix[2][3];           // 2행 3열의 행렬을 저장하기 위한 배열
int test[3][4];             // 3명의 4번의 시험 점수를 저장하기 위한 배열
double average[3][8];       // 1, 2, 3학년의 각 반별 평균 점수 8개를 저장하기 위한 배열
```

2차원 배열의 한 행은 1차원 배열로 간주할 수 있다. 배열의 초깃값은 {} 안에 명시하므로, 2차원 배열의 초깃값은 {} 안에 다시 {}를 이용해 한 행씩 나열한다.

형식 **2차원 배열을 선언과 동시에 초기화하기**

자료형 배열명[행수][열수] = {{1행 초깃값 목록}, {2행 초깃값 목록}, …,
{마지막 행 초깃값 목록}};

예
```
int matrix[2][3] = {{1, 2, 3}, {4, 5, 6}};    // 결과는 [그림 7-10]이 됨
```
↳ 바깥 {} 안에 명시한 {} 순서대로 한 행씩 초기화된다.

```
int matrix[][3] = {{1, 2, 3}, {4, 5, 6}};
```
↳ 1차원 배열에서 초깃값 목록이 있으면 원소수를 생략할 수 있는 것처럼 2차원 배열에서도 초깃값 목록이 있으면 행의 개수를 생략할 수 있다. 그러나 열의 개수는 반드시 명시해야 한다.

```
int matrix[][3] = {1, 2, 3, 4, 5, 6};
```
↳ 초깃값을 한 개의 {} 안에 모두 명시하더라도 열의 개수가 3으로 명시되어 있어 int matrix[2][3]과 같이 행의 수를 2로 간주한다.

> **주의** int matrix[][] = {{1, 2, 3}, {4, 5, 6}};과 같이 초깃값 목록에서 행의 수가 2이고 열의 수가 3임을 알 수 있더라도 matrix[][3] 처럼 최소한 열의 수는 명시해야 한다. [][]와 같이 행과 열의 수를 둘 다 명시하지 않으면 에러가 난다.

2차원 배열의 원소를 참조할 때는 행 첨자와 열 첨자가 필요하다. 먼저 행 첨자를 명시하고 그 다음에 열 첨자를 명시한다.

형식 **2차원 배열 원소의 참조**

배열명[행 첨자][열 첨자]
- 행 첨자: 0~(행 개수–1) 범위의 정수
- 열 첨자: 0~(열 개수–1) 범위의 정수

예
```
// [그림 7-10]을 참고하기
matrix[0][0]    // 실제 행렬의 1행 1열의 값을 저장하는 배열 원소
matrix[1][2]    // 실제 행렬의 2행 3열의 값을 저장하는 배열 원소
```

7.3.2 2차원 배열과 반복문

2차원 배열도 입출력이나 대입문에서 배열 원소 단위로 처리해야 한다. 2차원 배열은 1차원 배열의 배열이므로 일반적으로 이중으로 중첩된 반복문으로 표현한다.

[그림 7-10]의 행렬 내용을 [그림 7-12]처럼 출력할 때, 반복문을 사용하지 않고 배열 원소를 각각 출력하는 코드는 [그림 7-13]과 같다. [그림 7-13]의 코드에서 printf 함수는 배열 원소수만큼 반복되며 출력하는 배열 원소의 첨자만 다르므로 [그림 7-14]처럼 각 행의 출력을 for문으로 표현할 수 있다. [그림 7-14]의 두 for문은 행 개수만큼 반복되므로 [그림 7-15]처럼 이중 중첩 for문으로 표현할 수 있다.

[그림 7-15]와 같이 코드를 작성하면 다음에 행렬의 행과 열 수가 바뀌어도 1행과 3행의 행 개수와 열 개수에 해당하는 2와 3만 변경하면 된다. 따라서 행렬 크기에 상관없이 코드 길이를 같게 작성할 수 있다.

그림 7-12 2행 3열의 행렬 출력 결과

```
 1  2  3↵
 4  5  6↵
```

그림 7-13 반복문을 이용하지 않고 배열의 각 원소를 한 개씩 출력하기

```
1  printf("%3d", matrix[0][0]);
2  printf("%3d", matrix[0][1]);
3  printf("%3d", matrix[0][2]);
4  printf("\n");  // 결과 화면의 행 바꾸기
5
6  printf("%3d", matrix[1][0]);
7  printf("%3d", matrix[1][1]);
8  printf("%3d", matrix[1][2]);
9  printf("\n");  // 결과 화면의 행 바꾸기
```

첫 행을 출력하는 1~3행은 출력할 원소의 행 첨자가 같고 열 첨자만 0~2로 변한다. 그러므로 [그림 7-14]의 1~2행과 같이 for문으로 표현할 수 있다.

그림 7-14 각 행의 배열 원소를 for문을 이용해 출력하기

```
1  for (col=0; col<3; col++)
2     printf("%3d", matrix[0][col]);
3  printf("\n");
4
5  for (col=0; col<3; col++)
6     printf("%3d", matrix[1][col]);
7  printf("\n");
```

그림 7-15 이중 중첩 for문을 이용해 2차원 배열 출력하기

```
for (row=0; row<2; row++)
{
   for (col=0; col<3; col++)
      printf("%3d", matrix[row][col]);
   printf("\n");
}
```

배열의 행 개수

배열의 열 개수

한 행을 출력한다.

7.3.3 2차원 배열의 입력: 행 단위 입력과 열 단위 입력

학생들의 여러 과목 점수를 과목별로 입력하거나 학생별로 입력해 성적 처리를 하는 것처럼 2차원 배열은 [그림 7-16]의 (a)처럼 한 행씩 차례로 입력하거나 (b)처럼 한 열씩 차례로 입력한다. scanf 함수를 사용해 입력 값을 저장할 배열 원소의 주소를 명시할 때는 '&matrix[0][0]'과 같이 배열명 앞에 &를 붙인다.

그림 7-16 2차원 배열의 입력

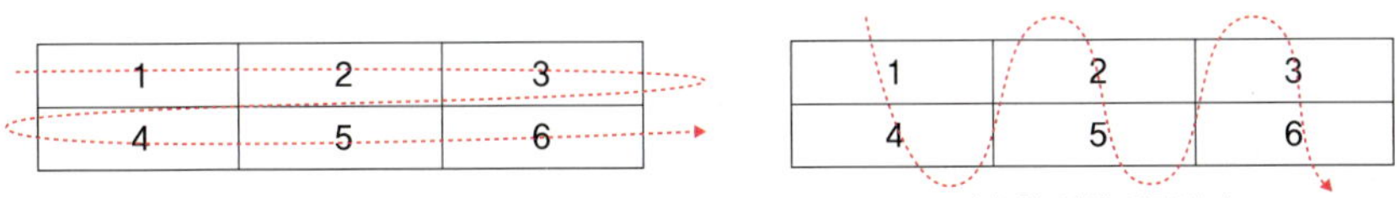

(a) 한 행씩 입력받기　　(b) 한 열씩 입력받기

행 단위 입력

행 단위로 입력을 받는다면 [그림 7-17]과 같은 순서로 배열 원소를 입력할 것이다. 같은 행의 배열 원소를 입력받을 때 배열 원소의 행 첨자는 같고 열 첨자만 변한다.

그림 7-17 행을 우선으로 배열 원소 값을 입력하기

```
0행 0열? 1
0행 1열? 2
0행 2열? 3
1행 0열? 4
1행 1열? 5
1행 2열? 6
```

첫째 행의 입력

둘째 행의 입력

그러므로 열 첨자를 중첩된 안쪽 for문의 제어 변수로 사용하고, 행 첨자는 바깥 for문의 제어 변수로 사용해 다음과 같이 중첩 for문으로 표현할 수 있다.

```
예 1 for (row=0; row<2; row++)
   2 {
   3     for (col=0; col<3; col++)
   4     {
   5         printf("%d행 %d열? ", row, col);
   6         scanf("%d", &matrix[row][col]);
   7     }
   8 }
```

배열의 행 개수

배열의 열 개수

row가 고정된 상태에서 col이 0에서 2까지 반복한다.

열 단위 입력

열 단위로 입력을 받는다면 [그림 7-18]과 같은 순서로 배열 원소를 입력할 것이다. 같은 열의 배열 원소를 입력받을 때 원소의 열 첨자는 같고 행 첨자만 변한다.

그림 7-18 열을 우선으로 배열 원소 값을 입력하기

```
0열 0행? 1 ┐ 첫째 열 입력
0열 1행? 4 ┘
1열 0행? 2 ┐ 둘째 열 입력
1열 1행? 5 ┘
2열 0행? 3 ┐ 셋째 열 입력
2열 1행? 6 ┘
```

그러므로 행 첨자를 중첩된 안쪽 for문의 제어 변수로 사용하고, 열 첨자는 바깥 for문의 제어 변수로 사용해 다음과 같이 중첩 for문으로 표현할 수 있다.

```
예 1 for (col=0; col<3; col++)
   2 {
   3     for (row=0; row<2; row++)
   4     {
   5         printf("%d열 %d행? ", col, row);
   6         scanf("%d", &matrix[row][col]);
   7     }
   8 }
```

배열의 총 열 수

배열의 총 행 수

col이 고정된 상태에서 row가 0에서 1까지 반복한다.

행 단위 입력 예와 열 단위 입력 예를 보면 두 for문에서 1행과 3행의 헤더 위치가 서로 바뀌어 있다는 것을 알 수 있다.

7.4 프로그래밍 실습

7.4.1 행렬의 덧셈

문제 2행 3열의 두 행렬 A와 B를 더한 결과인 행렬 C를 구해서 출력하시오.

분석
- 행렬은 행과 열 수가 같아야 덧셈이 가능하므로 세 행렬 A, B, C 모두 동일한 크기의 2차원 배열을 이용한다.
- 행렬의 합은 [그림 7-19]처럼 두 행렬의 각 대응 성분의 합이 결과 행렬의 성분이 되며 2차원 배열을 이용하므로 중첩 for문으로 표현한다.

그림 7-19 2×3 행렬의 덧셈

2×3 행렬 A + 2×3 행렬 B = 2×3 행렬 C

$$\begin{pmatrix} a_{11} & a_{12} & a_{13} \\ a_{21} & a_{22} & a_{23} \end{pmatrix} + \begin{pmatrix} b_{11} & b_{12} & b_{13} \\ b_{21} & b_{22} & b_{23} \end{pmatrix} = \begin{pmatrix} c_{11} & c_{12} & c_{13} \\ c_{21} & c_{22} & c_{23} \end{pmatrix}$$

덧셈 규칙 $c_{ij} = a_{ij} + b_{ij}$ (i=1~2, j=1~3)

해결 과정

1. 2차원 배열 A에 행렬 A를 행 단위로 입력받기 (중첩 for문)
2. 2차원 배열 B에 행렬 B를 행 단위로 입력받기 (중첩 for문)
3. 두 행렬 A와 B를 합하여 결과 행렬 C를 구하기 (중첩 for문)
   C[i][j] = A[i][j] + B[i][j] (i=0~1, j=0~2)
4. 결과 행렬이 저장된 배열 C를 출력하기 (중첩 for문)

프로그램 7-7 2×3 행렬 A와 B의 덧셈 결과인 행렬 C 구하기 (ch7-7.cpp)

```
#include <stdio.h>
#define M 2      // 행렬의 행 개수를 매크로 상수로 정의
#define N 3      // 행렬의 열 개수를 매크로 상수로 정의

int main()
{
    int A[M][N], B[M][N], C[M][N];    // M×N 행렬을 저장할 배열 세 개 선언
    int i, j;

    // 행렬 A 입력
    printf("\n행렬 A 입력 \n");
    for (i=0; i<M; i++)
        for (j=0; j<N; j++)
```

```c
    {
        printf("%d행 %d열? ", i+1, j+1);
        scanf("%d", &A[i][j]);
    }

// 행렬 B 입력
printf("\n행렬 B 입력 \n");
for (i=0; i<M; i++)
    for (j=0; j<N; j++)
    {
        printf("%d행 %d열? ", i+1, j+1);
        scanf("%d", &B[i][j]);
    }

// 두 행렬의 합을 배열 C에 구하기
for (i=0; i<M; i++)
    for (j=0; j<N; j++)
        C[i][j] = A[i][j] + B[i][j];

// 행렬 A 출력
printf("\n 행렬 A\n");
for (i=0; i<M; i++)
{
    printf(" [ ");
    for (j=0; j<N; j++)
        printf("%2d ", A[i][j]);
    printf("] \n");
}

// 행렬 B 출력
printf("\n 행렬 B\n");
for (i=0; i<M; i++)
{
    printf(" [ ");
    for(j=0; j<N; j++)
        printf("%2d ", B[i][j]);
    printf("] \n");
}

// 행렬 C 출력
printf("\n 행렬 C=A+B \n");
for (i=0; i<M; i++)
{
    printf(" [ ");
    for (j=0; j<N; j++)
        printf("%2d ", C[i][j]);
    printf("] \n");
}
```

A와 B 행렬의 동일 위치의 성분을 합하면 C 행렬의 성분이 된다.

A 행렬의 (i+1)째 행을 출력한다.

```
62
63        return 0;
64    }
```

i+1 j+1 A[i][j]

```
실행결과

행렬 A 입력
1행 1열? 1
1행 2열? 2
1행 3열? 3
2행 1열? 4
2행 2열? 5
2행 3열? 6

행렬 B 입력
1행 1열? 10
1행 2열? 20
1행 3열? 30
2행 1열? 40
2행 2열? 50
2행 3열? 60

 행렬 A
 [ 1  2  3 ]
 [ 4  5  6 ]

 행렬 B
 [ 10 20 30 ]
 [ 40 50 60 ]

 행렬 C=A+B
 [ 11 22 33 ]
 [ 44 55 66 ]
```

B[i][j]

설명

2,3: 행렬의 행과 열 수를 매크로 상수로 정의하여 행렬의 크기가 달라져도 프로그램을 쉽게 수정할 수 있도록 한다.

15,24: 배열 원소 A[0][0]은 실제로는 행렬에서 1행 1열의 성분이다. 그러므로 행렬의 각 성분을 입력받을 때 사용자가 실제 행과 열의 위치를 확인할 수 있도록 배열의 행과 열 첨자보다 1 많은 값을 표시한다.

29~31: 두 행렬 A, B의 각 대응 성분의 합이 결과 행렬 C의 성분이 되며, 행렬의 모든 성분에 대해 덧셈을 반복해야 하므로 중첩 for문으로 표현한다.

37~40(47~50,57~60): 행렬을 출력할 때 행렬의 좌우 끝에 '['와 ']'를 출력하여 행렬의 모양을 표현한다. 따라서 한 행을 출력하기 이전인 37행에서 먼저 '['를 출력한다. 다음 38행과 39행의 for문에 의해 한 행을 출력을 마친 후 40행에서 마지막 행렬 성분 뒤에 ']'를 출력한다.

7.5 char형 배열을 이용한 문자열 처리

프로그램을 이용하여 해결하는 이공계열의 문제는 대부분이 수치 자료를 다루는 것이라고 해도 과언이 아니다. 그러나 일반적인 문제를 해결하는 프로그램에서는 책에 관련된 도서명, 저자명, 출판사명, 사람에 관련된 이름, 주소, 출신학교, 생산 물품에 관련된 물품명, 생산 지역, 판매 대리점명 등 문자들 즉 문자열(string)도 많이 다룬다. C 언어에서 문자열을 처리하는 방법은 char형 배열을 이용하는 방법과 char형 포인터를 이용하는 방법 두 가지가 있다. 이 절에서는 char형 배열을 이용하여 문자열을 처리하는 방법을 소개하고 char형 포인터를 이용하는 방법은 10장에서 소개한다.

7.5.1 char형 1차원 배열을 이용한 문자열 처리

C 언어에서 문자열 상수는 " "로 묶어 놓은 연속된 문자들이다. 한 가지 특별한 점은 이 문자열의 끝에는 자동으로 널(null)이라는 '\0'으로 표현하는 문자가 포함된다는 것이다. 그러므로 문자열 상수는 기억장치에서 [그림 7-20]과 같이 (" " 안의 문자수+1) 바이트로 표현된다.

그림 7-20 문자열과 널문자

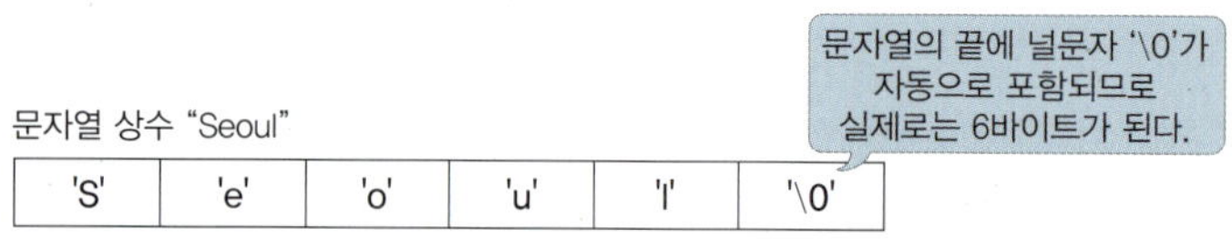

char형 변수는 문자 상수 즉 한 개의 문자만 저장할 수 있으므로 여러 개의 문자를 한꺼번에 저장하려면 [그림 7-21]처럼 char형 1차원 배열을 이용해야 한다.

그림 7-21 문자열을 저장하기 위한 char형 1차원 배열

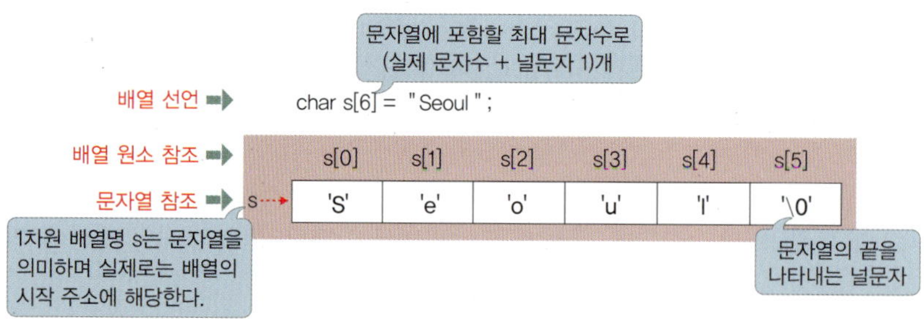

문자열을 저장할 배열 선언

문자열을 저장할 배열을 선언할 때 주의할 점은 배열의 크기를 정할 때 문자열에 포함된 문자의 수보다 최소한 한 개 이상 더 많게 지정해야 한다는 것이다. 그 이유는 문자열의 끝을 의미하는 널문자 '\0'을 배열에 저장하기 위해서다.

예

```
char c[6];    // 널문자를 제외한 최대 5개의 문자를 저장할 수 있는 배열
char c[6] = {'S', 'e', 'o', 'u', 'l'};
```

↳ 선언과 동시에 초기화할 때 배열 원소가 char형이므로 초깃값 목록 {} 안에 문자 상수를 명시한다.

```
char c[6] = "Seoul";
```

↳ {} 안에 문자 상수를 명시하는 것이 번거롭기 때문에 문자열일 경우에는 초깃값을 문자열 상수 그대로 표현할 수 있다.

> **참고** 문자열의 끝을 의미하는 널문자 이전까지의 문자의 개수를 문자열의 길이라고 한다. [그림 7-24]와 같이 선언된 배열의 크기가 초기화할 문자열의 길이보다 더 크면 배열 끝에 '\0'이 자동으로 저장되므로 문제가 발생하지 않는다.
>
> **그림 7-22** 문자열의 끝에 저장된 널문자
>
> char s[7] = "Seoul";
>
> | s[0] | s[1] | s[2] | s[3] | s[4] | s[5] | s[6] |
> |---|---|---|---|---|---|---|
> | 'S' | 'e' | 'o' | 'u' | 'l' | '\0' | '\0' |
>
> 그러나 char s[5] = "Seoul"과 같이 배열의 원소수를 명시할 때 널문자를 고려하지 않고 지정한다면 문자열을 출력할 때 문제가 발생할 수 있으므로 주의해야 한다. 그러므로 문자열을 저장할 배열의 크기를 결정할 때는 이 배열에 저장할 문자열의 최대 길이보다 1 더 크게 지정해야 하며 자세한 이유는 이후에 소개한다.

scanf/printf를 이용한 문자열의 입출력

char형 1차원 배열에 저장된 문자열을 출력하거나 배열로 문자열을 입력받을 때는 배열명만 명시해야 한다. 10장에서 자세히 나오겠지만 배열명 자체가 배열의 시작 주소이므로 입력을 받을 때 문자열이 저장될 기억장소의 주소를 구하기 위해 배열명 앞에 &를 사용할 필요가 없다. &를 사용하면 오히려 결과를 예측할 수 없어진다. 여기서는 단순히 문자열일 때는 &를 사용할 필요가 없다고 이해하면 된다.

> **형식** **scanf/printf 함수를 이용한 문자열의 입출력**
>
> **scanf("%s", char형 1차원 배열명); // 공백키, 탭키, 엔터키와 같은 공백 문자를 입력하기 전까지의**
> **// 문자열을 배열에 저장**
> **printf("%s", char형 1차원 배열명); // 배열에 저장된 문자열을 출력**

예

```
char city[10] = "Seoul";    // 널문자를 제외한 최대 9개의 문자를 저장할 수 있다.
printf("City: %s", city);   // 'City: Seoul'이 출력된다.
scanf("%s", city);          // 키보드에서 입력하는 문자열이 city에 저장된다.
```

> **참고** 10장 포인터에서 자세히 배우겠지만 배열명 자체가 배열의 시작 주소이므로 scanf 함수를 이용해 문자열을 입력할 때 배열명 앞에 주소를 구하는 연산자 &를 사용하면 안 된다. 그러나 scanf("%s", &city);은 컴파일할 때 에러가 발생하지 않으므로 틀린 줄 모르고 프로그래밍하게 될 수 있다. '주소에 의한 호출' 방식의 인수 전달에서도 습관적으로 city의 주소를 구하려고 &city라고 잘못 적는 경우가 있다. 배열의 주소에 해당하는 city만 사용해야 함을 꼭 기억해두자.

문자열 전용 입력 함수 gets

scanf 함수는 문자열을 입력할 때 C 언어의 공백 문자에 해당하는 공백키, 탭키, 엔터키와 같은 공백 문자를 입력하면 이전까지의 문자들만 배열에 저장한다. 즉 실행할 때 'Hong Gil Dong'을 입력하고 엔터키를 입력하면 name에는 "Hong"만 저장된다. 그러므로 공백을 포함하는 문자열을 입력받고 싶으면 C 언어에서 제공하는 문자열 전용 입력 함수인 gets를 사용해야 한다. gets는 엔터키를 입력할 때까지의 모든 문자를 배열에 저장할 수 있다. gets는 문자열만 입력받으므로 %s가 필요 없으며 인수로 문자열을 저장할 char형 1차원 배열명만 명시한다.

형식 **gets 함수를 이용한 문자열 입력**

```
gets(char형 1차원 배열명);          // 엔터키를 입력하기 전까지의 문자열을 배열에 저장
```

예

```
char name[12];                    // 널문자를 제외한 11개의 문자를 저장할 수 있는 배열 선언
gets(name);                       // 실행할 때 입력되는 문자열이 name에 저장됨
```

> **참고** 배열명 앞에 주소를 구하는 연산자 &를 사용해 gets(&name);으로 사용하면 에러다.

문자열 전용 출력 함수 puts

C 언어는 puts라는 문자열 전용 출력 함수를 제공하는데 scanf 함수와 달리 문자열을 출력한 후 언제나 행을 바꾼다. 그러므로 문자열 출력 후 행을 바꾸고 싶지 않다면 printf 함수를 사용한다. scanf 함수에서 문자열을 입력할 때 공백 문자를 포함한 문자열은 입력받을 수 없지만 printf 함수에서 %s를 이용해 문자열을 출력할 때는 문자열에 포함된 공백 문자들을 출력할 수 있다.

형식 **puts 함수를 이용한 문자열 출력**

```
puts(char형 1차원 배열명);          // 배열에 저장된 문자열을 출력한 후 행을 바꿈
```

예

```
char name[12] = "Hong G.D.";
puts(name);                       // 'Hong G.D.'가 출력되고 자동으로 행이 바뀜
```

문자열에 포함된 문자의 처리

char형 1차원 배열명을 이용하면 문자열 단위의 입출력을 할 수 있다. 그러나 문자열 단위의 처리가 아니라 문자열 안에 포함된 문자 단위의 처리가 필요할 수도 있다. 문자는 char형 배열에 저장된 원소에 해당하므로 배열명과 첨자를 이용해 다음과 같이 처리한다.

```
// 주민등록번호로부터 태어난 연도와 성별을 출력하기
char id[14] = "9011032683231";   // 주민등록번호를 문자열로 배열에 저장하기

// 처음 두 문자를 이용하여 출생 연도를 출력하기
printf("%c%c년도에 태어난 ", id[0], id[1]);

// 일곱 번째 문자를 이용하여 성별을 출력하기
if (id[6] == '1')
    printf("남자");
else
    printf("여자");
```

id 배열의 원소는 char형이므로 변환 명세 %c를 이용해 출력한다.

실행결과

```
90년도에 태어난 여자
```

문자열 단위로 입력받을 때는 scanf 함수에서 배열명만 사용하지만 char형 배열의 특정 원소의 값을 직접 입력받을 때는 scanf("%c", &id[6]);과 같이 배열 원소의 해당 주소를 구하기 위해 반드시 주소 연산자를 사용해야 한다.

문자열의 끝을 의미하는 널문자의 중요성

문자열을 저장하는 배열의 크기를 정할 때 저장할 문자의 개수보다 하나 더 많게 정해야 하는 이유는 문자열의 끝을 나타내는 특수 문자 널문자를 저장하기 위해서라고 설명하였다. 만일 배열에 널문자가 포함되어 있지 않다면 어떻게 될까?

```
char book[5] = {'C', '/', 'C', '+', '+'};

printf("문자 단위로 출력하기: ");
for (i=0; i<5; i++)
    printf("%c", book[i]);

printf("\n문자열 단위로 출력하기: ");
printf("%s\n", book);
```

char book[5] = "C/C++";로 수정하면 컴파일 에러가 발생한다. 이는 "C/C++" 문자열 끝에는 자동으로 널문자가 포함되므로 문자가 총 6개이기 때문이다.

실행결과

```
문자 단위로 출력하기: C/C++
문자열 단위로 출력하기: C/C++儆?
```

현재 book 배열의 마지막 원소인 book[4]가 널문자가 아니므로 널문자를 만날 때까지 계속 출력하여 엉뚱한 문자가 출력된다.

book 배열의 크기를 6이 아닌 5로 지정했을 때 4, 5행과 같이 배열의 마지막 원소인 book[4]까지 정확히 문자 단위로 출력하면 문제가 발생하지 않는다. 그러나 8행과 같이 배열명을 이용하여 문자열 단위로 출력을 할 때는 출력 결과를 예측할 수 없게 된다. 그 이유는 문자열을 출력하는 원리와 관련이 있다.

문자열 단위로 출력할 때는 문자열이 저장되어 있는 첫 기억장소부터 차례대로 저장된 문자를 출력하되 문자열의 끝을 의미하는 널문자를 만날 때까지 출력한다. 그러므로 배열 안에 널문자가 포함되지 않았다면 배열의 영역을 벗어나 계속 출력하므로 현재 기억장소의 상태에 따라 출력 결과가 달라진다. 그러므로 문자열을 처리할 때는 문자열의 끝에 널문자가 포함되도록 처리해야 한다.

7.5.2 char형 2차원 배열을 이용한 여러 개의 문자열 처리

char형 1차원 배열에는 문자열을 1개만 저장할 수 있다. 여러 개의 문자열을 한꺼번에 저장하려면 [그림 7-23]처럼 char형 2차원 배열을 이용해야 한다.

그림 7-23 여러 개의 문자열을 저장하기 위한 char형 2차원 배열

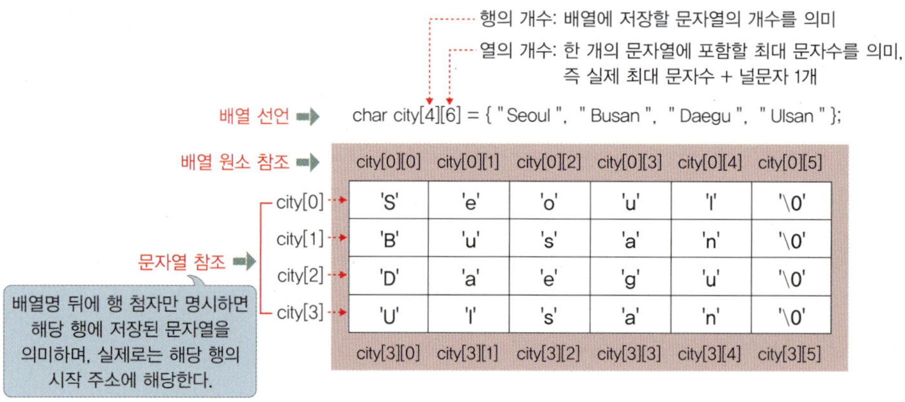

char형 1차원 배열에서는 배열명이 문자열을 의미한다. char형 2차원 배열에서는 각 행에 저장된 것이 문자열이므로 배열명과 행 첨자만 명시하면 문자열을 의미한다.

형식 **char형 2차원 배열에 저장된 문자열의 입출력**

```
scanf("%s", 배열명[행 첨자]);     // (행 첨자+1)째 행에 문자열을 입력한다.
printf("%s", 배열명[행 첨자]);    // (행 첨자+1)째 행의 문자열 출력한다.
gets(배열명[행 첨자]);            // 엔터키 이전까지의 문자열을 (행첨자+1)째 행에 입력한다.
puts(배열명[행 첨자]);            // (행 첨자+1)째 행의 문자열을 출력한 후 결과 화면의 행을 바꾼다.
```

예

```
1  char city[4][6] = {"Seoul", "Busan", "Daegu", "Ulsan"};
2  char city_kor[4][5];            // city 배열의 도시명을 한글로 입력받기 위한 배열
3
4  for (i=0; i<4; i++)
5     printf("%s\n", city[i]);     // puts(city[i]);와 동일
6
7  for (i=0; i<4; i++)
8     scanf("%s", city_kor[i]);    // gets(city_kor[i]);와 유사
```

실행결과

```
Seoul ↵
Busan ↵     4~5행의 출력 결과
Daegu ↵
Ulsan ↵
서울 ↵
부산 ↵      7~8행의 입력
대구 ↵
울산 ↵
```

주의

- char형 1차원 배열명이 문자열의 시작 주소라면 char형 2차원 배열명은 전체 배열의 시작 주소를, '2차원배열명[행 첨자]'는 (행 첨자+1)째 행의 시작 주소를 의미한다. 즉 열에 대한 첨자를 생략함으로써 같은 행에 있는 문자열을 의미하며 실제로는 그 행의 시작 주소가 되는 것이다. 그러므로 scanf("%s", &city_kor[i])와 같이 city_kor[i] 앞에 &를 붙이면 안 된다.
- 배열의 원소를 scanf 함수에서 %c를 사용해 입력받을 때는 &city_kor[i][j]와 같이 &를 붙여야 한다.

7.6 프로그래밍 실습

7.6.1 학생 정보 출력하기

문제 사용자로부터 학교명, 학번, 이름을 입력받은 후 '우리대학교 12학번 홍 길동'과 같이 그 정보를 한 행으로 출력하시오.

분석

- 학교명이나 이름처럼 한글로 구성된 문자열을 저장하려면 어떻게 해야 할까? 영어의 알파벳이나 일반 문자들은 1바이트의 코드로 표현할 수 있지만 한글 한 자는 최소 2바이트로 표현해야 한다. 그러므로 "제갈공명"과 같이 이름이 넉 자인 문자열을 저장하려면 배

열 크기를 널문자를 포함해 9로 지정해야 한다. 그런데 이름을 입력할 때 '홍 길동'과 같이 성 다음에 빈 칸을 입력하는 경우도 있다. 이와 같이 빈 칸까지 고려한다면 빈 칸은 1바이트를 차지하므로 배열 크기를 10으로 지정해야 하며, scanf 함수로는 빈 칸을 포함한 문자열을 입력받을 수 없으므로 gets 함수를 이용해 이름을 입력받는다.

- 학번 20121103은 정수로 처리하는 것이 좋을까, 문자열로 처리하는 것이 좋을까? 상황에 따라 달라질 수 있지만 학번에는 여러 가지의 정보가 조합되어 있다. 예를 들어 이 프로그램에서 사용하는 학번의 경우 [그림 7-24]와 같이 '2012'는 학생이 입학한 연도를, 그 뒤의 '11'은 학과를, 마지막 '03'은 순번을 의미한다.

그림 7-24 std_no 문자열에 포함된 정보

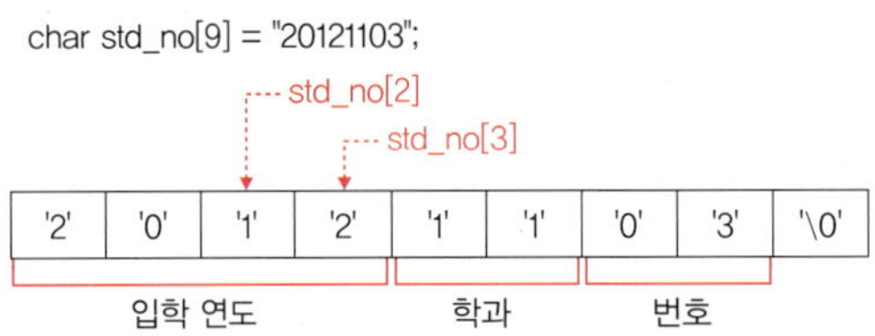

학번을 숫자로 취급한다면 학번에서 학과나 입학년도를 추출하기 위해 산술연산을 수행해야 한다. 그러나 학번을 문자열로 취급한다면 산술연산을 할 필요 없이 곧바로 원하는 위치의 문자를 뽑아올 수 있으므로 편리한 점이 더 많다. 특히 휴대폰 전화번호의 경우 정수형 변수에 저장한다면 전화번호의 앞 세자리가 '010'과 같이 0으로 시작하며 이 0은 유효숫자가 아니므로 사라진다. 그러므로 눈에 보이는 자료가 숫자로만 구성되더라도 프로그램에서 처리할 내용을 분석한 후 숫자로 처리할지 문자열로 처리할지를 결정해야 한다. 이 프로그램에서는 학번으로부터 우리가 흔히 말하는 ㅇㅇ학번만 출력하기 위해 문자열로 처리한다.

프로그램 7-8 학생의 정보를 문자열로 입력받아 출력하기 (ch7-8.cpp)

```
1   #include <stdio.h>
2
3   int main()
4   {
5       char university[11], name[10]; // 문자열을 저장할 배열
6       char std_no[9];
7
8       // 사용자의 정보를 입력받기
9       printf("학교명은? ");
10      scanf("%s", university);
11      printf("학번은? ");
12      scanf("%s", std_no);
13      fflush(stdin);
14      printf("이름은? ");
15      gets(name);      // 빈 칸이 포함된 이름도 입력받을 수 있도록 gets 함수를 이용
```

(10행 university: 배열명만 사용하여 배열에 곧바로 문자열을 입력받을 수 있다.)

(13행 fflush(stdin);: 12행을 실행할 때 입력된 엔터키를 버퍼에서 없애기 위해 사용한다.)

```
16
17      printf("=========================\n");
18      printf("%s %c%c학번 %s \n",
19             university, std_no[2], std_no[3], name);
20      printf("=========================\n");
21
22      return 0;
23  }
```

학번의 셋째와 넷째 원소는 char형 문자이므로 %c를 사용해 출력한다.

실행결과

```
학교명은? 우리대학교
학번은? 20121103
이름은? 홍 길동
=========================
우리대학교 12학번 홍 길동
=========================
```

설명

10: university란 배열명은 배열의 시작 주소를 의미하며 사용자가 입력하는 문자열은 이 배열의 시작 주소부터 차례로 저장된다. 사용자가 공백키, 탭키, 엔터키 중에서 하나를 누르면 문자열의 입력이 끝나고 이전까지의 문자들이 배열에 저장된다. 이때도 사용자가 입력하는 문자열의 길이가 최대 10을 넘지 않도록 주의해야 한다. 그래야 문자열의 끝을 의미하는 널문자가 배열에 자동으로 저장된다.

13: 12행의 입력으로 현재 버퍼에 엔터키가 남아있는 상태에서 15행의 gets 함수가 실행되면 버퍼에 있는 엔터키를 gets 함수에서 사용되는 문자열 입력의 끝으로 처리하므로 name 배열에는 널문자만 저장된다. 이를 방지하기 위해 버퍼에 남은 엔터키를 없애려고 fflush(stdin)을 사용한다(3.5.2 참고).

19: std_no를 출력하면 문자열 전체가 출력되지만 std_no[2]는 셋째 원소인 문자 한 개가 출력된다.

7.6.2 학생 정보 조회 시스템

프로그램으로 해결하는 많은 문제 중 하나가 정보 조회다. 이제 간단한 학생 정보 조회 시스템을 만들어 보자.

문제 학생 10명에 대한 이름, 전화번호, 평점이 저장된 배열로부터 학생의 이름을 입력하면 그 학생의 이름, 전화번호, 평점을 조회하여 출력하는 학생 정보 조회 시스템을 만드시오.

- 배열에서 입력한 학생 이름을 찾지 못하면 그런 학생이 존재하지 않는다는 메시지를 출력하기
- 입력한 학생의 이름이 배열에 두 개 이상이면 이들 모두의 정보를 표시하기

분석

- 실제 프로그램에서는 학생들의 정보를 미리 만들어진 데이터베이스나 파일에서 읽어 배열에 저장하지만 여기서는 단순화를 위해 프로그램 안에서 배열을 선언하면서 [그림 7-25]와 같이 정해진 값으로 초기화한다.

- 학생 수는 10명이며 각 학생의 이름은 한글 2~4자로 구성되므로 char name[10][9]에, 전화번호는 –를 포함하여 12~13자므로 phone[10][14]에 저장한다. 이름과 전화번호는 문자열이므로 char형 2차원 배열이 필요하지만 학생 10명의 평점은 원소가 10개인 double형 1차원 배열이면 충분하다.

- 문자열이 저장된 배열의 행 첨자와 평균이 저장된 1차원 배열의 첨자가 동일하면 같은 학생에 대한 정보에 해당한다. 즉 첫 번째 학생의 이름은 name[0]에, 전화번호는 phone[0]에, 평점은 grade[0]에 저장된다.

그림 7-25 10명의 이름, 전화번호, 평점을 저장하고 있는 세 배열

char name[10][9]		char phone[10][14]		double grade[10]	
name[0]	"홍길동"	phone[0]	"010-5210-1234"	grade[0]	4.2
name[1]	"이몽룡"	phone[1]	"010-523-1628"	grade[1]	4.0
name[2]	"성춘향"	phone[2]	"010-1235-8765"	grade[2]	3.2
name[3]	"제갈공명"	phone[3]	"010-345-1676"	grade[3]	4.4
name[4]	"주몽"	phone[4]	"010-5210-5463"	grade[4]	3.7
name[5]	"배장화"	phone[5]	"010-523-7979"	grade[5]	2.9
name[6]	"배홍련"	phone[6]	"010-5210-1472"	grade[6]	4.0
name[7]	"홍길동"	phone[7]	"010-8255-8255"	grade[7]	3.8
name[8]	"연흥부"	phone[8]	"010-516-3483"	grade[8]	3.2
name[9]	"연놀부"	phone[9]	"010-8282-8282"	grade[9]	2.7

- 사용자가 정보를 찾고 싶은 학생의 이름은 문자열 1개므로 char형 1차원 배열에 저장하며, 배열 크기는 name 배열에 저장된 문자열의 최대 길이인 9로 지정한다.

```
char who[9];
```

- 사용자가 조회하고 싶은 학생의 이름 즉 who가 name 배열에 없으면 이에 대한 안내문을 표시해야 한다. 조회의 실패 여부를 확인하기 위해 또 조회된 인원수를 확인하기 위해 카운터 cnt를 이용한다. 조회를 시작하기 전에 cnt를 0으로 초기화한 후 해당 학생을 찾을 때마다 cnt를 1씩 증가시킨다. 모든 학생을 검사한 후에도 cnt가 0이면 동일한 이름을 찾지 못했다는 뜻이므로 적절한 안내문을 출력한다.

- name[i]에 저장된 문자열과 who에 저장된 문자열이 똑같은지를 확인하기 위해 strcmp 함수를 사용한다. 지금까지 수치 자료에 대해서는 if (cnt == 0)과 같이 == 연산자로 동일 여부를 확인할 수 있었다. 그러나 문자열에 대해서는 if (name[0] == who)로 사용할 수 없다(이 조건은 'name[0]와 who 두 문자열이 저장된 기억장소의 시작 주소가 동일하다면'으로 해석된다). 두 문자열을 비교한 결과를 알기 위해서는 strcmp 함수를 이용해야 한다.

strcmp 함수는 문자열 처리를 위해 C 언어에서 제공하는 라이브러리 함수로 #include 〈string.h〉가 필요하며 strcmp를 호출하면 다음 규칙에 따라 세 값 중 하나가 결과 값으로 반환된다.

- **strcmp(문자열1, 문자열2)**
  ① **'문자열1==문자열2'** 즉 두 문자열이 동일한 문자열이라면 0을 반환
  ② **'문자열1 〈 문자열2'** 즉 사전적 순서로 문자열1이 사전에서 먼저 나타난다면 음수(-1)를 반환
  ③ **'문자열1 〉 문자열2'** 즉 문자열1이 문자열2보다 사전에서 더 뒤에 나타난다면 양수(1)를 반환

- **strcmp 함수 사용 예**
  - strcmp("apple", "apple") → 결과 값은 0
  - strcmp("apple", "banana") → 사전에서 apple이 banana보다 먼저 나타나므로 결과 값은 -1
  - strcmp("apple", "age") → 결과 값은 1
  - strcmp("010", "011") → 결과 값은 -1
  - char str1[6] = "Daegu", str2[6] = "Seoul";

```
if (strcmp(str1, str2) == 0)
    printf("두 문자열은 똑같습니다.");
else
    printf("두 문자열은 서로 다릅니다.");
```

해결 과정

1 정보를 조회하고 싶은 학생의 이름을 who 배열에 입력받기

2 name 배열에 저장된 모든 문자열에 대해 다음을 반복하기 (for문)
strcmp 함수를 이용하여 name[i]와 who에 저장된 문자열이 동일한지 확인한 후 동일한 문자열이라면
– cnt를 1 증가하기
– 해당 학생의 정보 즉 name[i], phone[i], grade[i]를 출력하기

3 cnt를 확인하여 0이라면 해당 학생의 정보 조회가 실패하였음을 표시하고 그렇지 않다면 몇 명의 학생을 찾았는지 표시한다.

프로그램 7-9 학생 정보 조회 시스템 (ch7-9.cpp)

```
#include <stdio.h>
#include <string.h>    // strcmp 함수를 위한 헤더 파일
#define N 10

int main()
{
    char name[N][9] = {"홍길동", "이몽룡", "성춘향", "제갈공명", "주몽",
                       "배장화", "배홍련", "홍길동", "연흥부", "연놀부"};
    char phone[N][14] = {"010-5210-1234", "010-523-1628",
                         "010-1235-8765", "010-345-1676", "010-5210-5463",
                         "010-523-7979", "010-5210-1472", "010-8255-8255",
                         "010-516-3483", "010-8282-8282"};
```

비주얼 C++ 2010은 한글 1자를 3바이트로 처리하므로 제일 긴 "제갈공명"은 13바이트가 필요하므로 프로그램 소스의 문자열 밑에 빨간 줄이 표시된다. 하지만 지금처럼 [9]로 지정하면 최소 2바이트로 처리하므로 이 빨간 줄은 실행과는 무관하나 [9] 대신 [3]으로 수정하여 제거할 수 있다.

```
13        double grade[N] = {4.2, 4.0, 3.2, 4.4, 3.7, 2.9, 4.0, 3.8, 3.2, 2.7};
14        char who[9];              // 사용자가 정보를 찾고 싶은 학생의 이름을 저장할 배열
15        int cnt, i;               // who와 같은 이름의 학생 수를 저장할 변수
16
17        // 사용자로부터 정보를 검색하고 싶은 학생의 이름을 입력받기
18        printf("정보를 찾고 싶은 학생 이름은? ");
19        scanf("%s", who);
20
21        printf("\n\n");
22        printf("=====================================\n");
23        printf("     이름          전화번호          평점        \n");
24        printf("=====================================\n");
25
26        /*  사용자가 찾는 문자열 who와 name 배열에 저장된 문자열 name[i]를 차례로 비교하면서
27            같은 이름을 찾을 때마다 카운터를 1 증가하고 그 학생의 이름, 전화번호, 평점을 출력하기  */
28        cnt = 0;
29        for (i=0; i<N; i++)
30            if (strcmp(who, name[i]) == 0)      // who와 name[i]가 같은 문자열이면
31            {
32                cnt++;
33                printf("  %-10s %-14s %5.1lf \n", name[i], phone[i], grade[i]);
34            }
35        printf("=====================================\n");
36
37        // 조회를 마친 후 몇 명을 찾았는지 또는 조회에 실패하였는지 안내문 출력하기
38        if (cnt == 0)
39            printf("  %s(이)라는 학생은 없습니다. \n", who);
40        else
41            printf("총 %d명의 학생을 찾았습니다. \n", cnt);
42
43        return 0;
44    }
```

실행결과

```
정보를 찾고 싶은 학생 이름은? 홍길동


=====================================
 이름         전화번호        평점
=====================================
 홍길동    010-5210-1234    4.2
 홍길동    010-8255-8255    3.8
=====================================
총 2명의 학생을 찾았습니다.
```

설명

29,30: name 배열에는 문자열이 N개 저장되어 있으며 name[i]는 (i+1)째 행의 문자열을 의미한다. 사용자가 정보를 조회하고 싶은 학생의 이름은 char형 1차원 배열에 저장되어 있으므로

who가 문자열을 의미한다. name[0]부터 name[N−1]까지의 문자열 N개 각각에 대해 who에 저장된 문자열과 동일한 이름인지를 비교해야 하므로 strcmp(who, name[i]) 결과 값이 0인지를 확인하는 if문을 N번 반복한다.

7.7 3차원 배열

프로그램에서 처리할 자료는 논리적 구조에 따라 3차원, 4차원 등의 다차원 배열에 저장할 수도 있다. 그러나 배열의 차원이 높아질수록 첨자로 인해 번거로워지므로 가능하다면 차원을 낮춰서 단순화하는 것이 좋다.

3차원 배열은 [그림 7−26]과 같이 2차원 배열에 저장할 수 있는 표 형태의 자료가 여러 개 있을 때 사용할 수 있다. 3차원 배열을 선언할 때는 면, 행, 열의 개수 순서로 명시해야 하며 초기화 방법 및 배열 원소 참조 방법은 [그림 7−26]과 같다.

그림 7−26 3차원 배열의 선언, 초기화, 배열 원소 참조

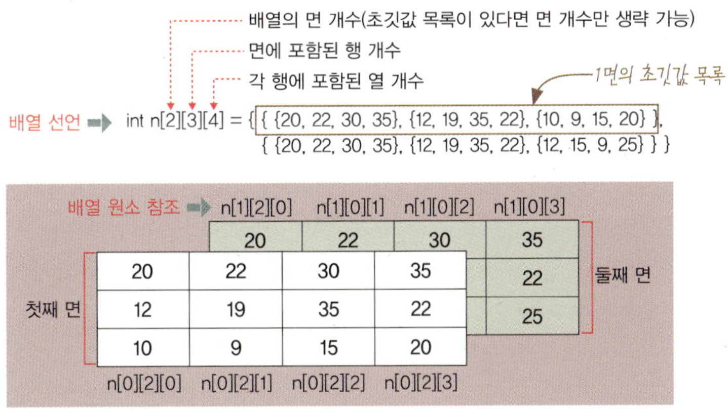

[프로그램 7−10]은 [그림 7−26]과 같이 선언한 3차원 배열의 내용을 출력하는 프로그램이다. 2차원 배열의 경우 기본적으로 2중 중첩 반복문을 사용하는 것처럼 3차원 배열은 기본적으로 3중 중첩 반복문을 사용한다.

프로그램 7-10 3차원 배열의 출력 (ch7−10.cpp)

```
#include <stdio.h>
#define L 2      // 면 개수
#define M 3      // 행 개수
#define N 4      // 열 개수

```

```c
int main()
{
    int n[L][M][N] = {{{20, 22, 30, 35}, {12, 19, 35, 22}, {10, 9, 15, 20}},
                     {{20, 22, 30, 35}, {12, 19, 35, 22}, {12, 15, 9, 25}}};
    int i, j, k;

    for (i=0; i<L; i++)            // 면 개수만큼 반복
    {
        printf("\n %d면 \n\n", i+1);
        for (j=0; j<M; j++)        // 행 개수만큼 반복
        {
            for (k=0; k<N; k++)    // 열 개수만큼 반복
                printf("%3d ", n[i][j][k]);
            printf("\n");
        }
    }

    return 0;
}
```

실행결과

```
 1면

 20  22  30  35
 12  19  35  22
 10   9  15  20

 2면

 20  22  30  35
 12  19  35  22
 12  15   9  25
```

7.8 프로그래밍 실습

프로그래밍 실습

7.8.1 3차원 배열을 이용한 텍스트 그래픽 처리

우리가 사용하는 모니터는 M×N개의 픽셀로 구성되어 있으며 각 픽셀마다 특정 색을 표시해 화면에 그림이나 글자를 표시한다. 모니터 화면을 1280×1024개의 픽셀보다는 1680×1050개의 픽셀로 나누어 그림을 표시하면 화질이 더 좋아진다. 이 픽셀의 수가 모니터의 해상도를 의미한다.

비주얼 스튜디오의 실행 창을 픽셀 단위가 아닌 문자 한 개를 출력할 수 있는 M줄×N칸으로 나누고 각 칸마다 특별한 문자를 표시함으로써 그래픽 처리를 하는 것이 가능하다. 만일 결과 창이 25줄×79칸으로 구성된다면 이 결과 창에는 최대 25줄을 출력할 수 있으며, 25줄을 초과하면 자동으로 위로 스크롤 업되고 한 줄에는 최대 79개의 문자를 출력할 수 있다는 것을 의미한다. 여기서 주의할 것은 한글 한 글자와 ★, ■, ◈와 같은 특수 기호는 두 칸을 차지한다는 것이다. 그러므로 [그림 7-27]과 같이 숫자를 확대 표시하기 위해 특수 기호를 사용하려면 5줄×6칸이 필요하다. 이 텍스트 그래픽은 5행 7열의 이차원 배열에 저장할 수 있다. 마지막 열은 문자열의 끝을 나타내는 널문자를 저장하기 위한 것이다.

그림 7-27 ■를 이용해 숫자 3을 5줄×6칸에 확대하여 표시한 예

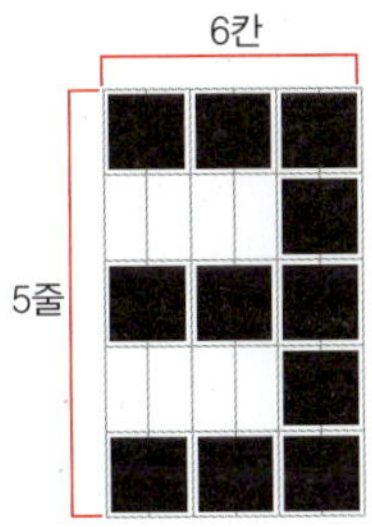

문제 사용자가 입력한 1~5 중 하나의 정수를 텍스트 그래픽을 이용해 확대 출력하시오.

분석 • 숫자 1개를 확대하여 표시하려면 2차원 배열이 필요한데 숫자 5개를 저장해야 하므로 [그림 7-28]과 같은 3차원 배열을 사용한다.

그림 7-28 텍스트 그래픽으로 확대한 숫자 5개를 저장하기 위한 3차원 배열

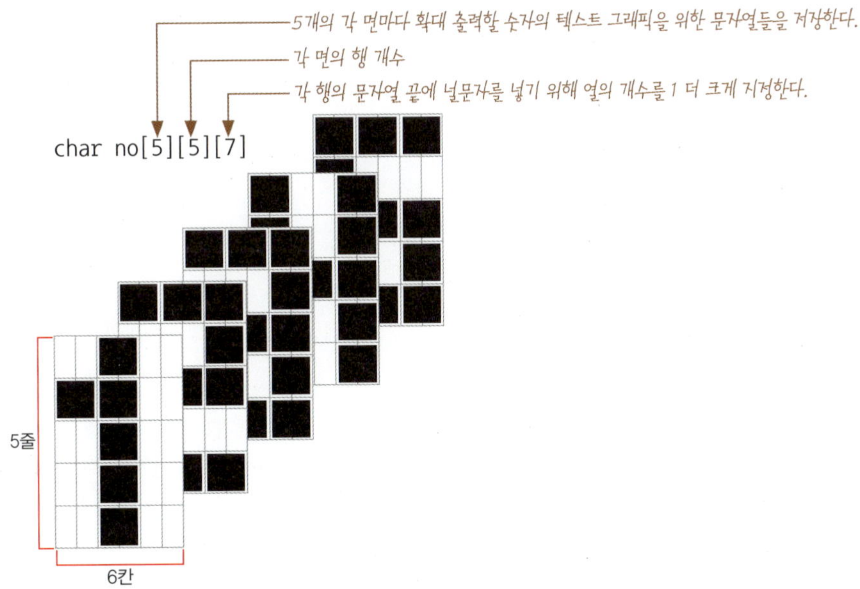

- 사용자가 확대 출력하고 싶은 숫자가 n이라면 확대한 숫자의 텍스트 그래픽이 들어 있는 면의 첨자는 n−1이다. 즉 no[0]에는 숫자 1의 텍스트 그래픽이, no[1]에는 숫자 2의 텍스트 그래픽이 저장되어 있다. 그러므로 해당 면의 각 행에 저장된 문자열을 출력하면 확대된 숫자를 화면에 표시할 수 있다. no는 char형 3차원 배열이므로 마지막 열 첨자를 생략하고 [그림 7−29]와 같이 면과 행에 대한 첨자만 사용하면 해당 행에 저장된 문자열을 출력할 수 있다.

그림 7−29 첫째 면에 저장된 숫자 1의 텍스트 그래픽과 각 행에 저장된 문자열의 참조

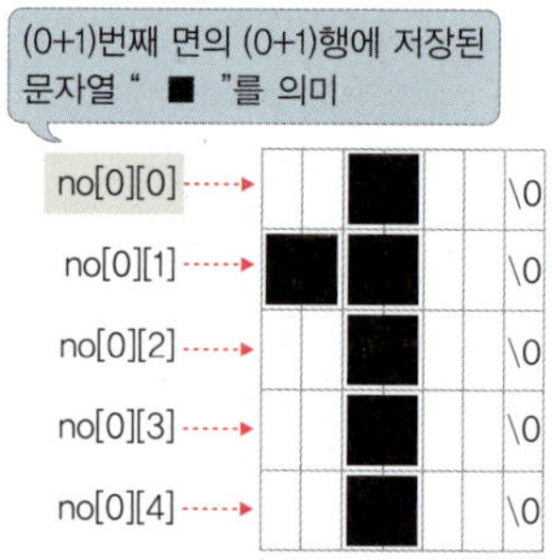

프로그램 7-11 3차원 배열을 이용한 텍스트 그래픽 처리 (ch7−11.cpp)

```
#include <stdio.h>
#define L 5     // 면 개수를 매크로 상수로 정의
#define M 5     // 행 개수를 매크로 상수로 정의
#define N 7     // 열 개수를 매크로 상수로 정의

int main()
{
    // 1부터 5까지의 정수를 확대한 텍스트 그래픽을 3차원 배열의 각 면에 저장하기
    // 공간 부족으로 3부터는 한 행에 표시함
    char no[L][M][N] = {{"  ■  ",
                         "■■  ",
                         "  ■  ",
                         "  ■  ",
                         "  ■  " },

                        { "■■■",
                         "    ■",
                         "■■■",
                         "■    ",
                         "■■■" },

                        { "■■■", "    ■", "■■■", "    ■", "■■■" },
                        { "■  ■", "■  ■", "■■■", "    ■", "    ■" },
                        { "■■■", "■    ", "■■■", "    ■", "■■■" }};
    int i, n;
```

```
    printf("1 ~ 5 중에서 크게 출력하고 싶은 정수를 입력하세요. ");
    scanf("%d", &n);

    // 확대 문자가 저장된 면을 출력하기
    for (i=0; i<M; i++)
        printf(" %s\n", no[n-1][i]);
                                   // n째 면의 (i+1)째 행
    return 0;
}
```

실행결과

```
1 ~ 5 중에서 크게 출력하고 싶은 정수를 입력하세요. 3
 ■■■
     ■
 ■■■
     ■
 ■■■
```

[프로그램 7-12]는 3차원 배열 대신 2차원 배열 5개를 사용하도록 [프로그램 7-11]을 수정한 프로그램이다. [프로그램 7-11]과 달리 3차원 배열의 면 첨자를 활용할 수 없으므로 19~35행과 같이 switch문을 사용해야 한다.

프로그램 7-12 2차원 배열을 이용한 텍스트 그래픽 처리 (ch7-12.cpp)

```
1   #include <stdio.h>
2   #define M 5        // 행 개수를 매크로 상수로 정의
3   #define N 7        // 열 개수를 매크로 상수로 정의
4
5   int main()
6   {
7       // n1부터 n5까지의 5개의 2차원 배열에 숫자 1개를 확대한 텍스트 그래픽 저장
8       char n1[M][N] = { "  ■  ", "■■  ", "  ■  ", "  ■  ", "  ■  " };
9       char n2[M][N] = { "■■■", "    ■", "■■■", "■    ", "■■■" };
10      char n3[M][N] = { "■■■", "    ■", "■■■", "    ■", "■■■" };
11      char n4[M][N] = { "■  ■", "■  ■", "■■■", "    ■", "    ■" };
12      char n5[M][N] = { "■■■", "■    ", "■■■", "    ■", "■■■" };
13      int i, n;
14
15      printf("1 ~ 5 중에서 크게 출력하고 싶은 정수를 입력하세요. ");
16      scanf("%d", &n);
17
18      // 사용자가 입력한 값에 해당하는 숫자의 확대 그래픽이 저장된 배열을 선택하여 출력하기
19      switch (n)
20      {
```

```
        case 1: for (i=0; i<M; i++)
                    printf(" %s\n", n1[i]);
                break;
        case 2: for (i=0; i<M; i++)
                    printf(" %s\n", n2[i]);
                break;
        case 3: for (i=0; i<M; i++)
                    printf(" %s\n", n3[i]);
                break;
        case 4: for (i=0; i<M; i++)
                    printf(" %s\n", n4[i]);
                break;
        case 5: for (i=0; i<M; i++)
                    printf(" %s\n", n5[i]);
    }

    return 0;
}
```

실행결과

```
1 ~ 5 중에서 크게 출력하고 싶은 정수를 입력하세요. 5
 ■■■
 ■
 ■■■
     ■
 ■■■
```

핵심요약

배열

자료형이 같은 여러 값들을 연속된 기억장소에 같은 이름(배열명)으로 저장한 것으로 같은 자료형의 여러 변수들을 연속적으로 모아 둔 것과 같다.

1차원 배열의 선언과 원소 참조

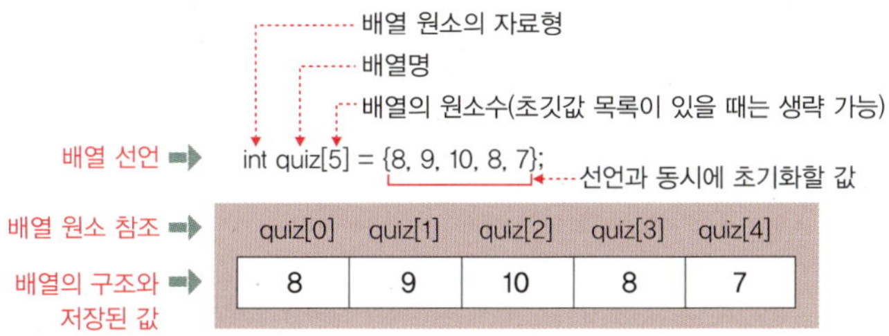

배열에서 주의할 점

- 배열 원소의 첨자 범위는 0~(원소수−1)
- int quiz[5]로 선언된 배열을 사용할 때 quiz[5]와 같이 잘못된 첨자를 사용하면 에러는 발생하지 않더라도 엉뚱한 결과를 얻을 수 있으므로 첨자의 범위에 주의해야 한다.
- 배열 원소수와 상관없이 배열에 저장되는 모든 자료의 형은 동일해야 한다.
- 배열을 선언할 때 배열 원소수는 정수형 상수만 가능하다. 그러므로 매크로 상수는 가능하나 변수를 사용할 수는 없다.

2차원 배열의 선언과 원소 참조

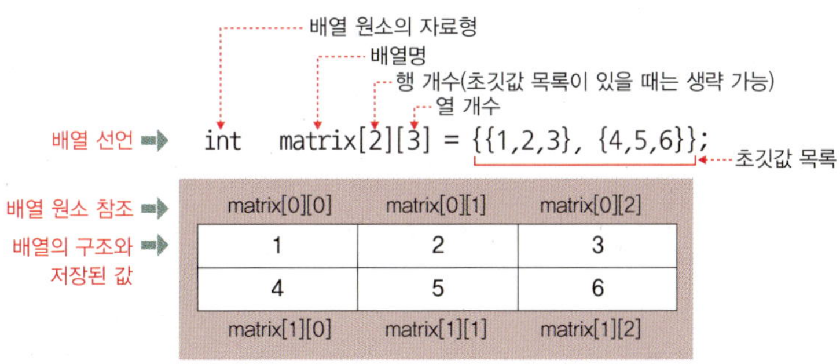

배열과 반복문

배열은 원소수와 상관없이 반복문을 이용하여 편리하게 코드화 할 수 있다. 1차원 배열은 기본적으로 하나의 반복문으로, 2차원 배열은 중첩된 반복문으로 처리한다.

```
int quiz[5] = {8, 9, 10, 8, 7};
                    배열의 원소수로서 배열의 원소수가 1000개라면
for (i=0; i<5; i++) 1000으로 수정하면 된다.
   printf("%3d ", quiz[i]);
```

실행결과

```
8 9 10 8 7
```

```
int matrix[2][3] = {{1, 2, 3}, {4, 5, 6}};
                    배열의 행 개수
for (row=0; row<2; row++)  // 행 수만큼 반복
{                      배열의 열 개수
   for (col=0; col<3; col++)  // 한 행 출력
      printf("%3d", matrix[row][col]);
   printf("\n");
}
```

실행결과

```
1 2 3
4 5 6
```

배열 원소의 입력과 '&'

표준 입력 함수에서 배열 원소의 주소를 구하려면 배열명 앞에 '&'를 붙인다.

```
scanf("%d", &quiz[0]);          // quiz 배열의 첫째 원소 입력
scanf("%d", &matrix[1][2]);     // matrix 배열의 둘째 행 셋째 열 원소 입력
```

char형 1차원 배열을 이용한 문자열 처리

문자열이란 ""로 묶어 놓은 문자들로 문자열의 끝은 널문자다.

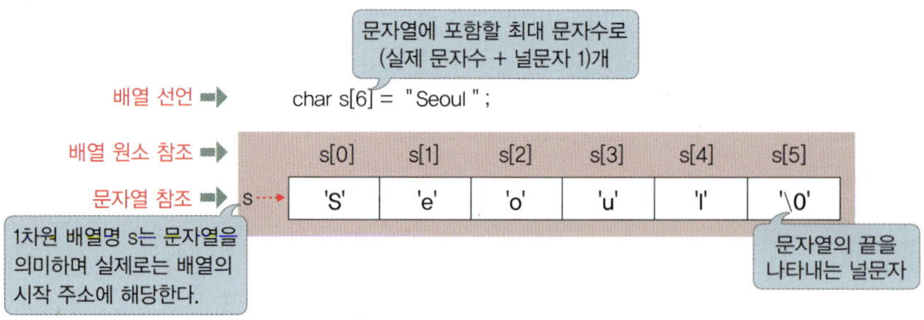

char형 1차원 배열을 이용한 문자열의 입출력

char형 1차원 배열명은 배열의 시작 주소로 배열에 저장된 문자열을 의미한다.

```
- scanf("%s", 배열명);       // 공백키, 탭키, 엔터키와 같은 공백 문자 입력 이전까지의
                             // 문자열을 배열에 저장
- gets(char형 배열명);       // 엔터키 입력 이전까지의 문자열을 배열에 저장
- printf("%s", 배열명);      // 배열에 저장된 문자열을 출력
- puts(배열명);              // 배열에 저장된 문자열을 출력 후 결과 화면의 행을 바꿈
```

char형 2차원 배열을 이용한 여러 개의 문자열 처리

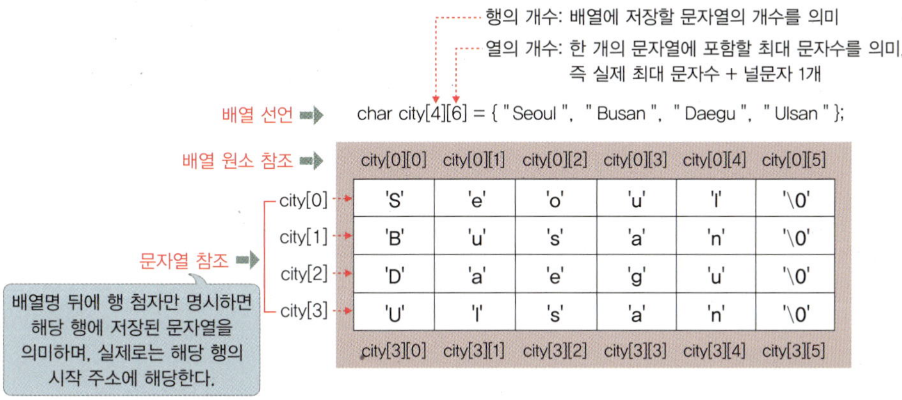

char형 2차원 배열을 이용한 문자열의 입출력

char형 2차원 배열명 뒤에 행 첨자만 명시하면 해당 행의 시작 주소가 되며 이 행에 저장된 문자열을 의미한다.

```
- scanf("%s", 배열명[행 첨자]);     // (행 첨자+1)째 행에 문자열을 입력
- gets(배열명[행 첨자]);            // 엔터키 입력 이전까지의 문자열을 (행 첨자+1)째 행에 입력
- printf("%s", 배열명[행 첨자]);    // (행 첨자+1)째 행의 문자열을 출력
- puts(배열명[행 첨자]);            // (행 첨자+1)째 행의 문자열을 출력한 후 결과 화면의 행을 바꿈
```

연습문제

01 1차원 배열의 크기 즉 원소수가 10일 때 유효한 첨자의 범위를 적으시오.

02 다음 문장 중 틀린 것을 고르시오.

① 다음과 같이 배열을 선언한 후 대입문으로 배열명에 배열 원소들을 한꺼번에 저장할 수 있다.

```
int a[5];
a = {1, 2, 3, 4, 5};
```

② 배열의 여러 원소 중 한 개를 지정하기 위해 '배열명[2]'와 같이 [ ] 안에 명시하는 정수를 첨자라고 한다.

③ 1차원 배열 ary의 크기 즉 배열의 원소수가 10이라면 첫 원소는 ary[1], 마지막 원소는 ary[10]으로 참조한다.

④ int형 자료 10개, double형 자료 10개, char형 자료 10개 모두 30개의 자료를 하나의 배열에 저장할 수 있다.

⑤ 배열의 차원과 배열 원소 한 개를 나타내기 위해 사용되는 첨자의 개수는 동일하다.

⑥ 다음과 같이 배열을 선언할 때 배열의 크기를 변수로 사용할 수 있다.

```
int size = 5;
int a[size] = {1, 2, 3, 4, 5};
```

03 다음의 main 함수 본체의 코드에서 잘못된 곳(밑줄 그은 곳)을 찾아 이유를 적으시오.

```
int i;
int age[5] = 19, 22, 25, 17, 27;
int m[ ][ ] = {{1, 2, 3}, {4, 5, 6}};
char title[5] = "c/c++";

for (i=1; i<=5; i++)            // 5명의 나이 출력
    print("%d \n", age[i]);
scanf("%s", &title);            // 책 내용을 새로 입력
scanf("%c", title[0]);          // 책 제목의 첫 글자 입력
```

04 int count[10]={0};과 같이 배열을 선언하면서 초기화하였더라도 나중에 값이 변경된 후 필요하다면 배열에 저장된 내용을 다시 0으로 초기화해야 하는 경우가 생길 수 있다. count 배열을 다시 0으로 초기화하려면 어떻게 해야 할까?

hint 대입문으로 직접 초기화 해야 한다. for문으로 간단히 표현할 수 있다.

05 사용자로부터 1~12까지의 달을 month로 입력받은 후 1월부터 입력된 month 월까지의 총일을 total에 구하여 다음과 같이 출력하시오. 프로그램을 단순화하기 위해 2월이 29일까지 있는 윤년은 고려하지 않고 2월은 무조건 28일까지로 처리한다.

hint 열두 달의 일수를 저장하기 위해 1차원 배열을 사용한다. 이때 다음과 같이 배열의 첨자가 곧바로 월을 의미하도록 배열의 크기를 13으로 선언하여 두 번째 원소부터 각 월의 일수를 저장하는 것도 첨자로 인한 헷갈림을 피할 수 있는 방법이다.

```
int days[13] = {0, 31, 28, 31, 30, 31, 30, 31, 31, 30, 31, 30, 31};
```

실행결과

```
1월부터 몇 월까지의 총일을 구할까요? 9
1월부터 9월까지는 총 273일이 있습니다.
```

days[1]~days[9]의 합이다.

06 5번의 프로그램에서 달의 일수가 30일인 달의 수를 다음과 같이 출력하시오.

hint
- 일수가 30일인 달을 세는 것뿐 아니라 '4, 6, 9, 11'과 같이 달 숫자도 출력해야 하는 것에 유념한다. 그러기 위해서는 배열에 저장된 각 달의 일수가 30과 같을 때마다 카운트 변수를 1씩 증가할 뿐만 아니라 달의 숫자도 출력한다.
- 달을 출력할 때 4, 6, 9 뒤에는 ','를 출력하지만 11 뒤에는 ','를 출력하지 않아야 한다. 일단 "%3d,"와 같이 달의 숫자를 찍고 for문을 벗어난 후 이스케이프문자 '\b'를 이용하여 커서를 왼쪽으로 한 칸 이동한 후 빈칸을 출력한다.

실행결과

```
12달 중 30일까지 있는 달은 4, 6, 9, 11 총 4달입니다.
```

for문에서 일수가 30일 때만 출력할 달 숫자

07 행렬의 덧셈 결과를 다음과 같이 출력하도록 [프로그램 7-7]을 수정하시오.

hint 한 줄을 출력할 때 각 행렬마다 행 첨자를 0으로 고정한 상태에서 열 첨자를 0~2까지 변경하며 원소를 출력하는 for문으로 작성한다.

실행결과

```
 행렬 A   +   행렬 B    =   행렬 C
[ 1 2 3 ]   [ 10 20 30 ]   [ 11 22 33 ]
[ 4 5 6 ]   [ 40 50 60 ]   [ 44 55 66 ]
```

두 행의 출력은 for문으로 작성한다.

08 열 가지 물질의 어는 점 15, 0, −20, −30, 50, −5, −120, −5, 10, −12를 freeze 배열에 저장한 후 가장 높은 어는 점(최댓값)을 구하여 다음과 같이 출력하시오.

hint – 배열에 저장된 값 중에서 최솟값을 구하는 7.2.2를 참고하여 최댓값 max를 구한다.

– 배열의 최댓값에 해당하는 배열 원소의 첨자 index를 구하기 위해 max를 배열의 첫 원소로 초기화할 때 index 또한 첫 원소의 첨자 0으로 초기화한다. 그 다음 max와 배열 원소의 값을 차례대로 비교할 때 max가 새로운 배열 원소 값으로 바뀔 때마다 index 또한 이 배열 원소의 첨자로 수정한다.

실행결과

```
어는 점 목록 : 15  0  -20  -30  50  -5  -120  -5  10  -12
가장 높은 어는 점 : freeze[4] = 50
```

최댓값에 해당하는 배열 원소의 첨자

09 표준편차는 각 자료들이 평균에 얼마나 근접하게 분포되어 있는지 알려주는 값으로 표준편차가 0이라면 모든 자료가 동일한 값임을 의미한다. 실행 결과와 같이 5개의 자료에 대해 표준편차를 구하여 출력하시오. x_i는 i째 자료의 값을, m은 n개의 자료에 대한 평균을 의미할 때 표준편차 std_D를 구하는 공식은 다음과 같다.

$$\text{표준편차 } std\_D = \sqrt{\sum_{i=1}^{n} \frac{(x_i - m)^2}{n}}$$

hint – 5개의 자료는 원소의 개수가 5개인 배열 x를 선언함과 동시에 초기화한다.

– 5개 자료에 대한 평균을 먼저 구해야 표준편차를 구할 수 있으므로 m에 평균을 구한다.

– $\sum_{i=1}^{n} \frac{(x_i - m)^2}{n} = \frac{(x_1 - m)^2}{n} + \frac{(x_2 - m)^2}{n} + \cdots + \frac{(x_n - m)^2}{n}$ 이므로 for문을 이용하여 sum에 구한다.

– sum의 제곱근 $\sqrt{sum}$ 은 8장에서 소개하는 라이브러리 함수 sqrt를 이용해서 구할 수 있다. r=sqrt(sum); 으로 표현하면 sqrt(sum)에 sum의 제곱근이 구해지며 이 값이 r에 대입된다. 그러므로 표준편차는 std_D=sqrt(sum);으로 구한다. sqrt 함수를 사용하려면 헤더 파일 〈math.h〉를 포함해야 하며 sqrt(sum)에서 ( ) 안의 값은 실수형이어야 한다..

실행결과

```
x[0] = 55
x[1] = 21
x[2] = 32
x[3] = 47
x[4] = 19

평균: 34.8

표준편차: 14.2
```

10 [프로그램 7-9]의 학생 정보를 다음 실행결과와 같이 버블 정렬을 이용하여 이름순(가나다순)으로 출력하시오. 단, 학생 정보를 가나다순으로 출력하기 위해 이름을 저장한 name, 전화번호를 저장한 phone, 평점을 저장한 배열 grade의 내용을 직접 정렬(변경)하지 않고 다음 과정을 통해 정렬 결과를 배열 order에 저장한 후 정렬된 결과를 출력하시오.

① order 배열을 name 배열에 저장된 문자열의 행 첨자 그대로 0~9로 초기화한다.

② 버블 정렬을 할 때 name 배열의 이웃 두 문자열 name[i]와 name[i+1]을 비교하여 두 문자열이 오름차순으로 정렬되지 않은 상태라면 name 배열의 두 문자열을 교환하지 않고 order 배열의 이웃 두 원소 order[i]와 order[i+1]을 교환한다. 이렇게 하면 name, phone, grade 배열 원소간의 교환은 전혀 발생하지 않으며 단지 order 배열의 두 원소 간에만 교환이 발생하므로 name, phone, grade 배열의 원래 내용을 그대로 유지할 수 있을 뿐만 아니라 실행 속도도 개선된다.

```
if (strcmp(name[order[i]], name[order[i+1]]) > 0)
{
    temp = order[i];
    order[i] = order[i+1];
    order[i+1] = temp;
}
```

name[order[i]]의 문자열이 name[order[i+1]]의 문자열보다 사전적으로 더 뒤에 나오는 문자열이라면 양수(1)가 결과 값이 된다. 7.6.2 참고

③ 버블 정렬을 완료하면 다음 그림과 같이 order 배열에는 이름순으로 정렬한 이름들에 대한 실제 name 배열의 행 첨자가 저장된다. 결과를 출력할 때는 order 배열에 저장된 최종 값 즉 첨자를 이용하여 세 배열의 내용을 출력한다.

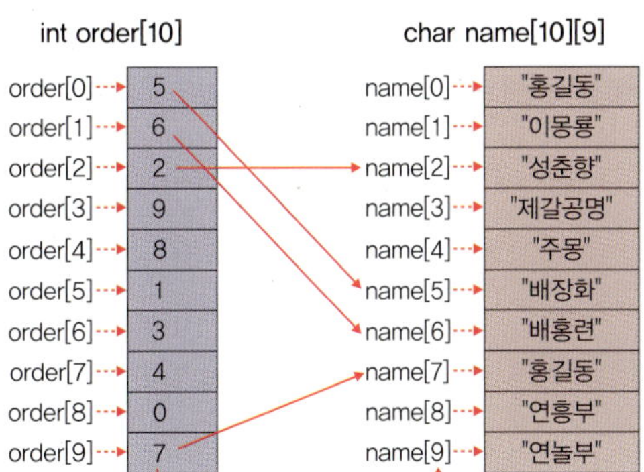

각 원소에 저장된 값을 name 배열의 행 첨자로 활용하여 출력하면 가나다순으로 정렬된 결과를 출력할 수 있다.

실행결과

이름	전화번호	평점
배장화	010-523-7979	2.9
배홍련	010-5210-1472	4.0
성춘향	010-1235-8765	3.2
연놀부	010-8282-8282	2.7
연흥부	010-516-3483	3.2
이몽룡	010-523-1628	4.0
제갈공명	010-345-1676	4.4
주몽	010-5210-5463	3.7
홍길동	010-5210-1234	4.2
홍길동	010-8255-8255	3.8

```
index = order[0];
printf("%-10s %-14s %5.1lf \n",
    name[index], phone[index], grade[index]);
```

이 과정을 order 배열의 모든 원소에 대해 반복하면 이름순으로 정렬된 학생의 정보를 모두 출력할 수 있다.

11 2×3 행렬 A와 3×4 핼렬 B를 곱한 결과인 2×4 행렬 C를 구하여 다음과 같이 출력하시오. 두 행렬 A를 곱하려면 A의 열 수와 B의 행 수가 동일해야 하며 l×m 행렬 A와 m×n 행렬 B의 곱 결과 l×n 행렬 C는 다음과 같은 방법으로 구한다.

2×3 행렬 A + 3×4 행렬 B = 2×4 행렬 C

$$\begin{pmatrix} a_{11} & a_{12} & a_{13} \\ a_{21} & a_{22} & a_{23} \end{pmatrix} \times \begin{pmatrix} b_{11} & b_{12} & b_{13} & b_{14} \\ b_{21} & b_{22} & b_{23} & b_{24} \\ b_{31} & b_{32} & b_{33} & b_{34} \end{pmatrix} = \begin{pmatrix} c_{11} & c_{12} & c_{13} & c_{14} \\ c_{21} & c_{22} & c_{23} & c_{24} \end{pmatrix}$$

$c_{ij} = (a_{i1} \times b_{1j}) + (a_{i2} \times b_{2j}) + (a_{i3} \times b_{3j})$ (i=1~2, j=1~4)

hint $c_{ij} = (a_{i1} \times b_{1j}) + (a_{i2} \times b_{2j}) + (a_{i3} \times b_{3j})$를 코딩하는 방법은 다음과 같다.

❸ ★들에 포함된 B의 성분은 j가 고정된 상태에서 행 위치값이 1에서 3(m)까지 변한다.

$$c_{ij} = (\overset{★}{a_{i1}} \times b_{1j}) + (\overset{★}{a_{i2}} \times b_{2j}) + (\overset{★}{a_{i3}} \times b_{3j})$$

❷ ★들에 포함된 A의 성분은 i가 고정된 상태에서 열 위치값이 1에서 3(m)까지 변한다.

❶ c_{ij}는 행렬 A의 i째 행의 성분과 행렬 B의 j째 열의 성분과의 곱(★)을 합한 값이다. 그리고 성분과의 곱은 3개 즉 m개가 있으므로 대략 다음과 같이 코딩할 수 있다.

```
C[i][j]=0;
for (k=0; k<m; k++)
    C[i][j]= C[i][j] + (★) ;
```

❹ 마지막으로 결과 행렬은 2(l)행 4(n)열이므로 각 원소를 구하기 위한 중첩 for문은 다음과 같이 코딩할 수 있다.

```
for (i=0; i<l; i++)
    for (j=0; j<n; j++)
    {  /* C[i][j] 구하기 */  }
```

실행결과

```
행렬 A
[ 1 2 3 ]
[ 4 5 6 ]

행렬 B
[ 3 4 5 6 ]
[ 1 2 4 3 ]
[ 4 2 6 1 ]

행렬 C=A*B
[ 17 14 31 15 ]
[ 41 38 76 45 ]
```

12 10개 문항이 있는 학생 10명의 시험 답안지로부터 채점을 한 후 결과를 다음과 같이 출력하시오. 학생 10명의 시험 답안지는 다음과 같이 2차원 배열을 선언하면서 초기화한다.

학생 수 ↓ / 문항 수 ↓

```
int paper[STUDENT][N] = {
        {1, 3, 2, 3, 4, 2, 3, 1, 4, 3}, {1, 2, 2, 2, 4, 2, 3, 1, 4, 2},
        {4, 3, 2, 3, 4, 2, 3, 1, 4, 2}, {1, 3, 2, 2, 4, 3, 3, 4, 4, 2},
        {1, 3, 2, 3, 4, 2, 3, 3, 4, 1}, {1, 1, 2, 4, 4, 3, 3, 2, 4, 3},
        {1, 3, 2, 3, 4, 2, 3, 1, 4, 2}, {1, 3, 2, 3, 3, 2, 3, 1, 4, 2},
        {2, 3, 3, 3, 3, 2, 4, 1, 4, 2}, {3, 4, 4, 2, 4, 1, 2, 1, 4, 2}};
```

시험의 정답은 다음과 같이 1차원 배열에 저장한다.

```
int answer[N] = {1, 3, 2, 3, 4, 2, 3, 1, 4, 2};
```

실행결과

```
   ■ 문항별 채점 결과 ■
=================================================
문항   0  1  2  3  4  5  6  7  8  9  점수
=================================================
 1번   ○  ○  ○  ○  ○  ○  ○  ○  ○  ×   9점
 2번   ○  ×  ○  ×  ○  ○  ○  ○  ○  ○   8점
 3번   ×  ○  ○  ○  ○  ○  ○  ○  ○  ○   9점
 4번   ○  ○  ○  ×  ○  ×  ○  ×  ○  ○   7점
 5번   ○  ○  ○  ○  ○  ○  ○  ×  ○  ×   8점
 6번   ○  ×  ○  ×  ○  ×  ○  ×  ○  ×   5점
 7번   ○  ○  ○  ○  ○  ○  ○  ○  ○  ○  10점
 8번   ○  ○  ○  ○  ×  ○  ○  ○  ○  ○   9점
 9번   ×  ○  ×  ○  ×  ○  ×  ○  ○  ○   6점
10번   ×  ×  ×  ×  ○  ×  ×  ○  ○  ○   4점
=================================================

   ■ 정렬 및 석차 ■
===============
 번호  점수  석차
===============
  7번  10점   1등
  1번   9점   2등
  3번   9점   2등
  8번   9점   2등
  2번   8점   5등
  5번   8점   5등
  4번   7점   7등
  9번   6점   8등
  6번   5점   9등
 10번   4점  10등
===============
```

(7번 10점 1등 ←) 나보다 점수가 높은 사람이 0명이면 나는 1등이다. 즉, 나의 석차는 (내 점수보다 높은 학생수+1)이다. 그러므로 나의 석차를 일단 1로 초기화한 후 배열의 모든 점수와 나의 점수를 비교한다. 나의 점수보다 높은 점수가 있을 때 석차를 1 증가한다.

chapter

8 함수

8.0 개요

실생활에서는 어떤 일을 해야 할 때 모든 일을 혼자서 처리할 수도 있지만 [그림 8-1]과 같이 다른 사람이 일부분을 대신 처리해줄 수도 있다. 이 장에서 소개할 함수는 바로 누군가를 위해 일을 대신 해주는 역할을 한다.

그림 8-1 실생활과 프로그램의 함수 예

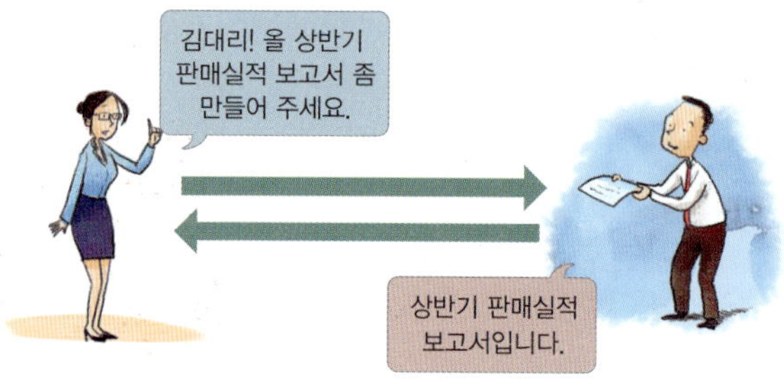

C 프로그램에서 함수(function)는 평균, 최댓값, 표준 편차와 같은 특정 값을 구하거나 파일 생성, 사용자 안내문 표시, 배열 내용 변경, 결과 출력과 같이 특정한 일을 수행하는 코드 블록이다. C 프로그램은 이러한 함수들의 모임이며 이 중 main 함수는 꼭 있어야 한다. 지금까지는 main 함수만 정의하여 프로그램을 작성하였지만 이제부터는 복잡한 프로그램을 효율적으로 작성하기 위해 다른 사용자 정의 함수를 포함하는 프로그램을 작성한다.

8.1 함수의 종류와 실행 순서

지금까지의 프로그램은 간단한 문제를 코딩한 것이므로 하나의 main 함수만 정의하여 완성할 수 있었다. 그러나 크고 복잡한 문제가 주어졌을 때는, 해결하기 쉬운 여러 개의 작은 문제로 나누어 문제를 단순화시킨 후 함수로 작성하는 하향식 프로그래밍(top-down programming) 방법을 쓰는 것이 좋다. 하향식 프로그래밍 방법은 크고 복잡한 문제에만 적용할 수 있는 것이 아니라 작은 문제에도 프로그램의 길이 단축, 프로그램의 가독성(readability), 프로그램의 수정 및 확장, 코드의 재활용을 위해서 적용할 수 있다.

함수의 개념을 쉽게 이해하기 위해 중화요리점 '중국성'을 예로 들어보자. 짜장면을 먹고 싶으면 직접 재료를 구입해 요리할 수도 있지만, 중국 음식점에 배달시켜 먹을 수도 있다. [그림

8-2]의 (a)와 같이 내(main 함수)가 재료를 직접 구입해 짜장면을 만들면 돈은 적게 들더라도 시간과 노력이 많이 든다. 그러나 (b)와 같이 중국성(함수)에 전화를 걸어(함수 호출), 집 주소와 주문할 음식을 얘기하면(인수 전달), 음식점에서 짜장면(반환 값)을 배달해줄 것이고(반환 값을 전달하기), 배달된 음식을 먹기만 하면 된다(반환 값을 이용하기). 이와 같이 프로그램에 특정 값을 구해주는 함수가 미리 정의되어 있으면 이 함수를 필요할 때마다 호출하여 반환하는 값을 사용하면 된다.

그림 8-2 짜장면을 직접 만들어 먹기와 주문해 먹기의 비교

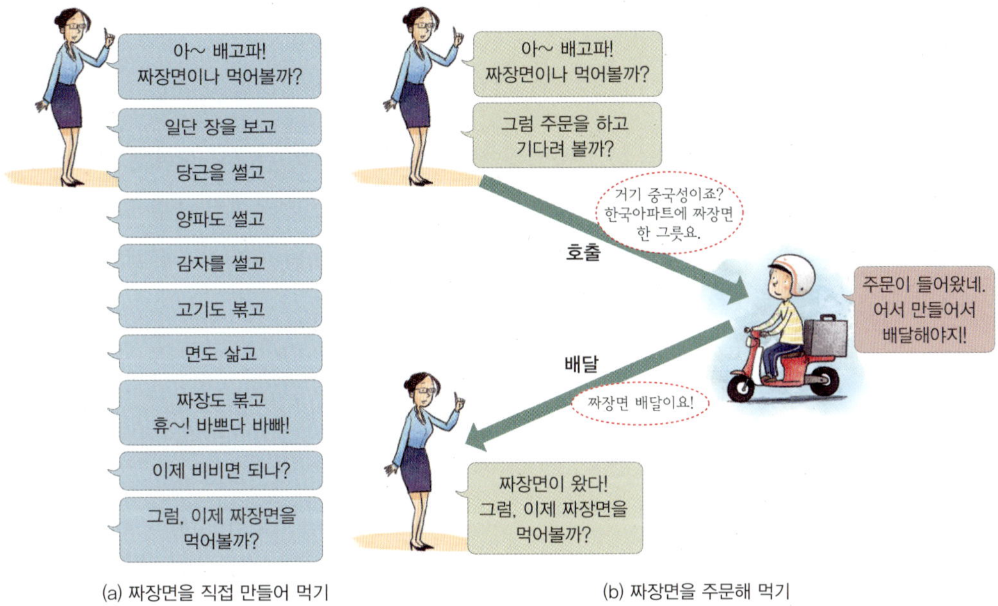

C 언어에서는 제곱근, 로그, 삼각함수, 문자열 비교, 입출력과 같이 특정 기능을 수행하는 함수를 제공하는데, 이런 함수를 라이브러리 함수(library function)라고 한다. 프로그래머는 이 함수를 정의할 필요 없이 호출만 하면 된다. 그러나 프로그래머가 원하는 기능을 수행하는 라이브러리 함수가 없을 때에는 직접 필요한 함수를 정의한 후 필요할 때마다 호출해서 사용할 수 있다. 이런 함수를 사용자 정의 함수(user-defined function)라고 한다.

함수는 서로 독립된 프로그램으로 볼 수 있다. 함수끼리 서로의 내용은 전혀 모르지만 함수를 호출하면 원하는 값을 얻을 수 있기 때문에 블랙박스라고도 한다. 블랙박스처럼 서로 독립적인 함수가 역할을 제대로 하려면 인수 전달과 반환 값 전달이 필요하다. 예를 들어 [그림 8-2]의 (b)에서 중국성에 전화를 하고 주소와 주문 음식, 개수를 얘기하지 않고 전화를 끊거나 중국성에서 음식을 다 만든 후에 배달해주지 않는다면 어떻게 될까? [그림 8-3]과 같이 함수를 호출할 때는 함수가 일을 처리하는 데 필요한 최소의 정보인 인수(argument)를 전달해야 하

는데 이를 '인수 전달'이라고 한다. 반대로 호출된 함수는 자신이 구한 값을 자신을 호출한 곳에 제공해야 하는데 이를 '반환 값을 전달한다'고 한다.

그림 8-3 함수의 인수 전달과 반환 값 반환

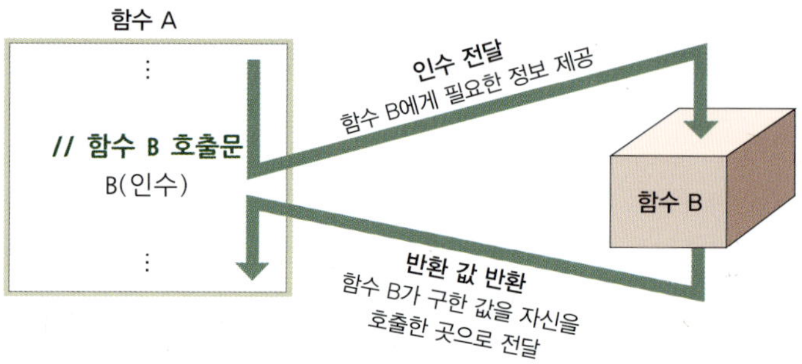

[그림 8-4]는 프로그램에서 함수를 호출했을 때 처리되는 과정을 간단히 살펴보기 위해 pow 함수를 이용해 2^{10}을 구하는 프로그램을 표현한 것이다. 프로그램의 특정 함수에서 다른 함수를 호출하면 실행 순서가 변경되어 호출된 함수가 실행된다. 호출된 함수의 실행이 끝나면 그 함수를 호출한 곳으로 다시 실행 순서가 변경되어 진행된다.

그림 8-4 함수 호출과 실행 순서

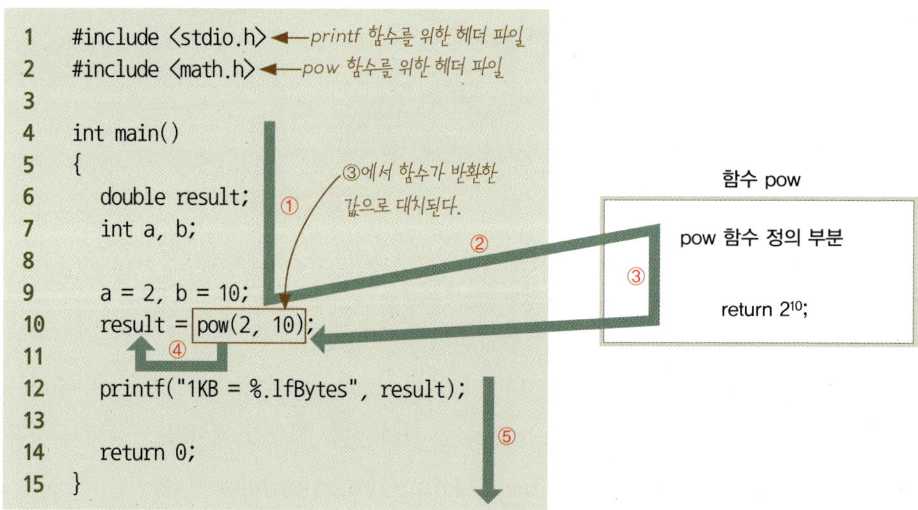

실행결과

```
1KB = 1024Bytes
```

[그림 8-4]의 프로그램이 실행되는 자세한 순서는 다음과 같다.

① 프로그램을 실행하면 가장 먼저 main 함수가 실행되고, 함수 안의 문장이 위에서 아래로 차례대로 실행된다.

② 10행에 있는 대입문을 실행할 때 대입 연산자 '='의 오른쪽 식부터 계산되는데 이 식에 pow 함수의 호출문이 있다. pow 함수를 호출하면 실행 순서는 pow 함수로 바뀌며 이때 2와 10이 전달된다.

③ pow 함수는 자신에게 전달된 정보를 이용하여 2^{10}을 구한다.

④ pow 함수의 return 문에 의해 함수의 실행이 끝나면 이 함수를 호출한 곳으로 실행 순서가 변경된다. 이때 함수가 구한 반환 값 2^{10}이 10행의 함수 호출 pow(2,10) 자리로 전달되어 반환 값 2^{10}으로 대치되고 이 값은 대입문에 의해 result 변수에 저장된다.

⑤ 계속해서 main 함수가 실행되고 14행의 return문에 의해 main 함수가 끝나면 프로그램의 실행도 끝난다. 즉 main 함수는 자신이 직접 2^{10}을 구하지 않고 pow 함수가 대신 구해 준 값을 이용하여 프로그램을 완성한다.

8.2 라이브러리 함수

라이브러리 함수는 미리 정의되어 있으므로 직접 정의할 필요 없이 함수 호출(function call)을 통해 바로 이용할 수 있다. 주의할 것은 라이브러리 함수를 사용하려면 해당 함수의 원형(8.5에 소개함)을 포함하고 있는 헤더 파일을 프로그램에 포함하도록 include 지시자를 명시해야 한다. 지금까지 사용한 printf와 scanf가 라이브러리 함수이며, 이를 이용하기 위해 #include 〈stdio.h〉를 사용했다는 것을 상기해보기 바란다.

8.2.1 라이브러리 함수의 호출

함수를 호출할 때는 함수명을 정확히 명시해야 하며 이 함수가 실행될 때 필요한 정보인 인수를 개수와 자료형에 맞추어 순서대로 정확히 기술한다.

형식 라이브러리 함수의 호출

함수명(인수 목록)

↳ 인수 목록: 인수1, 인수2, …, 인수n

↳ 인수는 상수, 변수, 식 등으로 표현할 수 있으며, 최종적으로 인수의 값이 전달된다.

↳ 함수마다 인수의 순서, 자료형, 개수가 정해져 있다.

예 • 수학과 관련된 함수: #include <math.h>가 필요

• 파일의 확장자가 cpp일 때는 이 함수 중 abs를 제외하고는 함수의 첫 인수가 실수형이어야 한다.

함수 호출 예	수학 식	의미
pow(x, n)	x^n	거듭제곱
sqrt(3 * x + a)	$\sqrt{3x + a}$	제곱근
log(x)	$\ln x$	자연 로그
log10(abs(2 * x))	$\log_{10} \lvert 2x \rvert$	상용 로그
abs(-3)	$\lvert -3 \rvert$	절대치(결과는 정수형), *.cpp일 때는 결과가 인수의 자료형과 동일
fabs(-7.5)	$\lvert -7.5 \rvert$	절대치(결과는 실수형)
exp(x)	e^x	자연상수 e의 거듭제곱
ceil(x)	$\lceil x \rceil$	실수 x와 같거나 x보다 큰 정수 중 가장 작은 정수
floor(x)	$\lfloor x \rfloor$	실수 x와 같거나 x보다 작은 정수 중 가장 큰 정수
sin(2 * 3.141592)	$\sin(360°)$	사인 값(인수는 각도가 아니라 라디안 단위)
cos(3.141592)	$\cos(180°)$	코사인 값(인수는 각도가 아니라 라디안 단위)
tan(3.141592 / 4)	$\tan(45°)$	탄젠트 값(인수는 각도가 아니라 라디안 단위)

• 문자와 관련된 함수: #include <ctype.h>가 필요

함수 호출 예	함수 의미
isdigit(ch)	ch에 저장된 문자가 숫자 문자면 논리값 참을, 그렇지 않으면 거짓을 반환
isalpha(ch)	ch에 저장된 문자가 영문자면 참을, 그렇지 않으면 거짓을 반환
islower(ch)	ch에 저장된 문자가 영문 소문자면 참을, 그렇지 않으면 거짓을 반환
isupper(ch)	ch에 저장된 문자가 영문 대문자면 참을, 그렇지 않으면 거짓을 반환

• 문자열과 관련된 함수: #include <string.h>가 필요

함수 호출 예	함수 의미
strlen(str)	str에 저장된 문자열의 길이를 반환
strcmp(str1, str2)	str1과 str2에 저장된 문자열이 같다면 0을, str1이 작으면 -1을, str1이 더 크면 1을 반환
strcpy(str1, str2)	str2의 문자열을 str1의 문자열로 복사

• 그 외 범용 함수: #include <stdlib.h>가 필요

함수 호출 예	함수 의미
rand()	정수 0~32767 중의 한 개의 난수를 반환
srand(time(NULL))	현재 시간(time(NULL))을 난수 발생기의 씨드로 설정
exit(0)	프로그램을 종료(인수는 0과 1을 사용, exit(0)은 프로그램의 정상적인 종료를 exit(1)은 프로그램의 비정상적인 종료를 의미)
system("cls")	문자열 인수에 해당하는 시스템 명령을 실행, system("cls")는 화면을 지우는 시스템 명령을 실행

- 라이브러리 함수를 사용하는 경우에는 함수에 필요한 전처리기 지시자와 헤더 파일을 정확하게 명시해야 한다.
- sin, cos, tan, asin, acos, atan와 같은 삼각 함수의 인수는 각도가 아닌 라디안을 단위로 사용해야 한다. 180°는 라디안으로 π에 해당하는데 π 값은 3.14가 아닌 3.141592 정도로 지정해야 정확한 함수 값을 얻을 수 있다.
- 예에서 소개한 함수 외에도 다양한 라이브러리 함수가 있다. 그러므로 함수를 직접 정의하기 전에 원하는 기능의 라이브러리 함수가 있는지 먼저 확인하는 것이 프로그램을 효율적으로 개발하는 방법이다.

다음 코드의 1~4행은 2차 방정식 $ax^2+bx+c=0$의 두 실근을 구하는 식으로, 함수 호출이 있는 위치를 잘 보여준다. 일반적으로 함수는 평균, 최댓값, 표준편차 등과 같이 값을 반환하지만, 특정 일만 수행하고 값을 반환하지 않는 함수도 있다. 1~3행처럼 반환 값이 있는 함수면 함수 호출문이 결과적으로 반환 값으로 바뀌므로 식 어디에나 둘 수 있다.

함수가 대신 처리해주기 원하지만 반환 값이 필요없다면 4행과 같이 함수 호출 단독으로 문장이 될 수 있다. 하지만 6행의 srand 함수와 같이 반환 값이 없는 함수는 결과 값이 없으므로 계산 대상이 될 수 없다. 이런 함수의 호출은 식 안에 둘 수 없고 함수 호출 단독 문장으로 사용해야 한다.

예

```
1  det = pow(b, 2) - 4 * a * c;
2  r1 = (-b + sqrt(det)) / (2 * a);
3  r2 = (-b - sqrt(pow(b, 2) - 4 * a * c)) / (2 * a);
4  printf("근1=%.2lf, 근2=%.2lf", r1, r2);
5
6  srand(1);
```

함수의 반환 값으로 대치된다.

함수의 인수에 또 다른 함수 호출문이 나타날 수 있다.

반환 값이 있는 함수지만 함수가 대신 일을 하고 반환 값은 사용할 필요가 없다면 함수 호출 단독으로 문장이 될 수 있다.

반환 값이 없는 함수는 식에 포함할 수 없으며 함수 호출 단독으로 문장이 된다.

8.2.2 라이브러리 함수의 사용 예: 사인 삼각함수 값 구하기

문제 0°부터 180°까지 30° 단위마다 사인 함수의 값을 출력하시오.

분석
- 사인 삼각함수의 값은 C 라이브러리 함수 sin을 호출해 구한다.
- sin 함수를 이용하려면 #include 〈math.h〉가 필요하다.
- sin 함수의 인수는 단위가 각도가 아닌 라디안이므로 각도 변수 degree를 라디안 변수 radian으로 변환한 후 sin(radian)으로 호출한다.
- 180°는 라디안으로 π에 해당하므로 각도를 라디안 단위로 변환하는 식은 (π*각도)/180 이다.

프로그램 8-1 sin 함수를 호출해 0°부터 180°까지 30°단위마다 사인 함수 값 출력하기 (ch8-1.cpp)

```
1   #include <stdio.h>          // printf 함수를 위한 헤더 파일
2   #include <math.h>           // sin 함수를 위한 헤더 파일
3   #define PI 3.141592
4
5   int main()
6   {
7       int degree;             // 각도 값을 저장할 변수
8       double radian;          // degree의 라디안 값을 저장할 변수
9
10      for (degree=0; degree<=180; degree+=30)
11      {
12          radian = (PI * degree) / 180; // 각도를 라디안 단위로 변환
13          printf("sin(%d ° ) = %.5lf \n", degree, sin(radian));
14      }                                          ↑ sin 함수 호출
15
16      return 0;
17  }
```

실행결과

```
sin(0°) = 0.00000
sin(30°) = 0.50000
sin(60°) = 0.86603
sin(90°) = 1.00000
sin(120°) = 0.86603
sin(150°) = 0.50000
sin(180°) = 0.00000
```

설명

3: π는 식별자로 사용할 수 없으므로 PI라는 매크로 상수명을 사용한다. PI를 흔히 알고 있는 3.14로 정의하면 %.5lf로 출력했을 때 sin(180°)의 값이 0.00000이 아닌 0.00159로 출력된다. 그러므로 정확한 삼각함수 값을 구하고자 할수록 π(3.1415926535…)를 소수점 이하 자리가 많게 정의해야 한다.

12: 각도인 degree를 라디안 단위로 변경하기 위해 180°:PI = degree°:radian 식을 이용한다.

13: 사인 삼각함수 값을 구하려고 라이브러리 함수 sin을 호출할 때 12행에서 구한 radian을 인수로 사용한다. '°'는 한글 자판에서 [ㄱ] 키를 누른 후 [한자] 키를 눌렀을 때 화면 하단 오른쪽에 나타나는 특수 문자 목록에서 찾아 넣은 특수 문자다.

8.3 사용자 정의 함수

필요한 값을 구해주는 라이브러리 함수가 없다면 main 함수처럼 프로그래머가 직접 사용자 정의 함수를 만들어서 사용해야 한다. 사용자 정의 함수도 호출은 라이브러리 함수와 같으며 정의하는 방법은 지금까지 만든 main 함수와 같다. 따라서 서로 연관 지어 생각하면 도움이 많이 될 것이다.

8.3.1 사용자 정의 함수의 호출과 정의

인수 전달에 대한 자세한 내용은 8.6에서 소개하고, 여기서는 사용자 정의 함수를 만들어 이용하는 방법에 초점을 맞춘다.

형식 사용자 정의 함수의 호출

```
함수명(인수 목록)
↳ 인수 목록: 인수1, 인수2, …, 인수n
```

형식 사용자 정의 함수의 정의

```
반환 값의 자료형  함수명(매개변수 선언 목록) ◀── 함수의 헤더(header)
{
    함수에서 사용할 변수 선언부

    함수에서 처리할 명령 코드부               함수의 본체(body)

    return 반환 값;
}
```

- 매개변수 선언 목록: 자료형 매개변수1, 자료형 매개변수2, …, 자료형 매개변수n. 매개변수는 일반 변수와 다르게 각각 선언해야 한다. 즉 int 매개변수1, 매개변수2는 에러다.
- 함수 호출이 실행되면 인수 목록 순서대로 인수의 값이 함수의 매개변수에 전달되어 저장된다. 즉, '매개변수 = 인수' 같은 대입문 효과가 발생한다.
- 호출된 함수의 본체를 실행하다가 return문을 만나면 함수를 호출한 곳으로 반환 값이 전달된다. 즉 '함수 호출문 = 반환 값' 같은 대입문 효과가 발생한다. 반환 값이 없는 함수는 8.7.1에서 소개한다.

예

```
int main()
{
  int radius = 5;

  printf("체적:%lf\n", V(radius));

  return 0;
}
```

radius의 값 5가 r에 저장된다.

```
double V(int r)
{
  double pi = 3.141592;
  return (4 * pi * pow(r, 3)) / 3;
}
```

반환 값 523.598833을 함수 호출이 있었던 곳으로 전달한다.

- 함수 호출문 V(radius) : 인수 radius는 호출하는 함수에 제공할 정보로 V(3), V(radius * 2)와 같이 상수, 변수, 식이 될 수 있다.

유의

- 함수 정의 위치: 함수의 본체 안에서 다른 함수를 정의할 수 없으므로 함수의 정의가 끝난 후 다른 함수를 정의해야 한다. 그리고 예와 같이 함수 V의 호출보다 정의가 더 뒤에 나오면 V를 호출하기 전에 (함수의 헤더와 동일한) 함수 원형을 미리 선언해야 한다. 자세한 내용은 8.5에서 소개한다.
- 함수 정의 헤더에서 매개변수로 선언한 변수를 함수 안에서 다시 변수로 선언해서는 안 된다.
- 함수 안에서 함수와 같은 이름의 변수를 선언하면 안 된다.
- 반환 값의 자료형이 명시되어 있는데 반환하는 값이 없으면 에러다.
- 함수 본체 어디서든 함수를 종료하려면 return 문을 사용할 수 있다. 즉 return 문은 함수를 끝내기 전에 반드시 한 번은 실행되어야 하지만, 필요하면 어디서든 여러 번 사용할 수 있다.
- 매개변수(parameter) 목록은 왜 선언문일까? C 언어에서는 변수를 사용하기 전에 선언부터 해야 한다는 사실을 잘 알고 있을 것이다. 함수 호출에 명시된 인수가 변수인 경우 이 변수는 이미 main 함수에서 변수로 선언한 것이므로 변수명만 적는다. 그러나 함수를 정의할 때는 전달되는 인수들을 저장할 매개변수 역시 변수며, 변수는 사용 전에 선언해야 하므로 함수 정의 헤더에서 선언하는 것이다.
- 인수와 매개변수는 차례대로 1:1 대응된다. 그리고 서로 자료형과 개수가 일치해야 하며 매개변수는 반드시 하나씩 따로 선언해야 한다. 자료형이 일치하지 않는 경우 에러가 발생한다.

  ```
  int larger(int first, int second) { 함수의 본체 }
  ```

  둘 다 int형이어도 따로 선언해야 한다.
  (int first, second)는 에러다.
- 인수와 매개변수명이 동일해도 될까? 동일하다면 두 변수는 동일한 변수를 의미하는 걸까? 우리 집 아이 이름이 영호고 옆 집 아이 이름이 영호일 때 영호라는 이름은 같지만 두 사람은 다르다. 즉, 함수는 서로 독립적이므로 변수명이 같아도 서로 다른 변수다. 그러므로 어떤 함수에서 sum이라는 변수명을 사용해도 다른 함수에서 sum 변수명을 사용할 수 있다.

8.3.2 인수와 매개변수에 대한 이해

지금부터 소개하는 내용은 인수의 개념을 잡기 위한 부분이다. 사용자 정의 함수에 대한 기본 내용에 집중하기 위해 일단 넘어갔다가 8.6절을 읽기 전에 돌아와 다시 읽어도 좋다.

8장 이전의 main 함수만 정의한 C 프로그램에서는 main 함수에서 선언한 변수만으로 결과를 얻었다. 그러나 main이 아닌 다른 사용자 정의 함수나 라이브러리 함수의 경우, 함수가 임무를 완수하려면 외부로부터 특별한 정보를 제공받아야 하는 경우가 많다. 함수는 서로 독립적인 개체로 특정 함수에서 선언한 변수(지역 변수라고 하며 9.1에서 자세히 소개한다)를 다른 함수에서 마음대로 참조, 출력, 변경할 수 없음을 꼭 명심해야 한다. 그러므로 호출할 함수에 꼭 지정하고 싶은 값은 그 함수를 호출할 때 인수로 제공해야 한다.

예를 들어보자. 중국집에서 짜장면을 만들지 짬뽕을 만들지는 주방장이 아니라 손님이 정한다. 즉 손님이 전화를 해 무엇을 먹고 싶은지 주문 사항을 말하면 음식점에서는 이 정보를 바탕으로 음식을 만들어 배달을 한다. [그림 8-2]의 (b)에서 손님이 전화를 걸어 메뉴를 얘기하는 과정이 인수 전달에 해당한다.

실제 프로그램을 통해 인수의 개념을 잡아보자. [프로그램 8-2]는 1에서 임의의 정수 n까지의 합을 구하는 함수 compute_sum을 만들고 main 함수에서 compute_sum을 호출하여 결과를 출력하는 프로그램이다.

프로그램 8-2 **1~n의 합을 구하는 함수 compute_sum을 정의하고 이용하기 (ch8-2.cpp)**

```
#include <stdio.h>

// compute_sum 함수의 정의
int compute_sum(int n)
{
    int i, sum = 0;

    for (i=1; i<=n; i++)
        sum += i;

    return sum;
}
// main 함수의 정의
int main()
{
    int end = 200;

    printf("1~100까지의 합: %d \n\n", compute_sum(100));

    printf("1에서 몇까지의 합을 구할까요? ");
    scanf("%d", &end);
    printf("\n1~%d까지의 합: %d \n", end, compute_sum(end));

    return 0;
}
```

n은 얼마일까? 이 함수의 본체 어디에도 n 값을 지정하는 부분이 없다. 함수 자체에서 정해지지 않은 값은 이 함수를 호출하는 측에서 제공하며, 이러한 변수를 매개변수로 선언한다.

100이 함수 정의에서 선언한 n의 값으로 전달된다. 즉, n=100과 같은 효과다.

end의 값이 n의 값으로 전달된다. 즉, n=end와 같은 효과다.

```
실행결과
1~100까지의 합: 5050 ◀── 18행 compute_sum(100)의 값
1에서 몇까지의 합을 구할까요? 1000
1~1000까지의 합: 500500 ◀── 22행 compute_sum(end)의 값
```

compute_sum 함수를 분석해보자. compute_sum 함수는 8행 이전에 n 값이 결정되지 않는 한 1~n의 합 sum을 구하지 못한다. 그렇다면 이 n을 함수에서 직접 대입문이나 입력을 통해 결정하는 것이 바람직할까? 아니면 이 함수를 이용해 합을 구하고 싶은 main 함수에서 compute_sum을 호출할 때 n에 해당하는 값을 전달해주는 것이 바람직할까? 답은 후자다.

함수는 가능한 한 범용 함수(general-purpose function)가 되도록 정의해야 한다. 그런데 다음과 같이 compute_sum의 8행에서 직접 상수 10을 명시하면 이 함수는 언제나 1~10의 합만 구하므로 1에서 임의의 정수까지의 합은 구하지 못한다.

예
```
int compute_sum( ? )
{
   int i, sum = 0;

   for (i=1; i<=10; i++)      ← 언제나 1~10의 합만 구한다.
      sum += i;

   return sum;
}
```

이를 해결하기 위해 다음과 같이 compute_sum 함수에서 직접 n을 입력받는 방법을 고려해보자.

예
```
int compute_sum( ? )
{
   int i, n, sum = 0;

   printf("1에서 몇까지의 합을 구할까요? ");   ← n을 입력받는다.
   scanf("%d", &n);

   for (i=1; i<=n; i++)
      sum += i;

   return sum;
}
```

이렇게 하면 입력된 값에 대한 합을 정확하게 구할 수는 있다. 하지만 main 함수의 20행과 21행에서 이미 end를 입력받았는데, compute_sum 함수에서 다시 n의 입력을 요구하면 사용자 입장에서는 번거로워진다. 게다가 end가 프로그램 사용자로부터 입력받는 값이 아니고 프로그래머가 프로그램을 위해 사용하는 변수라면 main에서든 compute_sum에서든 사용자가 입력하게 할 수 없다.

사실 함수 입장에서는 자신을 호출하는 함수가 1~10의 합을 원하는지, 1~100의 합을 원하는지 모른다. 그러므로 n 값은 함수에서 결정하는 것이 아니라 compute_sum을 호출하는 main 쪽에서 제공하고 compute_sum 함수는 이렇게 제공된 n 값을 이용해 1~n의 합을 구하여 반환하는 것이 바람직하다.

함수를 설계할 때는 [그림 8-5]와 같이 무엇을 전달받아서(인수 전달), 무엇을 실행하여(본체 코드), 무엇을(반환 값) 반환할 지를 먼저 생각한 후 코딩하자.

그림 8-5 1~n의 합을 구하는 함수의 개요 및 정의

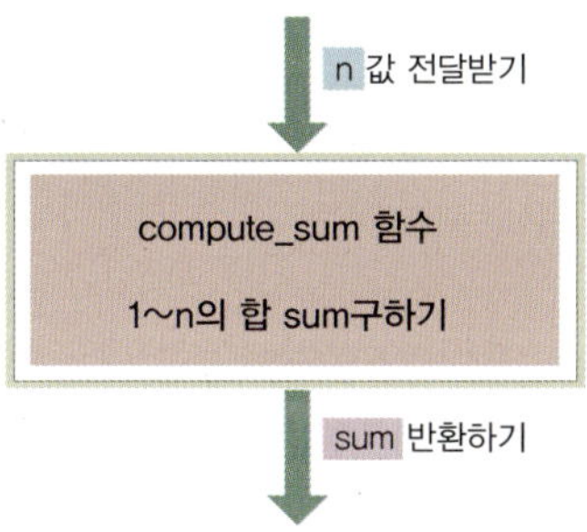


```
int compute_sum(int n)
{
    int i, sum = 0;

    for (i=1; i<=n; i++)
        sum += i;

    return sum;
}
```

전달받아야 할 값 / 반환할 값

[프로그램 8-2]에서 소개한 1~n의 합을 구하는 함수를 이해했다면 이제는 임의의 정수 n1에서 임의의 정수 n2까지의 합을 구하는 함수 sum_of_range를 작성해보자. sum_of_range 함수는 [그림 8-6]과 같이 두 정수 n1과 n2를 스스로 결정할 수 없으므로 인수로부터 전달받아야 한다. 그러므로 이 함수를 호출할 때는 sum_of_range(1, 10), sum_of_range(100, 1000)처럼 두 인수를 전달해야 한다.

그림 8-6 n1~n2의 합을 구하는 함수의 개요 및 정의

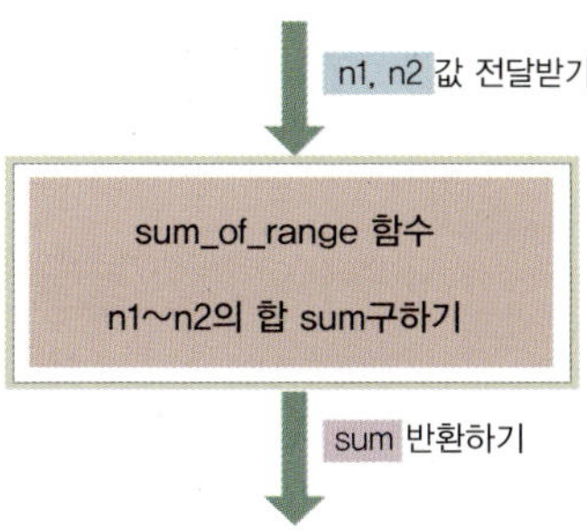


```
int sum_of_range(int n1, int n2)
{
    int i, sum = 0;

    for (i=n1; i<=n2; i++)
        sum += i;

    return sum;
}
```

함수 간에 전달하는 정보를 인수(argument), 인자(argument), 매개변수(parameter) 또는 파라미터라고 한다. 함수를 호출할 때 전달하는 정보인지 전달된 정보를 저장하는 데 사용하는 것인지를 정확히 구분하기 위해 '실(actual)'과 '형식(formal)'이라는 단어를 앞에 붙이기도 한다.

[프로그램 8-2] main 함수의 18행, 22행과 같이 함수를 호출할 때 명시하는 정보는 실제로 처리할 값을 의미하므로 '실인수' 또는 '실매개변수'라고 한다. 4행과 같이 함수 정의 헤더에서 명시한 정보는 함수가 호출되어야만 값이 결정되므로 '형식인수' 또는 '형식매개변수'라고 한다. 실인수와 가인수, 실매개변수와 형식매개변수가 짝으로 많이 사용되지만, 이 책에서는 함수를 호출할 때 전달하는 정보는 인수로, 호출된 함수 측에서 전달된 인수의 값을 저장하는 변수는 매개변수로 사용한다. 그리고 호출할 때 전달하는 값임을 강조할 때는 실인수라고 사용한다.

8.4 프로그래밍 실습

프로그래밍 실습

8.4.1 두 수 중 큰 값 구하기

문제 사용자가 입력한 임의의 두 정수 n1과 n2 중 큰 값을 사용자 정의 함수를 이용해 구한 후 출력하시오.

분석

- 함수 find_larger를 다음과 같이 두 수를 전달받아 큰 값을 반환하는 함수로 정의한다면 함수의 헤더는 int find_larger(int first, int second)이다.

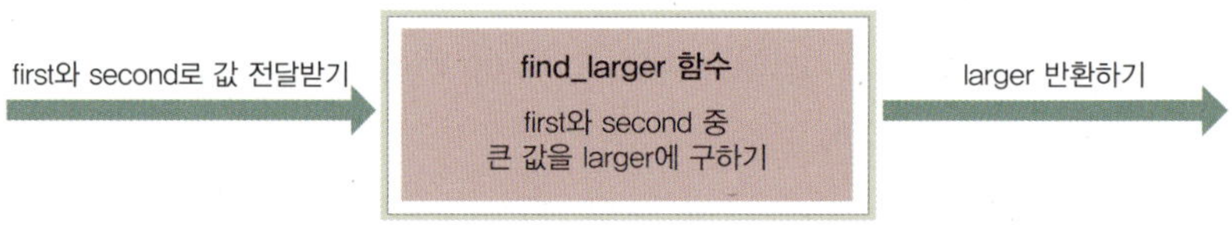

해결 과정

1 main 함수에서 n1과 n2의 값을 입력받기

2 find_larger 함수를 호출하여 n1과 n2 중 큰 값을 반환받아 max에 저장하기

max = find_larger(n1, n2);

3 max 출력하기

프로그램 8-3 find_larger 사용자 정의 함수를 이용해 n1, n2 중 큰 값을 구해 출력하기 (ch8-3.cpp)

```
1    #include <stdio.h>
2
3    // 정수 두 개를 전달받아 큰 값을 반환하는 find_larger 함수의 정의
4    int find_larger(int first, int second)
5    {
6        int larger;
7
8        if (first > second)
9            larger = first;
10       else
11           larger = second;
12
13       return larger;
14   }
15
16   // main 함수의 정의
17   int main()
18   {
19       int n1, n2, max;
20
21       printf("첫째 정수? "); scanf("%d", &n1);
22       printf("둘째 정수? "); scanf("%d", &n2);
23
24       // find_larger 함수를 호출 후 반환된 값을 max에 저장
25       max = find_larger(n1, n2);
26
27       printf("%d, %d 중 큰 값은 %d \n", n1, n2, max);
28
29       return 0;
30   }
```

매개변수 선언

① 함수를 호출하면 실행 순서가 바뀌며 인수의 값이 매개변수로 전달되어 저장된다.

② 함수에서 구한 반환 값을 반환한다.

실행결과

```
첫째 정수? 4
둘째 정수? 7
4, 7 중 큰 값은 7
```

설명

25: find_larger 함수를 호출하면 실행순서가 4행으로 바뀐다. 이때 n1 값 4는 first로, n2 값 7은 second로 전달되어 저장된다.

13: find_larger 함수는 first와 second 중 큰 값을 larger에 저장했으므로 이 larger를 호출한 함수에 전달한다.

25: 13행의 return문에 의해 실행 순서가 다시 25행으로 바뀌며 함수 호출 find_larger(n1, n2)가 반환된 값 7로 대치된다. 대입문에 의해 max에는 함수의 반환 값이 저장된다. 즉 main 함수에서 직접 n1과 n2 중 큰 값을 구하는 if문을 작성하는 대신 find_larger 함수를 호출하는 것만으로 둘 중 큰 값을 얻는다.

8.5 함수 원형 선언

8.5.1 함수 호출과 함수 정의의 위치

함수는 서로 독립된 개체로, 함수 안에 다른 함수를 정의할 수 없다. 따라서 [프로그램 8-3]과 같이 한 함수의 정의가 끝난 후 다른 함수를 정의해야 한다. 그리고 [프로그램 8-3]의 25행에서 find_larger 함수를 이용하려면 이 함수를 이용하기 전에 4~14행과 같이 먼저 정의되어 있어야 한다. 기본적으로 함수의 정의는 함수 호출 전에 위치해야 컴파일러가 에러를 발생시키지 않는다.

일반적으로 프로그램 가독성(readability)을 위해 가장 중요한 main 함수를 프로그램 맨 앞에 정의하고, 그 외 사용자 정의 함수는 main 함수 뒤에 정의한다. 이렇게 main 함수를 앞에 두면 [프로그램 8-3]은 다음 예와 같이 된다. 이렇게 작성한 프로그램을 컴파일하면 컴파일러는 프로그램을 위에서 아래로 지금까지 자신이 번역한 내용만을 기반으로 번역한다. 그러다가 12행에서 find_larger 함수 호출을 만나면 아직 정의된 적이 없는 함수를 호출하는 것으로 간주하여 컴파일 에러를 발생시킨다. 즉 이 예는 find_larger 함수의 정의보다 호출이 앞에 있어서 잘못된 것이다.

예

```
1  #include <stdio.h>
2
3  // main 함수의 정의
4  int main()
5  {
6     int n1, n2, max;
7
8     printf("첫째 정수? "); scanf("%d", &n1);
9     printf("둘째 정수? "); scanf("%d", &n2);
10
11    // find_larger 함수를 호출 후 반환된 값을 max에 저장
12    max = find_larger(n1, n2);
13
```

컴파일러가 위에서부터 차례로 번역하다가 12행에서 find_larger 함수 호출을 만난다. 컴파일러는 지금까지 번역해온 정보를 이용해 번역하므로 find_larger라는 함수 정의를 번역한 적이 없으므로 에러를 발생시킨다.

함수 호출

```c
    printf("%d, %d 중 큰 값은 %d \n", n1, n2, max);

    return 0;
}

// find_larger 함수의 정의
int find_larger(int first, int second)
{
   : 함수의 본체
}
```

함수 정의가 함수 호출보다 뒤에 위치한다.

이를 해결하는 방법이 함수의 원형 선언(prototype declaration)이다.

8.5.2 함수 원형 선언

위에서 예로 들었던 find_larger 함수처럼 함수 호출문 뒤에 함수를 정의하려면 원형 선언이 필요하다. 컴파일러에게 함수 호출문을 번역할 때 해당 함수의 헤더 부분이 이러하니 일단 이 원형만 보고 함수 호출을 제대로 번역하라고 주문하는 것이 바로 함수 원형 선언이다. 함수 원형 선언문은 적어도 맨 처음 나타나는 함수 호출문보다 앞에 있어야 하므로, 대부분 프로그램 상단 main 함수 정의 전에 둔다.

함수 원형에는 함수의 매개변수가 몇 개이며 각각의 자료형이 무엇인지 그리고 함수가 반환하는 값의 자료형이 무엇인지를 명시해야 하는데 이것은 함수를 정의할 때 나타나는 첫 줄, 즉 함수의 헤더에 있는 정보에 해당한다. 그러므로 함수 원형 선언은 어렵게 생각할 필요 없이 함수의 헤더 부분과 똑같이 작성하되 선언문이므로 뒤에 ;을 붙여주기만 하면 된다.

형식 **함수의 원형 선언**

반환 값의 자료형　함수명(매개변수의 자료형 목록);

↳ 매개변수의 자료형 목록은 다음과 같이 선언문 형태 또는 자료형만 명시하는 것 두 가지 모두 가능하다.

① (자료형1 매개변수1, 자료형2 매개변수2, …, 자료형n 매개변수n)

② (자료형1, 자료형2, …, 자료형n)

예

```c
int find_larger(int first, int second);
```

↳ 함수 원형 선언문은 문장의 끝에 꼭 ;을 붙여야 한다.

↳ 함수의 최초 호출문보다 앞에 선언해야 한다.

```c
int find_larger(int, int);
```

↳ 매개변수의 이름은 생략할 수 있으나 매개변수의 자료형은 반드시 명시하여야 하며 이 자료형은 함수 정의에 나타나는 자료형과 같아야 한다.

[프로그램 8-4]는 [프로그램 8-3]의 main 함수와 find_larger 함수의 위치를 서로 바꾸고 함수 원형을 미리 선언하여 완성한 프로그램이다.

프로그램 8-4 함수 원형 선언 예: [프로그램 8-3]의 main과 find_larger 함수의 정의 위치 바꾸기 (ch8-4.cpp)

```
1   #include <stdio.h>
2
3   // find_larger 함수의 원형 선언
4   int find_larger(int first, int second);
5
6   // main 함수 정의
7   int main()
8   {
9       int n1, n2, max;
10
11      printf("첫째 정수? "); scanf("%d", &n1);
12      printf("둘째 정수? "); scanf("%d", &n2);
13
14      // find_larger 함수 호출 후 반환된 값을 max에 저장
15      max = find_larger(n1, n2);
16      printf("%d, %d 중 큰 값은 %d \n", n1, n2, max);
17
18      return 0;
19  }
20
21  // find_larger 함수의 정의
22  int find_larger(int first, int second)
23  {
24      if (first > second)
25          return first;
26      else
27          return second;
28  }
```

int find_larger(int, int);도 가능하다.

find_larger 함수의 정의가 더 뒤에 있으므로 4행의 원형 선언이 꼭 필요하다.

실행결과

```
첫째 정수? 4
둘째 정수? 7
4, 7 중 큰 값은 7
```

설명

4: int find_larger(int a, int b);와 같이 매개변수명을 다르게 명시해도 괜찮다. 그러나 함수 정의 부분의 헤더를 복사한 후 ;을 붙이는 것이 편하다.

25,27: 이 함수를 호출한 문장으로 반환 값을 전달하고 함수 실행을 끝낸다. [프로그램 8-3]과 다르게 곧바로 first와 second를 반환해도 된다.

8.5.3 프로그램 예: 각도 인수를 사용하는 사인 삼각함수 정의

문제 0°부터 180°까지 30° 단위마다 사인 함수 값을 출력하시오. 단 [프로그램 8-1]에서 sin 함수가 라디안 단위를 사용해 생기는 불편을 덜기 위해 각도를 함수 인수로 사용할 수 있는 get_sin이라는 사용자 정의 함수를 정의하여 사용한다.

분석

- sin 라이브러리 함수는 인수가 라디안 단위여야 하므로 함수를 호출하기 전에 각도 단위의 인수를 라디안 단위로 변경해야 한다. 이를 개선하기 위해 각도를 인수로 사용하는 사용자 정의 함수를 만들어 사용한다.
- 전달받은 각도를 라디안으로 변환한 후 sin 함수를 이용해 삼각함수 값을 구하여 반환한다. get_sin 사용자 정의 함수는 다음과 같다.

함수의 원형: double get_sin(double degree)

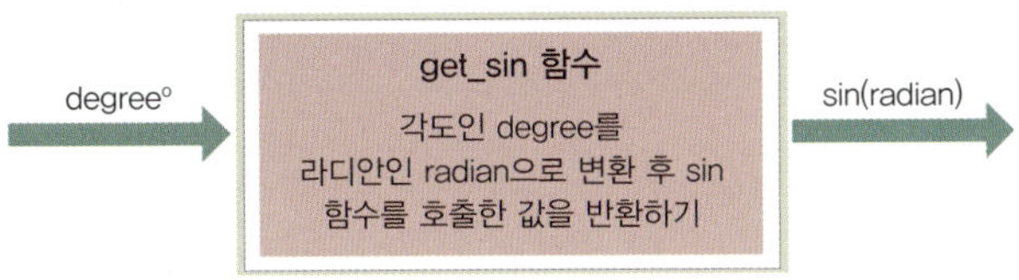

- sin 함수는 사용할 때마다 각도를 라디안 단위로 변경해야 한다. 그러나 get_sin 함수를 정의해 사용하면 일반 수학 함수를 사용할 때처럼 각도를 이용할 수 있다.

프로그램 8-5 각도를 전달받는 get_sin 함수를 정의하여 [프로그램 8-1] 수정하기 (ch8-5.cpp)

```
#include <stdio.h>
#include <math.h>        // sin 함수를 위한 헤더 파일
#define PI 3.141592

// 함수의 원형 선언
double get_sin(double degree);

// main 함수 정의
int main()
{
    int degree;           // 각도 값을 저장할 변수

    for (degree=0; degree<=180; degree+=30)
        printf("sin(%d°) = %.5lf \n", degree, get_sin(degree));

    printf("=================================\n");

    printf("sin 함수 값을 구할 각도는? ");
    scanf("%d", &degree);
```

사용자 정의 함수 get_sin 호출

```
20      printf("sin(%d ° ) = %.5lf \n", degree, get_sin(degree));
21
22      return 0;
23  }
24
25  // 각도 단위의 인수를 전달받아 사인 삼각함수 값을 반환하는 함수
26  double get_sin(double degree)
27  {
28      double radian;
29
30      radian = (PI * degree) / 180;  // 각도 단위의 degree를 라디안 단위로 변환
31
32      return sin(radian);
33  }
```

main의 degree 값이 전달된다.

반환 값을 전달한다.

실행결과

```
sin(0°) = 0.00000
sin(30°) = 0.50000
sin(60°) = 0.86603
sin(90°) = 1.00000
sin(120°) = 0.86603
sin(150°) = 0.50000
sin(180°) = 0.00000
=========================
sin 함수 값을 구할 각도는? 45
sin(45°) = 0.70711
```

설명

14,20: 두 행에서 get_sin 함수 대신 라이브러리 함수 sin을 직접 사용하려면, 14행과 20행 이전에 degree를 라디안 단위로 변환하거나 sin((PI * degree) / 180)처럼 호출해야 한다. 반면 get_sin 함수는 라디안 변환을 대신해주기 때문에 함수를 호출할 때 각도 degree를 그대로 인수로 사용할 수 있으므로 훨씬 편리하다.

32: sin(radian) 호출문이 먼저 실행되어 반환 값이 전달되고 get_sin 함수는 이 반환 값을 자신의 반환 값으로 전달한다.

8.6 함수의 인수 전달: 값에 의한 호출

8.3.2의 내용을 건너뛰었다면 이 절을 학습하기 전에 8.3.2로 돌아가 인수의 개념과 인수 전달의 필요성을 먼저 이해하도록 한다. 함수 간에 인수를 전달하는 방법에는 값에 의한 호출(call-by-value)과 주소에 의한 호출(call-by-address) 두 가지가 있다. 주소에 의한 호출은 포인터 개념을 알아야 하는데 이는 '10장 포인터'에서 자세히 소개하기로 하고, 이 절에서는 값에 의한 호출을 자세히 살펴본 후 주소에 의한 호출의 필요성을 간단히 소개한다.

8.6.1 값에 의한 호출과 인수 전달 과정

함수를 호출하면 호출할 때 명시한 인수의 값이 전달되어 호출된 함수의 매개변수에 저장된다. 인수의 값을 함수로 전달하기 때문에 값에 의한 호출(call-by-value)이라고 한다. 값에 의한 호출 방식을 사용할 때 함수 호출과 함수 정의 헤더 부분의 형식은 다음과 같다.

형식 값에 의한 호출 방식을 사용할 때의 함수의 호출과 정의

- 함수 호출

  함수명(인수1, 인수2, …, 인수n)

  인수 값이 전달되어 매개변수에 저장된다.
  즉 '매개변수 = 인수'와 같은 효과가 발생한다.

- 함수 정의

  반환 값의 형 함수명(자료형 매개변수1, 자료형 매개변수2, …, 자료형 매개변수n)

  {

  : 함수 본체

  }

예

- 함수 호출

```
pass(absence)
larger(a+100, a+10)
multiply(sum, 7)
```

- 함수 정의

```
int pass(int n) { … }
int larger(int a, int b) { … }
int multiply(double n, int times){ … }
```

참고 인수는 값을 전달하므로 상수, 변수, 식이 될 수 있지만, 매개변수는 값을 저장해야 하므로 변수만 가능하다.

[프로그램 8-6]은 인수 전달 과정을 간략히 설명하기 위해 만든 보기용 프로그램으로, 학생의 결석 시간을 근거로 출석 통과 여부를 출력한다. main 함수는 주어진 결석 시간(absence)을 pass 함수로 전달해 반환된 값이 1이면 "통과"를, 0이면 "과락"을 출력한다. pass 함수는 [그림 8-7]과 같이 설계되었다.

그림 8-7 결석 시간에 따른 출석 통과 여부를 반환하는 pass 함수의 개요

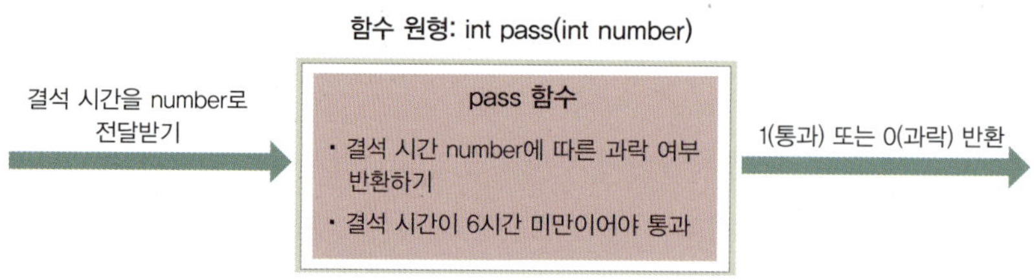

프로그램 8-6 결석 시간에 근거하여 출석 통과 여부 출력하기 (ch8-6.cpp)

```
#include <stdio.h>

// 함수의 원형 선언
int pass(int number);

// main 함수의 정의
int main()
{
    int absence = 5;

    if (pass(absence))
        printf("통과 \n");
    else
        printf("과락 \n");

    return 0;
}

// pass 함수의 정의
int pass(int number)
{
    int limit = 6;

    if (number < limit)
        return 1;
    else
        return 0;
}
```

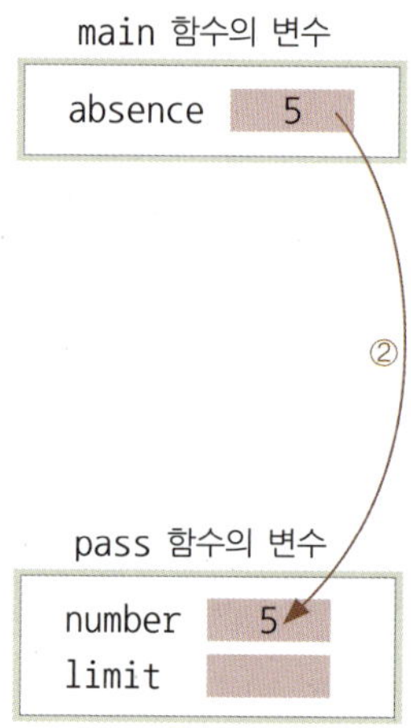

실행결과

```
통과
```

프로그래밍 언어를 처음 접하는 사용자 중에는 작성한 함수의 변수가 모두 보이니 다른 함수의 변수를 마음대로 사용할 수 있다고 착각하기도 한다. 그래서 pass 함수를 다음과 같이 작성하기도 한다.

```
int pass( )
{
    int limit = 6;

    if (absence < limit)
        return 1;
    else
        return 0;
}
```

pass 함수에 absence 변수를 선언한 적이 없으므로 '선언되지 않은 식별자입니다.'라는 에러 메시지가 나타난다.

이 코드를 컴파일하면 컴파일러는 absence가 main에서 선언된 변수인데 여기서 함부로 참조한다는 사실에 근거한 에러를 발생시키는 것이 아니다. 단순히 pass 함수 안에서 선언하지도 않은 변수를 사용한다는 사실에 근거하여 '선언되지 않은 식별자입니다.'라는 에러 메시지를 표시한다.

pass 함수에서 main 함수의 absence 변수를 참조할 수 없는 것처럼 main 함수에서도 pass 함수의 limit 변수를 참조할 수 없다. 친구가 마음대로 내 지갑의 돈을 꺼내갈 수 없는 것처럼 다른 함수에서 선언한 변수를 절대로 사용할 수 없다. 그러므로 함수 간에는 인수 전달이나 return 문을 통한 반환 값 전달을 통해 정보를 주고 받는다.

8.6.2 값에 의한 호출과 함수 간의 독립성

인수를 값에 의한 호출 방식으로 전달하면 프로그래밍에서 아주 중요한 함수 간의 독립성을 보장할 수 있다. [프로그램 8-7]을 통해 함수 간의 독립성 보장을 자세히 살펴보자.

문제 근로자의 오늘 하루 근로 시간에 대한 하루 임금을 다음의 임금 기준에 따라 시급제와 일급제를 혼용하여 계산하시오.

- 시급은 10,000원이며 8시간 이상을 일하면 일급으로 100,000원을 적용한다.
- 일급을 적용할 수 없는 나머지 시간은 시급을 적용한다. 즉 10시간 일하면 8시간은 일급으로 나머지 2시간은 시급으로 계산한다.

분석

- 근로 일은 (총 근로 시간 / 8), 나머지 근로 시간은 (총 근로 시간 % 8), 총 근로 시간이 8시간 미만인 경우에는 근로 일은 0이 되고 나머지 값이 총 근로 시간과 같게 된다.
- 오늘의 임금 = 근로 일*일급 + 나머지 근로 시간*시급
- 급여 계산은 get_pay 함수를 이용하며 get_pay 함수를 호출할 때 임금 계산에 필요한 근로 시간, 일급, 시급을 인수로 전달한다.

함수의 원형: int get_pay(int hours, int day_rate, int hour_rate)

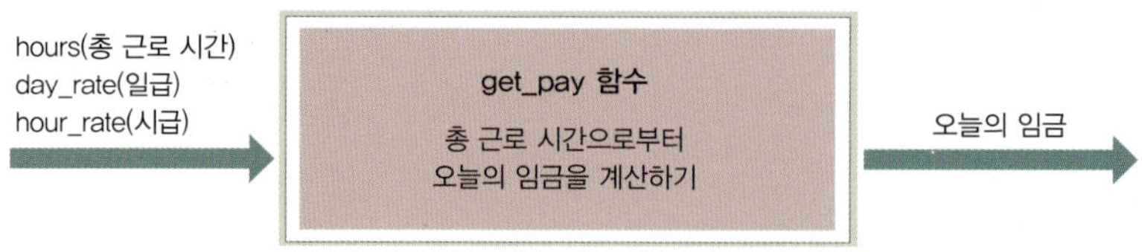

프로그램 8-7 하루 근로 시간에 대해 시급제와 일급제를 혼용하여 하루 임금 계산하기 (ch8-7.cpp)

```
1   #include <stdio.h>
2
3   // 함수의 원형 선언
4   int get_pay(int hours, int day_rate, int hour_rate);
5
6   // main 함수의 정의
7   int main()
8   {
9       int total_hours;  // 근로 시간
10      int daily_rate = 100000, hourly_rate = 10000;  // 일급, 시급
11      int pay;          // 임금
12
13      printf("근로 시간은? ");
14      scanf("%d", &total_hours);
15
16      pay = get_pay(total_hours, daily_rate, hourly_rate);
17      printf("총 하루 임금은 %d원 \n", pay);
18
19      return 0;
20  }
21
22  // 근로 시간에 대한 급여를 구하는 get_pay 함수의 정의
23  int get_pay(int hours, int day_rate, int hour_rate)
24  {
25      int day = hours / 8;    // 근로 일을 계산
26      hours = hours % 8;      // 나머지 시간을 계산
27                              정수 간 나눗셈의 몫(/)과 나머지(%)를 구한다.
28      return (day * day_rate + hours * hour_rate);
29  }
```

실행결과

```
근로 시간은? 11
총 하루 임금은 130000원
```

설명

16: total_hours에 11이 입력되고 get_pay(total_hours, daily_rate, hourly_rate)로 함수를

호출한 직후의 각 함수의 변수 상태는 [그림 8-8]과 같다.

그림 8-8 get_pay 함수 호출 직후의 두 함수의 변수의 상태

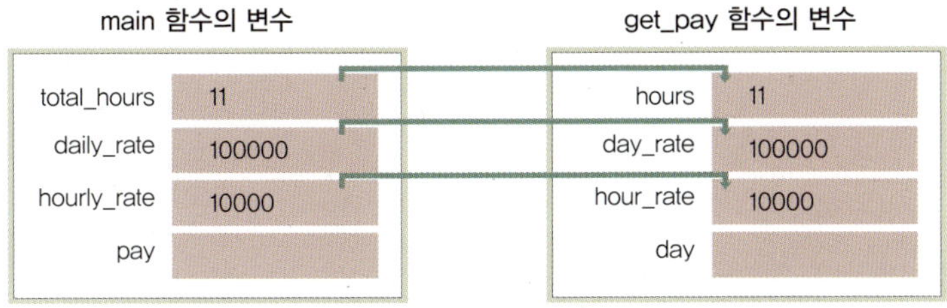

25, 26: get_pay 함수에서 hours와 day를 변경한 후의 변수 상태는 [그림 8-9]와 같다.

그림 8-9 get_pay 함수에서 day와 hours의 값을 변경한 직후의 변수의 상태

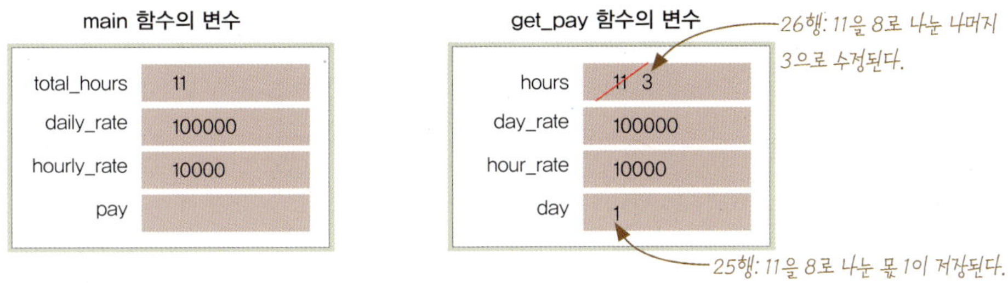

28, 16: 함수 실행이 끝난 후 반환 값 130000이 16행의 대입문에 의해 pay 변수에 저장된 후의 변수의 상태는 [그림 8-10]과 같다.

그림 8-10 함수의 실행이 끝나고 16행이 실행된 직후의 기억장소의 상태

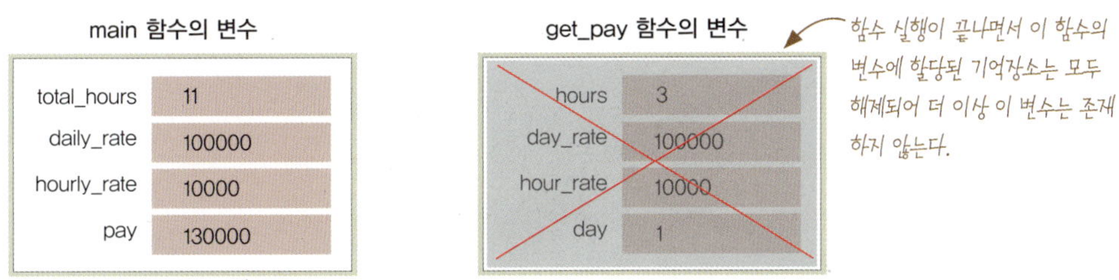

17: 16행의 함수 호출 직전의 total_hours 값과 함수 실행이 완료된 직후의 total_hours 값은 언제나 같다. 17행에서 total_hours 값을 출력하면 함수 호출 직전의 값 11이 그대로 출력됨을 확인할 수 있다. 이는 함수에서 인수를 전달할 때 값에 의한 호출 방식으로 전달되므로 인수 total_hours와 매개변수 hours는 전혀 다른 기억장소를 사용하기 때문이다. 그러므로 get_pay 함수에서 매개변수 hours를 수정하더라도 main 함수의 total_hours는 절대 변하지 않는다. 그러므로 함수에서 다른 함수를 호출할 때, 호출하는 함수는 자신의 변수를 마음 놓고 인수로 전달할 수 있다. 만일 그렇지 않다면 자신의 변수가 호출된 함수에 의해 어떻게 바뀔지 몰라 주의해야 할 것이다. 이것이 바로 프로그래밍에서 중요한 함수의 독립성 보장 개념이다.

8.7 void

void는 C 언어의 예약어로 함수를 정의할 때 특정 자리에 명시할 내용이 없음을 나타내는 데 사용된다. 함수가 반환할 값이 없을 때는 함수의 반환 값의 형을 명시하는 자리에 반드시 void를 명시해야 한다. 그러나 함수를 정의할 때 매개변수가 없다면 매개변수 목록에 void를 직접 명시해도 되고 그냥 비워둬도 된다.

8.7.1 반환 값이 없는 void 함수

일반적으로 함수는 특정 값을 한 개 반환하는 데 사용하지만 반환 값이 없는 함수도 있다. 예를 들어 [그림 8-11]과 같이 누군가에게 심부름을 시켰을 때 심부름을 하는 사람이 반드시 물건을 사와서 전달해야 하는 경우도 있지만 [그림 8-12]와 같이 지시한 대로 일만 하고 빈손으로 돌아와도 되는 경우도 있다. [그림 8-12]와 같이 특별한 일을 실행만 하고 반환하는 값은 없는 함수를 void 함수라고 한다.

그림 8-11 심부름한 결과물을 돌려줘야하는 '민'은 반환할 값이 있는 함수에 해당

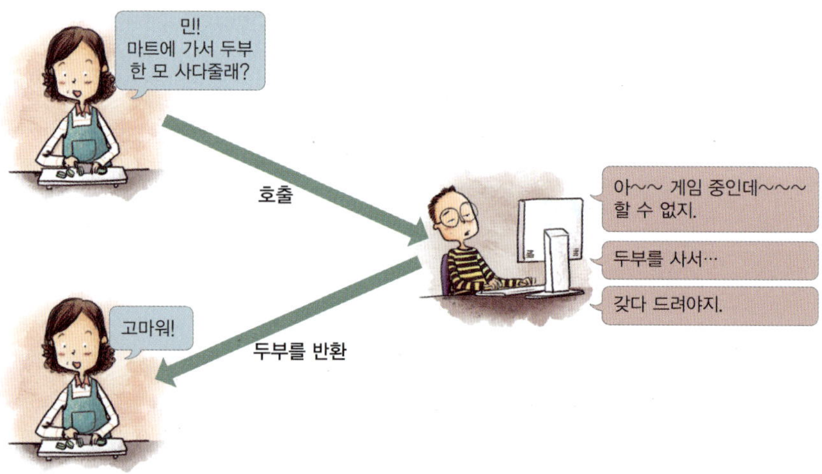

그림 8-12 심부름만 하고 돌아오면 되는 '민'은 반환할 값이 없는 void 함수에 해당

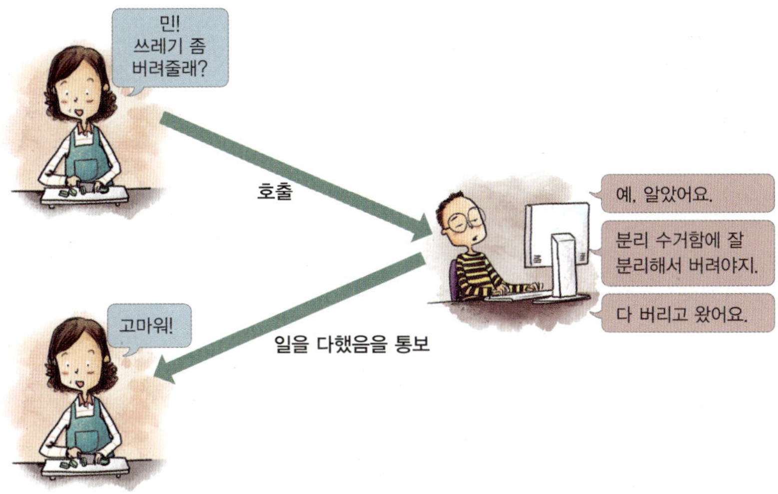

main 함수의 반환 값

지금까지 정의한 main 함수는 0이라는 반환 값이 있었으므로 함수의 헤더가 다음 예와 같이 int main()이었다.

예 (main 함수가 반환하는 값의 자료형)

```
int main()
{
   int i, sum = 0;

   for (i=1; i<=10; i+=2)
      sum += i;
   printf("1~10까지의 홀수의 합:%d", sum);

   return 0;
}
```

그러나 main 함수가 반환하는 값이 없다면 다음과 같이 int 대신 void를 명시해야 한다.

예

```
void main()
{
   int i, sum=0;

   for (i=1; i<=10; i++)
      sum += i;
   printf("1~10까지의 합:%d", sum);
   return;
}
```

return;을 만나면 함수의 실행을 끝내고 함수를 호출한 곳으로 돌아간다.
함수 본체의 맨 마지막 문장이 return;이라면 생략할 수 있다.

이 책에서는 main을 반환 값이 int형인 함수로 정의하였지만 함수 개념을 잘 모르는 초보 프로그래머를 위해 void 함수로 정의하는 책도 많다. 두 가지 다 올바른 방법이지만 표준은 int 함수로 정의하는 것이다.

C 프로그램을 실행하면 main 함수가 호출되어 실행이 시작되고 main 함수가 끝나면 C 프로그램의 실행도 끝난다. 사용자 정의 함수는 자신을 호출한 곳으로 반환 값을 반환하지만 main 함수는 어디로 반환 값을 반환할까? main 함수는 자신을 호출한 운영체제에 반환 값을 전달한다. 이때 운영체제는 반환 값을 통해 프로그램이 정상 종료했는지, 동적 할당 에러나 파일 열기 에러 등과 같은 문제가 있어 비정상 종료했는지를 확인할 수 있다. 지금까지 return 0;이었는데, 정상 종료를 의미하는 반환 값이 0이고 이외의 값은 비정상적인 종료를 의미한다.

void 함수의 호출 위치

void 함수는 반환 값이 없으므로 7행과 9행처럼 함수 호출 단독으로 명령문 하나를 이용해 작성할 수 있지만 10행과 같이 함수 호출을 식 안에 둘 수는 없다. 그 이유는 반환 값이 없으므로 함수 호출 자리가 상수 값이 될 수 없기 때문이다.

```
1  #include <stdio.h>
2
3  void print_line(int n);
4
5  int main()
6  {
7      int no_line;
8      printf(" 대한대학교 한국학과 \n");
9      print_line(2);
10     no_line = print_line(2) + print_line(2);
11
12     return 0;
13 }
14
15 // -로 그은 선을 n행 출력하는 함수
16 void print_line(int n)
17 {
18     int i;
19     for (i=1; i<=n; i++)
20         printf("----------------------------------------\n");
21 }
```

print_line 함수는 반환 값이 없으므로 함수 호출 단독으로 완전한 문장이 될 수 있다. 함수 호출 후 함수 실행이 끝나면 단순히 이곳으로 돌아와 다음 문장을 실행한다.

print_line 함수는 반환 값이 없으므로 덧셈 연산을 할 수 없다.

8.7.2 매개변수가 없는 함수

함수를 호출할 때는 함수에 필요한 정보를 인수를 통해 전달해야 한다. 그러나 호출되는 함수가 단독으로 모든 일을 해결할 수 있다면 인수를 전달할 필요가 없다. 예로 라이브러리 함수 중 rand 함수는 자신을 호출하면 무조건 0~32767 범위 안의 임의의 정수를 하나 반환한다. 그러므로 이 함수를 호출할 때는 함수에게 제공할 인수가 전혀 없으며 rand()로 호출한다.

전달할 인수가 없는 함수도 함수를 호출할 때는 함수명 뒤에 반드시 ()를 명시해야 하며, 함수를 정의할 때는 함수명 뒤에 ()만 명시하거나 (void)로 매개변수가 없음을 명시한다.

형식 전달할 인수가 없는 함수의 호출과 정의

- 함수의 호출
  함수명()
- 함수의 정의
  자료형 함수명(void) { 함수의 본체 }
  자료형 함수명() { 함수의 본체 }

프로그램 8-8 매개변수가 없는 함수의 예: 보고서 제목과 개인 정보 출력하기 (ch8-8.cpp)

```
#include <stdio.h>

void print_title();
void print_information(void);

int main()
{
    print_title();
    print_information();

    return 0;
}

// 보고서 제목 출력
void print_title()
{
    printf("====================\n");
    printf("==     C 프로그래밍 과제     ==\n");
    printf("== 사인 함수 그래프 그리기 ==\n");
    printf("====================\n");
}

// 개인 정보 출력하기
void print_information(void)
```

비워두지 않고 void를 명시해도 된다.

전달할 인수가 없어도 ()를 꼭 명시해야 한다.

정보를 전달받을 매개변수가 없어도 ()를 꼭 명시해야 한다.

정보를 전달받을 매개변수가 없다는 것을 표시하기 위해 void를 명시한 것으로 생략해도 된다.

```c
{
    printf("\n\n");
    printf("%30s \n", "대한대학교");
    printf("%30s \n", "IT학부");
    printf("%30s \n", "홍길동");

}
```

확보된 30칸의 오른쪽 끝에 맞추어 문자열을 출력한다.

실행결과

```
====================
==    C 프로그래밍 과제   ==
== 사인 함수 그래프 그리기 ==
====================

                    대한대학교
                        IT학부
                        홍길동
```

8.8 프로그래밍 실습

프로그래밍 실습

8.8.1 2015년 2월 달력 출력하기

문제 2015년 2월 달력을 실행결과와 같이 출력하시오.

분석

- 2015(year)년 2(month)월은 1일부터 28(days)일까지 있으며 2월 1일은 일요일이다.
- 달력 날짜 1~28을 출력하되 7일이 지날 때마다 행을 바꾸어 출력한다. (지금까지 출력한 날짜 % 7) == 0이면 '\n'을 출력한다.
- 매달의 시작 일은 1일로 고정되어 있지만 마지막 일은 28, 29, 30, 31 중 하나다. 나중에 프로그램을 확장할 것에 대비하여 출력할 달의 마지막 일을 days로 전달받아 출력하도록 한다.

```c
void print_numbers(int days)
```

- 실행결과와 같이 달력의 날짜를 출력하기 전에 출력하는 =로 된 행과 요일명은 모든 달에 똑같이 출력하면 되므로 전달할 인수가 없다. 그리고 출력만 하고 반환할 값이 없으므로 void 함수로 정의한다.

```c
void print_header()
```

프로그램 8-9 2015년 2월 달력 출력하기 (ch8-9.cpp)

```
#include <stdio.h>

// 함수의 원형 선언
void print_header();
void print_numbers(int end);

// main 함수 정의
int main()
{
    int year = 2015, month = 2, days = 28;    // 연도, 월, 일 수

    printf("\n\t\t%d년 %d월 달력 \n", year, month);
    print_header();          // 달력 윗 부분의 요일과 줄 출력
    print_numbers(days);  // 달력의 날짜 출력

    return 0;
}

// 달력의 날짜를 출력하기 전에 요일을 출력하는 함수
void print_header()
{
    printf("\n\t=======================================================\n");
    printf("\t일\t월\t화\t수\t목\t금\t토");
    printf("\n\t=======================================================\n");
}

// 달력의 날짜를 한 주씩 출력하는 함수
void print_numbers(int end)
{
    int day_num;

    for (day_num=1; day_num<=end; day_num++)
    {
        printf("\t%2d", day_num);
        if (day_num % 7 == 0) // 7일이 지날 때마다 새로운 행에서 출력하기
            printf("\n");
    }
    printf("\n");
}
```

실행결과

```
        2015년 2월 달력

  =====================================
  일   월   화   수   목   금   토
  =====================================
   1    2    3    4    5    6    7
   8    9   10   11   12   13   14
  15   16   17   18   19   20   21
  22   23   24   25   26   27   28
```

print_header 함수가 출력한 결과다.

print_numbers 함수가 출력한 결과다.

8.9 함수의 인수 전달: 주소에 의한 호출

주소에 의한 호출 방식의 인수 전달은 10장의 포인터 개념과 밀접한 관련이 있다. 이해가 힘들면 10장을 학습한 후에 이 절을 봐도 된다. 인수를 전달할 때 주소에 의한 호출 방식이 필요한 이유를 정확히 이해하는 것이 중요하다. 이 절에서는 서로 독립적인 함수 간에 포인터를 이용해 다른 함수의 변수를 간접적으로 참조할 수 있다는 개념을 잡는다.

8.9.1 주소에 의한 호출의 필요성

값에 의한 호출 방식이 함수 간의 독립성을 보장해주므로 많이 사용한다. 하지만 몇 가지 문제점이 있어 주소에 의한 호출 방식도 필요하다.

[프로그램 8-10]은 두 변수를 오름차순으로 정렬하는 함수 sort를 이용해 main의 두 변수 point1과 point2를 정렬한다. 실행결과에서 알 수 있듯이 sort 함수에서는 두 변수가 오름차순으로 정렬되었으나, main 함수로 돌아와 point1과 point2를 출력하면 정렬되지 않은 상태로 출력된다.

이는 값에 의한 호출 방식이기 때문에 sort 함수가 main 함수의 point1과 point2 변수를 직접 참조하여 변경할 수 없기 때문이다. 이럴 때 sort 함수에서 main 함수의 point1과 point2 변수를 간접적으로라도 변경할 수 있게 해주는 것이 주소에 의한 호출 인수 전달 방식이다.

프로그램 8-10 값에 의한 호출로는 해결할 수 없는 문제의 예 (ch8-10.cpp)

```
1   #include <stdio.h>
2
3   void sort(int first, int second); // 함수의 원형 선언
4
5   // main 함수의 정의
6   int main()
7   {
8       int point1 = 5000, point2 = 4000;
9
10      printf("함수 호출 전 포인트 점수 %d, %d \n", point1, point2);
11
12      sort(point1, point2); ← point1과 point2를 정렬하기 위해 sort 함수를 호출한다.
13
14      printf("함수 호출 후 포인트 점수 %d, %d \n", point1, point2);
15                                  ↑ point1과 point2는 제대로 정렬되었을까?
16      return 0;
17  }
18
19  // 두 매개변수를 오름차순으로 정렬하는 함수
20  void sort(int first, int second)
21  {
22      int temp;
23
24      if (first > second)    // 정렬된 상태가 아니라면 두 값을 교환
25      {
26          temp = first;
27          first = second;
28          second = temp;
29      }
30
31      printf("\n( sort 함수의 정렬 결과 first: %d, second: %d ) \n\n", first, second);
32  }
```

실행결과

```
함수 호출 전 포인트 점수 5000, 4000 ← sort 함수 호출 전 main 함수에서 출력한 결과다.

( sort 함수의 정렬 결과 first: 4000, second: 5000 ) ← sort 함수에서 출력한 결과다.

함수 호출 후 포인트 점수 5000, 4000 ← main 함수로 돌아온 후 출력한 결과로 sort 함수 호출 전의 값 그대로 출력된다.
```

설명

30: 12행의 sort 함수 호출 후 30행까지 실행한 결과는 [그림 8-13]과 같다.

그림 8-13 30행까지 실행했을 때 각 함수의 변수

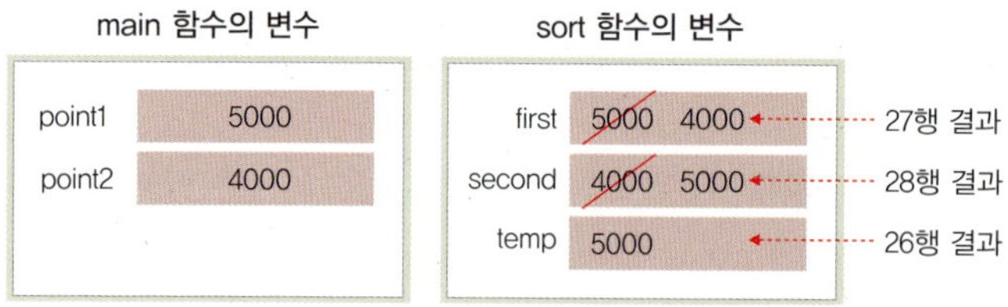

[그림 8-13]을 보면 알 수 있듯이 point1과 first는 서로 다른 기억장소를 사용한다. 따라서 sort 함수에서 아무리 first 값을 변경해도 main 함수의 point1은 전혀 변경되지 않는다. 즉 sort 함수가 first와 second를 오름차순으로 정렬하는 작업을 해도 main 함수의 point1과 point2는 정렬할 수 없는 것이다. 이는 포인터를 이용하여 해결할 수 있다.

8.9.2 주소에 의한 호출 예

지금까지 살펴본 대로 함수는 다른 함수에서 선언한 변수를 사용할 수 없다. 그런데 다른 함수의 변수를 직접 사용할 수 없지만 간접적으로 사용할 수 있게 해주는 것이 포인터(pointer)다. [그림 8-14]의 (a)처럼 first를 일반 변수가 아닌 포인터로 선언하고 다른 함수인 main의 point1 변수를 가리키게 하면, sort 함수에서는 (b)와 같이 간접 참조 연산자 '*'를 이용해 main 함수의 변수를 간접적으로 참조할 수 있다.

그림 8-14 포인터를 이용한 간접 참조

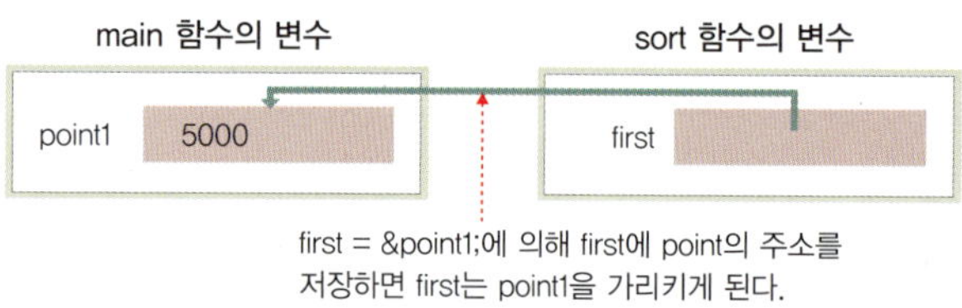

(a) sort 함수의 first가 main 함수의 point1을 가리키게 함

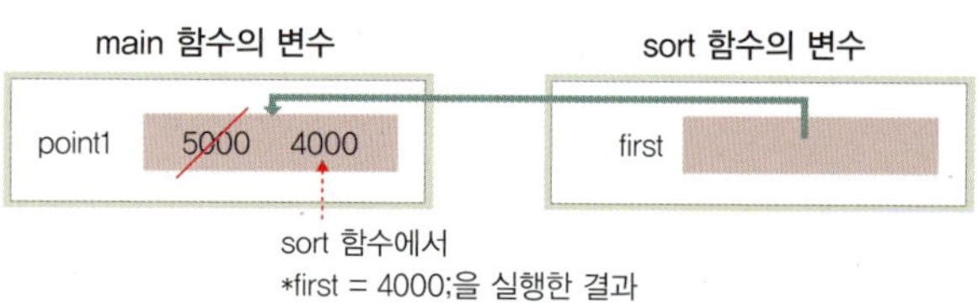

(b) sort 함수의 포인터 first를 이용해 main 함수의 point1 수정하기

다시 말해 point1은 sort 함수의 변수가 아니지만 포인터 first는 sort 함수의 변수다. 그러므로 sort 함수는 first를 참조할 수 있으며, 간접 참조 연산자 *를 이용해 간접적으로 참조함으로써 결국은 sort 함수에서 point1 변수를 참조할 수 있게 된다.

[프로그램 8-11]은 포인터를 이용해 두 변수를 정렬하도록 [프로그램 8-10]을 수정한 것이다. 색을 칠한 부분은 주소에 의한 호출로 해결하기 위해 추가된 것이다. 실행결과를 보면 sort_by_pointer 함수를 호출한 후 main 함수에서 결과를 출력했을 때 main의 두 변수 point1과 point2가 정렬된 것을 확인할 수 있다.

프로그램 8-11 주소에 의한 호출 인수 전달 방식으로 [프로그램 8-10]의 문제점을 해결하기 (ch8-11.cpp)

```
#include <stdio.h>

void sort_by_pointer(int *first, int *second); // 함수의 원형 선언

// main 함수의 정의
int main()
{
    int point1 = 5000, point2 = 4000;

    printf("함수 호출 전 포인트 점수 %d, %d \n", point1, point2);

    sort_by_pointer(&point1, &point2);

    printf("함수 호출 후 포인트 점수 %d, %d \n", point1, point2);

    return 0;
}

// 포인터를 이용해 자신을 호출한 함수의 두 변수를 오름차순으로 정렬하는 함수
void sort_by_pointer(int *first, int *second)
{
    int temp;

    if (*first > *second)
    {
        temp = *first;
        *first = *second;
        *second = temp;
    }

    printf("\n( sort_by_pointer 함수의 정렬 결과 ");
    printf("*first: %d, *second: %d ) \n\n", *first, *second);
}
```

main 함수의 point1과 point2의 주소를 함수로 전달한다.

인수로 전달된 주소를 저장하기 위해 first와 second를 포인터로 선언한다.

*first가 가리키는 곳(*first) 즉 point1의 값이, second가 가리키는 곳(*second) 즉 point2의 값 보다 클 때만 교환한다.*

first가 가리키는 곳과 second가 가리키는 곳의 값을 서로 교환한다.

실행결과

```
함수 호출 전 포인트 점수 5000, 4000

( sort_by_pointer 함수의 정렬 결과 *first: 4000, *second: 5000 )

함수 호출 후 포인트 점수 4000, 5000
```

설명

12,20: 12행의 sort_by_pointer 함수 호출에서 주소에 의한 호출 방식으로 인수가 전달된다. point1의 주소(&point1)를 first에 전달함으로써 first는 point1을 가리키고, &point2를 second에 전달함으로써 second는 point2를 가리킨다. 20행 int *first는 first가 int형 값이 저장된 기억장소를 가리키는 포인터 변수임을 선언하는 것이다.

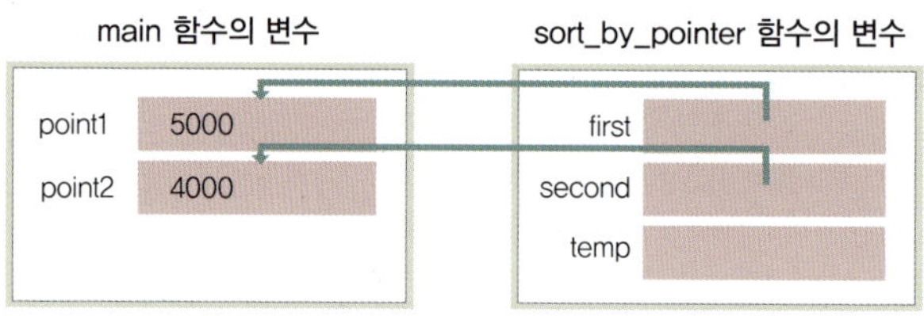

24~29: '*first'는 first를 직접 참조하는 것이 아니라 first에 저장된 주소에 해당하는 기억장소를 참조하라는 뜻이다. 다시 말해 first가 가리키는 기억장소를 의미하므로 결국 main 함수의 point1 변수를 의미한다. 즉 sort_by_pointer 함수의 변수인 first 포인터를 통해 main 함수의 변수인 point1을 참조하는 것이다. 두 변수의 값을 교환할 때 한 변수의 값을 먼저 임시 저장소로 대피시켜야 함을 7장의 정렬 프로그램에서 이미 소개하였다. first가 가리키는 변수와 second가 가리키는 변수의 값을 교환할 때도 역시 임시 저장소가 필요하다. 이때 first가 가리키는 곳, 즉 point1에 저장된 값은 int형이므로 이 값을 임시로 저장하는 변수는 포인터가 아닌 int형 일반 변수다.

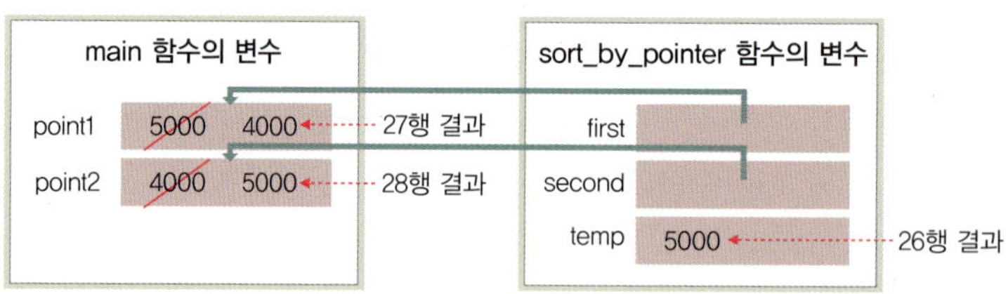

14: sort_by_pointer 함수가 끝나고 main 함수로 돌아와서 point1과 point2를 출력하면 두 변수가 오름차순으로 정렬된 것을 확인할 수 있다.

C 언어에서 함수 간의 인수 전달 방식 두 가지는 실생활에서도 존재한다. 시험 기간에 친구가 내 노트를 이틀 동안 빌려달라고 했을 때 노트를 빌려주는 방법도 값에 의한 호출과 주소에 의한 호출 두 가지로 구분할 수 있다. 나도 공부를 해야 하므로 원본 노트를 빌려주지 않고, 내 노트를 복사하게 하는 것이 값에 의한 호출 방식에 해당한다. 결과적으로 나는 내 노트 원본을, 친구는 내 노트의 복사본을 갖게 되며 친구가 복사한 노트에 낙서를 하거나 커피를 쏟아도 내 노트는 전혀 변하지 않는다. 그러나 이 방법은 친구 입장에서 복사 시간과 복사 비용이 든다는 단점이 있다.

또 다른 방법은 내 노트를 직접 빌려주는 것으로, 주소에 의한 호출 방식에 해당한다. 이 방법은 친구 입장에서는 비용이 전혀 들지 않는다. 하지만 친구가 노트에 낙서를 하거나 더럽힌 후 내게 돌려준다면, 내가 아무 일도 하지 않았는데도 노트가 더러워진다. 그러나 반대로 친구가 공부하면서 내가 놓친 내용이나 중요한 내용을 추가해주면 도움이 많이 될 것이다. 실제로 C 프로그램에서 주소에 의한 호출 방식을 사용하는 것은 이런 도움을 받기 위해서다.

주소에 의한 호출은 호출된 함수에서 이 함수를 호출한 함수의 의도대로 인수를 제대로 수정하면 좋지만, 인수를 잘못 수정한다면 그 영향이 이 함수를 호출한 함수에 바로 반영되므로 의도하지 않은 결과가 나올 수 있다. 주소에 의한 호출 방식을 사용함으로써 호출된 함수에서 인수의 내용을 잘못 수정하는 것을 부작용(side-effect)이라고 한다.

8.10 호출된 함수가 또 다른 함수 호출하기

지금까지는 main 함수가 다른 함수를 호출하는 경우만 보았다. 그러나 호출된 함수에서도 필요에 따라 다른 함수를 호출하고 그 결과를 이용해 자신의 임무를 완성할 수 있다. [그림 8-15]와 같이 손님은 맞춤옷을 주문한 후 그 옷이 어떻게 만들어지는 지는 상관할 필요가 없다. 단지 완성된 옷을 받기만 하면 된다. 주문을 받은 맞춤옷 집에서는 모든 일을 직접 할 수도 있지만 일부 과정을 다른 사람에게 맡길 수도 있다. 이 절에서는 호출된 함수가 또 다른 함수를 호출하는 예를 소개한다.

그림 8-15 호출된 함수가 다시 다른 함수를 호출하는 실생활 예

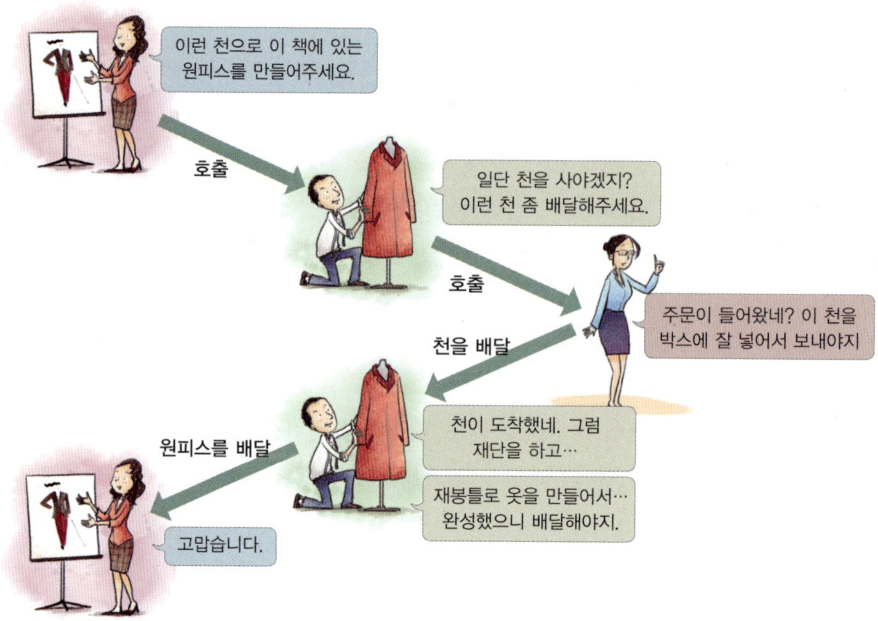

문제 사용자가 입력한 연도(year)가 365일까지 있는지 366일까지 있는지 출력하시오.

분석

- 1년의 총 일은 해당 연도가 윤년이면 366일, 평년이면 365일이다. 총 일은 함수 days를 이용해 구한다.
- 윤년의 조건은 다음과 같으며 윤년 여부는 함수 leap_year을 이용해 구한다.
  - 연도가 400의 배수면 무조건 윤년
  - 또는 연도가 4의 배수지만 100의 배수가 아니면 윤년
- y가 윤년이면 1(TRUE)을 반환하고 평년이면 0(FALSE)을 반환하는 함수 int leap_year(int y)를 작성한다.
- yy가 윤년이면 366을 반환하고 평년이면 365를 반환하는 함수 int days(int yy)를 작성한다. yy의 윤년여부는 leap_year 함수를 이용해 구한다. 즉 days 함수의 매개변수 yy에 저장된 연도의 윤년 여부를 판단하기 위해 leap_year(yy)로 호출해 반환값이 1이면 윤년임을, 0이면 평년임을 확인하고 그 결과에 따라 366이나 365를 반환한다.

해결 과정

1 총 일을 구하고 싶은 연도를 year에 입력받기

2 총 일을 구하기 위해 days 함수를 호출하며 인수로 year를 전달하기

  2.1 호출된 days 함수는 전달된 연도가 윤년인지를 확인하기 위해 leap_year 함수를 호출하기

3 days가 반환한 총 일을 출력하기

프로그램 8-12 사용자가 입력한 해의 총 일 출력하기 (ch8-12.cpp)

```
#include <stdio.h>
#define TRUE 1
#define FALSE 0

// 함수의 원형 선언
int days(int yy);
int leap_year(int y);

int main()
{
    int year;

    printf("총 일을 구하고 싶은 연도는? "); scanf("%d", &year);

    // days 함수를 호출해 year년의 총 일을 구하기
    printf("%d년은 %d일까지 있습니다. \n", year, days(year));

    return 0;
}

int days(int yy)                    // yy년의 총 일(365 또는 366)을 반환하는 함수
{
    if (leap_year(yy) == TRUE)      // if (leap_year(yy))와 동일
        return 366;
    else
        return 365;
}

int leap_year(int y)                // y년도의 윤년 여부를 반환하는 함수
{
    if (y%400 == 0 || ((y%4==0) && (y%100 != 0)))
        return TRUE;                // 윤년이므로 return 1;
    else
        return FALSE;               // 윤년이 아니므로 return 0;
}
```

숫자 1과 0 대신 매크로 상수 TRUE와 FALSE를 사용한다.

매개변수 yy의 윤년 여부를 직접 판단하지 않고 leap_year 함수를 활용한다.

실행결과

```
총 일을 구하고 싶은 연도는? 2100
2100년은 365일까지 있습니다.
```

설명

16: days 함수를 호출하면 실행 순서가 21행으로 변경된다. 23행에서 leap_year 함수를 호출하면 실행 순서가 29행으로 변경된다. 현재 사용자가 입력한 2100년은 윤년이 아니므로 34행이 실행되어 반환 값 FALSE(0)가 23행의 leap_year(yy)로 전달된다. 23행의 반환 값 FALSE는 TRUE와 같지 않으므로 26행이 실행되어 반환 값 365가 16행의 days(year)로 전달된다. 결국 16행의 출력문에 의해 '2100년은 365일까지 있습니다.'가 출력된다.

8.11 배열을 함수로 전달하기

배열 원소를 함수로 전달할 때는 값에 의한 호출과 주소에 의한 호출 둘 다 사용할 수 있지만 배열 전체를 전달할 때는 주소에 의한 호출 방식만 사용할 수 있다. 이는 값에 의한 호출 방식에서 발생할 수 있는 기억장소의 낭비와 값 복사 과정으로 인한 시간 낭비를 없애기 위해서인데, 이는 8.11.2에서 소개한다. 아직 포인터를 모르는 상태이므로 이 절에서는 직접 포인터를 이용하는 주소에 의한 호출은 소개하지 않고, 포인터 개념과 상관없이 배열을 함수로 전달하는 방법을 소개한다.

8.11.1 배열 원소를 함수로 전달하기

배열의 원소를 함수로 전달할 때는 인수가 배열의 원소임을 명시해야 하므로 배열명 뒤에 첨자를 표시한다. 그러나 호출된 함수의 입장에서는 값을 하나 전달받는 것이므로 전달되는 인수의 자료형과 동일한 매개변수를 선언한다.

형식 함수 간에 배열 원소를 전달하기

- 함수의 호출

```
함수명(배열명[첨자])
```

인수가 일차원 배열 원소든 이차원 배열 원소든 값이 하나만 전달되므로 매개변수는 전달되는 값의 자료형으로 선언한다.

- 함수의 정의

```
반환 값의 형  함수명(자료형  매개변수)
{
    : 함수의 본체
}
```

예

• 함수 호출

```
positive(score[3])
```
↳ int score[5];으로 선언한 배열의 네 번째 원소를 함수로 전달하기

• 함수 정의

```
int positive(int n)
{
    …
}
```

• 함수 호출

```
positive(matrix[1][2])
```
↳ int matrix[2][3];으로 선언한 배열의 2째 행 3째 열의 원소를 전달하기

• 함수 정의

```
int positive(int n)
{
    …
}
```

주의 배열 원소를 전달받기 위해 다음과 같이 함수에서 int positive(int n[3])으로 작성하면, positive 함수는 원소가 3개인 n 배열을 선언하는 결과가 된다. 그래서 컴파일러는 전달되는 값은 int형 하나인데 함수에서는 원소가 3개인 배열에 저장하려는 것으로 해석하여 에러로 처리한다.

• 함수 호출

```
positive(score[3])
```
↳ int score[5];로 선언한 배열의 네 번째 원소를 함수로 전달하기

• 함수 정의

```
int positive(int n[3])
{
    …
}
```

[프로그램 8-13]은 두 정수 중 큰 값을 반환하는 find_larger 함수를 이용해 main 함수에서 선언한 score 배열의 배열 원소 score[3]과 score[4] 중 큰 값을 구하는 프로그램이다. 이 프로그램에서 소개하는 find_larger 함수를 7장 연습문제 8번에 활용하면 [프로그램 8-14]가 된다.

프로그램 8-13 배열 원소 두 개 중 큰 값을 함수를 이용해 구하기 (ch8-13.cpp)

```
#include <stdio.h>

int find_larger(int first, int second); // 함수의 원형 선언

int main()
{
    int max, score[5] = {10, 8, 9, 7, 8};

    max = find_larger(score[3], score[4]);  // 4째, 5째 원소를 전달

    printf(" score[3]=%d과 score[4]=%d 중 큰 값은 %d \n", score[3], score[4], max);

    return 0;
}

// 두 정수 중 큰 값을 반환하는 함수
int find_larger(int first, int second)
```

배열 원소의 값이 int형이므로 int형 매개변수를 선언한다.

```
18  {
19      if (first > second)
20          return first;
21      else
22          return second;
23  }
```

실행결과

```
score[3]=7과 score[4]=8 중 큰 값은 8
```

설명

9,17: 배열 원소를 전달할 때는 9행의 score[3], score[4]처럼 첨자를 정확히 명시해야 하고, 함수를 정의할 때는 17행처럼 전달되는 값의 자료형에 맞게 변수를 선언한다. int find_larger(int first[3], int second[4])는 원소가 3개인 first 배열과 원소가 4개인 second 배열을 선언하는 결과가 되므로 에러다.

[프로그램 8-14]는 16행에서 max와 배열 원소를 비교해 둘 중 큰 값을 max에 저장하도록 find_larger 함수를 호출한다. 함수를 호출할 때 사용된 인수가 배열 원소지만 전달되는 값은 정수이므로 두 정수를 전달받아 처리하는 함수를 활용할 수 있다.

프로그램 8-14 배열의 최댓값을 구하기 위해 배열 원소를 함수로 전달하기 (ch8-14.cpp)

```
1   #include <stdio.h>
2   #define N 10
3
4   int find_larger(int first, int second); // 함수의 원형 선언
5
6   int main()
7   {
8       int freeze[N] = {15, 0, -20, -30, 50, -5, -120, -5, 10, -12};
9       int i, max;
10
11      /* max의 초깃값을 첫째 원소로 지정한 후
12         현재의 max와 나머지 배열 원소 중 큰 값을 find_larger 함수를 이용하여 구한 후
13         다시 max에 저장한다. */
14      max = freeze[0];
15      for (i=1; i< N; i++)
16          max = find_larger(max, freeze[i]);
17
18      printf(" 어는 점 목록 : ");
19      for (i=0; i< N; i++)
20          printf("%d  ", freeze[i]);
```

```
max = freeze[0];
for (i=1; i< N; i++)
    if (max < freeze[i])
        max = freeze[i];
```

find_larger 함수를 사용하지 않은 경우의 코드

```c
    printf("\n 가장 높은 어는 점 : %d \n", max);

    return 0;
}

// 두 정수 중 큰 값을 반환하는 함수
int find_larger(int first, int second)
{
    if (first > second)
        return first;
    else
        return second;
}
```

실행결과

```
어는 점 목록 : 15 0 -20 -30 50 -5 -120 -5 10 -12
가장 높은 어는 점 : 50
```

8.11.2 배열 전체를 함수로 전달하기

배열 전체를 함수로 전달할 때는 주소에 의한 호출 인수 전달 방식을 사용한다. 그러나 주소에 의한 호출은 포인터와 밀접한 관계가 있으며 포인터는 매우 중요한 개념이지만 프로그래밍 초보자에게는 쉽지 않다. 따라서 배열을 함수로 전달하는 방법만을 설명한다. 여기서 소개하는 방법은 이미 작성된 프로그램을 자신 또는 다른 사람이 분석하거나 수정할 때 프로그램의 가독성을 위해 포인터 개념을 잘 알고 있더라도 포인터보다 더 많이 사용된다.

형식 함수 간에 배열 전체를 전달하기

- 함수의 호출
  함수명(배열명) ← 배열의 차원에 상관없이 무조건 배열명만 명시한다.

- 함수의 정의

```
반환 값의 형   함수명(자료형  배열명[배열원소수])
{
   : 함수의 본체
}
```

← 전달받는 것이 배열이므로 차원에 맞게 배열로 선언한다.

예 • 함수 호출 / • 함수 정의

함수 호출	함수 정의

`print_arr(score)`
↳ int score[5];으로 선언한 배열 전달
	`void print_arr(int arr[5])`
	`{`
	`…`
	`}`

`input(matrix)`
↳ int matrix[2][3];으로 선언한 배열 전달
	`int input(int m[2][3])`
	`{`
	`…`
	`}`

주의

• 매개변수를 배열로 선언할 때는 일반 배열을 선언할 때처럼 행수를 생략할 수 있지만 열수를 생략하면 에러가 난다.

– 함수 호출

```
print_arr(score)
↳int score[5];으로 선언한 배열 전달

input(matrix)
↳int matrix[2][3];으로 선언한 배열 전달
```

– 함수 정의

```
int print_arr(int arr[5]) { … }
int print_arr(int arr[]) { … }
int input(int m[2][3]) { … }
int input(int m[][3]) { … }
int input(int m[][]) { … }   (X)
```

• 배열 전체를 전달하려면 배열명만, 특정 배열 원소를 전달하려면 '배열명[첨자]'를 써야 한다. 만일 원소가 5개인 배열을 전달한다는 의미에서 다음과 같이 print_arr(score[5])로 호출하면 컴파일러는 score 배열의 6번째 원소를 전달하는 것으로 해석한다. 실제로 score 배열에는 6째 원소가 없을 뿐만 아니라 함수 정의에 매개변수 arr이 배열로 선언되어있는데 int형 자료 하나만 전달되므로 에러가 발생한다.

– 함수 호출

```
print_arr(score[5])   (X)
// int score[5];으로 선언한 배열인 경우
```

– 함수 정의

```
int print_arr(int arr[5]) { … }
```

전달받은 배열을 함수에서 변경한다면?

[프로그램 8-15]는 유명인 4명의 인기도를 조사한 후 각 유명인을 선택한 사람의 수를 count 배열에 저장하고 이들의 인기도를 백분율로 출력하는 프로그램이다. main 함수는 인원수가 저장된 count 배열을 백분율로 변경하기 위해 percentage 함수를 호출한다. 그리고 percentage 함수는 arr 배열에 저장된 인원수를 백분율로 변경한다. percentage 함수가 끝난 후 main 함수에서 count 배열을 다시 출력하면 실행결과와 같이 count 배열의 내용이 변경되어 있다. 왜 그럴까?

지금까지 알고 있는 값에 의한 호출 방식에서는 호출된 함수가 자신을 호출한 함수의 인수를 절대로 변경할 수 없었다. 그런데 배열은 주소에 의한 호출 방식을 사용하기 때문에 함수에서 배열을 수정하면 인수 배열 또한 수정된다. 다음 내용을 따라가면서 인수가 배열이라면 함수끼리 배열을 공유하므로 결국은 같은 배열을 사용하게 된다는 것을 꼭 기억하자.

프로그램 8-15 인원수가 저장된 인기도 조사 결과 배열을 백분율로 변환하기 (ch8-15.cpp)

```
#include <stdio.h>
#define N 4

void print_arr(int arr[N]);
void percentage(int arr[N]);

int main()
{
    int count[N] = {42, 37, 83, 33};    // 유명인 선택수를 저장한 배열

    printf("인원수: ");
    print_arr(count);                   // percentage 함수 호출 전 배열 출력

    percentage(count);                  // 인원수를 백분율로 변경

    printf("\n백분율: ");
    print_arr(count);                   // percentage 함수 호출 후 배열 출력

    return 0;
}

// 배열의 원소를 출력하는 함수
void print_arr(int arr[N])              // (int arr[])도 가능
{
    int i;

    for (i=0; i<N; i++)
        printf("%3d", arr[i]);
}

// 배열에 저장된 수치를 백분율로 변경하는 함수
void percentage(int arr[N])
{
    int i, total = 0;

    // 인기도 조사에 참여한 전체 인원을 total에 구하기
    for (i=0; i<N; i++)
        total += arr[i];

    // 전체 인원수 total을 이용해 백분율 구하기
    for (i=0; i<N; i++)
        arr[i] = (int)((double)arr[i] / total * 100);
}
```

배열명만 명시한다.

배열 선언

정수 간의 나눗셈 결과는 정수가 되므로 결과가 0으로 나오는 것을 막기 위해 둘 중 하나를 double형으로 형 변환한다.

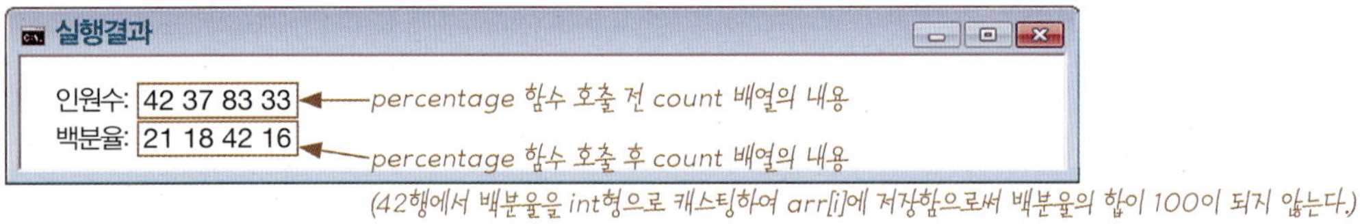

[그림 8-16]은 [프로그램 8-15]의 14행에서 main 함수가 percentage(count)로 함수를 호출했을 때의 배열을 보여준다. count는 main 함수의 배열이지만 인수로 count 배열(정확히는 배열의 시작 주소)을 전달하면서 percentage 함수는 main의 count 배열을 공유하게 된다. 그러나 percentage 함수는 배열명을 매개변수로 명시한 arr로 사용해야 한다. 이와 같이 함수 간에 배열을 전달하면 배열 하나를 같이 사용하게 된다.

그림 8-16 함수에 배열을 전달함으로써 함수끼리 같은 배열을 공유하는 예

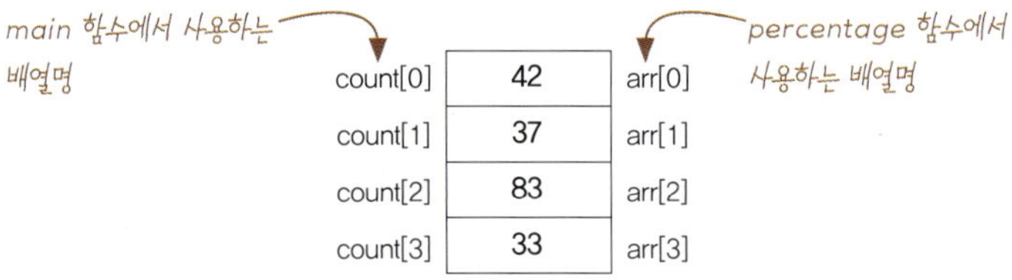

그러므로 만일 percentage 함수의 42행에서 arr[0]을 21로 대입하면 main 함수의 count[0]이 21로 변경되는 것이다. 그러므로 main 함수로 돌아온 직후 count[0]의 값을 확인하면 21로 변경되어 있는 것을 확인할 수 있다.

이와 같이 배열을 함수끼리 공유하게 하는 이유는 [그림 8-17]과 같이 값에 의한 호출 방식을 사용했을 경우 생기는 문제 때문이다. 만일 값에 의한 호출 방식을 사용한다면 함수가 호출되면 전달되는 배열만큼의 기억장소가 새로 필요하며, 각 원소의 값을 하나씩 복사해야 한다. 배열 크기가 클수록 기억장소 낭비와 배열 원소의 값을 복사하기 위한 연산 시간 낭비가 커질 것이다. 그래서 배열은 함수 간에 모든 원소 값을 복사하여 전달을 하지 않고, 호출된 함수 측에서 공유하도록 한다.

그림 8-17 값에 의한 호출 방식을 가정할 때의 문제점

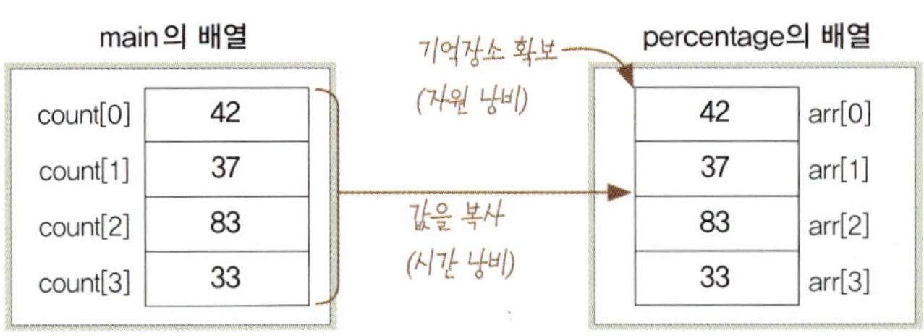

배열의 평균을 구하는 함수

[프로그램 8-16]은 각 분기별로 노트와 펜의 판매수를 저장한 배열 notebook과 pen에서 연 평균 판매수를 구하는 프로그램이다. 11~14행과 19~22행을 보면 배열명만 다를 뿐 평균을 구하는 코드가 두 번 반복해서 나타난다. 그래서 [프로그램 8-17]에서는 배열의 평균을 구하는 함수 compute_avg를 정의하고 이를 이용한다.

프로그램 8-16 분기별 판매수로부터 연 평균 판매수 구하기 (ch8-16.cpp)

```
1   #include <stdio.h>
2   #define N 4
3
4   int main()
5   {
6       int notebook[N] = {2507, 2232, 2009, 2890};       // 노트 판매수
7       int i, sum, pen[N] = {4527, 5370, 4923, 6097};    // 펜 판매수
8       double average;
9
10      // 노트의 평균 판매수 구하기
11      sum = 0;
12      for (i=0; i<N; i++)
13          sum = sum + notebook[i];
14      average = (double)sum / N;
15
16      printf("노트 평균 판매수: %.1lf \n", average);
17
18      // 펜의 평균 판매수 구하기
19      sum = 0;
20      for (i=0; i<N; i++)
21          sum = sum + pen[i];
22      average = (double)sum / N;
23
24      printf("펜 평균 판매수: %.1lf \n", average);
25
26      return 0;
27  }
```

실행결과

```
노트 평균 판매수: 2409.5
펜 평균 판매수: 5229.3
```

프로그램 8-17 배열의 평균을 구하는 함수를 이용해 [프로그램 8-16]을 수정한 프로그램 (ch8-17.cpp)

```
#include <stdio.h>
#define N 4

double compute_avg(int arr[]); // 함수의 원형 선언

int main()
{
    int notebook[N] = {2507, 2232, 2009, 2890};
    int pen[N] = {4527, 5370, 4923, 6097};
    double average;

    // 노트의 평균 판매수 구하기
    average = compute_avg(notebook);
    printf("노트 평균 판매수: %.1lf \n", average);

    // 펜의 평균 판매수 구하기
    average = compute_avg(pen);
    printf("펜 평균 판매수: %.1lf \n", average);

    return 0;
}

// 전달된 배열의 평균을 구하는 함수
double compute_avg(int arr[])
{
    int i, sum = 0;

    for (i=0; i<N; i++)
        sum = sum + arr[i];

    return (double)sum / N;
}
```

[프로그램 8-16]의 11~14행 대신 함수 호출로 수정한 것

[프로그램 8-16]의 19~22행 대신 함수 호출로 수정한 것

크기가 다른 배열의 처리가 가능한 함수

[프로그램 8-17]의 compute_avg 함수는 배열 원소가 N개로 정해져 있으므로 원소수가 N이 아닌 배열은 사용할 수 없다. 이 함수를 배열의 크기와 상관없이 평균을 구하는 일반적인 함수로 정의하려면 배열의 원소수를 함수 안에서 매크로 상수 N으로 고정하는 것이 아니라 매개변수로 전달받으면 된다. 그래서 펜의 연 평균 판매수와 연 평균 재고량을 구하는 [프로그램 8-18]은 array_avg 함수의 매개변수를 두 개 선언한다. 첫째는 전달받을 배열이고 둘째는 이 배열의 원소수이다.

프로그램 8-18 배열의 크기와 상관없이 평균을 구하는 함수를 정의하기 (ch8-18.cpp)

```
1   #include <stdio.h>
2
3   double array_avg(int arr[], int n);           // 함수의 원형 선언
4
5   int main()
6   {
7       int pen[4] = {4500, 5370, 4920, 6090};
8       int monthly_stock[12] = {505, 409, 389, 257, 450, 501,
9                                500, 621, 480, 350, 389, 250};
10      double average;
11
12      average = array_avg(pen, 4);                // 연 평균 판매수 구하기
13      printf("펜 평균 판매수: %.1lf \n", average);
14      average = array_avg(monthly_stock, 12); // 연 평균 재고량 구하기
15      printf("평균 재고량: %.1lf \n", average);
16
17      return 0;
18  }
19
20  // 배열 원소가 n개 있는 arr 배열의 평균을 구하는 함수
21  double array_avg(int arr[], int n)
22  {
23      int i, sum=0;
24
25      for (i=0; i<n; i++)
26          sum = sum + arr[i];
27
28      return (double)sum / n;
29  }
```

arr 배열의 원소수를 전달받아 for문에서 활용한다.

실행결과

```
펜 평균 판매수: 5220.0
평균 재고량: 425.1
```

설명

12, 14: 배열의 원소수를 4와 12처럼 상수로 명시하지 않고 sizeof(pen) / sizeof(pen[0]), sizeof(monthly_stock) / sizeof(monthly_stock[0])로 표현해도 된다. sizeof 연산자는 () 안의 자료가 차지하는 기억장소의 크기를 구한다. 그러므로 배열의 원소수를 일일이 계산하지 않고도 정확히 전달할 수 있다.

함수의 장점

8장 이전의 프로그램처럼 사용자 정의 함수를 사용하지 않고 main 함수 하나만으로 프로그램을 완성할 수도 있다. 하지만 다음과 같이 함수를 이용함으로써 얻는 장점이 많다. 먼저 [프로그램 8-16]과 같이 동일한 작업이 여러 번 반복될 때 함수를 이용하면 프로그램 길이를 줄일 수 있다. 프로그램을 분석할 때도 main 함수 안에서 나열되어 있는 코드를 분석하는 것보다는 부속품과 같이 정의된 함수를 한 번 분석하면, 함수 호출을 만났을 때 또 다시 함수 코드를 분석하지 않아도 왜 이 코드가 사용되었으며 무슨 일을 하는 부분인지 쉽게 해석할 수 있다. 즉 프로그램 가독성이 높아진다. 프로그램에서 특정 함수를 수정해야 하는 경우에도 한 번만 수정하면 일관되고 정확하게 수정할 수 있다. 그렇지 않고 main 함수 안에서 동일한 처리 부분이 여러 번 나타나는 경우에는 동일한 코드 범위를 정확히 찾아내 여러 번 수정해야 할 것이다. 그리고 다른 프로그램을 개발할 때 이미 자신이 만들어 둔 함수가 있다면 해당 함수를 복사해 사용하면 되므로 코드 재사용성을 높일 수 있다.

8.12 난수 구하기

프로그램을 실행할 때마다 특정 변수 값이 어떤 범위 안에서 임의의 값이 되어야 하는 경우가 있다. 컴퓨터와 사람이 가위바위보 게임을 하는 프로그램을 가정해보자. 사람이 무엇을 낼지를 결정할 때는 사람에게 가위, 바위, 보 중 한 개를 입력하게 하면 되지만, 컴퓨터가 이 셋 중 무엇을 낼지는 미리 정해둘 수 없다. 주사위를 두 개 던져 나오는 값의 합을 맞추는 게임도 마찬가지다. 주사위의 값은 1~6 중 한 개인데 게임 때마다 두 주사위의 값을 어떻게 다르게 지정할까? 초등학생의 덧셈과 뺄셈 연습 프로그램도 학생이 계산할 때마다 덧셈이나 뺄셈하는 두 수가 달라져야 한다. 이 두 값을 어떻게 지정할까? 이에 대한 해답은 난수 생성기를 이용하는 것이다.

8.12.1 난수 생성 함수: rand

무작위로 선택된 임의의 값을 한 개 반환하는 함수를 난수 생성기(random number generator)라고 한다. C 언어는 rand라는 이름의 난수 생성기를 제공한다. rand 함수는 0~32767 범위 안에 있는 임의의 정수 한 개를 반환하며 함수의 원형과 호출은 다음과 같다.

- rand 함수의 원형: int rand(void) ← 매개변수가 없다.
- rand 함수의 호출: rand() ← 인수가 없다. / 결과 값은 0~32767 범위 안의 임의의 값이다. #include <stdlib.h>가 필요하다.

rand 함수를 사용하려면 stdlib.h 헤더 파일이 필요하다. rand 함수가 반환하는 값 중에서 최댓값 32767은 stdlib.h에 매크로 상수 RAND_MAX로 정의되어 있다.

[프로그램 8-19]는 rand 함수를 5번 호출하여 난수를 5개 출력하는 프로그램이다.

프로그램 8-19 난수를 5개 구해 출력하기 (ch8-19.cpp)

```
#include <stdio.h>
#include <stdlib.h>          // rand 함수를 위한 헤더 파일

int main()
{
    int i, random;

    for (i=1; i<=5; i++)
    {
        random = rand();   // 난수를 얻어 random 변수에 저장
        printf("%d번째 난수: %5d \n", i, random);
    }

    return 0;
}
```

실행결과

```
1번째 난수:    41
2번째 난수: 18467
3번째 난수:  6334
4번째 난수: 26500
5번째 난수: 19169
```

> 함수 호출은 rand()로 동일하지만 반환되는 값은 0~32767 중 한 개로 계속 달라진다.

8.12.2 스케일링

주사위를 던져서 나오는 값을 맞추는 게임을 생각해보자. 주사위 값은 1~6 중 하나일 것이다. 주사위 값을 변수 die에 저장한다면 die는 어떻게 구할까? 난수 생성기를 이용해 1~6 중 하나가 되게 하면 될 것이다. 그런데 난수 생성기 rand 함수는 0~RAND_MAX 중 난수 하나를 반환하므로 1~6 중 한 개 값이 되도록 조정해야 한다. 난수의 범위를 원하는 값의 범위로 조정하는 것을 스케일링(scaling)이라 하는데 스케일링에 많이 사용되는 방법 중 하나가 나머지 연산자 %를 이용하는 것이다.

die의 값이 1~6 중 하나가 되도록 스케일링한다면 die는 다음과 같이 구할 수 있다.

[표 8-1]은 임의의 정수 범위로 스케일링하는 다양한 예를 보여준다. 실수형 자료에는 나머지 연산자를 사용할 수 없으므로 다른 방법을 이용한다.

표 8-1 다양한 스케일링 예

얻으려는 난수 범위	스케일링 식
0~9 중의 정수	rand() % 10
1~3 중의 정수	rand() % 3 + 1
5~10 중의 정수	rand() % 6 + 5
min~max 중의 정수	rand() % (max - min + 1) + min
0~5 중의 실수	(rand() * 5.0) / RAND_MAX - 5를 곱하면 (rand()*5)가 정수가 되고 결국 정수/정수가 되어 소수점 아래 값이 사라지므로 주의한다.
begin~end 중의 실수	(rand() * (end - begin)) / RAND_MAX + begin - begin과 end 중 하나는 반드시 실수형이어야 한다.

컴퓨터와 사람이 하는 가위바위보 게임을 개발한다면 다음과 같은 코드를 포함할 수 있다.

```
computer = rand() % 3 + 1; // 컴퓨터가 낼 것

printf(" 컴퓨터와 함께 가위 바위 보를!!!\n");
printf("===================================\n");
printf(" 무엇을 내겠습니까(1. 가위  2. 바위  3. 보)? ");
scanf("%d", &man);
```

8.12.3 씨드 설정 함수: srand

난수 생성기는 난수를 구해주지만 난수 생성기에 설정된 씨드(seed) 값에 따라 생성되는 난수의 순서가 정해져 있다. 즉 화분에 봉숭아 씨앗을 뿌리느냐 채송화 씨앗을 뿌리느냐에 따라 자라나는 화초가 달라지는 것처럼 난수 생성기에 설정된 씨드가 무엇이냐에 따라 생성되는 난수의 값과 순서가 달라진다는 것이다. [그림 8-18]과 같이 [프로그램 8-19]를 세 번 실행하면 세 번 모두 생성된 난수 5개의 순서가 동일함을 확인할 수 있다.

그림 8-18 프로그램을 실행할 때마다 동일한 순서의 난수가 발생하는 예

• 첫 번째 실행결과

```
1번째 난수:    41
2번째 난수: 18467
3번째 난수:  6334
4번째 난수: 26500
5번째 난수: 19169
```

• 두 번째 실행결과

```
1번째 난수:    41
2번째 난수: 18467
3번째 난수:  6334
4번째 난수: 26500
5번째 난수: 19169
```

• 세 번째 실행결과

```
1번째 난수:    41
2번째 난수: 18467
3번째 난수:  6334
4번째 난수: 26500
5번째 난수: 19169
```

결과가 [그림 8-18]과 같은 이유는 rand 함수의 씨드를 프로그램에서 직접 지정하지 않으면 기본 씨드 값으로 설정되기 때문이다. 다시 말해 씨드가 같으면 생성되는 난수의 순서가 동일하다. 가위바위보 게임을 할 때 컴퓨터가 내는 것이 언제나 가위라면 이 게임을 몇 번 해 본 사용자는 언제나 이기게 될 것이다. 게임 프로그램을 실행할 때마다 다른 난수를 얻으려면 rand 함수를 처음 사용하기 전에 프로그램에서 직접 씨드를 설정하면 된다. 씨드를 설정하려면 srand(씨드);로 srand 함수를 호출한다. [그림 8-19]는 [프로그램 8-19]의 7행에 씨드를 설정해 실행한 결과다.

그림 8-19 [프로그램 8-19]의 7행에 씨드를 설정한 결과

• srand(1);을 추가한 결과

```
1번째 난수:    41
2번째 난수: 18467
3번째 난수:  6334
4번째 난수: 26500
5번째 난수: 19169
```

• srand(2);을 추가한 결과

```
1번째 난수:    45
2번째 난수: 29216
3번째 난수: 24198
4번째 난수: 17795
5번째 난수: 29484
```

• srand(3);을 추가한 결과

```
1번째 난수:    48
2번째 난수:  7196
3번째 난수:  9294
4번째 난수:  9091
5번째 난수:  7031
```

그러나 여기서도 여전히 문제는 남아 있다. 씨드를 다르게 설정함으로써 발생하는 난수의 순서는 달라지지만 개발된 프로그램을 사용하는 사용자가 직접 프로그램의 srand 함수의 인수인 씨드를 변경한 후 프로그램을 실행할 수는 없는 일이다. srand 함수의 인수를 프로그램을 실행할 때마다 2나 3 또는 7로 다르게 할 수 있는 방법이 필요하다. 그래서 time(NULL) 함수 호출을 활용한다.

rand 함수의 씨드를 () 안의 인수 값으로 설정한다.

```
srand(time(NULL))
```

함수 호출문 time(NULL)을 실행할 때의 컴퓨터의 시간이 반환된다.
time 함수는 #include <time.h>가 필요하다.

컴퓨터의 시간은 계속 흐르고 있으므로 프로그램이 실행되어 time 함수가 호출될 때마다 time(NULL)에는 다른 값이 반환된다. 이 시간을 씨드로 설정하므로 프로그램 코드는 srand(time(NULL));로 동일하지만 실행할 때마다 다른 씨드를 설정할 수 있다. [프로그램 8-20]은 현재 시간을 씨드로 설정하도록 [프로그램 8-19]를 수정한 것이며, 결과 창은 [프로그램 8-20]을 세 번 실행한 결과다.

프로그램 8-20 현재 시간을 rand 함수의 씨드로 설정해 실행 때마다 순서가 다른 난수 구하기 (ch8-20.cpp)

```
#include <stdio.h>
#include <stdlib.h>        // rand, srand 함수를 위한 헤더 파일
#include <time.h>          // time 함수를 위한 헤더 파일

int main()
{
    int i, random;

    // time 함수를 실행할 때 컴퓨터의 현재 시간을 rand 함수의 씨드로 설정하기
    srand(time(NULL));

    for (i=1; i<=5; i++)
    {
        random = rand();   // 난수를 얻어 random 변수에 저장
        printf("%d번째 난수: %5d \n", i, random);
    }

    return 0;
}
```

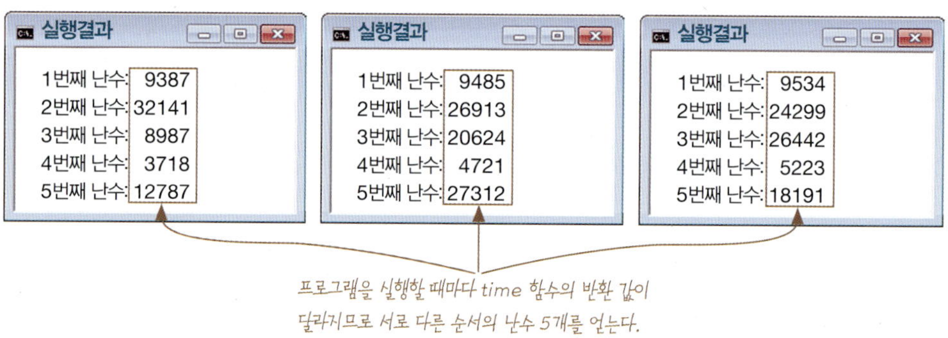

8.13 프로그래밍 실습

8.13.1 컴퓨터가 숨긴 수 맞히기 게임

문제 컴퓨터가 숨기고 있는 1~100 중 정수 하나를 사용자가 맞힐 때까지 반복하는 게임 프로그램을 작성하시오. 실행결과 화면과 같이 사용자가 추측한 답이 틀리면 사용자의 답을 근거로 컴퓨터가 숨긴 값의 범위를 축소해 보여주고, 맞으면 몇 번 만에 맞혔는지 출력한다.

분석

- 컴퓨터가 숨기는 값 computer가 1~100 중 임의의 값이 되도록 난수 생성기를 이용하여 스케일링한다.

```
computer = rand() % 100 + 1;
/* computer가 숨기는 값을 begin ~ end 범위 중 하나가 되게 한다면 다음과 같이 구한다.
computer = rand() % (end - begin + 1) + begin */
```

- 이 게임은 사용자에게 컴퓨터가 숨긴 수가 포함된 범위를 알려주고 사용자가 추측하는 답 user를 입력받은 후 정답이면 게임을 끝낸다. 하지만 정답이 아니면 새로운 범위를 알려주고 추측하는 답을 입력받는 과정을 반복한다. 반드시 한 번은 답을 맞히는 과정을 실행하며, 사용자가 답을 맞힐 때까지 이 과정을 반복하므로 다음과 같이 do~while문을 이용해 작성한다.

```
do
{
    - 'begin ~ end 사이의 값입니다.'를 표시한 후 사용자가 추측하는 값을 user에 입력
      받기
    - 게임 시도 회수 count를 1 증가시키기
    - 컴퓨터가 숨긴 값 computer와 사용자가 입력한 값 user를 비교해 그 결과에 따라
      begin이나 end 값 변경하기
} while (user != computer); // 사용자가 입력한 답이 틀리면 다시 시도하기
```

- 프로그램은 사용자가 추측 값을 입력하기 전에 참고할 수 있도록 숨긴 값의 범위를 알려준다. 사용자가 입력한 값이 정답이면 게임을 끝내지만, 정답이 아니면 새로운 범위를 알려주고 답을 입력받는다. 새로운 범위를 만드는 규칙은 다음 실행결과 화면을 분석하면 쉽게 알 수 있다.

```
(user == computer): do~while문을 끝내기
(user > computer) : end를 user-1로 수정
(user < computer) : begin을 user+1로 수정
```

실행결과

```
1 ~ 100 중의 값입니다. 얼마일까요? 50
1 ~  49 중의 값입니다. 얼마일까요? 20
21 ~  49 중의 값입니다. 얼마일까요? 32
================================

컴퓨터가 숨긴 32를 3번 만에 맞혔습니다.
```

프로그램 8-21 컴퓨터가 숨긴 1~100 중의 정수를 맞히는 게임 (ch8-21.cpp)

```c
#include <stdio.h>
#include <stdlib.h>             // rand, srand 함수를 위한 헤더 파일
#include <time.h>               // time 함수를 위한 헤더 파일

int main()
{
    int begin = 1, end = 100;  // 컴퓨터가 숨길 값의 범위
    int count = 0;             // 답 맞히기 시도 횟수
    int computer, user;        // 컴퓨터가 숨긴 값, 사용자가 추측한 값

    srand(time(NULL));         // 현재 시간을 rand 함수의 씨드로 설정하기

    computer = rand() % (end - begin + 1) + 1; // 컴퓨터가 숨기는 값 설정

    printf("\n>> 컴퓨터가 숨긴 수를 맞히는 게임입니다. \n");
    printf("\n==============================================\n");

    do
    {
        printf("%3d ~ %3d 중의 값입니다. 얼마일까요? ", begin, end);
        scanf("%d", &user);

        count++;   // 답 맞히기 시도 횟수를 1증가

        // 사용자의 추측 값에 따라 다음에 표시할 숨긴 수의 범위 수정하기
        if (user > computer)
            end = user - 1;
        else if (user < computer)
            begin = user + 1;

    } while (user != computer);    // 사용자가 추측한 값이 틀리면 다시 반복

    printf("==============================================\n");
    printf ("\n 컴퓨터가 숨긴 %d를 %d번 만에 맞혔습니다.", computer, count);

    return 0;
}
```

실행결과

```
>> 컴퓨터가 숨긴 수를 맞히는 게임입니다.

================================
  1 ~ 100 중의 값입니다. 얼마일까요? 50
  1 ~  49 중의 값입니다. 얼마일까요? 20
 21 ~  49 중의 값입니다. 얼마일까요? 32
================================

 컴퓨터가 숨긴 32를 3번 만에 맞혔습니다.
```

설명

11: 이 프로그램을 실행할 때마다 씨드를 다른 값으로 설정하기 위해 씨드를 현재 시간으로 설정한다. 이 행 앞에 //를 붙여 주석문으로 수정하거나 이 행을 제거하고 프로그램을 실행해보면 컴퓨터가 숨긴 값이 언제나 똑같다는 것을 확인할 수 있다.

13: 원하는 난수의 범위가 1~100이라면 (rand() % 100 + 1)로 스케일링하면 되지만, 컴퓨터가 숨기는 값을 보다 일반화된 begin~end 범위로 스케일링하기 위해 변수를 사용한 식으로 표현하였다.

TIP 13행의 경우 프로그램을 개발하는 동안은 컴퓨터가 숨긴 수를 미리 알고 있는 것이 편하므로 원래의 스케일링 식을 주석문으로 가린 후 computer = 30;과 같이 특정 값으로 직접 지정한 후 결과가 제대로 나온다는 것을 확인하고나서 스케일링 식을 명령문으로 사용하는 것이 편하다.

8.13.2 행렬 입출력 함수를 이용하도록 [프로그램 7-7] 수정하기

2차원 행렬의 덧셈을 수행하는 [프로그램 7-7]의 12~17행과 21~26행은 각각 2차원 행렬을 입력받는 코드로서 배열명만 다르고 하는 일은 똑같다. 그래서 [프로그램 8-22]는 2차원 배열을 입력받는 함수 input_matrix와 출력하는 함수 print_matrix를 정의해 활용한다.

프로그램 8-22 2차원 행렬을 출력하는 함수를 이용해 행렬 출력하기 (ch8-22.cpp)

```
#include <stdio.h>
#define M 2      // 행렬의 행 개수를 매크로 상수로 정의
#define N 3      // 행렬의 열 개수를 매크로 상수로 정의

// 함수의 원형 선언
void input_matrix(int arr[M][N]);
void print_matrix(int arr[M][N]);

// main 함수의 정의
int main()
{
```

```
    int A[M][N], B[M][N], C[M][N];
    int i, j;

    // 행렬 A 입력
    printf("\n행렬 A 입력 \n");
    input_matrix(A);

    // 행렬 B 입력
    printf("\n 행렬 B 입력 \n");
    input_matrix(B);

    // 두 행렬의 합을 배열 C에 구하기
    for (i=0; i<M; i++)
        for (j=0; j<N; j++)
            C[i][j] = A[i][j] + B[i][j];

    // 행렬 A 출력
    printf("\n 행렬 A\n");
    print_matrix(A);

    // 행렬 B 출력
    printf("\n 행렬 B\n");
    print_matrix(B);

    // 행렬 C 출력
    printf("\n 행렬 C=A+B \n");
    print_matrix(C);

    return 0;
}

// M×N 행렬을 저장할 arr 배열의 각 원소를 입력받는 함수
void input_matrix(int arr[M][N])
{
    int i, j;

    for (i=0; i<M; i++)
        for (j=0; j<N; j++)
        {
            printf("%d행 %d열? ", i+1, j+1);
            scanf("%d", &arr[i][j]);
        }
}

// M×N 행렬이 저장된 arr 배열의 각 원소를 출력하는 함수
void print_matrix(int arr[M][N])
{
```

input_matrix(A); ← [프로그램 7-7]의 다음 12~17행을 함수 호출문으로 수정한 것이다.

```
for (i=0; i<M; i++)
   for (j=0; j<N; j++)
   {
      printf("%d행 %d열? ", i+1, j+1);
      scanf("%d", &A[i][j]);
   }
```

input_matrix(B); ← [프로그램 7-7]의 다음 21~26행을 함수 호출문으로 수정한 것이다.

```
for (i=0; i<M; i++)
   for (j=0; j<N; j++)
   {
      printf("%d행 %d열? ", i+1, j+1);
      scanf("%d", &B[i][j]);
   }
```

print_matrix(A); ← [프로그램 7-7]의 35~41행을 함수 호출문으로 수정한 것이다.

print_matrix(B); ← [프로그램 7-7]의 45~51행을 함수 호출문으로 수정한 것이다.

print_matrix(C); ← [프로그램 7-7]의 55~61행을 함수 호출문으로 수정한 것이다.

void input_matrix(int arr[M][N]) ← 전달되는 배열이 2차원 배열이므로 2차원 배열로 선언한다.

void print_matrix(int arr[M][N]) ← 전달되는 배열이 2차원 배열이므로 2차원 배열로 선언한다.

```
    int i, j;

    for (i=0; i<M; i++)
    {
        printf(" [ ");
        for (j=0; j<N; j++)
            printf("%2d ", arr[i][j]);
        printf("] \n");
    }
}
```

8.13.3 배열의 최솟값 구하기

[프로그램 7-2]는 배열의 최솟값을 구하는 프로그램이다. 배열의 최솟값을 구하는 함수 find_min과 배열의 원소들을 출력하는 함수 print_arr를 정의하고 이를 이용하도록 [프로그램 7-2]를 수정하면 [프로그램 8-23]이 된다.

프로그램 8-23 배열의 최솟값을 구하는 [프로그램 7-2]를 함수를 이용하도록 수정하기 (ch8-23.cpp)

```
#include <stdio.h>
#define SIZE 5

// 함수의 원형 선언
int find_min(int arr[]);
void print_arr(int arr[]);

// main 함수의 정의
int main()
{
    int f[SIZE] = {3, 0, -30, -20, -1}; // 배열을 선언과 동시에 초기화하기
    int min;

    // 최솟값 구하기
    min = find_min(f);

    // 배열 내용 출력하기
    printf("어는 점 목록:");
    print_arr(f);

    // 최솟값 출력하기
    printf("\n가장 낮은 어는 점: %d \n", min);

    return 0;
}

```

[프로그램 7-2]의 10~15행 대신 함수를 호출한다. 배열을 전달할 때는 배열명만 적는다.

[프로그램 7-2]의 19~20행 대신 함수를 호출한다.

```c
// 배열의 최솟값을 구하는 함수
int find_min(int arr[])
{
    int i, min;

    min = arr[0];
    for (i=1; i<SIZE; i++)
    {
        if (arr[i] < min)
            min = arr[i];
    }

    return min;
}

// 배열의 원소를 출력하는 함수
void print_arr(int arr[])
{
    int i;

    for (i=0; i<SIZE; i++)
        printf("%4d", arr[i]);
}
```

배열을 전달받기 위해 배열로 선언한다.

배열을 전달받기 위해 배열로 선언한다.

실행결과

```
어는 점 목록:  3  0 -30 -20  -1
가장 낮은 어는 점: -30
```

8.13.4 표준편차 구하기

문제 학생 5명의 국어 점수 90, 89, 47, 78, 90과 음악 점수 99, 98, 86, 75, 100에 대해 각 과목의 평균과 표준편차를 구하시오.

– 표준편차 = $\sqrt{\sum_{i=1}^{n} \frac{(x_i - m)^2}{n}}$, x_i : i번째 원소의 값, m: n개 원소의 평균

분석

- 두 과목에 대해 동일한 작업을 처리해야 하므로 평균을 구하는 함수 compute_avg와 표준편차를 구하는 함수 compute_S를 정의해 이용한다. 각 함수의 원형 선언은 다음과 같다.

```c
double compute_avg(int arr[]);    // arr 배열의 평균을 구하는 함수
double compute_S(int arr[]);      // arr 배열의 표준편차를 구하는 함수
```

- 함수 compute_S는 표준편차를 구할 때 필요한 배열의 평균을 compute_avg 함수를 이용하여 구한다.

프로그램 8-24 5명 학생의 두 과목의 점수에 대해 과목별 평균과 표준편차 구하기 (ch8-24.cpp)

```
#include <stdio.h>
#include <math.h> // sqrt, pow 함수를 위한 헤더 파일
#define N 5

// 함수의 원형 선언
double compute_S(int arr[]);
double compute_avg(int arr[]);

int main()
{
    int i, kor[N] = {90, 89, 47, 78, 90};
    int music[N] = {99, 98, 86, 75, 100};

    // 배열 내용 출력하기
    printf("======================\n");
    printf("   번호  국어 음악  \n");
    printf("======================\n");
    for (i=0; i<N; i++)
        printf("  %3d번 %4d %4d \n", i+1, kor[i], music[i]);
    printf("======================\n");

    // 과목별 평균과 표준편차 출력하기
    printf ("평균:    %5.1lf %5.1lf\n",
                compute_avg(kor), compute_avg(music));
    printf ("표준편차:%5.1lf %5.1lf\n\n",
                compute_S(kor), compute_S(music));

    return 0;
}

// 배열의 표준편차를 구하는 함수
double compute_S(int arr[])
{
    int i;
    double sum, avg;

    // arr 배열의 평균을 구하기 위해 compute_avg 함수를 호출하기
    avg = compute_avg(arr);

    // arr 배열의 표준편차 구하기
    sum = 0;
    for (i=0; i<N; i++)
        sum = sum + pow(arr[i]-avg, 2);

    return sqrt(sum / N);
```

kor 배열을 compute_avg 함수로 전달하여 평균을 구한다.

kor 배열을 compute_S 함수로 전달하여 표준편차를 구한다.

```
}

// 배열의 평균을 구하는 함수
double compute_avg(int arr[])
{
    int i, sum = 0;

    for (i=0; i<N; i++)
        sum = sum + arr[i];

    return (double)sum / N;
}
```

실행결과

```
==========================
  번호  국어  음악
==========================
   1번   90    99
   2번   89    98
   3번   47    86
   4번   78    75
   5번   90   100
==========================
평균:      78.8  91.6
표준편차: 16.5   9.7
```

8.13.5 별 반짝임 횟수 맞추기 게임

지금까지 왼쪽에서 오른쪽으로, 위에서 아래로 단조롭게 출력하던 것에서 벗어나 커서의 위치를 마음대로 이동하여 화면 어디에나 출력하고, 화면의 내용을 깨끗하게 지우고, 프로그램의 실행을 잠시 중지하는 등의 다양한 기능을 포함한 간단한 게임 프로그램을 작성해보자.

커서를 (x, y) 좌표로 이동하는 gotoxy(x, y)

프로그램을 실행하면서 화면에 표시할 내용은 printf, putchar, puts와 같은 표준 출력 함수를 이용하였다. 이 함수들은 이전 출력 결과에 이어서 오른쪽으로 출력하며 현재 행의 끝을 만나면 다음 행 첫 칸부터 계속 출력한다. 그리고 입력받는 위치도 현재의 커서 위치이므로 항상 마지막 출력 내용 뒤에서만 입력을 받을 수 있었다. 그러므로 [프로그램 8-26]의 실행결과와 같이 마지막 출력 내용보다 위에서 입력을 받거나 출력하는 것이 불가능했다. 입출력을 시작할 위치는 커서의 현재 위치이므로 커서의 위치를 마음대로 이동할 수 있다면 입출력 시작 위치를 마음대로 바꿀 수 있다.

이 책에서는 비주얼 C++ 2010을 사용하지만, 예전에는 콘솔용 응용 프로그램을 위한 통합 개발 환경을 제공하는 터보 C/C++가 많이 사용되었다. 터보 C/C++는 커서의 위치를 이동하는 gotoxy 함수를 제공하며 다음과 같이 호출해 사용한다.

예
```
1  gotoxy(10, 3);        // 커서를 (10, 3) 좌표로 이동
2  printf("*(10, 3)");
```

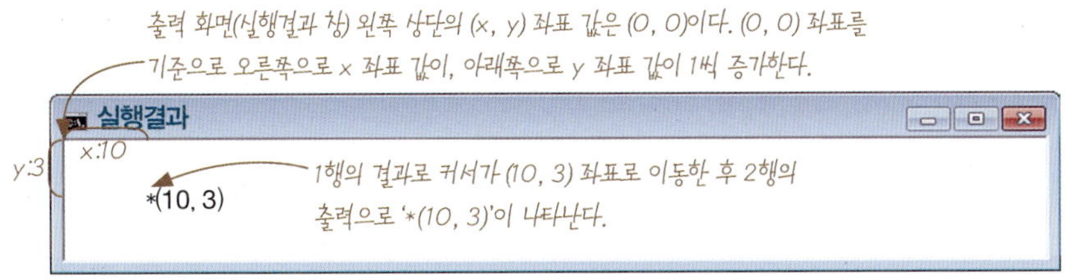

하지만 비주얼 C++ 2010에서는 gotoxy 함수를 제공하지 않는다. 대신 [프로그램 8-25]의 23행처럼 응용 프로그램을 위해 제공하는 함수인 윈도우 API 함수를 이용하여 해결할 수 있다. 18~24행과 같이 gotoxy라는 사용자 정의 함수를 정의한 후 4행처럼 함수의 원형을 선언한 다음 8행과 11행 같이 커서의 위치를 이동하고 싶을 때마다 gotoxy 함수를 호출해 사용한다. 이때 2행과 같이 windows.h 헤더 파일을 포함시키는 것을 잊지 않아야 한다. 다른 프로그램에서 커서 위치를 이동하는 것이 필요하다면 18~24행을 복사하여 붙인 후 원형을 선언한 후 함수 호출을 통해 이용한다.

프로그램 8-25 커서 이동하기 (ch8-25.cpp)

```
1   #include <stdio.h>
2   #include <windows.h>          // SetConsoleCursorPosition 함수를 위한 헤더 파일
3
4   void gotoxy(int x, int y);    // gotoxy 함수의 원형 선언
5
6   int main()
7   {
8       gotoxy(5, 5);             // 커서를 (5, 5) 좌표로 이동하기
9       printf("*(5, 5)");
10
11      gotoxy(10, 3);            // 커서를 (10, 3) 좌표로 이동하기
12      printf("*(10, 3)");
13
14      return 0;
15  }
16
17  // 커서를 (x, y) 좌표로 이동하는 함수
18  void gotoxy(int x, int y)
19  {
```

```c
    COORD Cur;
    Cur.X = x;
    Cur.Y = y;
    SetConsoleCursorPosition(GetStdHandle(STD_OUTPUT_HANDLE), Cur);
}
```

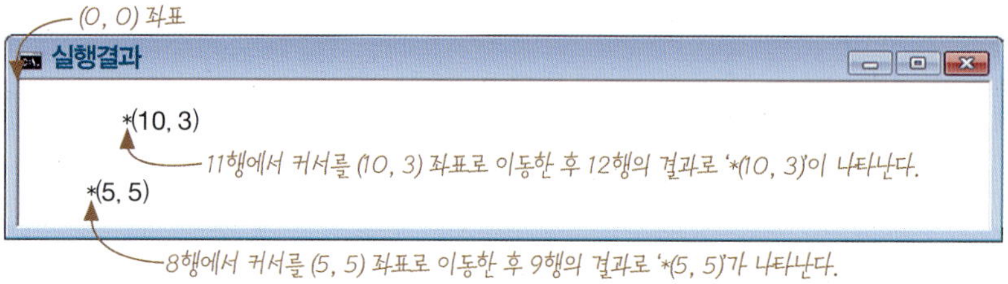

[프로그램 8-26]은 사용자에게 질문을 하고 사용자가 선택할 수 있는 항목을 4개 표시한 후 사용자의 답을 선택 항목보다 위에서 입력받는다.

프로그램 8-26 입력 위치를 원하는 곳으로 변경하기 (ch8-26.cpp)

```c
#include <stdio.h>
#include <windows.h>              // SetConsoleCursorPosition 함수를 위한 헤더 파일

void gotoxy(int x, int y);       // 함수의 원형 선언

int main()
{
    int input;

    gotoxy(0, 3);                 // 커서 이동하기
    printf("\t>> 다음 중에서 해당하는 번호를 고르세요. (    )\n\n");
    printf("\t1. 초등학생 \t\t  2. 중학생 \n");
    printf("\t3. 고등학생 \t\t  4. 대학생 \n");

    gotoxy(51, 3);                // 커서를 위쪽으로 번호를 입력하는 곳으로 이동하기
    scanf("%d", &input);

    gotoxy(0, 9);                 // 입력 결과를 출력하기 위해 커서를 아래로 이동하기
    printf("\t%d번을 선택하셨습니다.\n", input);

    return 0;
}

// 커서를 (x, y) 좌표로 이동하는 함수
void gotoxy(int x, int y)
{
    COORD Cur;
```

```
28        Cur.X = x;
29        Cur.Y = y;
30        SetConsoleCursorPosition(GetStdHandle(STD_OUTPUT_HANDLE), Cur);
31    }
```

다음은 16행 실행으로 입력을 기다리는 결과 화면이다.

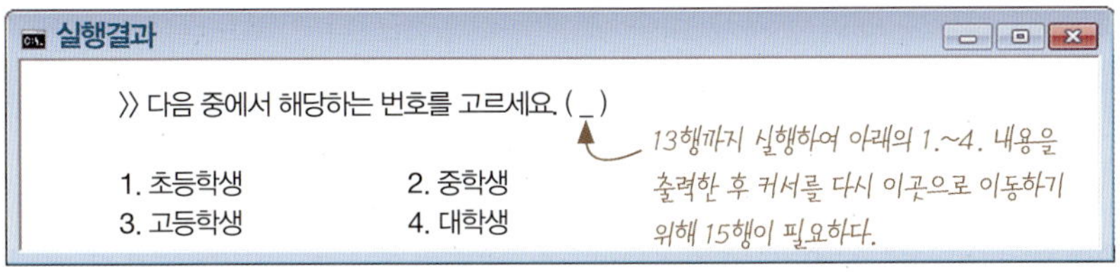

다음은 프로그램 실행을 완료한 결과 화면이다.

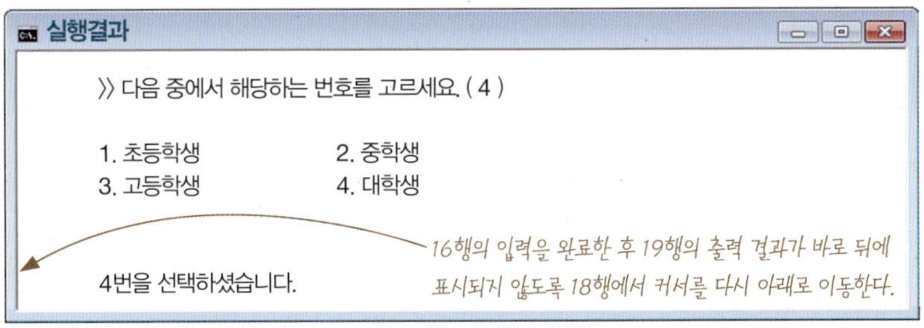

화면을 지우는 system("cls")와 문자를 입력받는 getch()

화면에 특정 내용을 출력할 때 현재 화면에 표시된 내용을 모두 깨끗이 지운 후 출력하면 훨씬 보기에 좋을 수 있다. 현재 화면에 표시된 모든 내용을 지우려면 다음과 같이 문자열로 표현한 도스(DOS) 명령어를 실행하는 system 함수를 호출한다.

```
system("cls");    // 'clear screen'을 의미하는 도스 명령어 cls를 수행하여 현재 화면에
                  // 표시된 내용을 모두 지운다.
```

#include <stdlib.h>가 필요하다.

문자를 하나 입력받을 때는 scanf 함수에서 변환 명세 %c를 이용하거나, getchar 함수를 이용할 수 있다는 것을 3장에서 배웠다. 이 함수는 버퍼링 입력 방식을 사용하기 때문에 사용자가 키보드 키를 누르자마자 진행되는 것이 아니라 엔터키를 눌러야 실제 입력이 진행되며 입력 자료 또한 버퍼에서 가져온다. 그런데 게임에서 특정 기능을 수행하는 키를 누르자마자 게임이 진행되어야 하는 것처럼 버퍼링 개념을 사용하지 않고 키보드로 입력하는 즉시 실제 입력을 진행할 필요도 있다. 이처럼 즉시 입력이 완료되는 문자 입력 함수로 getch가 있는데 이 함수는 다음과 같이 사용한다.

```
char ch;
ch = getch();        // getch 함수에 의해 입력된 문자가 변수 ch에 저장된다.
```

#include <conio.h>가 필요하다.

getch 함수를 실행하면 커서가 나타나고 입력 대기 상태가 된다. 이때 사용자가 키보드 키를 누르면 그에 해당하는 문자가 getch 함수의 반환 값이 된다. getch와 비슷한 함수로 getche가 있다. 두 함수의 차이는 키보드 입력 문자에 대한 에코 출력을 하느냐 안하느냐다. getche 함수는 키보드에서 눌려진 문자가 화면에 표시되므로 사용자가 자신이 누른 키를 확인할 수 있지만 getch 함수는 에코 출력을 하지 않으므로 확인할 수 없다.

getch()는 실제로 사용자가 입력한 문자가 필요해서가 아니라 [프로그램 8-27]과 같이 프로그램을 실행하는 동안 필요한 곳에서 실행을 잠시 멈추기 위해서도 잘 사용된다.

프로그램 8-27 사용자가 아무 키나 누르면 화면을 지우고 새 화면에 결과 출력하기 (ch8-27.cpp)

```
1    #include <stdio.h>
2    #include <conio.h>     // getch 함수를 위한 헤더 파일
3    #include <stdlib.h>    // system 함수를 위한 헤더 파일
4
5    int main()
6    {
7        printf("별이 반짝이는 횟수를 맞추는 게임입니다. 아무키나 누르면 시작합니다.");
8        getch();           // 어떤 키를 누를 때까지 중지하기
9
10       system("cls");     // 현재 화면에 표시된 모든 내용 지우기
11
12       printf("지금부터 화면을 잘 보고 별의 반짝임 횟수를 맞추세요.");
13
14       return 0;
15   }
```

다음은 8행을 실행 중인 결과 화면이다.

8행의 getch 함수가 실행되어 커서가 나타나고 입력 대기 상태가 된다. 사용자가 어떤 키를 누르면 getch 함수의 실행이 완료되고 다음 문장인 10행을 실행한다.

실행결과

```
별이 반짝이는 횟수를 맞추는 게임입니다. 아무키나 누르면 시작합니다._
```

다음은 10행의 결과로 이전 화면의 내용이 모두 지워진 후 12행의 결과가 화면 왼쪽 상단부터 새로 출력된 상태다.

실행결과

```
지금부터 화면을 잘 보고 별의 반짝임 횟수를 맞추세요.
```

설명

8: 입력받은 문자를 특별히 다른 목적으로 사용할 필요가 없을 때는 이와 같이 단순히 getch(); 로 호출만 할 수 있다. 만일 입력받은 문자를 프로그램에서 사용해야 한다면, char ch;로 선언한 후 ch = getch();와 같이 getch로 입력된 문자를 ch에 저장한 후 사용한다.

ms(밀리초) 동안 프로그램을 중지하는 sleep(ms)

앞서 소개한 getch 함수는 사용자가 키를 누를 때까지 프로그램을 중지한다. 이와 비슷하게 사용자가 지정한 시간동안 프로그램 실행을 중지한 후 자동으로 계속 실행되게 하는 Sleep 함수가 있다. [프로그램 8-28]과 같이 Sleep 함수는 인수로 지정한 밀리초 동안 프로그램을 중지하며 이 시간이 지나면 프로그램이 계속 실행된다.

프로그램 8-28 3초가 지나면 자동으로 화면을 지우고 새 화면에 메시지 출력하기 (ch8-28.cpp)

```
1   #include <stdio.h>
2   #include <windows.h>  // system, Sleep 함수를 위한 헤더 파일
3
4   int main()
5   {
6       printf("3초가 지나면 화면이 지워집니다.");
7
8       Sleep(3000);        // 3000밀리초 동안 즉 3초 동안 실행을 중지한 후 계속 실행하기
9
10      system("cls");      // 현재 화면 지우기
11      printf("3초가 지났습니다.\n");
12
13      return 0;
14  }
```

다음은 8행을 실행 중인 상태의 결과 화면이다.

실행결과

```
3초가 지나면 화면이 지워집니다._
```

8행을 실행하면 이 상태에서 3000밀리초, 즉 3초 동안 중지한다.

다음은 실행 완료 상태다.

실행결과

```
3초가 지났습니다.
```

8행에 의해 3초 중지한 후 화면이 지워지고 새롭게 11행의 결과가 표시된다.

화면에 출력한 글자 지우기

이미 화면에 표시된 내용을 지우는 방법은 여러 가지다. 앞서 소개한 system("cls")는 화면 전체를 지우므로 특정 내용만 지울 수 없다. 이스케이프문자 '\b'를 이용하면 출력 화면에서 현재 커서의 위치를 왼쪽으로 이동할 수 있으므로 다음과 같이 이미 출력한 내용을 지울 수 있다.

```
1  printf("123");
2  printf("\b 4");
```

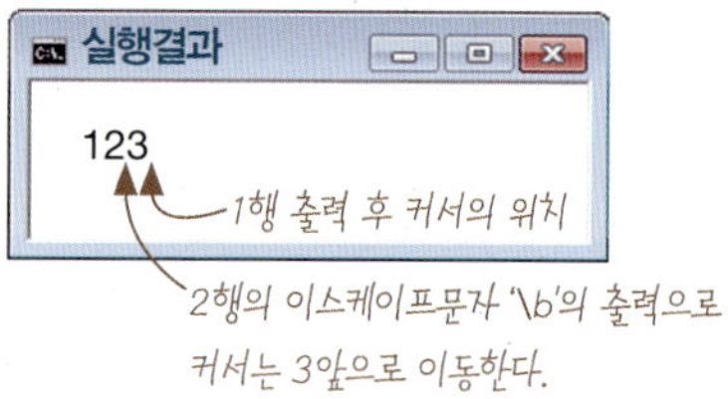

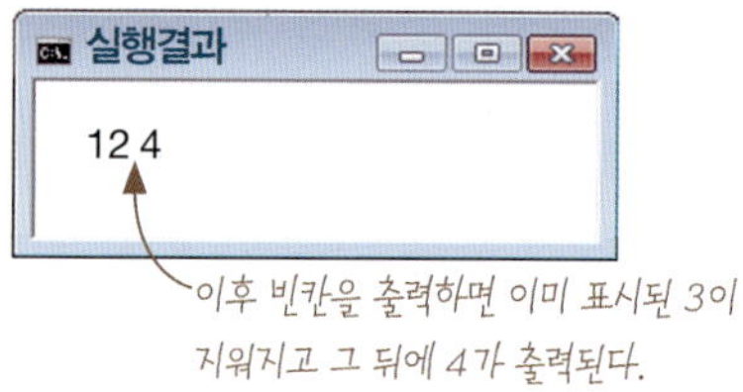

이스케이프문자를 이용하지 않을 때는 다음과 같이 커서를 이동한 후 곧바로 새 글자를 출력하여 내용을 바꿀 수 있다.

```
1  gotoxy(5, 1);
2  printf("123");
3
4  gotoxy(5, 1);
5  printf("456");
```

왼쪽은 2행까지 실행했을 때의 결과 화면이고, 오른쪽은 5행까지 실행했을 때의 결과 화면이다.

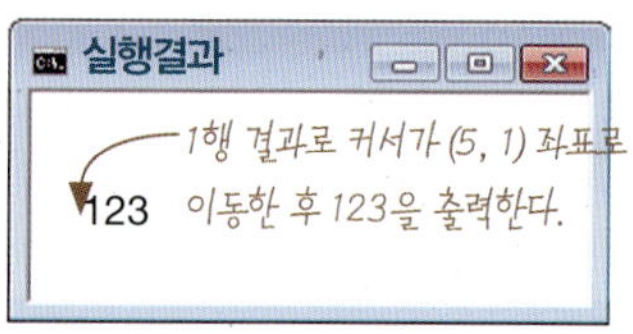

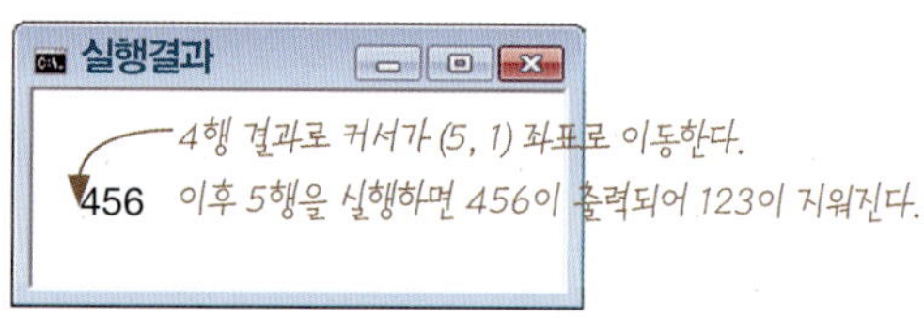

별 반짝임 횟수를 맞추는 게임 구현하기

문제 [그림 8-19]와 같이 가로 폭이 width 칸이고 세로 높이가 height 줄인 사각형 영역 안에서 별 모양의 특수 기호가 임의의 위치에서 임의의 횟수만큼 반짝이면 몇 번 반짝였는지를 맞추는 게임을 작성하시오.

그림 8-19 별이 나타날 수 있는 영역과 테두리

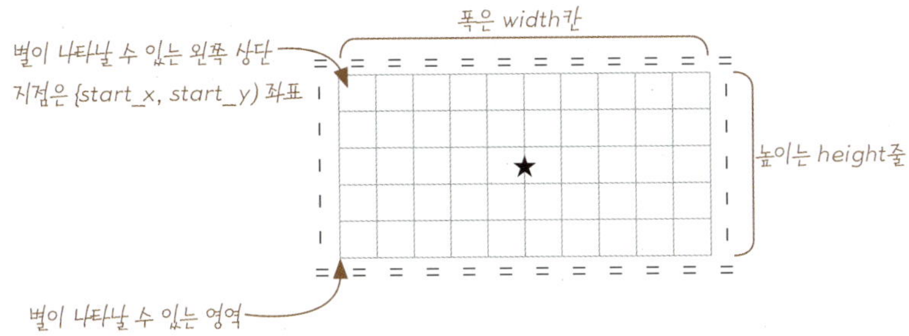

분석
- 별이 나타날 수 있는 영역, 즉 별이 반짝이는 영역 밖으로 상하좌우에 테두리를 넣는다. 왼쪽 상단 기준점을 (start_x, start_y) 좌표라 하고 폭을 width, 높이를 height라 한다. 사각형 영역 위로 =로 된 줄을 그을 때 =를 출력할 시작 좌표는 (start_x−1, start_y−1)이다. =를 출력한 다음에는 x좌표만 1씩 증가하며 width+1개 더 출력하면 되므로 다음과 같이 작성한다.

```
gotoxy(start_x-1, start_y-1);
for (col=0; col<=width+1 ; col++)
{
   putch('=');
}
```

사각형 영역의 테두리를 그리는 부분은 void 함수를 정의해 이용한다. 이 함수에는 사각형 영역의 시작 좌표와 폭과 높이를 제공한다.

- 별은 정해진 사각형 영역에서만 나타나야 한다. 따라서 별이 나타나는 지점 (x, y)의 좌표 범위는 다음과 같다.

```
x의 범위: start_x ~ (start_x + width - 2)
y의 범위: start_y ~ (start_y + height - 1)
```

x의 최대 좌표가 (start_x + width − 1)이 아니고 2를 빼야 하는 이유는 다음과 같다. '*'은 문자 상수가 될 수 있지만 '★'는 2바이트로 표현되는 특수 기호이므로 문자 상수가 될 수 없다. 따라서 문자열로 처리해야 하며 출력 시 두 칸을 차지한다. 그러므로 ★을 출력하면서 사각형 영역 오른쪽 끝 다음의 테두리 |가 지워지지 않게 하려면 x의 최대 좌표는 (start_x + width − 2)가 되어야 한다.

- 별은 사각형 영역 안의 임의의 위치에 나타나야 하므로 x와 y 좌표 값은 rand 함수를 이용하되 정해진 범위 안의 값을 얻도록 스케일링해야 한다.

```
x = start_x + rand() % (width - 1); // start_x ~ (start_x + width - 2) 범위
y = start_y + rand() % (height);    // start_y ~ (start_y + height - 1) 범위
```

- 별이 반짝이는 횟수 repeats가 최소 MIN에서 최대 MAX번 되도록 스케일링한다.

```
repeats = rand() % ( MAX - MIN + 1) + MIN; ([표 8-1] 참고)
```

해결 과정

1 별이 반짝이는 횟수가 최소 MIN번에서 최대 MAX번 중 임의의 값이 되도록 난수 발생기를 이용하여 구해 repeats 변수에 저장하기

2 별이 나타날 사각형 영역의 테두리를 그리기

3 for문을 이용하여 별을 임의의 (x, y) 좌표에 repeats번 반짝이기

  3.1 별이 나타날 (x, y) 좌표를 구하기

  3.2 (x, y) 좌표에 별을 출력하기

  3.3 (x, y) 좌표에 빈칸 두 개 즉 " "을 출력하여 별을 지우기

4 사용자에게 별의 반짝임 횟수를 물어서 얻은 답 input과 실제 반짝임 횟수 repeats를 비교하여 정답 여부를 출력하기

프로그램 8-29 사각형 영역 안에 나타나는 별의 반짝임 횟수 맞추기 게임 (ch8-29.cpp)

```
#include <conio.h>          // getch, putch 용
#include <windows.h>        // system, Sleep, SetConsoleCursorPosition 용
#include <stdio.h>          // printf, scanf 용
#include <time.h>           // time 용
#include <stdlib.h>         // rand, srand 용

#define STAR "★"            // 특수 기호 문자열 "★"의 매크로 상수
#define INTERVAL 300        // 별 반짝임의 주기(ms)
#define MIN 5               // 최소 별 반짝임 횟수
#define MAX 12              // 최대 별 반짝임 횟수

void gotoxy(int x, int y);                    // 커서를 (x, y) 좌표로 이동
void draw_rectangle(int, int, int, int);      // 별이 나타날 영역의 테두리 그리기

int main()
{
    int input;              // 게임을 하는 사용자가 입력한 별 반짝임 횟수
    int repeats;            // 실제 별의 반짝임 횟수
    int start_x = 10;       // 사각형 영역 왼쪽 상단 x 좌표
```

```
20      int start_y = 3;         // 사각형 영역 왼쪽 상단 y 좌표
21      int width = 50;          // 별이 나타날 사각형 영역의 가로 폭
22      int height = 10;         // 별이 나타날 사각형 영역의 세로 높이
23      int x, y, i;             // 현재 별이 나타날 좌표
24
25      // 게임 시작 전 안내문을 출력 후 잠시 대기
26      printf("별이 반짝이는 횟수를 맞추는 게임입니다. 아무키나 누르면 시작합니다.");
27      getch();                 // 임의의 키를 누르면 게임을 시작하도록 기다리게 함
28
29      system("cls");           // 화면 지우기
30      Sleep(1000);             // 위의 getch()에서 키를 누르자마자 갑자기 실행되지 않도록
31                               // 프로그램 실행을 1000밀리초 동안 잠시 중지하기
32      srand(time(NULL));       // rand 함수의 seed를 현재 시간으로 설정
33
34      // 별 반짝임 횟수를 최소 MIN번에서 최대 MAX번 중 임의의 값으로 설정하기
35      repeats = rand() % (MAX - MIN + 1) + MIN;
36
37      // 별이 나타날 사각형 영역 바깥으로 테두리를 그린 후 1초 동안 중지하기
38      draw_rectangle(start_x, start_y, width, height);
39      Sleep(1000);
40
41      // 별이 나타날 영역 안에서 임의의 (x, y) 좌표에 INTERVAL 간격으로 별을 repeats번 반짝이기
42      for (i=1; i<=repeats; i++)
43      {
44          // rand 함수를 이용하여 별이 나타날 (x, y) 좌표 구하기
45          // "★"은 두 칸을 차지하므로 일반 문자를 출력할 때보다 최대 x 좌표는 1 더 작아야 하다.
46          x = start_x + rand()%(width - 2);
47          y = start_y + rand()%(height - 1);   ◀── 별이 나타날 지점의 x, y 값의 스케일링
48
49          // 별을 (x, y) 좌표에 표시한 후 INTERVAL밀리초 동안 중지하기
50          gotoxy(x, y);
51          printf("%s", STAR);
52          Sleep(INTERVAL);
53
54          // (x, y) 좌표에 있는 별 지우기
55          gotoxy(x, y);
56          printf("%s", "  ");   ◀── 50~51행에서 그린 별을 지운다.
57          Sleep(INTERVAL);
58      }
59
60      // 사용자에게 별 반짝임 횟수를 물어서 답을 입력받기
61      gotoxy(10, 21);
62      printf("별은 몇 번(%d~%d 번) 반짝거렸을까요?", MIN, MAX);
63      scanf("%d", &input);
64
65      // 사용자가 답한 횟수에 따라 정답을 맞혔는지 틀렸는지 메시지 출력하기
66      gotoxy(10, 22);
```

```
    if (input == repeats)
        printf("맞았습니다!\n");
    else
        printf("틀렸습니다. 답은 %d번입니다!\n", repeats);

    return 0;
}

/* (start_x, start_y) 좌표에서 시작하는 가로 폭이 width이고 세로 높이가 height인
    사각형 바깥으로 테두리를 그리는 함수 */
void draw_rectangle(int start_x, int start_y, int width, int height)
{
    int col, row;

    // 사각형 위 경계선 그리기
    gotoxy(start_x - 1, start_y - 1);
    for (col=0; col<=width+1; col++)
        putch('=');

    // 사각형 아래 경계선 그리기
    gotoxy(start_x - 1, start_y + height);
    for (col=0; col<=width+1; col++)
        putch('=');

    // 사각형 왼쪽 끝에 '|' 그리기
    for (row=0; row<height; row++)
    {
        gotoxy(start_x - 1, start_y + row);
        putch('|');
    }

    // 사각형 오른쪽 끝에 '|' 그리기
    for (row=0; row<height; row++)
    {
        gotoxy(start_x + width, start_y + row);
        putch('|');
    }
}

// 커서를 (x, y) 좌표로 이동하는 함수
void gotoxy(int x, int y)
{
    COORD Cur;
    Cur.X = x;
    Cur.Y = y;
    SetConsoleCursorPosition(GetStdHandle(STD_OUTPUT_HANDLE),Cur);
}
```

• 39행까지의 결과 화면

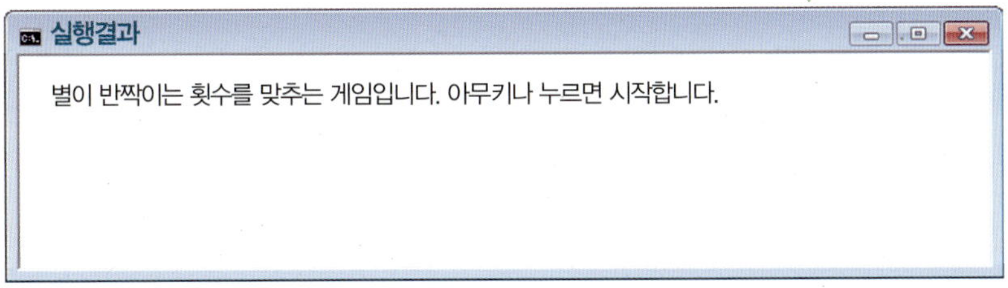

• 42행의 for문을 실행한 결과 화면

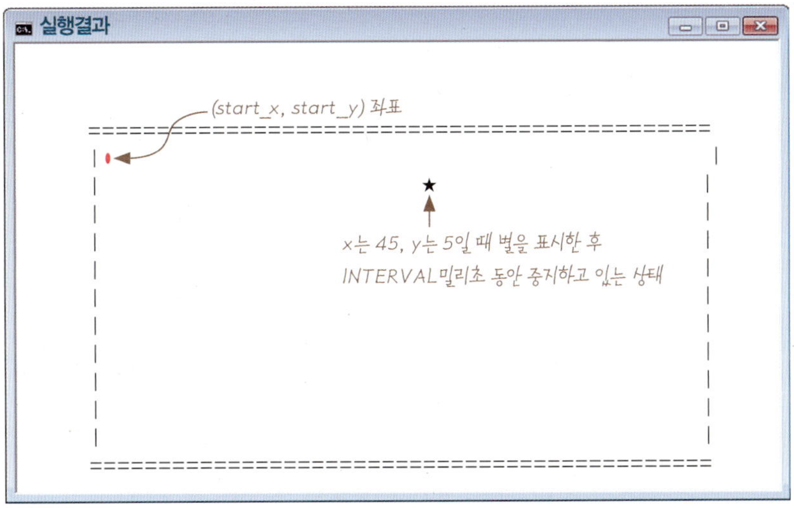

• 실행을 완료한 화면

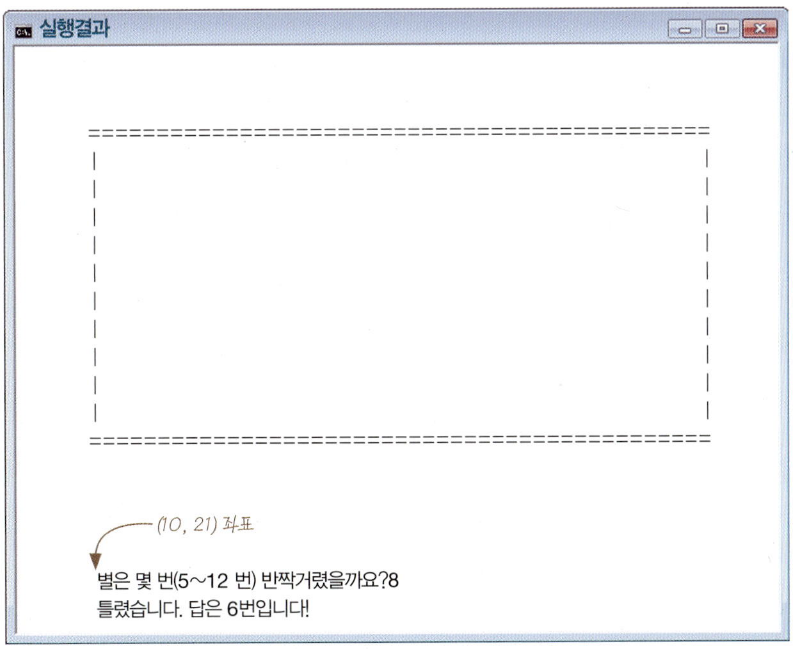

설명

38: 별이 나타날 영역에 테두리를 긋기 위해 사각형 영역의 시작 좌표 start_x, start_y, 사각형의 밑변과 높이 width, height를 인수로 사용하여 draw_rectangle 함수를 호출한다. 사각형 테두리를 간단히 그리기 위해 다음과 같이 직접 사각형을 그릴 수도 있다.

```
gotoxy(5, 5); printf("┌──────────────────────────────┐\n");
gotoxy(5, 6); printf("│                              │\n");
gotoxy(5, 7); printf("│                              │\n");
gotoxy(5, 8); printf("└──────────────────────────────┘\n");
```

테두리에 이용되는 특수 선은 한글 자판에서 [ㅂ] 키를 누른 후 [한자] 키를 눌렀을 때 화면 하단 오른쪽에 나타나는 특수 문자 목록에서 찾아 넣을 수 있다.

8.14 재귀 함수

실생활에서 스스로에게 무언가를 다짐하기 위해 자신의 이름을 불러본 경험이 있을 것이다. 함수를 정의할 때도 다른 함수가 아닌 함수 자신을 호출할 수 있는데 이를 재귀 호출(recursive call)이라고 한다. 그리고 함수의 정의 안에서 함수 자신을 호출하는 재귀 호출을 포함하는 함수를 재귀 함수라고 한다. 지금까지 프로그래밍을 해온 것처럼 재귀 호출을 이용하지 않고 반복문 형태로 표현하여 해결할 수도 있지만, 경우에 따라 재귀 호출을 이용하면 문제의 정의와 더욱 가깝게 표현하여 해결할 수 있다. 이렇게 재귀 함수로 해결할 수 있는 문제는 함수 실행을 완료할 수 있는 정지(stopping 또는 base) 조건을 포함해야 한다. 여기서는 어떤 문제를 재귀 호출로 해결할 수 있는지 재귀 함수는 어떻게 작성하는지 살펴본다.

8.14.1 문제의 재해석을 통한 재귀 호출

5에서 1까지 거꾸로 출력하는 문제는 다음과 같이 for문을 이용한 반복문으로 간단하게 작성할 수 있다.

```
for (i=5; i>=1; i--)
    printf("%3d", i);
```

이 문제를 반복이 아닌 다른 방법으로 해결해보자. 5에서 1까지 거꾸로 출력하는 문제는 다음과 같이 두 단계의 일을 처리하는 것으로 간단히 해석할 수 있다.

① 5 출력하기
② 4에서 1까지 거꾸로 출력하기

여기서 2단계는 5에서 1까지가 아닌 4에서 1까지의 출력으로, 처음 출력하는 숫자만 다를 뿐 원래 해결하려던 문제와 같음을 알 수 있다. 만일 임의의 n에 대해 n에서 1까지 거꾸로 출력하는 함수 reverse가 미리 정의되어 있다면 결국 5에서 1까지 거꾸로 출력하는 문제는 다음과 같이 해석할 수 있다.

① 5 출력하기
② reverse(4);를 실행하여 4에서 1까지 거꾸로 출력하기

5에서 1까지 출력하기 위해 reverse(5)를 호출했을 때 reverse 함수가 하는 일은 우선 5를 출력한 후 나머지를 출력하기 위해 reverse(4);로 자기 자신을 호출하는 것이다. 이처럼 reverse 함수는 자기 자신을 다시 호출하여 자신이 해결할 문제를 해결할 수 있다. 하지만 reverse 함수를 호출했을 때 자기 자신을 계속 호출한다면 함수 실행이 끝나지 않고 무한 실행이 될 것이다. 그러므로 재귀 호출을 이용할 때는 더이상 재귀 호출을 하지 않는 상황이 발생해야 하는데 이런 상황을 정지(stopping) 조건이라 한다. 이 문제에서는 직전에 출력한 숫자가 1이면 더이상 재귀 호출을 할 필요가 없으므로 다음과 같이 정지 조건을 포함하여 다시 정의할 수 있다.

```
① n 출력하기
② if (n == 1)          ← 정지 조건
     함수 종료하기
   else                ← 재귀 호출
     reverse 함수를 호출하여 n-1에서 1까지 거꾸로 출력한 후 종료하기
```

n에서 1까지 거꾸로 출력하는 문제를 재귀 함수 reverse를 이용해 해결하면 [프로그램 8-30]이 된다.

프로그램 8-30 재귀 함수를 이용하여 n에서 1까지 거꾸로 출력하기 (ch8-30.cpp)

```
#include <stdio.h>

void reverse(int n);

int main()
{
    int n;

    printf("n에서 1까지 거꾸로 출력하는 프로그램입니다. n은? ");
```

```
10      scanf("%d", &n);
11
12      reverse(n);
13
14      return 0;
15  }
16
17  // n에서 1까지 거꾸로 출력하는 재귀 함수
18  void reverse(int n)
19  {
20      printf("%3d", n);
21      if (n > 1)
22          reverse(n-1);
23
24      return;
25  }
```

(12행) n에서 1까지 거꾸로 출력하기 위해 재귀 함수를 호출한다.

(20~22행) n이 1보다 클 때는 자신을 다시 호출하여 나머지 n-1에서 1까지 출력한 후 24행을 실행하여 함수를 끝낸다. n이 1보다 크지 않다면 곧바로 24행을 실행하여 함수를 끝내므로 더 이상 재귀 호출이 일어나지 않는다.

(24행) 반환 값이 없는 void 함수이므로 이 문장을 생략해도 되지만 재귀 호출의 실행 순서를 명확히 이해하도록 포함하였다.

실행결과

```
n에서 1까지 거꾸로 출력하는 프로그램입니다. n은? 5
  5  4  3  2  1
```

설명

21~24: 정지 조건(n == 1)을 그대로 사용하지 않고 (n > 1)일 때만 재귀 호출을 하도록 간단히 표현하였다.

TIP 프로그램이 실행되는 과정은 다음과 같다.

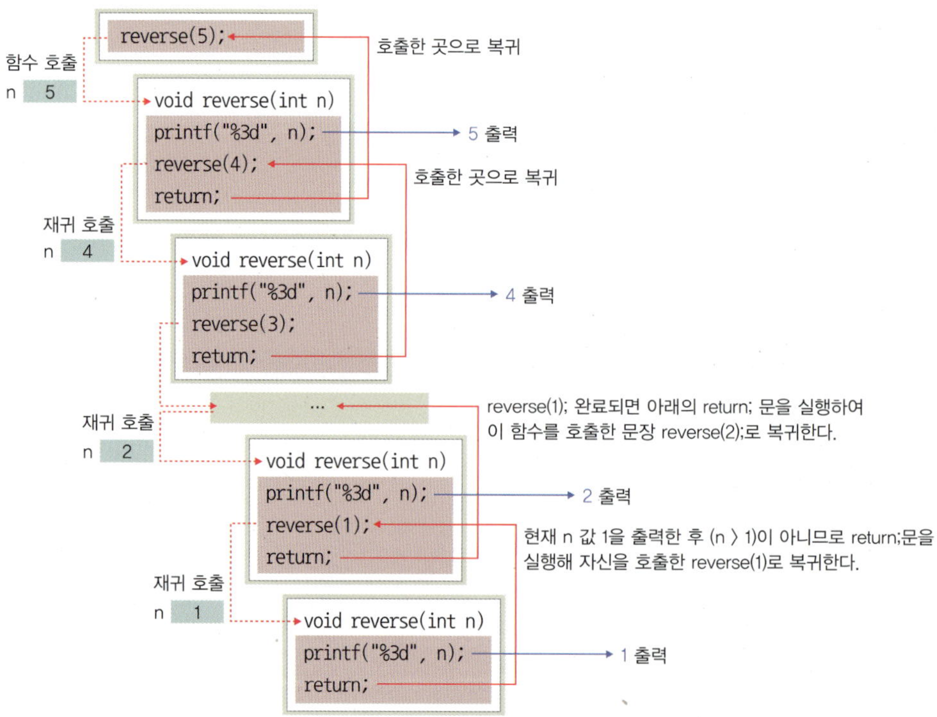

8.14.2 반환 값을 갖는 재귀 함수

반환 값이 없는 재귀 함수뿐만 아니라 반환 값이 있는 재귀 함수도 정의할 수 있다. 1~n의 합을 구하는 함수 compute_sum은 다음과 같이 반복문으로 작성할 수 있다.

```
int compute_sum(int n)
{
    int i, sum = 0;

    for (i=1; i<=n; i++)
        sum = sum + i;
    return sum;
}
```

1~n의 합을 구하는 문제는 일단 1부터 (n−1)까지의 합을 구한 다음 n을 더하면 되므로 다음과 같이 해석할 수 있다.

① 1에서 n−1까지의 합 구하기 ← 재귀 호출
② ①의 결과에 n 더하기

1에서 n까지의 합을 구하는 함수 addition이 정의되어 있다고 하자. 그렇다면 1에서 n−1까지의 합은 함수 호출문 addition(n−1)으로 구할 수 있으며 이 값에 n을 더하면 최종 결과 값이 된다. 더이상 재귀 호출을 하지 않게 하는 정지 조건은 n이 1일 때로 곧바로 n을 반환 값으로 전달하는 것이다. [프로그램 8-31]은 1에서 n까지의 합을 구하는 재귀 함수 addition을 정의하여 완성한 프로그램이다.

프로그램 8-31 재귀 함수를 이용해 1~n의 합 구하기 (ch8-31.cpp)

```
#include <stdio.h>

int addition(int n);

int main()
{
    int n;

    printf("1에서 n까지의 합을 구하는 프로그램입니다. n은? ");
    scanf("%d", &n);

    printf("1에서 %d까지의 합은 %d입니다.", n, addition(n));
                                    ↑1에서 n까지의 합을 구하기 위해 함수를 호출한다.
    return 0;
```

```c
}

// 1에서 n까지의 합을 구하는 재귀 함수
int addition(int n)
{
    int result;

    if (n > 1)
        result = addition(n-1) + n;
    else
        result = 1;

    return result;
}
```

n이 1보다 클 때는 자기 자신을 다시 호출해 1에서 (n-1)까지의 합을 구한 후 n을 더해 최종 결과 값을 구한다.

n이 1일 때는 1에서 1까지의 합은 1 자신이므로 더이상 재귀 호출을 하지 않는다.

실행결과

```
1에서 n까지의 합을 구하는 프로그램입니다. n은? 10
1에서 10까지의 합은 55입니다.
```

설명

TIP 프로그램이 실행되는 순서는 다음과 같다.

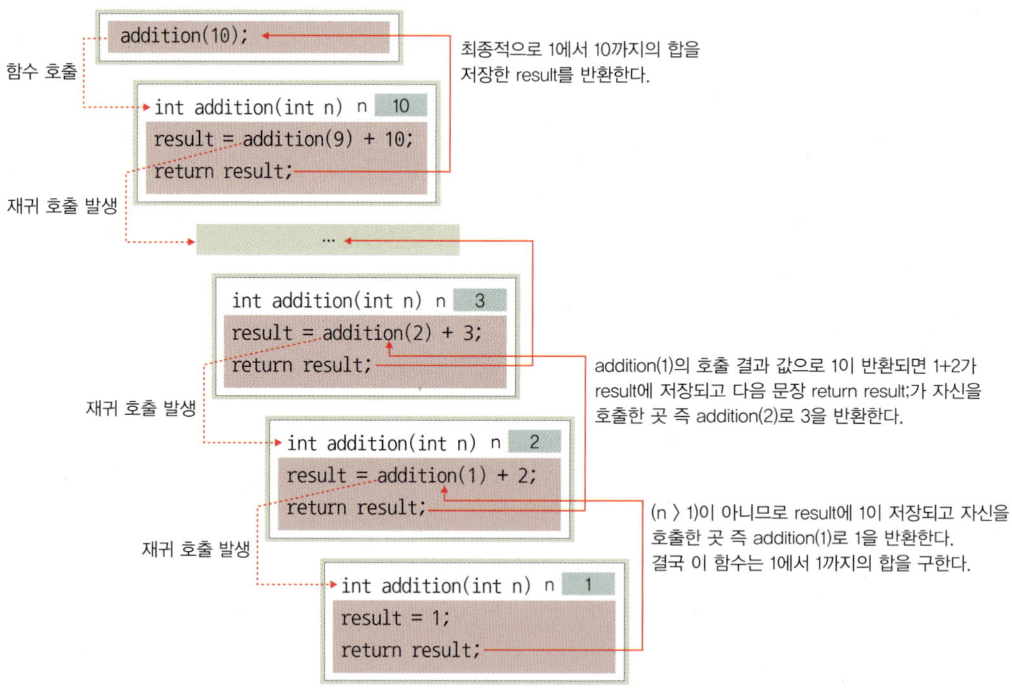

8.14.3 반복문과 재귀 호출의 비교

'소주 만병만 주소'를 거꾸로 하면 무얼까? 역시 '소주 만병만 주소'다. 앞에서부터 읽으나 뒤에서부터 읽으나 결과가 같은 단어나 구를 회문(palindrome)이라 하는데 외국에서는 이름으로 회문을 사용해 그 사람만의 캐릭터를 강조하기도 한다. char형 배열에 저장된 문자열의 경우 문자열을 거꾸로 출력하는 것은 첨자를 활용해 간단히 해결할 수 있다. 그러나 사용자가 입력한 임의의 양의 정수를 일 단위부터 십 단위씩 증가시키며 각 단위의 숫자를 출력하려면(예를 들어 1357을 거꾸로 7531로 출력하기) 어떻게 해야 할까? 이 문제를 재귀 호출을 이용하도록 다음과 같이 해석한다면 [프로그램 8-32]와 같이 작성할 수 있다.

① 1단위 자리 값 출력하기
 - n을 10으로 나눈 나머지는 1단위 자리 값이 되므로 n%10을 출력한다.

② n이 10단위 이상의 값이 아니면 함수 끝내기(재귀 호출 정지 조건)

③ n이 10단위 이상의 값이면 10단위 이상의 각 자리 값을 거꾸로 출력하기
 - n을 10으로 나눈 몫(n/10)을 거꾸로 출력하기 위해 재귀 호출 이용하기

프로그램 8-32 사용자가 입력한 양의 정수를 1단위 자리 값부터 거꾸로 출력하기 (ch8-32.cpp)

```
#include <stdio.h>

void palindrome(int n);

int main()
{
    int n;

    printf("양의 정수 n을 입력하면 거꾸로 출력하는 프로그램입니다. n은? ");
    scanf("%d", &n);

    palindrome(n);

    return 0;
}

// 양의 정수 n을 거꾸로 출력하는 재귀 함수
void palindrome(int n)
{
    // n의 끝자리 값 출력하기
    printf("%d", n % 10);

    // n이 10단위 이상의 값이라면 재귀 호출로 나머지 자리를 출력하기
    if (n >= 10)
        palindrome(n / 10);
}
```

(palindrome(n);) 입력된 n을 거꾸로 출력하기 위해 함수를 호출한다.

(if (n >= 10)) n이 10보다 작으면 더이상 자신을 호출할 필요가 없다.

실행결과

```
양의 정수 n을 입력하면 거꾸로 출력하는 프로그램입니다. n은? 1234
4321
```

설명

25: 현재 n 값이 1234일 때 21행에서 4를 출력했다면 이제는 123만 거꾸로 출력하면 된다. 123은 1234를 10으로 나눈 몫이므로 25행과 같이 n/10을 인수로 사용하여 재귀 호출을 한다.

10: 사용자가 1234를 입력했을 때 프로그램의 실행 과정은 다음과 같다.

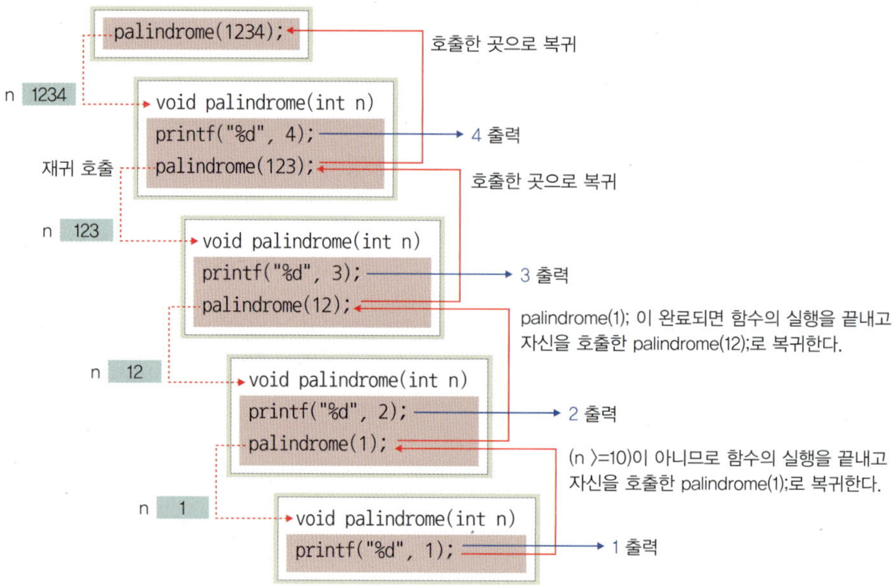

[프로그램 8-32]는 반복문으로도 해결할 수 있다. 이는 연습문제로 남긴다. 연습문제를 푼 후 두 프로그램을 분석하면 반복문에 비해 재귀 함수 palindrome이 훨씬 더 문제의 정의에 가깝게 작성되어 있고 해석도 쉽고 코드 길이도 짧음을 확인할 수 있을 것이다.

가장 중요하지만 프로그래밍을 처음 배울 때 가장 힘들어하는 것 중에 하나가 주어진 문제를 재해석하고 정의하는 것이다. 머릿속에서는 당연히 해결할 수 있는 과정을 곧바로 프로그램으로 표현할 수 없을 때는 기존의 해결 과정 대신 컴퓨터 프로그램으로 코드화할 수 있는 과정을 찾아내야만 하기 때문이다.

예를 들어 1 + 10은 코드로도 1 + 10으로 표현할 수 있다. 그러나 임의의 정수가 짝수인지 아닌지를 판단해야할 때는 모두가 알고 있듯이 단순히 '2, 4, 6, 8, …은 짝수다.'라는 식의 머릿속 해결은 아무 도움이 되지 않는다. 모든 짝수로부터 그들이 가지는 공통된 특징, 즉 2로 나눈 나머지가 0이라는 사실을 찾고 나머지를 구하기 위해 나머지 연산자 %를 이용해 코드화할 수 있음을 알아야 프로그램으로 작성할 수 있는 것이다.

대부분의 컴퓨터 프로그램은 주어진 문제를 잘 분석하여 어떤 일을 계속 반복하면 결과가 나오는지를 찾고 이를 반복문 형태로 표현한 것이라고 해도 과언이 아니다. 주어진 문제가 어떤 일을 반복하면 되는지를 쉽게 찾는 경우도 있지만 하노이 탑처럼 반복문 형태로 해결하기에는 너무나 복잡한 문제가 있다. 이런 문제가 자기 자신을 호출해서 해결할 수 있도록 해석된다면 재귀 함수를 사용하였을 때 단순하면서도 문제에 가장 가깝게 코드로 표현될 수 있다. 이런 점 때문에 재귀 함수는 프로그래머에게 상당히 매력적이다.

그러나 재귀 호출의 단점은 반복문과 달리 함수 호출이 자주 발생하여 함수 호출에 드는 비용(지역 변수를 위한 기억장소 할당, 값 복사, 반환 값 전달)이 많다는 것이다. 결론적으로 문제가 주어졌을 때 반복문 형태로 쉽게 해결할 수 있는 문제는 비용 면에서 반복문이 더 좋으며, 문제를 해결하는 과정이 너무 복잡하거나 코드로 표현했을 때 이해하기 어려울 경우에는 (재귀 호출로 해결 가능하다면) 재귀 함수로 작성하는 것이 좋다. 재귀 호출로 해결하는 대표 문제로는 앞서 언급한 하노이 탑 외에도 이진 탐색(binary search), 트리 탐색(tree search) 등이 있다. 이 문제들은 기초 프로그래밍 과정이 아니므로 이 책에서는 생략한다.

핵심요약

함수의 개념

- 함수는 특정 일을 실행하는 코드 블록으로 C 언어로 작성된 프로그램을 구성하는 가장 큰 단위다.
- C 프로그램에 반드시 있어야 하는 함수는 main이다.
- 일반적으로 함수는 최댓값, 최솟값, 평균, 절댓값과 같이 값을 하나 구하는 데 사용되지만 배열 정렬하기, 처리 결과 출력하기, 안내문 출력하기와 같이 특정 일을 수행하는 데도 사용된다.

함수의 종류

함수에는 main과 같이 사용자가 목적에 맞게 직접 정의하는 사용자 정의 함수와 C 언어 사용자를 위해 미리 만들어져 제공되는 라이브러리 함수가 있다.

함수의 호출

호출하는 함수에 제공하는 정보. 인수가 없을 때는 비워두되 ()는 반드시 있어야 한다.

```
함수명(인수 목록)        // 인수 목록: 인수1, 인수2, ..., 인수n
```

사용자 정의 함수의 정의

- 반환 값의 자료형: return 문에 명시한 반환 값의 자료형으로, 반환 값이 없으면 void로 명시해야 한다.
- 매개변수 선언 목록: 매개변수 각각에 대한 선언문
- 함수의 헤더: 반환 값의 자료형 함수명(매개변수 선언 목록)

```
반환 값의 자료형  함수명(매개변수 선언 목록)      ← 함수의 헤더
{
    함수에서 사용할 변수 선언부   ┐
                                 │
    함수에서 처리할 명령 코드부   │ 함수의 본체(body)
                                 │
    return 반환 값;              ┘
}
```

return 반환 값; : 함수를 실행하다가 return문을 만나면 함수의 실행이 끝나며 자신을 호출한 곳으로 반환 값을 전달한다.

함수 원형 선언

함수 호출문보다 함수 정의가 더 뒤에 나오면 함수 호출문 이전에 함수의 헤더와 비슷한 함수의 원형을 먼저 선언해야 한다.

```
반환 값의 자료형  함수명( 매개변수 선언 );
```

매개변수 선언: (int a, int b) 또는 매개변수명을 생략한 (int, int) 모두 가능하다.

함수 실행 과정

```c
#include <stdio.h>

int f_sum(int x, int y); // 함수의 원형 선언

int main()
{
    int a, b;

    a = 2, b = 10;
    printf("결과 값: %d", f_sum(a, b));

    return 0;
}
```

```c
int f_sum(int x, int y)
{
    int i, sum = 0;

    for (i=x; i<=y; i++)
        sum += i;

    return sum;
}
```

① 프로그램을 실행하면 가장 먼저 main 함수가 호출되어 실행된다.

② 함수 호출문을 만나면 실행 순서는 f_sum 함수로 바뀐다. 이때 main의 인수 a, b의 값이 f_sum 함수의 매개변수 x, y로 전달되어 저장된다.

③ f_sum 함수 안의 문장이 차례로 실행된다.

④ return 문을 만나면 함수 실행이 끝나고 이 함수를 호출한 곳으로 실행 순서가 변경된다. 이때 함수가 구한 반환 값 즉 sum에 저장된 값이 함수 호출문 자리로 전달되어 대치되고 이 값이 출력된다.

⑤ 계속해서 main 함수가 실행되고 return문을 만나면 main 함수가 끝나고 프로그램의 실행도 끝난다.

함수 간의 인수 전달

- 값에 의한 호출(call-by-value) 방식
  - 인수의 값이 전달되어 함수의 매개변수에 저장된다.
  - 인수와 매개변수는 다른 기억장소를 사용하므로 매개변수 값을 수정해도 인수 값이 변경되지 않아 함수 간의 독립성이 보장된다.

• 함수 호출

```c
pass(absence)
larger(a+100, a+10)
```

• 함수 정의

```c
int pass(int n) { … }
int larger(int a, int b) { … }
```

• 주소에 의한 호출(call-by-address) 방식
  - 인수의 주소가 전달되어 함수의 매개변수에 저장되며 그 결과 포인터인 매개변수는 자신을 호출한 함수의 인수를 가리키게 된다.
  - 함수에서는 간접 참조 연산자인 *를 이용해 인수의 내용을 참조할 수 있다.

• 함수 호출

```
sort(&a, &b)
```

• 함수 정의

```
void sort(int *first, int *second)
{
    ...
    if (*first > *second)
    ...
}
```

호출된 함수에서 또 다른 함수 호출하기

함수는 자신의 일을 실행하기 위해 또 다른 함수를 호출할 수 있다.

```
int days(int yy)
{
   if (leap_year(yy) == 1)
      return 366;
   else
      return 365;
}
```

매개변수 yy의 윤년 여부를 알기 위해 leap_year 함수를 호출한다.

배열을 함수로 전달하기

배열을 함수로 전달할 때는 주소에 의한 호출 인수 전달 방식을 사용한다.

• 함수 호출 (배열명만 적는다.)

```
input(matrix)
// int matrix[2][3]으로 선언된 배열을 전달
```

• 함수 정의

```
int input(int m[2][3])
{
    ...
}
```

차원에 맞게 배열로 선언한다.

난수 생성기

- 프로그램에서 무작위의 값 즉 난수가 필요할 때는 난수 생성기인 rand 함수를 사용한다.
- 함수 호출 rand() : 0~32767(RAND_MAX) 중의 정수 하나가 반환된다.
- 0~9 범위의 난수를 얻기 위한 스케일링: rand() % 10
- 1~6 범위의 난수를 얻기 위한 스케일링: rand() % 6 + 1
- begin~end 범위의 난수를 얻기 위한 스케일링: rand() % (end − begin + 1) + begin
- 프로그램을 실행할 때마다 rand 함수의 씨드를 다르게 설정하기 위해 현재 시간을 씨드로 설정하기: srand(time(NULL))

재귀 함수

함수를 정의할 때 현재 정의하고 있는 함수를 호출할 수 있는데 이를 재귀 호출이라 하며 재귀 호출을 포함하는 함수를 재귀 함수라 한다. 재귀 함수로 해결할 수 있는 문제는 재귀 호출이 정지 조건을 가진 경우다. 반복문에 비해 함수 호출로 인한 비용이 더 많지만 반복문으로 해결하기 복잡한 문제를 보다 문제 정의에 가깝고, 간단하게 작성할 수 있다는 장점이 있다.

연습문제

01 배열에 저장된 값 중 사용자가 입력한 값이 몇 개 들어 있는지 표시하려고 한다. 이 프로그램에서 밑줄 친 곳에는 무언가가 생략되어 있거나 에러가 난다. 잘못된 이유와 어떻게 수정해야 하는지 적으시오.

```
#include <stdio.h>
#define N 30
void print_title();

void main()
{
    int result[N] = {1, 3, 2, 5, 3, 2, 1, 2, 3, 4, 5, 2, 3, 3, 2,
                     1, 4, 5, 2, 3, 5, 1, 3, 4, 2, 3, 1, 4, 2, 3};
    int count, i, target;
    printf("개수를 구하고 싶은 값은(1~5)?");
    scanf("%d", &target);
    print_title;
    count = frequency(result[N], target);
    printf("배열에는 %d가 %d개 있습니다.", target, count);
    return 0;
}
void print_title()
{
    printf("==============================================\n");
    printf("배열에 특정 값이 몇 개 포함되어 있는 지 찾는 프로그램");
    printf("==============================================\n");
}
int frequency(int arr[N], value)
{
    int i, count = 0;

    for (i=0; i<N; i++)
        if (arr[i] == value)
            count++;

}
```

02 다음 식을 예와 같이 C 언어에 맞게 표현하시오.

$y = 2^{10}$ → y = pow(2, 10)

$y = e^{x} + e^{-x}$ →

$y = \ln 3x + \log_{10} x$ →

$y = \sin(90) + \cos(180)$ →

$y = \sqrt{b^2 - 4ac}/2a$ →

03 다음 프로그램을 실행했을 때 9행에서 convert 함수가 호출되어 반환 값이 전달된 직후 10행에서의 second 값을 적으시오.

hint 함수 간의 인수 전달 방식인 값에 의한 호출과 함수 간의 독립성 개념을 잘 이해하고 있다면 convert 함수를 추적하지 않고도 곧바로 답을 알 수 있다.

```
1   #include <stdio.h>
2   int convert(int second);
3
4   int main()
5   {
6       int second;    // 초
7
8       second = 5000;
9       hour = convert(second);   // 초를 시간으로 변환하기
10      printf("%d초는 %d시간", second, hour);
11
12      return 0;
13  }
14
15  int convert(int second)
16  {
17      second = second / 60; // 분 단위로 변환
18      second = second / 60; // 시간 단위로 변환
19      return second;
20  }
21
```

(10행의 첫 번째 %d를 가리키는 화살표) 이곳에 출력되는 값은? ________

04 1feet는 30.48cm다. cm 단위의 키를 height 변수에 입력받은 후 feet 단위로 변환하여 출력하도록 다음 프로그램을 완성하시오.

```
#include <stdio.h>
// cm_to_feet 함수의 원형 선언

int main()
{
    double height;

    printf("당신의 키는(cm)?");
    scanf("%lf", &height);

    printf("키 %.1lf cm는 %.1lf feet입니다.", height, cm_to_feet(height));

    return 0;
}

// cm_to_feet 함수의 정의
```

05 사용자의 키(height)와 몸무게(weight)를 입력받아 입력된 키에 해당하는 체중이 표준체중보다 초과인지, 미달인지, 같은지를 다음과 같이 출력하는 프로그램을 작성하시오. 표준체중은 (키−100)*0.9이며, 표준체중과의 차이 즉 (표준체중−사용자의 체중)은 difference 함수를 이용해 구한다. 단 표준체중과의 차이는 0.1 미만일 때는 0을 반환하도록 한다. 표준체중과의 차이가 0.01일 때는 '0.0kg 초과'로 출력되는 것을 막기 위해서다.

```
dif = std_weight - weight; // 표준체중 - 사용자의 체중
if (dif > 0)
    printf("보다 %.1lf 미달", dif);
else if (dif < 0)
    printf("보다 %.1lf 초과", dif);
else
    printf("과 동일");
```

```
실행결과
키는? 161.8
체중은? 56.7
================================================
키가 161.8cm인 사람의 표준 체중 55.6Kg보다 1.1kg 초과
```

```
실행결과
키는? 161.8
체중은? 52
================================================
키가 161.8cm인 사람의 표준 체중 55.6Kg보다 3.6kg 미달
```

```
실행결과
키는? 161.8
체중은? 55.6
================================================
키가 161.8cm인 사람의 표준 체중 55.6Kg과 동일
```

실제 키 161.8의 표준체중은 55.62이다. 그러므로 차이 값을 단순히 55.62-55.6으로 구하면 차이 값이 0.02가 되지만 0.1 미만일 때는 0을 반환하여 "동일"이라고 출력된다.

06 [프로그램 8-23]의 find_min 함수는 배열의 최솟값만 반환하므로 최솟값이 배열의 어느 원소에 해당하는지는 알 수 없다. 배열 원소의 첨자를 반환하는 함수 index를 정의해 이 최솟값이 배열의 어느 원소에 해당하는지 나타내도록 [프로그램 8-23]을 수정하시오.

hint – 함수를 이용하지 않을 때는 다음과 같이 min의 값이 바뀔 때마다 그 값에 해당하는 배열 원소의 첨자를 특정 변수에 저장하면 된다.

s를 0으로 초기화하는 것을 잊으면 안 된다. 첫 원소 f[0]이 최솟값이라면 제대로 결과를 출력할 수 없다.

```
min = f[0];
s = 0;            // 현재 min에 저장된 값의 배열 첨자 s도 0으로 초기화
for (i=1; i<SIZE; i++)
{
    if (f[i] < min)
    {
        min = f[i];
        s = i;  // min이 수정되었으므로 배열 첨자 s도 i로 수정
    }
}
printf("최솟값은 f[%d]=%d", s, min);
```

– 이 문제에서는 배열의 최솟값을 구하는 함수가 이미 있으므로 이 함수로부터 구한 최솟값에 해당하는 원소의 첨자를 구하는 함수 index를 따로 정의해 사용한다. index 함수는 배열과 find_min에서 구해준 배열의 최솟값을 인수로 전달받은 후 배열의 원소를 차례로 최솟값과 비교한다. 최솟값과 동일한 배열 원소를 찾으면 해당 원소의 첨자를 반환한다.

실행결과

```
어느 점 목록:  3  0 -30 -20  -1
가장 낮은 어느 점: f[2]= -30
```

index 함수가 반환한 값

07 연도(year)와 월(month)을 입력받아 year년 month월의 마지막 일(28~31 중 1개)을 출력하는 프로그램을 작성하시오. 이때 마지막 일은 함수 last_day를 이용해 구하시오.

hint 2월을 제외한 11달의 마지막 일은 30 또는 31로 정해져 있지만 2월은 윤년 여부에 따라 29일 또는 28일이다. 윤년과 관련된 문제를 풀기 위해 last_day 함수는 2월에 대해 무조건 28일을 반환하며 main 함수에서 year년의 윤년 여부에 따라 최종적으로 28 또는 29로 결정할 수도 있다. 그러나 last_day 함수를 호출하는 측에서 본다면 함수에서 모든 것을 해결해주는 것이 더 편리하므로 last_day 함수는 연도와 월에 대한 두 개의 매개변수를 갖도록 하는 것이 좋다. last_day 함수는 2월의 마지막 일을 구해야 한다면 윤년 여부를 확인해야 하는데 [프로그램 8-12]의 leap_year 함수를 이용해도 된다. m월의 마지막 일을 구하기 위해 다음 if문을 사용해도 된다.

```
if ((m==4) || (m==6) || (m==9) || (m=11))
    return 30;
```

7장의 연습문제 5번과 같이 배열에 각 달의 마지막 일을 저장한 후 days[m]을 반환해도 된다. 이때에도 m이 2월일 때는 윤년 검사를 하여 28 또는 29를 반환해야 한다.

```
int days[13] = {0, 31, 28, 31, 30, 31, 30, 31, 31, 30, 31, 30, 31};
```

08 한 달 동안의 음성 통화 시간이 voice분이고 문자 전송 건수가 text건일 때 휴대폰 사용료 계산 방법을 사용해 휴대폰 사용료 charge를 구하는 프로그램을 작성하시오. 음성 통화료는 voice_charge 함수를, 문자 전송료는 text_charge 함수를 정의해 사용한다.

- 기본 요금은 10,000원으로 문자 전송 20건이 무료로 제공된다.
- 음성 통화 요금은 100분까지는 분당 100원, 100분을 초과하면 분당 80원이 부과된다.
- 문자 전송 건이 20건을 초과하면 건당 20원이 부과된다.
- (기본료 + 음성 통화료 + 초과 문자 전송료)에 대해 10%의 부가세가 부여된 금액이 최종 휴대폰 요금 charge이다.

실행결과

```
음성 통화 시간은(분)? 140
문자 전송 건수는? 30

휴대폰 사용 요금 청구서
==================================================
음성 통화 시간 140분
문자 전송 건수 30건
--------------------------------------------------
기본요금                              10000원
음성 통화료 140분                     13200원
문자 전송료 초과 10건(20건 무료)        200원
--------------------------------------------------
합계                                  23400원
부가세(10%)                            2340원
==================================================
이번 달 요금                          25740원
```

voice_charge 함수의 반환 값 → 13200원

text_charge 함수의 반환 값 → 200원

실행결과

```
음성 통화 시간은(분)? 90
문자 전송 건수는? 40

휴대폰 사용 요금 청구서
==================================================
음성 통화 시간 90분
문자 전송 건수 40건
--------------------------------------------------
기본요금                              10000원
음성 통화료 90분                       9000원
문자 전송료 초과 20건(20건 무료)        400원
--------------------------------------------------
합계                                  19400원
부가세(10%)                            1940원
==================================================
이번 달 요금                          21340원
```

09 학생 N명의 퀴즈 점수 10, 8, 7, 9, 6, 10, 9, 8, 7이 저장된 배열 class에 대해 사용자의 점수가 입력되면 순위를 출력하는 프로그램을 작성하시오. 입력된 점수 my_score의 순위를 구하는 함수 rank를 정의해 사용하시오.

hint 내가 1등이라는 것은 내 점수보다 높은 점수가 하나도 없다는 뜻이다. 즉, 내 점수의 순위는 '나보다 높은 점수의 수 + 1'이다. 이 방법은 동점자가 여러 명일 때도 순위를 정확히 구할 수 있다.

순위를 구하는 rank 함수는 순위를 구할 점수가 포함된 배열과 순위를 구할 점수를 전달받아 순위를 반환한다. (순위를 구할 점수 < 배열 원소)일 때마다 count를 1씩 증가시킨 후 (count + 1)을 반환한다.

10 [프로그램 7-3]의 연예인 인기도 설문 조사 프로그램을 확장하여 다음과 같이 출력하는 프로그램을 작성하시오. 각 연예인의 득표수는 1번 문제의 frequency 함수를 완성해 이용하고, 득표수 순위는 9번 문제의 rank 함수를 이용한다.

실행결과

```
연예인   득표수   순위
======================
성춘향    5표      3
장화      8표      2
갑돌이    9표      1
갑순이    4표      4
이몽룡    4표      4
```

득표수: frequency 함수의 반환 값

순위: rank 함수의 반환 값

11 [프로그램 8-32]를 반복문 형태로 수정하시오.

12 함수의 원형이 int factorial(int n);인 n!(팩토리얼)을 구하는 재귀 함수를 정의하여 사용자가 입력한 임의의 양의 정수 n에 대해 n!을 구하는 프로그램을 작성하시오. n! = 1 × 2 × 3 × … × n이다.

hint n!은 일단 (n-1)!을 구한 후 여기에 n을 곱한 값이다.

13 [프로그램 8-32]를 참고해 사용자가 입력한 양의 정수를 2진수로 출력하는 binary 함수를 정의하시오.

hint 그림과 같이 십진수 11은 이진수 1011에 해당한다. 10진수를 2진수로 변환할 때는 10진수를 2로 나누어 몫은 한 단위 위의 2진수를 구하는 데 사용하고 나머지를 2진수 결과 값에 포함한다. 즉 n의 2진수는 일단 (n/2)를 2진수로 출력한 후 (n%2)를 출력한다.

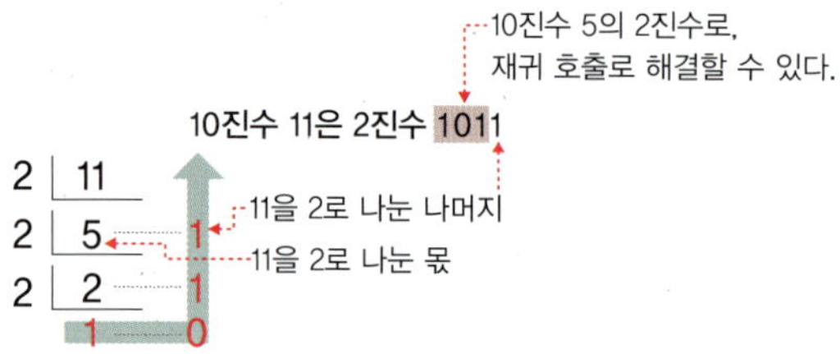

chapter 9

변수의 참조 영역과 지속 기간

9.0 개요

프로그램에서 '변수를 사용한다'는 것은 변수에 해당하는 기억장소를 참조(access)하여 저장된 값을 읽어오거나 기억장소에 새로운 값을 저장한다는 것을 의미하며 간단히 '변수를 참조한다'고도 한다. sum = 0;과 같이 변수에 새 값을 대입하는 것, printf("%d", sum);과 같이 변수 값을 출력하는 것, sum + score와 같이 변수 값을 이용해 수식을 계산하는 것 등이 바로 변수 참조다.

변수 참조는 변수의 참조 영역 안에서만 가능하다. 지역(local) 변수는 함수 외부에서는 참조할 수 없으며, 전역(global) 변수는 모든 함수에서 참조할 수 있다. 다음 [그림 9-1]과 같이 사무실에서 공용으로 사용하는 복사기는 누구나 사용할 수 있는 물품으로 사무실(프로그램)의 전역 변수에 해당한다. 그러나 사무실 직원의 각 책상에 있는 컴퓨터는 개인만이 쓸 수 있는 물품으로 각 직원(함수)의 지역 변수에 해당한다.

그림 9-1 지역 변수와 전역 변수 개념

개인 컴퓨터: 지역 변수
개인만 사용할 수 있다.

공용 복사기: 전역 변수
사무실의 모든 직원이 같이 사용할 수 있다.

참조 영역에 따라 지역과 전역 변수로 나누는 것 외에 변수가 기억장소를 차지하는 지속 기간에 따라 자동, 정적, 외부, 레지스터 변수로 나눌 수도 있다. 이 장에서는 변수의 참조 영역과 지속 기간에 따라 분류된 변수들의 특징을 소개한다.

9.1 지역 변수

프로그램에서 선언한 변수는 프로그램 어디서나 사용할 수 있는 것이 아니라 변수의 참조 영역(scope) 안에서만 사용(참조)할 수 있다. 변수의 참조 영역이란 프로그램에서 변수를 참조(사용)할 수 있는 영역 즉 변수의 참조가 유효한(valid) 영역을 말한다. 변수는 참조 영역에 따라 지역(local) 변수와 전역 변수로 나뉜다.

지역 변수는 함수/블록 안에서 선언된 변수로, 변수가 선언된 함수/블록 안에서만 참조할 수 있다. 블록은 { }로 묶은 코드로 함수의 본체뿐만 아니라 { }로 묶은 for문의 본체나 do~while 문의 본체도 블록이다. 즉 지역 변수의 참조 영역은 그 변수가 선언된 함수/블록이므로 함수/블록을 벗어난 곳에서는 참조할 수 없다. 지금까지 소개한 프로그램의 변수는 모두 지역 변수에 해당한다. 지역 변수와 달리 전역 변수는 함수 외부에서 선언된 변수로, 변수가 선언된 이후에는 프로그램 어디서나 모든 함수가 참조할 수 있다.

9.1.1 함수 본체에서 선언한 지역 변수

형식 지역 변수 선언

```
반환 값의 자료형   함수명(매개변수 선언 목록)
{
    자료형  지역 변수1;   ← 함수의 본체 블록 { }안에서 윗부분에 지역 변수 선언문을 두어야
    자료형  지역 변수2;     하며, 이 지역 변수는 이 함수 안에서만 참조할 수 있다.

    : 함수 본체의 나머지 코드
                         ← 지역 변수1, 지역 변수2의 참조 영역
}
```

프로그램 9-1 배열의 최댓값 구하기 (ch9-1.cpp)

```
#include <stdio.h>
#define N 5

int find_max(int ary[N]);

int main()
{
    int maximum, score[N] = {10,8,6,9,8};   ← main 함수의 지역 변수 선언

    maximum = find_max(score);               ← maximum과 score의 참조 영역
```

```
11      printf("최댓값: %d \n", maximum);
12
13      return 0;
14  }
15
16  // 전달된 배열의 최댓값을 반환하는 함수
17  int find_max(int ary[N])  ← 함수의 매개변수도 함수의 지역 변수이므로 ary는 지역 변수다.
18  {
19      int i, max;  ← find_max 함수의 지역 변수 선언
20
21      max = ary[0];
22      for (i=0; i<N; i++)
23          if (max < ary[i])        ← i, max, ary의 참조 영역
24              max = ary[i];
25
26      return max;
27  }
```

실행결과

```
최댓값: 10
```

> **참고** 변수 참조 영역 밖에서 변수를 참조하면 에러가 발생한다. 그러므로 main 함수의 11행에서 max를 출력하거나 find_max 함수의 25행에서 score 배열 원소를 출력하려고 하면 에러가 발생한다.

[프로그램 9-2]는 학생 5명 성적에 대한 평균과 60점 이상인 합격자의 평균을 출력한다. main 함수에서 60점 이상 합격자의 점수만 누적하는 변수로 sum을 선언했는데 compute_ave 함수에서도 합을 구하는 변수로 sum을 선언하였다. 변수명은 같지만 각각 변수가 선언된 참조 영역에 따라 정확하게 구분되어 참조되므로 아무 문제가 없다. 즉 인수 전달에서 소개한 대로 완전히 동명이인에 해당한다.

compute_ave 함수에서 합을 구하는 변수가 필요한데 sum 변수명이 main 함수에 이미 선언되어 다른 변수명을 사용해야 한다면, 프로그래머 입장에서 볼 때 변수명을 중복하지 않기 위해 얼마나 많은 노력을 해야 할지 짐작할 수 있을 것이다.

프로그램 9-2 서로 다른 함수에서 이름이 같은 지역 변수를 사용하는 예 (ch9-2.cpp)

```
#include <stdio.h>
#define N 5

double compute_ave(int ary[N]);

int main()
```

```
7  {
8      int i;
9      int pass = 0, sum = 0;      // 합격자 수, 합격자 점수의 합
10     int score[N] = {93, 82, 49, 55, 75}; // N명의 점수
11
12     // 전체 학생의 평균 구하기
13     printf("전체 평균: %.1lf \n", compute_ave(score));
14
15     // 60점 이상 합격자의 평균 구하기
16     for (i=0; i<N; i++)
17     {
18         if (score[i] >= 60)
19         {
20             sum += score[i];        // 60점 이상일 때만 sum에 점수 누적
21             pass++;                 // 60점 이상인 학생의 수를 1 증가
22         }
23     }
24     printf("합격자의 평균: %.1lf \n", (double)sum/pass);
25
26     return 0;
27 }
28
29 // 배열의 평균을 구하는 함수
30 double compute_ave(int ary[N])
31 {
32     int i, sum = 0;
33
34     for (i=0; i<N; i++)
35         sum += ary[i];
36
37     return (double)sum / N;
38 }
```

main 함수의 지역 변수 sum

main의 지역 변수 sum의 참조 영역

compute_ave 함수의 지역 변수 sum (main 함수의 sum과 구별된다.)

compute_ave의 지역 변수 sum의 참조 영역

실행결과

```
전체 평균: 70.8
합격자의 평균: 83.3
```

설명

9,13,20: main의 sum은 선언과 동시에 0으로 초기화된다. 이후 13행에서 compute_ave 함수가 호출된다. compute_ave는 32, 35행에서 sum 값을 변경시킨다. 그러나 이 sum은 compute_ave 함수의 지역 변수이므로 main 함수의 sum 값은 변하지 않는다. compute_ave 함수가 끝나고 다시 main 함수로 돌아왔을 때 main의 sum에는 여전히 0이 저장되어 있으므로 for문에서 처음으로 20행을 실행할 때 sum = 0 + score[0]이 된다.

9.1.2 블록에서 선언한 지역 변수

지금까지는 함수 본체 시작 부분에 지역 변수를 선언하였다. 그러나 [프로그램 9-3]의 11행과 같이 함수 본체가 아닌 for문 본체에서도 변수를 선언할 수 있다.이때 블록 안의 선언문은 반드시 다른 실행문 이전에 위치해야 한다. 그래서 [프로그램 9-3]의 14행 이후 int height;로 선언하면 에러가 발생한다.

프로그램 9-3 블록에서 선언한 지역 변수의 참조 영역 예 (ch9-3.cpp)

```
1   #include <stdio.h>
2   #define N 5
3
4   int main()
5   {
6       int i, sum;
7
8       sum = 0;
9       for (i=0; i<N; i++)
10      {
11          int height;    // for 블록의 지역 변수 선언
12
13          printf("%d번의 키는? ", i+1);
14          scanf("%d", &height);
15          sum += height;
16      }   // for 블록의 끝
17
18      printf("평균 키: %.1lf cm \n", (double)sum/N);
19
20      return 0;
21  }   // main 블록의 끝
```

i, sum의 참조 영역
(5행에서 시작하는 블록에서 선언되었으므로)

height의 참조 영역
변수 height는 10행에서 시작하는 블록에서 선언되었으므로 10~16행의 블록이 참조 영역이 된다.

실행결과

```
1번의 키는? 178
2번의 키는? 172
3번의 키는? 183
4번의 키는? 176
5번의 키는? 169
평균 키: 175.6 cm
```

설명

19: height 변수는 10행에서 시작하는 블록에서 선언되었으므로 16행의 블록 끝을 벗어나면 참조할 수 없다. 그러므로 다음과 같이 19행에서 height를 참조하는 출력문을 추가한다면 에러가 발생한다.

```
19 printf("마지막 사람의 키: %d cm \n", height);
```

사실 컴파일러는 19행이 5~21행까지의 블록에 포함된 코드이므로 이 블록의 선언부(선언문이 아닌 문장이 나오기 이전까지의 부분), 즉 8행 이전에 선언된 변수인지 확인한다. height는 8행 이전에 선언된 적이 없으므로 height가 선언되지 않은 식별자라는 에러 메시지를 표시한다.

9.2 전역 변수

전역(global) 변수는 함수 밖에서 선언한 변수로, 전역 변수의 선언문 이후에는 어떤 함수 안에서도 참조할 수 있다. 전역 변수의 참조 영역은 자신이 선언된 곳부터 프로그램 끝까지다. 그러므로 프로그램 어디서나 모든 함수가 이 변수를 사용할 수 있도록 하려면 프로그램 시작 부분과 main 함수 정의 사이에 선언하는 것이 바람직하다.

형식 전역 변수 선언

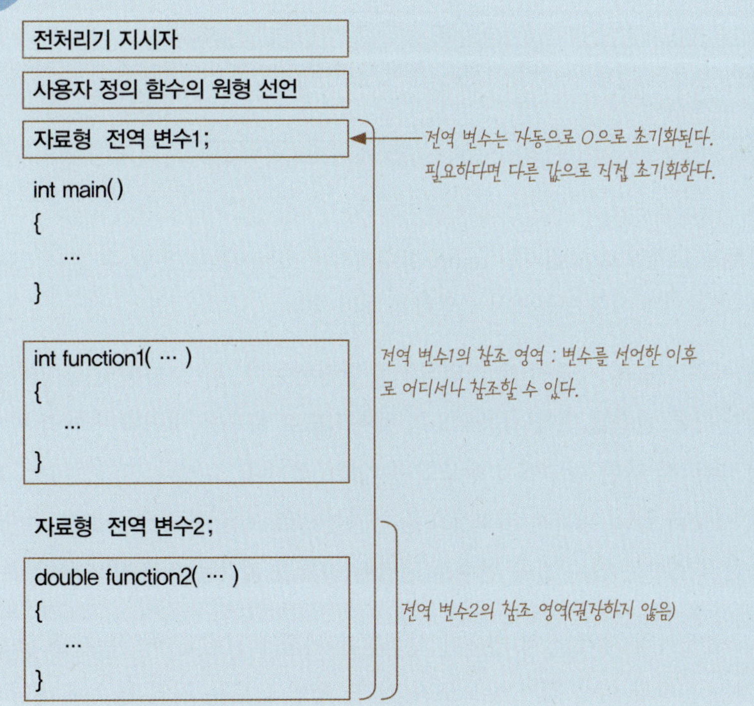

프로그램 9-4 원 단위의 월 급여 salary를 달러 단위로 변환해 출력하기 (ch9-4.cpp)

```
1	#include <stdio.h>
2	
3	double to_dollars();        // 함수 원형 선언
4	
5	int salary;                 // 전역 변수 선언
6	
7	int main()
8	{
9	    printf("월 급여는? "); scanf("%d", &salary);
10	    printf("월 급여 %d원은 %.1lf달러 \n", salary, to_dollars());
11	
12	    return 0;
13	}
14	
15	// 원 단위 금액을 달러 단위로 변환하는 함수
16	double to_dollars()
17	{
18	    int exchange_rate = 1100; // 원-달러 환율을 저장할 지역 변수 선언
19	
20	    return (double)salary / exchange_rate;
21	}
```

main에서 선언되지 않았지만 전역 변수이므로 참조가 가능하다.

to_dollars에서 선언되지 않았지만 전역 변수이므로 참조가 가능하다.

실행결과

```
월 급여는? 2500000
월 급여 2500000원은 2272.7달러
```

설명

5: int salary; 선언문을 14행으로 옮긴다면 main 함수에서는 salary를 사용할 수 없다. 그러므로 전역 변수는 프로그램의 시작 부분에서 선언하는 것이 좋다.

지역 변수는 함수/블록의 실행이 시작될 때 기억장소를 할당받는다. 함수/블록의 실행이 끝나면 할당된 기억장소가 다른 변수를 위해 사용되도록 해제되므로 함수를 벗어나면 지역 변수는 존재하지 않게 된다. 따라서 다른 함수에서 참조할 수 없는 것이다. 그러나 전역 변수는 프로그램 실행이 시작될 때부터 끝날 때까지 기억장소를 차지하므로 모든 함수가 참조할 수 있다. 이것은 결과적으로 전역 변수는 함수 간에 인수로 전달할 필요가 없다는 것을 의미한다.

[그림 9-2]는 프로그램에서의 지역/전역 변수가 실생활과 어떻게 관련되어 있는지를 잘 보여준다. 보통 강의실에는 칠판과 학생 각자의 노트가 있다. 학생 노트는 지역 변수에 해당하고 모든 학생이 같이 보는 칠판은 전역 변수에 해당한다. 어떤 학생이 다른 학생의 노트 내용을

보고 싶다면 노트 주인인 학생에게서 노트를 받아야 내용을 확인할 수 있다. 그러나 칠판은 모든 학생이 볼 수 있어 서로 전달할 필요가 없다. 칠판은 인수로 전달할 필요 없이 모든 학생이 정보를 공유할 수 있지만 단점도 있다. 쉬는 시간에 어떤 학생이 칠판에 적힌 내용을 일부 지웠다고 가정해보자. 칠판 내용을 모두 필기하지 않은 학생이 있다면 이들은 필기를 끝내지 못할 것이다.

이와 같이 전역 변수에 해당하는 자료는 모두가 공유함으로써 언제든 편리하게 정보를 확인하고 수정할 수 있지만, 또 그렇기 때문에 누군가 잘못 사용하면 모든 사람에게 부작용(side-effect)을 미칠 수 있다.

그림 9-2 강의실의 전역 변수와 지역 변수

9.2.1 인수로 전달할 필요가 없는 전역 변수

[프로그램 9-5]는 입력받은 두 정수 중 큰 수를 구하는 [프로그램 8-4]의 모든 지역 변수를 전역 변수로 선언하여 수정한 프로그램이다. 지역 변수 대신 전역 변수로 선언함으로써 13, 21행처럼 함수 간에 인수 전달이 전혀 필요 없음을 알 수 있다.

프로그램 9-5 [프로그램 8-3]을 인수 전달이 필요 없는 전역 변수만 사용하도록 수정한 프로그램 (ch9-5.cpp)

```
1    #include <stdio.h>
2
3    int find_larger();      // 함수 원형 선언
4
5    int n1, n2, max;        // 전역 변수 선언
6
7    int main()
```

```
8    {
9        printf("첫째 정수? "); scanf("%d", &n1);
10       printf("둘째 정수? "); scanf("%d", &n2);
11
12       // find_larger 함수 호출 후 반환된 값을 max에 저장
13       max = find_larger();
14
15       printf("n1=%d, n2=%d 중 큰 값은 %d \n", n1, n2, max);
16
17       return 0;
18   }
19
20   // 전역 변수 n1, n2 중 큰 값을 반환하는 find_larger 함수
21   int find_larger()
22   {
23       if (n1 > n2)
24           return n1;
25       else
26           return n2;
27   }
```

main 뿐만 아니라 find_larger 함수도 전역 변수 n1, n2를 참조할 수 있으므로 인수로 전달할 필요가 없다.

find_larger 함수에서 선언되지 않았지만 전역 변수이므로 직접 참조할 수 있다.

실행결과

```
첫째 정수? 10
둘째 정수? 25
10, 25 중 큰 값은 25
```

설명

5: [프로그램 8-4]의 9행에서 main 함수의 지역 변수로 선언한 n1, n2, max를 전역 변수로 선언하기 위해 함수 밖에서 main 함수 정의 이전에 선언하였다.

13,21: main 함수에서 find_larger를 호출할 때 인수를 명시하지 않고 있다. n1과 n2는 전역 변수이므로 main과 find_larger 함수 모두 곧바로 참조할 수 있어 인수 전달이 필요 없다.

9.2.2 만능 해결사가 아닌 전역 변수

전역 변수의 개념을 배우면 함수의 인수 전달이 귀찮게 느껴져 모든 변수를 전역 변수로 선언하려는 경향이 생기기도 한다. 그러나 전역 변수가 무조건 편한 것은 아니다. [프로그램 9-5]를 [프로그램 9-6]과 같이 확장할 때 발생할 수 있는 문제를 살펴보자. [프로그램 9-6]은 [프로그램 9-5]의 main 함수에 지역 변수 width와 height를 추가로 선언하고(9행) 두 변수의 값을 지정한 후(19, 20행) 이 둘 중 큰 값을 find_larger 함수를 이용해 구한다(21행). 그러나 실행결과는 프로그램이 잘못되었음을 보여준다.

프로그램 9-6 [프로그램 9-5]의 find_larger 함수가 범용 함수가 될 수 없는 예 (ch9-6.cpp)

```
1   #include <stdio.h>
2
3   int find_larger();          // 함수 원형 선언
4
5   int n1, n2, max;            // 전역 변수 선언
6
7   int main()
8   {
9       int width, height;     // main의 지역 변수 선언
10
11      printf("첫째 정수? "); scanf("%d", &n1);
12      printf("둘째 정수? "); scanf("%d", &n2);
13
14      // 전역 변수 n1과 n2 중 큰 값을 구하여 max에 저장하기
15      max = find_larger();
16      printf("n1=%d, n2=%d 중 큰 값은 %d \n", n1, n2, max);
17
18      // main의 width와 height 중 큰 값을 구하여 max에 저장하기
19      width = n1 * 4;
20      height = n2;
21      max = find_larger();
22      printf("width=%d, height=%d 중 큰 값은 %d \n", width, height, max);
23
24      return 0;
25  }
26
27  // 전역 변수 n1과 n2 중 큰 값을 반환하는 함수
28  int find_larger()
29  {
30      if (n1 > n2)
31          return n1;
32      else
33          return n2;
34  }
```

main의 지역 변수 width와 height 중 큰 값을 구하도록 추가된 부분이다.

find_larger 함수가 반환하는 값은 언제나 전역 변수 n1과 n2 중 큰 값이므로 이 함수로부터 width와 height 중 큰 값을 얻을 수 없다. 해결책은 아래의 설명과 [프로그램 9-7]을 참고한다.

실행결과

```
첫째 정수? 1
둘째 정수? 2
n1=1, n2=2 중 큰 값은 2
width=4, height=2 중 큰 값은 2
```

21행에서 구한 max로서 결과가 잘못됨을 알 수 있다.

[프로그램 9-6]의 21행에서는 main 함수의 지역 변수 width와 height 중 큰 값을 구하기 위해 이미 정의되어 있는 find_larger 함수를 호출했다. 하지만 이 함수는 이상한 결과를 낸다.

이는 find_larger 함수가 인수를 전달받지 않고 무조건 전역 변수 n1과 n2 중 큰 값을 반환하므로 다른 변수에 대해서는 적용할 수 없기 때문이다.

가능한 해결책으로는 20행과 21행 사이에 n1 = width;나 n2 = height;와 같은 대입문을 추가하는 것이다. 그러나 이런 경우 n1과 n2의 값이 변경되므로 22행 이후에서 n1과 n2의 초기 입력 값을 그대로 이용하려는 코드가 있다면 문제가 발생한다.

또 다른 해결책으로는 width와 height도 전역 변수로 선언하고 전역 변수 width와 height 중 큰 값을 구하는 find_larger2라는 새로운 함수를 정의하고 이를 이용하는 것이다. 그러나 같은 일을 하는 변수명만 다른 함수를 계속 정의한다면 굳이 함수를 사용해 프로그램을 개발할 이유가 없게 된다. 결국 8장에서 소개한 대로 필요한 만큼 인수를 전달받는 함수를 정의하고 이 함수를 다양한 인수에 대해 호출하는 것이 가장 좋다.

[프로그램 9-7]은 find_larger 함수가 큰 값을 구할 두 개의 인수를 직접 전달받도록 수정한 것으로 전역 변수 n1과 n2에도, main 함수의 지역 변수 width와 height에도 이용할 수 있음을 잘 보여준다.

프로그램 9-7 인수 전달을 통해 [프로그램 9-5]와 [프로그램 9-6]의 문제점을 해결한 프로그램 (ch9-7.cpp)

```
#include <stdio.h>

int find_larger(int first, int second);        // 함수 원형 선언

int n1, n2, max;                               // 전역 변수 선언

int main()
{
    int width, height;                         // main의 지역 변수 선언

    printf("첫째 정수? "); scanf("%d", &n1);
    printf("둘째 정수? "); scanf("%d", &n2);

    // 전역 변수 n1과 n2 중 큰 값을 구하여 max에 저장하기
    max = find_larger(n1, n2);
    printf("n1=%d, n2=%d 중 큰 값은 %d \n", n1, n2, max);

    // main의 width와 height 중 큰 값을 구하여 max에 저장하기
    width = n1 * 4;
    height = n2;
    max = find_larger(width, height);
    printf("width=%d, height=%d 중 큰 값은 %d \n", width, height, max);

    return 0;
```

```
}

// 매개변수 first와 second로 전달된 두 정수 중 큰 값을 반환하는 함수
int find_larger(int first, int second)
{
    if (first > second)
        return first;
    else
        return second;
}
```

실행결과

```
첫째 정수? 1
둘째 정수? 2
n1=1, n2=2 중 큰 값은 2
width=4, height=2 중 큰 값은 4
```

인수 전달의 번거로움을 줄이려면 전역 변수를 사용하는 것이 좋지만 전역 변수의 잘못된 수정이 다른 함수에 미치는 부작용을 고려하면 함수 간의 독립성을 보장하는 지역 변수가 더 좋다. 제한된 기억장소를 효율적으로 사용하려면 자신이 선언된 블록 안에서만 기억장소를 차지하는 지역 변수가 좋은 것이다.

9.3 자동 변수

변수란 주기억장치의 기억장소 일부분으로 프로그램에서 필요한 자료를 저장하는 데 사용한다는 것은 잘 알고 있을 것이다. 그런데 변수의 기억장소는 프로그램 시작부터 끝까지 존재하는 것이 아니라 변수 선언 방법에 따라 존재 기간이 달라진다. 변수에 할당된 기억장소가 존재하는 기간을 지속 기간(duration) 또는 수명(lifetime)이라 하는데 변수의 수명이 끝났다는 것은 변수의 기억장소가 존재하지 않는다는 의미로, 해당 변수를 사용할 수 없다는 뜻이다. 이 절에서는 변수의 지속 기간이 함수/블록의 실행 시작부터 끝까지로 한정되는 자동 변수를 소개하고, 다음 절에서는 함수/블록의 실행 종료와 상관없이 프로그램 실행 기간 전체가 지속 기간인 정적 변수를 소개한다.

9.3.1 자동 변수의 선언과 지속 기간

자동(automatic) 변수는 다음 형식과 같이 'auto'를 앞에 붙여 함수 안에서 선언한 변수다. 함수가 호출되면 변수에 기억장소가 할당되고 함수 실행이 끝나면 변수의 기억장소가 해제되어 더 이상 참조할 수 없다. '함수가 호출되면'과 '함수 실행이 끝나면'은 '변수가 선언된 블록이 실행되면'과 '변수가 선언된 블록이 끝나면'을 의미한다.

형식 자동 변수 선언

```
반환 값의 자료형  함수명(매개변수 선언 목록)
{
    auto  자료형  자동 변수명;  ◀── auto는 생략할 수 있다.
                                    그러므로 지역 변수는 모두 자동 변수에 해당한다.
    : 나머지 함수 본체
}
```

자동 변수의 지속 기간은 함수의 실행 기간이다.

자동 변수의 목적은 컴퓨터 시스템에서 용량이 한정되어 있는 주기억장치를 보다 효율적으로 사용하는 것과 관련 있다. 기억장소 차지 기간을 프로그램 실행 기간이 아니라 함수 블록의 실행 기간으로, 더 나아가서는 함수 안의 작은 블록의 실행 기간으로 줄이는 것이다. 실례로 우리가 여행을 위해 몇 주 전에 한 펜션의 방을 전화로 예약했다고 가정하자. 전화로 예약한 시점부터 실제로 방에서 묵을 때까지 해당 방을 다른 사람에게 대여하지 않는다면 어떻게 될까? 예약한 날 전까지는 다른 사람에게 방을 대여해야 최대한 수입을 올릴 수 있을 것이다. 컴퓨터 시스템에서는 펜션 주인에 해당하는 운영체제가 펜션 방에 해당하는 주기억장치를 관리한다.

9.3.2 변수의 기억장소 할당과 자동 초기화

프로그래머가 작성한 프로그램을 컴파일하면 중앙처리장치(CPU)가 실행할 명령 코드만 모은 코드 부분과 프로그램에서 처리할 자료를 저장하는 변수만 모은 자료 부분으로 분리된다. 그리고 실행을 위해 주기억장치에 저장될 때도 코드 부분은 코드 영역에, 자료 부분은 자료 영역에 저장된다.

프로그램의 전역 변수는 자료 영역에 저장되며 프로그램이 실행되어 끝날 때까지 기억장소를 차지한다. 그러나 자동(지역) 변수는 프로그램이 실행되면서 실제로 함수 호출이 발생하거나 자동(지역) 변수가 선언된 블록의 코드가 실행될 때만 스택(stack)이라고 부르는 영역의 기억장소를 할당받는다. 이렇게 할당된 자동(지역) 변수의 기억장소는 함수 실행이 끝나거나 자신이 선언된 블록의 실행이 끝나면 해제되어 더 이상 참조할 수 없다. 프로그램을 저장하는 기억장소의 종류에 대한 자세한 내용은 크게 중요하지 않으므로 여기서는 이 부분을 생략하고 프로그램의 결과와 관련된 변수의 초기화만 소개한다.

전역 변수는 프로그램이 실행될 때부터 기억장소를 할당받을 뿐만 아니라 자동으로 0으로 초기화된다. 그러나 자동(지역) 변수는 기억장소를 할당받더라도 자동으로 초기화되지 않는다. 자동 변수가 기억장소를 할당받았을 때, 당시 기억장소에 저장된 값을 쓰레기 값(garbage value)이라고 한다. 그 이유는 자동 변수가 기억장소를 할당받자마자 저장되어 있는 값은 이전에 다른 자동 변수가 저장한 값이므로 새로운 자동 변수와는 아무 관계가 없으며 원하는 값으로 수정하지 않은 채 사용하면 잘못된 결과를 얻기 때문이다. [프로그램 9-8]에서 sum_to_10 함수의 local_sum은 i 값을 누적하는 데 사용하는 자동 변수이며, 0으로 초기화 되지 않았으므로 엉뚱한 결과가 나온다. 이 예처럼 프로그램의 결과 값이 매우 큰 값으로 나오면 쓰레기 값을 그대로 사용한 것이 아닌지 확인해보는 것이 좋다.

프로그램 9-8 전역 변수의 자동 초기화와 지역 변수의 초기화 필요성을 보여주는 예 (ch9-8.c)

비주얼 C++ 2010에서는 'auto'가 C 언어와 다른 예약어로 사용된다. 그러므로 C 언어에 맞게 컴파일하려면 반드시 확장자를 '.c'로 사용해야 한다.

```c
#include <stdio.h>

void sum_to_10();

int global_sum;              // 전역 변수 선언

int main()
{
    auto int i;              // 자동(지역) 변수 선언

    // 1~10의 합을 global_sum에 구하기
    for (i=1; i<=10; i++)
        global_sum += i;

    printf("1~10의 합 global_sum: %d\n", global_sum);

    sum_to_10();

    return 0;
}

// 1~10의 합을 구하여 출력하는 함수
void sum_to_10()
{
    auto int i, local_sum;   // 자동(지역) 변수 선언

```

전역 변수는 프로그램 실행이 시작될 때 자동으로 0으로 초기화된다.

전역 변수이므로 이 행이 처음으로 실행될 때의 값은 0이다.

```
27      // 1~10의 합을 local_sum에 구하기
28      for (i=1; i<=10; i++)
29          local_sum += i;
30
31      printf("1~10의 합 local_sum : %d\n", local_sum);
32  }
```

(29행) 이 행이 처음 실행될 때 local_sum에는 쓰레기 값 2025137940이 저장된 상태다.

실행결과

```
1~10의 합 global_sum: 55
1~10의 합 local_sum : 2025137995
```

15행 출력 결과

31행 출력 결과
쓰레기 값 2025137940에 1부터 10까지 누적한 결과 값이다.
이 결과는 'release' 모드에서 실행한 것이며, 'debug' 모드에서는 29행에서 local_sum이 초기화되지 않고 사용되므로 실행이 중단된다.

설명

13: global_sum은 5행에서 전역 변수로 선언하므로 0으로 초기화된다. 그러므로 for문을 통해 global_sum = 0 + 1 + 2 + … + 10이 된다.

29: for문을 시작하기 전에 local_sum을 0으로 초기화하지 않으므로 for문을 통해 local_sum = 쓰레기 값 + 1 + 2 + … + 10이 된다('release' 모드에서 실행한 경우임).

TIP 누적하기 직전에 누적용 변수를 필요한 값(여기서는 0)으로 초기화하는 습관을 들이면 자동(지역) 변수가 자동으로 초기화되지 않아서 발생하는 문제를 해결할 수 있다. 즉 12행과 28행 전에 global_sum = 0;과 local_sum = 0;을 각각 추가하면 누적 값을 안전하게 계산할 수 있다.

9.4 정적 변수

컴퓨터 관련 용어 앞에는 '동적(dynamic)'과 '정적(static)'이라는 수식어가 붙는 경우가 많다. 동적은 무언가 실제로 필요할 때마다 처리하는 것을, 정적은 필요한 것을 미리 처리해두고 처음부터 끝까지 고정적으로 유지하는 것을 의미한다. 앞에서 소개한 자동 변수는 기억장소의 동적 할당과 관련 있으며 전역 변수는 정적 할당과 관련 있다. 이 절에서는 정적 할당과 관련된 정적 변수를 소개한다.

함수 안에서 선언한 변수는 함수 실행이 끝나면 기억장소가 사라지므로 함수를 다시 호출했을 때 이전에 구한 값을 다시 참조할 수 없다. 만일 그 값이 꼭 필요하다면 전역 변수를 추가로 선언하고 함수 실행이 끝나기 전에 원하는 지역 변수의 값을 전역 변수에 복사해둘 수 있다. 이 방법을 이용하면 전역 변수를 다른 함수에서도 참조할 수 있다. 그러나 예상치 않은 수정으로

결과 값에 오류가 생길 수 있으므로 많은 주의를 기울여야 한다. 이를 해결해 주는 것이 정적 지역 변수다. 함수 안에서 정적 변수로 선언한 변수는 함수 실행과 상관없이 프로그램 실행 시작부터 끝까지 기억장소를 차지하므로 마지막 함수 호출에서 저장된 값을 유지할 수 있다.

정적 변수란 프로그램이 실행될 때부터 기억장소를 정적으로 할당받아 실행이 끝날 때까지 유지되는 변수다. 정적 변수는 다시 정적 전역 변수와 정적 지역 변수로 나뉜다. 정적 전역 변수는 참조 영역이 프로그램 전체이므로 인수 전달이 필요하지 않지만 잘못된 참조로 인한 부작용이 발생할 수 있다. 이를 해결하기 위해 함수 간의 독립성을 보장하도록 함수 안에서만 참조할 수 있게 한 것이 정적 지역 변수다.

9.4.1 정적 지역 변수

정적 지역 변수는 다음 형식과 같이 'static'을 앞에 붙여 함수 안에서 선언한 변수이다.

형식 정적 지역 변수 선언

```
반환 값의 자료형   함수명(매개변수 선언 목록)
{
    static  자료형   정적 변수1 = 초깃값;
    static  자료형   정적 변수2;   ← 초깃값을 주지 않아도 자동으로 0으로 초기화된다.

    : 나머지 함수 본체
}
```

정적 변수의 선언 부분은 이 함수가 처음 호출될 때 한 번만 실행된다. 즉, 이 함수가 두 번째 호출될 때부터는 실행되지 않으므로 이전 호출에 의해 저장된 값이 계속 유지되는 것이다.

정적 지역 변수는 함수 안에서만 참조할 수 있지만 프로그램의 실행 시작부터 끝까지 기억장소를 차지하므로 이전 함수 실행에서 저장된 값이 사라지지 않는다. 따라서 이전 함수 실행 시 저장된 값들을 다음 함수 실행에서 이용할 수 있다. 그러므로 정적 지역 변수를 이용하면 함수에서 자신이 호출된 횟수를 누적하는 것이 가능하다. 정적 변수는 프로그램이 실행될 때부터 기억장소를 할당받기 때문에 전역 변수와 같이 자동으로 0으로 초기화된다. 그러나 0이 아닌 다른 값으로 초기화하고 싶다면 정적 변수를 선언함과 동시에 초기화한다.

[프로그램 9-9]는 사용자가 ID나 비밀번호를 잊어버렸을 경우 자신의 ID와 비밀번호를 조회할 때 사용할 수 있는 코드의 일부만 포함한 보기용 프로그램이다. main 함수는 사용자에게 사용 가능한 서비스 종류를 메뉴로 표시하고 사용자가 종료하기를 선택하지 않는 한 서비스를 계속 이용하도록 한다. 사용자 ID 조회 서비스는 find_ID 함수로 정의하고, ID 조회 횟수 count_ID는 정적 지역 변수로, PW 조회 횟수 count_PW는 지역 변수로 선언하였다.

프로그램 9-9 지역 변수와 정적 지역 변수의 차이를 보여주는 프로그램 (ch9-9.cpp)

```
#include <stdio.h>

void find_PW();
void find_ID();

int main()
{
    int service;                          // 사용자가 요청한 서비스 번호 저장

    do
    {
        printf("\n <<< 1. ID 찾기 2. PW 찾기 3. 종료하기 >>> \n");
        printf(" 원하는 서비스 번호를 입력하세요(1~3) ");
        scanf("%d", &service);

        switch (service)
        {
            case 1: find_ID(); break;  // 아이디 찾기 서비스 진행
            case 2: find_PW();         // 비밀번호 찾기 서비스 진행
        }
    } while (service != 3);               // 3. 종료하기를 선택하지 않는 한 계속 반복하기

    return 0;
}

// 아이디 찾기 서비스 함수
void find_ID()
{
    static int count_ID = 0;              // 이 함수의 호출 횟수 저장

    count_ID++;                           // find_ID 함수가 호출될 때마다 1씩 증가
    printf("\n 총 %d회째 ID 찾기 요청입니다. \n", count_ID);
}

// 비밀번호 찾기 서비스 함수
void find_PW()
{
    int count_PW = 0;                     // 자동(지역) 변수

    count_PW++;
    printf("\n 총 %d회째 비밀번호 찾기 요청입니다. \n", count_PW);
}
```

정적 지역 변수 선언. 정적 변수는 처음에 자동으로 0으로 초기화되지만 다음 호출부터는 초기화되지 않는다. 자동 변수와의 차이를 설명하기 위해 직접 0으로 초기화함.

실행결과

```
《《《 1. ID 찾기 2. PW 찾기 3. 종료하기 》》》
원하는 서비스 번호를 입력하세요(1~3) 1

총 1회째 ID 찾기 요청입니다.

《《《 1. ID 찾기 2. PW 찾기 3. 종료하기 》》》
원하는 서비스 번호를 입력하세요(1~3) 1

총 2회째 ID 찾기 요청입니다.

《《《 1. ID 찾기 2. PW 찾기 3. 종료하기 》》》
원하는 서비스 번호를 입력하세요(1~3) 2

총 1회째 비밀번호 찾기 요청입니다.

《《《 1. ID 찾기 2. PW 찾기 3. 종료하기 》》》
원하는 서비스 번호를 입력하세요(1~3) 2

총 1회째 비밀번호 찾기 요청입니다.

《《《 1. ID 찾기 2. PW 찾기 3. 종료하기 》》》
원하는 서비스 번호를 입력하세요(1~3) 3
```

- 14행에서 사용자가 입력한 값
- 정적 지역 변수 count_ID
- check_ID 함수가 다시 호출되었지만 count_ID는 이전에 저장된 값이 그대로 유지되므로 2로 증가된다.
- 지역 변수 count_PW
- check_PW 함수가 다시 호출될 때마다 새로 기억장소를 할당받으므로 이전 값을 알 수 없을 뿐만 아니라 함수가 호출될 때마다 38행에서 0으로 초기화되므로 40행을 실행하면 1이 된다.

설명

29: count_ID를 정적 지역 변수로 선언하되 이 함수가 처음 실행될 때 count_ID가 0으로 초기화되게 한다. 정적 지역 변수의 경우 선언과 동시에 초기화하는 문장은 이 함수가 처음 호출되어 실행될 때 한 번만 실행된다. 그러므로 결과 화면과 같이 find_ID 함수가 두 번째로 호출될 때는 29행의 초기화가 실행되지 않으므로 이전에 저장된 1이 그대로 유지된다. 이 상태에서 31행 count_ID++을 실행하면 2가 된다. 아이디 찾기 요청 횟수가 아이디 찾기 서비스를 요청했을 때만 증가되도록 정적 지역 변수로 선언하였다. 이와 같이 정적 지역 변수로 선언함으로써 다른 함수에서는 count_ID를 참조할 수 없으므로 원하지 않는 수정을 막을 수 있으며 정적 변수이므로 함수가 새로 호출되어도 이전에 저장된 값을 사용할 수 있게 된다.

38: count_PW를 함수의 (자동) 지역 변수로 선언한다. 함수가 호출될 때마다 count_PW는 38행에 의해 0으로 초기화되고 40행에 의해 1 증가되므로 count_PW에는 최종적으로 1이 저장된다. 그러나 find_pw 함수가 두 번째 호출되면 38행에 의해 count_pw는 다시 초기화된다. 따라서 비밀번호 찾기 서비스 요청 횟수를 제대로 구하려면 count_PW를 정적 지역 변수로 선언한다.

9.4.2 정적 전역 변수

정적 전역 변수란 함수 외부에서 선언한 정적 변수로, 선언한 이후로 프로그램 어디서나 참조할 수 있다.

형식 정적 전역 변수 선언

```
static 자료형 정적 전역 변수1 = 초깃값;
static 자료형 정적 전역 변수2;

함수의 정의

함수의 정의
```

- 첫째 줄 ← 이 선언문 이후로 어디서나 정적 전역 변수1을 참조할 수 있다.
- 둘째 줄 ← 초깃값을 주지 않으면 자동으로 0으로 초기화된다.

전역 변수와 정적 전역 변수 둘 다 지속 기간이 프로그램의 실행 기간 전체이므로 프로그램의 어디서나 참조할 수 있다. 그렇다면 두 변수의 차이는 무엇일까? 지금까지 소개한 프로그램처럼 프로그램이 한 개의 파일로 작성되어 있을 때는 차이가 없으며, 프로그램을 여러 개의 소스(source) 파일로 나누어서 작성한 경우에 차이가 발생한다. 정적 전역 변수로 선언한 변수는 변수를 선언한 소스 파일에서만 전역으로 참조할 수 있고 다른 소스 파일에서는 참조할 수 없다. 그러나 전역 변수는 다른 소스 파일에서도 동일한 전역 변수로 참조할 수 있으며 이를 위해서는 사용하고 싶은 전역 변수를 외부 변수로 지정하여야 한다. 자세한 내용은 9.5에서 소개한다.

[프로그램 9-10]은 지금까지 소개한 프로그램의 구성 요소들을 소스 파일 안에 배치하는 방법을 보여주는 보기용 프로그램이다.

프로그램 9-10 전역, 지역(자동), 정적 변수 및 프로그램 구성요소의 배치 예 (ch9-10.cpp)

```
#include <stdio.h>

void find_PW();
void find_ID();

char title[10] = "Quiz";        // 게임명

static int count_service;       // 총 서비스 요청 횟수

int main()
{
    int service;                // 사용자가 요청한 서비스 번호

```

- `#include <stdio.h>` ← 헤더 파일 삽입과 매크로 정의를 위한 전처리기 지시자
- `void find_PW(); void find_ID();` ← 사용자 정의 함수의 원형을 선언한다.
- `char title[10]` ← 다른 파일에서 외부 변수로 선언하여 참조할 수 있는 전역 변수를 선언(그림 [9-3] 참고) 한다.
- `static int count_service;` ← 현재 파일에서만 참조할 수 있는 정적 전역 변수를 선언한다. 자동으로 0으로 초기화된다.
- `int main()` ← 개발할 프로그램의 전체 흐름을 알 수 있는 main 함수를 정의한다.
- `int service;` ← main 함수에서만 참조할 수 있는 지역(자동) 변수를 선언한다.

```
    do
    {
        printf("\n <<< 1. ID 찾기 2. PW 찾기 3. 종료하기 >>> \n");
        printf(" 원하는 서비스 번호를 입력하세요(1~3) ");
        scanf("%d", &service);

        switch (service)
        {
            case 1: find_ID(); break;
            case 2: find_PW();
        }
    } while (service != 3);     // 3. 종료하기를 선택하지 않는 한 계속 반복하기

    return 0;
}

// 아이디 찾기 서비스 함수
void find_ID()
{
    static int count_ID;        // 함수의 호출 횟수를 저장

    count_ID++;                 // find_ID 함수가 호출될 때마다 1씩 증가
    count_service++;            // 전체 서비스 요청 횟수를 1 증가

    printf("\n %s 게임 방문 중 ", title);
    printf("총 전체 서비스 요청 %d번 중 %d회째 ID 찾기 요청입니다. \n",
            count_service, count_ID);
}

// 비밀번호 찾기 서비스 함수
void find_PW()
{
    static int count_PW;        // 이 함수의 호출 횟수를 저장하는 정적 지역 변수 선언

    count_PW++;                 // find_PW 함수가 호출될 때마다 1씩 증가
    count_service++;            // 전체 서비스 요청 횟수를 1 증가

    printf("\n %s 게임 방문 중 ", title);
    printf("총 전체 서비스 요청 %d번 중 %d회째 PW 찾기 요청입니다. \n",
            count_service, count_PW);
}
```

사용자 정의 함수의 정의다.

이 함수에서만 참조할 수 있으며, 이전 호출 결과 값이 유지되는 정적 지역 변수를 선언한다.

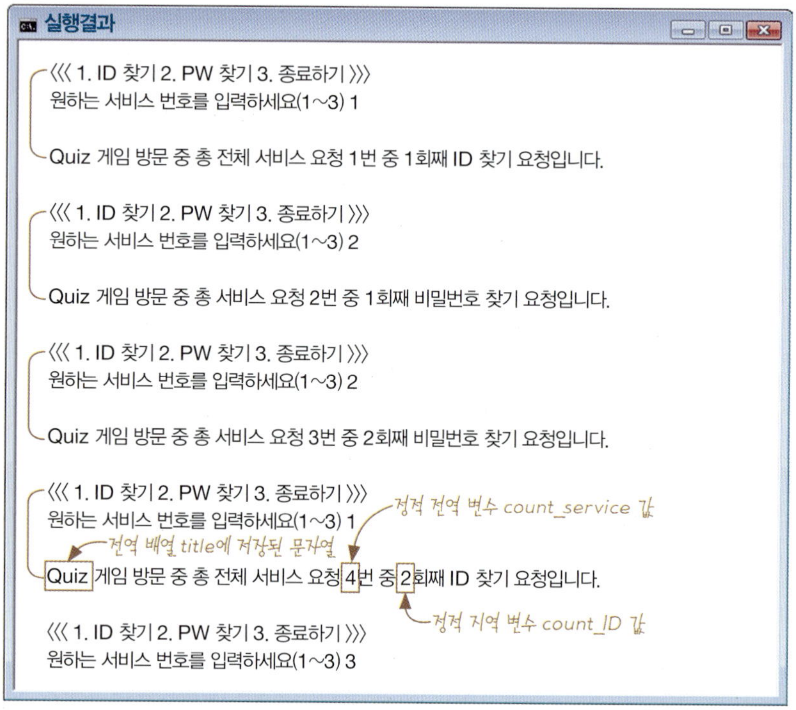

9.5 외부 변수

지금까지는 프로그램을 파일 하나에 저장하였다. 그러나 대규모의 프로젝트라면 기능별로 프로그램을 개발하여 하나로 합치는 과정을 거친다. 또한 한 사람이 모든 문제를 혼자 해결하더라도 프로그램 관리와 컴파일 시간 등을 이유로 프로그램 하나를 여러 파일에 나누어 개발하기도 한다.

이렇게 프로젝트 하나를 여러 파일로 나누어 개발하는 경우 모든 파일에서 공통으로 동일하게 사용하고 싶은 전역 변수가 있다면 [그림 9-3]과 같이 main 함수 이전에 전역 변수를 선언하고 다른 프로그램 파일에서는 이 변수를 외부 변수로 선언한다.

[그림 9-3]에서 main 함수를 포함하는 source1.cpp 파일은 전역 변수 선언 이전에 #include "source2.cpp"와 #include "source3.cpp"를 명시해야 하며, 세 파일에서 정의한 함수의 원형 선언도 명시해야 한다.

그림 9-3 외부 변수의 선언 및 참조 영역

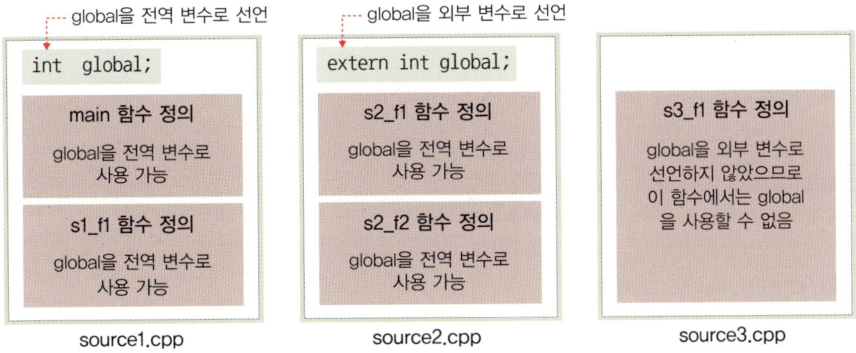

9.6 레지스터 변수

일반 변수는 주기억장치의 일부분을 할당받는다. 그런데 컴퓨터 시스템에서 주기억장치보다 훨씬 빠른 기억장치가 있는데 바로 중앙연산처리장치(CPU) 안의 레지스터(register)다. 이러한 레지스터를 할당받는 변수를 레지스터 변수라고 한다. 레지스터 변수는 지역 변수만 가능하다.

레지스터 변수의 목적은 프로그램이 실행되는 동안 빈번히 발생하는 변수의 참조 속도를 증가시켜 프로그램 실행 속도를 증가시키는 것이다. 그러나 중앙연산처리장치의 레지스터 개수는 한정되어 있으므로 프로그램에서 레지스터 변수로 선언해도 실행 시점에 중앙연산처리장치에 사용가능한 레지스터가 없으면 일반 변수와 마찬가지로 주기억장치를 사용한다.

형식 **레지스터 변수 선언**

register **자료형 레지스터 변수명;**

예
```
register int sum, i;
```

[프로그램 9-11]은 1~10을 출력하는 행이 늘어날수록 1 이전에 출력하는 빈칸의 개수도 증가하는 프로그램이다. 중첩된 for문에서, 바깥 for문의 제어 변수에 비해 안쪽 for문의 제어 변수가 더 자주 변경된다. 그래서 안쪽 for문의 제어 변수를 참조하는 데 걸리는 시간을 줄이려고 i와 space를 레지스터 변수로 선언한다.

프로그램 9-11 레지스터 변수를 사용한 프로그램 예 (ch9-11.cpp)

```
#include <stdio.h>

int main()
{
    register int i, space;     // 레지스터 변수 선언
    int line;                  // 일반 변수 선언

    for (line=0; line<70; line++)
    {
        // line개의 빈칸 출력하기
        for (space=1; space<=line; space++)     ← ①
            printf(" ");

        // 앞서 출력한 빈칸 뒤에 1~10까지 출력한 후 결과 행 바꾸기
        for (i=1; i<=10; i++)                   ← ②
            printf("%d", i);
        printf("\n");
    }

    return 0;
}
```

실행결과

```
12345678910
 12345678910
  12345678910
   12345678910
    12345678910
     12345678910
      12345678910
       12345678910
        12345678910
         12345678910
          12345678910
           12345678910
            12345678910
             12345678910
              12345678910
               12345678910
                12345678910
                 12345678910
                  12345678910
                   12345678910
                    12345678910
```

- line이 5일 때 ①의 실행으로 출력된 빈칸 5개
- line이 5일 때 ②의 실행으로 출력된 1~10
- 공간 부족으로 뒤의 결과는 생략한다.

9.7 프로그래밍 실습

9.7.1 연 세금 계산하기: 지역 변수와 전역 변수 활용하기

문제 main 함수에서 월 급여를 입력받은 후 올해 내야 할 총 세금을 계산하여 세금 내역서를 출력하시오.

분석

- 프로그램 전체에서 사용하는 월 급여 salary를 전역 변수로 선언해 함수 호출 시 인수로 전달하지 않고도 모든 함수에서 참조할 수 있게 한다.
- 최종 세금 부과액 tax는 다음 식으로 구한다.

  최종 세금 부과액 = 세금 부과 대상액 × 과세율

  (세금 부과 대상액: 연 급여 − 세금 공제액)
  (과세율: 월 급여가 500만원 이상: 5%, 250만원 이상 500만원 미만: 3%, 250만원 미만: 2%)

- 연 급여 total_salary를 구하는 함수 compute_total_salary()를 정의한다. 전역 변수 salary를 이용하므로 매개변수가 없다. 연 급여는 다음 식으로 구한다.

  연 급여= 12달 총 급여액 + 연 보너스

  (12달 총 급여액: 월 급여 × 12)
  (연 보너스: 월 급여의 300%)

```
int compute_total_salary()
```

- 연 급여 중 실제 세금 부과 대상액 tax_target는 연 급여에서 세금 공제액(exemption: 천만원)을 제외한 금액이다.
- 최종 세금 부과액을 구하는 함수 compute_tax(int amount)를 정의한다. 최종 세금 부과액은 다음 식으로 구한다.

  최종 세금 부과액 = 세금 부과 대상액 amount × 과세율 tax_rate

```
int compute_tax(int amount)
```

- 최종 세금 내역서 출력 함수 display_tax_returns(int total_salary, int tax_target, int tax)를 정의한다. 반환 값은 없으며 전달된 연 급여, 세금 부과 대상액, 최종 세금과 전역 변수 salary에 저장된 월 급여를 이용해 적당한 형식에 맞추어 세금 내역서를 출력한다.

```
void display_tax_returns(int total_salary, int tax_target, int tax)
```

프로그램 9-12 전역 변수인 월 급여를 이용해 연 세금 계산하기 (ch9-12.cpp)

```
#include <stdio.h>

int compute_total_salary();          // 연 급여 계산
int compute_tax(int amount);         // 최종 세금 계산
// 세금 내역서 출력
void display_tax_returns(int total_salary, int tax_target, int tax);

int salary; // 월 급여를 전역 변수로 선언

int main()
{
    int exemption = 10000000;                      // 세금 공제액
    int total_salary, tax_target, tax;             // 연 급여, 세금 부과 대상액, 최종 세금

    printf("월 급여는? "); scanf("%d", &salary);   // 월 급여 입력

    total_salary = compute_total_salary();         // 연 급여 계산
    tax_target = total_salary - exemption;         // 세금 부과 대상액 계산
    tax = compute_tax(tax_target);                 // 세금 부과 대상액으로부터 최종 세금 계산

    // 앞에서 구한 정보를 이용해 세금 내역서 출력하기
    display_tax_returns(total_salary, tax_target, tax);

    return 0;
}

// 월 급여와 연 보너스율을 이용해 연 급여를 계산하는 함수
int compute_total_salary()
{
    int bonus_rate = 300;      // 연 보너스는 월급의 300%임을 의미

    return (salary * 12) + (int)(salary * bonus_rate * 0.01);
}

// 최종 세금 부과 대상액 amount로부터 최종 세금을 계산하는 함수
int compute_tax(int amount)
{
    int tax_rate;              // 세금 과세율

    if (salary >= 5000000)
        tax_rate = 5;          // 과세율이 5%임을 의미
    else if (salary >= 2500000)
        tax_rate = 3;
    else
        tax_rate = 2;
```

```
46
47        return (int)(amount * tax_rate * 0.01);
48    }
49
50    // 전달된 세금 관련 정보를 이용해 세금 내역서 출력하기
51    void display_tax_returns(int total_salary, int tax_target, int tax)
52    {
53        printf("\n    >>> 세금 내역서 <<< \n");
54        printf("--------------------------------\n");
55        printf("연 급여          : %8d원 \n", total_salary);
56        printf("세금 부과 대상액 : %8d원 \n", tax_target) ;
57        printf("최종 세금 부과액 : %8d원 \n", tax);
58    }
```

실행결과

```
월 급여는? 2500000

    >>> 세금 내역서 <<<
--------------------------------
연 급여          : 37500000원
세금 부과 대상액 : 27500000원
최종 세금 부과액 :   825000원
```

설명

17,19,22: salary는 전역 변수이므로 인수로 전달할 필요가 없다.

32,47: 백분율 300%와 5%를 3과 0.05로 변환하기 위해 0.01을 곱한다. 반환 값이 int형이므로 double형인 연산 결과를 int형으로 캐스팅하기 위해 (int)를 사용한다.

51: display_tax_returns 함수는 출력만 하고 반환하는 값은 없으므로 void로 명시한다.

9.7.2 인수 전달 대신 전역 변수를 사용하는 예: [프로그램 8-11] 수정

8장에서 소개했듯이 프로그램을 좀 더 쉽게 분석하여 작성하고 수정하려면 함수를 사용해야 한다. 그러나 함수의 인수 전달을 제대로 이해하지 못한 상태라면 어떻게 해야 할까? 특히 주소에 의한 호출 방식으로 인수를 전달하는 경우에 포인터 개념을 정확히 이해하지 못한 상태라면 어떻게 해야 할까? 가장 단순한 해결책은 main 함수 하나로 작성하는 것이다. 그러나 이 방법은 프로그램 길이가 길어지고 복잡하여 분석 및 수정도 어려우므로 좋지 않은 방법이다. 주어진 문제를 여러 함수로 나누어 정의한 후 이를 하나로 합친다는 개념은 알고 있지만 인수 전달을 제대로 이해하지 못한 상태라면, 인수를 전달하지 않는 함수로만 프로그램을 작성하는 것도 한 가지 해결 방법이다.

인수를 전달하지 않고 함수를 이용하려면 인수로 전달해야 할 변수를 모두 전역 변수로 선언하면 된다. [프로그램 9-13]은 두 변수에 저장된 값을 오름차순으로 정렬하는 8장의 [프로그램 8-11]을 인수를 전달하지 않는 함수로 수정한 프로그램이다. [프로그램 8-11]에서는 sort_by_pointer 함수에서 main 함수의 point1과 point2를 참조할 수 없으므로 주소에 의한 호출 인수 전달 방식을 이용해 main 함수의 point1과 point2를 오름차순으로 정렬하였다.

[프로그램 9-13]은 인수 전달을 하지 않도록 main 함수의 point1과 point2를 전역 변수로 선언한 후 sort_by_pointer 함수에서 point1과 point2를 직접 참조한다. 수정된 부분은 색칠을 했으므로 잘 비교해보기 바란다. 하지만 이는 절대 바람직한 프로그래밍 방법이 아니다. 인수 전달과 포인터 개념을 완전히 이해하지 못했을 때를 위한 임시방편임을 명심하기 바란다.

프로그램 9-13 전역 변수를 사용해 [프로그램 8-11]의 인수 전달을 제거한 프로그램 (ch9-13.cpp)

```c
#include <stdio.h>

void sort_by_pointer();                     // 함수 원형 선언

int point1 = 5000, point2 = 4000;           // 전역 변수 선언

int main()
{
    printf("함수 호출 전 포인트 점수 %d, %d \n", point1, point2);

    sort_by_pointer();                      // 전역 변수 point1과 point2를 정렬하기 위해 함수 호출

    printf("함수 호출 후 포인트 점수 %d, %d \n", point1, point2);

    return 0;
}

// 전역 변수 point1과 point2를 오름차순으로 정렬하는 함수
void sort_by_pointer()
{
    int temp;

    if (point1 > point2)
    {
        temp = point1;
        point1 = point2;
        point2 = temp;
    }
```

[프로그램 8-11]의 main 함수의 지역 변수를 전역 변수로 선언한다.

point1과 point2는 전역 변수이므로 인수로 전달할 필요가 없다.

point1과 point2는 전역 변수이므로 이 함수에서 참조할 수 있다. [프로그램 8-11]에서는 다른 함수의 지역 변수를 간접적으로 변경하려고 포인터와 간접 참조 연산자를 사용하였다.

```
    printf("\n( sort 함수의 정렬 결과 point1: %d, point2: %d ) \n\n",
           point1, point2);
}
```

실행결과

```
함수 호출 전 포인트 점수 5000, 4000

( sort 함수의 정렬 결과 point1: 4000, point2: 5000 )

함수 호출 후 포인트 점수 4000, 5000
```

9.7.3 배열의 최솟값과 최솟값의 첨자 구하기

[프로그램 8-23]의 find_min 함수는 배열의 최솟값만 반환하므로 최솟값이 배열의 어느 원소에 해당하는지를 알 수 없다. 이제 최솟값의 첨자를 구하기 위해 포인터를 이용하는 방법과 전역 변수를 이용하는 방법 두 가지를 소개한다. 포인터는 10장에서 소개하는 내용이므로 [프로그램 9-14]는 일단 생략하거나 대강 훑어본 후 다음에 자세히 보아도 된다. [프로그램 9-14]를 여기 포함한 이유는 C 프로그래밍을 하면서 힘들어 하는 것 중의 하나가 포인터이므로 포인터를 모른다면 [프로그램 9-14] 대신 [프로그램 9-15]와 같이 해결할 수 있다는 것을 보여주기 위해서다.

포인터를 이용해 최솟값의 첨자 구하기

find_min 함수는 최솟값을 반환하되 최솟값의 첨자는 ptr 포인터를 통해 main 함수의 index 변수에 저장한다. 다른 함수의 지역 변수를 참조해 값을 변경하려면 인수를 주소에 의한 호출 방식으로 전달해야 하므로 [프로그램 9-14] 16행은 find_min 함수를 호출할 때 main의 index 변수의 주소 즉 &index를 인수로 전달한다. 결과적으로 [그림 9-4]와 같이 find_min 함수의 arr과 ptr은 main 함수의 f 배열과 index 변수를 가리키게 된다. find_min 함수는 새로운 최솟값을 찾을 때마다 이 값의 첨자를 포인터 ptr을 통해 직접 main의 index 변수에 저장한다. 결국 find_min 함수의 44행까지 실행한 결과는 [그림 9-5]와 같게 된다. find_min 함수가 끝나면 main 함수에서는 자신의 지역 변수 index와 min을 이용하여 f[2] = −30을 출력할 수 있다.

그림 9-4 find_min 함수가 호출되어 arr과 ptr이 main 함수의 f 배열과 index를 가리키는 상태

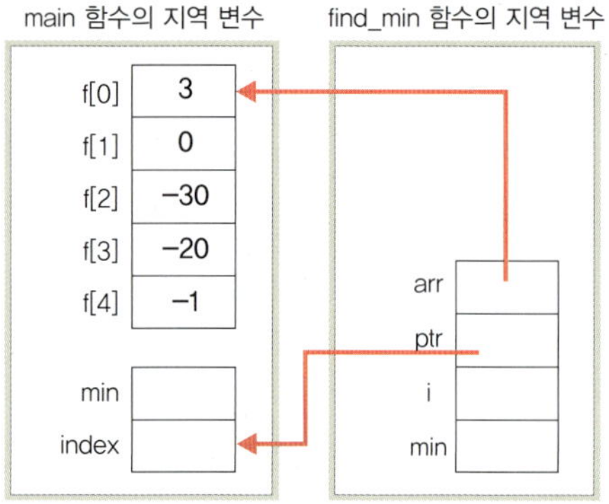

그림 9-5 find_min 함수의 실행이 끝났을 때 main 함수의 index에 최솟값의 첨자가 저장된 상태

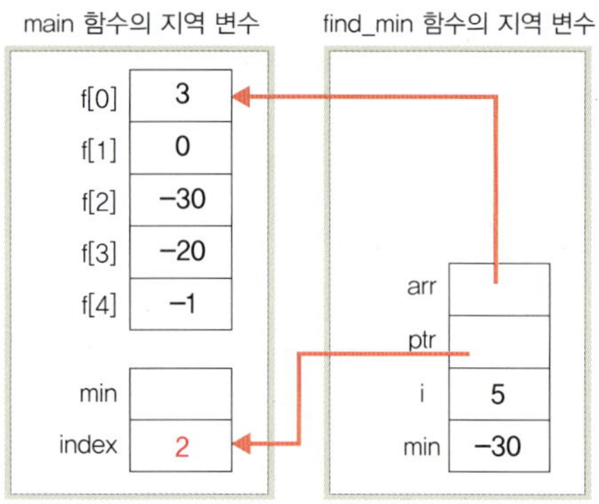

프로그램 9-14 [프로그램 8-23]을 수정하여 주소에 의한 호출 방식으로 최솟값의 첨자를 구하기 (ch9-14.cpp)

```
#include <stdio.h>
#define SIZE 5

// 함수의 원형 선언
int find_min(int arr[], int *ptr);
void print_arr(int arr[]);

int main()
{
    int f[SIZE] = {3, 0, -30, -20, -1}; // 배열을 선언과 동시에 초기화하기
    int min;              // 최솟값을 저장하는 변수
    int index;            // 최솟값 min에 저장된 배열 원소의 첨자를 저장하는 변수

    // 함수를 호출해 배열의 최솟값은 반환받고
    // 최솟값에 해당하는 원소의 첨자는 index에 자동으로 저장되게 한다.
    min = find_min(f, &index);

    printf("어느 점 목록:");
```

main의 지역 변수 index를 find_min 함수에서 간접적으로 참조할 수 있도록 index의 주소를 전달한다.

f 배열을 전달하기 위해 배열명만 사용한다.

```c
    print_arr(f);       // 배열 내용 출력하기

    // 최솟값 출력하기
    printf("\n가장 낮은 어는 점: f[%d] = %d \n", index, min);

    return 0;
}

/* 전달된 배열의 최솟값을 구해 반환하되 최솟값에 해당하는 배열 원소의 첨자를
   이 함수를 호출한 함수의 인수에 저장하는 함수 */
int find_min(int arr[], int *ptr)
{
    int i, min;

    min = arr[0];
    *ptr = 0;       // min에 저장된 배열 원소의 첨자를 ptr이 가리키는 곳(main의 index)에 저장
    for (i=1; i<SIZE; i++)
    {
        if (arr[i] < min)
        {
            min = arr[i];
            *ptr = i;    /* min에 새로 저장된 배열 원소의 첨자 i를
                            ptr이 가리키는 곳(main의 index)에 저장 */
        }
    }

    return min;
}

// 배열의 원소를 출력하는 함수 정의
void print_arr(int arr[])
{
    int i;

    for (i=0; i<SIZE; i++)
        printf("%4d", arr[i]);
}
```

main 함수의 index 변수 주소가 전달되어 포인터 ptr에 저장된다. 결국 포인터 ptr은 main 함수의 index 변수를 가리킨다.

첫 원소 arr[0]이 최솟값인 경우를 위해 반드시 0으로 초기화해야 한다.

실행결과

```
어는 점 목록:  3  0 -30 -20  -1
가장 낮은 어는 점: f[2] = -30
```

main의 index

설명

33,34: min을 배열의 첫 원소로 초기화할 때 첫 원소의 첨자 또한 main 함수의 index에 초기화해야 한다. main 함수의 index를 직접 참조할 수 없으므로 포인터 ptr을 통해 간접적으로 참조하기 위해 *ptr에 0을 저장한다. 결과적으로는 find_min 함수에서 main 함수의 index를 참조해 0을 저장하는 것이다.

39,40: min 값이 새로운 배열 원소 값으로 변경되면 index도 새로운 첨자로 변경되어야 하므로 *ptr(ptr이 가리키는 곳인 index)에 배열 원소의 첨자를 저장한다.

전역 변수를 이용해 최솟값의 첨자 구하기

포인터 개념을 모르는 사람이라면 [프로그램 9-14]와 같이 프로그램을 작성하기가 어렵다. [프로그램 9-15]는 포인터 대신 main 함수의 index 변수를 전역 변수로 선언하여 다른 함수에서도 곧바로 참조하게 한다. [프로그램 9-15]는 포인터를 전혀 사용하지 않고 해결하였지만 더 단순화한다면 [프로그램 9-15]의 모든 지역 변수를 전역 변수로 선언하여 모든 함수에서 인수 전달을 하지 않게 할 수도 있다. 그러나 앞에서 언급했듯이 프로그램이 더 복잡해졌을 때 전역 변수를 여러 함수에서 잘못 변경하는 경우에는 그 결과가 프로그램 전체에 영향을 미치므로 좋지 않다. 그리고 전역 변수를 사용하는 함수는 다른 프로그램에서 재사용할 때 새로 매개변수를 추가해야 하는 등 제약이 있다.

프로그램 9-15 [프로그램 9-14]의 index를 전역 변수로 사용함으로써 포인터를 제거한 프로그램 (ch9-15.cpp)

```
#include <stdio.h>
#define SIZE 5

// 함수의 원형 선언
int find_min(int arr[]);
void print_arr(int arr[]);

int index;                  // 최솟값의 첨자를 저장할 전역 변수 선언

int main()
{
    int f[SIZE] = {3, 0, -30, -20, -1};    // 배열을 선언과 동시에 초기화하기
    int min;

    // 배열의 최솟값은 반환받고 최솟값의 첨자는 find_min에서 직접 저장하기
    min = find_min(f);

    printf("어는 점 목록:");
    print_arr(f);           // 배열 내용 출력하기
```

```
20
21      printf("\n가장 낮은 어는 점: f[%d] = %d \n", index, min);
22
23      return 0;
24  }
25
26  /* 전달된 배열의 최솟값을 구해 반환하되
27     최솟값에 해당하는 배열 원소의 첨자를 전역 변수 index에 직접 저장하는 함수 */
28  int find_min(int arr[])
29  {
30      int i, min;
31
32      min = arr[0];
33      index = 0;            // 현재 min에 저장된 배열 원소의 첨자를 index에 직접 저장
34      for (i=1; i<SIZE; i++)
35      {
36          if (arr[i] < min)
37          {
38              min = arr[i];
39              index = i; // min에 새로 저장된 배열 원소의 첨자를 index에 직접 저장
40          }
41      }
42
43      return min;
44  }
45
46  // 배열의 원소를 출력하는 함수 정의
47  void print_arr(int arr[])
48  {
49      int i;
50
51      for (i=0; i<SIZE; i++)
52          printf("%4d", arr[i]);
53  }
```

16행에서 호출된 find_min 함수에서 최솟값의 첨자로 저장해둔 상태다. (21행 index)

이 프로그램에서는 index가 전역 변수이므로 0으로 초기화하지 않아도 되지만, 다른 함수에서 index를 수정하거나, 이 함수를 여러 번 호출하는 경우를 대비하여 0으로 초기화하는 것이 바람직하다. (33행 index = 0;)

9.7.4 정적 변수를 이용해 비밀번호 오류 횟수를 제한하는 프로그램

문제 개인 계좌의 잔액 조회, 입금, 출금 세 가지 서비스를 사용자가 그만두기를 원하기 전까지 계속 제공하는 시스템을 개발하시오.

- 잔액 조회와 출금 서비스는 시스템의 비밀번호를 알고 있을 때만 가능하다.
- 특히 무허가 사용을 막기 위해 비밀번호 오류가 전체 3회 발생하면 시스템 사용을 전면 차단한다. 이는 실제로 은행 인터넷 뱅킹 등과 같은 서비스에서 많이 사용되는 방법이다.

분석

- 사용자가 그만두기 원할 때까지 서비스를 반복하여 제공한다. 일단 사용자에게 시스템에서 제공하는 서비스를 보여준 후 사용자가 선택하도록 한다. 그러므로 일단 한 번은 실행하며 사용자가 그만두기를 원하지 않는 한 여러 서비스를 계속 요청할 수 있어야 하므로 do~while문을 이용한다.
- 계좌 잔액 balance는 잔액 조회 서비스도 참조하지만, 입금 서비스에서 입금액만큼 잔액을 증가시키고, 출금 서비스에서 출금액만큼 잔액을 감소시켜야 한다. 따라서 전역 변수로 선언하여 모든 함수에서 직접 참조할 수 있게 한다.
- 출금 서비스 함수 void withdraw()는 사용자가 입력한 비밀번호가 일치할 때만 서비스를 제공하도록 한다. 비밀번호 일치는 check_PW 함수를 이용한다.
- 잔액이 사용자가 원하는 출금액보다 적으면 안내문을 표시하고 함수를 끝낸다. 그렇지 않을 때는 현재 잔액을 출금액만큼 감소시키고 끝낸다.
- 입금 서비스 함수 void deposit()는 사용자가 입금한 금액만큼 잔액을 증가시킨다.
- 잔액 조회 서비스 함수 void check_balance()는 check_PW 함수를 통해 비밀번호가 일치할 때만 계좌의 잔액을 표시한다.
- 비밀번호 일치 확인 함수 int check_PW()는 사용자가 입력한 비밀번호가 미리 정해진 시스템의 비밀번호 system_PW와 같은지 확인한다. 비밀번호 오류 횟수는 check_PW 함수에서만 수정할 수 있는 지역 변수여야 하며, 이전에 호출되면서 발생한 오류 횟수를 계속 유지해야 하므로 정적 지역 변수로 선언한다.
  - 비밀번호가 같으면 1(PASS)을 반환한다.
  - 비밀번호가 다르면 지금까지의 오류 횟수가 3번인지를 확인한다.
  - 오류 횟수가 3번이면 안내문을 표시하고 프로그램 실행을 끝낸다.
  - 오류 횟수가 3번보다 작으면 단순히 0(FAIL)을 반환한다.

프로그램 9-16 시스템 비밀번호 3회 오류시 모든 사용을 금지하는 프로그램 (ch9-16.cpp)

```
#include <stdio.h>
#include <stdlib.h>       // exit, system 함수를 위한 헤더 파일
#include <conio.h>        // getch 함수를 위한 헤더 파일
#define PASS 1            // 비밀번호가 일치할 때의 반환 값 1을 매크로 상수로 정의
#define FAIL 0            // 비밀번호가 다를 때의 반환 값 0을 매크로 상수로 정의

void display_menu();      // 서비스 목록 표시
int check_PW();           // 비밀번호 확인 서비스
void check_balance();     // 잔액 조회 서비스
void deposit();           // 입금 서비스
void withdraw();          // 출금 서비스

```

```
int balance;                // 계좌의 현재 잔액을 저장하는 전역 변수

int main()
{
    int service;            // 사용자가 원하는 서비스 번호

    printf("우리 시스템을 방문해 주셔서 감사합니다.");

    // 사용자가 그만두기를 원하지 않는 한 서비스를 계속 제공하기
    do
    {
        display_menu();         // 사용자에게 제공하는 서비스 목록 표시
        printf("원하는 서비스를 선택하세요. ");
        scanf("%d", &service); // 사용자가 원하는 서비스 번호 입력받기

        switch (service)
        {
            case 1: check_balance(); break;   // 잔액 조회
            case 2: deposit(); break;         // 입금 처리
            case 3: withdraw(); break;        // 출금 처리
            case 4: exit(0);                  // 프로그램 종료
        }

        /* 사용자가 서비스 결과 화면을 확인한 후
           아무 키나 누르면 현재 화면을 지우고 새 화면에서 다시 시작하기 */
        printf("\n계속 서비스를 원하시면 아무키나 누르세요.");
        getch();
        system("cls");
    } while (service != 4); // 4. 그만두기를 선택하지 않는 한 계속 반복하기

    return 0;
}

// 잔액 조회 서비스 함수
void check_balance()
{
    if (check_PW() == PASS)
        printf("\n현재 잔액: %d원 \n", balance);
}

// 입금 서비스 함수
void deposit()
{
    int amount;
```

```c

    printf("\n입금하실 금액은? "); scanf("%d", &amount);

    balance += amount;
    printf("\n입금 후 현재 잔액: %d원\n", balance);
}

// 출금 서비스 함수
void withdraw()
{
    int amount;

    if (check_PW() == PASS)
    {
        printf("출금하실 금액은? "); scanf("%d", &amount);
        if (balance < amount)
            printf("\n잔액이 부족합니다. 현재 잔액 %d원 \n", balance);
        else
        {
            balance -= amount;
            printf("\n출금 후 현재 잔액: %d원 \n", balance);
        }
    }
}

// 사용자의 비밀번호와 시스템 비밀번호를 비교해 일치 여부 반환하기
int check_PW()
{
    static int count = 0; // 이 함수에서 발생한 비밀번호 오류 횟수를 저장하는 정적 지역 변수
    int system_PW = 1111; // 정해진 시스템 서비스 비밀번호
    int limit = 3;          // 비밀번호 오류 제한 횟수
    int input_PW;           // 사용자가 입력한 비밀번호

    printf("\n시스템 비밀번호를 입력하세요.");
    scanf("%d", &input_PW);

    if (input_PW == system_PW)    // 비밀번호가 맞는 경우
        return PASS;
    else                          // 비밀번호가 틀린 경우
    {
        count++;                  // 비밀번호 오류 발생 횟수를 1증가
        if (count == limit)       // 비밀번호 오류가 3회 발생한 경우
        {
            printf("비밀번호 오류 3회 발생! \n");
```

```
101             printf("신분증을 가지고 서비스센터를 방문하세요. \n");
102             exit(0);                    // 프로그램 실행 종료
103         }
104         else                            // 비밀번호 오류가 발생했으나 오류 발생이 아직 3회가 아닌 경우
105         {
106             printf("비밀번호가 틀렸습니다. 총 %d회 오류!\n", count);
107             return FAIL;
108         }
109     }
110 }
111 
112 void display_menu()
113 {
114     printf("\n\n");
115     printf("==================\n");
116     printf("==   1. 잔액 조회      ==\n");
117     printf("==   2. 입금           ==\n");
118     printf("==   3. 출금           ==\n");
119     printf("==   4. 그만하기       ==\n");
120     printf("==================\n");
121 }
```

• 메뉴 2를 선택한 경우

실행결과

```
우리 시스템을 방문해 주셔서 감사합니다.

==================
== 1. 잔액 조회 ==
== 2. 입금      ==
== 3. 출금      ==
== 4. 그만하기  ==
==================
원하는 서비스를 선택하세요. 2

입금하실 금액은? 70000

입금 후 현재 잔액: 70000원

계속 서비스를 원하시면 아무키나 누르세요.
```

38행: 아무 키나 누르면 입력이 완료된다. 그리고 현재 화면이 지워지고 다음 결과 화면과 같이 서비스 목록이 다시 나타난다.

• 메뉴 3을 선택 – 잔액이 부족한 경우

실행결과

```
══════════════
══ 1. 잔액 조회 ══
══ 2. 입금      ══
══ 3. 출금      ══
══ 4. 그만하기  ══
══════════════
원하는 서비스를 선택하세요. 3

시스템 비밀번호를 입력하세요.1111
출금하실 금액은? 80000

잔액이 부족합니다. 현재 잔액 70000원

계속 서비스를 원하시면 아무키나 누르세요.
```

72행: 사용자가 원하는 출금액보다 잔액이 적어 출금 서비스를 진행하지 못하는 경우다.

• 메뉴 3을 선택 – 출금이 정상으로 된 경우

실행결과

```
══════════════
══ 1. 잔액 조회 ══
══ 2. 입금      ══
══ 3. 출금      ══
══ 4. 그만하기  ══
══════════════
원하는 서비스를 선택하세요. 3

시스템 비밀번호를 입력하세요.1111
출금하실 금액은? 30000

출금 후 현재 잔액: 40000원

계속 서비스를 원하시면 아무키나 누르세요.
```

• 메뉴 1을 선택 – 비밀번호 오류인 경우

실행결과

```
══════════════
══ 1. 잔액 조회 ══
══ 2. 입금      ══
══ 3. 출금      ══
══ 4. 그만하기  ══
══════════════
원하는 서비스를 선택하세요. 1

시스템 비밀번호를 입력하세요.1234
비밀번호가 틀렸습니다. 총 1회 오류!

계속 서비스를 원하시면 아무키나 누르세요.
```

106행: 비밀번호가 일치하지 않을 때 정적 지역 변수 count 값을 출력한다.

• 비밀번호 오류가 2회인 경우

```
실행결과

==================
== 1. 잔액 조회 ==
== 2. 입금      ==
== 3. 출금      ==
== 4. 그만하기  ==
==================
원하는 서비스를 선택하세요. 3

시스템 비밀번호를 입력하세요.3456
비밀번호가 틀렸습니다. 총 2회 오류!!

계속 서비스를 원하시면 아무키나 누르세요.
```

• 비밀번호 오류가 3회로 프로그램이 종료되는 경우

```
실행결과

==================
== 1. 잔액 조회 ==
== 2. 입금      ==
== 3. 출금      ==
== 4. 그만하기  ==
==================
원하는 서비스를 선택하세요. 3

시스템 비밀번호를 입력하세요.1212
비밀번호 오류 3회 발생!
신분증을 가지고 서비스센터를 방문하세요.
```

100, 101행: 비밀번호 오류가 3회 발생하여 안내문이 표시되고 프로그램 실행이 끝난다.

핵심요약

변수의 참조 영역 규칙

- 변수마다 사용할 수 있는 영역이 정해져 있다.
- 변수 참조 영역은 변수의 선언 위치에 의해 결정된다.
- 변수는 참조 영역을 벗어난 곳에서 참조될 수 없다.

변수의 참조 영역에 따른 분류

전역 변수

- 함수 외부에서 선언하며, 변수를 선언한 이후로 프로그램(전역 변수 선언문 이후) 어디서나 모든 함수가 참조할 수 있다.
- 모든 함수가 참조할 수 있으므로 함수를 호출할 때 인수로 전달할 필요가 없다. 그러나 어디선가 전역 변수를 잘못 수정하면 프로그램 전체에 영향을 줄 수 있으므로 주의해야 한다.
- 변수의 지속 기간이 프로그램 실행 처음부터 끝까지며, 변수를 선언할 때 직접 초기화하지 않으면 0으로 자동 초기화된다.

지역 변수

- 함수/블록 안에서 선언하며, 변수를 선언한 함수/블록 안에서만 참조할 수 있다.
- 변수가 선언된 함수를 벗어나면 참조할 수 없으므로 다른 함수에서 참조하려면 함수를 호출할 때 인수로 전달해야 한다. 인수 전달은 불편하지만 함수 간의 독립성을 보장해준다.
- 프로그램 실행이 시작될 때부터 기억장소를 할당받는 게 아니라 함수가 실제로 호출되거나 블록이 실행되어야 기억장소를 할당받는다. 선언할 때 초기화하지 않으면 자동으로 초기화되지 않고 쓰레기 값 그대로 유지된다.

변수의 지속 기간에 따른 변수의 분류

자동 변수

- 'auto int count;'와 같이 auto를 붙여 함수/블록에서 선언한다.
- 선언할 때 auto는 생략할 수 있으므로 모든 지역 변수는 자동 변수며, 매개변수도 지역 변수이므로 자동 변수에 해당한다.
- 함수/블록이 실행되면 기억장소가 할당되며 함수/블록의 실행이 끝나면 기억장소가 해제된다.

정적 변수

- 'static int count;'와 같이 static을 붙여 선언한다.
- 프로그램 실행 시작부터 실행 끝까지 기억장소를 차지한다.
- 정적 전역 변수: 함수 외부에서 선언한 정적 변수로, 프로그램 전체(정적 변수 선언문 이후)에서 참조할 수 있다.
- 정적 지역 변수: 함수/블록 안에서 선언한 정적 변수로 함수/블록 안에서만 참조할 수 있으므로 정적 전역 변수에서 발생할 수 있는 잘못된 참조로 인한 부작용을 막을 수 있다. 변수 지속 기간이 프로그램 실행 기간 전체이므로 함수/블록의 실행이 끝나도 변수에 저장된 값이 사라지지 않아 다음 함수/블록 실행에서 이전 값을 사용할 수 있다.

변수의 참조 영역과 지속 기간에 따른 변수의 분류 및 특징

변수의 종류	선언 위치	변수의 지속 기간	변수의 참조 영역
전역 변수	함수 외부	프로그램 실행 기간 전체	프로그램 전체
지역 변수(자동 변수)	함수/블록 내부	변수가 선언된 함수/블록의 실행 기간	함수/블록
정적 전역 변수	함수 외부	프로그램 실행 기간 전체	프로그램 전체
정적 지역 변수	함수/블록 내부	프로그램 실행 기간 전체	함수/블록

- 정적 전역 변수는 변수의 선언문을 포함한 프로그램 파일에서만 참조할 수 있다. 반면 전역 변수는 다른 프로그램 파일에서 'extern 전역 변수명;'처럼 전역 변수를 외부 변수로 선언하면 두 프로그램 파일에서 같은 전역 변수로 사용할 수 있다.

연습문제

01 다음은 출금 서비스를 위한 보기용 프로그램이다. 프로그램의 14, 16, 28, 29, 31, 32, 41행에서 변수 참조 규칙을 어기고 있는데, 그 이유를 설명하시오.

```
1   #include <stdio.h>
2   int check_PW();             // 비밀번호 확인 서비스
3   void withdraw();            // 출금 서비스
4   char name[10] = "한국은행"; // 서비스 업체 이름
5
6   int main() {
7       char reply;
8       int balance = 100000, system_PW = 1111; // 계좌의 현재 잔액, 시스템 비밀번호
9       do {
10          printf("%s의 출금 서비스입니다.", name);
11          if (check_PW())
12              withdraw();
13          else {
14              printf("%d원의 출금을 요청하셨으나", amount);
15              printf("비밀번호가 맞지 않으므로 서비스를 제공할 수 없습니다.");
16              printf("지금까지 %d번 비밀번호 오류 발생", count);
17          }
18          printf("그만 하시겠습니까(Y/N)? "); scanf("%c", &reply);
19      } while (!(reply == 'N' || reply == 'n')); // 그만 두기를 원하지 않는 한 반복
20
21      return 0;
22  }
23
24  void withdraw() {
25      int amount;
26      if (check_PW()) {
27          printf("출금하실 금액은? "); scanf("%d", &amount);
28          if (balance < amount)
29              printf("\n잔액이 부족합니다. 현재 잔액 %d원 \n", balance);
30          else {
31              balance -= amount;
32              printf("\n출금 후 현재 잔액: %d원 \n", balance);
33          }
34      }
35  }
36
37  int check_PW() {
38      static int count = 0;
39      int input_PW;
40      printf("\n%s 시스템 비밀번호는?", name); scanf("%d", &input_PW);
```

```
    if (input_PW == system_PW)
        return 1;
    else {
        count++;
        return 0;
    }
}
```

02 다음 프로그램 실행결과 화면의 밑줄 친 곳에 결과 값을 적으시오.

```
#include <stdio.h>

int sum(int end);

int total;

int main()
{
    int i;

    for (i=1; i<=3; i++)
        total += sum(i);

    printf("In main, total = %2d\n", total);
    return 0;
}

int sum(int end)
{
    static int called = 0;
    int total = 0;
    int i;

    called++;

    for(i=1; i<=4; i++)
        total += i;

    printf("In sum, called = %2d, total = %2d \n", called, total);

    return total;
}
```

실행결과

```
In sum, called = _________, total = _________
In sum, called = _________, total = _________
In sum, called = _________, total = _________
In main, total = _________
```

03 실행결과 화면과 같이 결과가 출력되도록 다음 프로그램을 완성하시오.

```
1   #include <stdio.h>
2
3   void static_sum(int end);
4
5   int main()
6   {
7       int i;
8
9       for(i=0; i<10; i++)
10          static_sum(i);
11
12      return 0;
13  }
14
15  // 이전에 누적된 합계에 새로 호출된 값까지의 합을 계속 누적하기
16  void static_sum(int end)
17  {
18      : // 작성하기
19  }
```

hint 10행에서 static_sum(2);와 static_sum(3);이 실행된 결과를 잘 분석하면 static_sum 함수는 이전에 구한 값을 다시 활용함을 알 수 있다.

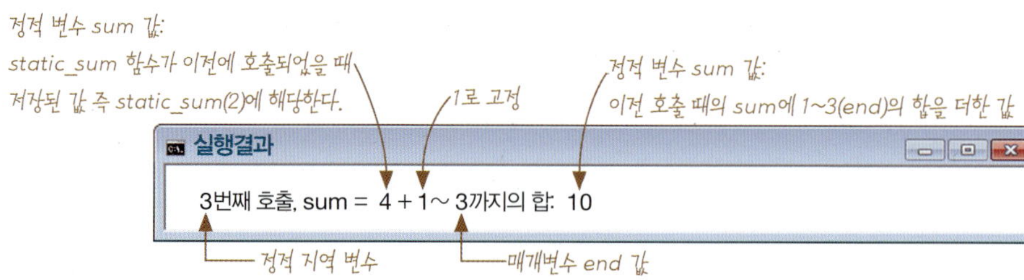

실행결과

```
1번째 호출, sum =   0 + 1~  1까지의 합:   1
2번째 호출, sum =   1 + 1~  2까지의 합:   4
3번째 호출, sum =   4 + 1~  3까지의 합:  10
4번째 호출, sum =  10 + 1~  4까지의 합:  20
5번째 호출, sum =  20 + 1~  5까지의 합:  35
6번째 호출, sum =  35 + 1~  6까지의 합:  56
7번째 호출, sum =  56 + 1~  7까지의 합:  84
8번째 호출, sum =  84 + 1~  8까지의 합: 120
9번째 호출, sum =120 + 1~  9까지의 합: 165
10번째 호출, sum =165 + 1~10까지의 합: 220
```

04 [프로그램 9-16]은 계좌 잔액을 저장하는 balance 변수를 전역 변수로 사용한다. 계좌 잔액을 함수에서 잘못 수정하는 것을 방지하기 위해 main 함수의 지역 변수로 선언하여 프로그램을 다시 작성하시오.

05 다음과 같이 판매 상품 5가지의 정보를 보여주고 사용자가 물건을 주문하는 프로그램을 작성하시오.

hint 프로그램 전체에서 사용할 상품의 이름, 단가, 주문 개수를 전역 변수로 선언하되 배열의 첨자가 0부터 시작해 발생하는 불편함을 없애기 위해 상품 수는 5개지만 배열의 원소는 6개로 선언한다.

```
#define N 6
char name[N][7] = {"", "노트", "연필", "지우개", "자", "볼펜"};
int unit_cost[N] = {0, 1000, 500, 300, 800, 1500};
int number[N] = {0};
```

• 메뉴 1을 선택

실행결과

```
>> 환영합니다.
==================
== 1. 상품 주문하기   ==
== 2. 주문서 확인하기 ==
== 3. 종료하기        ==
==================
원하는 서비스를 선택하세요. 1
```

원하는 서비스 번호를 입력하고 엔터키를 누르면 현재 화면을 깨끗이 지운다.

```
실행결과

>> 상품 주문 서비스입니다.
================
 1 노트    1000
 2 연필     500
 3 지우개   300
 4 자       800
 5 볼펜    1500
================
원하는 상품의 번호는?2
연필을(를) 주문할 개수는?20

 주문하신 연필 20개는 총 10000원입니다.

계속 서비스를 원하시면 아무키나 누르세요.
```

원하는 상품의 번호와 개수를 입력받는다.

현재의 주문 결과를 보여준 후 사용자가 아무키나 누르면 화면을 지우고 서비스 목록을 다시 표시한다.

• 메뉴 1을 선택 – 계속 주문하기

```
실행결과

>> 환영합니다.
================
== 1. 상품 주문하기  ==
== 2. 주문서 확인하기 ==
== 3. 종료하기       ==
================
원하는 서비스를 선택하세요.1
```

```
실행결과

>> 상품 주문 서비스입니다.
================
 1 노트    1000
 2 연필     500
 3 지우개   300
 4 자       800
 5 볼펜    1500
================
원하는 상품의 번호는?5
볼펜을(를) 주문할 개수는?30

 주문하신 볼펜 30개는 총 45000원입니다.

계속 서비스를 원하시면 아무키나 누르세요.
```

• 메뉴 2를 선택 – 주문서 확인하기

실행결과

```
>> 환영합니다.
=====================
== 1. 상품 주문하기   ==
== 2. 주문서 확인하기 ==
== 3. 종료하기       ==
=====================
원하는 서비스를 선택하세요. 2
```

실행결과

```
  상품 주문 내역서
=====================
 상품명   개수   가격
---------------------
  연필     20   10000
  볼펜     30   45000
=====================
 총액          55000원

계속 서비스를 원하시면 아무키나 누르세요.
```

• 메뉴 3을 선택 – 종료하기

실행결과

```
>> 환영합니다.
=====================
== 1. 상품 주문하기   ==
== 2. 주문서 확인하기 ==
== 3. 종료하기       ==
=====================
원하는 서비스를 선택하세요. 3
```

chapter

10

포인터

10.0 개요

C 언어가 다른 많은 프로그래밍 언어와 차별화되는 특징 중 하나가 이 장에서 소개할 포인터(pointer)를 아주 강력하면서도 유연하게 사용할 수 있다는 것이다. 지금까지 사용한 변수와 이제 소개할 포인터 변수의 중요한 차이는 저장하는 값의 종류가 다르다는 것이다. 점수, 키, 요금 등과 같이 프로그램에서 사용하는 데이터를 직접 저장하는 것이 일반 변수라면 포인터 변수는 데이터가 저장된 주기억장치의 주소만 저장할 수 있다.

데이터가 저장된 주기억장치의 주소를 저장하는 것은 [그림 10-1]과 같이 건물의 방향과 이름을 표시한 이정표와 같은 개념이다. 본관을 찾아갈 때 참고하는 이정표는 이곳이 실제 본관 건물이 있는 곳이 아니고 이 이정표 방향대로 가면 본관이 있다는 정보를 알려주는 역할을 한다. 포인터 변수 역시 프로그램에서 처리할 데이터를 저장하는 것이 아니라 처리할 데이터가 있는 곳의 정보인 주소를 저장하는 데 사용한다.

그림 10-1 건물 위치를 알려주는 이정표와 데이터가 저장된 곳을 알려주는 포인터 변수

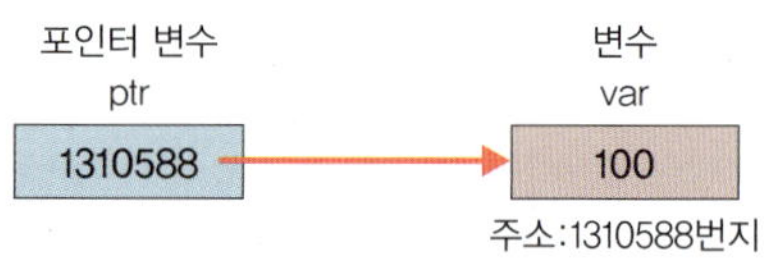

지금까지 일반 변수만으로도 충분히 프로그램을 작성할 수 있었는데 포인터 변수를 사용하는 이유는 무얼까? 포인터를 사용하면 직접 참조할 수 없는 변수를 간접적으로 참조할 수 있으며 기억 공간을 보다 효율적으로 사용할 수 있고 프로그램의 성능 또한 개선시킬 수 있기 때문이다. 이제부터 포인터가 얼마나 효율적이고 강력한 도구인지 자세히 살펴보자.

10.1 포인터란?

10.1.1 주기억장치의 주소

주기억장치(main memory)는 CPU가 실행할 명령어 코드와 처리할 데이터를 저장하기 위한 기억장치다. 컴퓨터에게 C 프로그램의 실행을 요청하면 프로그램의 코드와 데이터가 주기억장치에 저장된 후 CPU가 프로그램의 코드를 실행하여 데이터를 처리함으로써 실행결과를 얻게 된다. 하드 디스크와 같은 보조기억장치에 저장된 프로그램이나 파일은 CPU가 실행할 수 없기 때문에 한글이나 파워포인트 같은 응용 프로그램에서 사용자의 파일을 처리하거나 비주얼 C++에서 프로그램을 개발하려면 파일 열기 또는 파일 불러오기를 통해 사용자의 파일을 주기억장치로 실어야 한다.

주기억장치는 일정 크기의 공간마다 위치를 나타내는 일련번호가 붙는데 이를 주기억장치의 주소(address)라고 한다. 이 주소는 [표 10-1]처럼 건물의 사무실 호수나 아파트 단지의 동과 호수와 같은 개념이다.

표 10-1 실세계와 컴퓨터의 대응 관계

실세계	컴퓨터
건물	주기억장치
사무실의 주소	주기억장치 주소
사무실	변수
사무실에 있는 물품	데이터
사무실 물품의 종류	자료형

주소를 부여하는 단위는 컴퓨터에 설치된 운영체제에 의해 결정되는데 대부분은 1바이트마다 부여된다. 1바이트(byte)는 기억 공간의 크기를 나타내는 단위로서 문자 1개를 저장할 수 있는 크기이며, 0과 1만 저장할 수 있는 가장 작은 단위인 비트(bit)를 8개 모아놓은 것이다. [그림 10-2]와 같이 주기억장치 용량이 2GB라면 1G(Giga)는 2^{30}이므로 0번지부터 $2*2^{30}-1$번지까지의 주소가 부여된다. 주기억장치 주소 한 개를 저장하는 데 필요한 기억 공간은 운영체제에 의해 결정되는데, 32비트/64비트 운영체제라고 말할 때 32비트와 64비트가 바로 주소를 저장하는 데 필요한 기억 공간의 크기를 의미한다. 또한 이 32비트와 64비트는 CPU가 한 번에 처리할 수 있는 자료의 양을 나타내는 워드(word)의 크기를 의미한다. 같은 단위 시간동안 더 많은 양의 자료를 처리할수록 시스템 성능이 좋아지므로 컴퓨터의 성능은 워드의 크기에 비례한다.

그림 10-2 용량이 2GB인 주기억장치의 주소와 char ch = 'Z';로 선언된 변수 ch에 할당된 기억장소

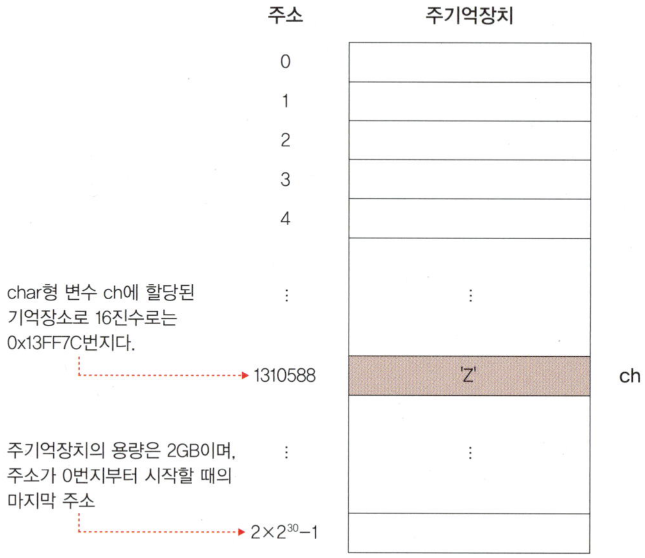

10.1.2 포인터 변수의 필요성

포인터 변수를 알기 위해 지금껏 사용해온 변수를 좀 더 자세히 살펴보자. [그림 10-2]의 변수 ch가 갖는 속성에는 변수의 이름 ch, 변수의 자료형 char(문자형), 변수에 저장된 값 'A', 그리고 여기에 추가해 주기억장치에서 변수가 차지하는 기억장소의 위치 즉 주기억장치의 주소 1310588번지가 있다. 이제부터 소개할 포인터는 바로 변수의 주소 속성을 다루는 것이다.

지금까지는 변수를 참조(access)하여 변수에 저장된 값을 읽어오거나 변수에 값을 저장할 때 변수명을 직접 사용했다. 하지만 변수명이 아닌 변수의 주소를 이용해서도 변수를 참조할 수 있는데 이것을 가능하게 하는 것이 바로 포인터다. 예를 들어 [그림 10-2]의 변수 ch에 'Z'를 저장하려고 변수명 ch를 직접 사용하여 ch='Z';란 대입문을 사용하는 대신 ch의 주소를 이용해 1310588번지의 기억장소에 'Z'를 저장하라는 명령문을 사용할 수 있는 것이다.

그렇다면 변수를 직접 사용해도 되는데 왜 굳이 변수의 주소를 이용해 프로그램을 작성하는 것일까? 포인터를 좀 더 쉽게 느껴보기 위해 실생활에서 사용하는 포인터 예를 살펴보자. 누군가 학교에서 본관 건물이 어디에 있는지 물었을 때 손가락으로 본관이 있는 곳을 가리키곤 한다. 이때 길을 물은 사람은 손가락을 보는 것이 아니라 손가락이 가리키는 건물을 본다. 우편 배달부는 우체통에 있는 편지 봉투에 적힌 수신자 주소를 보고 우편물을 수신인에게 정확히 배달한다. 관계자 외 출입금지인 사무실에 서류를 전달할 때는 사무실 관리자에게 서류를 전달하고 이 관리자가 사무실에 서류를 전달한다.

그림 10-3 실생활의 포인터 예

편지를 받을 상대방이 멀리 있어서 직접 줄 수는 없지만 우편 배달부를 통해 편지에 적힌 주소로 정확히 편지를 보낼 수 있으며, 내가 직접 길을 물은 사람을 본관까지 안내해 줄 수는 없지만 손가락으로 정확히 위치를 알려줌으로써 길을 안내할 수 있고, 내가 직접 사무실에 들어갈 수는 없지만 관리인을 통해 사무실에 서류를 전달할 수 있다. 컴퓨터 프로그램에서 포인터를 사용하는 이유도 이와 같은 맥락이다. 포인터를 이용하면 참조 불가능한 변수를 간접적으로 참조할 수 있으며, 프로그램의 성능을 개선하고 기억 공간을 효율적으로 사용할 수 있다. 포인터의 필요성을 조금 더 이야기하자면 다음과 같다.

호출된 함수에서는 자신을 호출한 함수의 지역 변수를 직접 참조할 수 없다. 이를 간접적으로 참조할 수 있게 하는 것이 포인터다. 크기가 큰 배열이나 구조체를 함수에 인수로 전달할 때 값에 의한 전달 방식은 기억 공간의 낭비와 값 복사에 의한 시간 낭비를 초래하므로 프로그램 성능을 떨어뜨린다. 배열이나 구조체의 시작 주소만 인수로 전달하고 함수에서는 포인터를 이용해 배열과 구조체를 참조하는 방법을 쓰면 이러한 문제를 해결할 수 있다.

프로그램에서 선언하는 배열의 크기는 고정되어 있다. 그러므로 배열의 크기를 정할 때는 가능한 데이터를 모두 저장할 수 있도록 최대로 잡는다. 그런데 실제로 프로그램을 실행하는 동안 예상과 달리 저장할 데이터가 적다면 배열에 할당된 기억 공간 중 사용하지 않는 부분이 낭비된다. 반대로 데이터가 더 많을 때는 저장하지 못하는 데이터가 생긴다. 이러한 문제는 프로그램을 실행하면서 필요한 만큼의 기억 공간을 할당받아 사용하고 나중에 필요 없어진 것은 해제하여 이러한 문제를 해결할 수 있다. 이를 동적 할당 방법이라 하는데 이때 필요한 것이 포인터다. 특히 이러한 동적 할당과 포인터는 트리(tree)나 연결 리스트(linked list)같은 자료구조를 구현할 때 유용하게 사용된다.

10.1.3 포인터 훑어보기 프로그램

포인터 변수의 선언과 연산 등 자세한 내용은 10.2부터 나온다. 하지만 변수명이 아닌 변수의 주소를 이용해 참조하는 것을 설명하고 포인터에 대한 전반적인 개념을 그림으로 이해할 수 있도록 [프로그램 10-1]을 미리 소개한다. 이해가 되지 않더라도 한 번 훑어보고 10.2로 넘어가면 많은 도움이 될 것이다.

sum=0;에서 0은 정수형 상수고 sum은 변수다. 주기억장치의 주소 값은 정수형 상수로 포인터 상수라 하고 이러한 주소만 저장하는 변수는 포인터 변수라고 한다. 특별히 주소 값 상수와 주소를 저장한 변수를 구분하는 경우가 아니라면 포인터 변수를 포인터로 줄여 사용하기도 한다. 참조하고 싶은 기억장소의 변수명과 상관없이 기억장소의 주소 값을 이용해 원하는 기억장소를 찾아가 참조하는 것이 바로 포인터의 개념이다.

포인터를 제대로 사용하려면 [그림 10-4]와 같이 세 가지 과정이 필요하다.

① 포인터 변수도 일반 변수처럼 선언을 해야 사용할 수 있다.

② 포인터 변수가 특정 기억장소를 가리키게 하려면 가리키고 싶은 기억장소의 주소를 대입해야 한다.

③ 포인터 변수에 저장된 주소를 이용해 다른 기억장소를 참조하려면 특별한 연산자인 간접 연산자 '*'를 이용해야 한다.

그림 10-4 포인터 사용 3단계 예

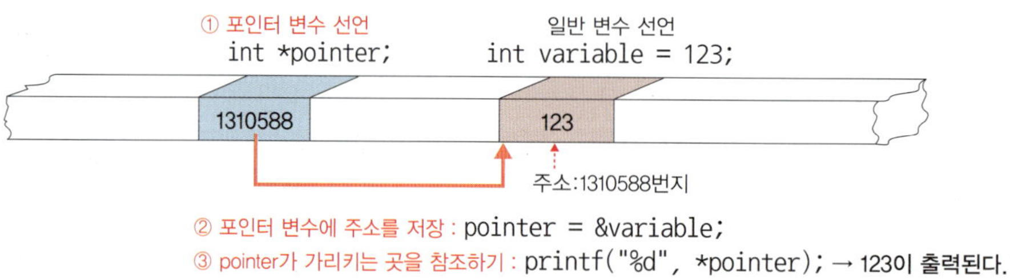

프로그램 10-1 변수 var의 주소가 저장된 포인터 변수 ptr을 이용해 var을 참조하는 예 (ch10-1.cpp)

```
#include <stdio.h>

int main()
{
    int var = 100;      // int형 변수 var을 선언하면서 값을 100으로 초기화
    int *ptr;           // int형 값을 저장하는 기억 장소의 주소를 저장할 포인터 변수 ptr 선언

    ptr = &var;         // ptr이 변수 var을 가리키게 함

    // 변수 var에 저장된 값을 직접 참조하여 출력하기
```

```
11        printf("변수 var의 값: %d \n", var);
12
13        // ptr을 이용해 var에 저장된 값을 간접적으로 참조하여 출력하기
14        printf("var의 간접 참조 (*ptr) 결과 값: %d \n\n", *ptr);
15
16        // 변수 var의 주기억장치 주소와 포인터 변수 ptr에 저장된 주소 출력하기
17        printf("변수 var의 주소:%u(%p) \n", &var, &var);
18        printf("변수 ptr에 저장된 주소:%u(%p) \n", ptr, ptr);
19
20        return 0;
21    }
```

변수명을 이용하지 않고 ptr에 저장된 var의 주소를 이용해 변수 var을 참조

실행결과

11행: var을 직접 참조해 저장된 값을 출력한 결과

```
변수 var의 값: 100
var의 간접 참조 (*ptr) 결과 값: 100

변수 var의 주소:1310588(0013FF7C)
변수 ptr에 저장된 주소:1310588(0013FF7C)
```

14행: 포인터 변수 ptr에 저장된 주소를 이용해 변수 var에 해당하는 기억장소를 간접적으로 참조해 출력한 결과다.

17~18행: ptr에 저장된 주소는 var의 주소다.

설명

5~6: 6행까지 실행한 후 주기억장치의 상태는 다음과 같다('debug' 모드 실행 결과).

그림 10-5 6행까지 실행했을 때 변수 var과 포인터 변수 ptr의 상태

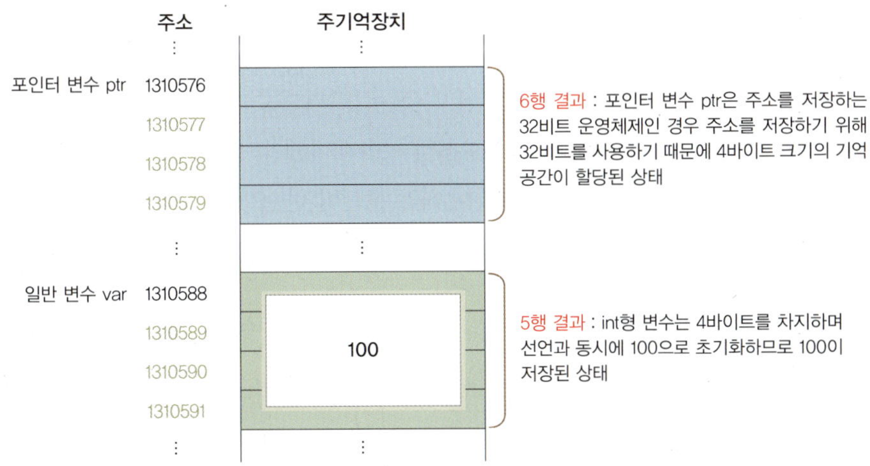

주의

- 변수에 할당되는 기억 장소는 시스템 상황에 따라 달라질 수 있으므로 변수의 주소는 책과 다를 수 있다. 그리고 프로그램 개발의 편리를 위해 'debug' 모드에서 실행하면 'release' 모드와 주기억장치 할당 위치도 다르다. 이 프로그램을 'release' 모드로 실행하면 ptr은 var 바로 위에 1310584번지부터 4바이트를 차지하게 된다. 여기서는 설명의 편리성을 위해 'debug' 모드의 실행 결과를 사용한다.
- 9장에서 함수의 지역 변수는 스택 영역으로부터 기억장소를 할당받는다고 간단히 언급하였다. 스택은 접시를 쌓으면 가장 나중에 쌓은 접시가 맨 위에 있는 것처럼 마지막으로 기억장소를 할당받은 변수가 맨 위에 위치한다. 그러므로 기본적으로 실행하면 먼저 var을 위한 기억 공간이 스택에서 할당되고 그 위로 ptr을 위한 기억 공간이 할당되어 ptr의 시작 주소가 var보다 더 작게 된다. 더 자세한 내용은 생략한다.

8: var=100;은 변수 var에 100을 대입(저장)하라는 뜻이다. 그러므로 ptr=&var;은 포인터 변수 ptr에 변수 var의 주소를 저장하라는 뜻으로 1310588을 ptr에 저장한다. 그 결과 주기억장치의 상태는 다음과 같이 된다.

그림 10-6 8행까지 실행했을 때 주기억장치의 상태

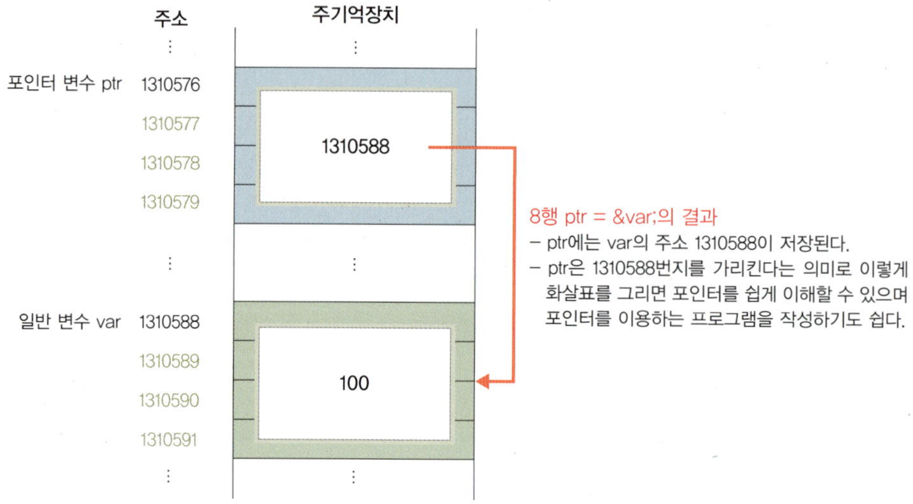

이와 같이 데이터가 아닌 주기억장치의 주소를 저장하는 변수가 포인터 변수다. 실제로 변수 var은 1310588~1310591번지의 4바이트를 차지하지만 변수의 주소는 1310588을 사용한다. 즉, 변수의 주소라고 할 때는 실제로 변수가 차지하는 기억장소의 크기와는 상관없이 시작 주소만 사용한다. 그러므로 ptr에 var의 주소를 저장하면 ptr에 1310588만 저장된다.

사람은 원하는 곳을 손가락으로 가리키곤 한다. 그런데 컴퓨터 프로그램에서 주기억장치의 특정 기억장소가 또 다른 기억장소를 가리키게 하고 싶다면 어떻게 해야 할까? 손가락 대신 가리키고 싶은 기억장소의 주소를 저장하는 것이 바로 포인터 변수다. 포인터 변수에 주소가 저장되어 있다는 것은 [그림 10-6]의 화살표처럼 주소에 해당하는 기억장소를 가리킨다는 의미가 된다.

사실 포인터의 개념을 완전히 이해하면 알게 되겠지만 포인터 변수에 저장된 주소는 별 의미가 없다. 가리키는 기억장소가 어딘가가 중요한 것이다. 따라서 [그림 10-7]의 (c)처럼 단순히 화살표를 그리는 것이 포인터를 이용한 프로그래밍을 훨씬 이해하기 쉽다. 그러나 포인터 개념을 정확하게 이해하기 전까지는 (a)처럼 포인터를 이용한 프로그램을 분석할 때 종이에 ptr=&a; 대입문의 결과로 ptr에 1310588도 적고 화살표도 그려보는 것이 좋다.

그림 10-7 포인터 변수가 특정 기억장소를 가리키고 있는 상태의 간략화 과정

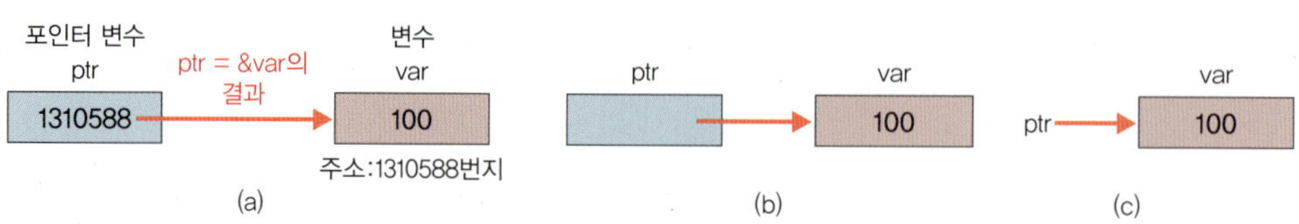

11~18: 11행에서는 변수 var을 참조하여 저장된 값을 %d에 맞추어 출력하므로 100이 출력된다. 18행도 마찬가지로 포인터 변수 ptr을 참조하여 ptr에 저장된 값을 출력한다. ptr에 저장된 값은 데이터가 아니라 주소이므로 변환 명세로 %u를 사용하였고 그 결과 1310588이 출력된다. 이 주소는 변수 var의 주소다.

14: ptr 앞에 붙은 *는 간접 참조(또는 역참조) 연산자로서 ptr을 직접 참조하는 게 아니라 ptr에 저장된 주소에 해당하는 기억장소를 간접적으로 참조하라는 뜻이다. 18행과 같이 ptr을 직접 참조하면 1310588이 출력되지만, *ptr은 ptr에 저장된 1310588번지에 해당하는 기억장소를 참조하는 것이므로 100이 출력된다. 즉 var에 저장된 값 100을 출력하고 싶을 때 변수명 var을 직접 이용할 수도 있지만, 변수명과 상관없이 var의 주소를 저장한 포인터 변수의 간접 참조를 통해서도 100을 출력할 수 있는 것이다. 변수명을 직접 이용하지 못하고 포인터 변수를 사용해야 하는 상황은 [프로그램 8-11]의 sort_by_pointer 함수가 좋은 예다. 이와 같이 포인터 변수는 변수명이 아닌 변수의 주소를 이용함으로써 다른 함수의 지역 변수를 얼마든지 참조하여 수정할 수 있는 강력한 기능을 제공한다. 포인터 공부를 하려면 ptr은 ptr 포인터 변수 자신을, *ptr은 포인터 변수가 가리키는 변수(기억장소)라는 것을 반드시 구분할 수 있어야 한다.

10.2 포인터의 사용

일반 변수와 마찬가지로 포인터 변수도 사용하기 전에 선언부터 해야 한다. 일단 선언을 한 후에는 어딘가를 가리키기 위해 포인터 변수에 가리킬 곳의 주소를 대입해야 하며, 그 다음에는 간접 연산자를 이용해 포인터가 가리키는 기억장소를 참조한다.

10.2.1 포인터 변수 선언

포인터 변수를 선언하는 형식은 다음과 같다.

형식 **포인터 변수 선언**

자료형 *포인터 변수명; ← 일반 변수가 아닌 포인터 변수임을 표시한다.

↳ *: 정확히는 간접 참조 연산자이지만 여기서는 선언하는 변수가 일반 변수가 아니라 단순히 포인터 변수임을 표시하는 기호라고 생각하자.

↳ 자료형: 포인터 변수가 가리키는 기억장소에 저장될 자료의 형이다. 지금까지 사용한 int형, char형의 일반 변수와 달리 포인터 변수는 언제나 주기억장치 주소만 저장하므로 포인터 변수에 저장하는 내용에 대한 자료형은 의미가 없다. 그러므로 포인터 변수를 선언할 때는 이 포인터가 어떤 형의 변수를 가리키는 데 사용할 지를 명시한다. 변수의 자료형이 다르면 해당 변수가 차지하는 기억장소의 크기도 다르므로 포인터를 선언할 때와 다른 자료형의 변수는 가리키게 할 수 없다.

↳ 포인터 변수가 차지하는 기억장소의 크기는 운영체제에 따라 다르며 32비트 운영체제라면 4바이트 (32비트)가 된다.

예 `char *p;`

↳ char형 포인터 변수 p를 선언한다. 포인터 변수명은 *p가 아니라 p다. char는 포인터 변수 p의 자료형이 char형임을 의미하는 것이 아니라 그림과 같이 이후에 p가 가리키는 곳에 저장될 값의 자료형이 char형이라는 의미다.

실제로 p가 선언되면 p의 기억 공간만 확보되므로 그림과 같이 다른 기억장소를 가리키는 상태는 아니다. 다만 p가 나중에 어떤 기억장소를 가리키게 되면 그 곳에는 char형 자료만 저장됨을 표시하려고 미리 포인터와 다른 기억장소를 그린 것이다.

`int *pi;`

↳ int형 포인터 변수 pi를 선언한다. 포인터 변수명은 pi며, int는 이후에 포인터 변수 pi가 가리키는 곳에 저장될 값의 자료형이 int형임을 의미한다.

팁

- 포인터 변수명도 식별자이므로 C 언어의 식별자 명명 규칙을 따른다. 단, 포인터 변수를 선언할 때 변수명 앞에 붙이는 *는 곱셈 연산자가 아니고 다음에 소개할 간접 참조 연산자를 의미한다.
- int *ptr;로 선언한 경우 ptr이 가리키는 곳에는 int형 자료만 저장할 수 있다.

포인터 변수를 선언하는 유형은 *의 위치에 따라 세 가지가 있다. 모두 의미가 같지만 ① 유형이 가장 많이 사용된다.

①자료형 *포인터 변수명;   **// 가장 많이 사용하는 방법**

②자료형* 포인터 변수명;

③자료형 * 포인터 변수명;

포인터 변수를 선언할 때 ②와 ③은 띄어쓰기 때문에 오해가 생길 수 있다. 다음 코드를 살펴보자.

```
int*  ptr1, ptr2;     // ptr1만 포인터 변수로 선언된다.
int *ptr1, *ptr2;     // ptr1과 ptr2 둘 다 포인터 변수로 선언된다.
```

얼핏 보기에는 ptr1과 ptr2 모두 포인터 변수로 선언한 것처럼 보인다. 하지만 포인터 선언에 사용된 간접 연산자 *는 항상 자신의 오른쪽에 있는 대상 하나에만 적용되므로 ptr1만 포인터 변수가 되고 ptr2는 일반 int형 변수가 된다.

10.2.2 주소 연산자 &와 주소 대입

포인터 변수는 특정 기억장소를 가리키는 데 사용한다. 그런데 포인터 변수가 특정 기억장소를 가리키게 하려면 어떻게 해야 할까? 포인터 변수에 가리키고 싶은 기억장소의 주소를 대입하면 된다. 즉 특정 변수의 기억장소를 가리키게 하려면 포인터 변수에 가리킬 변수가 위치한 기억장소의 주소를 저장해야 한다. 그렇다면 변수의 주기억장치 주소는 어떻게 알 수 있을까? 불행히도 프로그래머는 자신이 사용하는 변수의 주기억장치 주소를 미리 알 수 없다. 운영체제가 실행할 프로그램을 주기억장치 어디에 저장하느냐에 따라 변수의 주소도 달라지기 때문이다. 그러므로 C 언어에서는 프로그래머가 변수의 주소를 쉽게 구할 수 있도록 주소 연산자 &를 제공한다. 사실 주소 연산자 &는 표준 입력 함수인 scanf를 사용할 때 이미 사용해왔다. 사용자가 입력한 자료를 저장할 변수의 주소를 구하기위해 &age와 같이 변수명 앞에 &를 붙였던 것을 잘 알고 있을 것이다. 이제부터는 &를 scanf 함수에서 뿐만 아니라 포인터를 위해서도 계속 사용하게 될 것이다.

변수의 주소를 구하기 위해 주소 연산자 &를 사용하는 형식과 포인터 변수가 특정 변수를 가리키게 하는 형식은 다음과 같다.

형식 변수의 주소 구하기

&변수명 ← 주소 연산자

↳ &는 변수가 실제로 주기억장치의 몇 번지에 해당하는 기억장소를 차지하는지 즉 변수의 주소를 구한다.

형식 주소의 대입

포인터 변수명 = &변수명;

↳ 포인터 변수에 변수의 주소를 대입함으로써 결과적으로 포인터 변수가 해당 변수를 가리키게 된다.

예

```
1 int var;
2 int *ptr;
3
4 ptr = &var;
```

1~2행의 선언에 의해 각 변수에 기억장소가 할당된 상태

var의 주소 1310588을 ptr에 대입함으로써 ptr이 var을 가리키는 상태

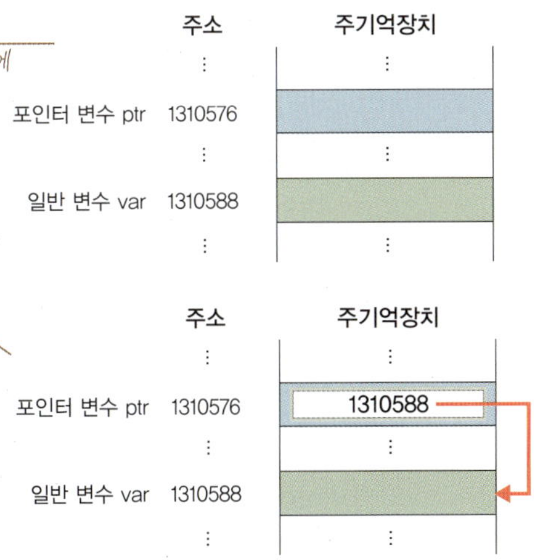

- 주소 연산자 &는 변수의 기억장소 주소를 구하는 것이므로 int형 변수 또는 char형 변수와 같은 일반 변수뿐만 아니라 포인터 변수에도 사용할 수 있다. 그러나 상수에는 사용할 수 없다. 상수는 프로그램 코드에 포함된 값이지 값을 별도로 저장할 수 있는 기억장소가 아니다.
- 포인터 변수 선언문 int *ptr = &var;은 *ptr을 &var로 초기화하는 것이 아니라 다음 두 문장을 줄인 표현이다.

```
int *ptr;
ptr = &var;
```

'&변수명'의 결과는 일반 데이터가 아닌 주기억장치 주소다. printf 함수를 이용해 주소를 출력하려면 다음과 같이 %u(10진수로 출력)나 %p(16진수로 출력)를 이용한다.

```
printf("변수 var의 주소: %u (16진수: %p) \n", &var, &var);
↳ 변수 var의 주소: 1310588 (16진수: 0013FF7C)
printf("포인터 변수 ptr의 주소: %u (16진수: %p) \n", &ptr, &ptr);
↳ 포인터 변수 ptr의 주소: 1310576 (16진수: 0013FF70)
```

다음 코드의 2행과 같이 포인터 변수에 상수로 표현한 주소를 직접 대입하는 것은 에러다. 3행과 같이 포인터 변수의 초깃값으로 가리키는 곳이 없음을 의미하는 NULL이란 상수를 대입하는 것만 허용된다. 4행과 같이 상수로 표현한 주소를 포인터 변수의 형에 맞게 캐스팅한 것을 직접 대입하는 것은 가능하지만 잘 사용하지 않는다.

```
1 int *ptr;
2 ptr = 1234;            // 에러
3 ptr = NULL;            // 가능
4 ptr = (int *)1234;     // 가능
```

포인터 변수에 상수 주소를 직접 대입하지 못하게 하는 이유는 다음에 소개하는 간접 연산자를 잘못 사용하여 다른 프로그램의 기억장소 내용을 함부로 변경하는 것을 막기 위해서다. 그래서 일반적으로 포인터 변수에는 현재 프로그램에서 사용하는 변수의 주소나 포인터 변수를 대입해 현재 프로그램에서 사용 가능한 영역만 안전하게 참조한다.

10.2.3 간접 연산자 *

포인터 변수를 선언할 때 변수명 앞에 *를 사용하였다. 앞에서는 *를 단순히 뒤의 변수가 포인터 변수임을 표시하는 기호라고 설명하였으나 정확히는 간접(indirection) 참조 연산자 또는 역참조(dereference) 연산자다. 포인터를 이용한 프로그램을 작성하려면 간접 연산자가 꼭 필요한데 그 이유를 자세히 살펴보자.

일반 변수에 값을 저장하거나 변수에 저장된 값을 읽어오려면 [그림 10-8]과 같이 변수명을 사용하여 변수를 직접 참조한다.

그림 10-8 일반 변수의 직접 참조

변수 var의 참조: 대입 연산자 오른쪽의 값을 var에 저장한다.

```
var = 100;
printf("변수 var에 저장된 값: %d", var);
```

변수 var의 참조: var에 저장된 값을 읽어 %d 형식으로 출력하므로 100이 출력된다.

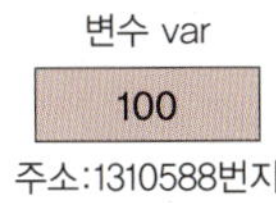

그렇다면 [그림 10-9]와 같이 포인터 변수명을 사용해 포인터 변수를 직접 참조하면 어떻게 될까? 포인터 변수에 저장된 주소를 읽어오거나 포인터 변수에 새로운 주소를 저장할 수는 있으나 포인터가 가리키는 곳의 내용을 참조할 수는 없다.

그림 10-9 포인터 변수의 직접 참조

```
int var = 100;
int *ptr;

ptr = &var;
printf("포인터 변수 ptr의 주소:%u \n", ptr);
```

포인터 변수 ptr의 참조: 변수 var의 주소 1310588을 ptr에 저장함으로써 ptr은 var을 가리키게 된다.

포인터 변수 ptr의 참조: ptr에 저장된 값을 읽어 %u 형식으로 출력하므로 1310588이 출력된다.

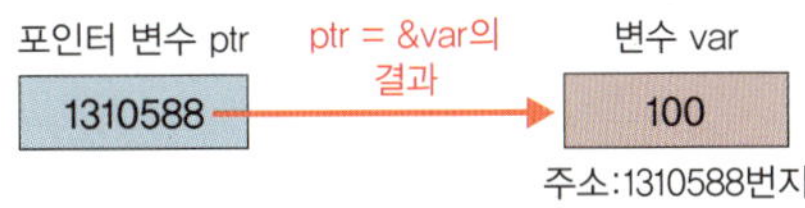

[그림 10-9]에서 var과 상관없이 포인터 변수가 가진 정보만으로 var의 기억장소를 참조하게 해주는 것이 간접 참조 연산자 '*'이다. *는 피연산자의 값을 직접 사용하는 것이 아니라 피연산자인 주소 값을 이용해 해당 주소로 찾아가 참조하기 때문에 간접적인 방법으로 참조한다 하여 간접 연산자라고 한다.

형식 **포인터를 통한 간접 참조**

간접 참조 연산자

***포인터 변수명**

- 포인터 변수를 참조하는 것이 아니라, 포인터 변수에 저장된 주소에 해당하는 기억장소를 참조한다. 쉽게 '포인터 변수가 가리키는 곳'으로 해석할 수 있다.
- 포인터 변수를 선언할 때 int *ptr;의 정확한 의미는 ptr이 가리키는 곳(*ptr)에는 int형 자료가 저장된다는 것이다.

예

```
int var = 100;
int *ptr;

ptr = &var;
printf("ptr이 가리키는 곳에 저장된 값:%d \n", *ptr);
// 결과는 'ptr이 가리키는 곳에 저장된 값:100'
```

ptr을 참조하면 1310588 주소가 있으며 이 주소에 해당하는 기억장소를 참조하면 100이 있다.

간접 연산자의 강력함은 [그림 10-10]과 같은 상황에서 잘 나타난다. 함수는 다른 함수의 지역 변수를 참조할 수 없지만 자신이 가진 포인터 변수 ptr을 이용하여 자신을 호출한 함수의 변수를 참조할 수 있다. 이와 같이 포인터는 변수가 가진 주소 속성을 활용하여 해당 기억장소를 참조하는 강력한 도구이다.

그림 10-10 간접 연산자 사용 예

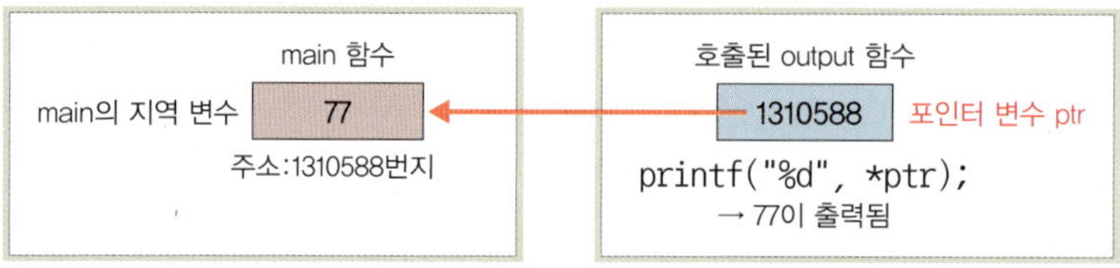

지금까지 소개한 포인터에 관한 내용 중 가장 많이 헷갈려하는 부분은 간접 참조와 관련이 있다. 이는 [그림 10-11]을 통해 프로그램에서 변수가 사용될 때는 두 가지 의미로 사용된다는 사실을 먼저 명확히 알고 나면 쉽게 해결할 수 있다. [그림 10-11]의 (a)와 같은 상태에서 (b)의 대입문을 실행하면 결과는 (c)와 같이 된다. (b)의 대입문에는 같은 변수명이 대입 연산자 왼쪽과 오른쪽에 모두 나타난다. 변수가 대입문 왼쪽에 있을 때와 오른쪽에 있을 때 실제로 의미하는 것은 완전히 다르다.

그림 10-11 변수의 두 가지 의미: 기억장소와 저장된 값

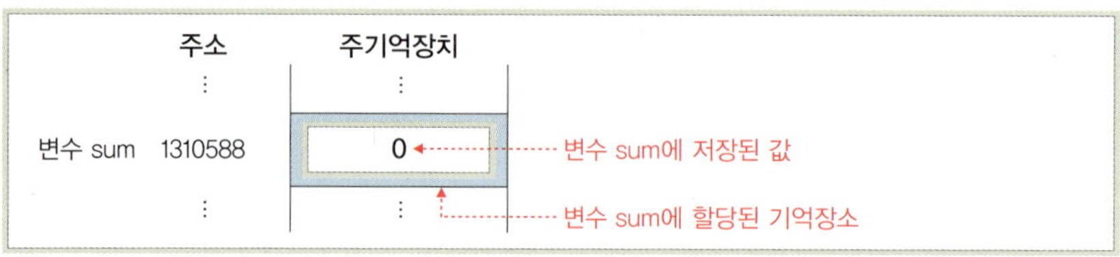

(a) 현재 변수 sum의 상태

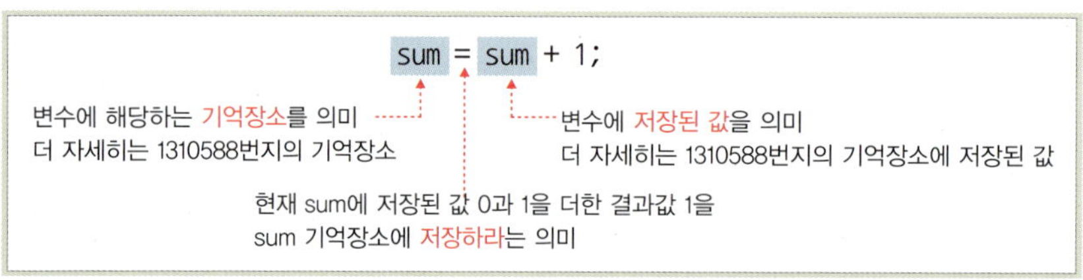

(b) 대입문에서 변수의 의미

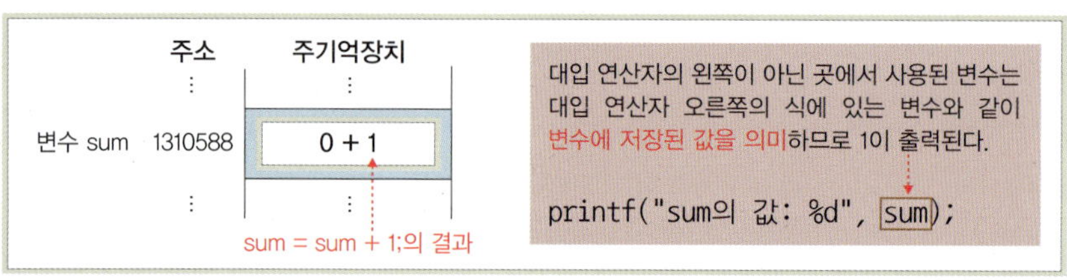

(c) (b)의 실행 결과와 출력 예

변수가 사용될 때 실제로는 변수의 기억장소(l-value)와 변수의 기억장소에 저장된 값(r-value)으로 구분되는 것을 명확히 알았으므로 이제는 [그림 10-12]를 통해 간접 연산자를 정확히 이해해보자.

그림 10-12 간접 연산자의 사용 예

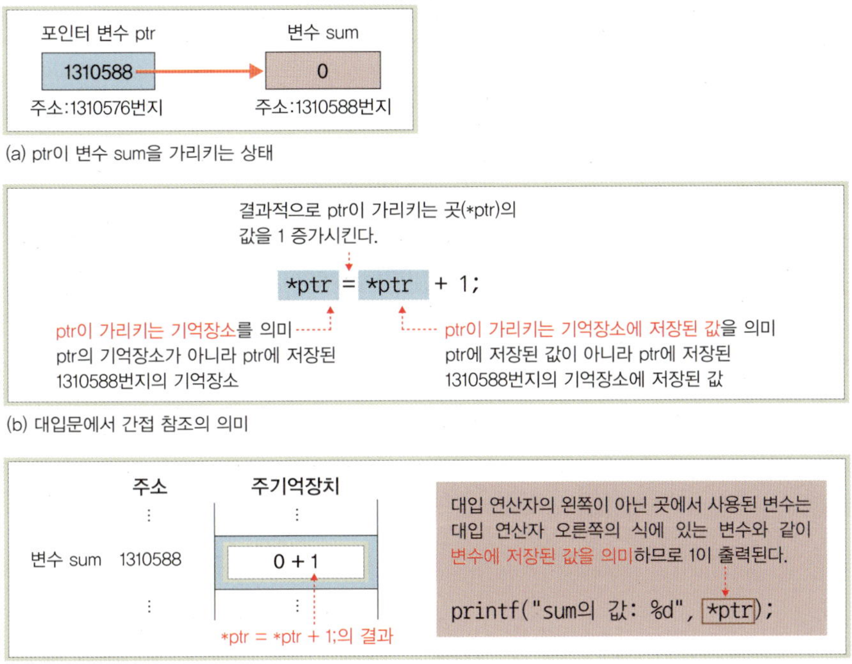

(a) ptr이 변수 sum을 가리키는 상태

(b) 대입문에서 간접 참조의 의미

(c) (b)를 실행한 결과와 출력 예

sum=sum+1;이 sum의 값을 1 증가시키듯 [그림 10-12]의 *ptr=*ptr+1;은 *ptr에 해당하는 기억장소의 값을 1 증가시킨다. 이와 같이 sum 변수를 참조하지 않고도 간접 참조를 통해 sum을 마음대로 수정까지 할 수 있는 것이 간접 참조다.

10.2.4 포인터 변수와 일반 변수의 비교

다음 코드와 [그림 10-13]은 일반 변수와 포인터 변수와의 차이를 요약해 보여준다.

```
double grade = 4.0;
double *ptr = &grade;          // ptr이 grade를 가리키게 함

printf("%lf", grade);          // 4.000000이 출력됨
printf("%lf", *ptr);           // 4.000000이 출력됨

printf("%lf", grade + 1);      // 5.000000이 출력됨
printf("%u", ptr + 1);         // 1310592가 출력됨(ptr+8(double형의 크기))
```

10.3 참고

그림 10-13 일반 변수와 포인터 변수의 비교 정리

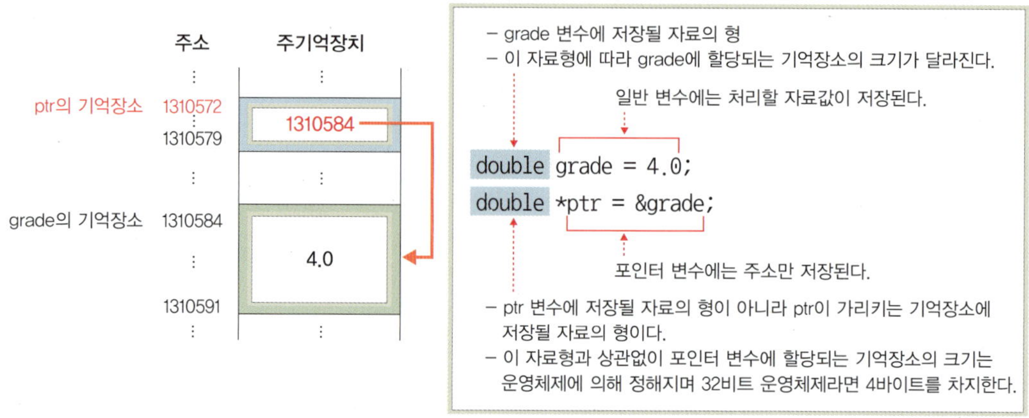


```
printf("%lf", grade);      변수명을 직접 사용해 변수에 저장된 값을 참조한다.
printf("%lf", *ptr);       포인터 변수가 가리키는 곳의 자료는 간접 연산자를
                           사용해야만 참조가 가능하다.

printf("%lf", grade + 1);  실제로 1을 더한 4.0 + 1, 즉 5.0이 결과값이다.
printf("%u", ptr + 1);     ptr이 double형 포인터므로 실제는 ptr + 8,
                           즉 1310592가 결과값이다.
```

grade의 주소는 &grade로 1310584, ptr의 주소는 &ptr로 1310572
grade의 값은 4.0, ptr의 값은 1310584

10.2.5 변수 간의 교환과 포인터 간의 교환 비교

[그림 10-14]처럼 두 소대의 소대장이 서로 상대 소대로 소속이 변경되었다고 하자. 이때 소대원들이 새 소대장 앞에 정렬하는 방법은 두 가지다. 제 1소대원과 제 2소대원 15명이 직접 좌우로 이동하는 방법과 소대원은 그대로 있고 소대장만 위치를 바꾸는 방법이다. 이처럼 p1과 p2가 가리키는 a와 b의 값이 각각 100과 200인 상황에서, p1과 p2가 가리키는 곳의 값이 200과 100이 되도록 교환하는 방법도 두 가지가 있다. a와 b 두 변수에 저장된 값을 직접 교환하는 방법과 a와 b의 값은 변경하지 않고 두 변수를 가리키는 포인터 변수 p1과 p2의 값을 교환하는 방법이다.

그림 10-14 소대를 가리키는 소대장과 변수를 가리키는 포인터

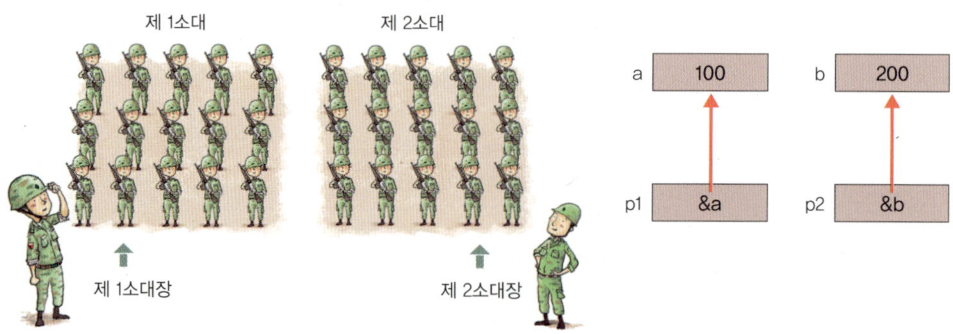

그렇다면 둘 중 어느 방법이 더 효율적일까? 소대원이 1명일 때는 두 방법에서 효율성의 차이가 없지만 소대원이 많을수록 소대장 두 명만 위치를 바꾸는 것이 훨씬 효율적일 것이다. 여기서 소대장은 각 소대를 가리키는 포인터 변수로, 소대원들은 포인터 변수가 가리키는 기억장소에 저장된 데이터로 볼 수 있다. 그러므로 [그림 10-14]와 같이 포인터가 가리키는 곳에 값이 하나만 있을 때는 두 방법의 효율성에 차이가 없지만, 11장에서 소개하는 구조체와 같이 교환할 데이터가 많은 경우는 상황이 달라진다. 구조체형 포인터 경우는 각 소대원들과 같이 포인터가 가리키는 곳에 이름, 나이, 전화번호, 주소 등의 많은 데이터가 있을 수 있다. 이때 구조체 데이터를 직접 교환하는 것보다는 구조체형 포인터를 교환하는 것이 훨씬 효율적이며, 이것이 포인터를 사용하는 또 다른 이유이기도 하다. 구조체에 관해서는 11장에서 자세히 소개한다.

[프로그램 10-2]는 [그림 10-14]처럼 포인터 p1이 가리키는 곳에는 100, 포인터 p2가 가리키는 곳에는 200이 저장되어 있을 때 p1이 가리키는 곳에는 200, p2가 가리키는 곳에는 100이 있도록 수정하는 프로그램이다. 이 프로그램은 두 정수 값을 직접 교환하는 방법(14~16행)과 포인터 변수에 저장된 주소를 교환하는 방법(23~25행)을 잘 비교할 수 있게 해준다.

프로그램 10-2 두 포인터 변수가 가리키는 곳의 값을 교환하기 (ch10-2.cpp)

```
1   #include <stdio.h>
2
3   int main()
4   {
5       int a = 100, b = 200, temp;
6       int *p1, *p2, *p_temp;
7
8       p1 = &a; // p1은 a를 가리키게 함
9       p2 = &b; // p2는 b를 가리키게 함
```

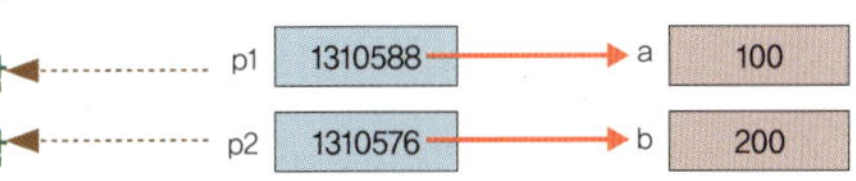


```
10      printf("  a = %d,   b = %d\n", a, b);
11      printf("*p1 = %d, *p2 = %d\n", *p1, *p2);
12
13      printf("\n>> p1과 p2가 가리키는 곳에 저장된 값을 직접 바꾸기 \n");
14      temp = *p1;
15      *p1 = *p2;
16      *p2 = temp;
```

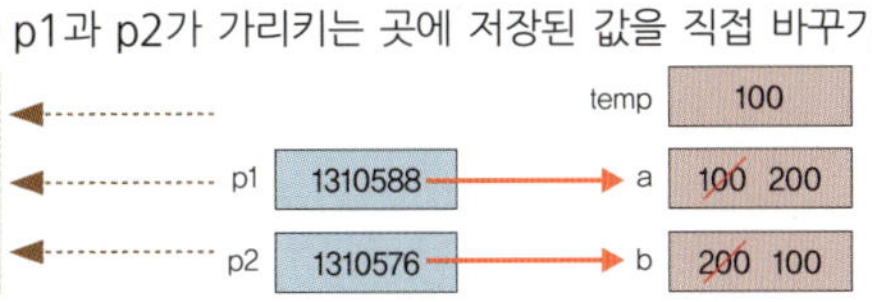


```
17
18      printf("  a = %d,   b = %d\n", a, b);
19      printf("*p1 = %d, *p2 = %d\n", *p1, *p2);
20
21      printf("\n>> 포인터 p1과 p2에 저장된 주소를 바꾸기 \n");
22      a = 100, b = 200; // 원래 a와 b의 값으로 초기화
```

```
23        p_temp = p1;
24        p1 = p2;
25        p2 = p_temp;
26
27        printf("  a = %d,   b = %d\n", a, b);
28        printf("*p1 = %d, *p2 = %d\n", *p1, *p2);
29
30        return 0;
31    }
```

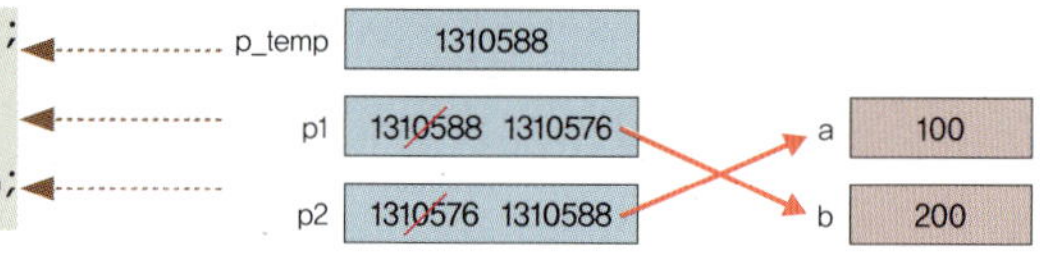

실행결과

```
  a = 100,   b = 200
*p1 = 100, *p2 = 200

>> p1과 p2가 가리키는 곳에 저장된 값을 직접 바꾸기
  a = 200,   b = 100
*p1 = 200, *p2 = 100

>> 포인터 p1과 p2에 저장된 주소를 바꾸기
  a = 100,   b = 200
*p1 = 200, *p2 = 100
```

설명

8: p1에 a의 주소(1310588번지)를 대입함으로써 p1은 a를 가리키게 된다.

9: p2에 b의 주소(1310576번지)를 대입함으로써 p2는 b를 가리키게 된다.

14~16: p1과 p2를 이용하여 a와 b의 값을 직접 교환한다.

- p1이 가리키는 곳(*p1 즉 a)에 저장된 값 100을 temp에 임시로 대피한다.
- p2가 가리키는 곳(*p2 즉 b)에 저장된 값 200을 p1이 가리키는 곳(*p1 즉 a)에 대입한다. 결국 a가 200으로 변경된다.
- temp에 저장된 값을 p2가 가리키는 곳(*p2 즉 b)에 대입한다. 결국 b가 100으로 변경된다.

22: 14~16행에 의해 변경된 a와 b의 값을 원래의 값으로 다시 변경한다.

23~25: a와 b의 값을 교환하는 것이 아니라 p1과 p2의 값을 교환한다. 결과적으로 p1이 b를, p2가 a를 가리키게 된다. a와 b의 값은 변경되지 않았지만 포인터가 가리키는 곳을 교환함으로써 p1이 가리키는 곳에는 200이, p2가 가리키는 곳에는 100이 저장된 결과를 얻을 수 있다.

23: 일반 변수 두 개를 교환할 때 한 변수의 값을 임시로 대피할 저장소가 필요한 것처럼 p1과 p2를 교환할 때도 임시 저장소가 필요하다. p1과 p2는 int형 자료가 저장된 기억장소의 주소를 저장하는 포인터므로 p1 값을 대피할 임시 저장소 p_temp 역시 int형 포인터여야 한다.

10.3 포인터의 덧셈과 뺄셈

포인터 변수에는 주소를 저장할 수 있다. 주소는 4바이트로 표현된 정수형 상수므로 포인터를 피연산자로 사용해 연산을 할 수 있다. 단지 포인터를 피연산자로 하는 곱셈과 나눗셈은 불가능하며 덧셈과 뺄셈만 가능하다. 또한 주기억장치 주소는 양의 정수이므로 실수와 함께 연산할 수 없다. 한 가지 명심할 것은 포인터에 대한 덧셈과 뺄셈은 일반적인 덧셈과 뺄셈과는 다르다는 것이다.

다음과 같이 포인터 변수에 1을 더했을 때의 결과 값은 얼마일까?

포인터 변수 + 1

실제로 1을 더하는 것이 아니라 [표 10-2]와 같이 포인터 변수를 선언할 때 명시한 자료형의 기억장소 크기만큼 더한다.

일반 변수 sum에 0이 저장되어 있는 상태라면 sum+1의 결과 값은 1이다. 그러나 포인터에 대한 +1에서 1이 의미하는 것은 절댓값 1이 아닌 포인터의 자료형 크기에 따라 달라진다. 따라서 포인터가 가리키는 곳이 int형 자료를 저장하기 위한 곳이라면 4를 더해야 한다.

표 10-2 포인터의 증감 연산

자료형	ptr + 1의 실제 연산	ptr − 1의 실제 연산
char *ptr;	ptr + 1	ptr − 1
int *ptr;	ptr + 4	ptr − 4
float *ptr;	ptr + 4	ptr − 4
double *ptr;	ptr + 8	ptr − 8

주소에 대한 연산이 어떤 의미를 갖는지 [프로그램 10-3]을 이용하여 자세히 살펴보자. 이 프로그램은 char형, int형, double형의 포인터 변수에 1을 더하거나 뺐을 때의 결과를 잘 보여준다. 10.4.2에서 배우게 되겠지만 '포인터 변수+1'은 포인터 변수가 어떤 자료형의 포인터이든 현재 포인터가 가리키는 곳에서 다음 값이 저장된 주소를, '포인터 변수−1'은 이전 값이 저장된 주소를 의미한다고 생각하면 이해하기 쉽다.

프로그램 10-3 '포인터 변수+1'과 '포인터 변수−1'의 결과 (ch10-3.cpp)

```
#include <stdio.h>

int main()
{
    char vc = 'A', *pc;
```

```
6         int vi = 123, *pi;
7         double vd = 12.345, *pd;
8
9         pc = &vc;  // pc는 vc를 가리키게 함
10        pi = &vi;  // pi는 vi를 가리키게 함
11        pd = &vd;  // pd는 vd를 가리키게 함
12
13        printf("\n pc-1 = %u, pc = %u, pc+1 = %u", pc-1, pc, pc+1);
14        printf("\n pi-1 = %u, pi = %u, pi+1 = %u", pi-1, pi, pi+1);
15        printf("\n pd-1 = %u, pd = %u, pd+1 = %u", pd-1, pd, pd+1);
16
17        return 0;
18    }
```

실제는 +4

실제는 -8

10행 pi = &vi;에 의해 pi에 저장된 변수 vi의 주소다.

실행결과

```
pc-1 = 1310590, pc = 1310591, pc+1 = 1310592
pi -1 = 1310560, pi  = 1310564, pi+1  = 1310568
pd-1 = 1310528, pd = 1310536, pd+1 = 1310544
```

int형 포인터이므로 4씩 차이가 난다.

설명

14: pi는 그림과 같이 vi를 가리키는 int형 포인터 변수다. 그러므로 pi-1는 pi에 저장된 값 1310580에 4를 뺀 1310576이 되며, pi+1는 1310580에 4를 더한 1310584가 된다.

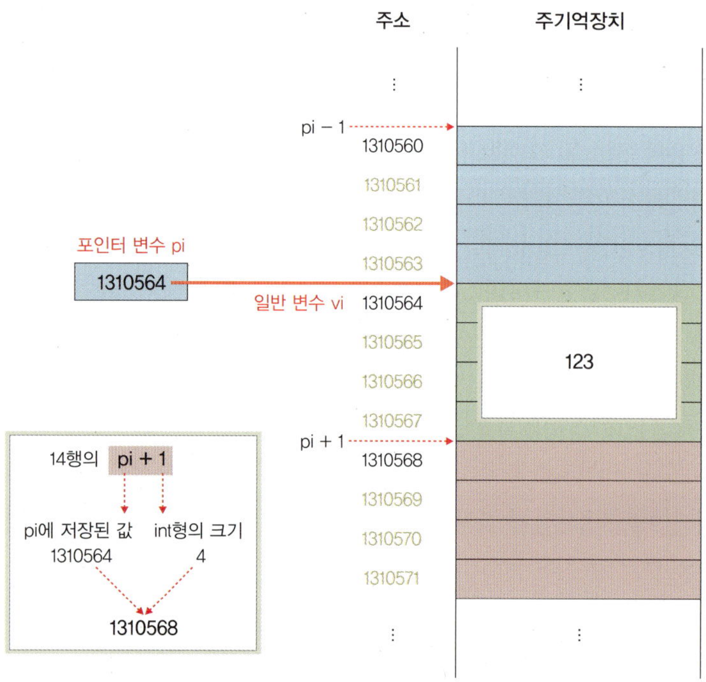

10.3.1 포인터 정리 프로그램

[프로그램 10-4]는 지금까지 소개한 포인터에 관한 내용을 제대로 이해하고 있는지 확인할 수 있는 예제용 프로그램이다. 5~6행의 두 선언문과 8행 p1=&a;까지 실행했을 때의 주기억장치의 상태와 직접 참조와 간접 참조의 정확한 의미를, 다음 그림에서 한 번 더 확인한 후 스스로 프로그램의 결과를 적어보도록 한다. 혼자서 이 프로그램의 결과를 정확히 적지 못한다면 앞부분을 다시 공부한 후 진행해야 한다.

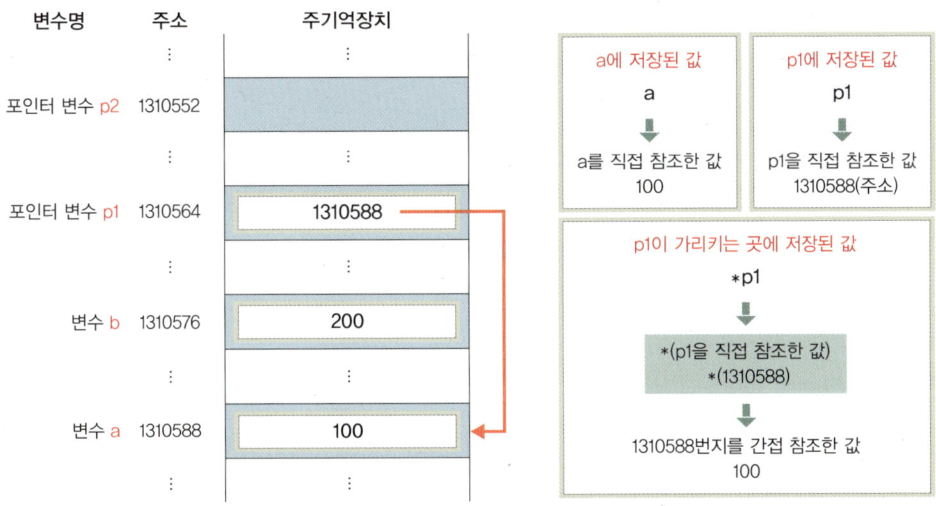

프로그램 10-4 포인터 개념을 확인하기 위한 프로그램 (ch10-4.cpp)

```
1   #include <stdio.h>
2
3   int main()
4   {
5       int a = 100, b = 200;
6       int *p1, *p2;         // int형 포인터 변수 선언
7
8       p1 = &a;              // p1이 a를 가리키게 함
9       printf("p1 = &a 후: a = %d, *p1 = %d \n", a, *p1);
10
11      *p1 = *p1 + 1;        // p1이 가리키는 곳의 값을 1 증가
12      printf("(*p1)++ 후: a = %d, *p1 = %d \n", a, *p1);
13
14      p2 = p1;              // p2도 p1이 가리키는 곳을 가리키게 함
15      printf("p2 = p1 후: a = %d, *p1 = %d, *p2 = %d \n", a, *p1, *p2);
16
17      (*p2)++;              // *p2 = *p2 + 1; p2가 가리키는 곳의 값을 1 증가
18      printf("(*p2)++ 후: a = %d, *p1 = %d \n\n", a, *p1);
```

```
19
20      printf("&a = %u, &b = %u, b = %d \n", &a, &b, b);
21      printf("p1 = %u, p1-1 = %u, *(p1-3) = %d \n", p1, p1-1, *(p1-3));
22
23      return 0;
24  }
```

실행결과

```
p1 = &a 후: a = 100, *p1 = 100
(*p1)++ 후: a = 101, *p1 = 101
p2 = p1 후: a = 101, *p1 = 101, *p2 = 101
(*p2)++ 후: a = 102, *p1 = 102

&a = 1310588, &b = 1310576, b = 200
p1 = 1310588, p1-1 = 1310584, *(p1-3) = 200
```

'release' 모드로 실행하면 변수가 차지하는 기억장소 위치가 다르므로 다른 값이 나온다.

설명

8: p1에 a의 주소를 대입하여 p1은 a를 가리키게 된다.

11: p1이 가리키는 곳(*p1)에 저장된 100과 1을 더해 다시 p1이 가리키는 곳(*p1)에 대입하므로 결국 a의 값이 101로 수정된다.

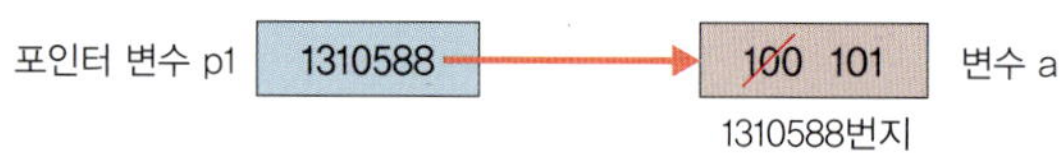

14: 현재 p1에 저장된 값 1310588을 p2에 대입한다. 결국 p2도 1310588번지의 기억장소를 가리키게 된다. 이와 같이 포인터 변수에 다른 포인터 변수를 대입하여 두 포인터 변수가 모두 같은 기억장소를 가리키게 할 수 있다. 이 방법은 고급 프로그래밍 과정에서 연결 리스트나 트리를 처리할 때 많이 사용된다.

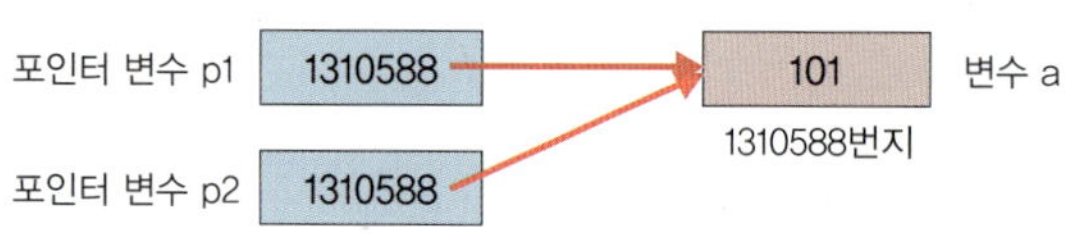

17: p2가 가리키는 곳의 값을 1 증가시키는 식이다. 간접 연산자 *보다 ++이 우선순위가 높으므로 반드시 ()를 넣어야 한다. 결과는 다음 그림과 같다.

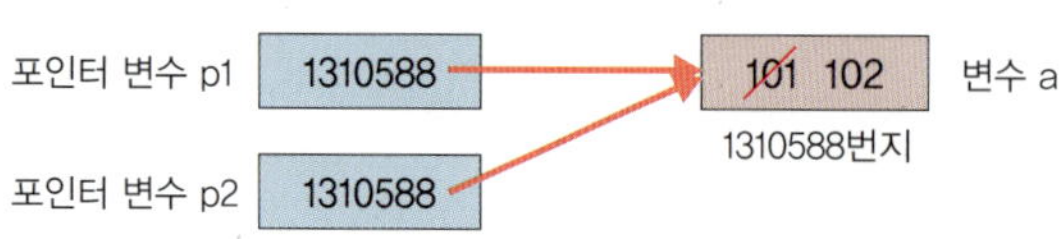

18: p1과 p2가 같은 곳을 가리키는 상황이므로 p2가 가리키는 곳을 수정한 후 나중에 a나 *p1을 출력하면 값이 둘 다 바뀐 것을 확인할 수 있다. 그러므로 복잡한 포인터 구조를 이용하는 프로그램에서는 포인터의 간접 참조를 통해 다른 기억장소의 값을 수정할 때 신중해야 한다.

21: *p1−3은 p1이 가리키는 곳의 값에서 3을 뺀다. 그러므로 연산자 우선순위를 바꾸려면 *(p1−3)과 같이 원하는 결과를 얻을 수 있도록 ()를 사용해야 한다.

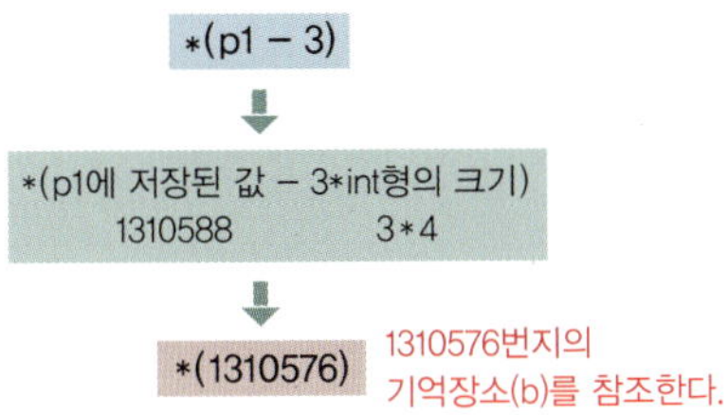

간접 연산자, 가감 연산자, 증감 연산자의 우선순위는 다음과 같다.

++, -- > 간접 연산자 * > +, -

그러므로 이 연산자들을 혼용할 때는 다음과 같이 주의를 기울이고 필요하다면 ()를 사용해야 한다.

- *p1+1: *p1과 1을 더하므로 p1이 가리키는 곳의 값과 숫자 1을 더한다.
- *(p1+1): (p1+1)을 먼저 수행한 후 *를 적용한다. 즉 p1이 가리키는 곳보다 하나 뒤의 기억장소를 참조한다.
- *p1++: p1++을 수행한 후 *를 적용한다. 결국 *(p1+1)이 되어 현재 p1이 가리키는 곳보다 하나 뒤의 기억장소를 참조한다.
- (*p1)++: *를 먼저 적용하여 p1이 가리키는 곳의 값을 1 증가시킨다.

10.4 포인터와 배열은 친구

포인터에 대한 가감 연산이 어떻게 처리되는지 앞에서 살펴보았다. 그러면 이러한 포인터의 가감 연산은 어디에서 사용될까? 바로 배열을 참조할 때다. 7장에서 배열명은 배열의 시작 주소라고 했던 것을 기억할 것이다. 사실 배열의 원소를 참조하는 방법은 배열명 즉 배열의 시작 주소에 대한 덧셈 연산과 간접 연산자를 이용하는 것이다. 지금까지는 arr 배열의 두 번째 원소를 참조하려고 arr[1]과 같이 배열명과 첨자를 사용하였지만 포인터를 이용해 표현하면 *(arr+1)이 된다. 왜 이렇게 되는지 자세히 살펴보자.

10.4.1 배열명은 배열의 시작 주소

배열은 동일한 자료형의 많은 자료를 주기억장치의 연속된 기억장소에 저장한 것이다. [그림 10-15]와 같이 int arr[5]={1, 2, 3, 4, 5};로 배열을 선언했을 때 꼭 기억할 것은 arr이라는 배열명은 이 배열의 첫 원소 arr[0]의 주기억장치 주소인 상수 값으로 배열의 시작 위치를 가리키는 포인터 상수라는 것이다. 결국 다음과 같은 관계가 성립한다.

```
배열명 arr == 배열의 시작 주소 == 첫 원소의 시작 주소 &arr[0]
```

배열명은 배열의 시작 주소인 포인터 상수기 때문에 앞서 소개한 포인터에 대한 가감 연산이 가능하므로 다음과 같이 해석할 수 있다.

```
*(arr+0) 또는 *arr : 배열의 시작 주소에 해당하는 기억장소이므로 arr[0]
*(arr+1) : 배열의 시작 주소에서 int형 자료 한 개 크기만큼 더한 곳이므로 arr[1]
*(arr+2) : 배열의 시작 주소에서 int형 자료 두 개 크기만큼 더한 곳이므로 arr[2]
⇒ *(arr + i) == arr[i]
```

그림 10-15 int arr[5] = {1, 2, 3, 4, 5};로 선언한 배열 원소의 두 가지 참조 방법

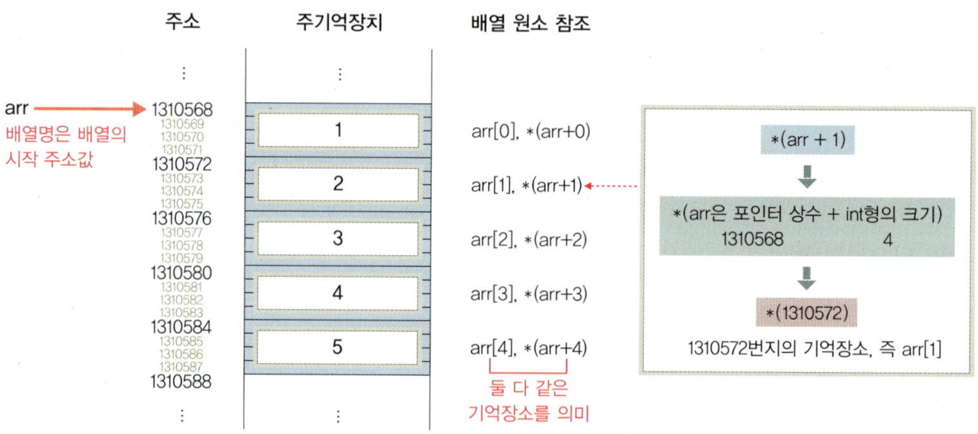

프로그래머가 배열 원소를 참조하려고 배열명[첨자]로 표현한 것을 실제 컴파일러는 [그림 10-15]처럼 *(배열명+첨자)인 포인터 연산으로 처리한다. 그러나 지금까지처럼 C 언어에서 arr[i]로 표현하게 한 것은 arr[i]가 *(arr+i)보다 알아보기 쉽고 표현도 간단하며 포인터 개념을 모르는 사람도 배열을 쉽게 사용할 수 있기 때문이다.

[프로그램 10-5]는 5명의 퀴즈 점수를 배열에 저장한 후 평균과 평균 미만자 수를 구하는 [프로그램 7-1]을 포인터 상수인 배열명을 이용하여 처리하도록 수정한 프로그램이다.

프로그램 10-5 [프로그램 7-1]의 배열 원소를 포인터를 이용해 참조하도록 수정하기 (ch10-5.cpp)

```
#include <stdio.h>
#include <conio.h>                          // getch 함수를 위한 헤더 파일
#define SIZE 5

int main()
{
    int quiz[SIZE];
    int i, count, sum;
    double ave;

    printf("%d명의 점수를 순서대로 입력하세요.\n\n", SIZE);
    for (i=0; i<SIZE; i++)
    {
        printf("%d번의 퀴즈 점수는? ", i+1);
        scanf("%d", (quiz + i));            // scanf("%d", &quiz[i]);
    }

    sum = 0;
    for (i=0; i<SIZE; i++)
        sum = sum + *(quiz+i);              // sum = sum + quiz[i];

    ave = (double)sum / SIZE;

    count = 0;
    for (i=0; i<SIZE; i++)
        if (*(quiz+i) < ave)                // if (quiz[i] < ave)
            count++;

    printf("\n결과를 보려면 아무키나 누르세요. \n");
    getch();    // 키보드로부터 문자 한 개를 입력받는다. 일시 정지하는 효과를 가진다.

    printf("\n===============\n");
    printf("평균: %.1lf점 \n", ave);
    printf("평균 미만: %d명 \n", count);
    printf("===============\n");

    return 0;
}
```

quiz + i 자체가 입력되는 값을 저장할 기억장소의 주소이므로 주소를 구하는 연산자 &를 앞에 붙여서는 안 된다.

*에 의해 quiz 보다 (i*4)번지 뒤의 기억장소 즉 quiz[i]를 참조한다.

실행결과

```
5명의 점수를 순서대로 입력하세요.

1번의 퀴즈 점수는? 85
2번의 퀴즈 점수는? 92
3번의 퀴즈 점수는? 78
4번의 퀴즈 점수는? 84
5번의 퀴즈 점수는? 79

결과를 보려면 아무키나 누르세요.

=================
평균: 83.6점
평균 미만: 2명
=================
```

← 30행 getch에 의해 키보드에서 어떤키가 입력되면 getch가 완료되어 다음 문장을 실행한다.

설명

15: [프로그램 7-1]은 키보드에서 입력된 정수를 저장할 배열 원소 quiz[i]의 실제 기억장소 주소를 구하려고 &quiz[i]를 사용했다. 그러나 지금처럼 포인터를 직접 이용할 때는 quiz 자체가 배열의 첫 원소의 주소며 quiz+i는 배열의 (i+1)번째 원소의 실제 주소이므로 &(quiz+i)처럼 &를 붙이면 안 된다. 주소 연산자 &는 피연산자가 변수나 배열 원소와 같이 특정 값을 저장하는 기억장소일 때만 이 기억장소의 실제 주소를 구하기 위해 사용할 수 있다. (quiz+i)는 주소 상수 값이므로 앞에 &를 붙이면 에러다.

10.4.2 포인터 변수를 이용한 배열 원소 참조

'배열명[첨자]'가 내부적으로는 '*(배열명+첨자)'로 처리되는 것은 배열명이 배열의 시작 위치인 포인터 상수이기 때문이다. 그렇다면 반대로 특정 포인터 변수가 배열 시작 위치를 가리키는 상태라면 '포인터 변수명[첨자]'로 배열 원소를 참조할 수 있을까? '포인터 변수명[첨자]'는 내부적으로 '*(포인터 변수명+첨자)'로 처리되므로 당연히 가능하다. 또한 포인터 변수를 마치 배열명인 것처럼 사용할 수 있다. 그래서 배열과 포인터를 서로 친구라 할 수 있다. 프로그래머는 둘 중 이해하고 해석하기 쉬운 방법을 사용하면 된다. 특히 포인터 변수를 이용한 배열의 참조는 10.5.2에서 소개하는 배열을 전달받은 함수에서 배열을 참조하는 방법으로 사용된다.

포인터 변수가 배열을 가리키게 하려면 다음 형식과 같이 포인터 변수에 배열의 시작 주소를 대입한다. 이후 포인터 변수는 배열명처럼 사용할 수 있다.

형식 포인터 변수가 배열을 가리키기

```
포인터 변수명 = 배열명;
```

← 포인터 변수의 자료형이 배열 원소와 같아야 한다.

예
```
int arr[5], *p;
p = arr;
p[1] = 10;   // arr[1]=10;과 동일
printf("%d", arr[1]); // 결과는 10
```

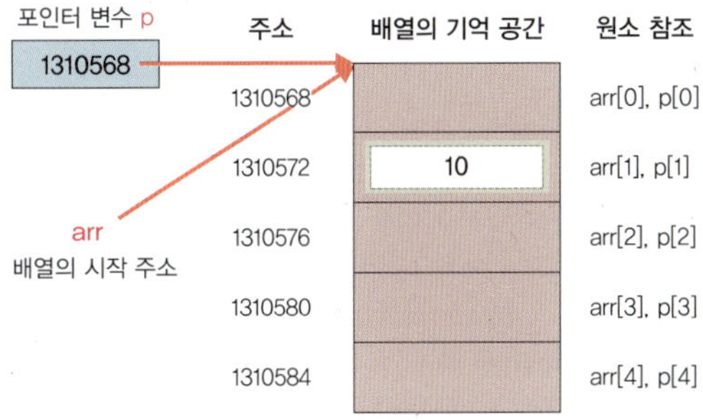

대입문에서 x = 3;은 가능하지만 3 = x;는 불가능한 것처럼, 포인터 변수에는 배열명을 대입할 수 있지만 배열명에 다른 주소를 대입할 수는 없다. 배열명은 상수이기 때문이다.

```
int arr[5];
int *p = arr;   // 포인터 변수 p에 배열의 시작 주소 대입은 가능하다.
arr = p;        // 배열명은 상수므로 다른 값을 대입하여 변경할 수 없다.
```

기억장소의 크기를 구하는 sizeof 연산자를 배열명과 포인터 변수에 적용하면 포인터 변수는 무조건 4가, 배열명은 배열의 전체 크기가 나온다. 그리고 배열 원소에 대해 적용하면 배열 원소의 자료형에 해당하는 크기가 나온다. 그러므로 sizeof(arr)은 20이지만, sizeof(ptr)은 4이며, sizeof(arr[0])과 sizeof(*p)는 4임에 주의한다.

[프로그램 10-6]은 배열과 포인터의 친구 관계를 잘 보여주는 예제 프로그램이다.

프로그램 10-6 다양한 배열 원소 참조 방법을 보여주는 프로그램 (ch10-6.cpp)

```
#include <stdio.h>
#define SIZE 5

int main()
{
    int i, arr[SIZE] = {1, 2, 3, 4, 5}; // 배열 선언
    int *ptr;  // 포인터 선언

    ptr = arr; // ptr에 배열 arr의 시작 주소를 대입하여 arr 배열을 가리키게 하기

    // 배열명[첨자]를 사용해 배열 원소에 저장된 값 출력하기
    for (i=0; i<SIZE; i++)
        printf("arr[%d] = %d \n", i, arr[i]);
    printf("\n");

    printf("arr 배열의 시작 주소(%u) = ptr에 저장된 주소(%u) \n\n", arr, ptr);

    // 배열명에 대한 연산을 통해 배열 원소에 저장된 값을 출력하기
```

```
19        for (i=0; i<SIZE; i++)
20            printf("*(arr+%d) = *(%u) = %d \n", i, arr + i, *(arr + i));
21        printf("\n");
22
23        // 포인터 연산을 통해 배열 원소에 저장된 값을 출력하기(포인터와 배열의 성질은 동일)
24        for (i=0; i<SIZE; i++)
25            printf("*(ptr+%d) = *(%d) = %d \n", i, ptr + i, *(ptr + i));
26        printf("\n");
27
28        // 포인터 변수 ptr을 배열명처럼 사용하여 원소를 출력하기
29        for (i=0; i<SIZE; i++)
30            printf("ptr[%d] = %d \n", i, ptr[i]);
31        printf("\n");
32
33        return 0;
34    }
```

같은 기억장소를 의미한다.

실행결과

```
arr[0] = 1
arr[1] = 2
arr[2] = 3
arr[3] = 4
arr[4] = 5

arr 배열의 시작 주소(1310568) = ptr에 저장된 주소(1310568)

*(arr+0) = *(1310568) = 1
*(arr+1) = *(1310572) = 2
*(arr+2) = *(1310576) = 3
*(arr+3) = *(1310580) = 4
*(arr+4) = *(1310584) = 5

*(ptr+0) = *(1310568) = 1
*(ptr+1) = *(1310572) = 2
*(ptr+2) = *(1310576) = 3
*(ptr+3) = *(1310580) = 4
*(ptr+4) = *(1310584) = 5

ptr[0] = 1
ptr[1] = 2
ptr[2] = 3
ptr[3] = 4
ptr[4] = 5
```

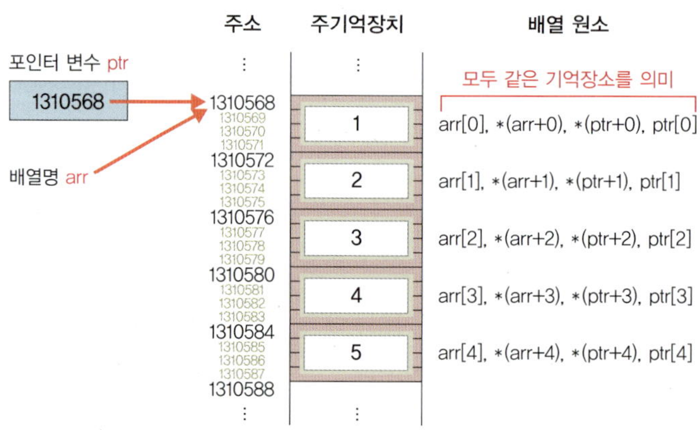

설명

7~9: int *ptr = arr;로 줄일 수 있다.

9: ptr에 배열명 arr을 대입함으로써 ptr에는 배열의 시작 주소 1310568이 저장되어 arr 배열을 가리키게 된다.

30: ptr은 원래 배열명이 아니지만 ptr[i]는 내부적으로 *(ptr+i)로 처리되고 ptr은 배열 arr의 시작 주소이므로 *(ptr+i) == *(arr+i) == arr[i]가 성립한다. 그러므로 13, 20, 25, 30행 모두 같은 결과가 출력된다.

10.5 포인터와 함수

포인터는 주소를 다루며, 간접 연산을 통해서만 포인터가 가리키는 기억장소를 참조할 수 있다. 그러므로 포인터를 사용하지 않는 코드보다 가독성이 떨어지고 처리 과정도 복잡할 수 있으며 실행 시간 에러도 많이 발생할 수 있다. 그럼에도 불구하고 포인터를 사용하는 것은 그만큼 장점이 많기 때문이다. 이제 함수 간의 인수 전달에서 포인터가 어떻게 사용되고 얼마나 효율적인지를 알아보자.

8장에서는 함수를 정의하고 함수를 호출하는 방법을 다양한 프로그램을 통해 배웠다. 그리고 9장에서는 변수의 참조 범위를 통해 함수 안에서 선언한 변수가 그 함수 안에서만 사용될 수 있으며 다른 함수에서는 사용될 수 없다는 것을 확인하였다. 그러므로 함수 간에 정보를 주고받기 위해 함수를 호출할 때는 변수를 인수로서 전달하고, 호출된 함수에서는 이를 매개변수로 전달받아 사용한다. 그 대신 호출된 함수는 인수를 변경하지 못한다. 그러나 함수를 호출할 때 호출된 함수에서 인수를 원하는 대로 변경하길 원할 때가 있다. 예를 들면 main 함수가 자신의 두 변수의 값을 교환하기 위해 교환을 전문으로 하는 함수를 정의해서 사용하려는 경우다. 그런데 main 함수가 교환이 전문인 함수에게 "내가 두 변수에 저장된 값 두 개를 건네줄 테니 이 두 변수 값을 서로 교환하여 내게 다시 돌려주시오."라고 한다면 이 함수가 제대로 일을 처리할 수 있을까? 8장에서 소개한대로 함수는 1개의 값을 반환하며, 값에 의한 호출 방식으로 인수를 전달할 때는 다른 함수의 변수 값을 변경할 수 없다. 이 문제를 해결해주는 것이 바로 포인터다. 이제는 지금까지 배운 포인터를 제대로 응용해보자.

10.5.1 포인터를 이용한 주소에 의한 호출

C 언어에서 함수를 호출할 때 사용하는 인수 전달 방식에는 값에 의한 호출과 주소에 의한 호출 두 가지가 있다. 이제 포인터를 배웠으므로 이 두 가지 방식의 차이를 명확하게 알아보자. 먼저 주소에 의한 호출 방식은 함수를 호출할 때 인수의 주소를 전달하고 호출된 함수는 전달된 주소를 포인터 매개변수에 저장한다. 결국 포인터 매개변수가 인수를 가리키게 되며 호출

된 함수에서는 포인터 매개변수의 간접 참조를 이용하여 인수를 참조할 수 있게 된다. 주소에 의한 호출 방식으로 인수를 전달하는 형식은 다음과 같다.

형식 **함수의 호출**

함수명(&인수명)

포인터 변수명 = &인수명; 효과가 발생하여 포인터 변수가 인수를 가리키게 된다.

형식 **함수의 정의**

```
반환값 자료형  함수명(자료형  *포인터 변수명)
{
    : // '*포인터 변수' 간접 참조를 통해 인수를 참조한다.
}
```

전달받는 인수와 자료형이 동일하다.

예

• **함수 호출**

```
swap(&a, &b);
// int a, b;로 선언된 인수의 주소를 전달
```

• **함수 정의**

```
void swap(int *x, int *y)
{
    :
  *x = 0;
}
```

간접 참조를 통해 인수 a를 수정할 수 있다.

[프로그램 10-7]은 main 함수의 두 변수 x와 y를 함수에 인수로 전달하여 서로의 값을 교환하기 위한 프로그램이다. 두 일반 변수의 값을 인수로 사용하는 값에 의한 호출과 두 변수에 대한 주소를 인수로 사용하는 주소에 의한 호출 두 인수 전달 방식의 사용법과 실행결과가 어떻게 다른지 자세히 비교해보자.

프로그램 10-7 **값에 의한 호출과 주소에 의한 호출의 비교: 두 변수의 값을 교환하기 (ch10-7.cpp)**

```
#include <stdio.h>

void swap_value(int x, int y);          // 값에 의한 호출 방식
void swap_address(int *x, int *y);      // 주소에 의한 호출 방식

int main()
{
    int x = 100, y = 200;

    printf("In main: x=%d, y=%d \n\n", x, y);

    swap_value(x, y);                    // 값에 의한 호출: x와 y의 값을 전달
    printf("In main: x=%d, y=%d (swap_value(x, y) 호출 후)\n\n", x, y);

    swap_address(&x, &y);                // 주소에 의한 호출: x와 y의 주소를 전달
    printf("In main: x=%d, y=%d (swap_address(&x, &y) 호출 후)\n\n", x, y);

```

함수의 원형을 선언할 때 매개변수명을 생략하고 싶다면 (int *, int *)로 작성해야 한다. *를 생략하면 일반 변수가 되므로 주의해야 한다.

```
18         return 0;
19     }
20
21     // 매개변수 x와 y의 값을 교환하지만 자신을 호출한 함수의 두 인수는 교환하지 못하는 함수
22     void swap_value(int x, int y)
23     {
24         int temp;                  // 임시 대피 장소
25
26         temp = x;
27         x = y;
28         y = temp;
29         printf("In swap_value: x=%d, y=%d \n", x, y);
30     }
31
32     // 포인터 매개변수 x와 y를 이용해 자신을 호출한 함수의 두 인수의 값을 교환하는 함수
33     void swap_address(int *x, int *y)    // x, y는 주소를 저장하는 포인터 변수로 선언
34     {
35         int temp;                  // 임시 대피 장소
36
37         temp = *x;                 // x가 가리키는 곳의 값을 temp에 대입
38         *x = *y;                   // y가 가리키는 곳의 값을 x가 가리키는 곳에 대입
39         *y = temp;                 // temp의 값을 y가 가리키는 곳에 대입
40         printf("In swap_address: *x=%d, *y=%d \n", *x, *y);
41     }
```

실행결과

```
In main: x=100, y=200

In swap_value: x=200, y=100
In main: x=100, y=200 (swap_value(x, y) 호출 후)

In swap_address: *x=200, *y=100
In main: x=200, y=100 (swap_address(&x, &y) 호출 후)
```

일반 변수를 인수로 사용해 swap_value 함수의 변수 x, y는 값이 변경되었지만 main 함수의 변수 x, y는 변경되지 않았다.

주소를 인수로 사용해 swap_address 함수에서 main 함수의 변수 x, y를 변경한 결과다.

설명

12,22: swap_value 함수를 호출할 때 인수로 x, y의 값이 전달된다. 변수명은 x, y로 동일하지만 실제 기억장소는 다르다.

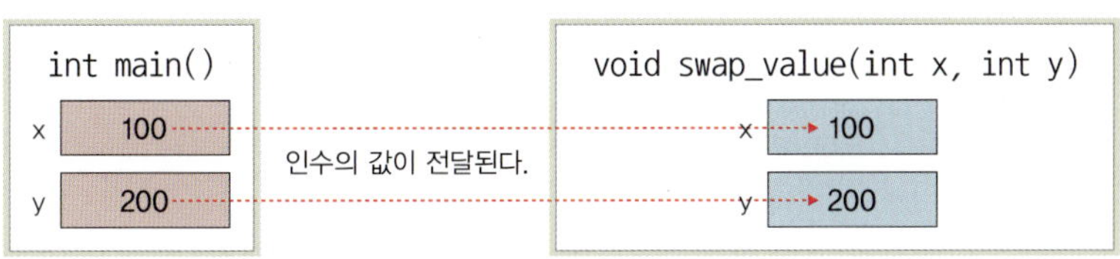

26~28: swap_value에서 x, y의 값을 변경하지만 main의 x, y는 변경되지 않는다.

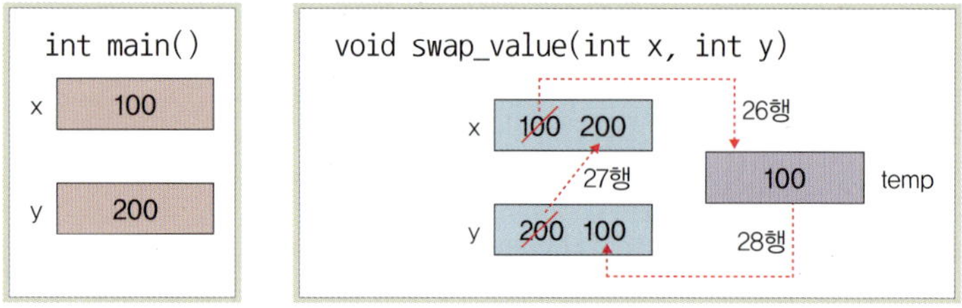

29, 13: 위 그림에서 알 수 있듯이 swap_value에서 출력한 x, y는 200, 100으로 서로 바뀌었지만 main의 x, y는 그대로 유지된다. 그러므로 main 함수로 복귀하여 main 함수의 x, y를 출력하면 100, 200 그대로 출력된다.

15, 33: main 함수에서 swap_address를 호출할 때 인수로 x의 주소 &x와 y의 주소 &y를 전달한다. 호출된 swap_address 함수에서는 전달되는 주소를 저장해야 하는데 주소를 저장할 수 있는 것은 포인터 변수뿐이다. 인수인 main의 x, y가 int형 변수이므로 swap_address 함수에서 선언하는 포인터 변수 x, y도 int형 포인터 변수로 선언해야 한다. 결국 다음 그림과 같이 swap_address 함수의 포인터 변수 x, y는 main 함수의 일반 변수 x, y를 가리키게 된다.

37: main의 x 값을 임시 저장소에 대피시키기 위해 temp = *x;를 실행한다. 가끔 temp 또한 포인터 변수로 선언하여 *temp = *x로 작성하는 경우를 볼 수 있는데 임시로 대피시킬 x 값은 단순히 정수값이므로 굳이 포인터를 사용해 간접 참조를 할 필요가 없다.

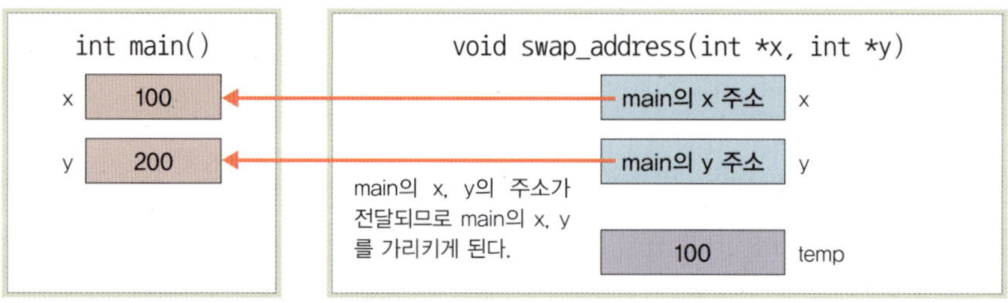

38: *y(main의 y)에 저장된 값을 *x(main의 x)에 대입한다.

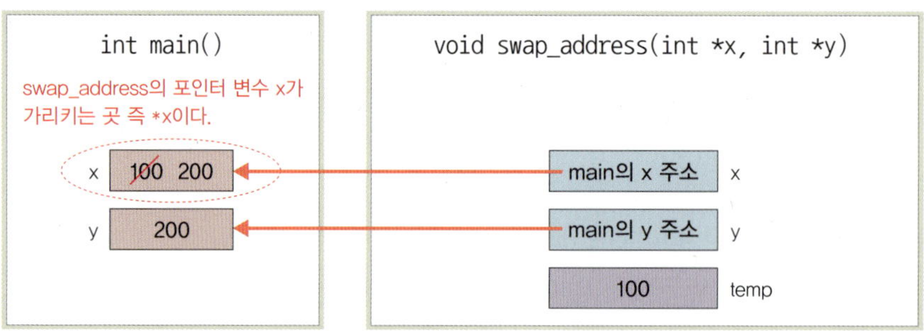

39: temp에 대피해놓은 값을 *y(main의 y)에 대입하여 두 값의 교환을 완료한다.

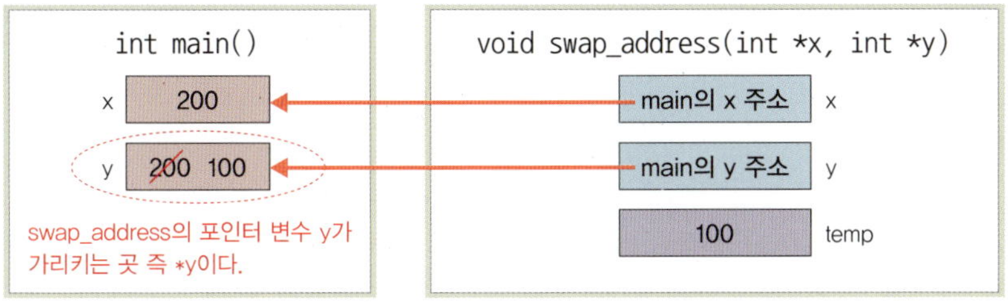

16: swap_address 함수의 실행을 끝내고 main 함수로 복귀하여 x, y를 출력하면 호출 전의 두 값이 서로 바뀐 것을 확인할 수 있다.

22,33: 이 프로그램에서는 같은 이름이지만 서로 다른 기억장소임을 강조하려고 매개변수명을 인수명과 똑같이 사용했다. 하지만 다음과 같이 다른 이름을 사용해도 결과는 같다.

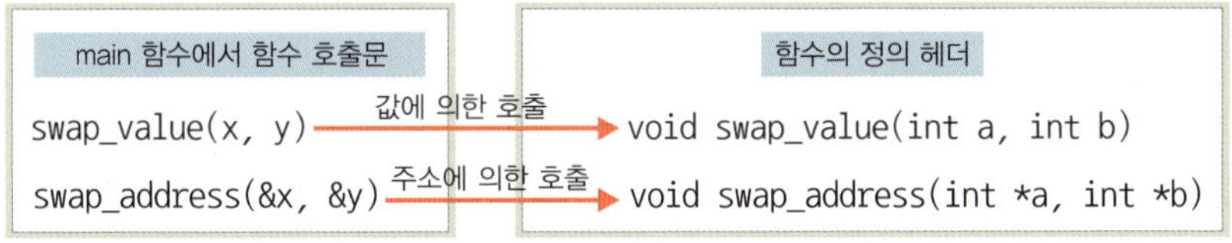

[프로그램 10-7]의 main 함수에서 사용한 swap_value(x, y);와 swap_address(&x, &y); 호출문으로 두 인수 전달 방식의 차이를 다시 정리하자. 값에 의한 호출은 인수와 매개변수가 서로 다른 기억장소를 차지하므로 이름이 같더라도 동명이인처럼 서로 다른 변수다. 그러므로 호출된 swap_value 함수에서 매개변수 x와 y의 값을 서로 교환하더라도 인수인 main의 x와 y는 변하지 않는다. 주소에 의한 호출은 매개변수가 인수를 가리키는 포인터 변수이므로 포인터의 간접 참조를 통해 인수의 기억장소를 참조할 수 있다. 그러므로 호출된 swap_address 함수에서는 자신이 가진 포인터 변수를 이용해 *x, *y를 통해 main의 x, y 변수를 간접 참조하여 서로 값을 교환할 수 있게 된다. 이렇게 주소를 저장하는 포인터 변수를 사용해 다른 함수의 변수를 참조하여 변경까지 할 수 있다는 것이 포인터를 사용하는 중요하면서도 강력한 이유다.

10.5.2 배열을 함수의 매개변수로 사용하는 경우

함수를 호출하면서 인수의 값을 전달하면 이는 함수 정의 헤더 부분에서 선언한 매개변수에 저장된다. 그러면 함수를 호출하면서 배열을 통째로 전달하는 것은 어떻게 될까? 7장에서 간단히 언급한 것처럼 C 언어에서는 배열을 통째로 인수로서 전달하는 것은 불가능하다. 배열은 주소에 의한 호출 방식으로만 전달해야 한다. 그러나 7장에서는 포인터를 배우기 전이어서 포인터와 상관없이 다음 코드와 같이 배열을 배열로 전달받는 방법을 소개했었다.

```
1  int main()
2  {
3      int ages[50];
4      …
5      convert(ages);               // 함수 호출
6      …
7  }
8
9  void convert(int years[])       // 함수 정의 헤더
10 {
11     … // years[i]로 배열 원소를 참조
12 }
```

전달할 배열의 이름만 명시한다.

배열로 선언한다.

여기서 main 함수의 ages 배열은 50개의 원소를 갖고 있다. 그러면 convert 함수에도 원소가 50개인 years 배열이 따로 존재하는 걸까? 놀랍게도 years란 배열은 존재하지 않는다. 9행의 (int years[])는 배열을 새로 만드는 선언문이 아니라 (int *years)와 같이 포인터 선언문으로 처리된다. 왜 그럴까? 그 이유는 함수 호출문에서 찾을 수 있다. 5행의 convert(ages);에서 인수인 배열명 ages는 50개의 원소를 갖는 배열의 첫 번째 원소의 주소다. 이 함수 호출문에 의해 전달되는 것이 주소이고 주소를 저장할 수 있는 것은 포인터 변수밖에 없으므로 convert 함수의 정의 헤더는 void convert(int *years)가 되어야 한다. 비록 프로그램에서는 void convert(int years[])처럼 배열로 선언하더라도 컴파일러는 포인터 선언으로 처리한다. 결과적으로는 [그림 10-16]과 같이 main 함수와 convert 함수가 같은 배열을 사용하게 된다.

직접 포인터를 이용하여 함수 간에 배열을 전달하는 형식은 다음과 같다.

형식 함수의 호출

```
함수명(배열명)
```

배열 시작 주소가 전달된다.

형식 함수의 정의

```
반환 값 자료형  함수명(자료형  *포인터 변수명)
{
    … // 포인터 변수명[i] 또는 *(포인터 변수명 + i)로 원소 참조
}
```

전달받는 배열의 원소와 동일한 자료형

예

```
int main()
{
    int ages[50];
    …
    convert(ages); // 함수 호출
    …                     ↑ 배열명은 배열의 시작 주소
}
                                    ↙ 함수가 호출되면
void convert(int *years)      years = ages;와 같은 효과가 발생한다.
{
    … // *(years+i) 또는 years[i]로 원소 참조 가능
}
```

그림 10-16 함수 간의 배열 전달 결과

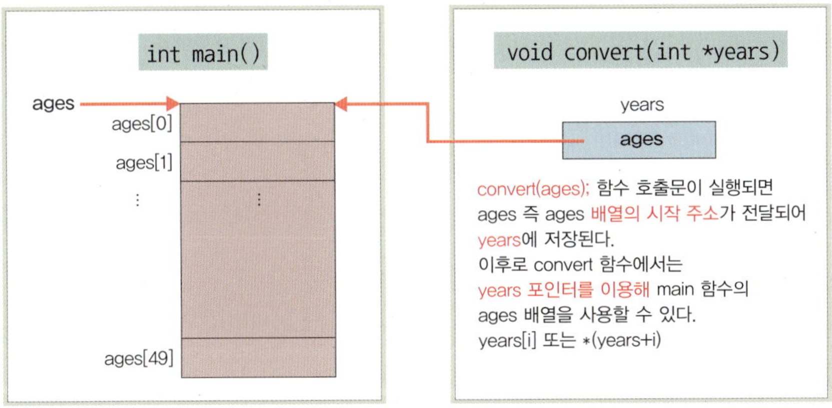

[그림 10-16]과 같은 상태에서 convert 함수는 자신이 가진 포인터를 이용한 간접 참조를 통해 main 함수의 배열을 직접 수정할 수 있다. 배열을 통째로 전달한다면 ages 배열 크기만큼의 기억 공간을 더 사용해야 하며 ages 배열의 각 원소 값을 복사해야 하므로 컴퓨터 자원 사용과 실행 시간에 있어서 비효율적이다. 배열의 시작 주소만 전달하면 배열 주소를 저장할 포인터 변수를 위한 저장 공간은 4바이트만 더 필요하며, 주소 값만 포인터 변수로 복사하면 되므로 훨씬 효율적이다. 일반적으로 배열은 수천, 수만 개의 원소를 가진 많은 자료를 다루므로 주소에 의한 호출만 지원한다. 다만 포인터를 잘 모르는 경우에도 함수 간에 배열을 전달할 수 있도록 void convert(int year[])처럼 배열로 선언하며, 함수 안에서도 year[0]처럼 배열 원소를 참조하는 것을 지원한다.

[프로그램 10-8]은 인원수가 저장된 인기도 조사 결과 배열을 백분율로 변환하는 [프로그램 8-15]를 포인터를 사용해 변경한 것이다. 주석문에는 포인터를 사용하지 않을 때의 방법이 있으므로 두 방법을 비교해보기 바란다.

프로그램 10-8 배열을 포인터로 전달받아 처리하기 (ch10-8.cpp)

```
#include <stdio.h>
#define N 4

void print_arr(int *arr);               // void print_arr(int arr[N]);
void percentage(int *arr);              // void percentage(int arr[N]);

int main()
{
    int count[N] = {42, 37, 83, 33};

    printf("인원수: ");
    print_arr(count);                   // count 배열을 전달해 출력하기

    percentage(count);                  // count 배열을 전달해 백분율로 변환하기

    printf("\n백분율: ");
    print_arr(count);                   // count 배열을 전달해 출력하기

    return 0;
}

void print_arr(int *arr)                // void print_arr(int arr[N])
{
    int i;

    for (i=0; i<N; i++)
        printf("%3d", *(arr + i));      // printf("%3d", arr[i]);
}

void percentage(int *arr)               // void percentage(int arr[N])
{
    int i, total = 0;

    for(i=0; i<N; i++)
        total += *(arr + i);            // total += arr[i];

    for (i=0 ;i<N; i++)
        *(arr + i) = (int) ((double) *(arr + i) / total * 100);
        // arr[i] = (int) ((double) arr[i] / total * 100);
}
```

실행결과

```
인원수: 42 37 83 33
백분율: 21 18 42 16
```

설명

4,5,22,30: 전달되는 배열이 int형 배열이므로 매개변수를 int형 포인터 변수로 선언한다. 함수의 원형은 void print_arr(int *);도 가능하다.

12,22: print_arr 함수를 호출하면서 배열명을 전달하면 배열의 시작 주소 1310576이 전달된다. print_arr 함수에서는 전달받은 주소를 arr에 저장하므로 arr도 count 배열을 가리키게 된다.

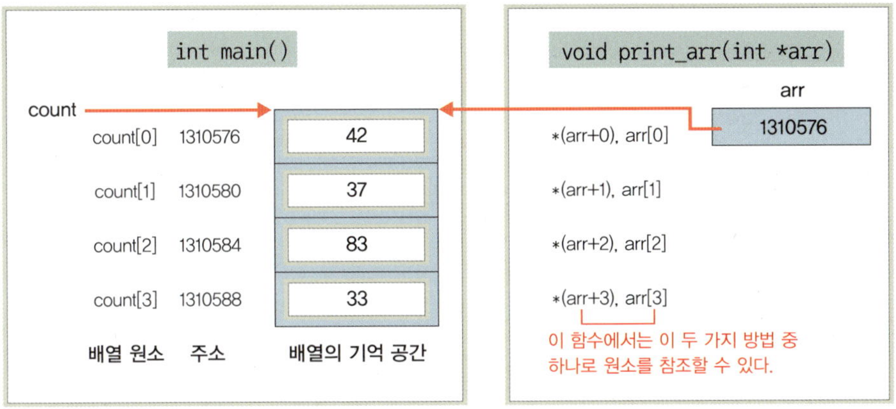

10.6 프로그래밍 실습

프로그래밍 실습

10.6.1 다양한 정렬 알고리즘

'7장 배열'에서 정렬 알고리즘을 소개하였다. 이제는 지금까지 배운 내용을 종합적으로 이해할 수 있도록 함수, 배열, 포인터를 사용해 여러 가지 정렬 알고리즘을 구현한 프로그램을 작성해 보자. 정렬 결과는 같지만 다양한 정렬 방법을 이해하고 정렬 방법에 따라 다른 알고리즘을 표현하다보면 프로그램을 작성하는 묘미를 느낄 수 있을 뿐만 아니라 사고력을 향상시키는 데도 많은 도움이 될 것이다. 정렬(sort 혹은 sorting)이란 순서 없이 나열된 값들을 특정 순서대로 나열하는 것으로 [그림 10-17]처럼 내림차순 정렬과 오름차순 정렬로 나눌 수 있다.

그림 10-17 정렬 방식

오름차순 정렬(ascending sort) 내림차순 정렬(descending sort)

이미 개발된 정렬 알고리즘은 매우 많지만 여기서는 단순하며 쉬운 네 가지 알고리즘을 살펴본다. 각 알고리즘은 배열 원소의 수가 SIZE인 int a[SIZE] = {5, 4, 2, 1, 3};으로 선언된 배열의 원소들을 오름차순으로 정렬하는 것을 가정하고 설명한다.

교환 정렬(exchange sort)

교환 정렬은 다음 for문과 같이 첫 원소 자리부터 순서대로 정렬이 완료된 상태의 값이 저장되도록 하여 정렬을 완료한다.

```
for (i=0; i<SIZE-1; i++)
    a[i]에 (i+1)번째로 작은 값을 저장하기;
```

i가 0일 때: a[0]에 제일 작은 값을 저장하기
i가 1일 때: a[1]에 둘째로 작은 값을 저장하기
i가 2일 때: a[2]에 셋째로 작은 값을 저장하기
i가 3일 때: a[3]에 넷째로 작은 값을 저장하기
원소수가 5개이므로 a[3]에 넷째로 작은 값을 저장하면 a[4]에는 당연히 제일 큰 값이 저장된다.

그렇다면 a[i]에 (i+1)번째로 작은 값을 저장하는 방법은 무엇일까? i가 0일 때는 [그림 10-18]과 같이 a[0]과 나머지 a[1]~a[SIZE-1]까지의 두 원소를 차례로 정렬하면 된다.

그림 10-18 교환 정렬에서 a[0]에 제일 작은 값을 저장하는 과정

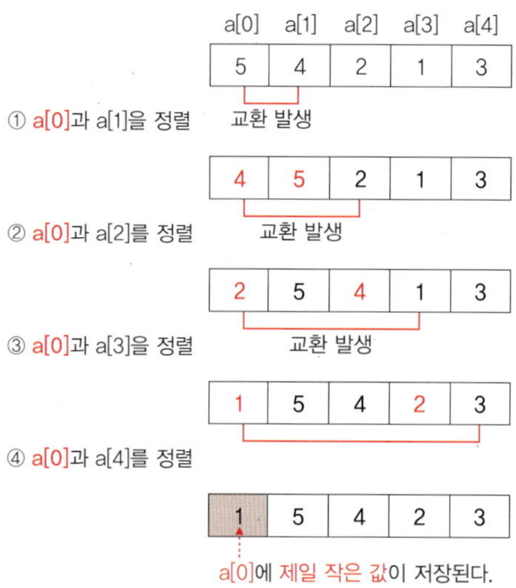

i가 0일 때 a[0]에 제일 작은 값을 저장하기
(①~④를 실행)

```
for (j=i+1; j<SIZE; j++)
  if (a[i] > a[j])
  {
    a[i]와 a[j]를 교환하기;
  }
```

[그림 10-18]과 같은 방식으로 a[i]와 ~ a[i+1]~a[SIZE-1]을 비교하여 정렬하는 과정을 i가 0일 때부터 3까지 반복하면 되므로 교환 정렬 프로그램은 다음 코드와 같이 작성할 수 있다.

```
// 교환 정렬
for (i=0; i<SIZE-1; i++)
    for (j=i+1; j<SIZE; j++)
        if (a[i] > a[j])
        {
            temp = a[i];
            a[i] = a[j];
            a[j] = temp;
        }
```

a[0]~a[3]을 정렬한 후에는 a[4]에 대해서는 안쪽 for문을 실행할 필요가 없다.

i가 0이라면 a[1]~a[SIZE-1]까지
i가 1이라면 a[2]~a[SIZE-1]까지
i가 2이라면 a[3]~a[SIZE-1]까지
i가 3이라면 a[4]~a[SIZE-1]까지 비교한다.

a[i]와 a[j]를 교환한다.

선택 정렬(selection sort)

선택 정렬은 교환 정렬과 같이 배열 원소 자리 순서대로 정렬을 완료해간다. 그러나 [그림 10-19]의 for문과 같이 교환 정렬에서 발생하는 두 원소 간의 교환 작업 횟수를 줄이기 위해 정렬이 되지 않은 두 원소를 무조건 교환하는 것이 아니라 a[i] 자리에 와야 할 원소를 선택(selection)한 후 a[i]와 자리바꿈을 한다.

```
for (i=0; i<SIZE-1; i++)
    a[i]에 (i+1)번째로 작은 값 a[index]를 선택하여 저장하기;
```

그림 10-19 선택 정렬 과정

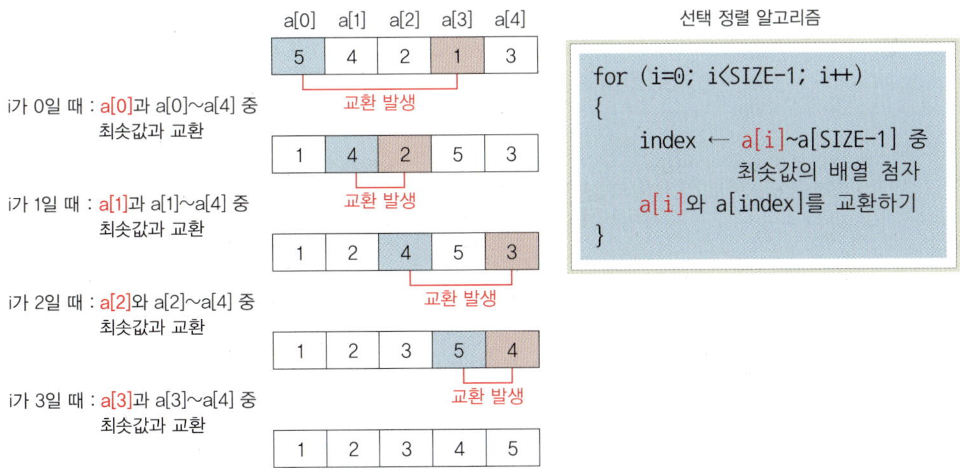

선택 정렬은 for문의 본체를 실행할 때마다 한 번의 교환만 발생하므로 교환 정렬보다 훨씬 효율적이다. 그러나 [그림 10-19]의 for문과 같이 a[i]와 교환할 최솟값에 해당하는 원소의 배

열 첨자 index를 구해야 한다. 그렇다면 a[i]~a[SIZE−1] 중 최솟값 min과 이 최솟값의 배열 첨자 index는 어떻게 구할까? 다음 코드의 4~13행과 같이 최솟값을 저장할 min 변수가 새로운 최솟값으로 수정될 때마다 index 또한 최솟값의 배열 첨자로 수정하면 된다.

```
1  // 선택 정렬
2  for (i=0; i<SIZE-1; i++)
3  {
4     min = a[i];  // 일단 최솟값 min을 a[i]~a[SIZE-1] 중 첫 값으로 초기화한다.
5     index = i;   // index도 현재 min에 저장한 최솟값의 배열 첨자로 초기화한다.
6
7     // 나머지 a[i+1]~a[SIZE-1]까지의 원소도 비교하여 min을 구하기
8     for (j=i+1; j<SIZE; j++)
9        if (min > a[j])      // 현재 min보다 a[j]가 더 작다면 min을 수정하기
10       {
11          min = a[j];
12          index = j;        // min이 수정되었으므로 index도 수정하기
13       }
14    // 현재 정렬할 위치인 a[i]와 최솟값 a[index]를 교환하기
15    temp = a[i];
16    a[i] = a[index];
17    a[index] = temp;
18 }
```

a[0]~a[3]을 정렬하면 a[4]에 대해서는 본체를 실행할 필요가 없다.

위의 선택 정렬 코드의 15~17행에서 알 수 있듯이 정렬할 a[i]와 교환할 원소는 첨자 index 정보만 있으면 a[index]로 참조할 수 있으므로 4~13행에서 굳이 min을 구할 필요가 없다. 그러므로 4~13행은 다음과 같이 줄일 수 있다.

```
index = i;      // 일단 a[i]를 최솟값이라고 가정하고 index를 i로 초기화하기
for (j=i+1; j<SIZE; j++)
{
   if (a[index] > a[j])
      index = j;
}
```

현재까지 구한 최솟값

현재의 최솟값 a[index]보다 a[j]가 더 작다면 index를 새로운 최솟값의 첨자 j로 수정한다.

삽입 정렬(insertion sort)

삽입 정렬은 배열 원소들을 좌우로 정렬된 부분과 정렬되지 않은 부분으로 나눈 후 정렬되지 않은 부분의 원소를 정렬된 부분의 정확한 자리에 한 개씩 삽입하여 모든 원소를 정렬하는 방법이다. 즉 [그림 10-20]과 같이 이미 정렬이 완료된 앞에 있는 원소들 중 새로 정렬할 원소가 들어갈 자리를 찾아서 그 자리에 삽입한다.

```
for (i=1; i<SIZE; i++)
    이미 정렬된 a[0]~a[i-1] 중 a[i]가 삽입될 정확한 자리를 찾아서 삽입한다.
```

i가 1일 때: 정렬된 a[0]~a[0] 중 a[1]이 들어갈 자리를 찾아서 삽입한다.
i가 2일 때: 정렬된 a[0]~a[1] 중 a[2]가 들어갈 자리를 찾아서 삽입한다.
i가 3일 때: 정렬된 a[0]~a[2] 중 a[3]이 들어갈 자리를 찾아서 삽입한다.
i가 4일 때: 정렬된 a[0]~a[3] 중 a[4]가 들어갈 자리를 찾아서 삽입한다.

그림 10-20 삽입 정렬 과정

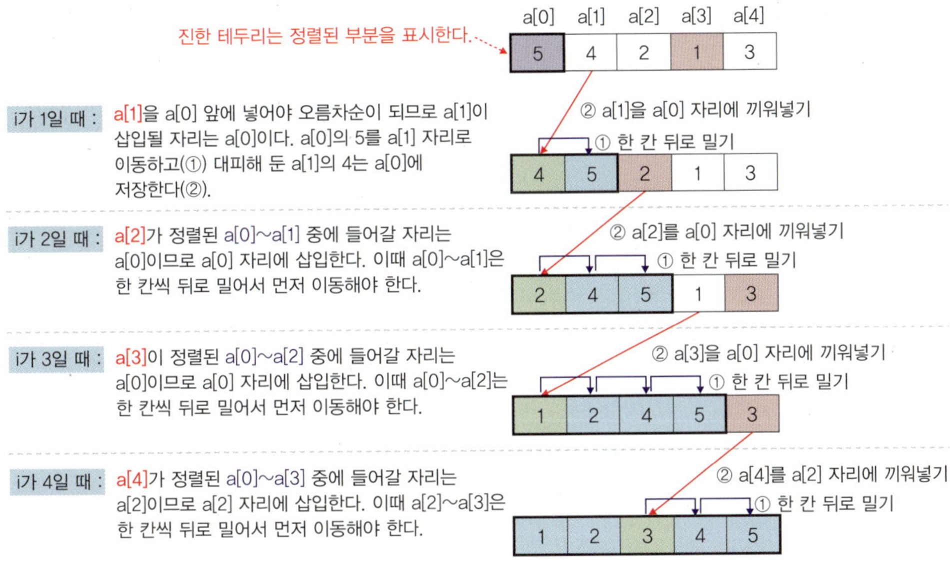

삽입 정렬에서 어려운 부분은 a[0]~a[i-1] 중에서 현재 a[i]의 값을 삽입할 위치도 찾아야 하며 이 위치 이후의 원소들을 한 칸씩 뒤로 미루는 것이다. 여러 가지 방법이 있을 수 있지만 [그림 10-21]도 한 가지 방법이다.

그림 10-21 a[4]를 정렬이 완료된 a[0]~a[3] 중에 삽입하는 과정

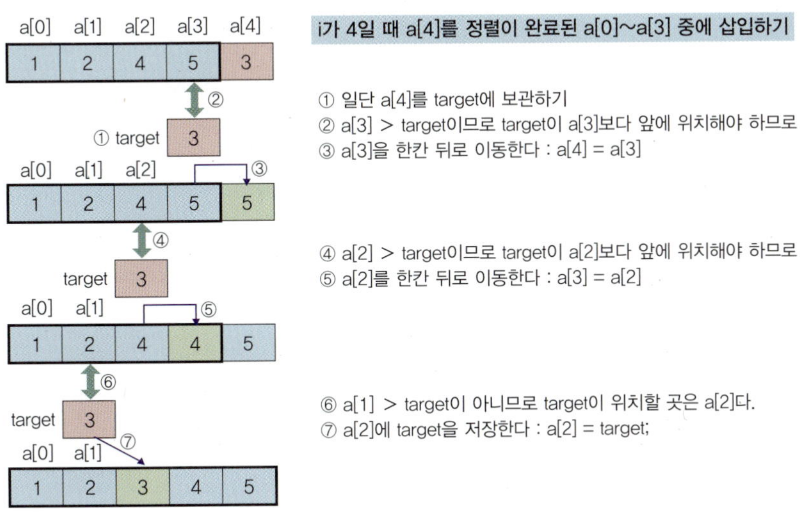

[그림 10-21]의 ①~⑦로부터 a[i]를 a[0]~a[i-1] 중에 삽입하는 과정은 다음과 같이 간략화하여 코드화할 수 있다.

①: target = a[i]; (4행)

②~⑥: a[i-1]부터 a[0]까지 차례로 target과 비교하여 배열 원소 값이 target보다 크다면 배열 원소 값을 한 칸 뒤로 미루는 과정을 target 보다 크지 않은 원소 a[j]를 만날 때까지 반복한다. (5~11행)

⑦: a[j+1] = target; (12행)

```
1  // 선택 정렬
2  for (i=1; i<SIZE; i++)
3  {
4     target = a[i];        // 정렬할 원소 a[i]의 값을 target에 대피
5     for (j=i-1; j>=0; j--)// a[i-1]~a[0] 중에서 a[i]를 삽입할 위치 찾기
6     {
7        if (target < a[j])
8           a[j+1] = a[j];  // 한 칸 뒤로 미루기
9        else
10          break;          // target이 들어갈 위치 (j+1)를 찾았으므로 for문을 끝낸다.
11    }
12    a[j+1]= target;       // target을 정확한 위치에 저장한다.
13 }
```

[그림 10-21]의 ⑥, ⑦에서 알 수 있듯이 target이 a[1]보다 크지 않다면 target은 a[2]에 삽입되어야 하므로 j+1로 해야 한다.
[그림 10-20]에서 i가 1이고 j가 0일 때는 target(a[1])이 a[0]보다도 작으므로 8행을 실행하여 a[0]가 a[1]으로 밀리고 다시 5행으로 돌아가서 j--를 실행하여 j가 -1이 된다. j>=0이 아니므로 for문을 끝내고 12행을 실행하므로 j+1을 한 a[0]에 target을 저장해야 한다.

[프로그램 10-9]는 이 절에서 소개한 정렬 알고리즘과 7.2.4에서 소개한 버블 정렬 알고리즘을 포인터와 함수를 사용하여 작성한 프로그램으로 배열에 저장된 10개의 값을 오름차순으로 정렬한다. list란 배열의 원래 내용을 유지하기 위해 정렬을 하기 전에 copy_list 함수를 이용하여 list 배열 내용을 copy 배열에 복사한 후 이 copy 배열을 정렬 함수의 인수로 전달한다.

프로그램 10-9 4가지 정렬 알고리즘을 이용해 배열을 오름차순 정렬하기 (ch10-9.cpp)

```
#include <stdio.h>
#define SIZE 10                     // 배열의 크기를 매크로 상수로 정의

void exchange_sort(int *a);         // 교환 정렬
void bubble_sort(int *a);           // 버블 정렬
void select_sort(int *a);           // 선택 정렬
void insert_sort(int *a);           // 삽입 정렬
void swap(int *p, int *q);          // 두 원소의 값을 교환하는 함수
```

```
9   void print(int *a);                          // 배열 출력
10  void copy_list(int *, int *);                // 배열 복사
11
12  int main()
13  {
14      int copy[SIZE];
15      int list[SIZE] = {10, 5, 4, 2, 3, 8, 7, 9, 6, 1};     // 배열 선언과 초기화
16
17      printf(">> 배열 원본: "); print(list);   // 정렬할 배열 원본 출력
18      copy_list(list, copy);                   // 배열 상태 초기화, 정렬, 결과 출력
19      printf("\n>> 교환 정렬: "); exchange_sort(copy); print(copy);
20
21      copy_list(list, copy);                   // 배열 상태 초기화, 정렬, 결과 출력
22      printf(">> 버블 정렬: "); bubble_sort(copy); print(copy);
23
24      copy_list(list, copy);                   // 배열 상태 초기화, 정렬, 결과 출력
25      printf(">> 선택 정렬: "); select_sort(copy); print(copy);
26
27      copy_list(list, copy);                   // 배열 상태 초기화, 정렬, 결과 출력
28      printf(">> 삽입 정렬: "); insert_sort(copy); print(copy);
29      return 0;
30  }
31
32  void copy_list(int *a, int *b)               // b 배열을 a 배열과 동일하게 복사하기
33  {
34      int i;
35
36      for (i=0; i<SIZE; i++)
37          *(b+i) = *(a+i);                     // b[i] = a[i];
38  }
39
40  void exchange_sort(int *a)                   // 교환 정렬: 포인터 표기법만 이용
41  {
42      int i, j;
43
44      for (i=0; i<SIZE-1; i++)
45          for (j=i+1; j<SIZE; j++)
46              if (*(a+i) > *(a+j))
47                  swap(a+i, a+j);              // a[i]와 a[j]를 교환
48  }
49
50  void bubble_sort(int *a)                     // 버블 정렬: 포인터 표기법만 이용
51  {
52      int i, j;
53
54      for (i=0; i<SIZE-1; i++)
55          for (j=0; j<SIZE-i-1; j++)
```

void bubble_sort(int a[]) (50행)

54행의 i가 0부터 시작하기 때문이다. (55행의 -1)

```
            if (*(a+j) > *(a+j+1))
                swap(a+j, a+j+1);   // a[i]와 a[j]를 교환
}

void select_sort(int a[])           // 선택 정렬: 배열명[첨자] 표기법만 이용
{
    int i, j, index;

    for (i=0; i<SIZE-1; i++)
    {
        index = i;                  // a[i]를 최솟값으로 가정하고 index를 i로 초기화
        for (j=i+1; j<SIZE; j++)
        {
            if (a[index] > a[j])    // 현재의 최솟값 a[index]보다 a[j]가 더 작다면
                index = j;          // index를 새 최솟값의 첨자 j로 수정하기
        }
        swap(&a[i], &a[index]);     // a[i]와 a[index]를 교환
    }
}

void insert_sort(int *a)            // 삽입 정렬: 포인터 포기법과 배열명[첨자] 표기법 혼용
{
    int i, j, target;

    for (i=1; i<SIZE; i++)
    {
        target = a[i];              // 정렬할 원소 a[i]의 값을 target에 대피

        for (j=i-1; j>=0; j--)      // a[i-1]~a[0] 중에서 a[i]를 삽입할 위치 찾기
            if (target < a[j])
                a[j+1] = a[j];      // a[j]를 한 칸 뒤로 미루기
            else
                break;              // target이 들어갈 위치 (j+1)를 찾았으므로 for문을 끝내기

        a[j+1] = target;            // target을 정확한 위치에 저장하기
    }
}

void swap(int *p, int *q)           // p와 q가 가리키는 인수의 값을 교환하기
{
    int temp;

    temp = *p; *p = *q; *q = temp;
}

void print(int *a)                  // a가 가리키는 배열 내용 출력하기
{
```

if (a[j] > a[j+1])
swap(&a[j], &a[j+1]);

```
    int i;

    for (i=0; i<SIZE; i++)
        printf("%d ", *(a+i));        // printf("%d ", a[i]);와 동일
    printf("\n");
}
```

실행결과

```
>> 배열 원본: 10 5 4 2 3 8 7 9 6 1

>> 교환 정렬: 1 2 3 4 5 6 7 8 9 10
>> 버블 정렬: 1 2 3 4 5 6 7 8 9 10
>> 선택 정렬: 1 2 3 4 5 6 7 8 9 10
>> 삽입 정렬: 1 2 3 4 5 6 7 8 9 10
```

10.7 포인터와 문자열

C 언어에서는 문자 하나를 표현하기 위해 char라는 자료형을 지원하지만 여러 문자로 구성된 문자열을 표현하기 위한 자료형은 지원하지 않는다. 따라서 문자열을 처리할 때는 char형 배열이나 char형 포인터를 이용해야 한다. char형 배열을 사용하는 방법은 이미 7장 배열에서 소개하였고, 이제는 char형 포인터를 이용해 문자열을 처리하는 방법을 소개한다.

[그림 10-22]는 char형 배열 str1과 포인터 str2를 이용하여 문자열 "language"를 저장하고 있는 기억장소 상태를 보여준다. C 언어에서는 문자열형 포인터를 선언할 수가 없다. 그러므로 str2는 자신이 가리키는 곳에 문자 한 개가 저장되는 char형 포인터로 선언해야 한다. 그 대신 C 언어에서는 str2가 가리키는 곳에서부터 널문자('\0')를 만날 때까지의 내용을 하나의 문자열로 취급할 수 있도록 다양한 방법을 지원한다.

그림 10-22 char형 배열과 char형 포인터를 이용한 문자열 저장 예

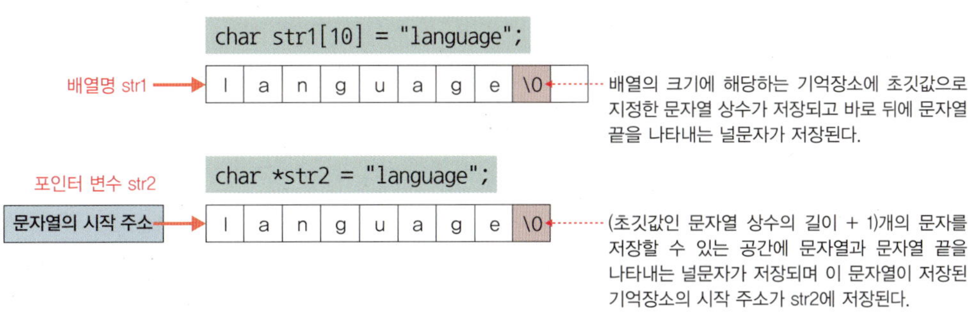

[표 10-3]은 char형 배열과 char형 포인터를 이용한 문자열 처리를 잘 비교해준다. 7장 배열에서 char형 배열은 문자열의 끝을 의미하는 널문자가 포함되도록 배열 원소수를 저장할 최대 문자수보다 1 많게 선언해야 한다고 하였다. char형 포인터 역시 문자열 복사, 수정 등을 처리할 때 문자열의 끝에 언제나 널문자가 포함되도록 신경을 써야 한다. 하지만 선언하면서 초기화를 한다면 언제나 문자열 끝에 자동으로 널문자가 들어가므로 char형 배열과 같이 원소수에 신경 쓸 필요는 없다.

표 10-3 char형 배열과 포인터를 이용한 문자열 처리의 비교

처리 내용	char형 배열 이용	char형 포인터 이용
문자열 선언 및 초기화	char str1[10] = "language";	char *str2 = "language";
문자열 출력	printf("%s", str1);	printf("%s", str2);
둘째 문자 출력	printf("%c", str1[1]); printf("%c", *(str1+1));	printf("%c", str2[1]); printf("%c", *(str2+1));
문자열 입력	scanf("%s", str1);	scanf("%s", str2); /* str2에 동적으로 할당된 기억장소가 있을 때만 가능 */

둘째 문자 입력	scanf("%c", &str1[1]);
	scanf("%c", str1+1);
		scanf("%c", &str2[1]);
		scanf("%c", str2+1);
		/* str2에 동적으로 할당된 기억장소가 있을 때만 가능 */

문자열의 주소 대입	~~str1 = "언어"; // str1은 상수
	str1 = str2;~~
		str2 = "언어"; // str2는 포인터 변수
		str2 = str1;

문자열 수정(복사)	strcpy(str1, "언어");	strcpy(str2, "언어"); /* str2에 동적으로 할당된 기억장소가 있을 때만 가능 */

[표 10-3]에서 주의해서 볼 내용이 몇 가지 있다. 먼저 str2를 char형 포인터로 선언하면서 문자열로 초기화한 상태에서 str2에 문자열을 입력받거나 str2가 가리키는 문자열의 특정 위치에 문자 한 개를 입력받으면 프로그램 실행 도중에 프로그램이 중단된다. 그 이유는 11.7절에서 소개하는 동적 할당을 이용하여 str2 = (char *) malloc(10);과 같이 str2 포인터에 문자열을 저장할 기억 공간을 할당받지 않은 상태이기 때문이다. 아직 동적 할당을 배우지 않았지만 여기서는 char형 배열과 포인터의 차이점을 구분하기 위해 표에 입력문을 포함하였다.

둘째로 str1은 배열의 시작 주소인 포인터 상수이므로 str1="program"과 같이 대입문을 이용해 내용을 수정할 수 없다. 그러나 str2는 포인터 변수이므로 주소인 str1을 저장할 수 있을 뿐만 아니라 문자열 상수 "언어"도 대입할 수 있다. 그러나 주의할 것은 str2 = "언어";는 현재 str2가 가리키는 곳의 문자열 "language"를 직접 "언어"로 수정하는 것이 아니라 새로운 문자열 "언어"의 시작 주소가 str2에 대입된다는 것이다. 결국 str2는 [그림 10-23]과 같이 "language"가 아닌 "언어"를 가리키게 된다.

그림 10-23 str2 = "언어";의 결과

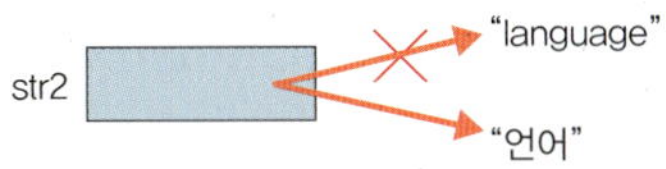

셋째로 문자열 내용을 새로운 문자열로 변경하고 싶다면 #include 〈string.h〉를 프로그램에 추가하고 strcpy 함수를 이용해야 한다. 그래서 현재 str1이 가리키는 문자열 "language"를 "언어"로 변경하고 싶다면 함수 호출 strcpy(str1, "언어")를 이용해야 한다.

[표 10-4]는 문자열과 관련된 대표적인 함수를 보여준다. 여기서 주의할 것은 strcpy와 strcat 함수를 사용할 때 첫 인수 문자열은 결과 문자열을 저장할 수 있을 만큼 충분한 공간을 가져야 한다는 것이다. strcat(s1, "beginning")은 s1 배열의 원소수가 10이므로 "startbeginning" 문자열을 모두 저장할 공간이 부족하다. 따라서 10번째 원소에 널문자가 저장될 공간이 없을 뿐만 아니라 배열 크기를 벗어나 다른 변수의 기억장소에 나머지 문자열이 저장되어 결과를 예측할 수 없게 된다.

표 10-4 문자열과 관련된 대표적인 함수

문자열 처리 함수	함수 사용 예 (char s1[10]="start", char s2[10]="end";)
strlen(s): 문자열의 길이(널문자는 제외)를 반환	strlen(s1) → 5 strlen(s2) → 3
strcmp(s1, s2): s1과 s2를 사전적 순서에 근거하여 대소 관계를 비교한 결과를 양수(s1〉s2), 0(동일), 음수(s1〈s2) 중 한 개로 반환	strcmp(s1, s2) → 양수(s1이 s2보다 더 뒤에 나옴) strcmp(s2, "end") → 0(s2와 "end"가 같음) strcmp(s2, s1) → 음수(s2가 s1보다 더 앞에 나옴) strcmp("132", "15") → 음수(사전적으로는 "13"이 "15"보다 앞에 나오므로)
strcpy(s1, s2): s1의 문자열이 s2의 문자열로 변경된 후 s1 시작 주소를 반환	strcpy(s1, s2) → s1에 "end"가 저장됨 strcpy(s2, s1) → s2에 "start"가 저장됨 strcpy(s1, "begin") → s1에 "begin"이 저장됨
strcat(s1, s2): s1 문자열 뒤에 s2 문자열을 붙인 후 s1의 시작 주소를 반환	strcat(s1, s2) → s1에 "startend"가 저장됨 strcat(s2,"!") → s2에 "end!"가 저장됨

[프로그램 10-10]은 char형 포인터의 교환으로 두 문자열을 교환하며, [프로그램 10-11]은 char형 배열의 내용을 직접 교환하여 두 문자열을 교환한다. 두 문자열의 길이가 길수록 문자열의 복사로 인한 낭비와 문자열을 임시로 대피하는 데 필요한 저장소로 인한 낭비가 생긴다. 따라서 포인터를 변경하는 방법이 효율적이다.

프로그램 10-10 포인터 변수의 교환으로 두 문자열을 교환하기 (ch10-10.cpp)

```
1  #include <stdio.h>
2
3  int main()
4  {
5      char *first = "GilDong", *last = "Hong"; // 이름과 성
6      char *temp; // 문자열 주소를 임시로 저장할 포인터 변수
7
8      printf("Name: %s %s\n", first, last);
9
10     // 포인터 변수에 저장된 두 주소를 교환해 두 포인터가 가리키는 문자열 교환하기
11     temp = first;
12     first = last;
13     last = temp;
14
15     printf("Name: %s %s\n", first, last);
16
17     return 0;
18 }
```

실행결과

```
Name: GilDong Hong
Name: Hong GilDong
```

설명

5~6: 6행까지 실행했을 때 문자열의 상태는 다음과 같다.

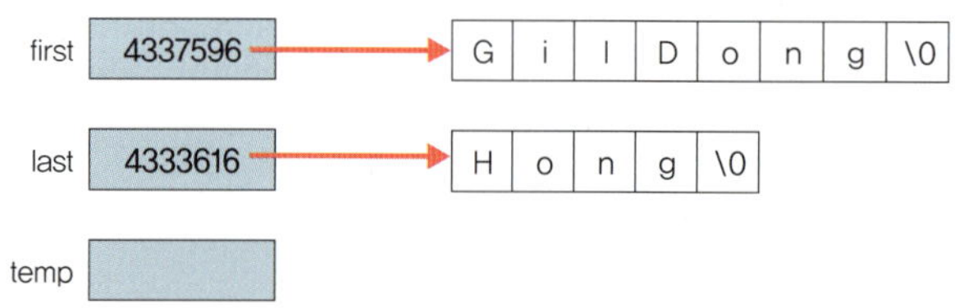

11~13: first와 last에 저장된 주소를 서로 교환한다. 결국 first가 가리키는 문자열은 "Hong"이, last가 가리키는 문자열은 "GilDong"이 된다.

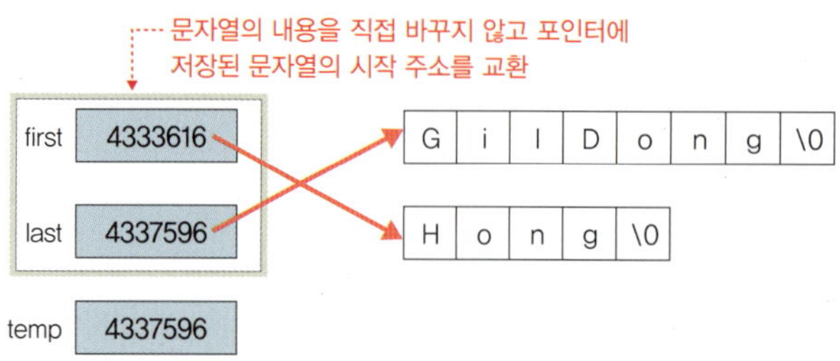

프로그램 10-11 char형 배열을 이용한 두 문자열의 교환 (ch10-11.cpp)

```
1   #include <stdio.h>
2   #include <string.h>        // strcpy 함수를 위한 헤더 파일
3
4   int main()
5   {
6       char first[10] = "GilDong", last[10] = "Hong"; // 이름과 성
7       char temp[10];          // 문자열을 임시로 저장할 배열
8
9       printf("Name: %s %s\n", first, last);
10
11      // 배열의 내용을 직접 교환하여 두 문자열을 교환하기
12      strcpy(temp, first);  // first 배열의 문자열을 temp 배열에 복사하기
13      strcpy(first, last);  // last 배열의 문자열을 first 배열에 복사하기
14      strcpy(last, temp);   // temp 배열의 문자열을 last 배열에 복사하기
15
16      printf("Name: %s %s\n", first, last);
17
18      return 0;
19  }
```

설명

7,12: first 배열에 저장된 문자열을 임시로 대피하려면 temp 배열의 크기는 first와 동일하거나 더 커야 한다. 이에 반해 [프로그램 10-10]의 temp는 first 포인터 변수에 저장된 주소를 저장하기만 하면 된다. 그러므로 언제나 4바이트면 충분하다.

[프로그램 10-12]는 입력받은 문자열을 모두 대문자로 출력한 후 다시 모두 소문자로 출력하는 프로그램이다. 배열의 첨자를 이용해 처리할 수도 있지만 포인터 변수를 이용해 문자열의 문자를 하나씩 차례로 찾아가서 소문자로 변환하는 13~18행의 내용을 이해한다면 연결 리스트나 트리 구조를 탐색하는 고급 프로그램을 이해하는 데 도움이 될 것이다. 대문자로 변환하기와 소문자로 변환하기는 C 언어에서 제공하는 라이브러리 함수 toupper와 tolower를 사용하며 이 함수들을 사용하려면 ctype.h 헤더 파일이 필요하다.

프로그램 10-12 포인터를 사용하여 문자열의 문자를 순서대로 방문하면서 변환하기 (ch10-12.cpp)

```
1   #include <stdio.h>
2   #include <ctype.h>          // toupper와 tolower 함수를 위한 헤더 파일
3   #include <string.h>         // strlen 함수를 위한 헤더 파일
4
5   int main()
6   {
7       char s[100], *p;        // 문자열을 저장할 배열, 문자열을 가리킬 포인터
```

```
8        int i;
9        printf("문자열을 입력하시오 : ");
10       gets(s);                     // 문자열 전용 입력 함수 gets를 이용해 s에 문자열 입력받기
11
12       // 문자열을 대문자로 변환하기(char형 포인터 이용)
13       p = s;                       // p가 s 배열, 즉 방금 입력된 문자열을 가리키게 함
14       while (*p != '\0')           // p가 가리키는 문자가 널문자가 아니면 계속 변환하기
15       {
16           *p = toupper(*p);        // p가 가리키는 곳의 문자를 대문자로 변경
17           p++;                     // p가 다음 문자를 가리키도록 포인터를 1 증가
18       }
19       printf("대문자로 변환한 결과 : %s\n", s);
20
21       // 문자열을 다시 소문자로 변경하기(배열명[첨자] 이용)
22       for (i=0; i<strlen(s); i++)
                     ↑ s에 저장된 문자열의 길이
23       {
24           s[i] = tolower(s[i]);    // s[i]에 저장된 문자를 소문자로 변경
25       }
26       printf("소문자로 변환한 결과 : %s\n", s);
27
28       return 0;
29   }
```

실행결과

```
문자열을 입력하시오 : god bless you!
대문자로 변환한 결과 : GOD BLESS YOU!
소문자로 변환한 결과 : god bless you!
```

설명

7: 키보드로 입력받은 문자열을 저장하기 위해 char형 배열 s를 선언한다. 사용자가 얼마나 긴 문장을 입력할지 모르는 상황에서 최대 99개의 문자를 저장할 수 있도록 크기를 100으로 지정한다. s 배열의 각 원소(문자)를 차례대로 가리키기 위해 char형 포인터 p를 선언한다.

10: scanf 함수는 빈칸을 포함한 문자열을 입력받을 수 없다. 따라서 엔터키를 입력하기 전까지의 모든 문자를 입력받는 gets 함수를 이용한다.

13: p=s;에 의해 p는 문자열의 첫 글자를 가리키게 된다.

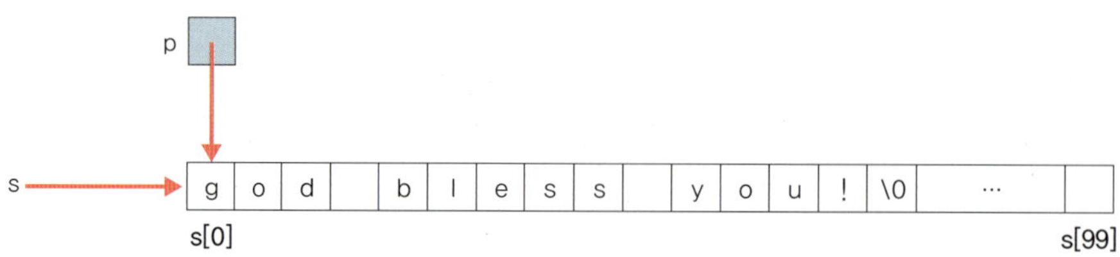

13~18: 그림과 같이 char형 포인터 p가 문자열의 각 문자를 차례대로 방문하면서 p가 가리키는 문자를 대문자로 바꾼다.

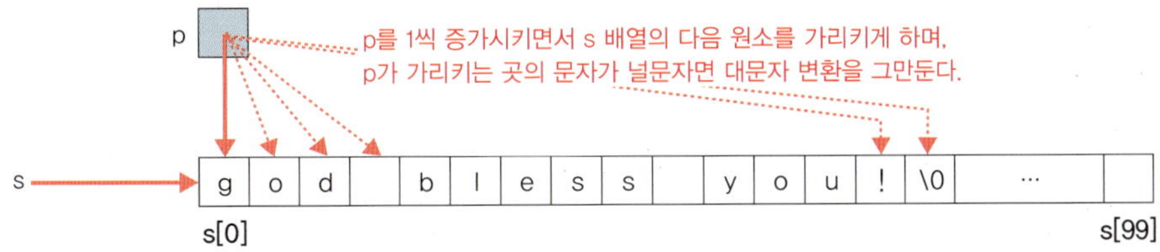

14: s 배열의 크기는 100이지만 실제로 저장된 문자열의 길이는 사용자가 입력하는 내용에 따라 달라진다. 그렇다면 언제까지 문자를 대문자로 바꾸어야 할까? 문자열 끝에는 널문자 \0가 자동으로 저장되므로 널문자를 만날 때까지 차례대로 문자를 한 개씩 대문자로 변경하면 된다. p가 가리키는 곳의 문자가 널문자가 아니라면 계속 반복하게 하기 위한 while 문의 헤더는 다음과 같다.

```
while (*p != '\0')
```

이 헤더 부분은 다시 while (*p)로 표현할 수도 있다. 정수 0은 거짓이고 그 외의 수치는 참에 해당한다. 만일 p가 가리키는 곳(*p)의 문자가 널문자면 널문자의 ASCII 코드 값이 0이므로 (*p)는 (0)으로 (거짓)이 된다. 만일 *p의 문자가 널문자가 아니면 문자의 ASCII 코드 값이 0이 아닌 정수이므로 (참)이 된다.

17: 현재 p가 가리키는 곳의 문자를 대문자로 변경한 후에는 p를 다음 문자가 저장된 곳을 가리키게 하기 위해 p++를 실행한다. p는 char형 포인터이므로 현재 p에 저장된 주소가 1 증가된다. 결과적으로 다음 원소를 가리키게 된다.

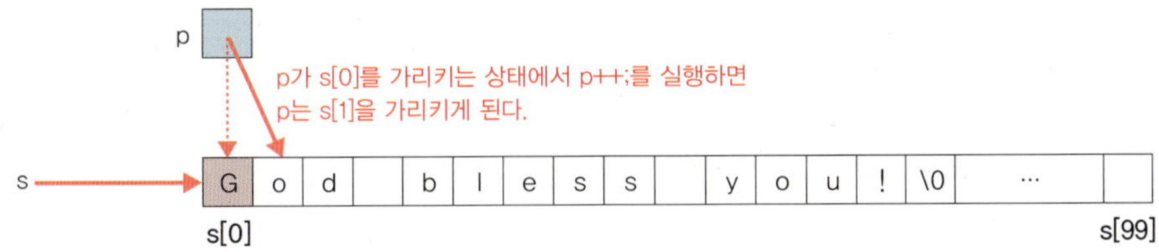

다음 그림과 같이 double형 포인터 pd에 대해 pd++;를 하면 현재 pd에 +8이 되었을 것이다. 그러나 이 또한 그림으로는 다음 double형 원소를 가리키게 될 것이다. 이처럼 포인터 변수에 대한 ++나 +1은 포인터 변수의 자료형과는 상관없이 단순히 다음 것이라는 의미로 해석할 수 있다.

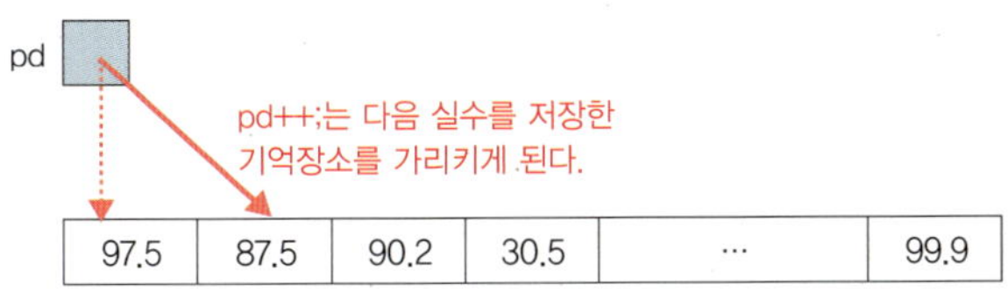

22~25: 13~18행처럼 포인터 변수 p를 이용하지 않고 s 배열 원소를 직접 하나씩 소문자로 변경한다. strlen 함수는 인수인 문자열의 길이를 구하는 함수로 문자열의 끝을 표시하는 널문자는 길이에 포함되지 않는다.

[프로그램 10-13]은 char형 포인터 상수를 함수의 인수로 전달하는 예를 보여준다. 지금까지는 문자열을 출력할 때 문자열에 포함된 첫 문자부터 출력하였으나 print 함수는 char형 포인터를 이용하여 문자열의 중간 위치부터 끝까지 출력한다.

프로그램 10-13 char형 포인터를 인수로 전달하는 예 (ch10-13.cpp)

```
1   #include <stdio.h>
2   #include <string.h>        // strlen 함수를 위한 헤더 파일
3
4   void print(char *string);
5
6   int main()
7   {
8       char *s = "C-Language";
9       int i;
10
11      // s 문자열의 (i+1)번째 문자부터 끝까지 출력하기를 반복하기
12      for (i=strlen(s); i>=0; i--)
13          print(s+i);
14
15      return 0;
16  }
17
18  // string이 가리키는 곳부터 문자열 끝까지 출력하는 함수
19  void print(char *string)
20  {
21      printf("%s\n", string);
22  }
```

i가 1씩 감소하므로 출력을 시작하는 문자의 위치가 한 칸씩 당겨진다.

전달되는 s+i는 주소이므로 string은 주소를 저장하는 포인터 변수여야 한다.

실행결과

← 처음 21행이 실행되어 출력된 빈 행(이유는 12~13행 설명을 참고)

```

e
ge
age
uage
guage
nguage
anguage
Language
-Language
C-Language
```

설명

8: char형 포인터 s에 저장된 문자열은 다음 그림과 같다.

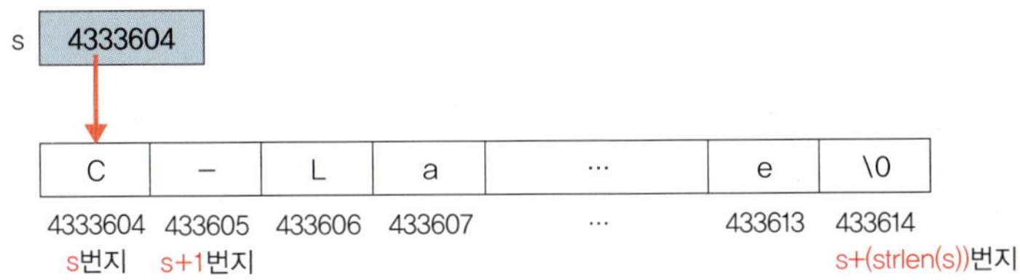

char형 포인터를 이용한 문자열 출력의 원리는 다음 그림과 같음을 확실히 이해해야 이후 내용을 이해할 수 있다.

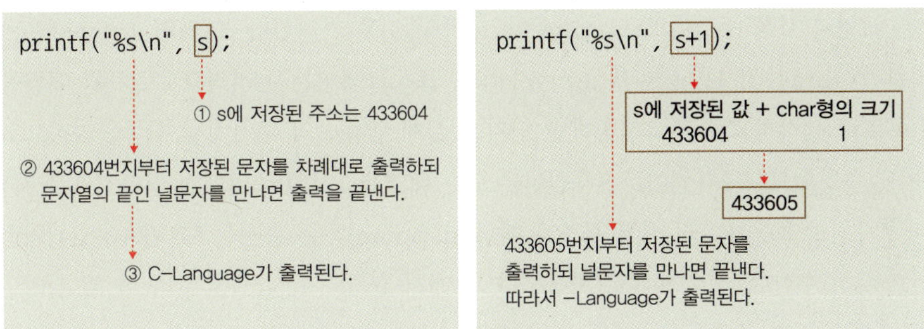

12~13: strlen(s)는 10이다. for문에서 처음 i가 strlen(s)일 때 print(s+i)로 호출하면 s가 가리키는 문자열의 끝인 널문자가 저장된 주소가 string에 전달된다. 그러므로 string 문자열을 출력하면 출력할 첫 문자가 널문자이므로 아무것도 출력되지 않는다. 그 다음에는 i가 1씩 감소하므로 전달되는 주소도 1씩 감소해 출력되는 문자수가 한 개씩 늘어난다.

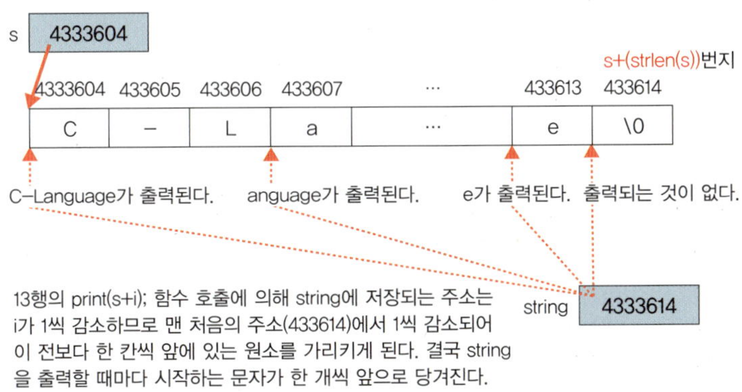

10.8 char형 포인터 배열

10.8.1 포인터와 다차원 배열

포인터와 1차원 배열은 서로 밀접한 관계임을 배웠다. 그렇다면 포인터와 다차원 배열은 어떤 관계가 있는지 살펴보자. 먼저 다음과 같이 2차원 배열이 선언되었다고 가정해보자.

```
int array[2][3];  // 2행 3열의 int형 2차원 배열
```

배열명은 배열의 시작 주소이므로 array는 array[0][0]을 가리킨다. 그러면 array+1은 어디를 가리킬까? array[0][1]? 아니면 array[1][0]? 프로그래머는 논리적으로 2차원 배열을 표 형태의 구조로 생각하고 프로그래밍하면 되지만 실제 컴퓨터의 주기억장치는 물리적으로 연속된 1차원 구조이므로 2차원이든 3차원이든 모든 배열은 1차원 배열처럼 연속적으로 저장된다. 이때 2차원 구조를 1차원 배열 구조로 매핑(mapping)하는 순서는 [그림 10-24]처럼 행을 우선으로 하여 한 행씩 차례대로 저장한다. 그래서 array+1은 array보다 한 행 뒤의 주소인 두 번째 행의 시작 주소, 즉 array[1][0]의 주소가 된다.

int n[5];로 선언된 1차원 배열의 경우 n+1에서 +1은 다음 원소가 되어 n[1]의 주소가 된다. 하지만 2차원 배열이 되면 array+1에서 +1은 다음 행을 의미하게 되어 array[1][0]의 주소가 된다. 그러므로 int t[3][2][4];로 선언된 3차원 배열은 면 단위로 매핑되어 주기억장치에 저장되므로 t+1에서 +1은 다음 면을 의미하게 되어 t[1][0][0]의 주소가 된다.

그림 10-24 2차원 배열이 주기억장치에 1차원 구조로 저장된 상태

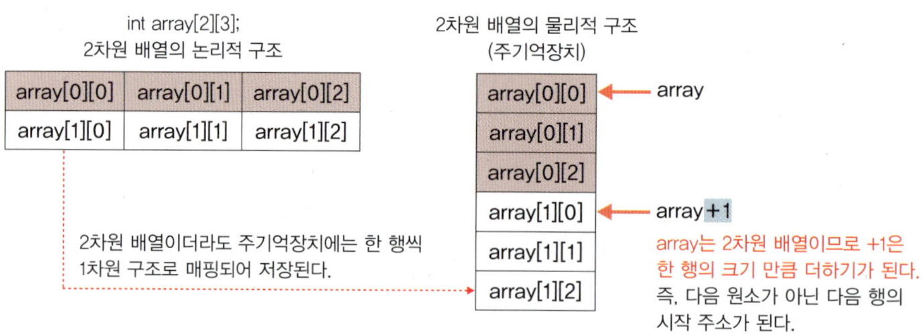

2차원 배열 array에서 array+1은 array[1]로 표현할 수 있다. [그림 10-25]와 같이 배열명[행첨자]는 해당 행의 시작 주소(정확히는 해당 행의 첫 원소의 주소)인 포인터 상수다.

그림 10-25 2차원 배열에서 '배열명[행첨자]'는 행의 시작 위치

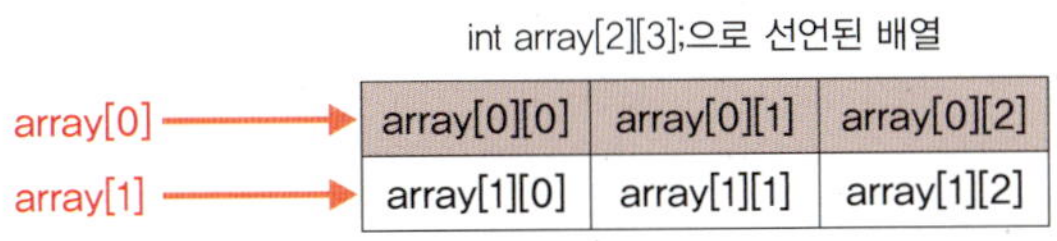

7.6.2의 [프로그램 7-9]에서 char name[N][9]로 선언된 배열에 저장된 학생의 이름을 출력할 때 printf("%s", name[i])로 이름을 한 명씩 출력할 수 있었던 것도 name[i]가 (i+1)번째 행의 시작 주소이기 때문이다. 즉 name[1]은 둘째 행의 시작 주소고 변환 명세가 %s이므로 name[1]에 해당하는 기억장소부터 널문자를 만날 때까지 출력되어 '이몽룡'이 나오는 것이다. 다차원 배열과 포인터와의 자세한 관계는 그리 간단하지 않으며 기초 과정에 꼭 필요한 내용이 아니므로 생략한다.

10.8.2 char형 포인터 배열을 이용한 여러 문자열 처리

여러 개의 문자열을 저장하기 위해서는 [그림 10-26]과 같이 char형 2차원 배열을 이용할 수 있다는 것을 이미 잘 알고 있을 것이다.

```
char flower[5][10] = {"rose", "sunflower", "lily", "lavender", "cosmos"};
```

그림 10-26 2차원 배열을 사용한 문자열 저장

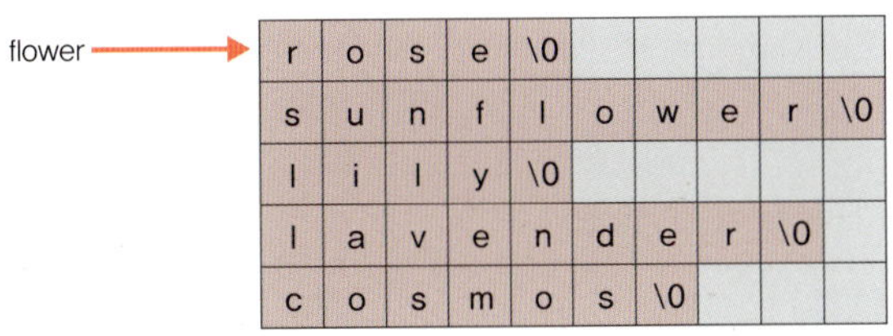

[그림 10-26]과 같은 이차원 배열에서 행수는 무조건 문자열의 개수와 동일하지만 이 배열의 열수는 배열에 저장할 가장 긴 문자열을 고려해 최소한 (가장 긴 문자열의 길이+1)로 결정해야 한다. 이렇게 열 수가 고정되는 2차원 배열은 저장할 문자열의 길이에 차이가 많을수록 [그림 10-26]에서 회색으로 색칠한 부분처럼 문자열의 끝 다음에 남는 공간이 많아진다는 문제점이 있다. 이를 완벽하게 해결하는 방법은 11장 동적 할당을 배워야 가능하지만 이 장에서는 char형 포인터 배열의 개념 정도만 먼저 소개한다.

자료형이 동일한 여러 값들을 배열에 저장할 수 있듯이 포인터 역시 같은 자료형의 포인터라면 배열에 저장할 수 있다. 즉 char형 포인터 100개를 char형 포인터 배열에 저장할 수 있다. char형 포인터 변수 하나에 문자열 한 개를 저장할 수 있으므로 char형 포인터 여러 개를 저

장하는 배열을 이용하면 여러 문자열을 저장할 수 있다. [그림 10-27]은 char형 포인터 배열의 선언과 이 배열에 저장된 문자열을 잘 보여준다. 초깃값 목록에 명시한 문자열 순서대로 문자열의 시작 주소가 flower 배열 원소에 저장된다. 결과적으로 flower[0]에는 "rose"의 시작 주소가 flower[1]에는 "sunflower"의 시작 주소가 저장된다.

flower 배열의 원소가 5개임을 표현한다.

```
char * flower[5] = {"rose", "sunflower", "lily", "lavender", "cosmos"};
```

배열 원소가 char형 포인터임을 표현한다.

그림 10-27 char형 포인터 배열을 이용한 여러 문자열 저장 예

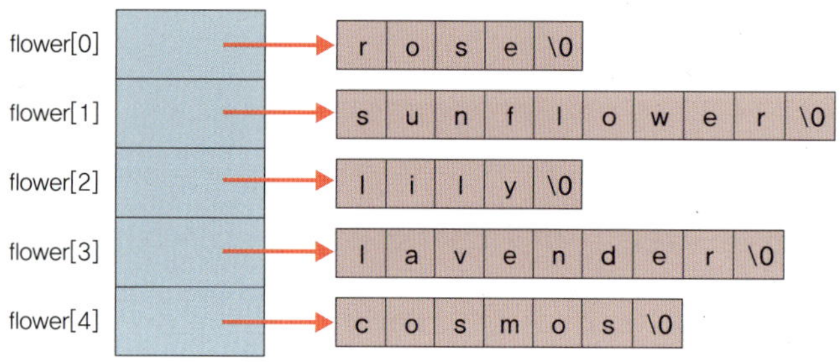

[그림 10-27]은 char형 포인터 배열을 선언하면서 곧바로 문자열을 초기화하고 있다. 만일 각 배열 원소 flower[i]에 문자열을 입력하고 싶다면 11.7절의 동적 할당을 배워야 가능하다.

[그림 10-26]처럼 문자열을 저장하든 [그림 10-27]과 같이 저장하든, 문자열을 출력하는 방법은 다음 코드로 둘 다 동일하다.

```
for (i=0; i<5; i++)
        printf("%s\n", flower[i]);  // *(flower+i)도 된다.
```

10.9 프로그래밍 실습

프로그래밍 실습

10.9.1 프로그램 변수명과 값을 포함한 파일명 만들기

이공계에 관련된 프로그램은 거의 수치 데이터를 다루며, 문자열에 대한 처리는 많이 포함되지 않는 편이다. 그러나 12장에서 소개하는 파일 처리에서 파일명을 만들 때 프로그램에서 사용한 값을 이용하여 만들 필요성이 있는데 이때 문자열 관련 함수가 유용하게 사용된다. 예를 들어 실험 분석 프로그램을 개발할 때 실행결과를 분석하기 위해 결과를 저장한 파일이 수십

개가 될 수도 혹은 더 많아질 수도 있다. 이때 파일명을 프로그램에서 사용한 여러 변수명이나 변수의 값을 이용하여 만든다면 많은 파일 중에서 특정 값이 적용된 결과 파일을 쉽게 찾을 수 있다. [프로그램 10-14]는 for문에서 사용된 칼슘(Ca)의 양과 나트륨(Na)의 양을 파일명에 직접 포함하는 문자열 f_name을 만드는 프로그램으로 파일명 문자열을 만드는 데 응용할 수 있다.

16, 19행에 사용된 itoa 함수는 호출할 때 다음과 같이 세 개의 인수를 사용하며 정수를 문자열로 변환하여 string에 저장하는 함수다.

10: 123의 10진수를 문자열로 변환한다.
2: 123의 2진수를 문자열로 변환한다.

```
itoa(123, string, 10)          // #include <stdlib.h>가 필요
```

문자열로 변환할 정수

변환된 문자열을 저장할 곳, 결과로 string에는 "123"문자열이 저장된다.

프로그램 10-14 변수명 Ca와 Na 그리고 변수의 값을 포함한 문자열 만들기 (ch10-14.cpp)

```
1   #include <stdio.h>
2   #include <string.h>                   // strcmp, strcpy 함수를 위한 헤더 파일
3   #include <stdlib.h>                   // itoa 함수를 위한 헤더 파일
4
5   int main()
6   {
7       char f_name[20], temp[10];        // 파일명을 저장할 배열, 임시 문자열 배열
8       int Ca, Na;
9
10      for (Ca=10; Ca<=20; Ca+=10)
11          for (Na=1; Na<=3; Na++)
12          {
13              strcpy(f_name, "file");              // 파일명에 "file"을 저장
14
15              strcat(f_name, "_Ca_");              // 파일명에 "_Ca_"를 연결
16              strcat(f_name, itoa(Ca, temp, 10));  // 파일명에 Ca의 값을 연결
17
18              strcat(f_name, "_Na_");              // 파일명에 "_Na_"를 연결
19              strcat(f_name, itoa(Na, temp, 10));  // 파일명에 Na의 값을 연결
20
21              printf("Ca=%d, Na=%d일 때 파일명 : %s \n", Ca, Na, f_name);
22          }
23
24      return 0;
25  }
```

실행결과

```
Ca=10, Na=1일 때 파일명 : file_Ca_10_Na_1
Ca=10, Na=2일 때 파일명 : file_Ca_10_Na_2
Ca=10, Na=3일 때 파일명 : file_Ca_10_Na_3
Ca=20, Na=1일 때 파일명 : file_Ca_20_Na_1
Ca=20, Na=2일 때 파일명 : file_Ca_20_Na_2
Ca=20, Na=3일 때 파일명 : file_Ca_20_Na_3
```

설명

13~19: 처음으로 13~19행을 실행할 때의 결과는 다음 그림과 같다.

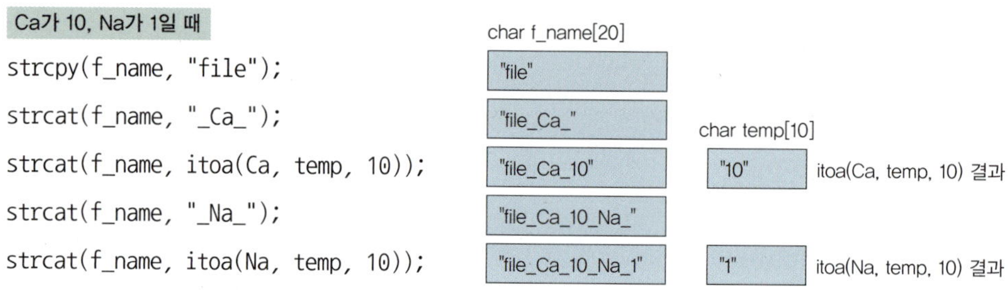

10.9.2 문자열 정렬

[프로그램 10-15]는 5명의 은메달리스트 이름을 char형 2차원 배열에 저장한 후 가나다순으로 정렬하며 [프로그램 10-16]은 5명의 금메달리스트 이름을 char형 포인터 배열을 이용하여 저장한 후 가나다순으로 정렬하는 프로그램이다. 두 프로그램을 비교하면서 char형 2차원 배열과 char형 포인터 배열이 어떤 차이가 있는지 이해하도록 하자.

프로그램 10-15 char형 2차원 배열을 이용한 문자열 저장 및 정렬 (ch10-15.cpp)

```
#include <stdio.h>
#include <string.h>                // strcmp, strcpy 함수를 위한 헤더 파일
#define SIZE 5                     // 배열의 원소수

int main()
{
    char silver[SIZE][10] = {"나태희", "유빈", "나원빈", "문건영", "소지법"};
    char temp[10];                 // 문자열 한 개를 임시로 저장할 배열
    int pass, i;

    printf("** 은메달 리스트 : ");
    for (i=0; i<SIZE; i++)         // 정렬 전 배열 내용 출력하기
        printf("%s, ", silver[i]);
    printf("\b\b **\n\n");         // \b를 이용하여 마지막 이름 뒤의 , 지우기
```

```
15
16        // 버블 정렬을 이용하여 이름을 가나다순으로 정렬하기
17        for (pass=1; pass<SIZE; pass++)
18            for (i=0; i<SIZE-pass; i++)
19                if (strcmp(silver[i], silver[i+1]) > 0)
20                {
21                    strcpy(temp, silver[i]);
22                    strcpy(silver[i], silver[i+1]);
23                    strcpy(silver[i+1], temp);
24                }
25
26        printf("** 정렬한 리스트 : ");
27        for (i=0; i<SIZE; i++)              // 정렬 후 배열 내용 출력하기
28            printf("%s, ", silver[i]);
29        printf("\b\b **\n");                // \b를 이용하여 마지막 이름 뒤의 , 지우기
30
31        return 0;
32    }
```

silver[i] 문자열이 silver[i+1]보다 뒤에 나오는 문자열이라면 0보다 큰 값이 반환된다.

두 문자열의 내용을 교환한다.

실행결과

```
** 은메달 리스트 : 나태희, 유빈, 나원빈, 문건영, 소지법 **

** 정렬한 리스트 : 나원빈, 나태희, 문건영, 소지법, 유빈 **
```

설명

7: 문자열 5개를 저장하기 위해 5행의 2차원 배열을 선언하면서 곧바로 초기화한다.

```
char silver[5][10] = {"나태희", "유빈",
            "나원빈", "문건영", "소지법"};
```

silver[0] →	나		태		희		\0			
silver[1] →	유		빈		\0					
silver[2] →	나		원		빈		\0			
silver[3] →	문		건		영		\0			
silver[4] →	소		지		법		\0			

배열명[행첨자]는 해당 행의 시작 주소다. → silver[3]

배열을 선언과 동시에 초기화하지 않고 입력을 받는다면 다음과 같이 작성한다.

```
for (i=0; i<SIZE; i++)
{
    printf("%d번째 메달리스트는? ", i+1);
    scanf("%s", silver[i]);
}
```

(i+1)번째 행의 시작 주소이므로 앞에 &를 붙이지 않는다.

14: for문에서 마지막 문자열을 출력하면 '소지법, '이 된다. 마지막 이름 뒤의 ,와 빈칸을 지우기 위해 백스페이스(\b)를 두 개 출력하여 다음 출력 위치를 왼쪽으로 두 칸 이동한 후 " **"를 출력하여 지운다.

19: 정수형 값이라면 (n[i]>n[i+1])로 두 정수의 크기를 비교할 수 있지만 문자열은 strcmp 함수가 반환한 값을 이용하여 두 문자열의 크기(순서)를 확인해야 한다. 만일 (silver[i]>silver[i+1])로 표현하면 두 문자열의 시작 주소 값에 대해 대소 비교를 한다. strcmp 함수는 첫 인수 문자열이 둘째 인수 문자열보다 사전 상에서 뒤에 나온다면 더 큰 값으로 간주하여 0보다 큰 정수(보통 1)를 반환한다. 그러므로 strcmp 함수가 반환한 값이 0보다 클 때만 두 문자열을 교환한다.

8,21: silver[i]에 저장된 문자열을 대피시킬 temp는 문자열 한 개만 저장하며 silver[i]에 저장된 문자를 모두 저장해야 하므로 크기가 10 이상인 char형 배열로 선언해야 한다. 그리고 temp=silver[i];는 불가능하므로 strcpy 함수를 이용하여 silver[i]의 문자열을 temp에 복사한다.

프로그램 10-16 char형 포인터 배열을 이용한 문자열 저장 및 정렬 (ch10-16.cpp)

```
#include <stdio.h>
#include <string.h>                          // strcmp 함수를 위한 헤더 파일

int main()
{
    char *gold[] = {"한빛", "성춘향", "이몽룡", "사공민국", "황해"};
    char *temp;                              // 문자열 주소를 임시로 저장할 포인터
    int size, i, j;                          // 배열에 저장된 문자열의 수

    // char형 포인터 배열 gold의 원소수를 size에 구하기
    size = sizeof(gold) / sizeof(gold[0]);

    printf("** 금메달 리스트 : ");
    for (i=0; i<size; i++)                   // 정렬 전 배열 내용 출력하기
        printf("%s, ", gold[i]);
    printf("\b\b **\n\n");                   // \b를 이용하여 마지막 이름 뒤의 , 지우기

    // 교환 정렬을 이용하여 이름을 가나다순으로 정렬하기
    for (i=0; i<size-1; i++)
        for (j=i+1; j<size; j++)
            if (strcmp(gold[i], gold[j]) > 0)
            {
                // 문자열의 시작주소를 저장한 gold[i]와 gold[j]를 교환
                temp = gold[i];
                gold[i] = gold[j];
                gold[j] = temp;
```

문자열을 직접 교환하는 것이 아니라 gold[i]와 gold[j]에 저장된 문자열 시작 주소를 교환한다.

```
27              }
28
29      printf("** 정렬한 리스트 : ");
30      for (i=0; i<size; i++)                    // 정렬 후 배열 내용 출력하기
31          printf("%s, ", gold[i]);
32      printf("\b\b **\n\n");                    // \b를 이용하여 마지막 이름 뒤의 , 지우기
33
34      return 0;
35  }
```

실행결과

```
** 금메달 리스트 : 한빛, 성춘향, 이몽룡, 사공민국, 황해 **

** 정렬한 리스트 : 사공민국, 성춘향, 이몽룡, 한빛, 황해 **
```

설명

6: 5개의 문자열을 char형 포인터 배열에 저장한다.

```
char *gold[] = {"한빛", "성춘향", "이몽룡",
                "사공민국", "황해"};
```

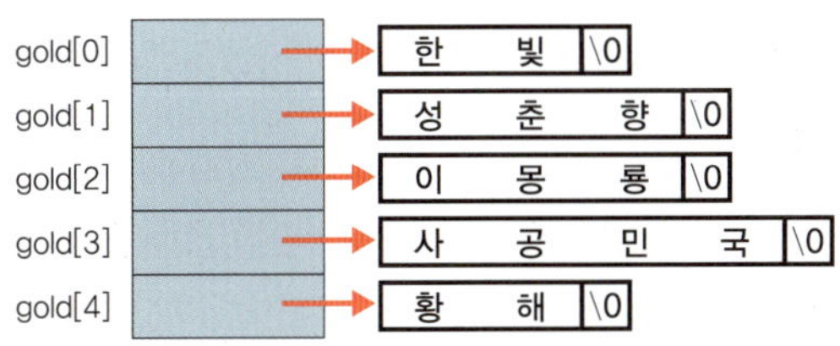

11: 이 프로그램에서는 [프로그램 10-15]와 달리 배열을 선언할 때 원소의 수를 명시하지 않았다. 이런 경우 컴파일러는 6행의 초기화 목록에 포함된 문자열의 개수를 구하여 배열 원소수를 결정한다. 배열의 원소수를 직접 명시하지 않았을 때 프로그램에서 배열의 원소수가 필요하다면 sizeof 연산자를 이용하여 다음과 같이 직접 구할 수 있다.

*gold 배열의 원소가 char형 포인터므로 (char *)를 사용해도 된다.*

```
sizeof(gold) / sizeof(gold[0])
```

gold 배열의 전체 크기 / *gold 배열의 첫 원소의 크기*

21: (gold[i]>gold[j])는 두 원소에 저장된 주소에 대한 대소 비교가 되므로 문자열 간의 대소 비교를 하려면 strcmp 함수를 사용해야 한다.

24~26: 포인터 배열에서는 자리를 교환할 때 이름이 교환되는 것이 아니라 주소가 교환이 된다. 즉 포인터만 교환되는 것이다.

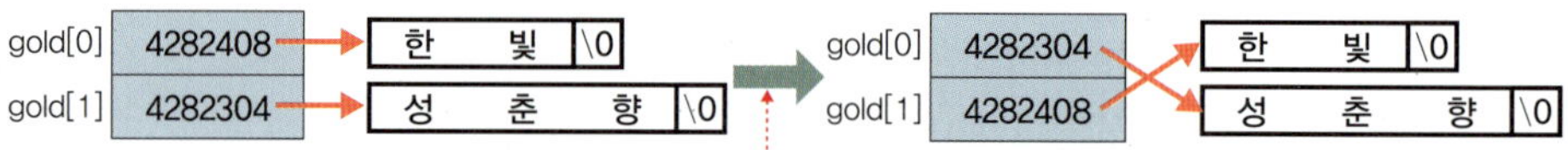

• 처음 19행에서 i가 0이고 20행에서 j가 1일 때
• 21행 if의 strcmp(gold[i], gold[j])의 반환값은 양수이므로
• 24~26행을 실행하여 gold[0]과 gold[1]의 값이 교환된다.

[프로그램 10-15]의 21~23행은 실제로 배열의 내용을 변경하는 것으로 문자열의 길이가 길수록 포인터를 교환하는 것이 더 효율적이다.

14~15,30~31: 포인터 배열에 저장된 문자열을 출력한다. gold[i] 대신 간접 연산자 '*'를 사용하여 *(gold+i)를 사용해도 된다.

핵심요약

포인터

- 포인터: 주기억장치의 주소
- 포인터 변수: 주기억장치의 주소만 저장하는 변수
- 포인터 변수의 크기: 주소만 저장하므로 언제나 4바이트

포인터 변수 선언

```
자료형 *포인터 변수명; // 예) int *ptr;
```

- *: 포인터 변수임을 명시: 실제로는 '포인터 변수가 가리키는 곳'을 간접적으로 참조하게 해주는 간접 연산자
- 자료형: 포인터 변수가 가리키는 곳에 저장된 값의 자료형

포인터 변수가 특정 변수를 가리키기

```
포인터 변수명 = &변수명; // 예) ptr = &var;
```

- &: 변수의 주기억장치 주소를 구하는 주소 연산자
- =: 변수의 주소를 포인터 변수에 대입(저장)한다. 그 결과 포인터 변수는 해당 변수를 가리키게 된다.

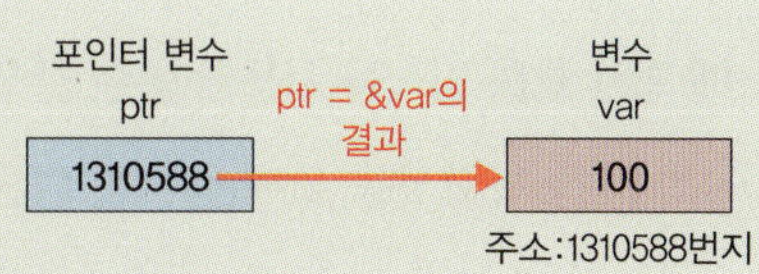

간접/역참조 연산자 *

```
*포인터 변수명 // 예) *ptr = 1;은 ptr이 아니라 ptr이 가리키는 곳에 1을 대입함
```

- *: 포인터 변수를 참조하라는 뜻이 아니라 포인터 변수에 저장된 주소에 해당하는 기억장소를 참조하라는 뜻이다.

포인터의 가감산

포인터에 대한 가감산은 다음 표와 같이 실제 피연산자의 값만큼 가감하는 것이 아니라 (포인터의 자료형 * 피연산자)만큼 가감한다.

포인터 선언	ptr + 1의 실제 연산	ptr – 2의 실제 연산
char *ptr;	ptr + 1(char의 크기)	ptr – 2*1
int *ptr;	ptr + 4(int의 크기)	ptr – 2*4
double *ptr;	ptr + 8(double의 크기)	ptr – 2*8

연산자 우선순위는 ++, -- > 간접 연산자 * > +, –이므로 *p++은 *(p++)로 처리된다. 간접 참조를 먼저하고 싶다면 (*p)++로 사용해야 한다.

배열과 포인터

```
int *ptr;
int arr[5] = {1, 2, 3, 4, 5};
ptr = arr;
```

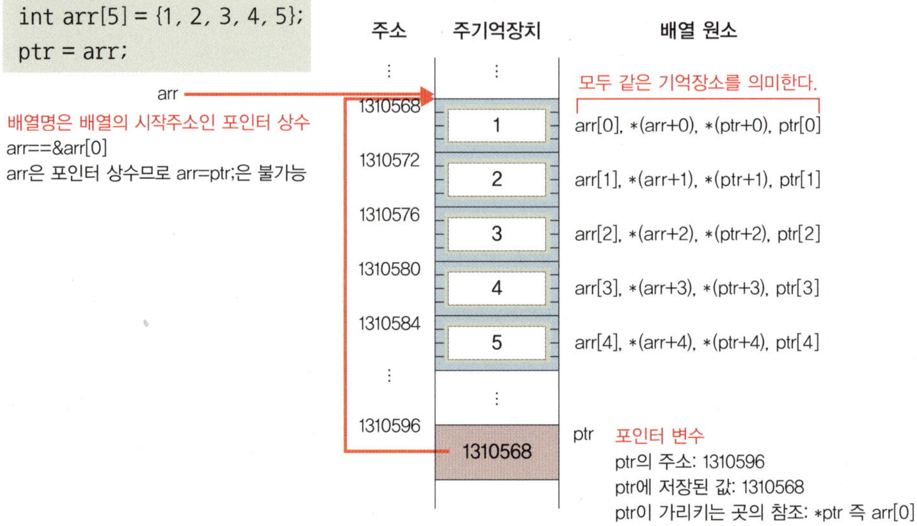

주소에 의한 호출 방식을 사용한 함수 간 인수 전달

함수 간 독립성을 위해 함수는 다른 함수에서 선언한 변수를 참조하지 못한다. 그러나 포인터를 이용하면 다음 modify 함수와 같이 포인터를 이용한 간접 참조를 통해 다른 함수의 변수(인수)를 참조하여 수정할 수 있다. 이것이 포인터의 강력함이다.

```
// 함수 호출
함수명(&인수명)
// 함수 정의
반환값형  함수명(자료형  *포인터 변수명)
{
   : // '*포인터 변수'로 인수를 참조
}
```

포인터 변수가 인수를 가리키게 된다.

```
// 함수 호출 예
modify(&a);
// 함수 정의 예
void modify(int *x)
{
   …
   *x = 10; // 결국 a를 10으로 변경
}
```

함수 간 배열 전달

```
int grade[10];
…
sort(grade); // 함수 호출
```

배열명만 명시한다.

```
// 함수 정의
void sort(int ary[10]) { … }
void sort(int *ary) { … }
```

배열 선언 / 포인터 변수 선언

char형 배열과 char형 포인터를 이용한 문자열

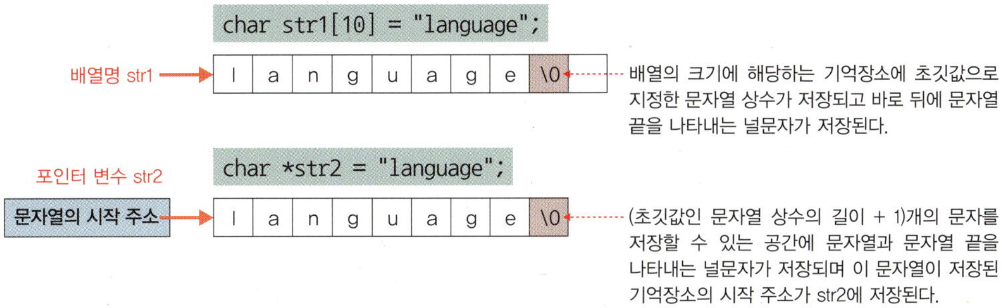

char형 배열과 포인터를 이용한 문자열 처리의 비교

처리 내용	char형 배열 이용	char형 포인터 이용
문자열 선언 및 초기화	char str1[10] = "language";	char *str2 = "language";
문자열 출력	printf("%s", str1);	printf("%s", str2);
둘째 문자 출력	printf("%c", str1[1]); printf("%c", *(str1+1));	printf("%c", str2[1]); printf("%c", *(str2+1));
문자열 입력	scanf("%s", str1);	scanf("%s", str2); **/* str2에 동적으로 할당된 기억장소가 있을 때만 가능 */**

둘째 문자 입력	scanf("%c", &str1[1]);
	scanf("%c", str1+1);
		scanf("%c", &str2[1]);
		scanf("%c", str2+1);
		/* str2에 동적으로 할당된 기억장소가 있을 때만 가능 */

문자열의 주소 대입	~~str1 = "언어";~~ **// str1은 상수** ~~str1 = str2;~~	str2 = "언어"; **// str2는 포인터 변수** str2 = str1;
문자열 수정(복사)	strcpy(str1, "언어");	strcpy(str2, "언어"); **/* str2에 동적으로 할당된 기억장소가 있을 때만 가능 */**

char형 포인터 배열을 이용한 여러 문자열 처리

char형 포인터 변수 한 개에 문자열 한 개의 시작 주소를 저장할 수 있으므로 char형 포인터 배열을 이용하면 여러 문자열의 시작 주소를 저장할 수 있다.

원소가 5개인 flower 배열

```
char * flower[5] = {"rose", "sunflower", "lily", "lavender", "cosmos"};
```

배열 원소가 char형 포인터임을 명시한다.

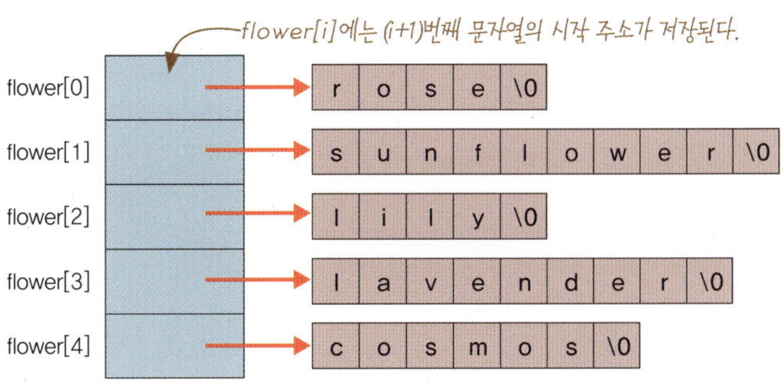


```
// 배열에 저장된 문자열 출력
for (i=0; i<5; i++)
    printf("%s\n", flower[i]);
        // *(flower+i)와 동일
```

연습문제

01 일반 변수와 포인터 변수가 저장하는 값의 차이점을 적으시오.

02 다음 코드와 같이 int형 변수 sum이 선언되어 있을 때 ptr이란 포인터 변수가 sum을 가리키게 한 후 ptr을 이용하여 sum에 저장된 값을 출력하도록 밑줄을 채우시오.

```
int sum = 0;
________________________________        // ptr 선언
________________________________        // ptr이 sum을 가리키기
printf("sum = %d \n", __________);      // ptr을 이용하여 sum 값을 출력하기
```

03 다음 코드의 결과를 추정함으로써 무엇을 하기 위한 코드인지 적고 프로그램으로 완성하여 실행한 다음 추정한 결과와 실행결과를 비교해보시오.

```
int a = 20, b = 10, *p1, *p2, *p3;
p1 = &a;
p2 = &b;
if (*p1 > *p2)
{
    p3 = p1; p1 = p2; p2 = p3;
}
printf("a = %d, b = %d \n", a, b);
printf("*p1 = %d, *p2 = %d \n", *p1, *p2);
```

04 int *ptr = &var;로 선언한 포인터 변수 ptr에 대해 ptr과 *ptr이 참조하는 내용이 어떻게 다른지 차이점을 적으시오.

05 다음 코드의 실행결과를 적으시오.

```
int index = 0, *ptr;
ptr = &index;
index++;
*ptr = *ptr + 1;
printf("index = %d, *ptr = %d \n", index, *ptr);
```

실행결과

```
index = ____________________________________________
```

06 다음 코드의 실행결과를 적으시오.

```
char ch, *ptr;
ptr = "Welcome to";
ch = 'C';
printf(">> %s %c %s%s\n" , ptr, ch, "Language", "!!!");
```

실행결과

》 ____

07 다음 코드의 실행결과를 적으시오.

```
int *ptr, a[5] = {10, 20, 30, 40, 50};
ptr = a;
printf("간접 참조: %d, 직접 참조: %d", *(ptr+3), a[3]);
```

실행결과

간접 참조 : ____

08 다음 코드의 실행결과를 적으시오.

```
char *ptr, note[] = "See you at the snack bar!";
ptr = note;
puts(ptr);      ⇒ ______________________________
ptr++;
puts(++ptr);    ⇒ ______________________________
note[7] = '!';
note[8] = '\0';
puts(note);     ⇒ ______________________________
```

hint puts는 문자열 전용 출력 함수다. ++ptr은 ptr을 먼저 1 증가한 후 ptr을 사용해야 하며, 문자열의 끝은 널문자 '\0'이므로 문자열을 출력할 때 '\0' 뒤의 내용은 출력되지 않는다.

실행결과

____ ← *puts(prt);*

____ ← *puts(++prt);*

____ ← *puts(note);*

09 다음 코드의 실행결과를 적으시오.

```
1   char *ptr, word[] = "Bye!";
2   ptr = word + strlen(word);
3   while(--ptr >= word)
4       puts(ptr);
```

hint word는 배열의 시작 주소이며 word의 길이는 4이므로 2행의 ptr은 word가 가리키는 문자열의 끝 즉 널문자를 가리킨다. --ptr은 ptr을 먼저 1 감소한 후 ptr을 사용해야 하므로 처음으로 3행을 실행할 때 --ptr의 결과 ptr은 '!'를 가리킨다.

실행결과

____

____

____

____

while(--ptr >= word)
puts(prt);

10 다음 배열에서 ①~④가 의미하는 배열 원소는 무엇인지 밑줄에 적으시오.

```
int matrix[2][3] = {{1, 2, 3}, {10, 20, 30}};
```

① *matrix ⇒ ______________ ② *matrix[0] ⇒ ______________

③ *matrix[1] ⇒ ______________ ④ *(matrix[1]+1) ⇒ ______________

11 다음 프로그램은 main의 두 정수 a와 b에 대해 나누기를 한 몫과 나머지를 quotient와 remainder에 구하여 출력하기 위한 것이다. 그러나 프로그램을 실행하면 잘못된 결과가 나온다. 프로그램에서 잘못된 곳을 찾아 이유를 설명하고 바르게 수정하시오.

```
#include <stdio.h>
void division(int x, int y, int q, int r);
int main()
{
    int a = 75, b = 8, quotient, remainder;

    division(a, b, quotient, remainder);
    printf("%d / %d = %d \n", a, b, quotient);
    printf("%d %% %d = %d \n", a, b, remainder);

    return 0;
```

변환 명세의 %가 아닌 % 문자를 출력하려면 %%를 두 개 연속으로 사용해야 한다.

```
12  }
13  // x를 y로 나눈 몫은 q에 나머지는 r에 구하는 함수
14  void division(int x, int y, int q, int r)
15  {
16      q = x / y;
17      r = x % y;
18  }
```

hint main 함수의 quotient와 remainder가 division 함수에 의해 변경되어야 하므로 두 변수의 인수 전달은 주소에 의한 호출 방식으로 이루어져야 한다.

• 원하는 결과 화면

실행결과

```
75 / 8 = 9
75 % 8 = 3
```

• 잘못된 결과 화면

실행결과

```
75 / 8 = 2025137940
75 % 8 = 2025137940
```

이 결과 화면은 'release' 모드에서 실행한 결과이며, 'debug' 모드에서는 7행에서 quotient와 remainder를 초기화하지 않고 값을 출력함으로써 실행이 중단된다.

12 main 함수의 sec 변수에 초 단위의 시간을 입력받은 후 이 시간이 몇 분 몇 초에 해당하는지 main 함수의 min과 sec 변수에 구하는 프로그램을 작성하시오. min과 sec의 값은 compute_time 함수를 이용하여 구한다.

hint 함수 compute_time은 main의 sec과 min 두 변수의 값을 해당 분과 초가 되도록 수정해야 하므로 주소에 의한 호출 방식으로 인수를 전달받아야 한다. 함수 호출은 compute_time(&sec, &min);과 같이 할 수 있다.

실행결과

```
초를 입력하세요. 280
280초는 4분 40초입니다.
```

이 시점에서 compute_time 함수를 호출한다. 이유는 함수 호출에 의해 sec 변수의 값이 40으로 수정되기 전에 원래의 값 280을 출력하기 위해서다.

13 다음의 배열 ary에 저장된 값을 포인터 연산을 통해 출력하시오. 배열의 원소 수는 배열의 크기와 배열 원소의 크기를 이용하여 구한다.

```
double ary[] = {170.5, 165.3, 157.2, 160.0, 165.7};
```

hint sizeof(배열명)은 배열의 크기를 sizeof(배열명[첨자])는 배열 원소의 크기다.

14 11과 12번 문제와 같이 함수 간 인수 전달에서 주소에 의한 호출이 필요한 예를 찾아 문제를 제시하고 프로그램으로 작성하시오.

15 대학의 학점은 일반적으로 A+가 4.5점에 해당하지만 학교에 따라 4.3점인 경우도 있다. 4.3 만점제가 적용된 학생의 학점이 grade일 때 이 grade를 4.5 만점제에 맞추어 변환한 값 grade2와 100점 점수제로 변환한 값 score를 구하는 프로그램을 작성하시오. main 함수는 입력받은 grade에 대한 grade2와 score를 구하기 위해 convert 함수를 이용하도록 한다. grade가 4.2면 grade2는 4.4이며 score는 97.7이다.

hint main의 grade는 변경될 필요가 없지만 grade2와 score는 convert 함수에 의해 변환되어야 하므로 주소에 의한 호출 방식으로 인수를 전달해야 한다. 4.3 만점의 grade를 4.5 만점의 grade2와 100점 만점의 score로 변환하는 방법은 grade2 = (grade*4.5) / 4.3와 score = (grade*100) / 4.3이다.

16 [프로그램 8-17]의 compute_avg 함수는 전달된 인수를 배열로 선언하여 처리한다. compute_avg 함수가 포인터를 이용하여 처리하도록 수정하시오.

17 sales 배열에 대리점 10곳의 월 판매량이 저장되어 있다. 이 배열에서 사용자가 입력한 n에 대해 상위 n개의 판매량을 출력하는 프로그램을 작성하시오. 상위 n개의 값을 sales[0]~sales[n-1]에 저장하는 top_n 함수를 정의하여 이용하며 main 함수의 sales 배열은 다음과 같이 초기화한다.

```
int sales[10] = {203, 105, 302, 200, 289, 175, 130, 120, 267, 312};
```

hint 상위 n개의 판매량에 대한 정보는 sales 배열을 내림차순으로 정렬하되 첫번째 원소부터 n번째 원소까지만 정렬한 후 sales 배열의 내용을 n번째 원소까지 출력하여 확인할 수 있다.

18 10명의 퀴즈 점수 15, 4, 8, 9, 6, 13, 12, 10, 9, 11을 저장하고 있는 배열 quiz의 최대치를 출력하는 프로그램을 작성하시오. quiz 배열의 최대치는 전달된 배열의 최대치에 대한 배열 첨자를 반환하는 함수 index_of_max를 이용하도록 작성하시오.

hint index_of_max 함수는 최대치의 배열 첨자를 반환하므로 quiz 배열의 최대치는 quiz[index_of_max(quiz)]이다.

19 학생 10명의 이름, 전화번호, 평점 정보가 저장되어 있을 때 학생 이름으로 정보를 검색하여 출력하는 프로그램을 작성하시오. 입력된 학생 이름과 동일한 이름의 학생이 있는 지 검색하는 함수 search를 정의하여 이용한다. search 함수는 18번 문제의 index_of_max 함수와 유사하게 사용자가 입력한 이름과 학생 이름이 저장된 배열을 전달받아 동일한 이름의 학생이 있다면 그 문자열의 행 첨자를 반환하며 그렇지 않다면 -1을 반환한다. 즉 main 함수에서는 search 함수가 반환한 이름 배열의 행 첨자를 이용하여 전

화번호와 평점 정보를 출력할 수 있으며 반환 값이 –1이라면 검색에 실패했음을 확인하고 적절한 메시지를 출력할 수 있다. char형 포인터를 이용하여 문자열을 처리할 때는 동적 할당을 받지 않고는 문자열 입력을 할 수 없으므로 학생의 정보는 char *name[N] = {이름 문자열 N개}, 전화번호는 char *phone[N] = {전화번호 문자열 N개}, 평점은 double grade[N] = {평점 N개}와 같이 선언을 하면서 초기화한다. 문제의 해결 과정은 다음과 같다.

① 찾고자 하는 학생의 이름은 문자열 한 개이므로 char who[10];으로 선언한 후 사용자에게서 찾고자 하는 이름을 who에 입력받는다.

② name 배열의 문자열 중 who와 동일한 문자열의 첨자를 index에 구하기 위해 search 함수를 호출한다: index = search(who, name);

③ index가 –1이라면 검색이 실패한 것이므로 적절한 안내 메시지를 출력하고 프로그램을 끝낸다. 그렇지 않다면 name[index], phone[index], grade[index]를 출력하여 검색 결과 정보를 제공한다.

• 10명의 정보

```
나태희  010-5228-7889  4.3
유현빈  010-5211-1472  4.0
나원빈  010-1235-8765  3.2
문건영  010-8282-8282  2.7
소지법  010-5165-3483  3.2
나보배  010-5232-1628  4.0
장도건  010-3452-1676  4.4
고수영  010-5210-5463  3.7
이나라  010-5210-1234  4.2
김해수  010-8255-8255  3.8
```

hint 여러 개의 문자열을 저장하기 위해 char형 이차원 배열을 이용했을 때와 char형 포인터 배열을 이용했을 때 배열을 함수로 전달하고 함수에서 배열을 전달받는 방법은 다음 표와 같다. 그러므로 search 함수의 원형은 who는 문자열 한 개이며 name은 N개의 포인터 배열이므로 int search(char *name, char *name_list[N])이 될 수 있다.

함수 호출	함수 정의

char array[N][10]; // 배열 선언
…
f1(array); // 함수 호출
	void f1(char str[N][10]) {…}
	void f1(char str[][10]) {…}
	void f1(char (*str)[10]) {…}
	void f1(char *str[N]) {…} // 에러

char *pointer[N]; // 포인터 배열 선언
…
f2(pointer); // 함수 호출
	void f2(char *str[N]]) {…}
	void f2(char str[N][10]) {…} // 에러

• 검색 성공 화면 예

```
실행결과

정보를 찾고 싶은 학생의 이름은? 유현빈

 이름          전화          평점
----------------------------------
유현빈   010-5211-1472   4.0
```

• 검색 실패 화면 예

```
실행결과

정보를 찾고 싶은 학생의 이름은? 지원빈
지원빈 학생은 찾을 수 없습니다.
```

20 1~45 범위의 난수 6개로 구성된 로또 번호를 생성하는 프로그램을 작성하시오. 난수 6개는 no 배열에 저장하되 6개의 난수가 서로 달라야 하며 화면에 출력될 때는 오름차순으로 정렬하여 표시한다. 사용자에게 생성한 로또 번호를 보여준 후에는 새로운 로또 번호의 생성 여부를 물어 사용자가 [Esc] 키를 누르면 더 이상 생성하지 않고 실행을 끝낸다.

반복해서 로또 번호를 생성하는 과정은 다음과 같이 do~while문으로 작성할 수 있다.

do {

- 난수 6개를 no 배열에 저장하기 위해 random_no 함수를 호출하기 : random_no 함수는 새로운 난수를 생성한 후에 지금까지 배열에 저장된 난수 중 이와 동일한 것이 없는지 확인한다. 지금 생성한 난수가 이미 배열에 저장된 난수라면 난수를 다시 생성하는 과정을 반복한다.
- 난수 6개를 오름차순으로 정렬하기 위해 sort 함수를 호출하기
- 생성한 로또 번호를 화면에 출력하기 위해 print_lotto 함수를 호출하기
- 새로운 로또 번호 생성 여부를 묻기

```
    printf("그만하려면 [Esc]키를, 새 로또 번호를 보려면 다른 키를 누르세요.");
} while (getch() != 0X1B); // getch()로 입력된 문자가 [Esc] 키가 아닌 한 반복하기
```

hint 1~45 범위의 난수 스케일링: rand() % 45 + 1

난수 발생기의 씨드를 현재 시간으로 설정하기: srand(time(NULL));

키보드에서 입력한 [Esc] 키의 ASCII 코드 값은 16진수로 0X1B에 해당한다. 사용자가 [Esc] 키를 입력하지 않는 한 계속 반복을 하기 위해 do {...} while (getch() != 0X1B);와 같이 0X1B란 16진수 코드 값을 직접 사용할 수도 있다. 그러나 #define ESC 0X1B로 매크로 상수를 정의한 후 (getch() != ESC)로 사용하는 것이 훨씬 편리하다.

21 char msg[ ] = "Happy Birthday! ";로 msg에 문자열이 저장되어 있다. 전광판에 글자가 반복적으로 지나가는 것과 같이 "Happy Birthday! " 문자열의 글자들이 다음 그림과 같이 0.5초 마다 한 글자씩 앞으로 당겨져서 한 바퀴 회전하여 마지막에는 다시 'Happy Birthday!'가 나타나서 끝나는 프로그램을 작성하고자 한다.

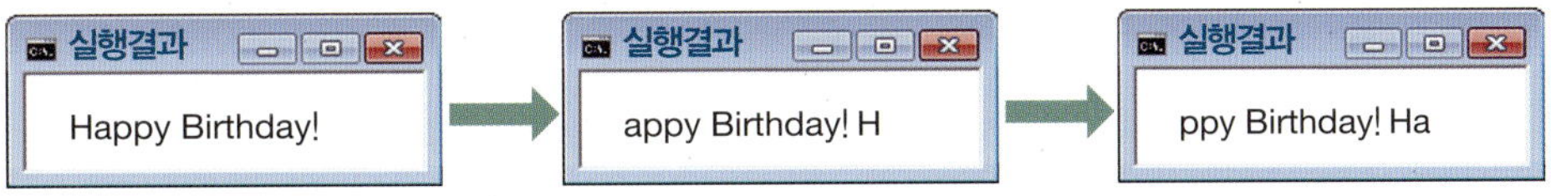

이 프로그램은 문자열의 내용을 직접 변경하면서 해결할 수 있다. 다음 코드와 같이 일단 문자열을 출력한 후 문자열의 각 문자를 직접 한 칸씩 앞으로 당기고, 맨 처음의 문자는 맨 마지막 문자 자리(널문자 이전)로 이동한 후 문자열을 출력하는 것이다. 그러나 이 문제에서는 문자열 내용을 직접 변경하지 말고 포인터를 사용하여 해결하시오.

```
1   char msg[] = "Happy Birthday! ", first_ch;
2   int repeat, i;
3   for (repeat=1; repeat<=strlen(msg); repeat++)  // 문자 개수만큼 반복
4   {
5       gotoxy(10, 5);       // 커서를 (10, 5) 좌표로 이동, 8.14.5 참조
6       printf("%s", msg); // 문자열 출력
7       first_ch = msg[0]; // 첫 문자를 대피
8       for (i=1; i<strlen(msg); i++)
9           msg[i-1] = msg[i];
10      msg[i-1] = first_ch;    // 7행에서 대피한 첫 문자를 맨 마지막 문자에 저장
11      Sleep(500);             // 500ms 동안 실행 중지, 8.13.5 참고
12  }
13  /* 만일 char *msg = "Happy Birthday! ";로 포인터를 이용하여 처리한다면 9행에서 프로그램 실행
14  이 끝난다. 그 이유는 msg에 문자열을 저장할 기억 공간을 동적으로 할당하지 않았기 때문에 msg[i-1] 즉
15  msg+i-1이 가리키는 곳의 내용을 직접 변경할 수 없기 때문이다. 그러나 다음 힌트와 같이 문자열의
16  내용을 직접 수정하지 않고 처리할 때는 char *msg로 처리해도 실행이 중단되지 않는다. */
```

(msg[i-1]: msg[strlen(msg)]에는 문자열의 끝을 나타내는 '\0'가 저장되어 있으므로 실제 마지막 문자는 msg[strlen(msg)-1]이다.)

hint 다음 그림과 같이 현재 출력을 시작할 문자가 문자열의 첫 글자에서 얼마나 떨어져 있는지를 나타내는 offset 변수를 활용하여 해결하는 방법은 다음과 같다.

현재 offset이 6으로 다음 그림과 같이 (msg+offset)이 출력을 시작할 문자 B를 가리킨다고 하자. 이때 msg+offset이 가리키는 곳부터 문자열 끝까지를 출력한 후 다시 문자열의 처음부터 msg+offset이 가리키는 곳 이전까지의 문자를 출력하면 "Birthday! Happy "가 출력된다. 그러므로 이 문제는 offset을 0부터 strlen(msg)까지 1씩 증가해가면서 msg+offset이 가리키는 문자열을 출력한 후(printf("%s", msg+offset)) 문자열의 처음부터 offset개의 문자를 출력하여 해결할 수 있다.

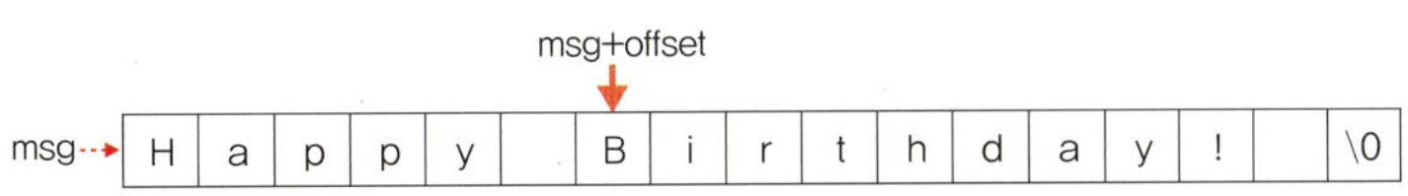

chapter

11

구조체

11.0 개요

프로그램을 개발할 때는 프로그램에서 처리할 자료를 가장 효율적으로 조직화하고 저장하는 방법을 선택해야 한다. C 언어는 프로그래머가 직접 자료구조에 맞게 자료형을 정의할 수 있도록 구조체(structure)를 지원한다.

구조체는 지금까지 사용한 int, double, char 등과 같이 C 언어에서 제공하는 기본 자료형이 아니다. 구조체는 프로그래머가 직접 정의하는 사용자 정의 자료형(user-defined data type)으로 다양한 자료형의 여러 값을 하나의 단위로 묶어서 편리하게 관리하고 사용하게 해준다. [그림 11-1]의 (a)처럼 여행을 갈 때 필요한 물품들을 가방에 넣어서 가져간다면 여러 물품을 한번에 이동할 수 있으므로 매우 편리할 것이다. 이와 같이 구조체는 [그림 11-1]의 (b)처럼 종류는 다르지만 관련된 데이터를 하나로 묶은 것이다. 이제부터 구조체에 대해 자세히 살펴보자.

그림 11-1 가방과 구조체

(a) 여행 물품을 담은 가방

이름	학교	나이	평점
"홍길동"	"대한대학교"	20	4.2

구조체를 이용하여 저장한
홍길동에 관련된 4개의 데이터

(b) 문자열, 정수, 실수를 함께 저장한 구조체

11.1 구조체란?

누군가에게 커피 잔을 선물하는 경우를 생각해보자. 커피 잔만 따로 포장을 해서 선물을 줘도 되지만 커피 잔에 필요한 커피와 크림을 같이 넣어서 한꺼번에 포장해줄 수도 있다. 그러면 받는 사람 입장에서는 별도로 커피나 크림을 구입하지 않아도 되므로 더 좋을 것이다. 컴퓨터 프로그램에서 처리할 데이터에도 이런 특징을 가진 것이 있다. 3차원 공간의 한 점은 반드시 x좌표, y좌표, z좌표 세 개로 표현해야 하며, 수학에서 3 + 4i로 표현하는 복소수는 반드시 실수부 3과 허수부 4i로 구성해야 하고, 전화번호부를 검색해서 나타나는 정보는 반드시 사람 이름과 전화번호가 같이 나타나야 한다. 이처럼 서로 밀접하게 관련된 여러 값이 모여서 동일 대상의 정보가 될 때는 따로 분리하여 각각의 변수에 저장하는 것보다 관련된 값들을 하나의 단위로 묶어서 관리하는 것이 더 편리할 수 있다.

동일한 자료형의 여러 값들을 하나의 단위로 묶는 방법은 이미 7장 배열에서 소개한 적이 있다. 그렇다면 변수, 배열, 구조체의 차이는 무엇일까? [그림 11-2]의 (a)처럼 int형 변수는 int형 값 1개만 저장하며, int형 배열은 자료형이 모두 int형으로 같은 값들만 저장할 수 있다. 이에 반해 구조체 자료는 int형, double형, char형 등 자료형이 다른 값들도 저장할 수 있다.

변수, 배열, 구조체의 예는 [그림 11-2]의 (b)와 같이 실생활에서도 찾아볼 수 있다. 과일 한 개만 포장한 것은 변수, 같은 종류인 감을 같은 크기로 분리된 박스에 포장한 것은 배열, 여러 종류의 크기가 다른 과일들을 여러 크기의 칸으로 이루어진 선물 상자에 담아서 포장한 것은 구조체에 해당한다.

그림 11-2 변수, 배열, 구조체 예

```
int sum = 0;
```

0

```
int array[5] = {9, 7, 6, 8, 5};
```

9	7	6	8	5

```
struct info freshman =
        {"홍길동", "대한대학교", 20, 4.2};
```

"홍길동"	"대한대학교"	20	4.2

(a) 프로그램의 예

(b) 실생활의 예

그러면 이러한 구조체는 왜 사용하는 것일까? [그림 11-2]의 (a)에서 홍길동 학생에 관련된 정보 네 가지를 별도의 변수에 저장해서 처리할 수도 있다. 그러나 이 네 가지 정보는 홍길동 한 사람에게만 관련된 정보이므로 하나의 단위로 묶어준다면 프로그램에서도 네 가지 정보가 한 사람에 관련된 것임을 쉽게 파악할 수 있을 것이다. 특히 구조체는 대입문에서 매우 편리하게 사용할 수 있다. 홍길동 학생의 정보를 함수에 전달하거나 정렬 과정에서 다른 변수에 임시로 저장하는 과정이 필요할 때를 생각해보자. 네 개의 변수를 사용한 경우에는 네 개의 인수가 필요하거나 네 개의 대입문이 필요하다. 그러나 구조체로 저장한 경우에는 구조체 통째로 하나의 인수로서 전달하거나 한 개의 대입문으로 구조체 안의 모든 정보를 대입할 수 있다. 즉 구조체를 사용하면 정보의 관련성을 쉽게 파악할 수 있으며 [그림 11-3]과 같이 구조체 변수 간의 대입으로 구조체 안의 정보 개수와 상관없이 한 개의 대입문으로 해결할 수 있다.

그림 11-3 구조체 변수 간의 대입 예

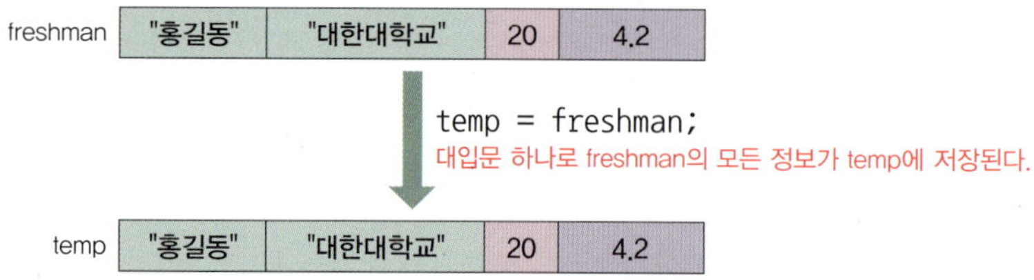

11.2 구조체 정의와 변수 선언

구조체는 int형, char형, double형 같이 C 프로그램에서 사용할 수 있는 자료형이다. 그러나 C 언어에서 제공하는 기본(default) 자료형이 아니므로 int, char, double과 같이 자료형 이름으로 사용할 수 있는 예약어가 없다. 구조체는 프로그래머가 목적에 맞게 직접 정의해서 사용하는 자료형이기 때문이다. 그러므로 구조체형 변수를 선언하려면 사용하기 전에 사용할 구조체의 형태인 템플릿을 먼저 정의해야 한다. 이러한 구조체 정의와 구조체 변수 선언 과정은 [그림 11-4]와 비슷하다. 공장에서 플라스틱 그릇을 찍어내거나 특정 모양의 철판을 여러 장 찍어낼 때는 해당 모양의 모형을 단단한 금속으로 미리 만들어놓고 플라스틱이나 철재를 녹여 부어 만든다. 여기서 모형은 구조체 템플릿에 해당하고, 모형으로 찍어낸 플라스틱 그릇이나 철판은 구조체 변수에 해당한다.

그림 11-4 모형과 모형으로 찍어낸 제품

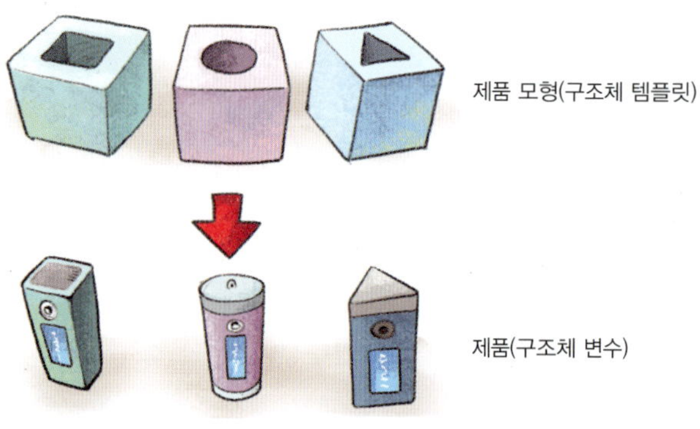

11.2.1 구조체 정의

[그림 11-5]와 같이 구조체를 구성하는 원소를 구조체 멤버(member) 또는 필드(field)라고 한다. 구조체 멤버는 배열의 기본 구성 단위인 배열 원소에 해당하지만 배열 원소와 달리 자료형이 서로 달라도 된다.

그림 11-5 배열과 구조체의 구성단위 비교

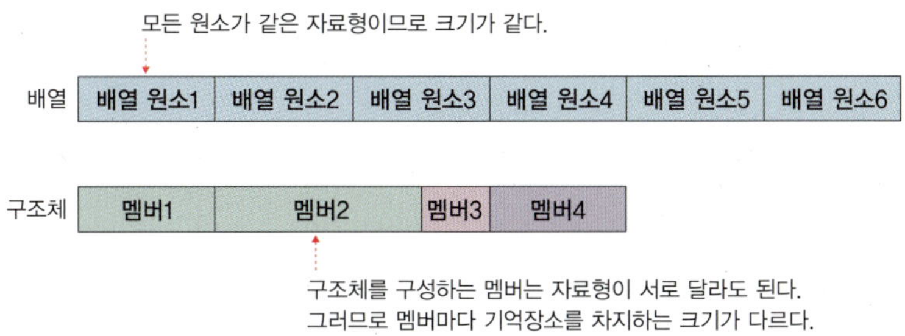

구조체를 사용하려면 구조체에 어떤 자료형의 어떤 멤버가 어떤 순서로 포함될지 구조체의 구조를 컴파일러에게 알려야 하는 데 이를 구조체를 정의한다고 한다. 구조체의 구조를 구조체 템플릿(template, 형틀)이라고 한다. 구조체의 정의는 구조체 템플릿을 컴파일러에게 알리는 것이다. 구조체를 정의할 때는 구조체를 의미하는 예약어 struct를 명시한 후 구조체 태그명을 명시한다. 이 구조체 태그명은 지금까지 사용해온 int, char, double과 같이 프로그램에서 사용할 자료형 이름에 해당한다. 구조체 태그명은 식별자 생성 규칙을 따라 만든다.

형식 **구조체 정의** ― 구조체임을 표시하는 예약어

```
struct 구조체 태그명      ◀― 사용자가 직접 정하는 구조체 자료형 이름
{
   자료형 멤버명1;       ◀― 멤버는 선언문 형태로 순서대로 명시한다.
   자료형 멤버명2;
      ...
   자료형 멤버명n;
};                      ◀― 끝에는 꼭 ;을 붙여야 한다.
```

↳ 구조체 멤버는 변수뿐만 아니라 배열 또는 이미 정의된 다른 구조체도 될 수 있다.

예

```
// 학생의 정보를 저장할 구조체
struct student_info
{
   char s_no[10]; // 학번
   char name[10]; // 이름
   int grade;     // 학년
   double GPA;    // 평점
};
```

예

```
// 도서 정보를 저장할 구조체
struct book
{
   char title[30];       // 책 제목
   char author[20];      // 저자명
   char publisher[20];   // 출판사
   int year;             // 출판년도
};
```

예 // 전자 제품의 정보를 저장할 구조체

```
struct product
{
    char SN[10];    // 제품 시리얼 번호
    int price;      // 제품 가격
    int sales[4];   // 분기별 판매수
};
```

예 // 3차원 공간의 한 점을 저장할 구조체

```
struct coordinate
{
    int x;    // x좌표
    int y;    // y좌표
    int z;    // z좌표
};
```

참고

- 구조체 정의 마지막에 ;을 붙이는 것을 잊지 말아야 한다.
- 구조체 태그명과 멤버명은 같을 수 없다.
- 구조체를 정의하는 위치에 따라 구조체를 자료형으로 사용할 수 있는 범위가 결정된다. 9장에서 소개한 참조 범위와 같은 규칙을 따르므로 함수 외부에서 정의한다면 그 정의 아래쪽의 모든 함수에서 자료형으로 사용할 수 있다. 그러나 함수 안에서 정의한다면 함수에서만 자료형으로 사용할 수 있다. 일반적으로 자료형은 프로그램 전체에서 사용하는 것이 바람직하므로 프로그램 앞부분이나 헤더 파일(*.h)에 정의한다.
- 구조체 정의는 템플릿을 정의하는 것이므로 실제로 구조체를 위한 기억장소를 할당받는 것은 아니다. 그러므로 실제로 구조체에 데이터를 저장하려면 반드시 구조체 변수 선언이 필요하다.

11.2.2 구조체 변수 선언

구조체 템플릿 정의는 프로그래머가 사용할 자료형의 구조와 자료형 이름을 컴파일러에게 미리 알려주는 역할을 한다. 즉 구조체 템플릿을 정의하는 것은 int나 double처럼 사용할 새로운 사용자 정의 자료형을 만드는 것이지 구조체를 위한 기억장소를 할당받는 것이 아니다. 그러므로 구조체에 실제로 데이터를 저장하려면 기억장소를 할당받기 위해 구조체 변수를 선언해야 한다. 구조체 변수의 선언은 지금까지 변수를 선언하는 방법과 같지만 구조체 태그명 앞에 사용자가 정의한 구조체임을 명시하는 예약어 struct를 붙여야 한다.

형식 구조체 변수 선언

struct 구조체 태그명 구조체 변수명;

(구조체 태그명 ← 구조체 정의에서 struct 뒤에 지정한 식별자)

예

```
struct student_info stud;      // 학생의 정보를 저장할 구조체 변수
struct book c_language;        // 도서 정보를 저장할 구조체 변수
struct product TV;             // 전자 제품의 정보를 저장할 구조체 변수
struct coordinate point;       // 3차원 공간의 한 점을 저장할 구조체 변수
```

(struct: 예약어, coordinate: 구조체 태그명, point: 구조체 변수명)

참고

- C++ 언어와 달리 C 언어에서는 구조체 태그명 앞에 struct를 붙이지 않으면 에러다.
- 구조체 변수 역시 선언 위치에 따라 함수 안에서 선언하면 지역 변수, 함수 밖에서 선언하면 전역 변수가 되며, struct 앞에 static을 붙이면 정적 변수가 된다.

[그림 11-6]은 student_info란 구조체형을 정의한 후 student_info형 변수 student를 선언하여 student에 할당된 기억장소의 구조를 보여준다.

그림 11-6 구조체 변수에 할당된 기억장소

```
struct student_info
{
    char s_no[10];    // 학번
    char name[10];    // 이름
    int grade;        // 학년
    double GPA;       // 평점
};
```

struct student_info student;에 의해 할당된 student 변수의 기억장소 구조

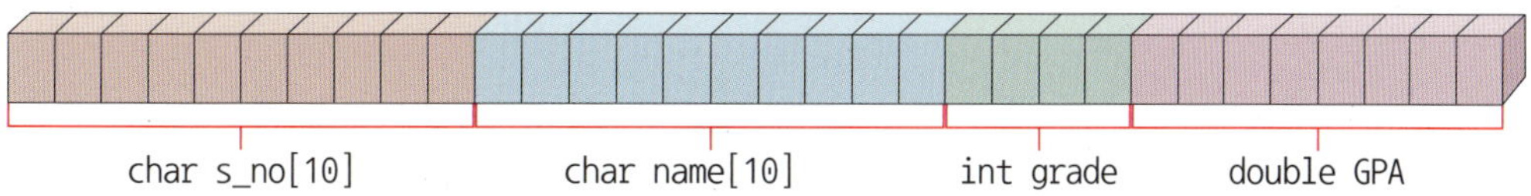

다음 예처럼 구조체 템플릿을 정의하면서 곧바로 구조체 변수를 선언하는 방법도 있다. 그러나 일반적으로는 구조체 템플릿을 정의한 후 구조체형 변수를 선언한다.

그림 11-7 구조체 템플릿을 정의하면서 구조체 변수를 선언하는 예

예 (구조체 태그명: student_info)

```
struct student_info
{
    char s_no[10]; // 학번
    char name[10]; // 이름
    int grade;     // 학년
    double GPA;    // 평점
} s1, s2;
```

(s1, s2: 구조체 변수명)

예 (구조체 태그명은 생략할 수 있다.)

```
struct
{
    char s_no[10]; // 학번
    char name[10]; // 이름
    int grade;     // 학년
    double GPA;    // 평점
} s3, s4;
```

(s3, s4: 구조체 변수명)

오른쪽 예와 같이 구조체 태그명을 생략하면 자료형의 이름이 없는 결과가 된다. 그러므로 구조체 태그명이 없으면 호출된 함수에서 구조체 변수를 전달받거나 함수에서 구조체 변수를 반환할 때 자료형을 명시할 수 없으므로 인수나 반환 값으로 사용할 수도 없다.

11.2.3 구조체 멤버 참조

배열에서는 첨자를 사용해 배열의 특정 원소를 구분하여 참조한다. 그렇다면 구조체 안의 특정 멤버는 어떻게 구분해서 참조할까? 실생활에서는 '우리집의 TV', '너네 집의 TV'와 같이 TV의 소속을 밝힐 때 '누구의'를 앞에 붙인다. 이와 같이 구조체 멤버도 참조하려면 반드시 소속을 밝혀야 하는데 이때 사용하는 것이 멤버 연산자인 .(점)이다.

구조체 멤버를 참조하는 형식은 다음과 같다.

형식 구조체 멤버 참조

구조체 변수명 . 멤버명 (. : 멤버 연산자)

↳ '구조체 변수명 . 멤버명' 전체가 한 개의 변수명처럼 사용된다. 그러므로 scanf 함수에서 입력 값을 저장할 주소를 구하는 &는 '&구조체 변수명 . 멤버명'과 같이 맨 앞에 붙여야 한다.

예

```
student.GPA = 4.1;
c_language.year = 2012;
TV.price = 1200000;
point.x = 10;
scanf("%d", &point.x);
```

> x좌표를 입력받는 point.x의 주소를 구한다. point.&x처럼 x 앞에 &를 붙이면 에러다.

지금까지 구조체를 사용하는 과정과 방법을 요약하면 다음과 같다.

그림 11-8 구조체 사용 과정과 방법

1. 구조체 정의 (struct: 예약어, student_info: 구조체 태그명(사용자가 지정), 각 멤버: 구조체 멤버 선언)

```
struct  student_info
{
    char s_no[10];     // 학번
    char name[10];     // 이름
    int grade;         // 학년
    double GPA;        // 평점
} ;
```

2. 구조체 변수 선언

```
struct  student_info  student;
```

3. 구조체 멤버 참조

```
student.grade = 4;
```

[프로그램 11-1]은 1~3 라운드까지의 게임 성적을 입력하여 평균을 구하는 프로그램이다.

프로그램 11-1 1~3 라운드 게임 성적의 평균 구하기 (ch11-1.cpp)

```
#include <stdio.h>

// 새로운 자료형 구조체 game 정의
struct game
{
    char name[7];  // 선수 이름을 저장할 배열(한글 세 자 저장 가능)
    int R1, R2, R3; // 각 라운드의 점수
};

int main()
{
```

> main 함수 안에서 game을 정의한다면 main이 아닌 다른 함수에서는 game이란 자료형을 사용할 수 없게 된다.

```
    struct game player;   // 구조체 변수 선언
    double avg;

    // 선수의 경기 정보 입력
    printf("선수의 이름은? ");
    scanf("%s", player.name);
    printf("1, 2, 3라운드 점수는? ");
    scanf("%d %d %d", &player.R1, &player.R2, &player.R3);

    // 1, 2, 3라운드의 평균 점수 구하기
    avg = (double) (player.R1 + player.R2 + player.R3) / 3;

    // 게임 결과 출력하기
    printf("%s선수의 게임 성적 평균 %.1lf점 \n", player.name, avg);

    return 0;
}
```

name 멤버는 char형 배열이다. 그러므로 문자열을 입력받으려면 &를 사용하지 않아야 한다.

player.R1의 주소를 구한다.

실행결과

```
선수의 이름은? 홍길동
1, 2, 3라운드 점수는? 865 872 869
홍길동선수의 게임 성적 평균 868.7점
```

11.2.4 구조체 변수의 초기화

구조체 변수도 변수이므로 선언하면서 초기화할 수 있다. 하지만 아래 코드와 같이 구조체 템플릿 정의 안에서 멤버를 선언하면서 곧바로 초기화하는 것은 불가능하다. 템플릿 안에서 멤버를 선언하는 것은 실제로 기억장소가 할당되는 것이 아니라 단지 구조체의 구조를 알려주는 것임을 명심하자.

```
struct person
{
    char name[7] = "나태희";
    char gender[3] = "여";
    int age = 25;
};
```

구조체 정의 시 멤버를 초기화하는 것은 에러다.

구조체 변수를 선언과 동시에 초기화하는 것은 배열을 선언하면서 초기화하는 것과 형식이 같다. {} 안에 구조체 멤버의 초깃값을 ,(쉼표)로 구분하여 나열하되 구조체를 정의할 때 명시한 멤버 순서와 같아야 한다.

형식 **구조체 변수를 선언하면서 초기화하기**

```
struct 구조체 태그명 구조체 변수명 = {멤버 초깃값1, …, 멤버 초깃값n};
```

구조체 정의에서 나타난 멤버 순서대로 초깃값이 멤버에 저장된다.

예

```
struct student_info student = {"21121103", "홍길동", 4, 4.3};
struct book c_language = {"Smart C", "송하임박", "한빛", 2012};
struct product TV = {"TV1209", 1200000, {250, 300, 290, 350}};
struct coordinate point = {10, 20, 5};
struct person user = {"나태희", "여", 25};
```

(student_info: 구조체 태그명, student: 구조체 변수명, {…}: 멤버의 초깃값, {250, 300, 290, 350}: 세 번째 멤버가 배열이므로 { } 안에 초깃값을 나열한다.)

주의 일단 선언문이 끝난 후에는 구조체 변수에 { }를 이용하여 초기화할 수 없으며 멤버별로 각각 초기화해야 한다.

```
struct student_info stud;
student = {"21121103", "홍길동", 4, 4.3};
```

student.grade = 4; student.GPA = 4.3;과 같이 멤버별로 초기화해야 한다.

일반적으로 구조체를 정의한 후 선언하지만 구조체 정의, 선언, 초기화를 한꺼번에 할 수도 있다.

형식 **구조체 정의, 변수 선언, 초기화를 한꺼번에 하기**

```
struct 구조체 태그명
{
    자료형 멤버1;
    자료형 멤버2;
       …
    자료형 멤버n;
} 구조체 변수명 = { 멤버 초깃값1, …, 멤버 초깃값n } ;
```

(앞에 static을 붙이면 정적 변수가 된다. 위에서 멤버를 명시한 순서대로 초깃값이 멤버에 저장된다.)

예

```
struct person
{
    char name[7];
    char gender[3];
    int age;
} user = {"나태희", "여", 25};
```

(person: 구조체 태그명, user: 구조체 변수명, {…}: 멤버의 초깃값)

11.2.5 구조체 간의 대입

누군가에게 가방을 맡길 때 가방 안의 물건을 하나씩 꺼내서 맡기지 않는다. 가방을 통째로 맡기는 것처럼 구조체 변수는 같은 구조체 형일 경우 하나의 대입문으로 모든 멤버 간에 대입이 처리된다. 즉 다음 그림과 같이 같은 구조체형 변수끼리는 구조체 단위로 대입문을 사용할 수 있다는 것이다. 멤버별로 대입문을 사용할 필요 없이 하나의 대입문으로 해결할 수 있다는 것은 구조체의 큰 장점이다.

그림 11-9 구조체의 대입

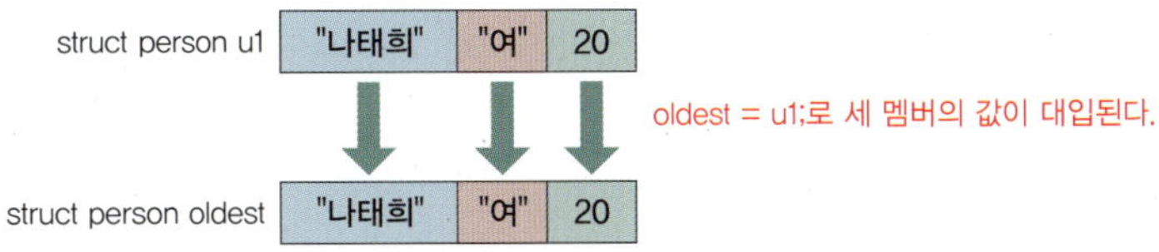

형식 **구조체 변수 간의 대입**

구조체 변수명1 = 구조체 변수명2; ← 구조체에 포함된 모든 멤버 간에 대입이 일어난다.

예

```
struct coordinate point1 = {10, 20, 30}, point2;
point2 = point1;
```

← 다음 세 개의 대입문과 같은 결과가 된다.
point2.x = point1.x; point2.y = point1.y; point2.z = point1.z;

주의 구조체 간의 대입은 반드시 같은 자료형끼리만 가능하다. 그러므로 구조체의 템플릿은 같다하더라도 구조체 태그명이 다르다면 대입문을 사용할 수 없다.

```
struct coordinate
{
    int x, y, z;
};
struct position
{
    int x, y, z;
};

struct coordinate point = {1, 2, 3};
struct position car;

car = point;
```

(car = point; 에 X 표시) ← car와 point의 멤버 구성은 같지만 구조체 태그명이 coordinate과 position으로 다르면 대입문을 사용할 수 없다.
그러나 car.x = point.x;와 같이 int형 데이터 간의 대입문은 가능하므로 세 멤버 각각에 대해 대입문을 사용하는 것이 가능하다.

구조체 간 대입은 구조체의 강력함과 편리함을 잘 보여준다. 다음과 같은 구조체가 정의되어 있다고 가정하자.

```
struct person
{
    char name[7], char gender[3];    // 이름과 성별
    int age;                         // 나이
};
```

그렇다면 다음과 같이 선언한 두 구조체 변수에 대해서 대입문을 사용할 수 있다.

```
struct person user1, user2 = {"나원빈", "남", 27};
user1 = user2;
```

← user2의 name, gender, age 세 멤버의 값이 한꺼번에 user1의 해당 멤버에 저장된다.

사실 user1 = user2;를 사용할 수 없다면 [그림 11-10]과 같이 세 문장을 사용해야 한다. 특히 문자열 배열명에 대해 user1.name = user2.name;을 사용할 수 없으므로 strcpy 함수를 사용해야 하며 멤버 수가 n개라면 n개의 문장이 필요하다.

그림 11-10 구조체 변수 간 대입과 구조체 멤버 간 대입 비교

```
user1 = user2;   <-->   strcpy(user1.name, user2.name);
                        strcpy(user1.gender, user2.gender);
                        user1.age = user2.age;
```

11.2.6 자료형 이름 재정의: typedef

C 언어에서는 변수를 선언하거나 캐스팅할 때 사용하는 자료형의 이름을 프로그래머가 원하는 대로 새로 정의하여 사용할 수 있다. 즉 C 언어에서 미리 정해둔 int란 자료형 이름 대신에 INTEGER라는 새 이름을 추가로 정의하여 int age; 대신 INTEGER age;로 선언하는 것이 가능하다.

자료형의 재정의는 프로그램의 이식성을 높이기 위해 사용된다. 'int salary = 2000000'은 정수형을 4바이트로 처리하는 컴파일러에서는 오류 없이 처리되지만 정수형을 2바이트로 처리하는 컴파일러에서는 오버플로가 발생한다. 이를 해결하려면 코드의 모든 int를 4바이트의 정수형 long으로 수정해야 하는 문제가 발생한다. 이 문제를 해결하는 방법으로 'typedef int long'으로 int형을 long형으로 재정의하는 것이 이용된다. 또한 자료형의 재정의는 자료형 이름을 짧게 재정의하거나 읽기 쉽게 하기 위해서도 사용된다.

지금까지 구조체 형 변수를 선언할 때 구조체 태그명 앞에 struct 예약어를 붙여야 하는 것이 번거롭다면 다음 형식처럼 짧은 자료형 이름을 새로 정의해서 사용할 수 있다. 일반적으로 새로 정의한 자료형 이름은 기존의 자료형 이름과 구분하기 쉽게 대문자를 이용한다.

형식 자료형 이름의 재정의: typedef

typedef 기존의 자료형 이름 새로운 자료형 이름; ← 기존의 자료형 이름 대신 사용하고 싶은 자료형 이름
(typedef: 예약어)

예

```
typedef double REAL;
```
↳double average; 대신 REAL average;를 사용할 수 있다.

```
typedef double * DBLPTR;
```
↳double * ptr; 대신 DBLPTR ptr;을 사용할 수 있다.

```
typedef struct person PERSON;
```
↳struct person user; 대신 PERSON user;를 사용할 수 있다.

주의

- typedef는 새로운 자료형을 만드는 것이 아니라 기존의 자료형 이름 외에 편하게 사용할 수 있는 이름을 추가로 더 사용할 수 있게 하는 것이다. 그러므로 typedef double REAL;로 재정의하였더라도 double average;라고 사용할 수 있다.
- typedef는 C 언어에서 제공하는 기본 자료형(int, double, char 등)과 사용자 정의 자료형 또는 이전 typedef에서 재정의한 자료형 이름에만 적용할 수 있다. 즉 typedef average AVG와 같이 일반 변수명 average를 AVG로 새로 정의하는 것은 불가능하다.
- #define과 비슷하게 보이지만 #define 전처리기 지시자는 컴파일을 하기전에 전처리기에 의해 처리되고 typedef는 컴파일러에 의해 처리된다.

다음과 같이 구조체를 정의하면서 곧바로 typedef를 이용하여 자료형을 재정의할 수도 있다. 결과적으로 struct point 대신 POINT란 자료형 이름을 사용할 수 있게 된다.

```
typedef struct point
{
    int x, y, z;
} POINT ;

POINT start, end = {1, 3, 5}; // struct point start, end = {1, 3, 5};
```

11.2.7 구조체를 이용한 프로그램 예

문제 물품을 구입한 세 명의 사용자 정보(이름, 성별, 나이)를 이용해 나이가 가장 많은 사용자의 정보를 출력하시오.

분석

- 사용자 한명에 관련된 정보인 이름, 성별, 나이를 하나로 묶어서 관리할 수 있도록 person이란 새로운 구조체를 정의하여 저장한다.

```
struct person
{
    char name[7];      // 최대 6개의 문자(한글 세 자)로 된 이름을 저장할 배열
    char gender[3];    // "남" 또는 "여" 문자열을 저장할 배열
    int age;           // 나이 저장
};
```

- 프로그램을 단순화하기 위해 사용자 세 명의 정보를 저장할 구조체 변수 세 개를 선언하면서 초기화한다.

```
struct person u1 = { 초깃값 목록 }, u2 = { 초깃값 목록 }, u3 = { 초깃값 목록 };
```

- 최고령 사용자의 정보를 출력할 때 나이뿐만 아니라 이름과 성별도 출력하기 위해 최고령 사용자의 정보를 저장할 구조체 변수를 추가로 선언한다.

```
struct person oldest;
```

- 나이가 많은 사람을 찾기 위해 비교할 값은 구조체 변수의 age 멤버이므로 if (u1.age 〈 u2.age)와 같이 멤버 단위로 비교를 해야 한다. 그러나 사용자 정보는 모두 세 가지로 구조체 변수에 한꺼번에 저장되어 있으므로 u2의 모든 정보를 oldest에 저장할 때는 oldest = u2;와 같이 대입문으로 해결할 수 있다.

프로그램 11-2 세 명의 사용자 중 나이가 가장 많은 사용자 정보를 찾아서 출력하기 (ch11-2.cpp)

```
#include <stdio.h>

// 구조체 정의
struct person
{
    char name[7];        // 이름
    char gender[3];      // 성별
    int age;             // 나이
};

int main()
{
    // 세 명의 사용자 정보를 구조체 변수에 저장하기
    struct person u1 = {"나태희", "여", 20}, u2 = {"유현빈", "남", 29},
                  u3 = {"나원빈", "남", 25};

    struct person oldest;     // 최고령자의 정보를 저장할 구조체 변수

    if (u1.age > u2.age)
    {
        // u1과 u3 중 고령자 찾기
        if (u1.age > u3.age)
            oldest = u1;
        else
            oldest = u3;
    }
    else
    {
        // u2와 u3 중 고령자 찾기
        if (u2.age > u3.age)
            oldest = u2;
        else
            oldest = u3;
    }

    printf(" 이름   성별 나이 \n");
```

(u1.age > u2.age) ← 사용자의 나이를 비교해야 하므로 각 구조체 변수의 age 멤버를 비교한다.

oldest = u3; ← u1의 모든 멤버를 oldest 구조체 변수에 한 번에 저장한다.

```
37        printf("=====================\n");
38        printf("%s\t %s\t %2d\n", u1.name, u1.gender, u1.age);
39        printf("%s\t %s\t %2d\n", u2.name, u2.gender, u2.age);
40        printf("%s\t %s\t %2d\n", u3.name, u3.gender, u3.age);
41        printf("=====================\n\n");
42        printf(" 《 최고령 사용자 》\n\n");
43        printf(" %s\t %s\t %d\n\n", oldest.name, oldest.gender, oldest.age);
44
45        return 0;
46    }
```

oldest를 구조체형으로 사용함으로써 최고령자의 나이뿐만 아니라 다른 모든 정보를 쉽게 알 수 있다.

실행결과

```
 이름  성별  나이
═══════════════
나태희  여    20
유현빈  남    29
나원빈  남    25
═══════════════

 《 최고령 사용자 》

 유현빈  남    29
```

설명

14~15: 구조체 변수 u1, u2, u3를 선언하면서 초기화한 결과는 다음과 같다.

u1	"나태희"	"여"	20
u2	"유현빈"	"남"	29
u3	"나원빈"	"남"	25

19: 만일 if (u1 〉 u2)라고 쓰면 비교할 기준이 명확하지 않다. 따라서 if (u1.age 〉 u2.age)로 적어 비교 대상(나이)을 명확히 해야 한다.

23, 43: oldest 또한 u1, u2, u3와 같은 구조체형으로 선언함으로써 oldest = u1;을 사용할 수 있다. 또한 구조체를 사용함으로써 최고령자의 모든 정보를 oldest에 한꺼번에 저장할 수 있고 이를 이용하여 43행에서 최고령자의 모든 정보를 출력할 수 있다.

11.3 구조체 배열

[프로그램 11-2]는 세 명의 사용자 정보를 저장하기 위해 같은 구조체형의 변수 세 개를 선언하여 사용하였다. 만일 실제 개발 프로그램과 같이 사용자가 1000명이라면 1000개의 구조체 변수를 선언해야 할까? 7장에서 관련된 많은 값을 배열을 이용하여 한꺼번에 저장하여 처리하는 것을 배웠다. 그렇다면 1000명의 사용자 정보라면 총 3000개의 정보를 하나의 배열에 저장할 수 있을까? 3000개 모두 종류가 같다면 가능하지만 종류가 서로 다른 3000개의 정보를 원소수가 3000개인 배열에 저장할 수는 없다. 그러나 [그림 11-11]과 같이 구조체 단위의 데이터를 1000개 처리해야 한다면 1000개의 정보 모두 같은 구조체형이므로 배열에 저장할 수 있다.

그림 11-11 int형 배열과 구조체형 배열

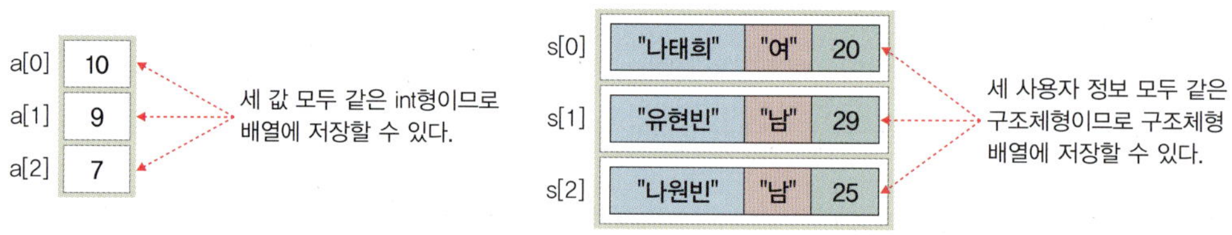

11.3.1 구조체 배열 선언

구조체도 일반 자료형처럼 배열의 자료형으로 사용할 수 있다. 즉 구조체형 배열을 선언하여 사용할 수 있으며 이때 배열의 각 원소는 하나의 구조체가 된다. int age[5];는 int형 값 5개를 저장하는 배열을 선언하는 것처럼 구조체형 배열을 선언할 때는 자료형을 명시하는 int 자리에 struct와 함께 구조체 태그명을 사용한다.

형식 **구조체 배열 선언** — 이전에 구조체 템플릿을 정의할 때 사용한 이름으로 배열 원소의 자료형을 의미한다.

struct 구조체 태그명 구조체 배열명[원소의 개수];

예

```
struct person user[100];
```
↳ 사용자 100명에 대한 person형 구조체 정보를 저장할 배열

```
struct student_info student[200];
```
↳ 학생 200명에 대한 student_info형 구조체 정보를 저장할 배열

```
struct product smart[10];
```
↳ 스마트 기능을 가진 제품 10개에 대한 product형 구조체 정보를 저장할 배열

구조체 배열을 선언하면서 배열 원소를 초기화할 수 있으며 형식은 다음과 같다.

형식 구조체 배열의 선언과 동시에 초기화

배열 초깃값 목록 시작
첫 원소인 구조체의 초깃값 목록 시작

struct 구조체 태그명 구조체 배열명[원소수] = { {멤버 값1, 멤버 값2, …, 멤버 값n}, {멤버 값1, 멤버 값2, …, 멤버 값n}, …, {멤버 값1, 멤버 값2, …, 멤버 값n}} ;

예

```
struct person user[100] = { {"나태희", "여", 20}, {"유현빈", "남", 29},
                            {"나원빈", "남", 25}, …, {"이성룡", "남", 45} };
struct product smart[10] = { {"TV1212", 600000, {200, 250, 290, 300}},
                             {"print1321", 350000, {70, 80, 75, 83}}, …,
                             {"phone321", 850000, {520, 540, 620, 721}} };
```

product 구조체형의 세 번째 멤버는 배열이다.

주의 구조체 원소 멤버 중 마지막 멤버들에 대해서는 초깃값이 없다면 생략할 수 있지만 중간 멤버들에 대해서는 생략할 수 없다. 그래서 user 배열의 첫 원소 user[0]의 초깃값으로 {"나태희"} 또는 {"나태희", "여"}는 가능하지만 {"나태희", , 20}은 불가능하다.

11.3.2 구조체 배열 원소와 멤버 참조

1차원 배열의 특정 원소를 참조할 때 '배열명[첨자]'를 사용하는 것과 같이 구조체 배열에 저장된 구조체 원소를 참조할 때도 배열명과 첨자를 사용한다. 구조체 원소의 멤버를 참조할 때는 '구조체배열명[첨자]'가 배열 원소로서 구조체이므로 첨자 뒤에 . 연산자와 멤버명을 사용해야 한다.

형식 구조체 배열의 원소 참조

구조체 배열명[첨자]

0~(원소수-1)까지의 원소 저장 순서에 따른 정수

형식 구조체 배열 원소의 멤버 참조

구조체 배열명[첨자] . 멤버명

멤버 연산자

예

```
user[0].age = 20;          // 첫 번째 사용자의 나이
user[99].age = 32;         // 백 번째 사용자의 나이
smart[0].price = 700000;   // 첫 번째 제품의 가격
smart[0].sales[2] = 290;   // 첫 번째 제품의 3사분기 판매량
```

product 구조체형의 세 번째 멤버인 sales 배열의 3번째 원소

smart 배열의 첫 번째 원소로 product 구조체형

[프로그램 11-2]는 사용자 세 명의 정보를 세 개의 구조체 변수에 저장하여 처리하였다. 이제 사용자 수를 10명으로 확장하여 10명의 사용자 정보로부터 사용자 성향을 분석하기 위해 남녀 수와 평균 연령을 구하는 프로그램을 작성해보자. [그림 11-12]는 사용자의 이름, 성별, 나이 정보를 저장하기 위한 구조체 템플릿의 구조를 구상하고 구조체를 정의한 후, 10명의 사용자 정보를 저장하기 위해 구조체 배열을 선언하면서 초기화하는 과정과 그 결과 배열을 보여준다. 이와 같은 과정으로 완성한 프로그램이 [프로그램 11-3]이다.

그림 11-12 구조체 배열의 사용 과정 예

1. 구조체 템플릿 구상

이름	성별	나이

2. 구조체 템플릿 정의

```
struct person
{
      char name[7];   // 이름을 저장할 배열
      char gender[3]; // 성별을 저장할 배열
      int age;        // 나이
};
```

3. 구조체 배열 선언과 초기화

```
struct person user[10] = { {"나태희", "여", 20}, {"유현빈", "남", 29},
                           {"나원빈", "남", 25}, …, {"김해수", "여", 35} };
```

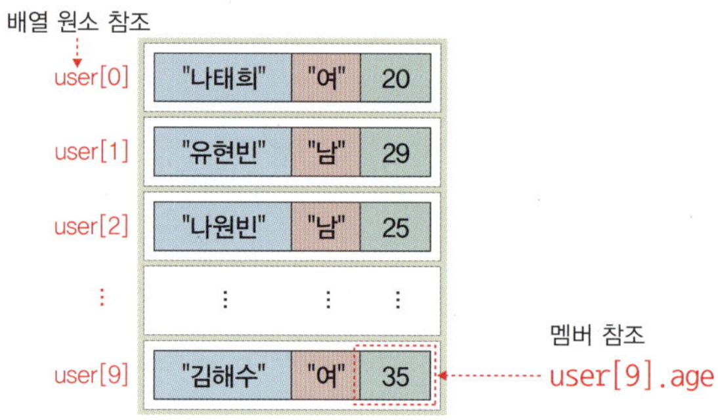

프로그램 11-3 구조체 배열을 이용하여 사용자들의 정보를 분석하기 (ch11-3.cpp)

```
#include <stdio.h>
#include <string.h>    // strcmp 함수를 위한 헤더 파일
#define N 10           // 사용자 수를 매크로 상수로 정의

// 구조체 정의
struct person
{
    char name[7];      // 이름
    char gender[3];    // 성별
    int age;           // 나이
};

int main()
{
    // N개의 구조체형 원소를 갖는 배열의 선언과 초기화
    struct person user[N] = { {"나태희", "여", 20}, {"유현빈", "남", 29},
        {"나원빈", "남", 25}, {"문건영", "여", 22}, {"소지법", "남", 25},
        {"나보배", "여", 29}, {"장도건", "남", 32}, {"고수영", "여", 29},
        {"이나라", "여", 31}, {"김해수", "여", 35} };

```

user 배열의 첫 번째 원소 user[0]의 초깃값 목록

```c
    int male = 0, female = 0, sum = 0, i; // 남자수, 여자수

    // 남녀 수와 전체 나이의 합 구하기
    for (i=0; i<N; i++)
    {
        // user[i]의 gender 멤버에 저장된 성별에 따라 남자수 또는 여자수를 1 증가하기
        if (strcmp(user[i].gender, "남") == 0)
            male++;
        else
            female++;

        sum += user[i].age;     // 사용자의 나이를 sum에 누적
    }

    // 결과 출력하기
    printf(" 이름   성별 나이 \n");
    printf("=====================\n");
    for (i=0; i<N; i++)
        printf("%s\t %s\t %d\n", user[i].name, user[i].gender, user[i].age);
    printf("=====================\n\n");
    printf(">> 남자: %d명\n", male);
    printf(">> 여자: %d명\n", female);
    printf(">> 평균 연령: %d살\n", sum / N);

    return 0;
}
```

두 문자열이 같다면 0이 반환된다.

user[i]의 각 멤버를 출력한다.

실행결과

```
 이름  성별  나이
=================
나태희  여   20
유현빈  남   29
나원빈  남   25
문건영  여   22
소지법  남   25
나보배  여   29
장도건  남   32
고수영  여   29
이나라  여   31
김해수  여   35
=================

>> 남자: 4명
>> 여자: 6명
>> 평균 연령: 27살
```

설명

24~33: 구조체 배열에 저장했으므로 반복문을 사용하여 코드를 간단하게 작성할 수 있다.

27~30: strcmp 함수는 두 문자열을 비교하여 같다면 0을 반환하며 string.h 헤더 파일이 필요하다. 사용자 user[i]의 gender 멤버가 "남"과 같다면 strcmp(user[i].gender, "남") 호출의 반환값이 0이므로 이 결과에 따라 남자수(male)를 1 증가하든지 여자수(female)를 1 증가한다.

11.4 구조체 포인터

10장 포인터에서 데이터가 아닌 기억장소 주소를 저장하는 포인터 변수를 소개하였다. 포인터는 다른 기억장소에 저장된 값을 간접적으로 참조할 수 있어서 다른 함수의 지역 변수도 간접적으로 참조할 수 있는 유용한 도구다. 특히 구조체로 저장된 데이터를 가리키는 구조체 포인터는 연결 리스트(linked list), 트리(tree)와 같은 중요한 자료구조를 구현하는 데 사용되는 도구다.

11.4.1 구조체 포인터 선언

구조체 포인터를 선언하는 형식은 일반 포인터를 선언하는 것과 같다. 포인터가 가리키는 곳에 int형 데이터가 있을 때 'int *포인터 변수명'으로 선언하는 것처럼 구조체 포인터가 가리키는 곳에 구조체가 있다면 int 자리에 구조체 태그명을 명시한다.

형식 **구조체 포인터 변수 선언**

struct 구조체 태그명 *구조체 포인터 변수명;

간접 참조 연산자로 포인터 변수가 가리키는 곳을 의미한다.

즉 이 선언문은 구조체 포인터가 가리키는 곳에는 구조체 태그명형의 구조체가 있다는 것을 의미한다.

예 `struct person *ptr;`

↳ptr은 person형의 구조체 데이터를 가리키는 포인터임을 선언한다. 그러므로 ptr에 저장되는 것은 person형 구조체가 저장된 곳의 시작 주소다.

↳주소를 저장하므로 일반 포인터 변수와 마찬가지로 4바이트가 할당된다.

일반 포인터 변수 p가 변수 v를 가리키게 하려면 'p = &v'와 같이 변수 v의 주소를 대입한다. 이와 마찬가지로 구조체형 포인터가 특정 구조체를 가리키게 하려면 다음 형식과 같이 구조체의 시작 주소를 구조체 포인터 변수에 대입한다.

형식 **포인터가 구조체를 가리키기**

구조체 포인터 변수명 = &구조체 변수명; ← 구조체의 시작 주소를 구하는 연산자

↳ 포인터 변수에 구조체 변수의 시작 주소를 대입하므로 포인터 변수는 구조체 변수에 해당하는 기억장소를 가리키게 된다.

↳ 구조체 포인터 변수를 선언할 때 명시한 자료형과 구조체 변수명의 자료형은 같은 구조체여야 한다.

예 `ptr = &shopper;`

↳ `shopper` 변수가 `struct person shopper;`로 선언되었다면 `ptr` 포인터 변수도 `struct person *ptr;`로 선언된 경우에만 가능하다.

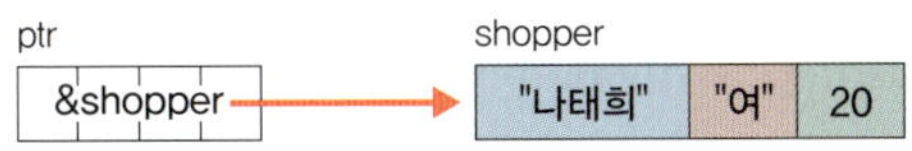

11.4.2 구조체 포인터를 사용한 간접 참조

구조체 포인터가 가리키는 곳에 저장된 구조체의 멤버를 참조하는 형식은 두 가지가 있다.

형식 **포인터를 통한 구조체 멤버 참조: *와 . 사용하기**

(*구조체 포인터 변수명).멤버명 ← 포인터 변수가 가리키는 구조체를 의미한다.

↳ *는 간접 참조 연산자이므로 구조체 포인터 변수를 직접 참조하는 것이 아니라 포인터 변수에 저장된 주소에 해당하는 기억장소를 참조한다. 그러므로 '*구조체 포인터 변수명'은 구조체가 되고 구조체 멤버를 참조하려면 이 뒤에 .와 멤버명을 명시해야 한다. 간단히 '구조체 포인터 변수가 가리키는 구조체의 멤버'로 해석하는 것이 편리하다.

예 `(*ptr).age = 20;`

↳ `ptr`이 가리키는 구조체의 `age` 멤버에 `20`을 저장한다. `shopper.age`와 같은 표현이다.

`printf("%d", (*ptr).age);    // 결과는 '20'`

↳ `ptr`이 가리키는 구조체의 `age` 멤버를 참조하여 저장된 값을 출력한다.

↳ `'*ptr'`은 `ptr`에 저장된 주소에 해당하는 기억장소를 의미한다. 그런데 이 기억장소에는 `person`형 구조체가 저장되어 있다. 그러므로 `'*ptr'`에 저장된 `age` 멤버를 참조하려면 `(*ptr).age`로 표현해야 한다.

주의 (*ptr).age에서 ()를 생략하면 에러다. 간접 연산자 *보다 멤버 연산자 .이 우선순위가 높으므로 *ptr.age는 *(ptr.age)로 해석되어 ptr의 age 멤버가 가리키는 곳이 된다. ptr은 구조체가 아니고 구조체의 주소를 저장하는 포인터 변수이므로 age 멤버가 없어 에러가 발생한다. 간접 연산자가 먼저 적용되게 하려면 (*ptr)과 같이 ()를 사용하여 우선순위를 변경해야 한다.

구조체 포인터가 가리키는 구조체의 멤버를 참조할 때 *와 .을 이용할 때는 ()를 사용해야 하므로 불편하다. 이를 해결해주는 것이 -(대시)와 >를 결합한 포인터 멤버 연산자 '->'이다. 실생활에서 어딘가를 가리키거나 찾아갈 방향을 나타낼 때 사용하는 화살표 모양과 동일하여 '포인터가 가리키는 곳의'란 의미로 쉽게 이해할 수 있으므로 *와 .을 이용하는 방법보다 많이 사용된다.

형식 **포인터를 통한 멤버 참조: -> 사용하기**

구조체 포인터 변수명 -> 멤버명

'포인터 변수가 가리키는 구조체의'를 의미한다. 그러므로 뒤에 .을 사용하지 않고 곧바로 멤버명을 사용한다.

예

```
printf("%s", ptr->age);
```

↳ ptr이 가리키는 구조체의 age 멤버에 저장된 값을 출력한다.

```
ptr->age = 30;
```

↳ ptr이 가리키는 구조체의 age 멤버에 30을 저장한다.

(*ptr).age와 의미는 같지만 -> 연산자를 사용하는 것이 의미적으로나 타이핑하기에도 더 편리함을 쉽게 알 수 있다.

11.4.3 구조체 포인터 사용 프로그램 예

[프로그램 11-4]는 [프로그램 11-3]의 구조체 배열을 이용한 프로그램을 구조체 포인터를 이용하여 처리하도록 축소 변경한 것으로 5명의 사용자에 대해 나이를 입력받은 후 모든 정보를 출력하는 프로그램이다. 이 프로그램은 [그림 11-13]과 같이 5명의 사용자 정보 중 나이를 제외한 이름과 성별만 초기화한 user 배열을 구조체 포인터 ptr이 가리키게 한다. 그 다음 ptr++;를 통해 ptr 포인터가 배열의 다음 원소를 가리키게 하면서 배열 원소의 나이를 입력받는다.

그림 11-13 구조체형 포인터 ptr을 이용하여 배열 원소를 사용하기

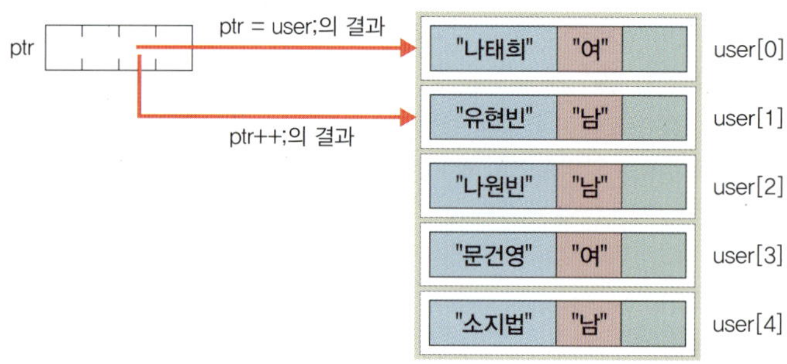

프로그램 11-4 구조체 포인터를 이용하여 구조체 배열 내용 출력하기 (ch11-4.cpp)

```
#include <stdio.h>
#define N 5

struct person                    // 구조체 정의
{
    char name[7], gender[3];     // 이름, 성별
    int age;                     // 나이
};

int main()
{
    int i;
    struct person *ptr;          // ptr을 person형 구조체를 가리키는 포인터로 선언

    // N개의 구조체 원소를 갖는 배열 선언과 초기화
    struct person user[N] = { {"나태희", "여"}, {"유현빈", "남"},
                              {"나원빈", "남"}, {"문건영", "여"}, {"소지법", "남"} };

    // ptr 포인터가 차례대로 다음 원소를 가리키게 한 후 사용자의 나이를 입력받기
    ptr = user;                  // ptr이 user 배열을 가리키게 하기
    for (i=0; i<N; i++)
    {
        // user[i]의 age 멤버의 값을 입력받기
        printf("%s의 나이는? ", (*ptr).name);
        scanf("%d", &(*ptr).age);

        ptr++;                   // ptr이 user 배열의 다음 원소를 가리키게 함, 즉 user[i+1]을 가리킴
    }

    // ptr 포인터가 차례대로 다음 원소를 가리키게 한 후 구조체의 정보를 출력하기
    printf("\n 이름 성별 나이 \n");
    printf("=====================\n");
    ptr = user;                  // 현재 마지막 원소를 가리키는 ptr을 다시 첫 원소를 가리키게 하기
    for (i=0; i<N; i++)
    {
        // 현재 ptr은 user[i]를 가리키므로 ptr을 이용하여 배열 원소의 멤버를 출력할 수 있다.
        printf("%s\t %s\t %d\n", ptr->name, ptr->gender, ptr->age);

        ptr++;                   // ptr이 user 배열의 다음 원소를 가리키게 함
    }
    printf("=====================\n\n");

    return 0;
}
```

나이는 직접 입력받으므로 초기화하지 않는다.

ptr은 user[i]를 가리키므로 user[i].name을 의미한다. ptr->name으로 표현해도 된다.

user[i]의 각 멤버

실행결과

```
나태희의 나이는? 20
유현빈의 나이는? 29
나원빈의 나이는? 25
문건영의 나이는? 22
소지법의 나이는? 25

 이름  성별   나이
═══════════════
나태희  여    20
유현빈  남    29
나원빈  남    25
문건영  여    22
소지법  남    25
═══════════════
```

설명

20: 배열명은 배열의 시작 주소이므로 ptr에 배열명 user를 대입하면 ptr이 user 배열을 가리키게 된다. 이때 ptr을 선언할 때 user와 동일한 구조체형의 포인터로 선언해야 한다.

25: age 멤버는 정수형이므로 입력값이 저장될 주소를 구하기 위해 (*ptr).age 앞에 &를 붙여야 한다. &ptr->age로 표현할 수 있다.

33: 현재 ptr은 user 배열의 마지막 원소를 가리키고 있으므로 다시 첫 원소를 가리키도록 ptr = user;가 필요하다.

34~40: 다음과 같이 배열명을 직접 이용할 수 있다.

```
for (i=0; i<N; i++)
{
    printf("%s\t %s\t %d\n",
            (user+i)->name, (user+i)->gender, (user+i)->age);
}
```

'user가 가리키는 구조체보다 i개 뒤의 구조체의'로 해석하면 편하다.

11.5 함수 간의 구조체 전달

구조체도 다른 자료형처럼 함수의 인수 자료형으로 사용할 수 있으며 함수의 반환값 형으로도 사용할 수 있다. 함수에서 구조체를 인수로 전달하는 방법은 기본 자료형의 인수 전달 방식과 같이 값에 의한 호출과 주소에 의한 호출 두 가지가 있다.

11.5.1 값에 의한 호출

값에 의한 호출 방식으로 구조체를 함수에 전달하는 형식은 다음과 같다. 일반 변수와 마찬가지로 함수가 호출되면 매개변수는 구조체에 해당하는 기억 공간을 할당받으며, 인수의 각 멤버의 값이 매개변수의 멤버의 값으로 복사된다.

형식 구조체 전달: 값에 의한 호출 방식

- 함수 호출

```
함수명(구조체 인수명)
```

구조체 인수의 각 멤버 값이 매개변수의 각 멤버로 전달되어 저장된다. 즉 '매개변수명 = 인수명;'과 같은 효과가 발생한다.

- 함수 정의

```
반환 값 자료형   함수명(struct  구조체 태그명  매개 변수명)
{
    // 함수 본체
}
```

↳인수와 매개변수 모두 같은 구조체형이어야 한다.
↳반환 값이 구조체라면 함수 정의 헤더 맨 앞의 반환 값의 형을 'struct 구조체 태그명'으로 명시한다.

예

- 함수 호출

```
print(buyer);
```

- 함수 정의

```
void print(struct person shopper) { … }
```

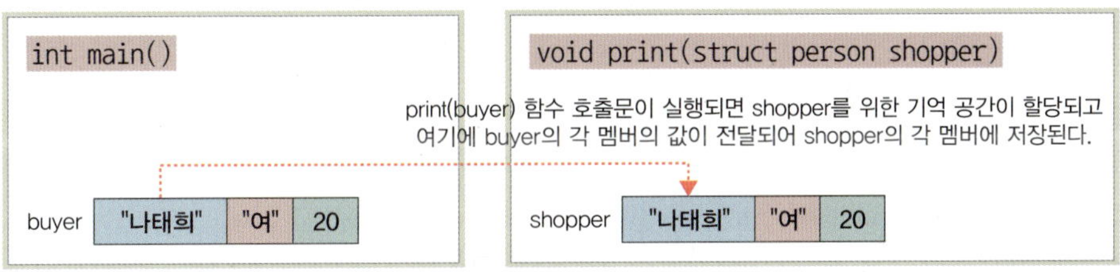

구조체를 값에 의한 호출 방식으로 함수에 전달하면 매개변수를 위한 기억공간이 필요하다. 또한 값을 복사하는 과정이 실행되어야 하므로 구조체의 크기가 클수록 주기억장치의 낭비와 그에 따른 실행 시간도 늘어난다.

11.5.2 주소에 의한 호출

구조체의 시작 주소를 전달하면 값에 의한 호출 방식에서 발생하는 주기억장치와 실행 시간의 낭비를 해결할 수 있다. 호출된 함수에서는 전달된 주소를 포인터에 저장함으로써 포인터를 이용하여 인수 구조체를 간접적으로 참조할 수 있다.

형식 **구조체 전달: 주소에 의한 호출 방식**

- **함수 호출**

  함수명(&구조체 인수명)

  구조체 인수의 시작 주소가 전달되어 매개변수에 저장된다.

- **함수 정의**

```
반환 값의 형   함수명(struct  구조체 태그명  *매개 변수명)
{
    // 함수 본체에서는 '매개변수명->멤버명'으로 인수 구조체의 멤버를 참조한다.
}
```

↳ 주소를 저장할 수 있는 것은 포인터 변수이므로 매개변수는 포인터로 선언해야 한다.
↳ 인수가 구조체이므로 매개변수는 인수와 동일한 구조체형 포인터로 선언해야 한다.

예

- **함수 호출**

```
print(&buyer);
```

- **함수 정의**

```
void print(struct person *ptr) { … }
```

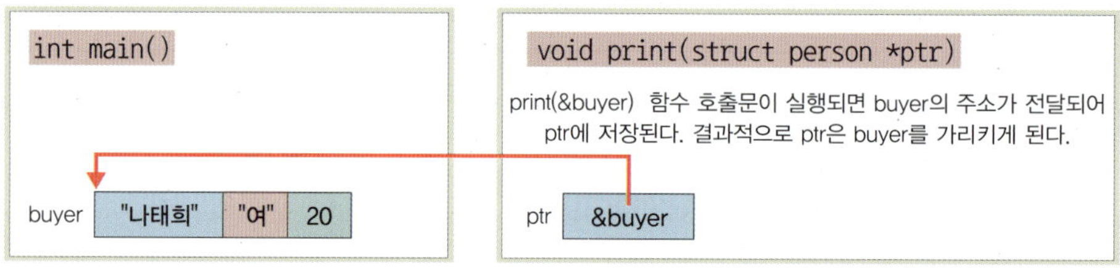

[프로그램 11-5]는 구조체를 함수로 전달하는 두 가지 방식을 잘 비교할 수 있도록 구조체의 입력은 주소에 의한 호출을, 구조체의 출력은 값에 의한 호출을 이용하는 두 개의 함수를 정의하여 구조체의 자료를 입출력한다.

프로그램 11-5 구조체를 함수로 전달하여 입출력하기 (ch11-5.cpp)

```
#include <stdio.h>
#define N 5

struct person                    // 구조체 정의
{
    char name[7], gender[3];     // 이름, 성별
    int age;                     // 나이
};

// 함수의 원형 선언
void input_by_address(struct person *ptr);          // 주소에 의한 호출
void output_by_value(struct person shopper);        // 값에 의한 호출

int main()
{
    struct person buyer;
```

```
17
18        input_by_address(&buyer);// 주소에 의한 호출 방식
19
20        printf("\n>> 구매자 정보 : ");
21        output_by_value(buyer);   // 값에 의한 호출 방식
22
23        return 0;
24    }
25
26    // ptr이 가리키는 곳의 구조체에 자료를 입력하는 함수
27    void input_by_address(struct person *ptr)
28    {
29        printf("이름은? "); scanf("%s", ptr->name);
30        printf("성별은(남 또는 여)? "); scanf("%s", ptr->gender);
31        printf("나이는? "); scanf("%d", &ptr->age);
32    }
33
34    // 전달된 구조체의 멤버를 출력하는 함수
35    void output_by_value(struct person shopper)
36    {
37        printf("%s(%s) %d세\n", shopper.name, shopper.gender, shopper.age);
38    }
```

ptr = &buyer; 효과가 발생한다.

ptr이 가리키는 곳의 age 멤버 즉 buyer의 age 멤버다.

실행결과

```
이름은? 나태희
성별은(남 또는 여)? 여
나이는? 20

>> 구매자 정보 : 나태희(여) 20세
```

설명

31: 30행까지 실행했을 때 buyer의 내용은 다음 그림과 같다. buyer의 name이나 gender 멤버는 배열명이므로 scanf 함수에서 주소를 구할 필요가 없지만 age 멤버는 int형 변수이므로 주소를 구해야 한다.

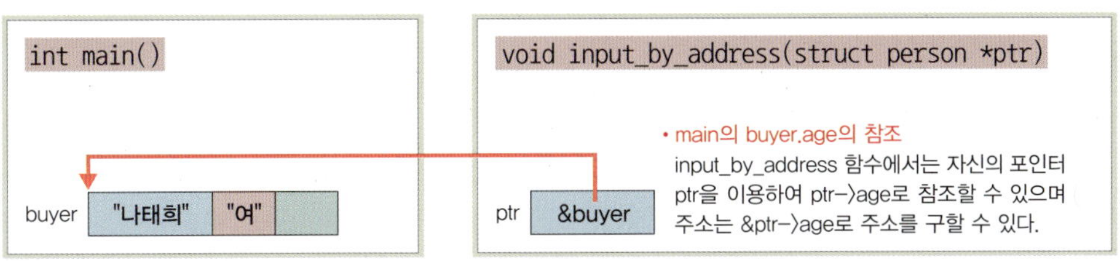

11.5.3 구조체 배열 전달

구조체 배열을 함수에 전달하는 것은 무조건 주소에 의한 호출 방식으로 처리된다. 그러나 함수를 정의할 때는 배열 선언 또는 포인터 선언 형식으로 작성할 수 있다.

형식 구조체 배열 전달: 배열 선언 방식

- 함수 호출

  함수명(구조체 배열명) ← 배열명만 적는다.

- 함수 정의

  반환 값의 형 함수명(struct 구조체 태그명 배열명[원소수]) ← 배열 선언

```
{
    // 함수 본체
}
```

함수를 정의할 때 매개변수를 배열로 선언하였다 하더라도 실제로 새로운 배열이 만들어지는 것이 아니라 배열명이 포인터 변수로서 사용되는 것뿐이다. 즉 다음의 포인터 선언 방식으로 구조체 배열을 전달하는 것으로 번역된다.

형식 구조체 배열 전달: 포인터 선언 방식

- 함수 호출

  함수명(구조체배열명)

- 함수 정의

  반환값의 형 함수명(struct 구조체 태그명 *포인터 변수명) ← 전달되는 구조체 배열의 자료형과 동일해야 한다.

```
{
    // 함수 본체
}
```

예

- 함수 호출

```
print(user);
```

← 배열명

- 함수 정의

```
void print(struct person *ptr) { … }
void print(struct person ptr[]) { … }
```

[그림 11-14]는 위의 예와 같이 user 배열을 print 함수로 전달했을 때 ptr의 상태와 print 함수에서 user 배열을 참조하는 방법을 보여준다.

그림 11-14 구조체 배열의 전달과 원소 및 멤버 참조 방법

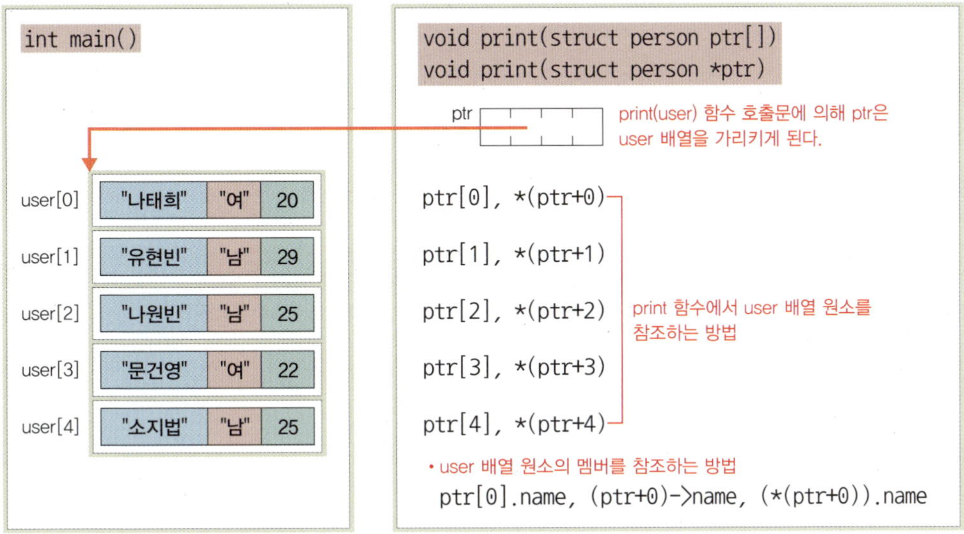

[그림 11-14]와 같이 사용자 5명의 정보가 저장된 user 배열을 출력하는 함수 print는 다음과 같이 작성할 수 있다.

```
void print(struct person ptr[])
{
    int i;

    for (i=0; i<5; i++)
    {
        printf("%s\t %s\t %d\n",
                    ptr[i].name, ptr[i].gender, ptr[i].age);
    }
}
```

(ptr+i)->name, (ptr+i)->gender, (ptr+i)->age와 동일하다.

11.6 프로그래밍 실습

프로그래밍 실습

11.6.1 구조체 배열을 이용한 직원의 평균 급여 구하기

문제 직원 5명의 이름, 아이디, 급여 정보를 입력받아 급여의 평균을 구한 후 급여가 평균 이상인 직원의 아이디와 급여 정보를 출력하시오.

분석 • 이름, 아이디, 급여 모두 한 직원에 관련된 정보이므로 구조체를 이용하여 저장한다.

employee_info 구조체의 템플릿

char name[7]	char id[10]	int salary

• 직원이 5명이므로 구조체 배열을 이용한다.

struct employee_info employee[5];

employee[0]	"나태희"	"natae"	5000
employee[1]	"유현빈"	"wiseguy"	4000
employee[2]	"나원빈"	"circle"	6000
employee[3]	"문건영"	"young"	5500
employee[4]	"소지법"	"cow"	4500

해결 과정

1 직원의 정보를 입력받는다. 이때 입력받은 직원의 급여를 미리 총급여 변수에 누적한다.

2 입력 과정에서 구한 총급여로부터 급여의 평균을 계산한다.

3 각 직원의 급여와 평균 급여를 비교하여 평균 이상인 직원의 아이디와 급여를 출력한다.

프로그램 11-6 직원들의 평균 급여와 급여가 평균 이상인 직원의 정보 출력하기 (ch11-6.cpp)

```
#include <stdio.h>
#define SIZE 5          // 인원수

struct employee_info // 구조체 정의
{
    char name[7];       // 최대 6개 문자(한글 세 개)를 저장할 배열 멤버
    char id[10];        // 최대 9개 문자를 저장할 배열 멤버
    int  salary;        // 급여를 저장할 정수형 멤버
};

int main()
{
    struct employee_info employee[SIZE];   // 구조체 배열 선언
    int average = 0, sum = 0, i;           // 급여 평균, 급여 합계
              급여의 원단위까지만 고려하도록 int형으로 선언한다.
    // 직원 5명의 정보 입력 및 급여 누적
    printf(">> 직원의 정보(이름, ID, 급여)를 입력하세요. << \n");
    for (i=0; i<SIZE; i++)
    {
        printf("%d번: ", i+1);
```

```c
            scanf("%s %s %d",
                    employee[i].name, employee[i].id, &employee[i].salary);
            sum += employee[i].salary;    // 급여 합계 계산
        }
        average = sum / SIZE;             // 급여 평균(원단위) 계산

        // 급여가 평균 이상인 직원의 id와 급여를 출력하기
        printf("\n----------------------------------------\n");
        printf("  급여가 %d만원(평균) 이상인 직원 정보 ", average);
        printf("\n----------------------------------------\n");
        for (i=0; i<SIZE; i++)
        {
            if (employee[i].salary >= average)
                printf("\t%s\t %d만원 \n", employee[i].id, employee[i].salary);
        }
        printf("----------------------------------------\n");

        return 0;
    }
```

구조체와 정수를 비교할 수 없으므로 정확히 salary 멤버와 average를 비교해야 한다.

실행결과

```
>> 직원의 정보(이름, ID, 급여)를 입력하세요. <<
1번: 나태희 natae 5000
2번: 유현빈 wiseguy 4000
3번: 나원빈 circle 6000
4번: 문건영 young 5500
5번: 소지법 cow 4500

-----------------------------------
 급여가 5000만원(평균) 이상인 직원 정보
-----------------------------------
       natae        5000만원
       circle       6000만원
       young        5500만원
-----------------------------------
```

[프로그램 11-6]에서 구조체를 이용하지 않고 프로그램을 작성한다면 [프로그램 11-7]이 될 것이다. [프로그램 11-7]은 이름과 아이디는 SIZE개의 문자열을 저장하도록 char형 2차원 배열을 이용하고, 급여는 SIZE개의 정수를 저장하도록 int형 1차원 배열을 이용하여 직원의 정보를 저장하고 급여에 대해 오름차순으로 정렬한 후 출력한다.

프로그램 11-7 구조체를 이용하지 않고 직원들의 정보를 급여순으로 정렬하기 (ch11-7.cpp)

```c
#include <stdio.h>
#include <string.h>   // strcpy 함수를 위한 헤더 파일
#define SIZE 5        // 인원수

```

```
int main()
{
```

각 이름의 최대 길이는 6(널문자 제외)

```
    char name[SIZE][7];    // SIZE개의 이름 문자열을 저장할 2차원 배열
    char id[SIZE][10];     // SIZE개의 아이디 문자열을 저장할 2차원 배열
    int salary[SIZE];      // SIZE개의 급여를 저장할 1차원 배열
    int average = 0, sum = 0, i, temp_int, pass; // 급여 평균, 급여 합계
    char temp_string[10]; // 문자열을 임시로 저장할 곳

    // 직원 5명의 정보 입력 및 급여 누적
    printf(">> 직원의 정보(이름, ID, 급여)를 입력하세요. << \n");
    for (i=0; i<SIZE; i++)
    {
```

행첨자만 사용하면 (i+1)번째 행의 주소다.

```
        printf("%d번: ", i+1);
        scanf("%s %s %d", name[i], id[i], &salary[i]);
        sum += salary[i];              // 급여 합계 계산
    }
    average = sum / SIZE;              // 급여 평균 계산

    // 급여가 평균 이상인 직원의 id와 급여를 출력하기
    printf("\n-----------------------------------\n");
    printf("  급여가 %d만원(평균) 이상인 직원 정보 ", average);
    printf("\n-----------------------------------\n");
    for (i=0; i<SIZE; i++)
    {
        if (salary[i] >= average)
            printf("\t%s\t %d만원 \n", id[i], salary[i]);
    }
    printf("-----------------------------------\n");

    // 급여의 오름차순으로 직원의 정보를 정렬하기(버블 정렬)
    for (pass=1; pass<SIZE; pass++)
        for (i=0; i<SIZE-pass; i++)
```

이미 정렬된 부분은 검토하지 않도록 한다.

```
        {
            // 앞 직원의 급여가 더 크다면 서로 교환하기
            if (salary[i] > salary[i+1])
            {
```

직원의 정보가 세 가지이므로 각 정보마다 교환을 위한 세 문장이 필요하다.

```
                // 이름 교환
                strcpy(temp_string, name[i]);
                strcpy(name[i], name[i+1]);
                strcpy(name[i+1], temp_string);
                // 아이디 교환
                strcpy(temp_string, id[i]);
                strcpy(id[i], id[i+1]);
                strcpy(id[i+1], temp_string);
                // 급여 교환
```

```
50                temp_int = salary[i];
51                salary[i] = salary[i+1];
52                salary[i+1] = temp_int;
53            }
54        }
55
56        // 정렬 결과 출력하기
57        printf("\n----------------------------------------\n");
58        printf("\t급여순 정렬 결과 ");
59        printf("\n----------------------------------------\n");
60        for (i=0; i<SIZE; i++)
61            printf("\t%s\t %d만원 \n", id[i], salary[i]);
62        printf("\n----------------------------------------\n");
63
64        return 0;
65    }
```

실행결과

```
>> 직원의 정보(이름, ID, 급여)를 입력하세요. <<
1번: 나태희 natae 5000
2번: 유현빈 wiseguy 4000
3번: 나원빈 circle 6000
4번: 문건영 young 5500
5번: 소지법 cow 4500

------------------------------------
 급여가 5000만원(평균) 이상인 직원 정보
------------------------------------
     natae    5000만원
     circle   6000만원
     young    5500만원
------------------------------------

------------------------------------
     급여순     정렬 결과
------------------------------------
     wiseguy  4000만원
     cow      4500만원
     natae    5000만원
     young    5500만원
     circle   6000만원
------------------------------------
```

설명

7~20: 배열은 세 개이지만 세 배열의 첨자로부터 동일 직원의 정보를 쉽게 찾을 수 있다. 즉 name과 id 배열의 행첨자가 salary 배열의 첨자와 같으면 같은 직원의 정보다. 이 첨자를 이용하여 [프로그램 11-7]은 18, 30행에서 동일 직원의 정보를 손쉽게 찾아서 출력하거나 입력한다. 그러나 35~54행처럼 급여 순으로 정렬할 때 문제가 발생한다.

35~54: 세 배열의 정보가 직원의 급여 순이 되도록 정렬해야 하므로 두 직원의 급여 원소를 교환할 때 이름과 아이디 정보도 같이 교환해야 한다. 따라서 42~52행까지의 대입문이 필요하며, 문자열은 곧바로 char형 배열에 대입할 수 없으므로 strcpy 함수를 이용해야 한다. 세 배열을 정렬하는 부분을 [프로그램 11-6]의 구조체에 적용하면 구조체 간의 대입을 이용하므로 다음과 같이 단순해진다.

```
for (pass=1; pass<SIZE-1; pass++)
    for (i=0; i<SIZE-pass; i++)
    {
        if (employee[i].salary > employee[i+1].salary)
        {
            // employee[i]와 employee[i+1]을 교환
            struct employee_info temp = employee[i];
            employee[i] = employee[i+1];
            employee[i+1] = temp;
        }
    }
```

임시 저장소 temp를 if 블록의 지역 변수로 선언한다.

세 개의 구조체 간 대입문으로 두 구조체의 모든 원소를 교환한다.

11.6.2 사용자 정보 입출력 프로그램

문제 정확하게 입력 받을 사용자 수를 모르는 상황에서 입력할 정보가 계속 있을 때 최대 100명까지 사용자의 이름, 성별, 나이를 입력한 후 사용자 정보를 출력하시오. 사용자 정보는 [프로그램 11-5]에서 정의한 person형 구조체에 저장한다.

분석

- 최대 100명의 정보를 저장할 수 있도록 원소수가 100개인 person형 구조체 배열을 선언한다. 원소수는 매크로 상수 SIZE로 정의해서 사용한다.

```
struct person user[SIZE]; // 원소가 SIZE개인 구조체 배열 user 선언
```

- 배열에 입력된 사용자 수를 저장하는 전역 변수 count

배열의 원소수는 100이지만 실제로 입력된 사용자 수는 다음의 input 함수에서 결정된다. 이 총 사용자 입력 수는 output 함수에서도 사용해야 한다. 그러므로 전역 변수로 선언하여 인수 전달 없이 사용한다.

- 사용자 정보를 입력받아 배열에 저장하는 input 함수

```
void input(struct person ptr[]); // 함수 원형
```

한 명의 정보를 입력받은 후 계속해서 입력할지의 여부를 직접 사용자에게 묻고 그 답에 따라 입력을 계속하거나 중단하므로 최소 한 번은 무조건 반복을 하는 do~while문을 이용한다.

- 배열의 사용자 정보를 출력하는 output 함수

```
void print(struct person *ptr); // 함수 원형
```

총 사용자 수 count를 이용하여 배열에 저장된 모든 사용자의 정보를 출력한다. input 함수는 매개변수를 배열로 선언하고 output 함수는 매개변수를 포인터로 선언하여 처리하므로 두 가지 방법을 쉽게 비교할 수 있다.

프로그램 11-8 구조체 배열을 함수로 전달하여 사용자 정보를 입출력하기 (ch11-8.cpp)

```
#include <stdio.h>
#define SIZE 100                      // 배열의 크기 지정

struct person                         // 구조체 정의
{
    char name[7], gender[3];          // 이름, 성별
    int age;                          // 나이
};

// 함수의 원형 선언
void input(struct person ptr[]);
void print(struct person *ptr);
```

여기서 구조체 태그명을 사용하므로 구조체 정의는 이보다 앞에 있어야 한다.

```
int count;      // 정보가 입력된 전체 사용자 수로서 전역 변수 선언, 자동으로 0으로 초기화 됨

int main()
{
    struct person user[SIZE];         // 원소가 SIZE개인 구조체 배열 user 선언

    printf(" 최대 %d명의 사용자 정보를 입력받고 출력합니다. \n", SIZE);
    input(user);                      // 사용자 정보를 배열에 입력하기
    print(user);                      // 배열에 저장된 사용자 정보를 출력하기

    return 0;
}
```

배열명만 사용한다.

```
// 전달된 배열에 사용자 정보를 입력하는 함수
void input(struct person ptr[])
{
    int reply;

    do
    {
        // user[i]의 각 멤버에 사용자 정보를 입력하기
        printf("%2d. 이름은? ", count+1); scanf("%s", ptr[count].name);
        printf("    성별은(남 또는 여)? "); scanf("%s", ptr[count].gender);
        printf("    나이는? "); scanf("%d", &ptr[count].age);

```

일단 사용자 정보를 입력받은 후 계속 반복할지를 결정하므로 do~while문을 사용한다.

```c
        count++;            // 배열에 입력한 사용자 수를 1 증가하기

        // 지금까지 입력한 사용자 수가 배열 원소수와 같다면 입력을 그만두기
        if (count == SIZE)
        {
            printf("더 이상 사용자 정보를 입력할 공간이 없습니다.");
            break;
        }

        // 사용자 정보의 입력 여부를 묻기
        printf("    계속 입력하려면 1, 그만하려면 0을 입력하세요. ");
        scanf("%d", &reply);
    } while (reply != 0);  // 그만하기를 원하지 않는다면 다시 반복하기
}

// 배열을 포인터 변수로 전달받아 배열 내용을 출력하는 함수
void print(struct person *ptr)
{
    int i;

    printf("\n 이름    성별    나이 \n");
    printf("======================\n");
    for (i=0; i<count; i++)
    {
        printf("%s\t %s\t %d\n",
                    (ptr+i)->name, (ptr+i)->gender, (ptr+i)->age);
    }
    printf("======================\n");
}
```

(while (reply != 0); 의 세미콜론) 생략하지 않도록 주의한다.

(i<count의 count) input 함수에서 구한 총 사용자 입력 수

실행결과

```
최대 100명의 사용자 정보를 입력받고 출력합니다.
1. 이름은? 나태희
   성별은(남 또는 여)? 여
   나이는? 20
   계속 입력하려면 1, 그만하려면 0을 입력하세요. 1
2. 이름은? 유현빈
   성별은(남 또는 여)? 남
   나이는? 29
   계속 입력하려면 1, 그만하려면 0을 입력하세요. 1
3. 이름은? 나원빈
   성별은(남 또는 여)? 남
   나이는? 25
   계속 입력하려면 1, 그만하려면 0을 입력하세요. 0

 이름   성별   나이
==================
나태희   여    20
유현빈   남    29
나원빈   남    25
==================
```

설명

50: 49행에서 사용자가 0을 입력한 경우에만 반복을 그만둔다.

63: ptr[i].name, ptr[i].gender, ptr[i].age로 작성해도 된다.

11.6.3 메뉴를 이용한 실험 데이터 관리 프로그램

문제 실험 기간 동안 얻은 실험 데이터 관리 및 정보 획득을 위해 실험 데이터 입력, 출력, 검색, 정렬 작업을 반복해서 수행하는 프로그램을 작성하시오.

- 실험 데이터는 세 가지 물질의 포함 양에 따라 개발 물품의 장력이 어떻게 나오는지를 확인할 수 있도록 세 물질의 포함 양과 장력의 세기를 포함하며 실험 순서대로 데이터를 보관할 수 있도록 실험 순번과 실험 날짜를 포함한다.
- 이 문제는 지금까지 배운 내용을 종합적으로 사용하는 문제로서 완성된 프로그램은 규모가 더 큰 프로그램으로 확장하기에도 좋으며 정의된 함수를 다른 프로그램에서 복사해서 재사용하는 것도 가능하므로 잘 읽어보고 활용하도록 한다.

분석

- 실험에 관련된 다섯 가지의 데이터를 한 번의 실험 데이터로 묶어서 관리하기 위해 구조체에 저장한다.

구조체 experiment의 템플릿

순번 1	날짜 9/1	물질1 2	물질2 6	물질3 4	장력 15

'12/31'을 입력할 수 있도록 char date[6];으로 선언한다.

날짜의 나머지 멤버 모두 정수형이다.

- 여러 실험 데이터를 저장하기 위해 구조체 배열을 사용한다. 구조체 자료형을 명시할 때 'struct experiment'로 길게 쓰는 것을 간단히 'DATA'로 쓸 수 있도록 자료형을 재정의해서 사용한다.

```
typedef struct experiment DATA;
DATA test[MAX];
```

- 프로그램에서 정의하는 함수와 이들의 관계는 다음 그림처럼 나타낼 수 있다. [프로그램 11-9]에서는 프로그램이 길고 복잡하므로 가독성이 떨어지는 것을 막기 위해 함수의 인수 전달에서 직접적으로 포인터를 사용하지 않는다.

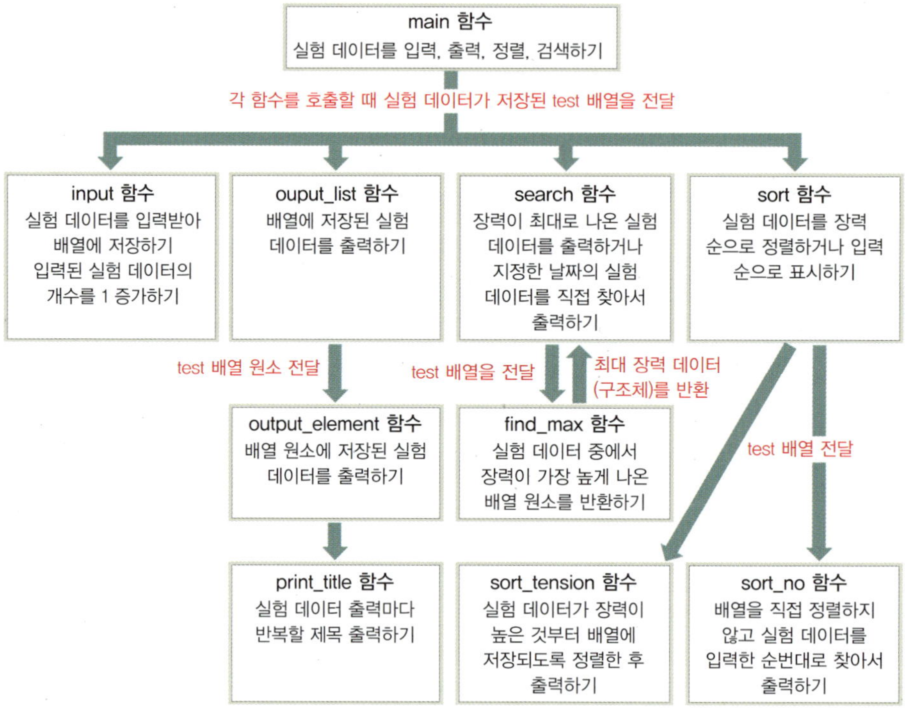

- 메뉴 선택

  프로그램에서 가능한 기능을 사용자에게 메뉴로 제시하고 사용자가 그만두기를 원할 때까지 반복해서 작업을 하도록 한다. 이때 일단 메뉴를 보여주고 특정 기능을 반복해서 수행하거나 종료하는 것은 do~while문을 이용해 처리한다.

프로그램 11-9 실험 데이터 관리 프로그램: 총 정리용 프로그램 (ch11-9.cpp)

```
#include <stdio.h>      // scanf, printf 함수를 위한 헤더 파일
#include <string.h>     // strcmp 함수를 위한 헤더 파일
#include <conio.h>      // getch 함수를 위한 헤더 파일
#include <stdlib.h>     // system 함수를 위한 헤더 파일
#define MAX 100         // 구조체 배열에 저장할 수 있는 최대 실험 데이터(구조체) 수

struct experiment       // 실험 데이터를 저장할 구조체 정의
{
    int no;             // 실험 순번
    char date[6];       // 실험 월/일
    int s1, s2, s3;     // 물질1, 물질2, 물질3의 양
    int tension;        // 장력의 세기
};
typedef struct experiment DATA;       // struct experiment를 DATA로 재정의

// 프로그램에서 사용하는 함수의 원형 선언, DATA 대신 struct experiment 사용 가능
```

```
DATA find_max(DATA test[]);           // 장력이 최대인 실험 데이터 찾기
void input(DATA test[]);              // 실험 자료를 배열에 추가하기
void output_element(DATA e);          // 실험 자료 배열의 한 원소만 출력하기
void output_list(DATA test[]);        // 실험 자료 배열을 출력하기
void print_title();                   // 출력할 실험 데이터 내용의 제목 출력하기
void search(DATA test[]);             // 실험 자료 배열에서 정보 검색하기
void sort(DATA test[]);               // 실험 자료 배열 정렬 메뉴 처리 함수
void sort_no(DATA test[]);            // 실험 자료 배열을 번호순으로 출력하기
void sort_tension(DATA test[]);       // 실험 자료 배열을 장력순으로 정렬하기

int size;                  // 배열에 저장된 실험 데이터(구조체) 수, 전역 변수 선언
       자동으로 0으로 초기화된다.
int main()
{
    DATA test[MAX];     // 구조체 배열 선언, struct experiment test[MAX];와 동일
    int menu;

    do
    {   // 화면에 메뉴 표시
        printf(" >> 실험 데이터 관리 프로그램 <<\n\n");
        printf(" 1. 입력  2. 출력  3. 조회  4. 정렬  5. 끝내기\n");
        printf(" >> 원하는 메뉴를 선택하세요 : "); scanf("%d", &menu);

        switch (menu)                              // 메뉴 선택에 따라 함수 호출하기
        {
            case 1: input(test); break;            // 실험 데이터 입력 함수 호출
            case 2: output_list(test); break;      // 실험 데이터 출력 함수 호출
            case 3: search(test); break;           // 실험 데이터 검색 함수 호출
            case 4: sort(test); break;             // 실험 데이터 정렬 함수 호출
            case 5: return 0;                      // 프로그램 실행 끝내기
            default: printf("\n메뉴를 잘못 선택하였습니다.\n\n");
        }

        // 사용자가 화면의 결과를 확인한 후 아무키나 누르면 계속하기
        printf("\n >> 계속하려면 아무키나 누르세요."); getch();
        system("cls");                  // 현재 화면 지우기
    } while (menu != 5);                // 5. 끝내기를 선택하지 않는 한 반복하기

    return 0;
}

// 실험 데이터(구조체)를 입력받는 함수
void input(DATA test[])
{                            배열의 첨자는 0부터 시작하지만 순번은 1부터 시작한다.
    test[size].no = size + 1;         // 데이터 입력 순번 저장하기
```

```c
    printf("\n");
    printf("  날짜(월/일): "); scanf("%s", test[size].date);
    printf("  물질1의 양 : "); scanf("%d", &test[size].s1);
    printf("  물질2의 양 : "); scanf("%d", &test[size].s2);
    printf("  물질3의 양 : "); scanf("%d", &test[size].s3);
    printf("  장력 : "); scanf("%d", &test[size].tension);
    size++;                          // 배열에 저장한 실험 데이터 수를 1 증가(전역 변수)
}

// 구조체 배열 test에 저장된 실험 데이터를 출력하는 함수
void output_list(DATA test[])
{
    int i;

    print_title();                   // 출력 제목 출력하기
    for (i=0; i<size; i++)
        output_element(test[i]);  // 배열 원소 즉 구조체 출력하기
    printf("==========================================\n");
}

// 한 번의 실험 데이터(구조체)를 출력하는 함수
void output_element(DATA e)
{
    printf(" %3d  %-5s %3d   %3d   %3d   %4d \n",
                e.no, e.date, e.s1, e.s2, e.s3, e.tension);
}

// 출력에 자주 사용할 제목을 출력하는 함수
void print_title()
{
    printf("\n==========================================\n");
    printf(" 순번    날짜    물질1    물질2    물질3    장력  ");
    printf("\n------------------------------------------\n");
}

// 구조체 배열 test에서 필요한 정보를 검색하는 함수
void search(DATA test[])
{
    int menu, i;
    char input_date[6];

    printf("\n [1] 최대 장력 출력    [2] 날짜별 데이터 출력");
    printf("\n >> 원하는 메뉴를 선택하세요 : "); scanf("%d", &menu);

    switch (menu)  // 메뉴에 따라 함수 호출하기
```

test 배열 전체가 아닌 배열 원소(구조체) test[i]를 전달한다.

날짜를 필드폭 5자리에 맞추되 왼쪽으로 정렬하여 출력한다.

```
    {
        case 1: // 장력이 가장 큰 실험 결과 찾기
            print_title();
            output_element(find_max(test));
            printf("=========================================\n");
            break;
        case 2: // 입력한 날짜의 모든 실험 데이터를 출력하는 함수
            printf("\n >> 검색할 실험 날짜 (월/일): ");
            scanf("%s", input_date);
            print_title();
            for (i=0; i<size; i++)
                if (strcmp(test[i].date, input_date) == 0)
                    output_element(test[i]);
            printf("=========================================\n");
            break;
        default: printf("\n메뉴를 잘못 선택하였습니다.\n\n");
    }
}
```

test 배열에서 장력이 가장 세게 나온 실험 데이터를 저장한 원소를 반환받은 후 이 원소(구조체)를 출력하도록 다시 output_element의 인수로 전달한다.

실험 데이터에 저장된 날짜 문자열과 검색할 날짜 문자열을 비교한다. 같다면 결과 값은 0이다.

```

// 구조체 배열 test에서 장력이 가장 큰 실험 데이터를 찾는 함수
DATA find_max(DATA test[])
{
    int i;
    DATA max;

    max = test[0];                  // max를 첫 원소로 지정하기
    for (i=0; i<size; i++)
        if (max.tension < test[i].tension)
            max = test[i];          // max를 더 큰 장력이 나온 원소로 수정하기

    return max;                     // max가 구조체이므로 반환형도 구조체로 명시함
}
```

struct experiment 구조체를 재정의 한 것

```

// 구조체 배열 test의 정렬 요청을 처리하는 함수
void sort(DATA test[])
{
    int menu;

    printf("\n [1] 장력(내림차순)    [2] 데이터 입력순");
    printf("\n >> 원하는 메뉴를 선택하세요 : "); scanf("%d", &menu);

    switch (menu)  // 메뉴 선택에 따라 함수 호출하기
    {
    case 1: sort_tension(test); output_list(test); break; // 장력 순서대로 정렬
    case 2: sort_no(test); break; // 실험 데이터 입력 순으로 출력하기
```

test 배열을 정렬 후 배열 내용을 출력한다.

```
        default: printf("\n메뉴를 잘못 선택하였습니다.\n\n");
    }
}

// 구조체 배열 test를 장력이 큰 순서대로 정렬하는 함수
void sort_tension(DATA test[])
{
    int pass, i;
    DATA temp;  // test[i]와 test[i+1]을 교환하기 위해 사용할 임시 대피소
```

이미 정렬이 완료된 배열 끝의 원소들은 비교하지 않도록 한다.

```
    for (pass=1; pass<size; pass++)
        for (i=0; i<size-pass; i++)
            if (test[i].tension < test[i+1].tension)      // 내림차순 정렬
            {
                temp = test[i];
                test[i] = test[i+1];
                test[i+1] = temp;
            }
}

// 구조체 배열 test의 원소를 처음 실험 데이터 입력(순번) 순으로 출력하는 함수
void sort_no(DATA test[])
{
    int order, i;

    // 실제로 정렬을 하지 않고 구조체에 저장된 순번 정보를 이용하여 출력하기
    print_title();
    for (order=1; order<=size; order++)
        for (i=0; i<size; i++)
```

순번이 지금 출력할 order번째 입력 데이터인지 비교한다.

```
            if (test[i].no == order)
            {
                output_element(test[i]);
                break;  // order번째 데이터를 출력했으므로 뒤의 비교는 생략하기
            }
```

안쪽 for문을 끝낸다. 결국 다시 바깥 for문의 order++로 돌아간다.

```
    printf("=======================================\n");
}
```

• 세 번의 실험 데이터를 배열에 추가한 후 배열 내용을 출력하기

```
실행결과
>> 실험 데이터 관리 프로그램 <<

1. 입력 2. 출력 3. 조회 4. 정렬 5. 끝내기
>> 원하는 메뉴를 선택하세요 : 1

날짜(월/일) : 9/1
물질1의 양 : 2
물질2의 양 : 6
물질3의 양 : 4
장력 : 15

>> 계속하려면 아무키나 누르세요.
```

```
실행결과
>> 실험 데이터 관리 프로그램 <<

1. 입력 2. 출력 3. 조회 4. 정렬 5. 끝내기
>> 원하는 메뉴를 선택하세요 : 1

날짜(월/일) : 9/2
물질1의 양 : 6
물질2의 양 : 7
물질3의 양 : 14
장력 : 19

>> 계속하려면 아무키나 누르세요.
```

```
실행결과
>> 실험 데이터 관리 프로그램 <<

1. 입력 2. 출력 3. 조회 4. 정렬 5. 끝내기
>> 원하는 메뉴를 선택하세요 : 1

날짜(월/일) : 9/10
물질1의 양 : 5
물질2의 양 : 7
물질3의 양 : 9
장력 : 8

>> 계속하려면 아무키나 누르세요.
```

```
실행결과
>> 실험 데이터 관리 프로그램 <<

1. 입력 2. 출력 3. 조회 4. 정렬 5. 끝내기
>> 원하는 메뉴를 선택하세요 : 2

===========================================
순번 날짜 물질1 물질2 물질3 장력
-------------------------------------------
 1   9/1    2     6     4    15
 2   9/2    6     7    14    19
 3   9/10   5     7     9     8
===========================================

>> 계속하려면 아무키나 누르세요.
```

• 최대 장력이 나온 실험 데이터 검색과 특정 날짜의 실험 데이터 검색 결과

```
실행결과
>> 실험 데이터 관리 프로그램 <<

1. 입력 2. 출력 3. 조회 4. 정렬 5. 끝내기
>> 원하는 메뉴를 선택하세요 : 3

[1] 최대 장력 출력    [2] 날짜별 데이터 출력
>> 원하는 메뉴를 선택하세요 : 1

===========================================
순번 날짜 물질1 물질2 물질3 장력
-------------------------------------------
 2   9/2    6     7    14    19
===========================================

>> 계속하려면 아무키나 누르세요.
```

```
실행결과
>> 실험 데이터 관리 프로그램 <<

1. 입력 2. 출력 3. 조회 4. 정렬 5. 끝내기
>> 원하는 메뉴를 선택하세요 : 3

[1] 최대 장력 출력    [2] 날짜별 데이터 출력
>> 원하는 메뉴를 선택하세요 : 2

>> 검색할 실험 날짜 (월/일): 9/1

===========================================
순번 날짜 물질1 물질2 물질3 장력
-------------------------------------------
 1   9/1    2     6     4    15
===========================================

>> 계속하려면 아무키나 누르세요.
```

• 장력순 또는 데이터 입력순으로 실험 데이터 출력하기

실행결과

```
>> 실험 데이터 관리 프로그램 <<

1. 입력 2. 출력 3. 조회 4. 정렬 5. 끝내기
>> 원하는 메뉴를 선택하세요 : 4

[1] 장력(내림차순)   [2] 데이터 입력순
>> 원하는 메뉴를 선택하세요 : 1

========================================
순번 날짜 물질1 물질2 물질3 장력
----------------------------------------
 2   9/2    6     7    14    19
 1   9/1    2     6     4    15
 3   9/10   5     7     9     8
========================================

>> 계속하려면 아무키나 누르세요.
```

실행결과

```
>> 실험 데이터 관리 프로그램 <<

1. 입력 2. 출력 3. 조회 4. 정렬 5. 끝내기
>> 원하는 메뉴를 선택하세요 : 4

[1] 장력(내림차순)   [2] 데이터 입력순
>> 원하는 메뉴를 선택하세요 : 2

========================================
순번 날짜 물질1 물질2 물질3 장력
----------------------------------------
 1   9/1    2     6     4    15
 2   9/2    6     7    14    19
 3   9/10   5     7     9     8
========================================

>> 계속하려면 아무키나 누르세요.
```

• 실험 데이터를 추가로 입력 후 배열 내용 출력하기

실행결과

```
>> 실험 데이터 관리 프로그램 <<

1. 입력 2. 출력 3. 조회 4. 정렬 5. 끝내기
>> 원하는 메뉴를 선택하세요 : 1

 날짜(월/일): 10/3
 물질1의 양 : 15
 물질2의 양 : 9
 물질3의 양 : 13
 장력 : 25

>> 계속하려면 아무키나 누르세요.
```

실행결과

```
>> 실험 데이터 관리 프로그램 <<

1. 입력 2. 출력 3. 조회 4. 정렬 5. 끝내기
>> 원하는 메뉴를 선택하세요 : 2

========================================
순번 날짜 물질1 물질2 물질3 장력
----------------------------------------
 2   9/2    6     7    14    19
 1   9/1    2     6     4    15
 3   9/10   5     7     9     8
 4   10/3  15     9    13    25
========================================

>> 계속하려면 아무키나 누르세요.
```

• 프로그램 끝내기

실행결과

```
>> 실험 데이터 관리 프로그램 <<

1. 입력 2. 출력 3. 조회 4. 정렬 5. 끝내기
>> 원하는 메뉴를 선택하세요 : 5
```

설명

27: 전역 변수 size는 배열에 저장된 실험 데이터 구조체의 개수다. 저장된 구조체 개수는 프로그램 전체에서 사용되므로 함수를 호출할 때마다 인수를 전달하지 않도록 전역 변수로 사용한다.

78,83~87: 한 번의 실험 데이터(구조체)를 출력하는 output_element 함수를 78행에서 호출할 때 구조체를 값에 의한 호출로 전달한다. 그러므로 구조체의 여섯 멤버의 값을 복사해야 한다. 이를 개선하기 위해 주소에 의한 호출을 이용하려면 다음과 같이 함수를 정의해야 하며 78행의 호출은 output_element_address(&test[i])로 해야 한다.

```
void output_element_address(DATA *p)
{
    printf(" %3d  %-5s %3d   %3d   %3d   %4d \n",
         p->no, p->date, p->s1, p->s2, p->s3, p->tension);
}
```

90~95: 실행 결과에서처럼 실제 실험 데이터를 출력하기 전에 제목을 출력해야 하는 경우가 많으므로 이를 함수 print_title로 정의하여 편리하게 사용한다.

173~187: test 배열을 순번 순으로 정렬하려면 배열 원소 간의 비교와 교환이 많이 발생한다. 실험 데이터 입력 순서는 순번과 같으므로 배열을 실제로 정렬하지 않고 현재 출력할 순서(order번째)와 같은 순번을 가진 배열 원소를 찾아 출력한다.

184: test[i].no == order 조건을 만족하는 실험 데이터를 찾아서 출력한 후에는 현재 첨자 i 뒤의 원소를 조사할 필요가 없으므로 안쪽 for문을 벗어나도록 break;를 사용한다. 안쪽 for문이 끝나면 다시 바깥 for문의 179행으로 이동하여 order를 1증가한 후 다음 순번의 실험 데이터를 출력하기 위해 180행의 for문을 수행한다.

11.7 동적 기억장소 할당

프로그램에서 처리할 데이터를 저장할 기억장소는 정적(static) 할당과 동적(dynamic) 할당 두 가지 방법을 이용하여 확보된다. 지금까지 사용한 변수, 배열, 구조체는 모두 정적으로 기억장소를 할당받는다. 이러한 정적 할당은 기억장소를 낭비할 수 있으므로 C 언어에서는 동적 할당을 지원한다. 이제 정적 할당과 동적 할당에 대해 구체적으로 살펴보자.

11.7.1 주기억장치의 네 가지 영역

지금 소개하는 내용은 컴퓨터 시스템과 밀접한 내용으로 일단 생략하고 곧바로 11.7.2로 진행해도 된다. 가방에 물건을 넣을 때 자주 사용하는 물건은 넣고 꺼내기 쉽게 가방 바깥쪽의 주머니에, 지갑처럼 중요한 물건은 가방 안 지퍼가 있는 주머니에 넣는 것과 같이 주기억장치도 저장할 내용을 그 종류에 따라 정해진 영역에 저장한다. 주기억장치는 [그림 11-15]와 같이 운영체제가 사용하는 영역을 제외하고 스택(stack), 힙(heap), 데이터, 코드 영역 네 가지로 나눠져 있으며 실행될 프로그램은 이 네 가지 영역의 일부에 적절히 저장(적재)된다.

그림 11-15 주기억장치의 네 가지 영역

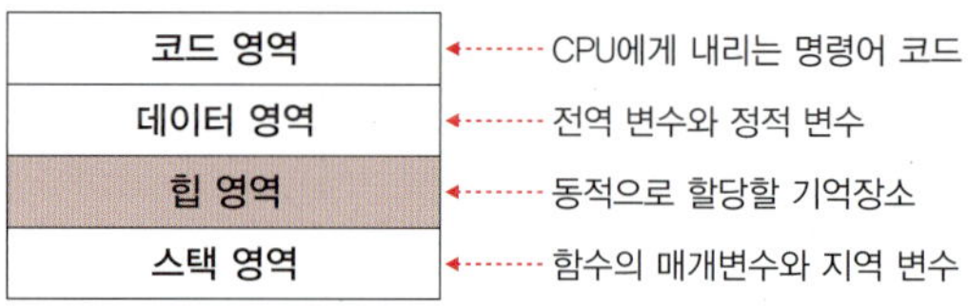

9장에서 잠깐 언급했듯이 C 프로그램을 컴파일하면 CPU에게 내리는 명령어 코드만 모은 코드 부분과 코드에서 처리할 데이터만 모은 데이터 부분으로 분리된다. 프로그래머가 작성한 C 명령문은 sum = sum + age;와 같이 데이터를 저장한 변수와 연산자들이 섞여있지만 컴파일을 하면 덧셈과 대입을 위한 코드들과 이 코드에서 처리할 데이터를 저장하는 두 개의 변수로 분리된다는 것이다. 이렇게 분리된 프로그램은 실행되기 위해 주기억장치에 저장될 때도 코드 부분은 코드 영역에, 데이터 부분은 데이터 영역에 저장된다. 데이터 영역에 저장되는 변수는 프로그램의 전역 변수와 정적 변수 뿐이다. 그렇다면 지역 변수는 어디에 저장되는 것이며, 나머지 주기억장치의 스택 영역과 힙 영역은 무엇을 저장하는 데 사용될까?

지역 변수는 프로그램 실행 시작과 함께 기억 공간을 할당받는 것이 아니고 프로그램이 실행되면서 함수가 실제로 호출되면 기억 공간을 할당받는다는 것은 이미 알고 있을 것이다. 함수가 호출되었을 때 매개변수와 함수의 지역 변수를 위해 할당되는 기억장소가 바로 스택 영역의 일부이다. 즉 호출된 함수에서 사용되는 지역 변수는 이 스택 영역을 차지한다. 그리고 함수 실행이 끝나면 지역 변수에 할당된 스택 영역이 자동으로 해제되어 더 이상 사용할 수 없는 변수가 된다. 앞에서 모든 지역 변수는 자동 변수라고 했는데 이때의 '자동'은 함수가 호출되면 자동으로 스택 영역을 할당받고 함수가 종료되면 자동으로 사라진다는 의미다. 마지막으로 힙 영역은 프로그램이 실행되는 동안 요청한 기억장소가 할당되는 곳으로 동적 배열과 같이 프로그램 실행 동안 크기가 결정되는 동적 자료가 저장되는 곳이다.

이해를 돕기 위해 실행 프로그램이 차지하는 주기억장치 공간을 하나로 연결해서 모으면 [그림 11-16]과 같이 구성된다. 즉 지금까지 작성한 C 소스 프로그램은 컴파일과 링킹 과정을 거쳐 실행 파일로 바뀌어 네 가지 부분으로 구분되며 각각 주기억장치의 네 가지 영역에 저장된다.

그림 11-16 실행 프로그램의 구조

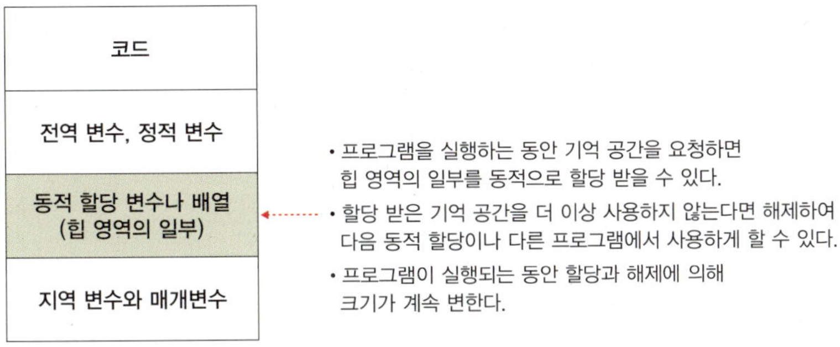

[그림 11-16]에서 실행 프로그램이 차지하는 코드, 데이터, 스택 영역의 크기는 프로그램이 실행될 때부터 결정되며 변하지 않는다. 그 이유는 전역, 정적, 지역 변수가 차지하는 기억 공간의 크기는 컴파일 과정에서 선언문에 의해 int형일 때 4바이트, double형일 때 8바이트, 원소가 10개인 int형 배열일 때 10*4바이트로 미리 결정되기 때문이다. 전역 변수와 정적 변수가 차지하는 기억 공간은 프로그램 소스 코드에서 충분히 계산할 수 있으므로 크기가 고정되는 것이 당연하다.

그러나 지역 변수는 상황이 다르다. 함수가 무조건 호출되는 것이 아니라 프로그램 실행 동안 상황에 따라 호출 여부가 결정된다. 따라서 필요한 스택 공간은 프로그램을 실행해봐야 알 수 있다. 그렇지만 컴파일 과정에서 프로그램에 대해 충분하다고 예상하는 스택 영역의 크기가 결정되어 정적으로 할당된다. 만일 프로그램이 실행되면서 재귀적 호출이 계속해서 일어나면 빈 스택 공간이 없어져 스택 오버플로우(overflow)로 프로그램 실행이 중단될 수도 있다.

이와 같이 프로그램 실행 시작 전에 미리 결정된 고정된 크기의 기억 공간이 할당되어 있는 세 영역과 달리 힙 영역은 프로그램 실행이 시작될 때는 프로그램에 미리 할당되어 있지 않다. 그러나 프로그램이 실행되는 동안 필요할 때 기억장소를 요청하여 할당받으면 커지고, 할당된 공간이 더 이상 필요하지 않아 해제하면 줄어든다. 프로그램을 실행하는 동안 프로그램에 할당된 힙 영역의 크기는 고정되지 않고 계속해서 변한다. 그렇다면 이러한 힙 영역으로부터 기억 공간을 동적으로 할당받는 것이 왜 필요한지 다음 절에서 살펴보자.

11.7.2 정적 할당과 동적 할당

정적 기억장소 할당이란 프로그램을 컴파일할 때 할당받을 기억장소의 크기를 결정하고 프로그램 실행 시작 전에 이미 정적으로(statically) 즉 고정된 크기로 프로그램 실행이 끝날 때까지 기억장소를 할당받는다. 그리고 프로그램 실행이 끝나면 할당된 기억장소가 해제된다. 전역 변수와 정적 변수가 정적 할당에 해당한다. 지역 변수는 프로그램을 실행하는 동안 함수가 호출되면 스택 영역의 기억장소를 할당받지만 그 크기는 컴파일 시점에 이미 결정된 것으로 정적 할당에 해당한다.

아래의 세 선언문처럼 지금까지 사용한 변수나 배열은 모두 선언문에 의해 프로그램 실행 이전에 필요한 기억장소의 크기가 결정되는 정적 할당에 해당한다.

```
int array[100];       → 4바이트(int형) * 100(원소수) = 400바이트
double average;       → 8바이트(double형)
double GPA[4][50]; → 8바이트(double형) * 4(행수) * 50(열수) = 1600바이트
```

이제 정적 할당의 문제점을 살펴보자. 만일 학생 100명의 성적 처리 프로그램을 작성한다면 학생의 점수를 저장할 score 배열을 다음과 같이 선언할 것이다.

```
int score[100]; ← score 배열은 int형 값을 100개 저장할 만큼의 기억장소를
                  정적으로 할당받으며 그 크기는 실행동안 변하지 않는다.
```

그렇다면 이 프로그램은 학생이 100명이 넘는 경우에는 사용할 수가 없다. 배열 원소수가 100이므로 100개를 초과한 점수를 이 배열에 저장할 수가 없기 때문이다. int score[100];에서 100 대신에 사용자로부터 입력받은 학생수 n을 이용하여 int score[n];이라고 선언하면 좋겠지만 C 언어에서는 정적 할당을 위해 배열을 선언할 때 원소의 수(또는 행과 열의 수)를 반드시 상수로 사용하도록 하므로 변수를 사용하면 에러가 발생한다. 이를 해결하는 간단한 방법으로 원소수를 1000개로 지정하는 방법이 있다. 그래도 이 배열은 1000개가 넘는 점수는 저장할 수 없다는 문제를 여전히 가지고 있으며 반대로 [그림 11-17]과 같은 문제가 발생할 수도 있다. 배열 원소수가 1000개인 기억 공간을 할당받았는데 실제로 저장할 점수의 개수가 200개라면 나머지 800개의 원소에 해당하는 기억 공간은 실제로 사용되지도 않으므로 낭비인 셈이다.

그림 11-17 1000개의 배열 원소 중 200개만 사용되고 나머지는 낭비되는 예

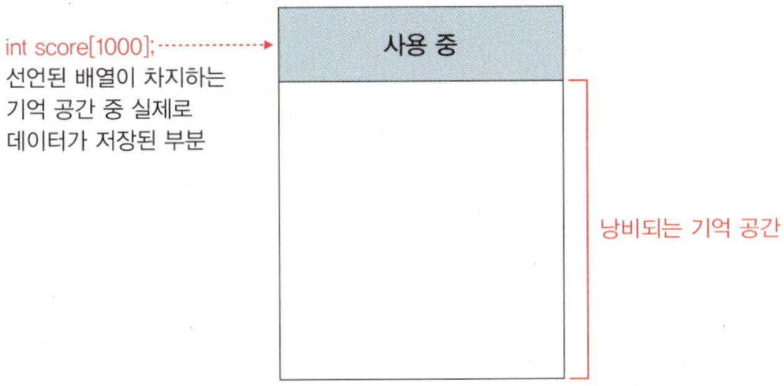

그러므로 근본적인 해결 방법은 배열의 크기를 프로그램 실행과정에서 정확히 필요한 만큼 지정할 수 있게 하는 것이다. 즉 프로그램을 실행하면서 배열의 크기를 결정하고 그 크기만큼의 기억 공간을 할당받는 것이다. C 언어에서는 이러한 문제를 해결하기 위해 동적 기억장소 할당을 지원한다. 동적 할당이란 프로그램을 실행하는 동안 기억장소가 필요한 시점에서 필요한 만큼만 요청하여 할당받는 것이다. 프로그램에서 동적 할당을 요청했을 때 시스템에서 제공하는 기억장소가 바로 힙 영역의 일부이다.

정적 할당과 동적 할당은 레스토랑에서 모임을 할 때 미리 사람 수만큼 예약을 하고 모임 당일 날 미리 준비된 예약석에 앉는 것(정적 할당)과 그날 식사를 할 사람이 정확이 몇 명인지 모를 경우에 당일 레스토랑에 직접 가서 모인 사람 수만큼 자리를 안내받아 앉는 것(동적 할당)에 해당한다. [그림 11-18]에서 식당의 예약석은 데이터 영역, 나머지 테이블은 힙 영역에 해당한다.

그림 11-18 레스토랑의 예약석(정적 할당 공간)과 일반석(동적 할당 공간)

지금까지는 규모가 큰 프로그램이 아니어서 동적 할당 개념을 모르고도 프로그램을 잘 작성하였다. 하지만 규모가 커지면 더 효율적이고 빠른 프로그램을 개발하는 것이 필수적이다. 컴퓨터 시스템의 주기억장치의 용량은 한정되어 있는데 컴퓨터를 켜는 순간부터 주기억장치에는 많은 프로그램이 적재되어 실행된다. 많은 사용자들이 운영체제, 비주얼 C++, 아래아 한글 프

로그램, 사운드 재생 프로그램, 인터넷 등을 동시에 실행한다. 이런 환경에서 동적 할당을 이용하여 주기억장치를 최대한 효율적으로 사용하기 위한 노력은 당연히 이루어져야 한다.

11.7.3 동적 할당: malloc 함수

동적으로 기억장소를 할당받아 사용하려면 포인터 변수와 malloc 함수를 이용해야 한다. 포인터 변수는 [그림 11-19]와 같이 동적으로 할당 받은 기억장소의 시작 주소를 저장하는 데 사용된다. 일단 포인터가 할당받은 기억장소를 가리키게 되면 그 다음부터는 포인터 변수를 일반 배열명처럼 또는 실제 포인터 변수로서 활용하여 할당받은 기억장소를 참조할 수 있다.

그림 11-19 힙 영역, 동적 할당 기억장소, 포인터의 관계

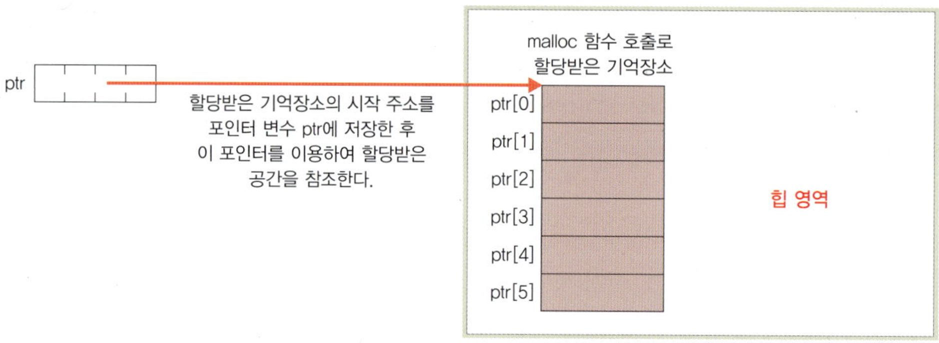

malloc 함수를 호출하여 포인터 변수가 동적으로 할당받은 기억장소를 가리키게 하려면 다음 형식을 이용한다.

형식 **동적 기억장소 할당: malloc 함수 호출**

```
자료형 *포인터 변수명;
포인터 변수명 = (자료형 *) malloc(기억장소 크기);
```

바이트 단위

① 지정한 크기의 기억장소를 할당받아 시작 주소를 반환한다.

② 동적 할당 기억장소의 시작 주소를 지정한 자료형의 포인터로 캐스팅한다.

③ 캐스팅된 동적 할당 기억장소의 시작 주소를 포인터 변수에 저장한다. 결국 포인터 변수는 할당받은 기억장소를 가리키게 된다.

- malloc 함수를 사용하려면 #include 〈stdlib.h〉가 필요하다.
- (자료형 *): malloc 함수는 할당받은 기억장소의 시작 주소를 void형 포인터로 반환한다. 그러므로 할당된 기억장소를 용도에 맞게 여러 개의 int형 또는 double형 값을 저장할 공간으로 사용하려면 원하는 자료형으로 캐스팅해야 한다. 즉 주소를 저장할 포인터 변수의 자료형과 동일한 자료형으로 캐스팅한다. 이것은 커튼 천을 구입할 때는 전체 필요한 만큼 긴 천을 구입한 후 거실 높이에 맞게 잘라서 사용하는 것과 같은 개념이다. 운영체제에서는

단지 프로그램에서 원하는 만큼의 큰 기억장소를 할당할 뿐이고 이를 int형으로 쪼개어 사용할지 double형으로 쪼개어 사용할지는 프로그래머가 결정하는 것이다.

- 만약 힙 영역에 할당 가능한 기억장소가 없다면 malloc 함수는 NULL 매크로 상수를 반환한다. 그러므로 동적 할당을 요청한 후에는 반드시 할당 여부를 확인하는 것이 바람직하다.

예

```
int *ptr;
ptr = (int *) malloc(sizeof(int));
```

sizeof 뒤의 () 안의 자료형의 크기를 구한다.

↳ 정수 한 개를 저장할 수 있는 공간이 할당되고 ptr이 이를 가리킨다.

```
char *ch;
ch = (char *) malloc(sizeof(char)*10);
```

↳ 문자 열 개를 저장할 수 있는 공간이 할당되고 ch가 이를 가리킨다.

```
int *score = (int *) malloc(sizeof(int)*5);
```

↳ 정수 다섯 개를 저장할 수 있는 공간이 할당되고 score가 이를 가리킨다.

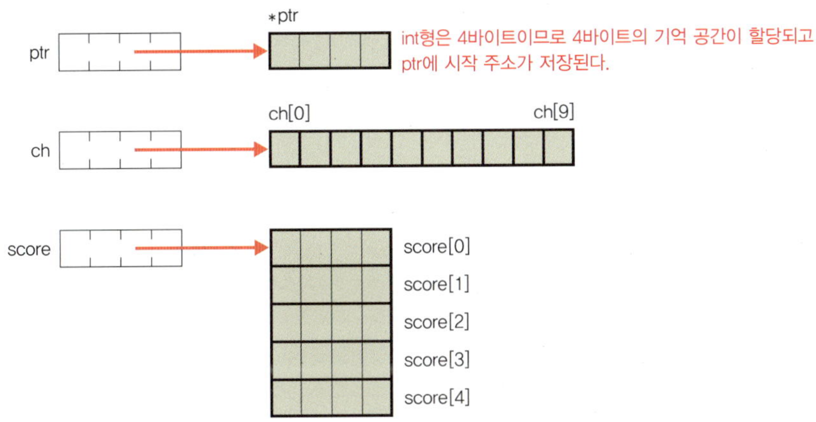

참고 int형 데이터의 크기가 4바이트이므로 정수 5개를 저장할 수 있는 기억장소를 할당받고 싶다면 malloc(20)으로 호출해도 된다. 그러나 컴퓨터 시스템마다 각 자료형이 차지하는 크기가 다를 수도 있으므로 이식성을 위해서는 int형의 크기를 구하여 사용하도록 malloc(sizeof(int)*5)로 호출하는 것이 좋다.

11.7.4 동적 할당 기억장소 해제: free 함수

함수의 지역 변수는 함수 실행이 끝나면 자동으로 사용하던 기억장소가 해제된다. 즉 해제된 기억장소는 다른 지역 변수의 기억장소로 사용될 수 있는 자유(free) 상태가 된다. 그러나 동적으로 할당받은 기억장소는 함수 실행이 끝나도 자동으로 해제되지 않는다. 그러므로 프로그램 실행이 끝나지 않았더라도 함수에서 더 이상 동적 할당 기억장소를 사용하지 않아도 된다면 자유 상태가 되도록 해제해야 한다.

힙 영역은 한 프로그램에서 일정 영역을 고정적으로 할당받아 사용하는 것이 아니라 시스템 전체에서 같이 사용하는 것이므로 시스템에서 실행되는 여러 프로그램들이 힙 영역의 기억장소를 계속해서 할당받다보면 새로운 할당 요청이 있더라도 할당할 자유 상태의 기억장소가 없게될 수 있다. 그러므로 동적으로 할당받은 기억장소는 더 이상 사용할 필요가 없을 때 프로그래머가 직접 해제하는 것이 프로그래머의 의무다.

현재의 32비트 시스템은 기억장치 관리가 매우 잘되어서 프로그램 실행이 끝났을 때 해제하지 않은 동적 할당 기억장소가 있다면 운영체제에서 직접 찾아서 해제한다. 그러나 시스템이 직접 이런 일을 하는 것 역시 시스템 성능에 좋지 않다. 프로그램 실행 중간에 함수 실행이 끝난 후부터 프로그램 실행이 끝날 때까지 함수에서 할당받은 동적 기억장소를 다른 프로그램이나 현재 실행중인 프로그램이 사용하지 못한다는 것은 결국 현재 프로그램뿐만 아니라 시스템 전체의 낭비가 된다. 그러므로 사용하지 않는 동적 할당 기억장소는 반드시 직접 해제하는 것이 좋다.

동적 할당 기억장소를 해제할 때는 할당된 기억장소를 가리키는 포인터를 이용하여 다음과 같이 간단히 해제할 수 있다. free 함수를 호출하면 포인터 변수가 가리키는 기억장소를 다른 동적 할당(현재 프로그램 또는 다른 프로그램)에 사용할 수 있는 자유 상태로 만든다.

형식 **동적 할당 기억장소 해제: free 함수**

free(포인터 변수명);

해제할 동적 할당 기억장소를 가리키는 포인터 변수

예

```
free(ptr);
```
↳ ptr = (int *) malloc(sizeof(int));로 할당받은 기억장소를 해제

```
free(ch);
```
↳ ch = (char *) malloc(sizeof(char)*10);로 할당받은 기억장소를 해제

```
free(score);
```
↳ score = (int *) malloc(sizeof(int)*5);로 할당받은 기억장소를 해제

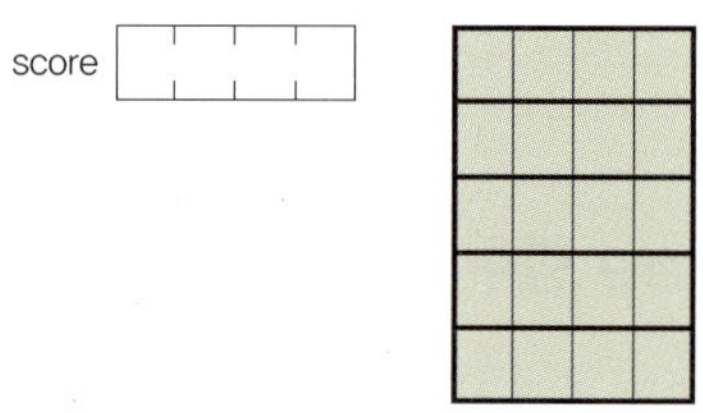

이렇게 해제된 기억장소는 시스템에 반환되며 score와의 연결이 없어지므로 프로그램에서는 더 이상 이 기억장소를 참조할 방법이 없다.

11.8 프로그래밍 실습

11.8.1 int형 동적 배열을 사용한 평균 처리 프로그램

문제 학생 수에 상관없이 학생의 점수를 입력받아 평균 점수를 구한 후 출력하시오.

분석

- 정확한 학생수를 알기 위해 프로그램 실행 중에 사용자로부터 직접 학생수 size를 입력 받는다.
- 선언문을 통한 배열 선언에서는 반드시 배열 원소 개수를 미리 명시해야하므로 배열 score는 동적 할당을 이용한다. 먼저 사용자로부터 size를 입력받은 후 size개의 int형 값을 저장할 수 있는 기억장소를 동적으로 할당받는다. malloc 함수를 이용하여 할당받은 기억장소의 시작 주소를 score에 저장함으로써 할당받은 기억장소를 score[0]부터 score[size-1]까지 일반 배열 원소처럼 참조하여 사용한다.

해결 과정

1 학생수를 size에 입력하기(10행)

2 size개의 int형 점수를 저장할 기억장소를 동적으로 할당받아 score 포인터가 가리키게 하기(13행)

```
score = (int *) malloc(sizeof(int) * size);
```

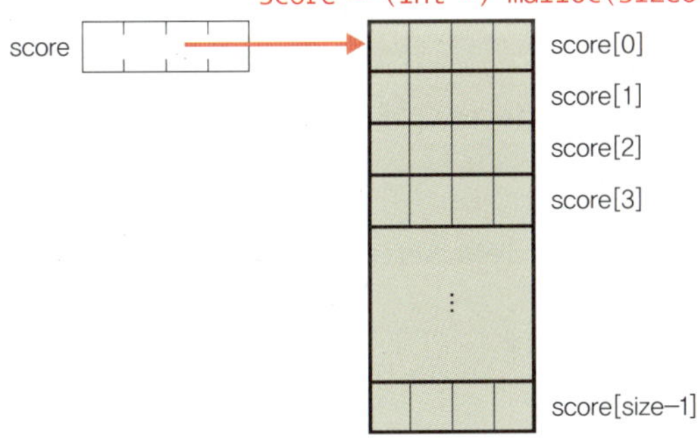

3 score 동적 배열에 size개의 학생 점수를 입력받으면서 점수를 sum에 누적한 후 마지막에 sum을 size로 나누어 평균을 구하여 출력하기(23~30행)

4 score가 가리키는 기억장소를 해제하기(33행)

```
free(score);
```

프로그램 11-10 배열 크기를 실행 시점에 결정하는 동적 배열 사용 예 (ch11-10.cpp)

```
#include <stdio.h>
#include <stdlib.h>    // malloc, free 함수를 위한 헤더 파일

int main()
{
    int size, sum, i;  // 학생수 즉 배열의 원소수
    int *score;        // 동적으로 할당받은 기억장소를 가리킬 포인터 변수 즉 배열명

    // 동적 할당 기억장소의 크기를 결정하기 위해 학생 수를 입력받기
    printf("학생수는? ");scanf("%d", &size); ◀─ 배열의 원소수를 입력받는다.

    // size 개수의 int형 값을 저장할 동적 기억장소 할당 후 score가 가리키기
    score = (int *) malloc(sizeof(int) * size); ◀─ 동적 기억장소를 할당받는다.

    // 동적 할당을 받지 못했다면 프로그램을 강제로 끝낸다.
    if (score == NULL)
    {
        printf("동적 기억장소 할당에 실패하였습니다. \n");
        exit(1);        // 프로그램 실행 중단
    }

    // 동적 배열에 자료 입력 후 평균을 구하여 출력하기
    sum = 0;
    for (i=0; i<size; i++)
    {
        printf("%d번째 학생의 점수는? ", i+1);
        scanf("%d", &score[i]); // scanf("%d", score+i);와 동일
        sum += score[i];
    }
    printf("\n%d명의 평균 : %.1lf\n", size, (double)sum/size);

    // score가 가리키는 동적으로 할당받은 기억장소 해제
    free(score); ◀─ 동적 할당 기억장소를 해제한다.

    return 0;
}
```

실행결과

```
학생수는? 5
1번째 학생의 점수는? 79
2번째 학생의 점수는? 89
3번째 학생의 점수는? 98
4번째 학생의 점수는? 96
5번째 학생의 점수는? 84

5명의 평균 : 89.2
```

설명

10: 동적으로 할당받을 기억장소의 크기를 결정하기 위해 점수를 입력받을 학생수를 사용자에게 물어서 입력받는다. 결과적으로 학생수에 맞는 배열을 이용하여 처리할 수 있는 프로그램이 된다.

16: 동적 할당에 실패하는 경우는 잘 없지만 대형 프로그램들이 실행되는 상황에서는 발생할 수 있다. 그러므로 동적 할당을 요청한 후에는 제대로 할당되었는지를 반드시 확인하여 실패하였다면 이유에 관한 메시지를 출력하고 프로그램 실행을 끝내도록 한다.

27: scanf 함수는 입력할 기억장소의 주소를 사용해야 하므로 score[i]의 주소를 구하기 위해 &를 사용한다. scanf("%d", score+i);와 같이 score+i로 표현하는 경우는 score가 동적 할당 기억장소의 주소이며 +1을 하면 다음 기억장소의 주소가 되므로 score+i를 그대로 사용한다.

28: sum += *(score+i);로 작성할 수 있다.

11.8.2 구조체형 동적 배열을 이용한 도서 목록 입출력 프로그램

문제 도서의 이름과 출판년도 정보를 도서 수만큼 입력받아 출력하시오.

분석
- 도서의 이름과 출판년도 정보는 다음과 같이 구조체로 저장한다.

```
struct book_info      // 구조체 템플릿 정의
{
   int year;          // 출판연도
   char title[50];    // 도서명
};
typedef struct book_info BOOK;
```

struct book_info 대신 BOOK을 사용할 수 있도록 자료형을 재정의한다.

- 정보를 입력할 도서의 수를 size에 입력받은 후 size개의 BOOK형 구조체를 저장할 기억장소를 동적으로 할당받아 books가 가리키게 한다.

```
BOOK * books;                              // 배열을 가리킬 포인터 선언
books = (BOOK *)malloc(sizeof(BOOK) * size);    // 동적 할당 받기
```

struct book_info

- 할당받은 기억장소에 size개의 도서정보를 입력받은 예와 배열 원소와 구조체 멤버의 참조 예는 다음 그림과 같다.

그림 11-20 동적으로 할당받은 구조체 배열에 도서 정보가 입력된 예

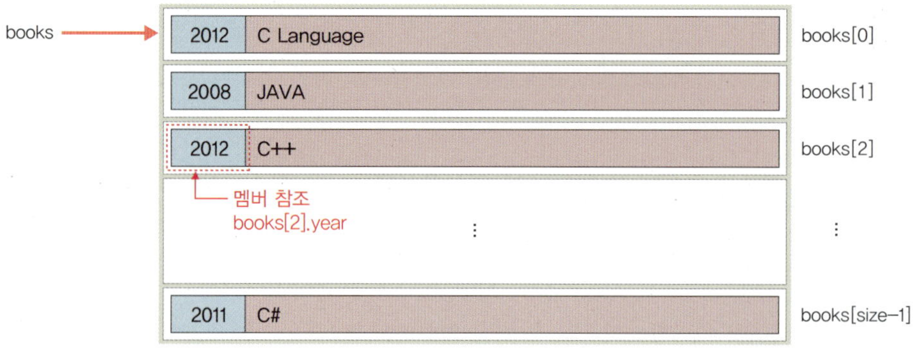

프로그램 11-11 동적 배열을 이용한 도서 목록 입력 프로그램 (ch11-11.cpp)

```
#include <stdio.h>
#include <stdlib.h>    // malloc, free, exit 함수를 위한 헤더 파일

struct book_info
{
    int year;          // 출판년도
    char title[12];    // 도서명
};
typedef struct book_info BOOK;

int main()
{
    BOOK *books;       // 도서 정보를 저장할 동적 배열을 가리킬 포인터
    int size, i;       // 정보를 입력받을 도서 권수

    do                 // 도서 권수 입력(1 이상의 값 입력받기)
    {
        printf("정보를 입력할 도서 권수 : "); scanf("%d", &size);
        if (size <= 0)
            printf("에러 : 권수를 잘못 입력하였습니다. 다시 입력하세요.");
    } while (size <= 0);

    // 도서 권수만큼 정보를 저장할 기억장소 할당받기
    books = (BOOK *) malloc(sizeof(BOOK) * size); // 구조체 배열의 동적 할당
    if (books == NULL)
    {
        puts("동적 기억장소 할당에 실패하였습니다. \n");
        exit(1);       // 프로그램 실행 중단
     }

    // size권의 도서 정보 입력
    for (i=0; i<size; i++)
```

```c
    {
        printf("%d) 도서 이름 : ", i+1);
        fflush(stdin);     // 입력용 버퍼 비우기
        gets(books[i].title);

        printf("    출판년도 : ");
        scanf("%d", &(books[i].year));
    }

    // size권의 도서 정보 출력
    printf("\n >> 도서 정보 목록 << \n");
    printf("\n 순번 도서명 출판년도  ");
    printf("\n ====================\n");
    for (i=0; i<size; i++)
    {
        printf("%3d %-12s %4d\n", i+1, books[i].title, books[i].year);
    }
    printf(" ====================\n");

    free(books);   // 구조체 배열을 위한 동적 할당 기억장소 해제

    return 0;
}
```

빈칸을 포함한 도서명을 입력할 수 있도록 scanf 대신 gets 함수를 이용한다.

실행결과

```
정보를 입력할 도서 권수 : 5
1) 도서 이름 : C Language
   출판년도 : 2012
2) 도서 이름 : JAVA
   출판년도 : 2008
3) 도서 이름 : C++
   출판년도 : 2012
4) 도서 이름 : PASCAL
   출판년도 : 2009
5) 도서 이름 : C#
   출판년도 : 2011

 >> 도서 정보 목록 <<

 순번 도서명      출판년도
 ====================
  1 C Language  2012
  2 JAVA        2008
  3 C++         2012
  4 PASCAL      2009
  5 C#          2011
 ====================
```

설명

35: 18행에서 사용자가 도서 권수로 5와 엔터키를 누르면 5는 size에 입력되고 엔터키는 입력용 버퍼에 남게 된다. 이후 36행의 gets에서 한 행을 입력받아야 할 때 버퍼에 있던 엔터키가 입력이 된다. 이 엔터키로 인해 books[i].title의 입력이 끝나고 다음 문장을 실행하여 다음과 같이 된다.

실행결과

```
정보를 입력할 도서 권수 : 5 ↵  ◀— 이 엔터키가 다음 도서 이름 입력에 사용된다.
1) 도서 이름 :
   출판년도 : ◀— 도서 이름을 입력받지 않고 곧바로 여기서 입력을 받기 위해 커서가 나타난다.
```

그러므로 36행의 gets에서 버퍼에 남은 내용을 그대로 입력에 사용하지 않고 새로 입력을 받도록 입력용 버퍼에 있는 내용을 모두 비우기 위해 35행에서 fflush(stdin);을 사용한다.

11.9 char형 포인터와 동적 할당

[프로그램 11-1]은 game 구조체의 name 멤버를 선수 이름을 저장하기 위해 최대 6개의 문자(널문제 제외)를 저장할 수 있는 char형 배열로 선언하고 있다. 이름 문자열을 저장하기 위해 char형 포인터를 사용하면 어떻게 될까? 즉 6행을 char *name;으로 수정하고 프로그램을 실행하면 17행에서 실행 시간 에러가 발생하고 프로그램이 중단된다. 이러한 현상은 6행을 char *name = "Hong"; 같이 선언과 동시에 초기화를 한 경우에도 17행에서 새 입력을 시도하면 발생한다. 이 이유 또한 지금까지 소개한 동적 할당과 관련이 있다.

char형 포인터 변수를 이용한 문자열 입력은 반드시 문자열을 저장할 기억장소를 동적으로 할당받은 후에야 가능하며, strcpy와 같은 함수를 적용할 때도 마찬가지다. 그러므로 다음 그림과 같이 name이 동적으로 할당받은 기억장소를 가리키게 한 후 이름을 입력받도록 [프로그램 11-1]의 16, 17행을 수정해야 한다.

```
// 선수의 경기 정보 입력
player.name = (char *) malloc(sizeof(char)*7);  ◀— 동적으로 할당받은 기억장소의 시작 주소가 name 포인터 변수에 저장된다.
printf("선수의 이름은? ");
scanf("%s", player.name);  ◀— 동적으로 할당받은 기억장소에 사용자가 입력한 이름이 저장된다.
```

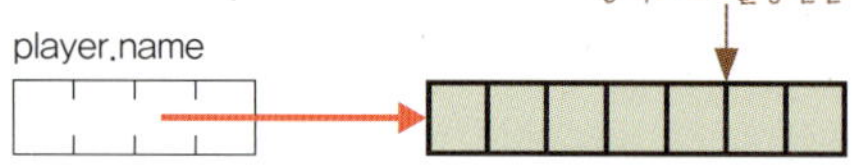

그런데 선수의 이름 길이가 6보다 크면 어떻게 될까? 이것은 단순한 동적 할당으로 해결할 수 없다. 다음에 소개하는 [프로그램 11-11]의 문제점과 이를 해결하는 방법을 차근히 읽으면서 컴퓨터 프로그램에서 동적 할당을 어떻게 활용하는지 배워보자. 이 내용은 동적 할당의 실질적인 사용 예를 간단히 보여주지만 기초 과정에서 꼭 필요한 내용은 아니므로 생략해도 좋다.

[프로그램 11-11]에서 입력받는 도서명의 길이를 생각해보자. 도서명은 아주 짧은 것도 있고 아주 긴 것도 있다. 그러므로 title 멤버를 단순히 char형 배열에 저장한다면 배열에 저장할 도서명 중 가장 긴 것을 고려하여 다음과 같이 선언해야 할 것이다.

```
char title[도서명 최대 길이+1];
```

이렇게 배열 원소수를 미리 결정해야 하는 정적 할당에서는 실제로 입력한 도서명 길이가 짧을수록 title 배열에는 사용되지 않고 낭비되는 공간이 많아진다. 사실 [그림 11-20]에서도 도서명이 짧아서 title 배열에 남는 공간이 많을 수 있음을 쉽게 확인할 수 있다. 이를 해결하기 위해 title을 char형 포인터로 선언한 후 도서명 길이 정보를 이용하여 필요한 만큼의 기억장소를 할당받도록 다음과 같이 작성할 수 있다.

```
// title 멤버는 char *title;로 선언되어 있을 때 동적 할당 받기
books[i].title = (char *) malloc(sizeof(char)*(도서명 길이+1));
gets(books[i].title);
```

여기서의 문제점은 입력될 도서명의 길이를 gets 함수에서 입력받기 전에 미리 알 수 없다는 것이다. '도서명 길이'를 동적 할당 이전에 사용자에게 직접 묻는다면 알 수 있지만 이것은 바람직하지 못하다. 이를 해결하는 방법은 다음과 같다.

사용자가 입력하는 도서명을 저장할 임시 저장소로 충분한 길이의 char형 배열을 추가로 사용하는 것이다. 그래서 다음과 같이 일단 사용자가 입력한 도서명을 임시 저장소 temp 배열에 저장한 후(①), strlen 함수를 이용하여 실제로 저장된 문자의 수를 알아낸 후 이 정보를 이용하여 동적할당을 받는다(②). 그 다음에는 temp에 저장된 도서명을 동적으로 할당받은 기억장소에 복사한다(③). 임시 저장소 temp 배열의 크기가 크더라도 도서명이 100권, 1000권 많아질수록 임시 저장소의 낭비는 무의미해진다.

```
char temp[101]; // 최대 100개의 문자를 저장할 수 있는 임시 저장소
...
for (i=0; i<size; i++)
{
```

```
    printf("도서명: ");
①  gets(temp);
②  books[i].title = (char *) malloc(sizof(char)*strlen(temp)+1);
③  strcpy(books[i].title, temp);
}      ↖—temp에 실제로 저장된 문자열만 books[i].title에 복사한다.
```

그림 11-21 char형 포인터를 이용한 문자열과 동적 할당

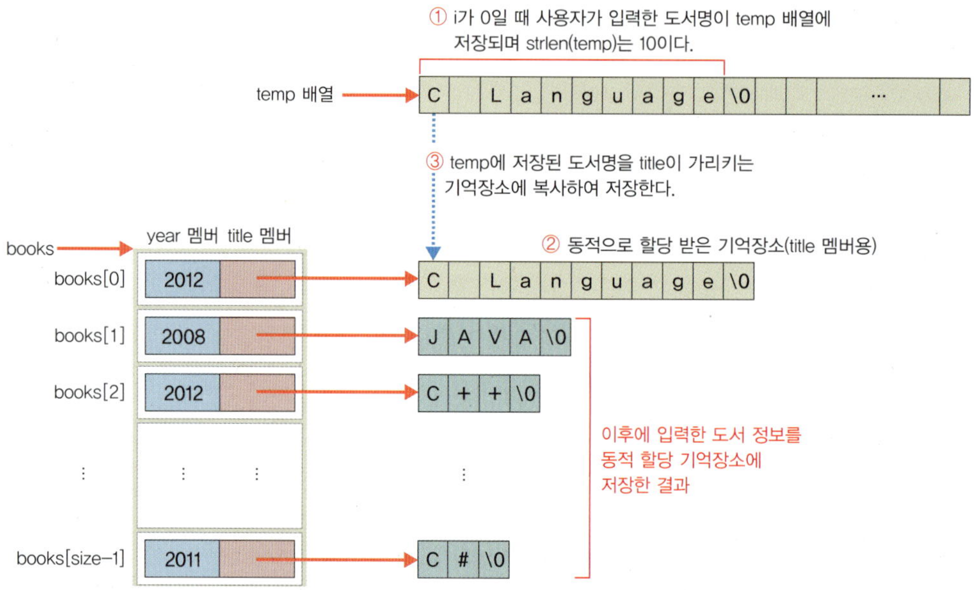

프로그램 11-12 도서명을 동적으로 할당받는 도서 정보 입출력 프로그램: [프로그램 11-11] 수정 (ch11-12.cpp)

```
#include <stdio.h>
#include <string.h>    // strlen, strcpy 함수를 위한 헤더 파일
#include <stdlib.h>    // malloc, free, exit 함수를 위한 헤더 파일

struct book_info       // 구조체 정의
{
    int year;          // 출판년도
    char *title;       // 도서명
};

typedef struct book_info BOOK; // 자료형 재정의

int main()
{
    BOOK *books;       // 도서 정보를 저장할 동적 배열을 가리킬 포인터
    int size, i;       // 정보를 입력받을 도서 권수
    char temp[101];    // 입력된 도서명을 저장할 임시 저장소

    do                 // 도서 권수 입력(1이상의 값 입력받기)
    {
        printf("정보를 입력할 도서 권수 : "); scanf("%d", &size);
```

```
        if (size <= 0)
            printf("에러 : 권수를 잘못 입력하였습니다. 다시 입력하세요 ");
    } while (size <= 0);

    // 도서 권수만큼 정보를 저장할 기억장소 할당받기
    books = (BOOK*) malloc(sizeof(BOOK)*size); // 구조체 배열을 위한 동적 할당
    if (books == NULL)
    {
        puts("동적 기억장소 할당에 실패하였습니다. \n");
        exit(1);        // 프로그램 실행 중단
    }

    // size권의 도서 정보 입력
    for (i=0; i<size; i++)
    {
        printf("%d) 도서 이름 : ", i+1);
        fflush(stdin); // gets에서 새로 입력받도록 입력용 버퍼 비우기
        gets(temp);     // 도서명을 임시로 temp 배열에 입력받기

        // 문자열을 위한 동적 할당
        books[i].title = (char*) malloc(sizeof(char)*(strlen(temp)+1));
        if (books[i].title == NULL)
        {
            puts("동적 기억장소 할당에 실패하였습니다. \n");
            exit(1);    // 프로그램 실행 중단
        }
        // 임시 저장소에 입력한 도서명을 실제 title 멤버에 복사하기
        strcpy(books[i].title, temp);

        printf("   출판년도 : ");
        scanf("%d", &(books[i].year));
    }

    // books 배열에 저장된 size권의 도서 정보 출력
    printf("\n >> 도서 정보 목록 << \n");
    printf("\n 순번 도서명 출판년도  ");
    printf("\n ====================\n");
    for (i=0; i<size; i++)
    {
        printf("%3d %-12s %4d\n", i+1, books[i].title, books[i].year);
    }
    printf(" ====================\n");

    // char형 배열 멤버 title에 할당된 동적 기억장소 해제하기
    for (i=0; i<size; i++)
        free(books[i].title);
    free(books);        // 구조체 배열을 위한 동적 할당 기억장소 해제

    return 0;
}
```

도서명 길이만큼 동적으로 기억장소를 할당받도록 수정된 부분

핵심요약

구조체

프로그래머가 직접 정의해서 사용할 수 있는 사용자 정의 자료형(user-defined data type)으로 서로 관련된 다양한 자료형의 여러 값을 하나의 단위로 묶어서 편리하게 관리하고 사용할 수 있게 한다.

구조체를 이용하여 저장한 홍길동에 관련된 4개의 정보

이름	학교	나이	평점
"홍길동"	"대한대학교"	20	4.2

구조체 사용 단계

예약어 (struct), 구조체 태그명(사용자가 지정) (student_info)

1. 구조체 정의

```
struct  student_info
{
    char s_no[10];    // 학번   ← 구조체 멤버 선언
    char name[10];    // 이름
    int grade;        // 학년
    double GPA;       // 평점
};
```

2. 구조체 변수 선언

```
struct  student_info  student1;
struct  student_info  student2 = {"L412012", "홍길동", 3, 4.2};
```

초깃값 지정

3. 구조체 멤버 참조

```
student1.grade = 4;
```

멤버 연산자 (.)

```
student1 = student2;
```

같은 구조체형 변수 간의 대입 (=)

구조체 배열

배열은 자료형이 같은 여러 값을 저장할 수 있으므로 구조체형 배열도 가능하다.

1. 구조체 정의

```
struct person
{
    char name[7], gender[3];  // 이름, 성별
    int age;                  // 나이
};
```

2. 구조체 배열 선언과 초기화

```
struct person user[10] = {{"나태희", "여", 20}, {"유현빈", "남", 29},
                          {"나원빈", "남", 25}, …, {"김해수", "여", 35}};
```

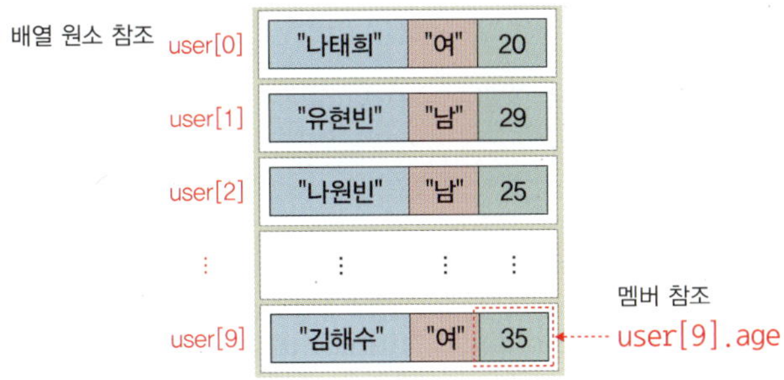

구조체 포인터

구조체의 시작 주소 값을 저장하는 구조체 포인터에 대해 간접 연산자 *와 멤버 연산자 .를 조합하거나 포인터 멤버 연산자 ->를 사용하여 구조체를 참조할 수 있다.

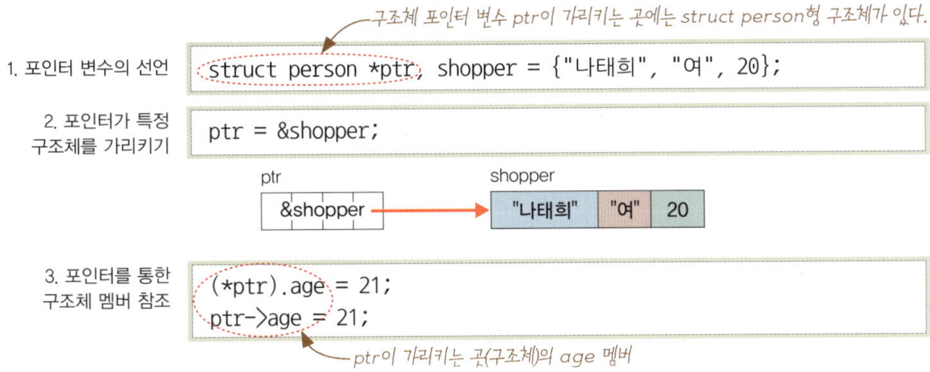

함수 간에 구조체 전달

- 값에 의한 호출 방식

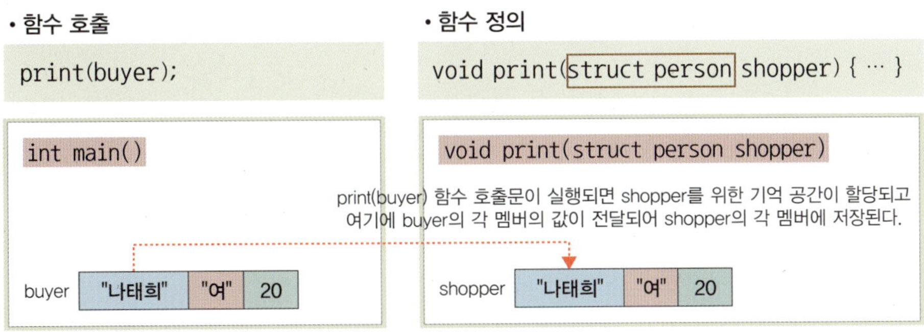

• 주소에 의한 호출 방식

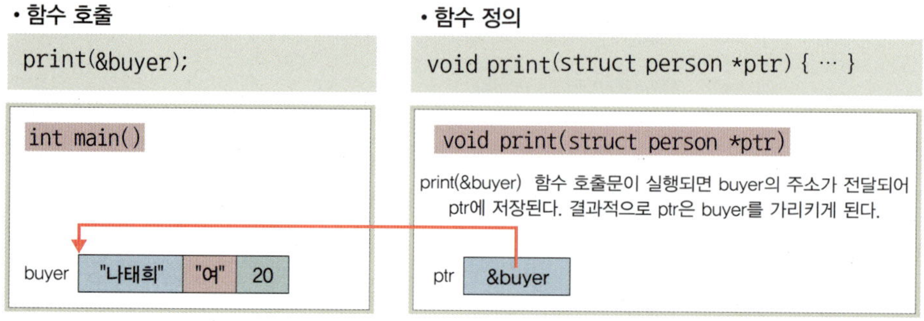

동적 기억장소 할당

정적 할당은 실행 전 컴파일 시점에 변수나 배열에 필요한 기억장소의 크기가 결정된다. 반면 동적 할당은 프로그램을 실행하면서 실제로 필요한 만큼의 기억장소를 힙 영역에서 할당받아 사용하고 더 이상 필요하지 않는다면 다음 동적 할당이나 다른 프로그램에서 사용할 수 있도록 해제한다. 그러므로 동적 메모리 할당을 이용하면 기억장소를 낭비하지 않고 효율적으로 사용할 수 있다.

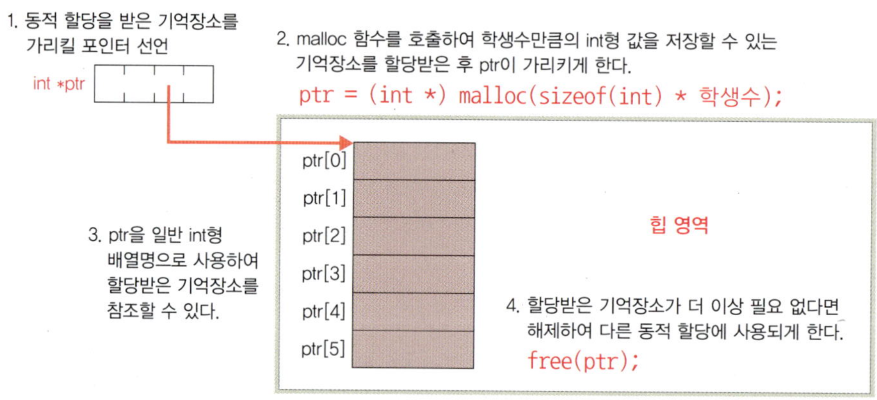

연습문제

01 구조체 템플릿 정의와 구조체 변수 선언의 차이를 설명하시오.

02 다음 코드는 두 사각형 중 면적이 큰 사각형의 가로, 세로, 면적 정보를 larger에 구하는 프로그램이다. 밑줄 친 곳에서 잘못된 것을 찾아 그 이유를 설명하시오.

```
struct rectangle        // 구조체 템플릿 정의
{
    int width=5, height=2, area;
}

int main()
{
    rectangle r1 = {3, 7}, r2 = {2, 5};
    int larger;         // 면적이 큰 사각형의 가로, 세로 면적을 저장할 변수
    r1.area = r1.width * r1.height;
    r2.area = r2.width * r2.height;
    if (r1 > r2)        // r1 사각형보다 r2 사각형의 면적이 더 크다면
        larger = r1;
    else
        larger = r2;
    printf("더 큰 사각형의 면적은 %d입니다.", larger.area);
    return 0;
}
```

03 인터넷 카페 회원 1명의 아이디(smartC), 비밀번호(sm8448), 나이(20), 이름(신세대) 정보를 변수를 선언함과 동시에 초기화한 후 출력하고자 한다. 회원의 정보를 구조체를 사용하지 않고 처리하는 프로그램과 구조체를 사용하는 프로그램 두 개를 작성한 후 구조체와 배열의 같은 점과 차이점을 비교 설명하시오.

04 다음과 같은 프로그램을 작성하기 위해 필요한 구조체를 정의하시오.

① 전화번호부 관리 프로그램을 위해 개인의 이름, 집 전화번호, 휴대폰번호를 저장할 구조체

② 체중관리 프로그램을 위해 각 음식의 이름과 칼로리 정보를 저장할 구조체

③ 은행계좌 입출금 관리 프로그램을 위해 은행계좌의 계좌번호, 고객명, 잔액, 이자율을 저장할 구조체

05 다음 그림과 같이 직원의 사원번호, 이름, 자녀수, 기본급을 저장하기 위한 employee_info 구조체를 정의하시오.

no	name	children	pay
사원번호 (7자리 숫자와 문자의 조합)	이름 (최대 한글 4자)	자녀수	기본급

06 5번 문제에서 정의한 employee_info형 구조체 변수 employee에 직원의 정보를 입력하는 코드 부분을 적으시오.

hint no와 name 멤버를 char형 포인터로 선언했다면 no와 name 멤버에 정보를 저장할 기억 공간을 동적으로 할당 받은 후 입력을 받아야 한다.

07 자녀수당은 자녀 1명은 10만원, 2명 이상은 20만원일 때 6번 문제에서 입력된 직원에 대해 자녀수당을 구하여 다음과 같이 출력하는 코드 부분을 적으시오.

실행결과

```
사원번호    이름    기본급      자녀수   자녀수당
---------------------------------------------
KNU-123   나경대  4000000원   3명     200000원
```

08 5번 문제의 employee_info 구조체에 자녀수당을 위한 extra_pay 멤버와 최종 급여를 위한 total 멤버를 추가한 후 직원 5명의 사원번호, 이름, 기본급, 자녀수를 입력받은 후 직원의 급여 명세서를 출력하는 프로그램을 작성하시오. 최종 급여는 기본급여 + 자녀수당이며 자녀수당 계산 방법은 7번 문제와 같다.

hint 직원 1명의 자료가 구조체므로 5명의 정보를 저장하려면 employee_info형 배열을 사용해야 한다.

09 8번 문제의 프로그램 결과에 '최고 급여자: 나경대 4200000원'을 추가로 출력하는 코드 부분을 적으시오.

10 7장 [프로그램 7-9] 학생 정보 조회 시스템을 구조체를 사용하여 수정하시오.

11 다음 프로그램의 결과 값을 추정해본 후, 직접 프로그램을 실행한 결과와 비교하여 보시오.

```
1   #include <stdio.h>
2   struct date {
3       int year, month, day;       // 년, 월, 일
4   };
5   struct person {
6       int no, level;              // 회원 번호, 게임 등급
7       struct date birthday;       // 생일 멤버가 date형 구조체
8       int score[4];               // 4회 게임 점수
9   };
10  int main() {
11      struct person member = {123, 5, {1992, 9, 7}, 200, 250, 270, 300};
12      struct date update = {1993, 11, 3};
13      struct person *ptr = &member;
14
15      printf("회원 번호: %d \n", member.no);
16      printf("생일: %d년 %d월 %d일 \n", member.birthday.year,
                member.birthday.month, member.birthday.day);
17      printf("4차전 점수 : %d\n\n", member.score[3]);
18
19      member.birthday = update;
20      printf("수정된 생일: %d년 %d월 %d일 \n", member.birthday.year,
                member.birthday.month, member.birthday.day);
21      printf("최종 게임 등급: %d \n", ptr->level);
22      return 0;
23  }
```

12 11번 문제의 프로그램에서 회원의 1~4차전 점수를 출력하는 코드 부분을 적으시오.

13 11번 문제의 프로그램 14행에서 output_value(member);와 같이 함수를 호출하면 회원의 정보가 출력되도록 output_value 함수 정의 부분을 적으시오.

14 11번 문제의 프로그램 14행에서 output_address(&member);와 같이 함수를 호출하면 회원의 정보가 출력되도록 output_address 함수 정의 부분을 적으시오.

15 [프로그램 11-6]을 급여가 최대인 직원의 정보를 출력하도록 수정하시오. 급여가 최대인 직원의 정보를 구하는 함수 find_max를 정의하여 사용하시오.

16 복소수는 전자회로 설계 등 다양한 분야에 사용된다. 실행 결과와 같이 복소수 두 개를 입력받아 덧셈과 뺄셈을 수행한 결과를 출력하는 프로그램을 작성하시오. a+bi 복소수를 일반 수치형 변수에 저장할 수는 없다. a+bi 복소수는 실수부의 a와 허수부의 b 두 개의 값으로 구성되므로 복소수를 실수부와 허수부의 두 값을 각각 real과 img 멤버에 저장하는 구조체로 처리한다. 예를 들어 2+3i는 real 멤버가 2, img 멤버가 3이며, 3-5i는 real 멤버가 3, img 멤버가 -5인 구조체에 저장한다. 복소수의 덧셈과 뺄셈 연산은 다음 규칙을 따른다.

- 덧셈 연산: $(a + bi) + (c + di) = (a + c) + (b + d)i$
- 뺄셈 연산: $(a + bi) - (c + di) = (a - c) + (b - d)i$

hint 정수에 대한 변환 명세로 "%+d"를 사용하면 음수는 -2, 양수는 +2와 같이 언제나 부호가 출력된다.

실행결과

```
첫째 복소수 a+bi의 a는? 2
                 b는? 3
둘째 복소수 a+bi의 a는? 3
                 b는? -5

(2+3i) + (3-5i) = 5-2i
(2+3i) - (3-5i) = -1+8i
```

17 다음과 같이 학생의 한 학기 5강좌의 성적으로부터 한 학기 평점(GPA)을 계산하여 출력하는 프로그램을 작성하시오. 각 강좌마다 강좌명, 학점, 등급 정보를 구조체에 저장하며, 다섯 강좌의 정보는 구조체 배열을 선언하면서 초기화한다. 등급을 전달하면 등급에 해당하는 점수를 반환하는 score 함수를 정의하여 사용한다. 등급에 따른 점수는 다음 표와 같다.

등급	A+	A0	B+	B0	C+	C0	D+	D0	F
점수	4.5	4.0	3.5	3.0	2.5	2.0	1.5	1.0	0

```
실행결과

강좌명  학점  등급
────────────────
글쓰기   2   A0
수학     3   B+
체육     2   A0
회화     2   B0
C언어    3   A+
────────────────
      평점  3.8
```

18 특정 회사의 급여를 계산하는 프로그램을 작성하시오. 직원의 수 size는 프로그램 사용자로부터 직접 입력을 받으며 직원의 정보를 저장할 구조체 배열은 원소수가 입력된 size가 되도록 동적 할당을 이용한다. 사원의 정보는 이름, 직위, 야근시간, 기본 급여, 최종 급여로 구성되는 구조체에 저장한다. 급여 계산에 필요한 기본 정보(이름, 직위, 야근시간) 입력은 input 함수, 사원의 기본 급여는 basic_pay 함수, 직책과 야근 수당은 allowance 함수, 최종 급여는 pay 함수, 급여 명세 목록 출력은 output 함수, 최고 급여 사원의 정보는 max_pay 함수에서 처리한다. 급여를 계산하는 방식은 다음과 같다.

- 직위별 기본 급여: 과장은 3백만원, 대리는 2백만원, 나머지는 백오십만원
- 직위별 직책 수당(기본급에 대해 적용): 과장 10%, 대리 7%, 나머지 5%
- 야근수당: 시간당 2만원
- 최종 급여: 기본 급여 + 직책 수당 + 야근 수당

19 다음 그림과 같이 개인 정보 등록, 모든 정보 출력, 특정인의 정보 삭제 기능을 가진 간단한 전화번호 관리 프로그램을 작성하시오. 전화번호부에는 최대 50개의 정보를 저장할 수 있다고 가정하며 사용자가 그만하기를 선택할 때까지 여러 기능을 반복하여 처리할 수 있게 한다.

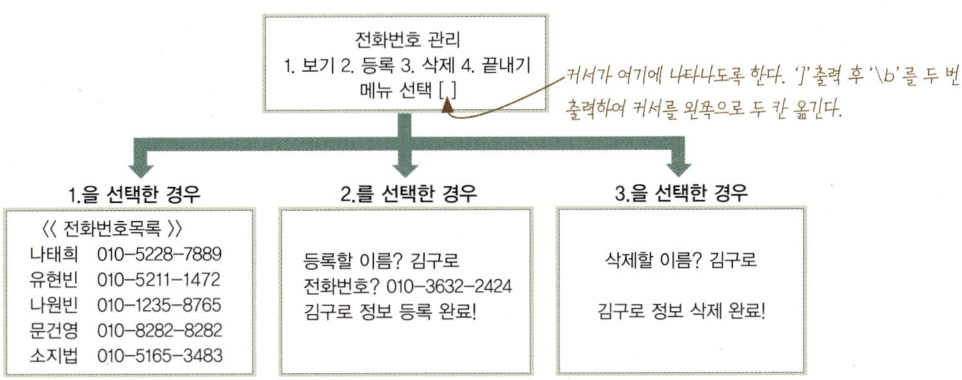

개인 정보를 저장할 구조체 배열의 크기와 실제로 정보가 저장된 배열 원소수가 다르다는 것에 유의한다. 즉 배열 전체의 크기와 상관없이 실제 배열에 저장된 개인 정보의 수를 별도의 변수(예로 size)에 관리해야 한다. 일단 #define MAX 50으로 정의한 매크로 상수를 이용하여 struct phone book[MAX];로 phone형 구조체 배열 book을 선언한 후 int size = 0;으로 선언한다. 이후 2번 기능에 의해 개인 정보가 등록될 때 마다 size를 1 증가하고 3번 기능에 의해 정보가 제거될 때마다 size를 1 감소하며 1번 기능에서는 book[0]부터 book[size-1]까지의 원소에 저장된 정보를 출력한다.

hint 배열의 한 원소를 삭제할 때는 삭제할 이름을 포함하고 있는 배열 원소의 첨자를 먼저 구해야 한다. 만일 삭제할 개인 정보의 배열 원소 첨자가 5이고 현재 배열에 저장된 정보가 9(size)개라면 book[5]=book[6], book[6]=book[7], book[7]=book[8]과 같이 첨자 6부터 9-1(size-1)까지의 원소에 대해 한 칸씩 앞으로 이동하고 배열에 저장된 정보 개수 size도 1을 빼서 7로 수정해야 한다.

chapter

12

파일 입출력

12.0 개요

지금까지는 프로그램에 필요한 데이터를 입력받을 때 [그림 12-1]의 왼쪽과 같이 사용자가 직접 키보드에서 입력하고 결과를 출력할 때는 모니터로 표시하였다. 그런데 키보드 입력은 프로그램을 실행할 때마다 매번 똑같은 데이터를 사용자가 직접 입력해야 하는 불편함이 있었고, 모니터 출력은 프로그램 실행결과 창을 닫으면 출력 내용이 모두 사라지며 화면을 스크롤업하면서 결과를 확인해야 하는 불편함이 있다. 특히 입력할 데이터나 출력할 결과가 많을 때는 시간과 수고가 더 든다. 이를 해결하는 방법이 [그림 12-1]의 오른쪽과 같이 데이터를 미리 저장한 파일로부터 입력을 받고 결과를 파일로 저장하는 것이다.

그림 12-1 표준 입출력과 파일 입출력

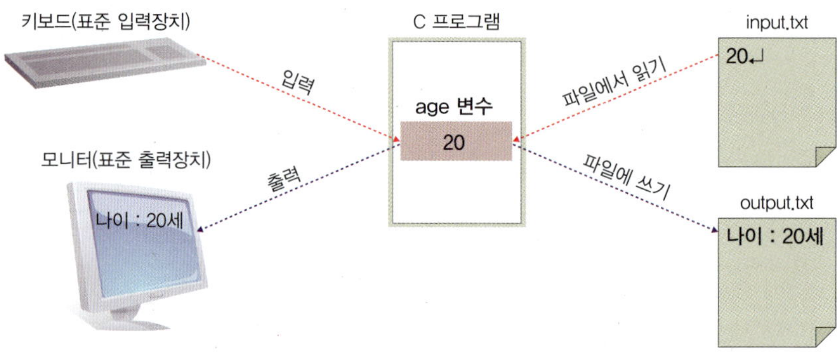

C 언어는 프로그램에서 데이터나 결과를 보조기억장치에 파일로 저장하거나 파일에 저장된 데이터를 프로그램으로 읽어오도록 파일 입출력에 필요한 함수를 제공한다. 이 장에서는 파일의 개념, 필요성, 종류를 살펴본 후 C 언어에서 제공하는 파일 입출력 함수를 통해 프로그램에서 처리한 데이터 또는 결과를 파일로 저장하는 방법과 파일에 저장된 데이터를 프로그램으로 읽어오는 방법에 대해 살펴본다.

12.1 파일이란?

파일(file)은 디스크나 자기 테이프 등과 같은 보조기억장치에 파일명으로 저장된 물리적인 데이터 집합체다. 파일은 저장된 내용의 용도에 따라 [그림 12-2]와 같이 프로그램 파일과 데이터 파일로 나뉠 수 있다. 프로그램은 특정 문제를 해결하기 위해 CPU가 실행할 명령을 모아둔 파일로, 한글 프로그램, 파워포인트 프로그램, 포토샵 프로그램, 그리고 지금까지 작성한 C 프로그램이 이에 해당한다. 데이터는 프로그램 파일이 실행되면서 처리할 데이터 또는 프로그램 실행 동안 처리한 결과를 모아둔 파일이다. 이 장에서 다룰 내용이 이 데이터 파일을 만드는 방법과 데이터 파일로부터 프로그램에 필요한 데이터를 읽어오는 방법이다.

그림 12-2 프로그램 파일과 데이터 파일

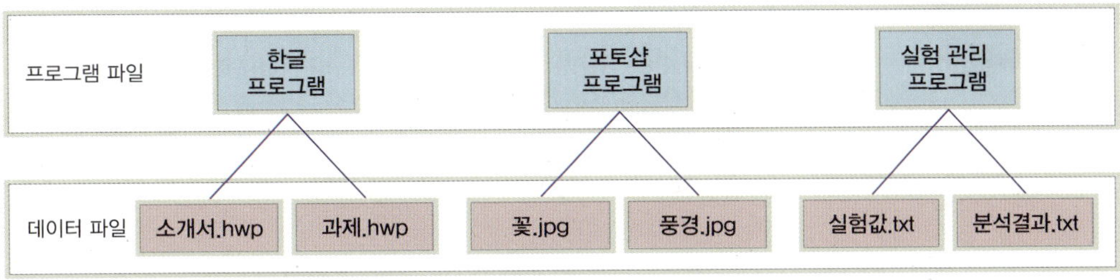

이제 데이터 파일로부터 입출력이 필요한 이유를 알아보기 위해, 지금까지 작성한 C 프로그램에서 입출력과 관련된 문제가 어떤 것이 있는지 살펴보자. 실험 데이터를 관리하는 [프로그램 11-9]에서 50번의 실험 데이터를 입력시키고 여러 정보를 검색한 후 실행을 끝냈다고 가정하자. 그렇다면 지금까지 입력한 실험 데이터는 어떻게 될까? 불행히도 실행 프로그램이 끝나면 프로그램에서 사용하던 모든 기억장소가 해제되기 때문에 프로그램 실행 동안 저장되었던 실험 데이터는 모두 사라진다. 더욱이 주기억장치는 컴퓨터의 전원이 꺼지면 저장된 모든 내용이 사라지므로 프로그램 실행 도중에 전원이 나가면 결과를 확인하기도 전에 모든 데이터가 사라진다. 만일 이틀 후에 추가로 실험한 10번의 데이터와 이전의 50번의 실험 데이터를 이 프로그램을 통해 처리하고 싶다면 다시 60번의 실험 데이터를 입력해야 한다. 뿐만 아니라 실행결과 역시 프로그램 실행 창을 닫으면 모두 사라지므로 결과를 다시 확인하려면 프로그램을 실행해서 실험 데이터를 다시 입력하고 실행 창은 열어 둔 채로 계속 작업해야 한다.

한글 프로그램에서 이미 저장된 문서를 불러와서 내용을 수정하고 다시 저장하는 것처럼 C 프로그램도 이미 디스크에 저장되어 있는 데이터 파일에서 프로그램에 필요한 변수나 배열의 값을 입력받고, 프로그램이 처리한 결과는 데이터 파일에 출력하면 이러한 문제를 해결할 수 있다. 그러면 프로그램을 실행할 때마다 키보드에서 직접 데이터를 입력할 필요도 없어지며 프로그램 실행결과 또한 데이터 파일을 열어서 언제든지 확인할 수 있고 필요하다면 엑셀과 같은 프로그램에서 데이터 파일을 열어서 다른 처리를 하는 것도 가능해진다.

지금까지의 키보드와 모니터를 이용한 입출력 역시 키보드와 모니터라는 파일에 대한 입출력으로 처리할 수 있다. 그 이유는 C 언어가 [그림 12-3]과 같이 디스크에 저장된 파일은 물론 키보드, 모니터, 프린터 등 모든 입출력(input/output) 장치들을 논리적으로 파일 취급하기 때문이다. 즉 프로그래머 입장에서는 프로그램의 실행결과를 모니터에 출력하는 것을 '모니터'라는 파일에 출력하는 것으로 처리할 수 있다는 것이다. 이런 특별한 파일들을 장치 파일

(device file) 또는 특수 파일이라고 한다. 특수 파일은 표준 입출력 함수를 통해 장치 드라이버와 상호 작용할 수 있도록 해준다.

그림 12-3 다양한 입출력장치를 통한 프로그램의 age 변수의 입출력

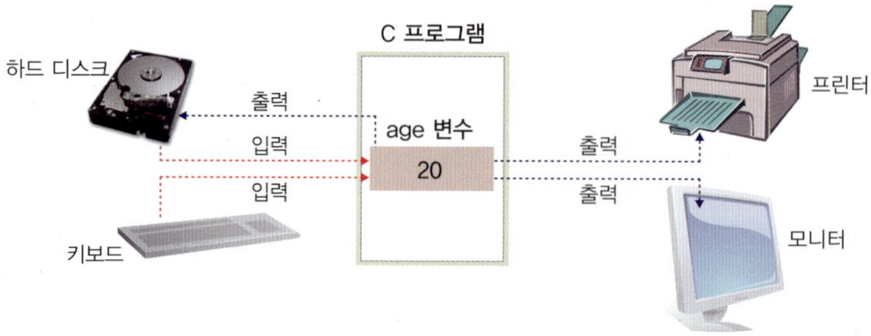

[그림 12-4]의 (a)와 같이 표준 입출력장치를 통한 입출력에서는 키보드에서 입력(input)받고 모니터로 출력(output)한다고 한다. [그림 12-4]의 (b)와 같이 파일을 이용한 입출력에서는 파일로부터 읽고(read) 파일에 쓴다(write)고 한다.

그림 12-4 표준 입출력장치를 통한 입출력과 파일을 통한 입출력 예

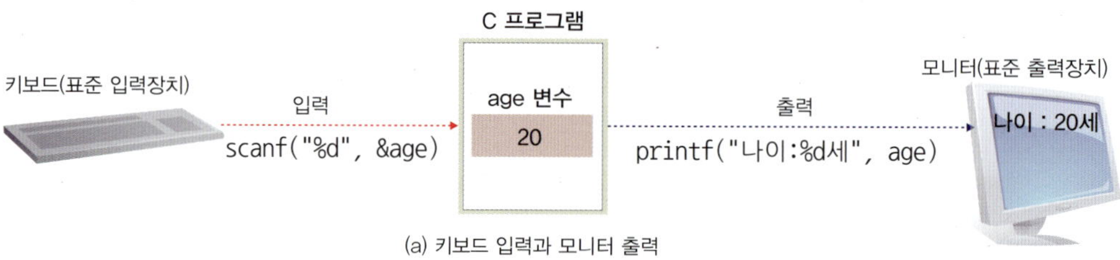

(a) 키보드 입력과 모니터 출력

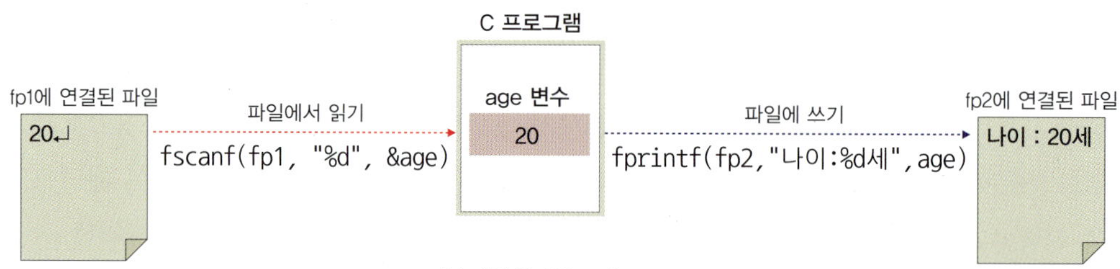

(b) 파일 읽기와 쓰기

[그림 12-4]의 (a)는 프로그램을 실행할 때 키보드에서 age 변수의 값을 직접 입력해야 하지만 [그림 12-4]의 (b)는 age의 값을 파일에서 입력받으므로 사용자가 키보드에서 입력할 필요가 없다. 그러므로 프로그램이 실행되는 동안 사용자에게서 상황에 맞는 선택을 입력받거나 사용자마다 다른 데이터를 입력받아야 할 때는 표준 입력 장치를 사용하는 것이 편리하다. 반대로 미리 정해진 많은 데이터를 입력할 때는 디스크에 저장된 파일에서 프로그램 변수나 배열로 일괄 입력받는 것이 편리하다. 여기서 입력용으로 사용되는 파일은 프로그램 실행 결과로 만들어진 파일과 단순히 메모장이나 비주얼 C++ 2010 익스프레스에서 텍스트 파일

(확장자가 txt인 파일)로 만든 것 모두 가능하다. 예를 들면 학생 1000명의 이름, 주소, 전화번호, 평점을 저장한 student.txt 파일은 편집기에서 직접 만들고, student.txt 파일에서 입력한 학생 1000명의 정보로부터 평점이 4.1 이상인 학생의 정보만 저장한 장학생 명단 파일 scholarship.txt는 장학생 선정 프로그램을 통해 만들 수 있다.

파일은 저장된 데이터의 형식에 따라 텍스트(text) 파일과 이진(binary) 파일로 나눌 수 있다. 텍스트 파일은 파일 내용을 화면이나 프린터로 출력해서 볼 때 사람이 알고 있는 문자로 표시된다. 지금까지 사용자가 키보드로 직접 입력해서 만든 프로그램 소스 파일이나 메모장에서 작성한 파일 등이 텍스트 파일에 해당한다. 이진 파일은 [그림 12-5]와 같이 사람에게는 의미가 없는 이상한 문자로 표시되어 컴퓨터의 특정 프로그램에 의해서만 읽을 수 있는 파일이다. 대표적인 이진 파일로는 프로그램 실행 파일, 음악 파일, 이미지 파일 등이 있다.

그림 12-5 메모장에서 연 이진 파일 예

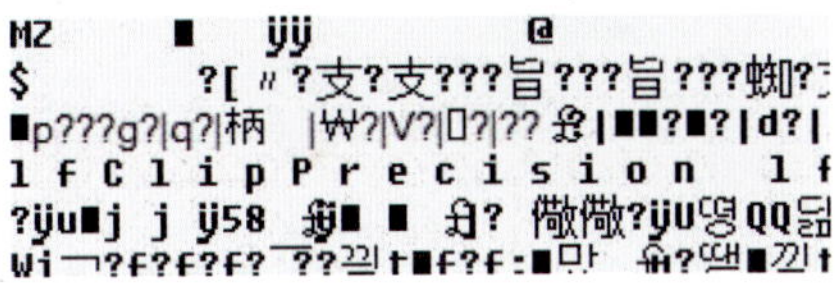

파일을 분류하는 또 다른 방법으로 파일에 저장된 데이터를 읽거나 쓸 때 파일의 데이터를 접근(access)하는 방식에 따라 순차(sequential) 파일과 랜덤(random) 파일로 나눌 수 있다. 순차 파일은 데이터를 처음부터 순차적으로 읽거나 쓰기 때문에 이미 읽은 데이터를 다시 읽으려면 파일을 닫은 다음 다시 열고, 파일의 맨 처음부터 읽어서 원하는 위치까지 이동하여 데이터를 읽어야 한다. 하지만 랜덤 파일은 파일의 어느 위치든지 곧바로 이동하여 읽고 쓰는 것이 가능하다. 어떤 파일이든지 순차적으로 접근할 수도 있고 임의적으로 접근할 수도 있다. 파일 접근 방식은 사용자가 파일을 어떻게 접근하느냐의 문제이지 파일 자체의 문제는 아니다.

12.2 파일 처리 과정

scanf 함수는 입력 장치를 무조건 표준 입력 장치인 키보드로 간주하지만 파일로부터 읽을 때는 수많은 파일 중 어떤 파일에서 입력을 할지 명시해야 한다. 따라서 파일 입출력을 할 때는 [그림 12-6]과 같이 네 단계를 거친다.

그림 12-6 파일 처리 네 단계

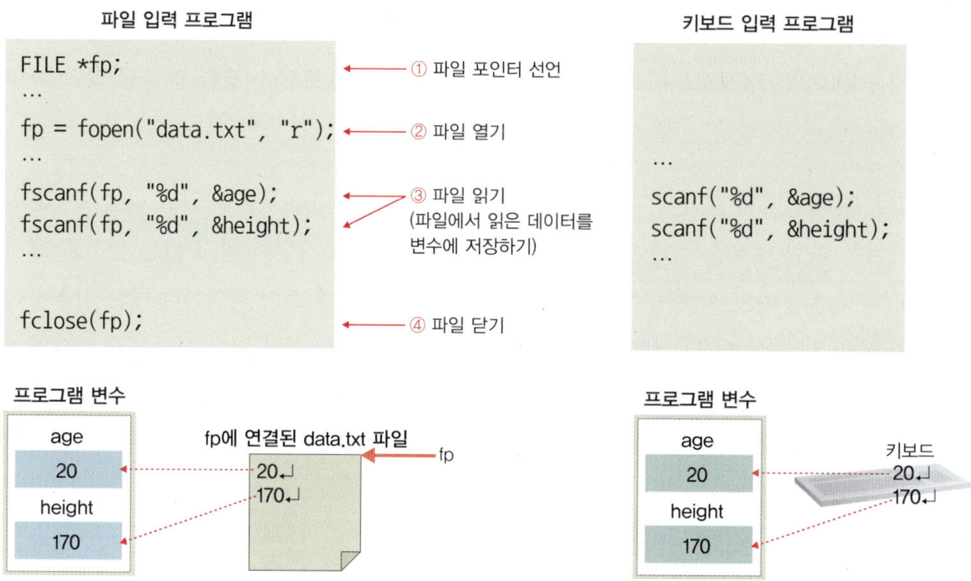

(a) 파일 읽기 (b) 키보드 입력

① 수많은 파일 중 하나를 지정하고, 이 파일에서 읽기/쓰기를 하는 데 필요한 정보를 가리키는 FILE형 포인터를 선언해야 한다. ② 입출력을 원하는 파일을 사용할 수 있도록 연 후에 FILE형 포인터와 연결한다. ③ 파일 입출력 함수를 이용하여 이 포인터에 연결된 파일로부터 데이터 읽기/쓰기를 한다. ④ 파일의 모든 입출력이 끝나면 열린 파일과 FILE형 포인터와의 연결을 해제하여 파일을 닫는다. 이 중 세 번째 단계인 파일 입출력 함수를 이용한 읽기/쓰기는 12.3절부터 자세히 소개하고 나머지 단계는 지금부터 소개한다.

12.2.1 파일 포인터 선언하기

파일을 사용하기 위해서는 FILE형 포인터가 필요하다. FILE은 헤더 파일 stdio.h에 정의된 구조체 자료형으로 파일에서 읽고 쓰기를 하는 데 필요한 복잡한 정보를 저장하는 여러 멤버로 구성된다. 프로그래머는 FILE 구조체 멤버를 직접 사용할 일이 없으므로 어떤 멤버들이 어떻게 정의되어 있는지 알 필요는 없다. 그 대신 파일에서 읽고 쓰려면 파일마다 반드시 하나의 FILE형 포인터가 연결되어 있어야 한다는 것만 명심하면 된다. 이것은 자동차 핸들과 자동차 내부 기계장치가 어떻게 구성되고 작동하는지는 몰라도 되는 것과 같다. 그러나 핸들이 연결되어 있지 않다면 방향을 조정할 수 없다.

사실 FILE형 포인터는 파일과 관련된 정보가 들어있는 FILE 구조체를 가리키는 데 사용되므로 정확히는 'FILE 구조체형 포인터 변수'라고 해야 하지만 간단히 줄여서 파일 포인터라고도 한다. 이 파일 포인터는 파일 읽기/쓰기 함수를 호출할 때 작업 대상인 파일의 정보를 전달하는 인수로 사용된다. 그러므로 파일 포인터가 할당되어 있는 파일에 대해서만 읽기/쓰기를 할 수 있다. 파일 포인터를 선언하는 형식은 다음과 같다.

형식 **파일 포인터 선언**

FILE *파일 포인터 변수명

↖ 대문자임에 주의한다.

예
```
FILE *fp, *fpw;
```
↳ fp와 fpw를 파일 포인터로 선언한다.

12.2.2 파일 열기: fopen 함수

파일에서 읽기/쓰기를 하려면 파일을 여는 작업을 먼저 해야 한다. 파일 열기는 운영체제에게 이 파일을 사용하겠다고 요청하는 것이다. 파일을 열지 않고는 파일을 참조할 수 없다. 이는 한글 프로그램과 같은 워드프로세서에서 문서를 작성할 때 파일을 열고 문서를 작성한 후 저장하고 닫는 것과 같다. C 언어에서는 단순히 파일을 열었다고 해서 파일을 참조할 수 있는 것이 아니고 방금 연 파일의 읽기/쓰기에 필요한 정보가 든 FILE 구조체를 파일 포인터와 연결시켜야 한다.

형식 **파일 열기: fopen 함수**

파일 포인터 변수명 = fopen("파일명", "모드")

↖ 이전에 선언된 FILE형 포인터 변수

↳ fopen 함수가 "파일명"의 파일을 "모드"에 맞게 연 후 파일의 정보가 든 FILE 구조체의 시작주소를 반환하면 그 주소가 파일 포인터 변수에 저장됨으로써 파일 포인터가 방금 열린 파일에 연결된다.

↳ 파일 열기에 실패하면 0에 해당하는 NULL이란 상수를 반환한다.

↳ "모드": 파일을 읽기 위해서 여는지("r") 쓰기 위해서 여는지("w") 등을 지정하는 것으로 [표 12-1]의 파일 참조 모드와 [표 12-2]의 파일 형태 모드를 조합해서 사용한다.

표 12-1 파일 참조 모드들

모드	용도	모드	용도	주의 사항
"r"	읽기 전용	"r+"	읽기/쓰기	"파일명"의 파일이 없다면 에러로 NULL을 반환한다.
"w"	쓰기 전용	"w+"	읽기/쓰기	파일의 원래 내용을 모두 지운 후 처음부터 쓴다. "파일명"의 파일이 없다면 새로 만들어 연다.
"a"	추가 전용	"a+"	읽기/쓰기	파일의 내용 끝에 데이터를 추가(append)로 쓴다. "파일명"의 파일이 없다면 새로 만들어 연다.

↖ 일반적으로 많이 사용하는 모드

표 12-2 파일 형태 모드

모드	파일 형태	사용 예
t	텍스트 파일	"wt": 텍스트 파일로서 쓰기 전용으로 연다. "wb": 이진 파일로서 쓰기 전용으로 연다. "w": 파일 형태 모드가 없으면 텍스트 모드로 지정된다.
b	이진 파일	

예

```
FILE *fp;
fp = fopen("data.txt", "w");
```

*FILE *fp = fopen("data.txt", "w");로 선언과 동시에 초기화할 수 있다.*

위 예에서 fopen 함수가 반환한 FILE 구조체의 시작 주소가 fp에 저장되므로 [그림 12-7]의 왼쪽 그림과 같이 fp는 FILE 구조체 값을 가리키게 된다. 이제 파일 포인터 fp가 data.txt 파일에 연결되었으므로 fp를 이용하여 파일에 쓰기를 할 수 있게 된다.

그림 12-7 쓰기 모드로 연 파일에 연결된 파일 포인터 fp의 예

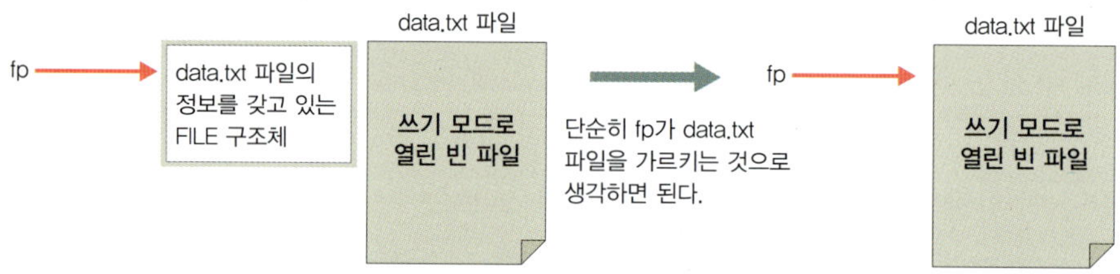

> **참고** 파일명을 지정할 때 "data.txt"와 같이 파일명만 명시하면 현재 작업 중인 프로젝트 폴더 안에서 파일을 찾으며, 파일명을 드라이브명부터 절대 경로로 "C:\\file\\data.txt"로 명시하면 프로젝트 폴더와 상관없이 C 드라이브의 file 폴더 안에서 data.txt 파일을 찾는다. 절대 경로에 포함된 '\\'는 실제는 '\'를 의미하는 이스케이프 문자다.

fopen 함수가 실패하여 NULL을 반환한 경우에는 파일과 관련된 어떠한 작업도 더 이상 처리할 수 없다. 그러므로 이 경우에는 보통 프로그램을 강제로 종료하도록 exit(1);을 실행한다. 예를 들어 지정한 이름의 파일이 존재하지 않아 읽기 모드로 열 수 없는 경우에는 다음과 같이 에러 처리 코드를 포함하는 것이 바람직하다.

```
FILE *fp;
fp = fopen("data.txt", "r");
if (fp == NULL)
    printf("지정한 이름의 파일을 열 수 없습니다. \n");
```

← 현재 프로젝트 폴더에 data.txt란 이름의 파일이 저장되어 있지 않다면 읽기 모드("r")로 열 수 없으므로 NULL이 반환된다.

12.2.3 파일 입출력 함수

파일 입출력을 위해 C 언어에서 제공하는 라이브러리 함수는 [표 12-3]과 같다. 이진 파일도 문자나 문자열 단위로 입출력을 할 수는 있지만 상당히 까다로우므로 [표 12-3]에서는 생략

하였다. 파일 입출력 함수의 자세한 내용은 12.3부터 소개한다.

표 12-3 파일 입출력 함수와 표준 입출력 함수

처리 대상	처리 단위	파일 입력	표준 입력	파일 출력	표준 출력
텍스트 파일	지정 형식 단위	fscanf	scanf	fprintf	printf
	문자 단위	fgetc	getchar, getch	fputc	putchar, putch
	문자열 단위	fgets	gets	fputs	puts
이진 파일	블록	fread	–	fwrite	–

12.2.4 파일 닫기: fclose 함수

파일 읽기나 파일 쓰기가 끝나면 프로그램 종료 전에 열린 파일들을 반드시 닫아주어야 한다. 파일을 닫기 위해서는 다음과 같이 fclose 함수를 이용하며 현재 열린 파일과 파일 포인터와의 연결이 해제된다.

형식 **파일 닫기: fclose 함수**

fclose(파일 포인터 변수명)

↳ 파일 포인터명과 연결된 파일이 닫히며 파일 포인터와의 연결이 해제된다. 이제 이 파일 포인터는 다른 파일에 다시 연결하여 사용할 수 있다.

↳ 파일 닫기에 성공하면 0을, 실패하면 –1에 해당하는 EOF란 상수를 반환한다.

예 `fclose(fp);`

↳ `fp = fopen("data.txt", "w");`로 `fp`에 연결된 `data.txt` 파일을 닫고 `fp`와의 연결을 해제한다.

[프로그램 12-1]은 파일을 읽기 모드로 열어 성공적으로 열렸는지를 검사하고 마지막에 파일을 닫는 프로그램이다. 읽기용 파일의 이름은 사용자에게서 직접 입력받으며 파일 열기에 실패하면 프로그램을 강제로 종료한다.

프로그램 12-1 파일 열기와 닫기 (ch12-1.cpp)

```
#include <stdio.h>                // fopen, fclose 함수를 위한 헤더 파일
#include <stdlib.h>               // exit 함수를 위한 헤더 파일

int main()
{
    FILE *fp;                     // 파일 포인터 선언
    char filename[80];            // 사용자가 입력한 파일명을 저장할 배열

    printf("열고 싶은 파일명을 입력하세요. ");
    gets(filename);               // 파일명을 직접 입력받기, scanf("%s", filename);

```

```
    fp = fopen(filename, "r");          // 파일을 읽기용으로 열어 fp와 연결하기
    if (fp == NULL)                      // 파일 열기에 실패한 경우
    {
        printf("\n열기 에러: %s 파일이 있는지 확인해보세요.\n", filename);
        exit(1);                         // 프로그램 강제 종료
    }
    printf("\n파일을 읽기 모드로 성공적으로 열었습니다.");
    fclose(fp);                          // 파일 닫기
    printf("\n파일을 닫고 프로그램을 종료합니다.\n");

    return 0;
}
```

• 입력한 이름의 파일이 있는 경우

실행결과

```
열고 싶은 파일명을 입력하세요. test.cpp

파일을 읽기 모드로 성공적으로 열었습니다.
파일을 닫고 프로그램을 종료합니다.
```

• 입력한 이름의 파일이 없는 경우

실행결과

```
열고 싶은 파일명을 입력하세요. text.cpp

열기 에러: text.cpp 파일이 있는지 확인해보세요.
```

파일명에 오타가 있다.

12.3 형식을 지정한 파일 입출력

키보드에서 데이터를 입력할 때나 모니터로 결과를 출력할 때 정수, 실수, 문자 등 특정 형식에 맞게 입력하거나 출력하는 scanf와 printf 함수는 이미 잘 알고 있다. 파일에 데이터를 쓰거나 파일에서 읽어올 때도 scanf와 printf처럼 형식에 맞추어 읽고 쓰는 fscanf와 fprintf 함수가 있다. fgetc/fputc는 파일에서 문자 단위로만 읽기/쓰기를, fgets/fputs는 문자열 단위로만 읽기/쓰기를 한다. fscanf/fprintf 함수는 정수, 실수, 문자열, 문자 단위로 원하는 형식에 맞게 읽기/쓰기를 할 수 있다.

scanf/printf 함수는 입출력 대상이 키보드/모니터로 정해져 있는 반면에 fscanf/fprintf 함수는 일반 파일뿐만 아니라 장치 파일까지도 입출력할 수 있다. scanf/printf 함수는 키보드/모니터로 입출력하는 것과 똑같은 방식으로 파일에서 입출력이 진행되므로 이해하기 쉽다. 그 대신 기존 파일의 내용을 프로그램에서 읽으려면 파일에 저장된 데이터의 형식과 순서를 정확히 알고 그에 맞게 읽어야 한다. 예를 들어 파일에 나이(int형), 평균점수(double형), 석차(int형) 순으로 데이터를 저장했다면 파일에서 읽을 때도 int형, double형, int형에 맞게 %d, %lf, %d 형식으로 읽어야 한다.

12.3.1 형식을 지정한 파일 출력: fprintf 함수

printf 함수를 사용한 모니터 출력 결과 그대로 파일에 쓰게 해주는 함수가 fprintf 함수다. 즉 fprintf 함수는 데이터를 프로그래머가 지정한 형식에 맞추어 파일로 출력한다.

형식 **지정한 형식으로 파일 쓰기: fprintf 함수**

fprintf(파일 포인터 변수명, "변환 명세를 포함한 형식 문자열", 변수명);

↳ 변수에 저장된 값을 "형식 문자열"에 맞게 변환하여 파일 포인터에 연결된 파일에 기록한다. 변수명 대신 상수 또는 식을 사용해도 된다.

↳ 파일 포인터 변수 외 나머지 인수는 printf 함수와 똑같은 역할을 한다. 그러므로 파일 포인터 변수명을 stdout으로 지정하면 모니터로 출력된다.

예

```
age = 20;
fprintf(fp, "나이: %d세", age);
```

↳ age 변수에 저장된 값 20을 정수 형태로(%d)로 변환하여 fp에 연결된 파일에 쓴다. 즉 모니터에 '나이: 20세'라고 출력하는 것이 아니라 파일에 출력한다.

그림 12-8 파일과 모니터로의 출력 비교

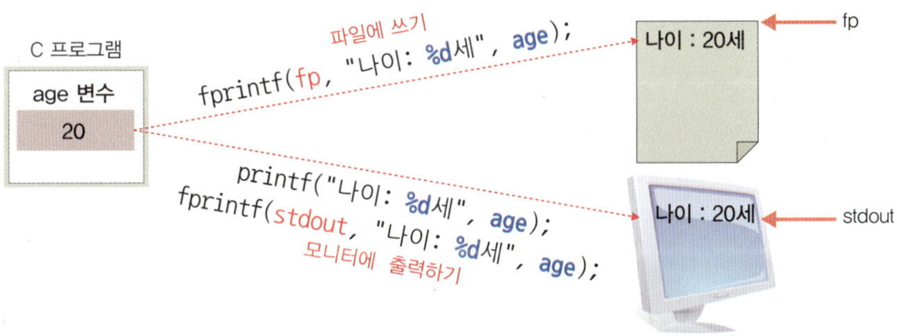

주의

다음 코드와 같이 여러 변수의 값을 한꺼번에 파일에 쓸 때 공백 문자(빈칸, 탭키, 엔터키)를 넣지 않을 경우 다음에 fscanf로 파일을 읽을 때 다음 그림과 같이 문제가 발생한다. 따라서 수치 데이터를 쓸 때는 주의해야 한다.

```
age = 20; height = 170;
fprint(fp, "%d%d\n", age, height);
```

두 정수 사이에 빈칸을 출력하지 않는다.

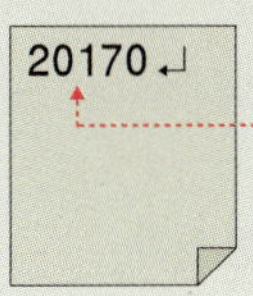

이후 이 파일에서 나이와 키를 읽기 위해 파일을 연 후 fscanf(fp, "%d%d", &age, &height);를 사용했을 때 20170이 하나의 정수로 변환되어 age에 저장되고 height에는 데이터가 입력되지 않는다. 그러므로 파일에 출력할 때 한 개 이상의 빈칸이나 엔터키를 입력하여 데이터 간 구분을 해야 한다.

[프로그램 12-2]는 회원 5명의 나이를 키보드에서 입력받아 age.txt 파일에 저장하는 프로그램이다. 다음 그림과 같이 회원의 나이를 키보드에서 입력받아 프로그램의 변수 age에 저장한 후 이 age에 저장된 나이를 age.txt 파일에 저장한다.

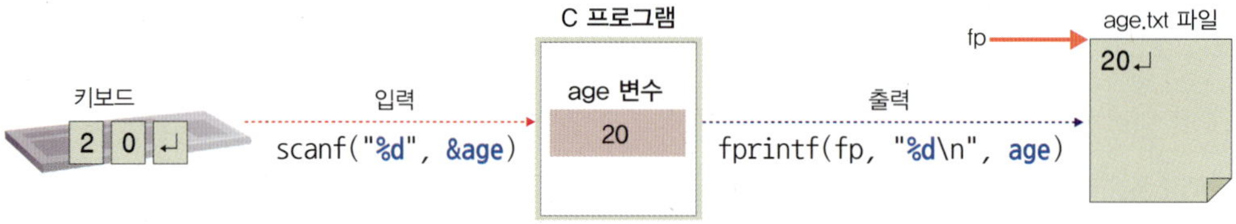

프로그램 12-2 회원 5명의 나이 정보를 파일에 저장하기 (ch12-2.cpp)

```
#include <stdio.h>              // fopen, fprintf, fclose 함수를 위한 헤더 파일
#include <stdlib.h>             // exit 함수를 위한 헤더 파일
#define SIZE 5                  // 회원 수

int main()
{
    FILE *fp;                   // 파일 포인터 선언
    char *f_name = "age.txt";  // 파일명, char f_name[20]="age.txt";도 가능
    int age, i;

    fp = fopen(f_name, "w");    // f_name 이름의 파일을 쓰기용으로 열기

    if (fp == NULL)             // 파일 열기 에러 처리
    {
        printf(" %s 파일 열기 에러! \n", f_name);
        exit(1);
    }

    printf("회원 %d명의 나이를 입력하면 파일로 저장합니다.\n", SIZE);

    for (i=0; i<SIZE; i++)          // SIZE명의 나이를 키보드에서 입력받아 파일에 쓰기
    {
        printf("%2d번 회원의 나이는? ", i+1);
        scanf("%d", &age);          // 키보드에서 회원의 나이를 입력받기

        fprintf(fp, "%d\n", age);   // age의 값을 fp에 연결된 파일에 쓰기
    }

    fclose(fp);                     // fp에 연결된 age.txt 파일을 닫고 연결을 끊기
    printf("회원 %d명의 나이를 %s 파일에 저장했습니다.\n", SIZE, f_name);

    return 0;
}
```

실행결과

```
회원 5명의 나이를 입력하면 파일로 저장합니다.
1번 회원의 나이는? 20
2번 회원의 나이는? 23
3번 회원의 나이는? 25
4번 회원의 나이는? 21
5번 회원의 나이는? 20
회원 5명의 나이를 age.txt 파일에 저장했습니다.
```

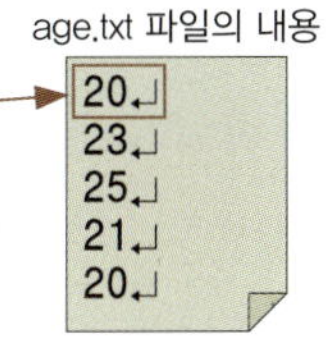

12.3.2 형식을 지정한 파일 입력: fscanf 함수

fscanf 함수는 파일의 데이터를 변환명세로 지정한 형식에 맞게 정수, 실수, 문자, 문자열 단위로 읽어올 수 있다.

형식 **지정한 형식으로 파일 읽기: fscanf 함수**

fscanf(파일 포인터 변수명, "변환명세", &변수명) ← 파일에서 읽은 데이터를 저장할 변수의 주소

↳ 파일 포인터에 연결된 파일에서 변환명세에 맞게 데이터를 한 개 읽어서 변수명에 저장한다.

↳ 파일 포인터 변수명 외 나머지 인수는 scanf 함수와 똑같은 역할을 한다. 그러므로 파일 포인터 변수명을 stdin으로 지정하면 키보드에서 입력받는다.

↳ 읽기에 실패하거나 파일의 끝에 도달했다면 EOF를 반환한다.

예

```
FILE *fp = fopen("read.txt");
fscanf(fp, "%d", &age);
```

↳ fp에 연결된 파일에서 정수 데이터(%d)를 한 개 읽어서 age 변수에 저장한다. 즉 키보드에서 age의 값을 입력받는 것이 아니라 파일에서 age의 값을 입력받는다.

```
fscanf(fp, "%d", &height);
```

↳ fp에 연결된 파일에서 정수 데이터(%d)를 한 개 읽어서 height 변수에 저장한다.

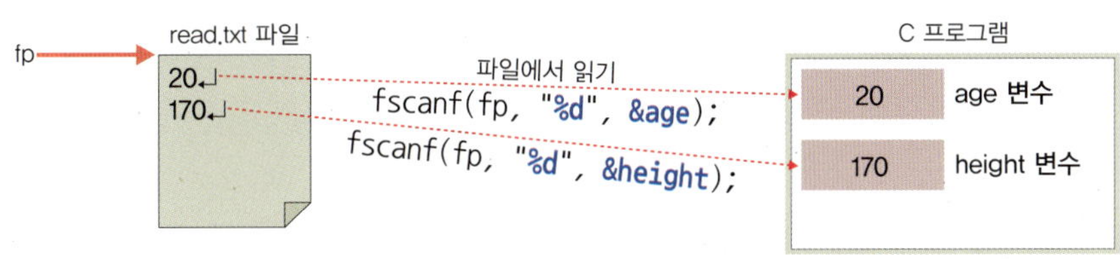

주의

- scanf와 마찬가지로 "변환명세"를 주의해서 사용해야 한다. printf 함수처럼 일반 문자를 포함하는 것은 안 되며 "변환명세" 끝에 빈칸이나 '\n'을 넣지 않도록 주의한다.

```
fscanf(fp, "키:%5d  ", &height);
```

일반 문자는 사용하지 않는다. / 필드폭을 사용하지 않는 것이 더 안전하다. / " 앞에 빈칸을 두면 데이터를 한 개 더 읽게 되므로 빈칸을 쓰지 않는다.

- 특히 파일에 저장된 개행 문자를 읽기 위해 fscanf(fp, "%d\n", &height);와 같이 변환명세에 '\n'을 직접 사용하는 경우가 있는데, 이것은 파일 처리에 대한 완벽한 이해와 처리 능력이 없을 때 오히려 잘못된 결과를 초래할 수 있으므로 사용하지 않도록 한다. 앞에서 키보드로 입력을 받을 때도 scanf에서 '\n'을 사용하지 않은 것을 기억하기 바란다. 이것과 관련된 문제와 해결은 [프로그램 12-5]와 [프로그램 12-6]을 참고하기 바란다.

프로그램에서 필요한 데이터를 읽는 데 사용하는 파일은 프로그램 실행을 통해 만들어진 결과 파일일 수도 있지만 메모장이나 텍스트 편집기를 통해서 직접 만들어도 된다. 비주얼 C++ 2010 익스프레스에서 직접 텍스트 파일을 만들어 프로젝트에 추가하는 것도 가능하다. 이때 파일 내용은 파일이 아닌 키보드로 입력할 때와 똑같은 방법으로 입력하여 만든다.

그러므로 [프로그램 12-3]에서 사용하는 age.txt 데이터 파일 역시 [프로그램 12-2]를 실행하여 만든 것을 이용해도 되지만 메모장에서 직접 만들어 사용해도 된다. 메모장에서 나이를 입력하고 엔터키를 입력하여 5명의 나이를 모두 입력한 후 age.txt 파일명으로 프로젝트 폴더에 저장한다. 이때 주의할 것은 키보드에서 입력할 때와 마찬가지로 마지막 나이를 입력한 후에도 엔터키를 입력한 후 저장하는 것이다. 이것은 파일의 끝을 확인할 필요가 있을 때 이 마지막 엔터키의 유무에 따라 잘못된 결과를 얻을 수 있기 때문이다. 그러므로 직접 데이터 파일을 만들 때는 행이 끝날 때마다 엔터키를 입력했다면 마지막 행에도 꼭 엔터키를 입력하는 습관을 들이도록 한다.

프로그램 12-3 age.txt 파일에 저장된 회원의 나이 정보를 화면에 출력하기 (ch12-3.cpp)

```
#include <stdio.h>                    // fopen, fscanf, fclose 함수를 위한 헤더 파일
#include <stdlib.h>                   // exit 함수를 위한 헤더 파일
#define SIZE 5                        // 회원 수

int main()
{
    FILE *fp;                         // 파일 포인터 선언
    char *f_name = "age.txt";         // 파일명, char f_name[20]="age.txt";도 가능
    int age, i;

    fp = fopen(f_name, "r");          // f_name 이름의 파일을 읽기용으로 열기

    if (fp == NULL)                   // 파일 열기 에러 처리
    {
        printf(" %s 파일을 열 수 없습니다. \n", f_name);
        exit(1);
    }

    for (i=0; i<SIZE; i++)            // 파일의 나이를 SIZE개 읽어 모니터에 출력하기
    {
        // fp에 연결된 파일에서 정수 한 개를 읽어 age에 저장하기
        fscanf(fp, "%d", &age);

        // age에 저장된 나이를 모니터에 출력하기
        printf("%2d번 회원의 나이는 %d세 \n", i+1, age);
    }
```

```
    fclose(fp);                    // fp에 연결된 age.txt 파일을 닫고 연결을 끊기

    return 0;
}
```

실행결과

```
1번 회원의 나이는 20세
2번 회원의 나이는 23세
3번 회원의 나이는 25세
4번 회원의 나이는 21세
5번 회원의 나이는 20세
```

age.txt 파일의 내용

```
20↵
23↵
25↵
21↵
20↵
```

12.3.3 파일의 추가

[프로그램 12-4]는 파일을 쓰기 모드가 아닌 추가 모드로 열어서 파일의 끝에 자료를 추가하는 프로그램이다. 쓰기 모드는 기존의 파일 내용을 모두 지우고 새로 쓰기를 하므로 기존의 파일 내용은 모두 지워진다. 그래서 이전 실행결과에 새 실행결과도 같은 파일에 저장하고 싶을 때는 추가 모드로 열어야 한다. 추가 모드는 기존 파일 내용을 삭제하지 않는다. 그러므로 안정적으로 파일에 저장한 후 편집기에서 파일을 열어 필요 없는 데이터를 직접 제거하거나 편집하는 목적으로도 사용된다.

[프로그램 12-4]는 [프로그램 12-2]에서 만든 age.txt 파일에 n명의 나이를 추가하는 프로그램이다. [프로그램 12-2]를 실행하지 않고 age.txt 파일을 메모장에서 직접 만든 후 [프로그램 12-4]를 실행해도 된다. 이 프로그램은 [프로그램 12-2]와 달리 기존 파일 내용을 지우지 않으므로 추가할 데이터가 있을 때마다 실행하여 데이터를 파일에 추가할 수 있다.

프로그램 12-4 age.txt 파일에 n명의 나이를 추가하기 (ch12-4.cpp)

```
#include <stdio.h>                 // fopen, fprintf, fclose 함수를 위한 헤더 파일
#include <stdlib.h>                // exit 함수를 위한 헤더 파일

int main()
{
    FILE *fp;                      // 파일 포인터 선언
    char *f_name = "age.txt";      // 파일명, char f_name[20]="age.txt";도 가능
    int age, i, n;
                                   "w"는 기존 내용을 모두 지운다.
    fp = fopen(f_name, "a");       // f_name 이름의 파일을 추가용으로 열기

    if (fp == NULL)                // 파일 열기 에러 처리
```

```
    {
        printf(" %s 파일 열기 에러! \n", f_name); exit(1);
    }

    printf("회원의 나이를 입력하면 %s 파일에 추가합니다.\n", f_name);
    printf("추가할 회원의 수는? ");
    scanf("%d", &n);                // 파일에 추가할 회원의 나이 개수를 입력받기

    // n명의 나이를 키보드에서 입력받아 파일에 추가하기
    for (i=0; i<n; i++)
    {
        printf("회원의 나이는? ");
        scanf("%d", &age);          // 키보드에서 회원의 나이를 입력받기

        fprintf(fp, "%d\n", age);   // age에 저장된 나이를 fp에 연결된 파일에 쓰기
    }
    fclose(fp);                     // fp에 연결된 age.txt 파일을 닫고 연결을 끊기
    printf("회원 %d명의 나이를 %s 파일에 추가했습니다.\n", n, f_name);

    return 0;
}
```

실행결과

```
회원의 나이를 입력하면 age.txt 파일에 추가합니다.
추가할 회원의 수는? 3
회원의 나이는? 29
회원의 나이는? 31
회원의 나이는? 27
회원 3명의 나이를 age.txt 파일에 추가했습니다.
```

age.txt 파일의 내용

```
20↵
23↵
25↵
21↵
20↵
29↵
31↵
27↵
```

추가된 3명의 나이

12.3.4 파일의 끝 확인하기

[프로그램 12-3]은 age.txt 파일에서 SIZE개의 나이를 읽은 후 모니터에 출력한다. 만일 age.txt 파일에 저장된 나이 개수가 SIZE개가 아니면 [프로그램 12-3]은 어떻게 될까? [프로그램 12-3]은 이미 파일에 저장된 나이 개수가 SIZE개임을 미리 알고 있는 경우에만 정확한 결과를 얻는 프로그램이다. 그러므로 [프로그램 12-4]에 의해 나이 개수가 8개로 변경된 후에 [프로그램 12-3]을 실행한다면 5개의 나이만 출력된다. 이제 파일에 저장된 데이터의 수와 상관없이 파일에 저장된 데이터를 모두 읽을 수 있는 방법을 알아보자. 파일에 저장된 데이터 수를 정확히 모를 때 파일의 끝을 확인하여 파일 읽기를 중단하는 방법은 여러 가지가 있다. 그 중에서 단순하고 많이 사용되는 두 가지 방법을 소개한다.

feof 함수 활용하기

지금까지 사용한 FILE 구조체에는 파일에서 읽기/쓰기를 시작할 위치를 가리키는 파일 위치 지시자(file position indicator)라 부르는 포인터 멤버가 포함되어 있다. 이 지시자는 책을 보다가 덮을 때 다음에 읽을 곳을 쉽게 찾을 수 있도록 끼우는 책갈피 역할을 한다. 그래서 fscanf나 fprintf와 같은 파일 입출력 함수를 호출하면 인수로 지정한 파일 포인터가 가리키는 FILE 구조체의 파일 위치 지시자가 가리키는 곳부터 읽기/쓰기가 진행되는 것이다.

그리고 파일을 닫으면 파일의 마지막 데이터 다음에는 시스템에 의해 파일의 끝을 표시하는 시스템만 인식할 수 있는 특별한 문자가 자동으로 저장된다(보통 프로그래머들은 '^Z'(Ctrl+Z)로 표현한다). 파일 위치 지시자가 이 파일의 끝을 표시하는 특별한 문자를 가리킬 때 읽기를 시도하면 더 이상 읽을 데이터가 없으므로 파일 위치 지시자는 파일의 처음 위치로 수정된다. 그리고 FILE 구조체의 특정 플래그가 파일의 끝을 지났음을 표시하는 1로 세팅된다. 그러므로 이 플래그가 1로 세팅된 경우라면 파일에서 더 읽을 자료가 없음을 의미하므로 읽기를 그만두면 되는데, 이를 알려주는 함수가 feof 함수다.

파일의 끝을 지났는지를 알기 위해서는 다음 형식과 같이 feof 함수를 사용한다.

형식 **파일의 끝을 지났는지 확인하기: feof 함수**

feof(파일 포인터 변수명)

↳ 파일 포인터에 연결된 파일의 끝을 지나갔다면 0이 아닌 값(참)을, 아직 파일의 끝을 지나지 않았다면 0(거짓)을 반환한다.

↳ feof 함수는 파일 포인터 변수가 가리키는 FILE 구조체에서 파일의 끝을 지났음을 알려주는 플래그를 참조하여 반환 값을 반환한다.

예

```
if (feof(fp))
   fclose(fp);
```

↳ fp에 연결된 파일의 끝을 지났다면 파일을 닫는다.

주의 feof 함수는 파일의 끝(문자)에 도달했을 때가 아니라 파일 끝(문자)을 지나갔을 때 0이 아닌 값(참)을 반환한다. 프로그램 실행을 통해 만들어지는 파일은 상황에 따라 빈 파일이 만들어지기도 한다. 예를 들면 95점 이상인 학생의 명단을 파일로 작성하려고 했는데 95점 이상인 학생이 한 명도 없다면 빈 파일이 만들어진다. 이때 데이터가 전혀 없는 빈 파일은 파일의 끝을 나타내는 특수 문자만 포함하고 있다. 빈 파일을 열자마자 feof 함수를 호출하면 반환되는 값은 0(거짓)이다. 왜냐하면 파일을 열자마자 파일 위치 지시자는 파일의 끝 문자를 가리키므로 아직 이 끝 문자를 지나지 않았기 때문이다. [프로그램 12-5]를 빈 파일에 대해 실행한 결과와 설명을 확인하기 바란다.

[프로그램 12-5]는 feof 함수를 이용하여 [프로그램 12-4]의 결과 파일인 age.txt의 내용을 모니터에 표시하는 프로그램이다. 그런데 실행결과를 보면 마지막 나이가 두 번 출력된다. 왜 그럴까? 이것은 형식을 사용한 파일 읽기 함수인 fscanf와 파일에 저장된 엔터키 때문이다.

파일에 저장된 데이터 수를 모르고도 파일의 데이터를 읽는 데 있어서 아주 중요한 문제이므로 설명 부분을 정확하게 이해하기 바란다.

프로그램 12-5 feof 함수의 잘못된 사용 예: 주의하기 (ch12-5.cpp)

```
1   #include <stdio.h>                 // fopen, fscanf, fclose, feof 함수를 위한 헤더 파일
2   #include <stdlib.h>                // exit 함수를 위한 헤더 파일
3
4   int main()
5   {
6       FILE *fp;                      // 파일 포인터 선언
7       int age;
8
9       fp = fopen("age.txt", "r");    // 파일을 읽기 모드로 열기
10      if (fp == NULL)                // 파일 열기 에러 처리
11      {
12          printf("파일 열기 에러!\n"); exit(1);
13      }
14
15      // 파일에 저장된 모든 나이를 읽어서 모니터에 출력하기
16      while (!feof(fp))              // 파일의 끝을 지나지 않았다면 반복 수행
17      {                              ← 잘못 사용하였다.
18          fscanf(fp, "%d", &age);    // 파일에서 정수를 읽어 age에 저장하기
19          printf("%2d세 \n", age);   // 파일에서 읽은 age를 모니터로 출력하기
20      }
21      fclose(fp);                    // fp에 연결된 파일 닫기
22
23      return 0;
24  }
```

age.txt 파일에 아무런 데이터가 없는 경우 즉 빈 파일인 경우의 실행결과와 설명은 다음과 같다.

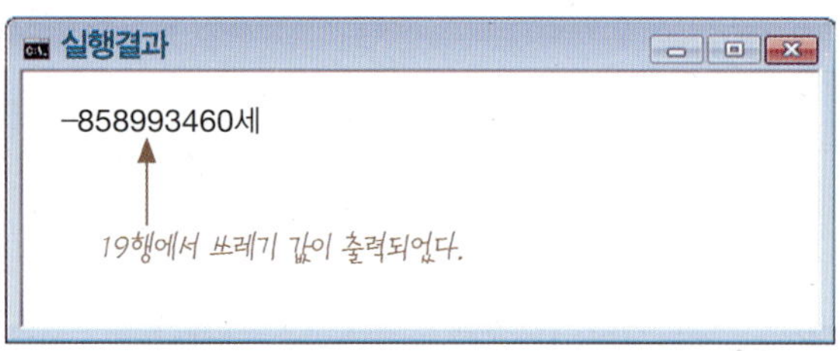

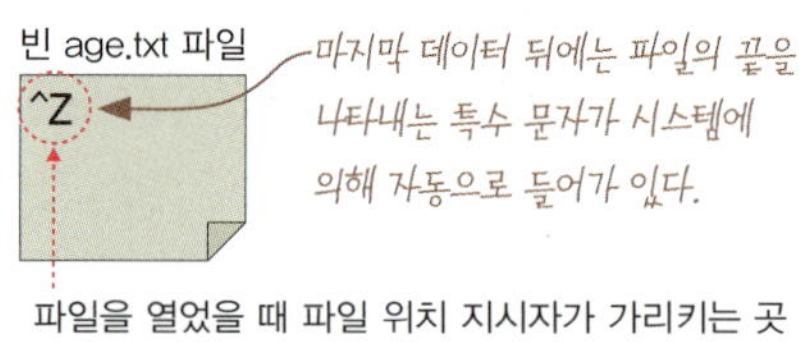

설명

16~20: 처음 16행을 실행할 때 파일 위치 지시자는 앞의 그림과 같이 파일의 끝을 나타내는 특수 문자를 가리키고 있으므로 feof(fp) 함수 호출은 반환 값으로 0(거짓)이 전달된다. 왜냐하면 age.txt 파일이 빈 파일이므로 파일을 열자마자 파일 위치 지시자가 가리키는 곳이 파일의 끝 문자이고 아직 이 파일 끝 특수 문자를 지나가지 않았기 때문이다.

!feof(fp)가 참이므로 18행을 실행하게 된다. 그러나 파일에는 읽을 정수가 없으므로 데이터 읽기가 실패하여 age에는 값이 저장되지 않는다. 결국 19행이 실행되면 프로그램 시작시 age에 들어있던 쓰레기 값 −858993460이 출력된다. feof 함수는 파일의 끝 문자를 지나가야 0이 아닌 값(참)을 반환함을 명심해야 한다.

age.txt 파일에 3명의 나이가 저장되어 있을 때 실행결과와 설명은 다음과 같다.

실행결과

```
20세
23세
25세
25세
```

← 마지막 나이가 두 번 출력된다.

age.txt 파일의 내용

```
20↵
23↵
25↵
```

설명

16~20: 처음 16행을 실행할 때 파일 위치 지시자는 [그림 12-9]의 (a)와 같이 파일의 처음을 가리키고 while문의 실행 순서는 다음과 같다.

그림 12-9 파일 읽기와 파일 위치 지시자

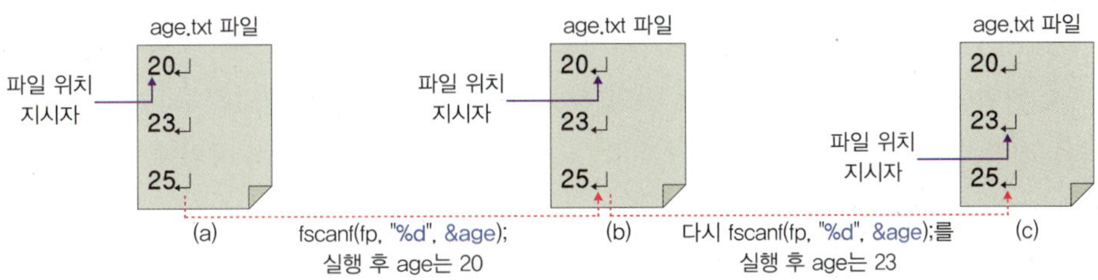

[그림 12-9(a)]에서 fscanf(fp, "%d", &age);를 실행하면 현재 파일 위치 지시자가 가리키는 곳에서 정수 20을 읽어서 age에 저장하며, 파일 위치 지시자는 20 뒤의 개행 문자를 가리킨다.

다시 fscanf(fp, "%d", &age);를 실행하면 변환명세가 %d이므로 현재 파일 위치 지시자가 가리키는 곳에서 정수를 한 개 읽어야 한다. 그런데 현재 파일 위치 지시자는 개행 문자를 가리키고 있으므로 이 개행 문자는 읽은 후 무시하고 정수 23을 읽어서 age에 저장하며 파일 위치 지시자는 23 뒤의 개행 문자를 가리킨다.

다시 fscanf(fp, "%d", &age);를 실행하면 age에는 25가 저장되고 파일 위치 지시자는 [그림 12-10]과 같이 마지막 개행 문자를 가리킨다.

그림 12-10 마지막 정수를 읽은 후 파일 위치 지시자 상태

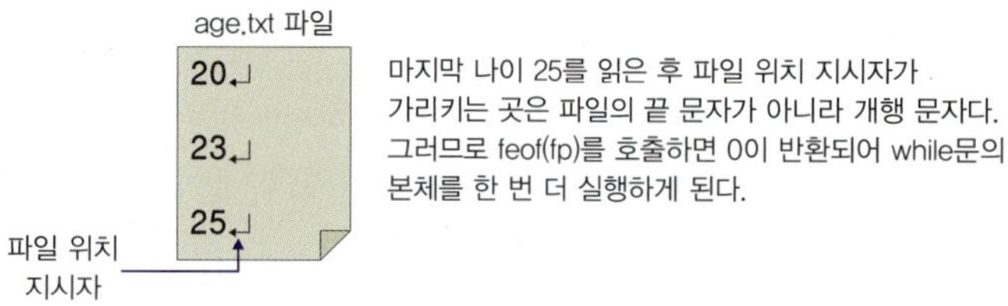

이 상황에서 while문의 조건에 포함된 feof(fp)는 현재 파일 위치 지시자가 가리키는 곳이 파일의 끝이 아니라 개행 문자이므로 0이 되고 !feof(fp)는 참이 되어 다시 while문 본체를 실행한다.

이때 18행 fscanf(fp, "%d", &age);를 실행하면 파일 위치 지시자가 가리키는 개행 문자는 읽은 후 무시하고 다음 정수를 읽으려 하지만 결국은 파일의 끝 문자를 지나게 되고 더 읽을 데이터가 없으므로 fscanf 함수는 읽기에 실패하고 EOF를 반환한다. 다음 문장인 19행 printf("%2d \n", age);를 실행하면 이전에 age에 저장되어 있던 마지막 나이 25가 출력된다. 이제 16행의 feof(fp)는 파일의 끝을 지났으므로 참이 되고 !feof(fp)는 거짓이 되어 while문이 끝난다. 결국 마지막 fscanf는 읽기에 실패하고 이전에 age에 저장된 값이 한 번 더 출력되어 마지막 나이가 두 번 출력되는 것이다.

[프로그램 12-5]에서의 문제점은 feof 함수를 단순히 파일의 끝에서 참을 반환하는 함수로 잘못 이해하고 있어서다. 이러한 문제를 해결하는 방법은 파일의 데이터를 읽기 전에 파일의 끝에 도달했는지를 검사하는 것이 아니라 먼저 데이터를 읽은 후에 확인하는 것이다. 파일 읽기를 시도한 후에도 파일의 끝을 지나지 않았다면 읽기가 성공했으므로 읽은 데이터를 처리한 후 계속 읽어야 하고, 읽기를 시도했는데 파일의 끝을 지났다면 데이터를 제대로 읽지 못했다는 것을 의미하므로 읽기를 그만하는 것이다. 이러한 방법을 사용하여 [프로그램 12-5]의 문제점을 해결한 것이 [프로그램 12-6]이다. while문을 시작하기 전에 파일에서 자료를 읽고(16행) while문 끝에서 다시 while의 조건식이 있는 17행으로 돌아가기 전에 파일에서 읽은(20행) 형태는 뒤에 소개하는 파일 입력 함수에 대해서도 함수의 반환 값에 상관없이 동일하게 적용할 수 있는 방법으로 공식처럼 익혀두면 유용하게 사용할 수 있다.

프로그램 12-6 파일의 끝을 확인하는 feof 함수의 정확한 사용 예: [프로그램 12-5]의 문제점 해결 (ch12-6.cpp)

```
1   #include <stdio.h>              // fopen, fscanf, fclose, feof 함수를 위한 헤더 파일
2   #include <stdlib.h>             // exit 함수를 위한 헤더 파일
3
4   int main()
5   {
6       FILE *fp;                   // 파일 포인터 선언
7       int age;
```

```
8
9        fp = fopen("age.txt", "r");         // 파일을 읽기 모드로 열기
10       if (fp == NULL)                     // 파일 열기 에러 처리
11       {
12           printf("파일 열기 에러!\n"); exit(1);
13       }
14
15       // 파일에 저장된 모든 나이를 읽어서 모니터에 출력하기
16       fscanf(fp, "%d", &age);             // 일단 파일에서 정수(나이) 읽기를 시도
17       while (!feof(fp))                   // 아직 파일의 끝을 지나지 않았다면 반복하기
18       {
19           printf("%2d \n", age);          // 파일에서 읽은 정수(나이)를 모니터로 출력하기
20           fscanf(fp, "%d", &age);         // 파일에서 다음 정수(나이) 읽기를 시도
21       }
22
23       fclose(fp);                         // fp에 연결된 파일 닫기
24
25       return 0;
26   }
```

실행결과

```
20
23
25
```

age.txt 파일의 내용

```
20↵
23↵
25↵
```

설명

16~21: 다음과 같이 무한 루프 형식의 while문으로 표현하기도 한다. 그러나 구조적 프로그래밍에서는 가능한 goto나 break와 같은 제어문을 많이 사용하지 않는 것을 권장한다. 의미적으로도 무조건 while 본체를 무한으로 반복하라는 느낌을 주는 while (1)보다는 일단 파일에서 읽되 파일의 끝이어서 제대로 읽지 못했다면 그만 두고 그렇지 않다면 읽은 자료를 출력하는 16~21행의 구조가 더 바람직하다.

```
while (1)
{
    fscanf(fp, "%d", &age);  // 파일에서 정수(나이) 읽기를 시도
    if (feof(fp))            // 파일의 끝을 지났다면 그만 읽기
        break;
    printf("%2d \n", age);   // 파일에서 읽은 정수(나이)를 모니터로 출력하기
}
```

fscanf 함수의 반환 값 활용하기

fscanf 함수는 파일의 끝에 도착하거나 에러가 나면 EOF를 반환한다. 그러므로 일단 파일에서 읽기를 시도한 후 fscanf의 반환 값을 확인하여 읽기의 성공 여부를 확인할 수 있다. [프로그램 12-6]의 16~21행을 다음과 같이 간단하게 표현할 수 있다. 아주 단순하여 프로그래머들이 선호하는 방법이다.

```
// 일단 파일에서 정수를 한 개 읽어온 후 성공했다면 출력하기를 반복하기
while (fscanf(fp, "%d", &age) != EOF)
{
    printf("%2d \n",age);
}
```

fscanf의 읽기 성공 여부를 검사하여 계속 읽을지 그만 읽을지를 결정한다.

12.3.5 프로그램 예: 난수 파일 생성과 난수 파일 정렬하기

시뮬레이션 프로그램을 개발할 때 많은 난수를 필요로 할 때가 있다. 원하는 범위의 난수를 원하는 개수만큼 포함한 파일을 만드는 프로그램은 [프로그램 12-7]과 같이 간단히 작성할 수 있다. 그런데 발생된 난수를 있는 그대로가 아닌 정렬 또는 다른 처리를 하고 그 결과를 파일로 저장해야 하는 경우도 있다. 이렇게 파일에 대해 또 다른 처리를 하고 그 결과를 다시 파일로 저장하는 프로그램은 [프로그램 12-8]이다. [프로그램 12-8]은 [프로그램 12-7]에서 만든 rand.txt 파일의 난수를 오름차순으로 정렬한 sort.txt 파일을 만든다.

프로그램 12-7 1~1000 사이의 난수를 rand.txt 파일에 저장하기 (ch12-7.cpp)

```
#include <stdio.h>              // fopen, fscanf, fclose, feof 함수를 위한 헤더 파일
#include <stdlib.h>             // exit, rand, srand 함수를 위한 헤더 파일
#include <time.h>               // time 함수를 위한 헤더 파일

int main()
{
    int i, size;
    FILE *fp = fopen("rand.txt", "w"); // 파일을 쓰기 모드로 열기
    if (fp == NULL)
    {
        printf("파일 열기 에러! \n"); exit(1);
    }

    printf("1~1000 사이의 난수를 몇 개 발생할까요? ");
    scanf("%d", &size);

    // 1~1000 중의 난수 size개를 파일에 쓰기
```

```
18      srand(time(NULL));                            // rand 함수의 씨드를 현재 시간으로 설정
19      for (i=0; i<size; i++)
20          fprintf(fp, "%4d \n", rand() % 1000 + 1); // 얻은 난수를 스케일링한 후 파일에 쓰기
21      fclose(fp);                                   // 파일 닫기
22
23      return 0;
24  }
```

실행결과

```
1~1000 사이의 난수를 몇 개 발생할까요? 50
```

rand.txt 파일의 내용

```
348↵
567↵
965↵
...
608↵
413↵
 51↵
```

rand.txt 파일에 50개의 난수가 저장되므로 모니터에는 아무런 내용도 표시되지 않는다. 메모장에서 파일을 열어서 내용을 확인할 수 있다.

TIP 19~20에서 프로그램이 제대로 결과가 나오는지를 먼저 확인하려면 다음과 같이 일단 모니터로 결과를 출력 후 결과가 제대로 나온 후에 printf 함수를 fprintf 함수로 변경하여 파일에 쓰는 것도 좋은 방법이다.

```
for (i=0; i<size; i++)
    printf("%4d \n",  rand() % 1000 + 1);
```

'fp, '를 추가한다.
fprintf로 수정한다.

프로그램 12-8 rand.txt 파일의 난수를 읽은 후 오름차순으로 정렬하여 sort.txt에 저장하기 (ch12-8.cpp)

```
#include <stdio.h>              // fopen, fscanf, fprintf, fclose 함수를 위한 헤더 파일
#include <stdlib.h>             // eixt 함수를 위한 헤더 파일
#define MAX 100                 // 배열 원소의 최대수

int main()
{
    FILE *fp;

    int n[MAX], size, random, pass, i, temp;
                                       ← 난수가 저장된 파일을 연다.
    fp = fopen("rand.txt", "r");              // 파일을 읽기 모드로 열기
    if (fp == NULL)                           // 파일 열기 에러 처리
    {
        printf("파일 열기 에러! ");   exit(1);
    }

    // 파일에서 난수를 읽은 후 성공했다면 n 배열에 저장하기를 반복
    size = 0;                                 // 파일에서 읽은 난수의 수 size의 초기화
    while ( fscanf(fp, "%d", &random) != EOF)
    {
        n[size] = random;                     // 파일에서 읽은 난수를 배열 원소로 저장
        size++;                               // 파일에서 읽은 난수의 수를 1증가
```

```
23      }
24      fclose(fp);                              // 파일 닫기
25
26      for (pass=1; pass<size; pass++)          // n 배열을 오름차순 정렬하기(버블 정렬)
27          for (i=0; i<size-pass; i++)
28          {
29              if (n[i] > n[i+1])
30              {
31                  temp = n[i];
32                  n[i] = n[i+1];
33                  n[i+1] = temp;
34              }
35          }
36
37      // n 배열을 정렬한 결과를 파일에 쓰기
38      fp = fopen("sort.txt", "w");             // 파일을 쓰기 모드로 열기
39      if (fp == NULL)
40      {
41          printf("파일 열기 에러! ");   exit(1);
42      }
43
44      for (i=0; i<size; i++)
45          fprintf(fp, "%4d \n", n[i]);
46      fclose(fp);                              // 파일 닫기
47
48      return 0;
49  }
```

정렬한 난수를 저장할 파일을 쓰기용으로 연다.

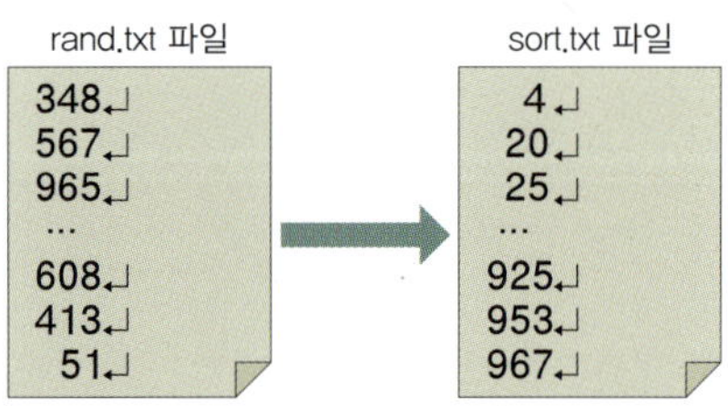

설명

9: rand.txt 파일에서 읽은 난수를 정렬하려면 정렬 대상이 배열에 저장되어 있어야 한다. 그러므로 지금까지의 파일 처리에서 단순 변수를 사용한 것과 다르게 n을 최대 원소수가 MAX개인 배열로 선언한다. 사실 파일에 저장된 난수의 개수를 정확히 모르는 상태에서는 11장에서 소개한 동적 할당을 이용하도록 n 배열을 int *n;으로 선언 후, 파일에 저장된 난수 개수를 먼저 알아낸 다음, n = (int *) malloc(sizeof(int) * size);로 동적 할당을 받아 n 배열에 저장하는 것이 기억장소를 효율적으로 사용하는 방법이다. 하지만 여기서는 동적 할당을 고려하지 않고 최대 원소수를 MAX로 정하여 단순히 처리한다.

12.4 문자 단위 파일 입출력

파일에 저장된 모든 데이터는 연속된 바이트로 구성된다. 그러므로 어떤 파일도 바이트 단위로 읽기나 쓰기를 할 수 있다.

12.4.1 문자 단위로 파일에 쓰기: fputc 함수

파일의 내용을 한 바이트씩 읽고 쓰는 것은 문자 단위로 읽고 쓴다고 하며, 파일에 한 문자씩 출력하는 fputc 함수의 사용 형식은 다음과 같다.

형식 문자를 파일에 쓰기: fputc 함수

```
fputc(문자, 파일 포인터 변수명)    // 문자를 파일 포인터 변수가 가리키는 파일에 쓴다.
fputc(정수, 파일 포인터 변수명)    // ASCII 코드 값이 정수에 해당하는 문자 한 개를
                                  // 파일 포인터 변수가 가리키는 파일에 쓴다.
```

예

```
fputc(67, fp);
```

↳ fp에 연결된 파일에 ASCII 코드 값이 67인 문자 'C'를 쓴다.

```
ch = 'A';
fputc(ch, fp);
```

↳ fp에 연결된 파일에 'A'를 쓴다.

[프로그램 12-9]는 사용자가 '&'를 입력할 때까지 키보드에서 입력한 문자를 다음 그림과 같이 파일에 기록하는 프로그램이다.

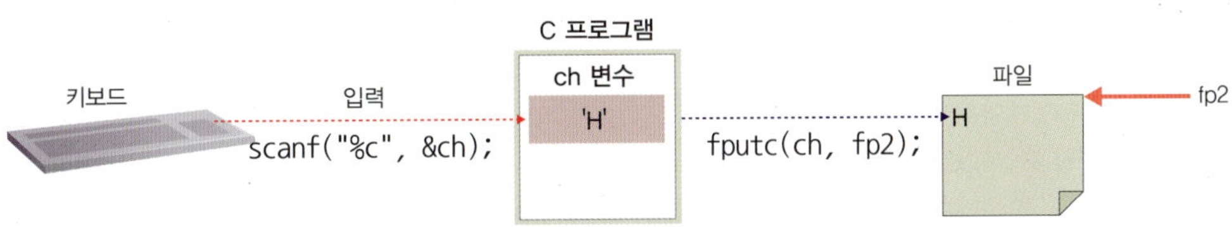

프로그램 12-9 키보드에서 입력한 문자들을 파일에 저장하기 (ch12-9.cpp)

```
#include <stdio.h>            // fputc, fopen, fclose 함수를 위한 헤더 파일
#include <stdlib.h>           // exit 함수를 위한 헤더 파일

int main()
{
    FILE *fp2;                // 파일 포인터
    char f_name2[30], ch;     // 쓰기를 할 파일명

```

```c
    printf("만들 파일명: "); gets(f_name2); // 파일명 입력

    fp2 = fopen(f_name2, "w"); // 파일을 쓰기용으로 열기
    if (fp2 == NULL)           // 파일 열기 에러 처리
    {
        printf(" %s 파일 만들기 에러 \n", f_name2); exit(1);
    }

    scanf("%c", &ch);          // 키보드에서 문자 한 개 입력받기
    while (ch != '&')          // 입력 끝을 알리는 &가 아니라면 계속 입력하기
    {
        fputc(ch, fp2);        // 방금 입력받은 ch에 저장된 문자를 파일에 기록하기
        scanf("%c", &ch);      // ch = fgetc(stdin);과 동일
    }
    fclose(fp2);               // 파일 닫기

    return 0;
}
```

실행결과

```
만들 파일명: sample.txt
Hello.
Hi.
How are you?
&
```

& 입력 후 엔터키를 누르면 마지막으로 ch에 입력된 문자가 '&'이므로 while 문을 벗어나서 파일이 닫히고 실행이 끝난다.

sample.txt 파일

```
Hello.↵
Hi.↵
How are you?↵
```

12.4.2 문자 단위로 파일 읽기: fgetc 함수

fgetc 함수는 파일에서 문자 한 개를 읽어 반환하며 다음 형식과 같이 사용한다.

형식 파일에서 문자 한 개 읽기: fgetc 함수

fgetc(파일 포인터 변수명)

↳ 파일 포인터 변수명에 연결된 파일에서 문자 한 개를 읽어서 반환한다.

↳ 반환형은 int형으로 되어 있는데 이것은 읽은 문자의 ASCII 코드 값이 반환되기 때문이다. 그러나 문자 'A'의 코드 값은 65이고 65는 다시 문자로는 'A'에 해당하므로 fgetc와 fputc 함수는 문자를 읽고 쓴다고 생각하는 것이 편하다.

↳ 읽기 에러가 발생하거나 파일의 끝에 도달하면 −1에 해당하는 매크로 상수 EOF를 반환한다.

예

```c
char ch;
FILE *fp = feopn("data.txt", "r");
ch = fgetc(fp);
```

↳ fp에 연결된 data.txt 파일에서 문자 한 개를 읽은 후 ch에 저장한다.

[프로그램 12-10]은 [프로그램 12-9]의 결과 파일 sample.txt의 내용을 문자 단위 파일 입력 함수를 이용해 읽어와 모니터에 출력하는 프로그램이다. sample.txt 파일의 내용을 메모장에서 직접 입력하고 파일명을 'sample.txt'로 지정한 후, 이 파일을 프로젝트 폴더에 저장한 다음 [프로그램 12-10]을 실행해도 된다.

프로그램 12-10 파일을 문자 단위로 읽어서 모니터에 출력하기 (ch12-10.cpp)

```
1   #include <stdio.h>              // fgetc, fopen, fclose 함수를 위한 헤더 파일
2   #include <stdlib.h>             // exit 함수를 위한 헤더 파일
3
4   int main()
5   {
6       FILE *fp1;                  // 파일 포인터
7       char f_name1[30], ch;       // 읽을 파일명
8
9       printf("읽을 파일명: "); gets(f_name1); // 파일명 입력하기
10
11      fp1 = fopen(f_name1, "r");
12      if (fp1 == NULL)            // 파일 열기 에러 처리
13      {
14          printf(" %s란 파일이 없습니다. \n", f_name1); exit(1);
15      }
16
17      // 일단 문자를 읽은 후 성공했다면 화면에 출력하기를 반복
18      while ((ch = fgetc(fp1)) != EOF)
19          printf("%c", ch);       // fputc(ch, stdout);와 동일
20
21      fclose(fp1);                // 파일 닫기
22
23      return 0;
24  }
```

실행결과

```
읽을 파일명: sample.txt ↵
Hello. ↵
Hi. ↵
How are you? ↵
```

sample.txt 파일

```
Hello.↵
Hi.↵
How are you?↵
```

설명

18: fgetc는 파일에서 문자를 한 개 읽어서 반환한다. 만일 파일의 끝에 도달해서 fgetc 함수가 문자를 읽지 못했다면 EOF를 반환한다. 그러므로 ch = fgetc(fp)를 실행했을 때 ch에 저장된 값이 EOF라면 더 이상 읽을 자료가 없음을 의미하므로 읽기를 중단한다. 18~19는 다음과 결과가 같다.

```
ch = fgetc(fp1);            // 원본 파일에서 문자 한 개 읽기
while (!feof(fp1))          // 파일의 끝을 지나지 않았다면 반복하기
{
    printf("%c", ch);       // 방금 읽은 문자를 모니터에 출력하기
    ch = fgetc(fp1);
}
```

12.4.3 프로그램 예: 파일 복사 프로그램

[프로그램 12-9]와 [프로그램 12-10]을 이용하면 기존 파일을 복사하는 프로그램을 작성할 수 있다. [프로그램 12-11]은 다음 그림과 같이 하여 원본 파일에서 한 문자를 읽은 후([프로그램 12-10]) 읽은 문자를 복사본 파일에 쓰기([프로그램 12-9])를 하여 파일을 복사하는 프로그램이다.

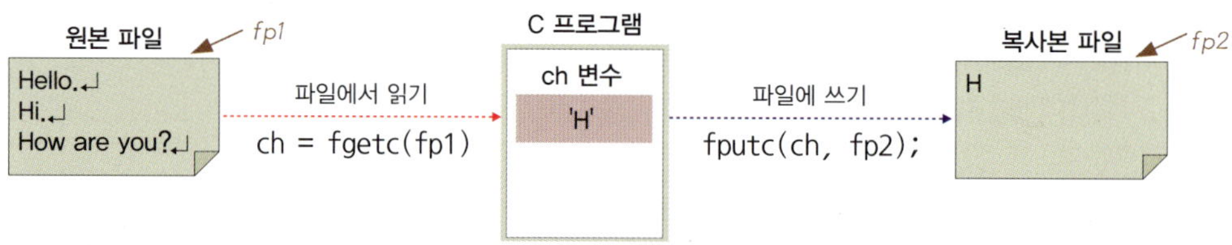

프로그램 12-11 파일 복사 프로그램 (ch12-11.cpp)

```
#include <stdio.h>          // fgetc, fputc, fopen, fclose 함수를 위한 헤더 파일
#include <stdlib.h>         // exit 함수를 위한 헤더 파일

int main()
{
    FILE *fp1, *fp2;        // 원본 파일과 복사본 파일에 대한 파일 포인터
    char f_name1[30], f_name2[30], ch;     // 원본 파일명, 복사본 파일명

    printf("파일을 복사합니다.\n");

    // 원본 파일을 읽기 모드로 열기
    printf("원본 파일명: "); gets(f_name1);
    fp1 = fopen(f_name1, "r");  ◀— 원본은 읽기 모드로 연다.
    if (fp1 == NULL)        // 파일 열기 에러 처리
    {
        printf(" %s란 파일이 없습니다. \n", f_name1); exit(1);
    }

    // 복사본 파일을 쓰기 모드로 열기
    printf("복사본 파일명: "); gets(f_name2);
```

```
21        fp2 = fopen(f_name2, "w"); ◀— 복사본은 쓰기 모드로 연다.
22        if (fp2 == NULL)          // 파일 열기 에러 처리
23        {
24            printf(" %s 파일을 쓰기용으로 열 수 없습니다. \n", f_name2); exit(1);
25        }
26
27        // 파일의 끝에 도달하지 않아서 ch에 저장된 값이 EOF가 아니라면 복사본에 쓰기를 반복
28        while ((ch = fgetc(fp1)) != EOF)
29            fputc(ch, fp2);          // 복사본 파일에 읽은 문자 쓰기
30
31        fclose(fp1); fclose(fp2); // 파일 닫기
32        printf("원본 %s를 복사한 복사본 %s가 저장되었습니다. \n", f_name1, f_name2);
33
34        return 0;
35    }
```

실행결과

```
파일을 복사합니다. ↵
원본 파일명: sample.txt ↵
복사본 파일명: copy.txt ↵
원본 sample.txt를 복사한 복사본 copy.txt가 저장되었습니다. ↵
```

설명

6,28,29: 원본 파일과 복사본 파일 둘 다 열어 둔 채로 원본 파일의 문자 한 개를 읽어서 복사본 파일에 써야 하므로 두 개의 파일 포인터가 필요하다. 28~29의 결과는 다음과 같다.

```
ch = fgetc(fp1);          // 원본 파일에서 문자 한 개 읽기
while (!feof(fp1))        // 파일의 끝을 지나지 않았다면 반복하기
{
    fputc(ch, fp2);       // 읽은 문자를 복사본 파일에 쓰기
    ch = fgetc(fp1);
}
```

12.5 문자열 단위 파일 입출력

텍스트 파일에 저장된 내용을 문자열 단위로 입출력하는 함수로 fgets와 fputs가 있다. 표준 입출력 함수인 gets와 puts와 비슷하지만 개행 문자를 다루는 데 있어서 차이가 있으므로 주의해야 한다.

12.5.1 문자열 단위 입출력: fgets, fputs 함수

fputs 함수는 문자열 단위로 파일 쓰기를 하여 텍스트 파일을 만들게 해준다. puts와 비슷하지만 파일에 쓸 때 자동으로 개행 문자를 넣지 않는다는 것에 주의한다.

형식 **파일에 문자열 쓰기: fputs 함수**

fputs(문자열 시작 주소, 파일 포인터 변수명)

문자열을 파일에 쓴다.

↳ 문자열 시작 주소에 저장된 문자열을 파일 포인터에 연결된 파일에 쓴다. 이때 문자열의 끝을 나타내는 널문자는 파일에 쓰지 않으며 그 뒤에 개행 문자도 자동으로 들어가지 않는다.

↳ 출력이 성공하면 출력한 바이트 수를 반환하고, 실패하면 EOF를 반환한다.

예

```
fputs("C Language is fun.", fp);
```

↳ 문자열 "C Language is fun."을 fp에 연결된 파일에 쓴다. 문자열 내용 뒤에 추가로 개행 문자를 출력하지는 않는다.

참고 puts와 같이 문자열을 출력한 후 자동으로 개행 문자를 출력하지 않는다. 그러나 fputs("C Language is fun.\n", fp);와 같이 출력할 문자열에 포함된 개행 문자는 출력한다.

텍스트 파일에 저장된 내용을 문자열 단위로 읽는 fgets 함수의 사용 형식은 다음과 같다. gets는 언제나 엔터키를 입력하기 전까지의 문자열을 저장하지만 fgets는 파일에 쓰여진 개행 문자까지 문자열에 포함시킨다. 그리고 fgets는 무조건 행 단위로 읽는 것이 아니라 한 번에 읽을 수 있는 문자열의 길이가 정해져 있으므로 행이 길면 행 전체를 읽지 못할 수 있다. fgets 함수의 사용 형식은 다음과 같다.

형식 **파일의 문자열 읽기: fgets 함수**

fgets(문자열 저장 주소, 최대 입력 문자수, 파일 포인터 변수명)

파일에서 읽은 문자열을 저장한다.

↳ 파일 포인터에 연결된 파일에서 (최대 입력 문자수 − 1)개의 문자를 읽은 후 뒤에 널문자(\0)를 합친 문자열을 지정한 문자열 저장 주소부터 저장한다. 만일 최대 입력 문자 개수만큼 읽지 않았는데 중간에 개행 문자(\n)를 읽었다면 읽기를 중단하고 뒤에 널문자(\0)를 합친 문자열을 저장한다. 즉 gets와 달리 개행 문자도 문자열에 포함한다는 것에 주의한다.

↳ 파일을 읽는 중 파일의 끝에 도달하거나 에러가 발생하면 NULL 포인터를 반환한다.

예

```
char string1[20], string2[20], string3[20];
FILE *fp = fopen("address.txt", "r");
fgets(string1, 20, fp);
```

↳ 파일에서 20개의 문자를 읽기 전에 개행 문자를 읽으므로 뒤에 널문자를 합친 "Na Won Bin, Seoul.\n"을 string1(배열명은 배열의 시작 주소) 배열에 저장한다.

```
fgets(string2, 20, fp);
```

↳ 파일에서 (20-1)개의 문자를 읽은 후 뒤에 널문자를 합친 "Hong Gil Dong, Daeg"를 string2에 저장한다.

```
fgets(string3, 20, fp);
```
↳ 이전에 읽은 곳 다음부터 읽다가 20개의 문자를 읽기 전에 개행 문자를 읽게 된다. 따라서 그 뒤에 널문자를 합친 "u.\n"을 string3에 저장한다.

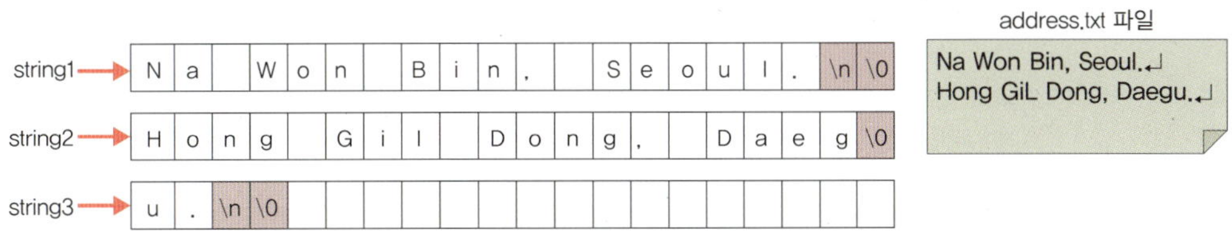

> **참고** fgets 함수는 gets 함수와 달리 무조건 한 행을 읽는 것이 아니다. 개행 문자를 읽지 않는 한 (최대 입력 문자수−1)개의 문자만 읽으므로 행이 너무 길면 한 번에 읽지 못하고 여러 번에 걸쳐 읽어야 한다. 그러므로 한 행 단위로 읽고 싶다면 최대 입력 문자수를 충분히 크게 지정해야 한다.

12.5.2 프로그램 예: 주소록 만들기

[프로그램 12-12]는 키보드로부터 학생 5명의 연락처를 한 행씩 입력받아 address.txt 파일에 저장한 후 address.txt 파일의 내용을 화면에 출력하는 프로그램이다.

프로그램 12-12 문자열 단위의 파일 입출력 예 (ch12-12.cpp)

```
#include <stdio.h>                    // fputs, fgets 함수를 위한 헤더 파일
#include <stdlib.h>                   // exit 함수를 위한 헤더 파일
#define SIZE 5

int main()
{
    char f_name[20] = "address.txt";
    char info[80];

    FILE *fp = fopen(f_name, "w");    // 주소를 저장할 파일 열기
    int i;

    if (fp == NULL)                   // 파일 열기 에러 처리
    {
        printf("파일 열기 에러! \n"); exit(1);
    }

    printf("이름 전화번호 주소 입력 후 엔터키를 누르세요.(%d명) \n", SIZE);
    for (i=0; i<SIZE; i++)
    {
        printf("%d. ", i+1);
        gets(info);                   // 키보드로 한 행씩 입력받는다.
```

```
23            fputs(info, fp);              // 입력받은 문자열을 파일에 쓰기
24            fputs("\n", fp);              // 문자열 뒤에 개행 문자 쓰기
25        }
26        fclose(fp);                       // 파일 닫기
27
28        fp = fopen(f_name, "r");          // 주소를 저장한 파일 열기
29        if (fp == NULL)                   // 파일 열기 에러 처리
30        {
31            printf("파일 열기 에러! \n"); exit(1);
32        }
33
34        printf("\n>> 주소록 목록 << \n");
35        fgets(info, 80, fp);              // 파일에서 문자열을 읽어 info 문자열에 저장한다.
36        while (!feof(fp))                 // 파일의 끝을 지나지 않았다면 반복한다.
37        {
38            printf("%s", info);           // 파일에서 읽은 문자열을 모니터에 출력한다.
39            fgets(info, 80, fp);          // 파일에서 문자열을 읽어 info 문자열에 저장한다.
40        }
41        fclose(fp);                       // 파일 닫기
42
43        return 0;
44    }
```

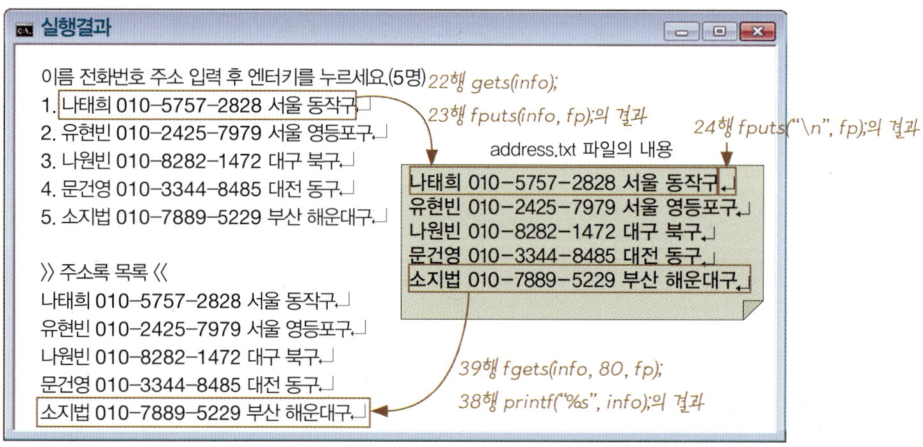

설명

22~24: gets는 엔터키 이전까지의 문자열을 입력받는 함수다. 따라서 info에는 개행 문자가 포함되지 않기 때문에 fputs(info, fp)의 결과에 개행 문자가 기록되지 않는다. 개행 문자가 필요하다면 24행과 같이 파일에 직접 개행 문자를 써야한다.

35,38: fgets 함수는 개행 문자를 만나면 개행 문자까지 문자열로 저장하므로 info를 출력할 때 puts(info)를 사용하면 문자열 출력 후 개행 문자를 출력하므로 빈 줄이 생긴다.

12.6 프로그래밍 실습

12.6.1 판매 실적 우수자 파일 만들기

문제 사원의 번호와 자동차 판매 실적이 저장된 sales_report.txt 파일에서 판매 실적이 30보다 큰 사원의 번호와 판매 실적을 저장한 good.txt 파일을 만드시오. sales_report.txt 파일은 다음 그림과 같이 메모장에서 직접 입력하여 저장한다. 이때 마지막 판매 실적 뒤에 엔터키를 입력하는 것을 잊지 않도록 한다.

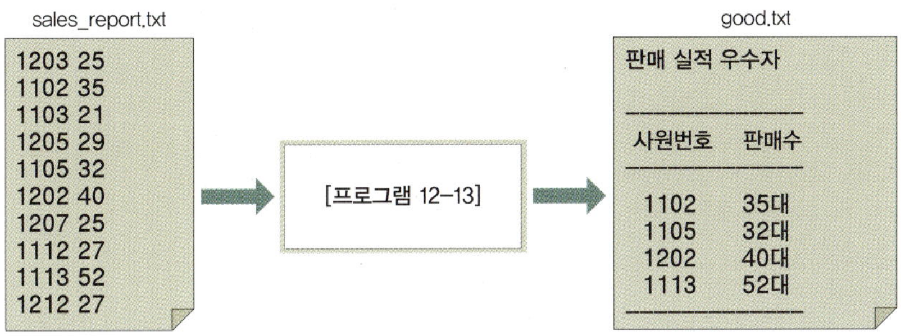

프로그램 12-13 사원 번호와 판매 실적이 저장된 파일에서 판매 실적 우수자 명단 파일 만들기 (ch12-13.cpp)

```
#include <stdio.h>          // fopen, fscanf, fprintf, fclose, EOF, printf의 헤더 파일
#include <stdlib.h>         // exit 함수를 위한 헤더 파일

int main()
{
    int no, sales;
    FILE *fpr, *fpw;        // 읽기용, 쓰기용 파일 포인터 선언

    fpr = fopen("sales_report.txt", "r"); // 판매 실적 파일을 읽기용으로 열기
    if (fpr == NULL)                      // 파일 열기 에러 처리
    {
        printf("파일 열기 에러! \n"); exit(1);
    }

    fpw = fopen("good.txt", "w");         // 우수자 명단 파일을 쓰기용으로 열기
    if (fpw == NULL)                      // 파일 열기 에러 처리
    {
        printf("파일 열기 에러! \n"); exit(1);
    }

    // 출력 제목을 파일에 쓰기
    fprintf(fpw, "판매실적 우수자 \n\n");
```

```
23      fprintf(fpw, " ------------------- \n");
24      fprintf(fpw, "    사원번호    판매수     \n");
25      fprintf(fpw, " ------------------- \n");
26
27      // 파일에서 읽기를 성공했다면 판매수가 30보다 클 때만 우수자 명단 파일에 저장하기
28      while (fscanf(fpr, "%d %d", &no, &sales) != EOF)
29      {
30          if (sales > 30)
31          {
32              fprintf(fpw, "   %5d %5d대 \n", no, sales);
33              // printf("   %5d %5d대 \n", no, sales); 모니터 결과 확인용
34          }
35      }
36      fprintf(fpw, " ------------------- \n");
37
38      fclose(fpr); fclose(fpw);              // 파일 닫기
39      printf(" 우수자 명단 파일을 저장했습니다. \n");
40
41      return 0;
42  }
```

실행결과

```
우수자 명단 파일을 저장했습니다.
```

이 전까지는 파일에서 읽고 파일에 쓰기를 하므로 모니터로는 아무런 내용도 표시되지 않는다.

설명

28~35: 사원의 수 SIZE를 미리 알고 있다면 단순히 for문으로 표현할 수 있다.

```
for (i=0; i<SIZE; i++)
{
    fscanf(fpr, "%d %d", &no, &sales);
    if (sales > 30)
        fprintf(fpw, "   %5d %5d대 \n", no, sales);
}
```

TIP 22~36행에서 파일로 출력하는 fprintf 함수 부분은 일단 실행결과를 확인할 때까지는 33행과 같이 모두 printf 함수로 작성한 후 결과가 제대로 나오면 32행과 같이 fprintf 함수로 바꾸는 것도 결과를 쉽게 확인하는 방법이다. 또는 printf 함수로 출력하는 부분을 모두 복사하여 다음 행에 붙여 넣은 후 fprintf로 변경함으로써 모니터로도 결과를 출력하고 파일로도 출력하도록 응용할 수 있다.

12.6.2 학생 평점 파일을 읽어 평점 순위 파일 만들기

문제 그림과 같이 학생의 이름, 평점이 저장된 students.txt 파일에서 학생의 정보를 읽어와 평점에 대한 순위를 구한 후 결과를 rank.txt 파일에 저장하시오.

students.txt

```
나태희 2.31
유현빈 4.23
나원빈 4.42
문건영 3.72
소지법 3.74
나보내 3.85
장도건 4.06
고수영 3.72
이나라 4.43
김해수 3.77
```

→ [프로그램 12-14] →

rank.txt

```
나태희  2.31  10
유현빈  4.23   3
나원빈  4.42   2
문건영  3.72   8
소지법  3.74   7
나보내  3.85   5
장도건  4.06   4
고수영  3.72   8
이나라  4.43   1
김해수  3.77   6
```

분석

- students.txt 파일은 메모장에서 직접 만들어 프로젝트 폴더 안에 저장한다.
- 학생의 수는 이미 10명으로 알고 있는 상황에서 프로그램을 작성한다. 파일에 저장된 학생 수를 모를 때도 처리하려면 [프로그램 12-13]을 참고하여 작성한다.
- students.txt 파일의 내용을 읽어서 구조체 배열 s에 저장한다. [프로그램 12-13]에서는 사원 한 명의 정보를 no와 sales 변수에 읽은 후 판매 실적에 따라 곧바로 우수 판매 파일에 쓰고 난 후에는 이 정보가 다시 필요하지 않으므로 다음 사원의 정보를 동일한 no와 sales에 다시 읽어도 된다. 그러나 이 문제에서는 모든 학생의 평점 정보가 있어야만 순위를 구할 수 있기 때문에 파일에서 읽은 정보를 모두 배열에 저장해야 한다.
- 나의 평점 s[i].GPA보다 높은 평점의 개수가 n개라면 나의 순위 s[i].rank는 n+1등이 된다. 이 방법은 평점을 정렬해서 순위를 구할 때 필요한 동점 처리를 하지 않아도 되므로 매우 편리하다. 일단 나의 순위를 1로 초기화한(s[i].rank = 1;) 후 다른 모든 학생들과의 평점을 차례대로 비교하면서 나보다 평점이 높은 경우를 만날 때마다(if (s[i].GPA < s[u].GPA)) 나의 순위를 1 증가(s[i].rank++;)한다. 나의 순위를 구하기 위해 모든 학생과 비교해야 하므로 for문이 필요하고, 모든 학생에 대해 순위를 구해야 하므로 다시 for문이 필요하므로 이중으로 중첩된 for문이 필요하다.

프로그램 12-14 [프로그램 12-14] 성적 처리 프로그램 (ch12-14.cpp)

```
#include <stdio.h>          // fopen, fscanf, fprintf, fclose, EOF, printf의 헤더 파일
#include <stdlib.h>         // exit 함수를 위한 헤더 파일
#define SIZE 10             // 파일에 저장된 학생의 수

struct student              // 구조체 정의
{
    char name[20];          // 이름
```

```
    double GPA;             // 평점
    int rank;               // 순위
};

int main()
{
    struct student s[SIZE];  // 구조체 배열 선언
    int i, u;
    FILE *fp;                // 파일 포인터 선언

    fp = fopen("students.txt", "r");  // 학생 정보를 읽을 파일 열기
    if (fp == NULL)                   // 파일 열기 에러 처리
    {
        printf("\n파일 열기 에러! \n"); exit(1);
    }

    // 파일에 있는 학생 정보를 읽어 구조체 배열에 저장하기
    for (i=0; i<SIZE; i++)
    {
        fscanf(fp, "%s %lf", s[i].name, &s[i].GPA);
    }
    fclose(fp);              // 파일의 모든 자료를 배열에 저장했으므로 읽기용 파일을 닫기

    // 파일에서 읽은 평점을 이용하여 나 s[i]의 순위를 구하기
    for (i=0; i<SIZE; i++)
    {
        s[i].rank = 1;       // 일단 나(i)의 순위를 1로 초기화
        for (u=0; u<SIZE; u++)
        {
            // 나(i)의 평점이 다른 학생(u)의 평점보다 낮으면 순위를 1 증가
            if (s[i].GPA < s[u].GPA)
                s[i].rank ++;
        }
    }

    // 파일에 결과 출력하기
    fp = fopen("rank.txt", "w");  // 결과를 출력할 rank.txt 파일을 쓰기용으로 열기
    if (fp == NULL)               // 파일 열기 에러 처리
    {
        printf("\n파일 열기 에러! \n"); exit(1);
    }

    // SIZE명의 이름, 평점, 순위를 파일에 쓰기
    for (i=0; i<SIZE; i++)
```

```
    {
        fprintf(fp, "%-8s %4.2lf %2d\n", s[i].name, s[i].GPA, s[i].rank);
        // printf("%-8s %4.2lf %2d\n",  s[i].name, s[i].GPA, s[i].rank);
    }
    fclose(fp);                    // 파일 닫기
    printf("파일 출력 완료! \n");

    return 0;
}
```

모니터로 출력한다.

실행결과

```
파일 출력 완료!
```

이 전까지는 파일에서 읽고 파일에 쓰기를 하므로 모니터로는 아무런 내용도 표시되지 않는다.

12.7 이진 파일 입출력

텍스트 파일은 모든 데이터가 문자열로 변환되어 기록된다. 즉 정수도 fprintf 함수를 통해 문자열로 변환된 후 파일에 기록된다. 그래서 정수 123456은 6개의 문자 '1', '2', '3', '4', '5', '6'으로 변환되어 파일에 기록되며 이러한 변환은 fprintf 함수가 담당한다. 반대로 파일에서 숫자를 읽을 때도 6개의 문자를 읽어 123456 정수로 변환하여 변수에 저장하는데, 이것은 fscanf 함수가 담당한다.

반면에 이진 파일은 수치 데이터가 문자로 변환되지 않고 곧바로 수치로 저장된다. 예를 들어 정수 123456은 한 개의 정수로 주기억장치의 4바이트에 이진 형식으로 표현되어 저장되며 파일에 저장될 때도 이 4바이트 내용이 그대로 파일에 저장된다. 그래서 이진 파일은 수치를 읽을 때 한 개의 수치로서 바로 읽기 때문에 텍스트 파일의 수치와 문자열 간의 변환 과정이 없다. 따라서 읽고 쓰기가 빠르며 정수의 경우 언제나 4바이트로 저장하므로 텍스트 파일보다 저장 공간을 적게 차지한다는 장점이 있다. 그러나 문자 데이터가 아니므로 모니터나 프린터로 확인하면 이해할 수 없는 이상한 문자들이 나타나며, 수치를 표현하는 방식이 컴퓨터마다 다를 수 있어 컴퓨터의 기종이 다를 경우 파일 내용도 달라질 수 있다.

이진 파일은 텍스트 파일과 달리 행으로 분리되지 않으므로 행의 끝을 표시할 필요가 없으며 널 문자나 개행 문자같은 글자들도 특별한 의미를 가지지 않고 데이터로 취급된다.

[그림 12-11]의 (a)는 이진 파일을 16진수로 출력한 화면이고 [그림 12-11]의 (b)는 이진 파일을 메모장에서 열었을 때 나타난 화면이다. 메모장 화면에서 일부 문자열은 그대로 알아볼 수 있지만 대부분은 이상한 글자로 나타난 것을 알 수 있다. 이처럼 이진 파일은 눈으로 내용을 확인하기 어려우므로 특정 프로그램을 사용해야 한다.

그림 12-11 이진 파일 출력 화면 예

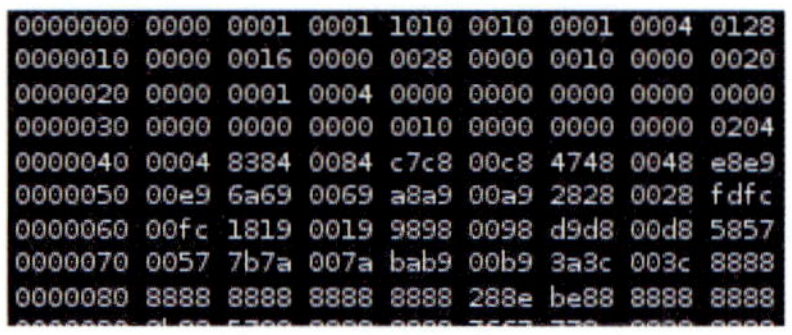

(a) 16진수로 출력한 화면

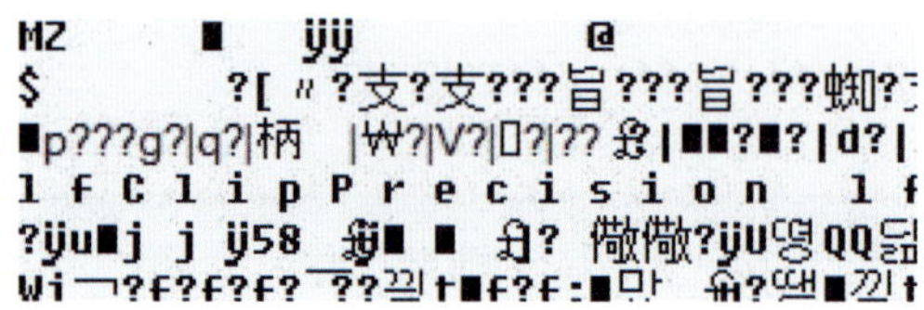

(b) 메모장에서 불러온 화면

이진 파일에 데이터를 기록할 때는 fwrite 함수를, 이진 파일의 데이터를 읽어올 때는 fread 함수를 사용해야 하며, 이진 파일을 쓰기 전용으로 열 때는 파일 모드를 "wb"로, 읽기 전용일 때는 "rb"로 지정해야 한다.

12.7.1 이진 파일에 쓰기: fwrite 함수

이진 파일에 데이터를 쓰려면 fwrite 함수를 사용한다. fwrite 함수는 바이트 단위의 연속된 데이터 집합인 블록(block) 단위로 파일에 쓰기를 한다. 그러므로 구조체와 같이 일정한 크기의 데이터를 통째로 읽거나 쓸 수 있어서 매우 편리하다. 그 대신 fwrite 함수를 이용해 만들어진 파일에서 데이터를 읽어올 때는 이 블록의 크기에 주의해서 정확한 크기의 블록 단위로 읽어와야 한다. 이진 파일을 쓰기 모드로 열고 fwrite 함수를 이용하여 이진 파일에 데이터를 기록하는 형식은 다음과 같다.

형식

```
FILE *fp = fopen("파일명", "wb");          // w: 쓰기, b: 이진 파일
fwrite(데이터 시작 주소, 블록 크기, 블록 개수, 파일 포인터 변수명);
```

파일에 쓴다.

↳ 데이터 시작 주소부터 저장된 (블록 크기 * 블록 개수)바이트의 데이터를 파일 포인터 변수에 연결된 이진 파일에 쓴 후 파일에 쓴 블록의 개수를 반환한다.

↳ 블록 크기는 바이트 단위로, 블록 개수는 정수로 지정한다.

↳ 이진 파일에 쓰는 데이터의 형은 달라도 되지만 이럴 경우 이진 파일에서 읽어 올 때 데이터를 기록한 순서와 정확히 일치하도록 읽어야 한다.

예

```
int height = 170;
int age[10] = {21, 22, 23, 35, 21, 20, 29, 27, 20, 27};
FILE *fp = fopen("data.bin", "wb");
```

이진 파일 확장자로 binary를 의미한다.

```
fwrite(age, sizeof(int), 10, fp);
```

↳ age(배열의 시작주소) 배열에서 int형 크기의 블록 10개를 참조하여 fp에 연결된 이진 파일에 쓴다. 즉 age 배열의 int형 값 10개를 파일에 쓴다(그림 참고).

```
fwrite(&height, sizeof(int), 1, fp);
```

↳ 변수 height의 기억장소에서 int형 크기의 블록 1개를 참조하여 fp에 연결된 이진 파일에 쓴다. 즉 height 변수에 저장된 int형 값 1개를 파일에 쓴다.

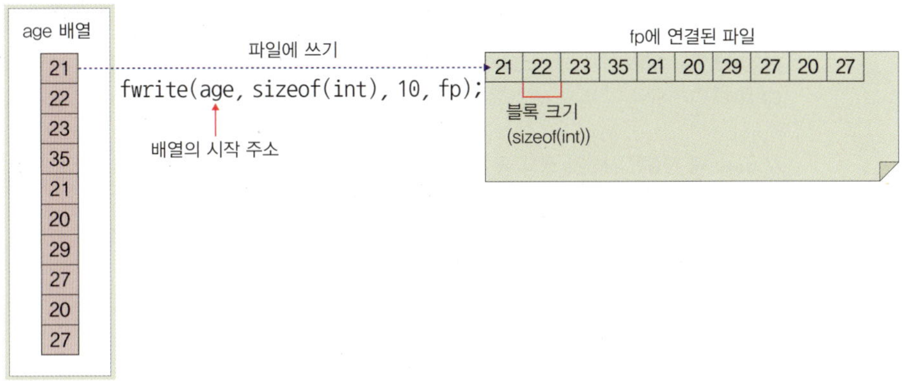

[프로그램 12-15]는 표준 입력 장치인 키보드에서 구조체 멤버들을 입력받은 후 구조체를 이진 파일 user.bin에 출력하는 프로그램이다. 이 프로그램을 실행하면 이진 파일 user.bin이 현재 작업하고 있는 프로젝트 폴더에 생성된다. 하지만 이진 파일이므로 메모장에서 열면 화면상으로 이해할 수 없는 문자들이 출력된다.

프로그램 12-15 구조체 멤버를 입력받아 이진 파일로 출력하기 (ch12-15.cpp)

```
#include <stdio.h>                      // fwrite, fflush 함수를 위한 헤더 파일
#include <stdlib.h>                     // exit 함수를 위한 헤더 파일
#define SIZE 3                          // 정보를 입력할 사용자 수

struct person                           // 구조체 정의
{
    char name[7], gender[3];            // 이름, 성별
    int age;                            // 나이
};
typedef struct person PERSON;           // 자료형 재정의

int main()
{
    int i;
    PERSON user;                        // 사용자 정보를 저장할 구조체 변수 선언
    FILE *fp = fopen("user.bin", "wb"); // 쓰기 모드로 이진 파일 열기

    if (fp == NULL)                     // 파일 열기 에러 처리
    {
```

```
20            printf("파일 열기 에러! \n"); exit(1);
21        }
22
23        // SIZE명의 사용자 정보를 키보드에서 입력받아 이진 파일에 출력하기
24        printf(">> 사용자 정보를 입력하세요.(%d명)", SIZE);
25        for (i=0; i<SIZE; i++)
26        {
27            printf("\n%d. 이름 : ", i+1); gets(user.name);
28            printf("   성별 : "); gets(user.gender);
29            printf("   나이 : "); scanf("%d", &user.age);
30
31            // user에 저장된 사용자 정보 즉 PERSON형 구조체 한 개를 파일에 쓰기
32            fwrite(&user, sizeof(PERSON), 1, fp);
33            fflush(stdin);      // 다음 gets 입력을 위해 표준 입력 장치의 버퍼 비우기
34        }
35        fclose(fp);
36        printf("\n== 파일 출력 완료 ==\n");
37
38        return 0;
39    }
```

실행결과

```
>> 사용자 정보를 입력하세요.(3명)
1. 이름 : 나태희
   성별 : 여
   나이 : 20

2. 이름 : 유현빈
   성별 : 남
   나이 : 29

3. 이름 : 나원빈
   성별 : 남
   나이 : 25

== 파일 출력 완료 ==
```

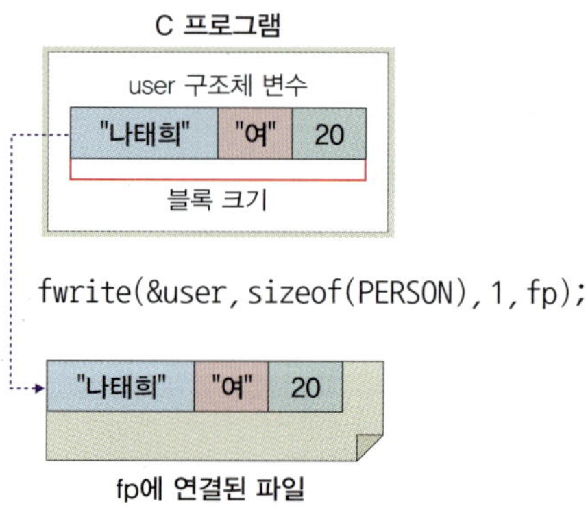

설명

32: 27~29에서 입력받은 멤버들이 user에 저장된 후 파일에 쓸 데이터가 저장된 주소(&user)부터 sizeof(PERSON) 크기의 블록을 1개 읽어서 fp가 가리키는 파일에 쓴다. sizeof(PERSON) 대신 sizeof(user)나 sizeof(struct person)을 사용해도 된다.

12.7.2 이진 파일 읽기: fread 함수

fread 함수는 이진 파일에서 데이터 블록을 읽기 위한 함수로 fwrite 함수와 사용 형식이 동일하다.

형식

이진 파일 열기

FILE *fp = fopen("파일명", "rb");　　　　　　// r:읽기, b: 이진 파일

이진 파일 읽기

fread(데이터 저장 시작 주소, 블록 크기, 블록 개수, 파일 포인터 변수명);

읽은 데이터를 저장한다.

↳ 파일 포인터 변수에 연결된 파일에서 (블록 크기 * 블록 개수)바이트의 데이터를 읽어서 시작 주소에 저장한 후 읽은 블록 개수를 반환한다.

↳ 블록 크기는 바이트 단위로, 블록 개수는 정수로 지정한다.

↳ 첫 인수인 데이터 저장 시작 주소에 해당하는 기억장소는 (블록 크기 * 블록 개수)바이트의 데이터를 저장하기에 충분한 기억장소여야 한다.

예

```
int height, age[10];
FILE *fp = fopen("data.bin", "rb");
fread(&height, sizeof(int), 1, fp);
```

↳ fp에 연결된 이진 파일에서 int형 크기의 블록 1개를 읽어서 변수 height의 기억장소에 쓴다. 즉 파일에서 1개의 정수를 읽어서 height 변수에 저장한다.

```
fread(age, sizeof(int), 10, fp);
```

↳ fp에 연결된 이진 파일에서 int형 크기의 블록 10개를 읽어서 age(배열의 시작주소)번지의 기억장소에 저장한다. 즉 파일에서 10개의 정수를 읽어서 age 배열에 저장한다.

[프로그램 12-16]은 [프로그램 12-15]의 결과로 생성된 user.bin 이진 파일의 내용을 읽어서 모니터로 출력하는 프로그램이다. 이 프로그램이 실행되기 위해서는 [프로그램 12-15]를 먼저 실행하여 user.bin 이진 파일을 만들어야 한다. 또한 이 이진 파일을 [프로그램 12-16]의 프로젝트 폴더로 이동하거나 복사해둬야 한다.

프로그램 12-16 이진 파일의 데이터를 읽어서 모니터로 출력하기 (ch12-16.cpp)

```
#include <stdio.h>                    // fread, fopen, fclose 함수를 위한 헤더 파일
#include <stdlib.h>                   // exit 함수를 위한 헤더 파일

struct person                         // 구조체 정의
{
    char name[7], gender[3];          // 이름, 성별
    int age;                          // 나이
};
typedef struct person PERSON;         // 자료형 재정의

```

```c
11  int main()
12  {
13      PERSON user;                    // 사용자 정보를 저장할 구조체 변수 선언
14      FILE *fp;
15
16      fp = fopen("user.bin", "rb");   // 읽기 모드로 이진 파일 열기
17      if (fp == NULL)
18      {
19          printf("파일 열기 에러!\n"); exit(1);
20      }
21       문자열 전용 출력 함수로 문자열 출력 후 행을 바꾼다.
22      puts("------------------------------------");
23      puts("   이름      성별      나이  ");
24      puts("------------------------------------");
25
26      // 파일에서 블록 1개를 제대로 읽었다면 계속 반복하기
27      while (fread(&user, sizeof(PERSON), 1, fp) == 1)
28          printf(" %-8s %-3s %4d\n", user.name, user.gender, user.age);
29
30      puts("------------------------------------");
31      fclose(fp);                     // 파일 닫기
32
33      return 0;
34  }
```

실행결과

```
------------------------------------
 이름   성별  나이
------------------------------------
나태희  여    20
유현빈  남    29
나원빈  남    25
------------------------------------
```

설명

27: 파일의 끝을 처리하기 위해 fread 함수가 반환하는 블록 개수를 활용한다. fread(&user, sizeof(PERSON), 1, fp)가 성공한다면 읽은 블록 수 1이 반환될 것이다. 즉 현재 읽기가 성공했으므로 아직 파일의 끝을 지나지 않았고 따라서 현재 읽은 데이터를 모니터에 출력하고 다시 파일 읽기를 시도한다. 만일 파일의 끝을 읽어서 fread 함수가 1이 아닌 값을 반환한다면 파일의 끝까지 읽었으므로 읽기를 그만둔다.

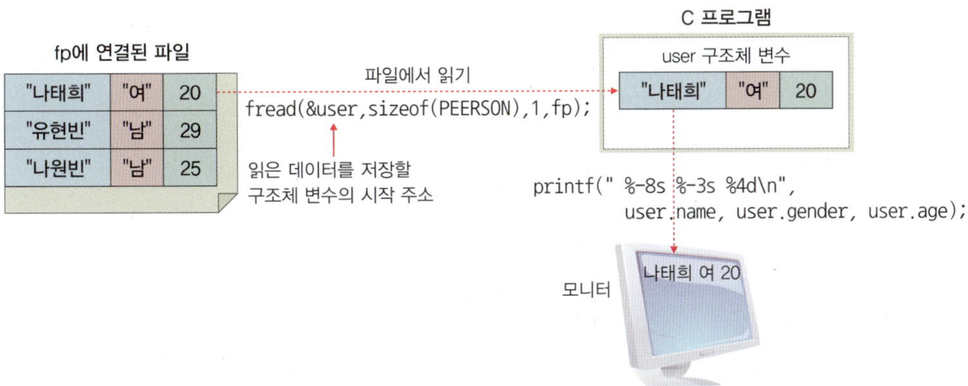

12.8 파일의 임의 접근

지금까지의 파일 입출력은 파일의 처음부터 순차적으로 데이터를 읽거나 기록하는 순차 접근 방식이었다. 이와는 달리 파일 읽기/쓰기를 순서대로 하지 않고 파일의 임의의 위치에서 바로 읽기/쓰기를 할 수 있는 접근 방식을 임의 접근(random access)이라 한다. 파일을 임의 접근 방식으로 읽기/쓰기 위해서는 12.3.4에서 소개한 파일 읽기/쓰기를 시작할 위치를 가리키는 포인터인 파일 위치 지시자를 조작하는 함수를 사용해야 한다. 이 파일 위치 지시자는 문서를 편집할 때 키보드의 키를 누르면 글자가 나타나는 위치를 알려주는 커서와 같은 기능을 한다.

지금까지 사용한 '파일 포인터'란 용어는 사용할 파일의 FILE 구조체를 가리키는 포인터 변수이며, 파일 위치 지시자는 이 파일 포인터가 가리키는 FILE 구조체의 멤버로서 다음에 읽기/쓰기를 할 위치를 가리키는 포인터임을 구분하길 바란다. C 언어는 파일의 임의 접근을 위해 fseek, ftell, rewind 함수를 제공한다. 이 함수들을 이용하면 fread와 같이 블록 단위 쓰기로 만들어진 파일에 대해 임의의 블록을 곧바로 찾아가서 읽거나 블록을 수정하는 작업이 가능하다.

파일에서 다음에 읽거나 쓸 데이터의 위치를 변경하려면 파일 위치 지시자를 변경하는 fseek 함수를 사용한다.

형식 파일 위치 지시자 이동하기: fseek 함수

fseek(파일 포인터 변수명, 오프셋, 기준점)

↳ 파일 포인터 변수에 연결된 파일의 파일 위치 지시자가 기준점으로부터 오프셋만큼 떨어진 곳을 가리키게 한다. 즉 다음에 읽기/쓰기를 시작할 위치를 (기준점 + 오프셋)바이트 위치로 변경한다.

↳ 기준점(whence): 오프셋을 적용할 기준점으로 다음 세 매크로 상수 중 한 개를 사용한다.

- SEEK_SET: 0이며 파일의 시작 지점을 의미
- SEEK_CUR: 1이며 파일의 현재 지점을 의미
- SEEK_END: 2이며 파일의 끝 지점을 의미

↳ 오프셋(offset): 기준점에서 몇 바이트 이동할 지를 나타내는 long형 정수로 기준점 이전이라면 음수를, 이후라면 양수를 사용한다.

↳ 이동에 성공하면 0을 반환하고, 실패하면 0이 아닌 값을 반환한다.

예

```
fseek(fp, 100, SEEK_SET);
```

↳ 다음 읽기/쓰기 위치를 파일 시작 지점에서 100바이트 이후로 이동한다.

```
fseek(fp, 200, SEEK_CUR);
```

↳ 다음 읽기/쓰기 위치를 현재 위치에서 200바이트 이후로 이동한다.

```
fseek(fp, -100, SEEK_END);
```

↳ 다음 읽기/쓰기 위치를 파일의 끝 지점에서 100바이트 이전으로 이동한다.

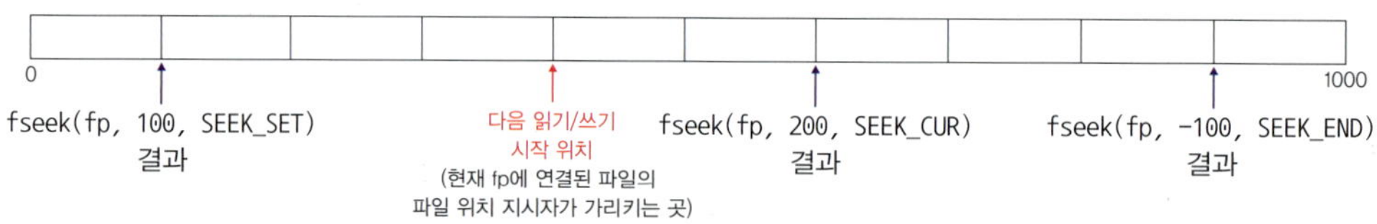

파일 위치 지시자가 파일의 시작 지점을 가리키도록 fseek(fp, 0, SEEK_SET)와 같이 fseek 함수를 이용해도 되지만 간단히 rewind 함수를 사용할 수도 있다.

형식 rewind 함수

rewind(파일 포인터 변수명)

↳ 파일 포인터에 연결된 파일의 다음 읽기/쓰기 위치를 파일의 시작 지점으로 이동한다.

임의 접근 방식에서 사용되는 함수로 fseek, rewind 외에 현재 파일의 읽기/쓰기 위치 즉 파일 위치 지시자가 가리키는 곳을 알려주는 함수 ftell이 있다. ftell 함수는 파일의 시작 위치를 상대적 위치 0으로 간주하고 현재 파일 위치 지시가가 가리키는 곳이 파일의 시작 위치로부터 몇 바이트 떨어져 있는지를 알려준다.

형식 ftell 함수

ftell(파일 포인터 변수명);

↳ 파일 포인터 변수에 연결된 파일에서 다음 읽기/쓰기를 시작할 위치를 반환한다.

예

```
rewind(fp);
position = ftell(fp);
```

↳ rewind 함수에 의해 파일 위치 지시자가 파일의 시작 위치로 변경된 직후 ftell을 호출했으므로 position에는 0이 저장된다.

12.9 프로그래밍 실습

12.9.1 임의 접근을 이용한 파일 정보 출력 및 수정

문제 [프로그램 12-15]에서 만든 이진 파일의 내용을 모니터에 출력하고 사용자로부터 수정하고 싶은 사용자 정보를 입력받은 후 파일의 내용을 수정하시오. 파일의 내용을 수정하기 위해 파일을 순차적으로 읽는 것이 아니라 수정할 사용자 정보가 저장된 곳으로 곧바로 이동한 후 수정한다.

분석

- 파일을 열어서 사용자 정보를 읽어야 하고 수정 정보를 파일에 쓰기도 해야 하므로 파일을 열 때 "r+b"로 연다.
- 블록 단위로 저장한 이진 파일이므로 다음 두 문장을 실행하면 position에는 파일의 크기가 저장된다.

```
fseek(fp, 0, SEEK_END);  // 파일 위치 지시자를 (파일의 끝 위치+0)으로 이동하기
position = ftell(fp);    // 파일 위치 지시자의 현 위치를 position에 저장하기
```

현재 파일 위치 지시자가 파일의 끝을 가리키고 있으므로 position에는 파일 시작 위치에서 파일 끝까지의 크기(바이트 단위)가 저장된다. 다음과 같이 position을 블록의 크기로 나누면 파일에 저장된 블록의 개수 즉 파일에 저장된 사용자 정보 수가 된다.

```
size = position / sizeof(PERSON);
```

또는 앞에서 했던 것처럼 feof(fp)가 참이 될 때까지 블록을 읽어서 블록을 읽을 때마다 size를 1 증가하여 구해도 된다. 이 방법은 이 프로그램처럼 파일의 내용을 모니터에 표시하는 경우에는 상관없으나 블럭의 수를 구하는 경우에는 무조건 파일을 순차적으로 읽어야 하므로 시간 낭비를 초래한다.

- 사용자에게서 정보를 수정하고 싶은 사용자의 순번을 no에 입력받는다면 no번째 사용자 정보가 저장된 시작 위치는 파일 시작 위치에서 sizeof(PERSON) * (no−1)바이트 떨어진 곳이다. fseek 함수를 이용하여 파일 위치 지시자를 곧바로 이곳으로 이동한 후 새로운 사용자 정보를 fwrite 함수를 이용하여 쓰면 이전 정보는 지워지고 새로운 정보로 갱신된다.

프로그램 12-17 이진 파일에 데이터를 추가하고 모니터로 출력하기 (ch12-17.cpp)

```
#include <stdio.h>                // fseek, rewind, ftell을 위한 헤더 파일
#include <stdlib.h>               // exit를 위한 헤더 파일

typedef struct person             // 구조체 정의
{
    char name[7];
    char gender[3];
    int age;
} PERSON;                         // 구조체 struct person을 PERSON으로 재정의

int main()
{
    FILE *fp;
    PERSON user;
    int size, position, i, no;

    fp = fopen("user.bin", "r+b"); // 읽기/쓰기 모드로 이진 파일 열기
    if (fp == NULL)               // 파일 열기 에러 처리
    {
        printf("파일 열기 에러! \n"); exit(1);
    }

    // 파일에 저장된 구조체 정보의 개수를 구하기 위해 파일 위치 지시자 정보를 이용하기
    fseek(fp, 0, SEEK_END);           // (파일 끝 위치+0)으로 이동하기
    position = ftell(fp);             // 현 위치를 position에 저장하기
    size = position / sizeof(PERSON); // PERSON 크기의 블록 개수 구하기

    // 파일의 내용을 읽어서 모니터에 출력하기
    puts("-------------------------");
    puts(" 번호 이름   성별  나이  ");
    puts("-------------------------");
    rewind(fp);                       // 파일의 시작 위치로 이동
    for (i=0; i<size; i++)
    {
        fread(&user, sizeof(PERSON), 1, fp);
        printf("%3d  %-8s %-3s %4d\n", i+1, user.name, user.gender, user.age);
    }
    puts("-------------------------");

    // 정보를 수정할 번호와 수정 정보를 입력받기
    printf("정보를 수정할 사용자의 번호는? "); scanf("%d", &no);
    if ((no < 1) || (no > size))      // 잘못된 입력 번호 처리
    {
```

```
44            printf("번호의 범위가 잘못되어 종료합니다.\n"); exit(1);
45        }
46        printf("\n이름 : "); scanf("%s", user.name);
47        printf("성별 : "); scanf("%s", user.gender);
48        printf("나이 : "); scanf("%d", &user.age);
49
50        // 파일 위치 지시자를 no번째 사용자 정보 시작 위치로 이동한 후 새 정보를 파일에 쓰기
51        fseek(fp, sizeof(PERSON) * (no-1), SEEK_SET);
52        fwrite(&user, sizeof(PERSON), 1, fp);
53
54        fclose(fp);
55        printf("\n파일 수정이 완료되었습니다. \n");
56
57        return 0;
58    }
```

실행결과

```
------------------------
번호 이름   성별  나이
------------------------
 1  나태희  여   20
 2  유현빈  남   29
 3  나원빈  남   25
------------------------
정보를 수정할 사용자의 번호는? 2

이름 : 유현빈
성별 : 남
나이 : 30

파일 수정이 완료되었습니다.
```

이후 이 프로그램을 다시 실행하면 다음과 같이 파일 내용이 수정된 것을 확인할 수 있다.

실행결과

```
------------------------
번호 이름   성별  나이
------------------------
 1  나태희  여   20
 2  유현빈  남   30   ← 수정된 정보
 3  나원빈  남   25
------------------------
```

설명

24~26, 33~37 : fseek, ftell을 이용해서 파일에 저장된 사용자 정보 수를 구하려면 다음과 같이 코딩해도 된다.

```
// feof 함수를 이용하기
size = 0;
fread(&user, sizeof(PERSON), 1, fp);
while (!feof(fp))
{
    printf("%3d  %-8s %-3s %4d\n", i+1, user.name, user.gender, user.age);
    size++;
    fread(&user, sizeof(PERSON), 1, fp);
}

// fread 함수가 반환하는 읽은 블록의 수를 활용하기
size = 0;
while (fread(&user, sizeof(PERSON), 1, fp) == 1)
{
    printf("%3d  %-8s %-3s %4d\n", i+1, user.name, user.gender, user.age);
    size++;
}
```

핵심요약

파일(file)

디스크나 자기 테이프 등과 같은 보조 기억 장치에 저장된 데이터 집합체

파일의 분류

- 실행 명령을 모은 프로그램 파일과 프로그램 파일이 처리할 데이터 또는 처리한 결과를 모아둔 데이터 파일
- 모든 자료가 문자(바이트)로 변환되어 저장된 텍스트 파일과 주기억장치에 표현된 그대로 이진 형태로 저장된 이진 파일
- 파일에 저장된 순서대로 처음부터 끝까지 데이터를 읽거나 쓰는 순차적 접근 파일과 임의의 위치로 곧바로 이동하여 데이터를 읽고 쓰는 것이 가능한 임의 접근 파일

파일 처리 과정

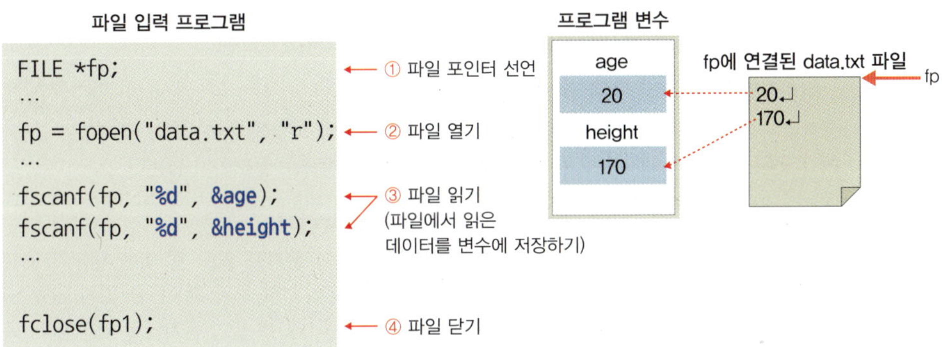

① 파일에서 읽기/쓰기를 하는 데 필요한 정보를 저장한 FILE형 구조체를 가리키는 포인터를 선언해야 한다.

```
FILE *파일 포인터 변수명;
```

② 입출력을 원하는 파일을 사용할 수 있도록 연 후에 FILE형 포인터와 연결한다.

```
파일 포인터 변수명 = fopen("파일명", "모드");
```

①에서 선언된 FILE형 포인터

"r": 읽기 전용, "r+" 읽기와 쓰기
"w" 쓰기 전용, "w+" (기존 내용 삭제 후) 읽기와 쓰기
"a" 추가 전용, "a+" 읽기와 추가
모드에 "rb"와 같이 b를 사용하면 이진 파일 처리

③ 파일 입출력 함수를 이용하여 포인터에 연결된 파일로부터 데이터 읽기/쓰기를 한다.

④ 파일의 모든 입출력이 끝나면 열린 파일과 FILE형 포인터와의 연결을 해제하여 파일을 닫는다.

```
fclose(파일 포인터 변수명);
```

파일 포인터명과 연결된 파일이 닫히며 파일 포인터와의 연결이 해제된다.

텍스트 파일 입출력 함수

fprintf(파일 포인터 변수명, "변환 명세를 포함한 형식 문자열", 변수명);

↳변수에 저장된 값을 "형식 문자열"에 맞게 변환하여 파일 포인터에 연결된 파일에 기록한다. 변수명 대신 상수 또는 식을 사용해도 된다.

fscanf(파일 포인터 변수명, "변환명세", &변수명)

↳파일 포인터에 연결된 파일에서 변환명세에 맞게 데이터를 한 개 읽어서 변수명에 저장한다.

fputc(문자, 파일 포인터 변수명)

↳문자를 파일 포인터 변수가 가리키는 파일에 쓴다.

fgetc(파일 포인터 변수명)

↳파일 포인터 변수명에 연결된 파일에서 문자 한 개를 읽어서 반환한다.

fputs(문자열 시작 주소, 파일 포인터 변수명)

↳문자열 시작주소에 저장된 문자열을 파일 포인터에 연결된 파일에 쓴다. 이때 문자열의 끝을 나타내는 널문자는 파일에 쓰지 않으며 그 뒤에 개행 문자도 자동으로 들어가지 않는다.

fgets(문자열 저장 주소, 최대 입력 문자수, 파일 포인터 변수명)

↳파일 포인터에 연결된 파일에서 (최대 입력 문자수-1)개의 문자를 읽은 후 뒤에 널문자(\0)를 합친 문자열을 지정한 문자열 저장 주소부터 저장한다.만일 최대 입력 문자 개수만큼 읽지 않았는데 중간에 개행 문자(\n)를 읽었다면 읽기를 중단하고 뒤에 널문자(\0)를 합친 문자열을 저장한다. 즉 gets와 달리 개행 문자도 문자열에 포함한다.

이진 파일 입출력 함수

FILE *fp = fopen("파일명", "wb");   // w: 쓰기, b: 이진 파일
fwrite(파일에 쓸 데이터 시작 주소, 블록 크기, 블록 개수, 파일 포인터 변수명);

↳데이터 시작 주소부터 저장된 (블록 크기 * 블록 개수)바이트의 데이터를 파일 포인터 변수에 연결된 이진 파일에 쓴 후 파일에 쓴 블록의 개수를 반환한다.

FILE *fp = fopen("파일명", "rb");   // r: 읽기, b: 이진 파일
fread(데이터 저장 시작 주소, 블록 크기, 블록 개수, 파일 포인터 변수명);

↳파일 포인터 변수에 연결된 파일에서 (블록 크기 * 블록 개수)바이트의 데이터를 읽어서 시작 주소부터 저장한 후 쓴 블록 개수를 반환한다.

임의 접근을 위한 파일 위치 지시자 관련 함수

fseek(파일 포인터 변수명, 오프셋, 기준점)

↳ 파일 포인터 변수에 연결된 파일의 파일 위치 지시자가 기준점으로부터 오프셋만큼 떨어진 곳을 가리키게 한다.

↳ 기준점은 SEEK_SET(파일의 시작), SEEK_CUR(파일의 현재 지점), SEEK_END(파일의 끝) 중 한 개의 매크로 상수가 된다.

↳ 오프셋(offset): 기준점에서 몇 바이트 이동할 지를 나타내는 long형 정수로 기준점 이전이라면 음수를, 이후라면 양수를 사용한다.

rewind(파일 포인터 변수명)

↳ 파일 위치 지시자가 파일의 시작 지점을 가리키게 한다.

ftell(파일 포인터 변수명);

↳ 파일 위치 지시자가 현재 가리키는 위치를 반환한다.

파일의 끝 확인

feof(파일 포인터 변수명)

↳ 파일 포인터에 연결된 파일의 끝을 지나갔다면 0이 아닌 값(참)을, 아직 파일의 끝을 지나지 않았다면 0(거짓)을 반환한다.

↳ feof 함수를 이용하여 파일에 더 이상 읽을 자료가 없을 때까지 읽어서 처리하는 코드 예

```
fscanf(fp, "%d %lf", &no, &avg);      // 파일에서 읽기
while (!feof(fp))     // 아직 파일의 끝을 지나지 않고 파일 읽기에 성공하였다면 반복하기
{
    if (avg < 70) fail++;             // 방금 읽은 데이터 처리
    fscanf(fp, "%d %lf", &no, &avg);  // 다시 파일에서 읽기
}
```

연습문제

01 다음 코드는 test.txt 파일에 저장된 첫 번째 학생의 번호, 이름, 학점을 읽어서 모니터에 출력하는 코드의 일부분이다. 잘못된 곳을 찾아서 이유를 설명하시오.

```
char name[10]; int no; double grade;
FILE *fp;
*fp = fopen("test.txt", r);        // 2가지
fscanf("%d", no);                  // 2가지
fscanf("%s", name);                // 1가지
fscanf("%f", &grade);              // 2가지
fprintf("번호:%d, 이름:%s 학점:%.2f \n", no, name, grade);   // 2가지
fclose("test.txt");                // 1가지
```

test.txt

```
1 배장화 2.9↵
2 배홍련 4.0↵
3 성춘향 3.2↵
4 연놀부 2.7↵
5 연흥부 3.2↵
```

02 [프로그램 7-1]에서 5개의 퀴즈 점수를 quiz.txt 파일에서 읽어 오도록 수정하시오. quiz.txt 파일은 메모장이나 비주얼 C++ 2010 익스프레스에서 직접 만든다.

03 [프로그램 11-4]에서 실행결과를 user.txt 파일로 출력하도록 수정하시오.

04 [프로그램 7-3]을 파일을 이용한 입출력 프로그램으로 수정하고자 한다. survey 배열을 선언하면서 초기화하는 7~8행 대신 설문 조사 결과가 저장된 survey.txt 파일로부터 survey 배열 원소를 입력하며 17~20행의 실행결과 출력 부분은 result.txt 파일에 결과를 출력하도록 수정하시오.

05 다음과 같이 학생들의 교과목 성적이 저장되어 있는 student.txt 텍스트 파일을 읽은 후 각 학생의 평균을 구해 average.txt 파일에 저장하며 평균이 90이상인 장학생 명단은 scholarship.txt 파일에 저장하는 프로그램을 작성하시오. student.txt 파일은 메모장이나 비주얼 C++ 2010 익스프레스에서 직접 만든다. 파일 입출력을 위해 fprintf, fscanf 함수를 이용한다.

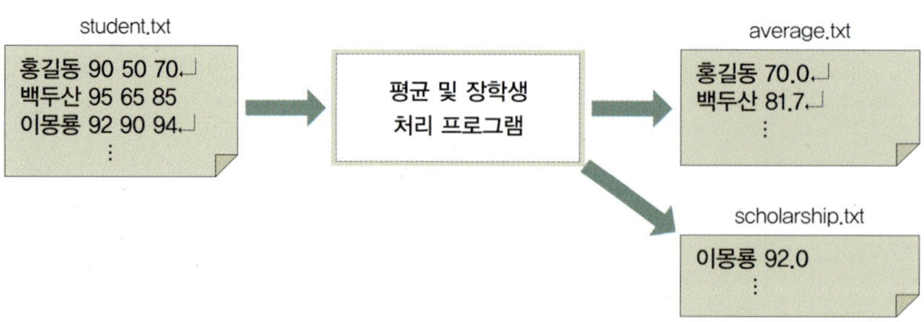

06 [프로그램 12-3]에서 나이가 22세 이상인 회원의 번호와 나이를 older.txt 파일에 기록하도록 수정하시오.

07 문자열 입출력 함수 fgets와 fputs를 이용해 기존의 텍스트 파일을 복사한 파일을 만드는 프로그램을 작성하시오.

hint fgets는 파일에 쓰인 개행문자를 읽으며 fputs는 문자열을 쓴 후 개행문자를 추가로 쓰지 않으므로 fgets로 읽은 문자열 그대로 fputs를 이용하여 파일에 쓰면 복사가 된다.

08 [프로그램 7-9]의 7~13행 선언문에서 name, phone, grade 배열의 내용을 초기화하지 않고 student.txt 파일에서 읽어오도록 15행 뒤에 추가할 코드를 작성하시오.

student.txt

```
홍길동 010-5210-1234  4.2
이몽룡 010-523-1628    4.0
        ⋮
```

09 다음과 같이 세 명의 아르바이트생의 정보가 저장된 arbeit.txt 파일로부터 아르바이트 임금을 계산하여 내림차순으로 정렬한 결과를 arbeit_pay.txt 파일에 저장하는 프로그램을 작성하시오. 아르바이트생의 정보는 구조체를 이용한다.

arbeit.txt

```
나현빈 890-6789  5 30000
나경대 345-0987 15 15000
유원빈 123-1234 10 20000
```

arbeit_pay.txt

```
이름      전화번호   시수   시급    총임금
==============================================
나경대    345-0987   15    15000   225000
유원빈    123-1234   10    20000   200000
나현빈    890-6789    5    30000   150000
==============================================
                      최고(나경대) 225000
                            총임금 575000
```

10 [프로그램 11-9]의 실험 데이터 관리 프로그램은 프로그램 실행이 끝나면 배열에 저장한 모든 실험 데이터가 사라진다. 프로그램 실행이 끝나도 실험 데이터를 유지할 수 있도록 프로그램을 확장하시오. do~while문을 시작하기 전 33행에는 실험 데이터가 저장된 파일("experiment.txt")을 읽기 모드로 열어서 실험 데이터를 test 배열에 저장한 후 파일을 닫고 size를 실험 데이터 수로 초기화하는 코드를, 46행의 case 5:의 return 0; 자리에는 프로그램 실행을 끝내기 전에 파일("experiment.txt")을 쓰기 모드로 열어서 지금까지 test 배열에 저장된 실험 데이터를 파일에 쓴 후 파일을 닫는 코드를 추가한다.

11 11장 연습문제 19번의 전화번호 관리 프로그램에서 전화번호를 phonebook.txt 파일에 저장하도록 수정하시오. 10번 문제의 실험 데이터 관리 프로그램과 같이 프로그램이 시작될 때 맨 먼저 book 배열을 phonebook.txt 파일에서 읽은 정보로 초기화하고 실행을 끝내기 전에 phonebook.txt 파일을 book 배열의 내용으로 새로 쓰는 작업을 추가해야 한다. 그러나 이 방법은 등록이나 삭제 작업을 한 후 프로그램이 정상적으로 종료되지 않고 갑자기 중단되는 경우 등록과 삭제 작업이 phonebook.txt 파일에 전혀 반영이 되지 않는다. 이를 해결하려면 2. 등록 기능을 실행할 때 마다 phonebook.txt 파일을 추가 모드로 열어서 새로 등록한 정보를 파일 끝에 추가하며, 3. 삭제 기능을 실행할 때마다 book 배열에서 정보를 삭제한 후 phonebook.txt 파일을 쓰기 모드로 열어서 book 배열의 내용으로 새로 기록해야 한다.

12 input.txt 파일에서 "Twinkle"을 찾아 "반짝"으로 바꾼 output.txt 파일을 만드는 프로그램을 작성하시오. input.txt 파일에 저장된 모든 문자를 하나의 문자열로 만들어 source 배열에 저장한 후 이 source 배열의 첫 문자 위치부터 하나씩 차례대로 "Twinkle" 문자열과 같은 것이 있는지 조사한다.

input.txt

```
Twinkle, Twinkle, little star.
How I wonder what you are.
Up above the world so high,
like a diamond in the sky.
Twinkle, Twinkle, little star.
How I wonder what you are!
```

output.txt

```
반짝, 반짝, little star.
How I wonder what you are.
Up above the world so high,
like a diamond in the sky.
반짝, 반짝, little star.
How I wonder what you are!
```

해결 과정은 다음과 같다.

① input.txt 파일에서 읽은 문자들을 source 배열에 저장한다.

- char *source;로 선언한 후 input.txt 파일의 문자 개수 size를 구한 후 source = (char *) malloc(size+1);로 동적 할당을 받는다.
- input.txt 파일에서 문자를 한 개씩 읽어 source 배열 원소에 차례대로 저장한 후 마지막에는 널문자 '\0'를 저장한 후 모니터에 source 문자열을 출력한다.

② source 배열에서 "Twinkle"과 같은 문자열이 포함되어 있는 지를 조사할 위치를 가리키는 char형 포인터 next를 활용하여 next 위치부터 "Twinkle"이란 문자열이 있는지 조사하는 과정을 다음과 같이 반복한다.

- next = source;로 초기화한 후 next 위치부터 sizeof("Twinkle")개의 문자를 추출하여 char형 배열 temp에 저장한다.

– if (temp의 문자열과 "Twinkle"이 같다면)

{

output.txt 파일에 "반짝" 문자열을 쓴다.

next를 strlen("Twinkle")만큼 증가시킨다.

}

else

{

next가 가리키는 문자 한 개를 output.txt 파일에 쓴다.

next 다음 위치부터 찾을 문자열과 같은 문자열이 있는 지 다시 조사하기 위해 next를 한 칸 뒤로 미룬다(next++).

}

위의 해결과정에서 next = source;로 초기화 된 후 처음으로 교환이 발생한 예는 다음과 같다.

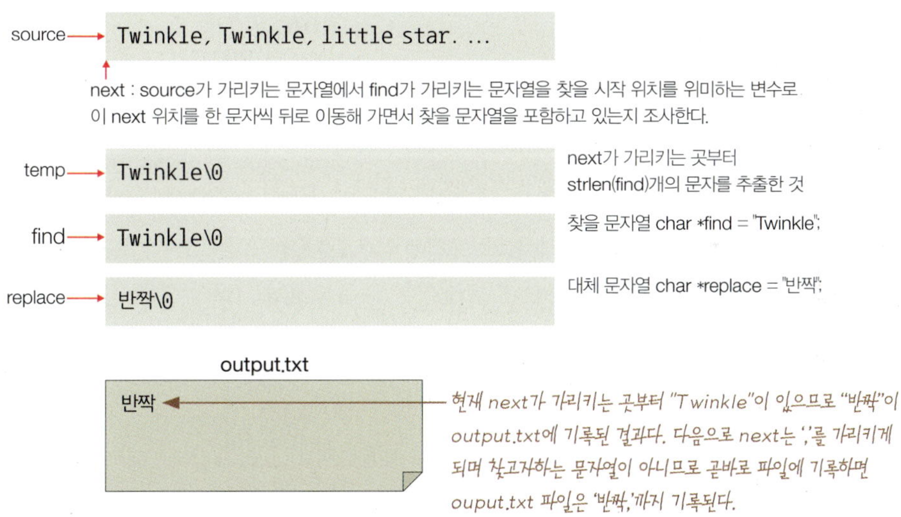

INDEX

INDEX

INDEX